CW00375089

Martin Hughes,
Sarah Johnstone e Tom Masters

Londra

I Top five

1 Architettura gloriosa
Visitate la Westminster Abbey (p123)
2 Arte
Ammirate la Britart nella Saatchi Gallery (p157)
3 Magnifiche vedute
Allargate il vostro orizzonte dall'alto del London Eye (p140)
4 Famosi negozi
Curiosate nei magazzini Harrods (p318)
5 Indimenticabili tour...
... a bordo del tradizionale bus a due piani (p84)

THE SAATCHI C

CLASS-A FICTION

14 PUTNEY BRIDGE STATION

Harrods

1 *Big Ben, Houses of Parliament (p126)* **2** *Kensington Palace (p135)* **3** *Westminster Abbey (p123)* **4** *Saatchi Gallery, South Bank (p140)* **5** *Tower Bridge, The City (p114)* **6** *La torre del Canary Wharf (p155)*

Sommario

UFFICI LONELY PLANET E EDT
Sede:
Locked Bag 1, Footscray, Victoria 3011, Australia
☎ (61) 03 8379 8000 | fax (61) 03 8379 8111
(altri uffici in Francia, Gran Bretagna, U.S.A.)
talk2us@lonelyplanet.com.au

EDT srl
19 via Alfieri, 10121 Torino, Italia
☎ (39) 011 5591 811 | fax (39) 011 2307 034
edt@edt.it | www.edt.it

Londra
4ª edizione italiana - Aprile 2004
Tradotto dall'edizione originale inglese:
London (4th edition, January 2004)

Pubblicato da EDT srl
su autorizzazione di Lonely Planet Publications Pty Ltd
ABN 36 005 607 983

In copertina foto in alto di Doug Mckinlay: Oxo Building; foto in
basso di Neil Setchfield: Great Court, British Museum. Sul retro
foto di Neil Setchfield: Canary Wharf Underground Station. Le
fotografie di questo libro sono state fornite da Lonely Planet
Images www.lonelyplanetimages.com

ISBN 88-7063-714-X

Stampato da Milanostampa - A.G.G. Printing Stars s.r.l.,
Farigliano, CN (Italia)

Gli autori

MARTIN HUGHES

Martin è nato a Dublino, dove ha completato gli studi e si è occupato per cinque anni di giornalismo e pubbliche relazioni. Successivamente si è trasferito a Londra e, dopo aver svolto lavori saltuari, è partito per un giro del mondo durato tre anni (pur ritornando nella capitale ogni estate per racimolare un po' di denaro). Alla fine si è stabilito a Melbourne, dove lavora come giornalista freelance e scrittore di viaggi. Almeno due volte l'anno rientra a Londra per tenersi aggiornato e svolgere attività culturali.

Oltre ad avere coordinato questa guida, Martin ha scritto i capitoli Introduzione, Vita quotidiana (con l'aiuto di Sarah Johnstone) e Storia e ha collaborato ad Arti, Quartieri, Pasti, Locali, Divertimenti e Pernottamento.

SARAH JOHNSTONE

Sarah si è trasferita a Londra subito dopo la laurea e qui vive tuttora da 12 anni. Giornalista freelance, ha lavorato per l'agenzia *Reuters*, il periodico *Business Traveller* e la rivista della Virgin distribuita sugli aerei. Alcuni suoi articoli sono apparsi sul *Times*, l'*Independent on Sunday* e *Face*.

Sarah ha scritto il capitolo Architettura e ha collaborato a Vita quotidiana, Arti, Quartieri, Locali, Divertimenti, Shopping e Pernottamento.

TOM MASTERS

Tom è cresciuto nel Buckinghamshire e si è trasferito nel quartiere di Bloomsbury all'età di 18 anni per studiare letteratura russa. A Londra ha cambiato indirizzo 10 volte, ma non ha mai abitato nei quartieri alti. Ha lavorato all'estero come giornalista e in televisione, ma la nostalgia per la capitale inglese l'ha spinto a tornare in città, nonostante l'inefficienza del sistema di trasporti pubblici e gli alti canoni d'affitto delle case londinesi.

Tom ha scritto i capitoli Itinerari a piedi, Escursioni e Informazioni e ha collaborato a Quartieri, Pasti, Locali, Divertimenti, Shopping e Pernottamento.

IL FOTOGRAFO

Neil Setchfield, gallese di nascita, negli ultimi 15 anni ha sempre lavorato come fotografo di viaggi. Le sue opere sono apparse in più di 100 giornali e riviste di tutto il mondo, nonché su libri di cucina e di viaggi. Nel tempo libero ama bere birra e trascorrere le serate in allegria.

Neil è rappresentato dalla Lonely Planet Images. Molte delle sue fotografie inserite in questa guida sono utilizzabili previa autorizzazione (consultare www.lonelyplanet images.com).

Introduzione

A Londra, di questi tempi, il sole è più luminoso che mai e la capitale inglese appare raggiante. È sempre stata una città affascinante, ma ora è anche uno dei luoghi più dinamici della Terra, all'avanguardia nella musica, nelle arti visive, nella moda, nella cinematografia e persino nel cibo. Non è più la 'swinging London' degli anni '60, ma è tornata sotto le luci della ribalta.

Questa gigantesca metropoli è un mondo intero concentrato in una sola città: un universo entusiasmante, travolgente, stimolante, spettacolare e ricco di possibilità. Queste qualità fanno di Londra una città in cui sognare di trovarsi, in grado di soddisfare le più diverse aspettative.

Non soltanto possiede stupendi e celebri edifici storici quali il Big Ben, St Paul's Cathedral e Westminster Abbey, ma può anche vantare un'incredibile ricchezza di musei e di gallerie d'arte tra i più importanti del mondo (dal 2002 quasi tutti gratuiti). La Londra di Harrods, del Ritz, di Buckingham Palace e di Mayfair affascina ancora per quella sua atmosfera carica di echi del passato, ma la Londra di oggi rivolge il suo sguardo al futuro.

Sospinta dall'energia e dalla vitalità di una popolazione costituita da circa 40 diversi gruppi etnici, la città è un mosaico di culture senza paragoni quanto a complessità e varietà. A un numero di abitanti che oscilla tra i 7 e i 12 milioni (a seconda del territorio preso in considerazione), si aggiungono ogni anno 30 milioni di visitatori, che Londra riceve (di solito) a braccia aperte, pur mantenendo intatta, sotto un'apparenza cosmopolita, la sua tipica personalità.

Vagare tra le sue vie bagnate dalla pioggia è un'esperienza unica. Vi affascineranno le sue tipiche icone, quali gli autobus rossi a due piani, i taxi neri, gli agenti di polizia con i loro tipici copricapi, gli impiegati in abito gessato e i cartelli della metropolitana. Alcuni suoni, poi, continueranno a echeggiare nelle vostre orecchie anche dopo che la vostra avventura londinese sarà terminata: gli accenti di ogni parte del mondo, i motori diesel dei taxi neri, le voci dei venditori di giornali e, di tanto in tanto, la colorita imprecazione di qualcuno a cui avete tagliato la strada.

Informazioni

Popolazione 7,2 milioni
Fuso orario Ora di Greenwich (un'ora in meno rispetto all'Italia)
Camera matrimoniale a tre stelle £130
Un caffè nel West End £1,75
La corsa meno cara con il Tube £2
Tabù Parlare di 'Cool Britannia' – lo fanno solo gli stranieri
Una pinta di birra chiara (lager) £2,25
Come irritare un londinese Stare sulla sinistra della scala mobile in una stazione del Tube
La vista più bella Dal Waterloo Bridge
L'ultima espressione slang per dire cocaina 'Celebrity hairdresser' (parrucchiere delle celebrità)

Se poi cercate i pub frequentati un tempo da Dickens o i soldati con i grandi cappelli di pelle d'orso o ancora il nuovo negozio di moda di Stella McCartney, non è necessario allontanarsi molto dal cuore della metropoli. Inoltre, i luoghi che si possono raggiungere solo affrontando una camminata impegnativa valgono davvero la pena – il Valhalla vittoriano dell'Highgate Cemetery, la casa del cricket al Lord's Cricket Ground o lo splendido Hampton Court Palace, tanto amato da re Enrico VIII. Cercando con attenzione scoprirete autentiche gemme nascoste, quali l'insolito Sloane's Museum, le interessanti Cabinet War Rooms o il modernissimo Design Museum.

Il centro cittadino è costellato di piazze eleganti e spazi verdi. A poca distanza, a piedi o in metropolitana, Primrose Hill, Richmond Park e Hampstead Heath offrono un'ampia vista panoramica sulla città, anche se nessuna può eguagliare quella che si gode dal London Eye.

Di sera, chi non vuole trascorre la serata al pub o nelle tipiche taverne vittoriane, può scegliere tra un fitto programma di eventi culturali e artistici che non ha eguali al mondo.

In ogni caso, sarà difficile poter dire di aver vissuto Londra fino in fondo. La città cambia troppo rapidamente per essere compresa appieno, soprattutto dai turisti, che hanno sempre poco tempo a disposizione. Nonostante questo vi incanterà e vi sedurrà, regalandovi ogni giorno emozioni intense e travolgenti. Conoscere Londra non significa collezionare visite a monumenti o musei seguendo un itinerario prestabilito, ma piuttosto immergersi nell'atmosfera allegra e accogliente di un pub tradizionale, guardare una partita di calcio in televisione e passare ore a leggere i giornali della domenica. Significa fare un giro a Camden, passare una serata in un club a Brixton e una all'opera; oppure visitare il giardino dove Keats scrisse la sua poesia più celebre, l'ode *A un usignolo* (1819; in *Poesie*, Einaudi, Torino 2003). Significa godersi gli aromi di una passeggiata a Chinatown e una gita in barca sul Tamigi, oppure essere sgridati per non aver rispettato la coda. Significa rimanere affascinati dalla storia, incantati dall'architettura e sbalorditi dal clima multiculturale; ma anche godersi i rari giorni di sole e rassegnarsi, quando piove, alle chiacchiere sul tempo. Significa continuare a vivere la città anche quando chiudono i locali pubblici, ma soprattutto lasciarsi trasportare dal flusso, dalla corrente, dal ritmo di una città in continuo movimento.

L'importante, come c'è scritto nelle stazioni della metropolitana, è 'mind the gap': stare attenti al gradino!

LA GIORNATA LONDINESE IDEALE DI MARTIN

La mia tipica giornata londinese incomincia pigramente: faccio colazione con uova strapazzate in un caffè di Soho, in compagnia del quotidiano *Guardian*. Poi me ne vado alla National Gallery, dove visito *una parte* dell'imponente collezione, quindi trovo un attimo di tempo per fermarmi ad ammirare il cuore pulsante della città, Trafalgar Square. Attraversando l'assolato St James's Park, spero di richiamare l'attenzione del pellicano che tempo fa mi aveva seguito attraverso il giardino come uno sfacciato artista di strada. Poi mi immergo nella solennità di Westminster, sincronizzo il mio orologio con quello del Big Ben e attraverso il Tamigi. Girando per la rinata South Bank, raggiungo la bancarella dei succhi di frutta nell'animato mercato di Borough dove esclamo più volte 'pukkah!' (slang: fichissimo!) come se fossi un cliente abituale. Alla Tate Modern ammiro la collezione, l'architettura e la vista dal terrazzo del caffè al settimo piano. Poi compro una T-shirt da Topman e una camicia da Zara: sono economiche e all'ultima moda. Alla più vicina fermata d'autobus aspetto un Routemaster per fare un giro in città seduto in prima fila. Quando sono vicino alla mia fermata, mi tengo un po' distante dall'uscita fino a quando il

Il meglio di Londra
- National Gallery (p92)
- St James's Park (p120)
- South Bank (p138)
- Trafalgar Square (p91)
- Westminster (p123)

bigliettaio non mi dice di scendere. Entro in un pub caratteristico e ordino un tipico piatto di fish and chips (pesce e patatine fritte) e una real ale ('birra genuina', cioè fermentata naturalmente) mentre guardo in televisione l'Arsenal che batte lo United per cinque a zero. Esco per farmi un giro e tiro fino a tardi.

Martin Hughes

Vita quotidiana

Vita quotidiana

LONDRA OGGI

Londra, ben lontana dall'essere quella città fredda e indifferente spesso descritta dagli osservatori più pigri, è invece una metropoli ospitale, piena di vita e di realtà molto diverse fra loro, in senso sia letterale, sia metaforico. Accanto alla città che decide le tendenze internazionali della moda e delle arti, c'è la Londra tradizionale di Harrods, di Buckingham Palace e del Ritz, ed è proprio tale giustapposizione che conferisce vitalità e intensità a una città che ha fatto del continuo mutamento uno stile di vita. Ma che cosa significa viverci?

Uno dei maggiori problemi per i londinesi sono i trasporti, una sfida che il sindaco Ken Livingstone è particolarmente ansioso di affrontare. Nel 2003 ha deciso di imporre una tassa di £5 sulle auto private che circolano in centro. La popolazione ha protestato vivacemente, ma poi, dopo pochi mesi, si è congratulata con lui perché gli ingorghi erano praticamente scomparsi e in centro la velocità media era aumentata di 10 km l'ora. Livingstone ha anche intenzione di unificare l'intero sistema dei trasporti cittadini e ha aumentato il numero di autobus in servizio, anche se il suo progetto più ambizioso è quello di riorganizzare il sistema della metropolitana. Il Tube è bello, persino efficiente, se non siete costretti ad affidarvi quotidianamente ai suoi treni. Se *dovete* assolutamente usarli, infatti, sappiate che non sempre sono affidabili. Il sindaco intende impegnarsi con forza per il miglioramento del servizio, anche per impedire che il governo centrale privatizzi l'intero settore.

Naturalmente, come qualunque altra città, Londra ha diversi problemi. Uno dei più sgradevoli è l'immondizia nelle strade. In alcune zone le cose vanno meglio che in altre – Soho viene ripulita a fondo ogni mattina – ma è assai riprovevole che la gente butti per terra la spazzatura. È triste e irritante veder i rifiuti gettati dai finestrini delle auto, o lasciati direttamente in strada.

Non sono solo i turisti a lamentarsi del costo della vita. Con i suoi edifici bassi, Londra non riesce a ospitare tutti coloro che vorrebbero viverci, e attualmente si assiste alla più imponente *emigrazione* dalla capitale che si sia verificata dalla fine della seconda guerra mondiale. I lavoratori costretti ad abitare lontano dal centro devono affrontare diverse ore di spostamenti quotidiani. La lista d'attesa per le case popolari è praticamente infinita e la maggior parte dei giovani in cerca di casa deve fare ricorso al costoso mercato immobiliare. Il sindaco, comunque, si sta attivando anche su questo fronte (v. Pianificazione e sviluppo urbano a p33).

L'esodo, in ogni caso, non toglie linfa vitale alla città: essa rimane il centro dei rapporti sociali e lavorativi. La tendenza ad abbandonare la capitale ha favorito la nascita di città in miniatura totalmente autosufficienti, mentre la domanda di abitazioni

Argomenti di conversazione alla moda

- 'Chi sarà il prossimo a essere eliminato?' Benché la popolarità del *Big Brother* (Il Grande Fratello) sia un po' in declino, l'Inghilterra stravede tuttora per questo show: nelle due serie precedenti i voti per le 'nomination' sono stati quasi il doppio di quelli espressi nel 2003 in occasione delle elezioni locali. E chi non guarda la trasmissione la odia talmente che non può fare a meno di parlare dell'interesse che suscita in tutto il paese.

- I londinesi amano la celebrità e quel pizzico di esibizionismo che contribuisce ad alimentarla. L'attrice Elizabeth Hurley, per esempio, ha destato scalpore per essersi presentata in pubblico con un vestito tenuto insieme solo da spille di sicurezza.

- 'Avremo le Olimpiadi?' Londra, lasciatasi alle spalle la disavventura del Millennium Bridge, sta facendo di tutto per assicurarsi le Olimpiadi del 2012. Se ci riuscirà, saranno recuperate vaste aree dell'East End. Gli altri concorrenti sono notevoli: anche Parigi, New York, Madrid, Mosca e Istanbul sono in attesa della decisione che sarà comunicata nel luglio del 2005.

- 'Come sta andando il Real Madrid?' Tutta la Gran Bretagna è innamorata di David Beckham, il bel capitano della nazionale di calcio inglese, l'uomo del quale si parla di più in tutto il paese, che è chiamato anche 'Adone'.

Liverpool St Station

in centro ha portato al recupero di molte aree e a un notevole rinnovamento urbano. Ora Londra ha un aspetto più attraente che mai. Il centro non è più intasato dal traffico, gli edifici sono stati ripuliti e ne sono stati costruiti di nuovi; zone un tempo fatiscenti come Clerkenwell, Shoreditch e Hoxton sono diventate vivaci e alla moda, la South Bank (riva sud) del Tamigi – a lungo trascurata – oggi è una sorta di galleria d'arte e parco divertimenti della metropoli, mentre importanti interventi in Trafalgar Square hanno riportato alla luce il magnifico spazio pubblico di un tempo.

Una delle caratteristiche più recenti di Londra, segno del suo status di importante polo d'attrazione, è costituita dal gran numero di giovani europei che scelgono di trasferirsi nella capitale britannica (molti trovano lavoro nel campo della ristorazione e dei servizi alberghieri). Oltre a contribuire alla creazione di un'atmosfera cosmopolita più europea, gli arrivi dal continente alimentano la speranza di bere prima o poi un caffè decente.

Se per alcuni aspetti sono sofisticati, per altri i londinesi paiono alcune volte privi di buon senso. Negli ultimi dieci anni sono spuntati così tanti caffè, pub e ristoranti appartenenti alle varie catene, che ora è difficile distinguere una via dall'altra. La catena Starbucks è l'indiziata più recente: ha sommerso la città di locali, e più di altre concorrenti rischia di trasformare Londra in un luogo dove i quartieri hanno tutti lo stesso aspetto.

L'economia del Regno Unito è in continua crescita e nell'aria si avverte un rinnovato entusiasmo. Nonostante i molti contrattempi verificatisi nella costruzione del Millennium Bridge (un ponte che oscillava tanto da dover essere chiuso) e del costosissimo complesso del Millennium Dome, i londinesi hanno sorpreso per l'impegno e la fiducia con cui hanno affrontato la sfida per aggiudicarsi l'organizzazione delle Olimpiadi del 2012.

Ci sono cose che gli abitanti della capitale prendono molto sul serio. Anche se è più probabile che siano disposti a votare per l'eliminazione di un concorrente del *Grande Fratello* che non per le elezioni politiche, a Londra esistono attivi e consistenti gruppi radicali pronti a scendere in strada per sfidare il governo. Nel 2003, da uno a due milioni di persone hanno marciato per protestare contro l'imminente invasione dell'Iraq da parte delle truppe americane e britanniche. Le proteste, i raduni e le assemblee fanno parte della natura più intima di questa città.

Ciò che sorprende è che Londra – antica e moderna, estesa ma compatta, impegnata e indifferente, flemmaticamente inglese e sempre più multiculturale – funziona perfettamente bene. È una lezione di vita per alcuni e un rito di passaggio per altri. In ogni caso, una città indimenticabile.

...O ...ENTI

... ...ndra non è condizionato ... ...al periodo dell'anno, anche ... ...te d'estate il sole splende, ci s... ... in quantità e l'umore generale è mig... ...re. La primavera e l'autunno sono stagioni propizie per una visita: in città c'è meno gente e non piove spesso. L'inverno è freddo, umido e buio, ma non mancano le occasioni di divertimento.

Per un elenco completo degli eventi che si svolgono a Londra e nei dintorni, procuratevi il quindicinale della LTB *Events in London* e il relativo opuscolo *Annual Events*. Potete anche consultare il sito web www.londontouristboard.com oppure telefonare alla **London Line** (☎ 09068 663344).

GENNAIO
CAPODANNO
A Trafalgar Square, dove si svolge la festa più scatenata, si fa il conto alla rovescia in attesa della mezzanotte. Se la mattina successiva riuscite ad alzarvi, potrete vedere il sindaco di Westminster alla testa di 10.000 musicisti e artisti di strada sfilare nel centro cittadino da Parliament Square a Berkeley Square dando vita alla vivace London Parade.

INTERNATIONAL BOAT SHOW
Excel, Docklands; www.bigblue.org.uk
All'inizio di gennaio prende il via una mostra che ha come tema tutto ciò che può navigare.

LONDON ART FAIR
Business Design Centre, Islington;
www.londonartfair.co.uk
Più di 100 importanti gallerie d'arte partecipano a questa fiera dell'arte contemporanea, oggi una delle più imponenti d'Europa, che prevede anche esposizioni a tema, manifestazioni speciali e la partecipazione dei migliori artisti emergenti.

CAPODANNO CINESE
Chinatown; www.chinatown-online.co.uk
Alla fine di gennaio/inizio di febbraio Chinatown spumeggia, scoppietta ed esplode in questa festa pittoresca che si svolge nelle sue strade e prevede la sfilata del Golden Dragon (drago d'oro) nonché cibo e bevande a volontà.

• FEBBRAIO
PANCAKE RACES
Spitalfields Market, Covent Garden e Lincoln's Inn Fields
Il Martedì Grasso, alla fine di febbraio/inizio di marzo, in vari punti della città si può assistere alle corse delle frittelle e ad altre celebrazioni del carnevale.

MARZO
HEAD OF THE RIVER RACE
Tamigi, da Mortlake a Putney; www.horr.co.uk
Circa 400 equipaggi partecipano a questa pittoresca regata che si svolge ogni anno su un percorso di 7 km.

APRILE
LONDON MARATHON
Da Greenwich Park al Mall; www.london-marathon.co.uk
Circa 35.000 atleti, amatori e non, attraversano Londra in una delle più imponenti maratone su strada del mondo.

OXFORD & CAMBRIDGE BOAT RACE
Da Putney a Mortlake; www.theboatrace.org
Una grande folla si dispone su entrambe le sponde del Tamigi per assistere a questa regata che ha cadenza annuale, in cui due tra le più celebri università del paese cercano di superarsi a forza di remi.

MAGGIO
ROYAL WINDSOR HORSE SHOW
www.royal-windsor-horse-show.co.uk
Prestigiosa manifestazione equestre che dura cinque giorni, seguita dalla famiglia reale, dalla nobiltà, ma anche da molta gente comune.

CHELSEA FLOWER SHOW
Royal Hospital Chelsea; www.rhs.org.uk
La più rinomata esposizione di fiori del mondo richiama pollici verdi da paesi vicini e lontani.

GIUGNO
ROYAL ACADEMY SUMMER EXHIBITION
Royal Academy of Arts; www.royalacademy.org.uk
Rassegna annuale d'arte che si svolge da giugno ad agosto e vede la partecipazione, con circa 1000 opere, di artisti provenienti da tutta la Gran Bretagna.

Solo a Londra

Hot Cross Bun Ceremony (Widow's Son Pub, 75 Devon St; Venerdì Santo) Questa nostalgica cerimonia rievoca un Venerdì Santo di tanti anni fa, quando una donna mise in un cestino una focaccina con sopra una croce ('hot cross bun') – che si credeva portasse fortuna – per propiziare il ritorno del marito da un viaggio in mare. Ma il tempo passava senza che ciò avvenisse, e ogni anno alla stessa data la donna metteva un'altra focaccia nel cesto nell'incrollabile speranza di rivedere il marito. Quando morì, la sua casetta fu demolita e al suo posto fu costruito un pub che conserva tuttora quelle focaccine e continua la tradizione.

Changing of the Quill (St Andrew Undershaft Church, St Mary Axe, 6 aprile; ☎ 7283 2231) Ogni tre anni (la prossima volta sarà nel 2005) si celebra un servizio religioso in memoria di John Stow, il primo storiografo di Londra, sepolto in questa chiesa. Dopo aver tenuto un discorso rivolto al monumento funebre, il Lord Mayor (il sindaco) pone nella mano della statua una penna d'oca nuova, in sostituzione di quella precedente, e regala la vecchia al bambino che in quei tre anni ha scritto il miglior saggio su Londra.

Dogget's Coat & Badge Race (Sul Tamigi dal London Bridge a Chelsea; luglio – la data varia in base alla marea) Thomas Dogget, attore e impresario teatrale irlandese, organizzò nel 1715 questa regata a cui presero parte i barcaioli principianti che, a quel tempo, erano un po' come i tassisti della Londra attuale. I vogatori gareggiano tuttora per conquistare il mantello e il distintivo ('coat & badge') di Dogget (ma ai loro club vengono dati anche premi in denaro), e il vincitore è festeggiato nel corso di una cerimonia tradizionale guidata da due mazzieri, che si svolge nella Banqueting Room della Fishmongers' Hall.

Swan Upping (Terza settimana di luglio) Questo annuale censimento della popolazione dei cigni, che avviene in alcuni tratti del Tamigi, risale al XII secolo, quando la Corona rivendicava la proprietà di tutti i cigni muti, una nobile prelibatezza a quei tempi. Secondo la tradizione, gli Swan Markers ('marchiatori di cigni') e gli Swan Uppers ('rivoltatori di cigni') della regina indossano uniformi scarlatte e hanno imbarcazioni ornate con bandiere e stendardi. Lo 'upping' è l'atto con cui si rivoltano i cigni per contrassegnarli o controllare se i loro becchi siano marchiati. Nel XV secolo la Corona concesse la proprietà dei cigni con i becchi marchiati alle corporazioni dei vinai e dei tintori.

Horseman's Sunday (Hyde Park Crescent; settembre) Un parroco in sella a un cavallo benedice più di 100 cavalli fuori della chiesa di St John e St Michael (W2). Segue un concorso ippico di salto ostacoli nei Kensington Gardens.

Punch & Judy Festival (Covent Garden Piazza; fine settembre/inizio ottobre) Alla fine dell'estate gli appassionati si ritrovano nel cuore turistico di Londra per assistere a una serie di spettacoli di marionette e burattini che si tengono proprio nel luogo dove avvenne secoli or sono la prima rappresentazione del genere.

Pearly Harvest Festival Service (St Martin-in-the-Fields, Trafalgar Square; www.pearlies.co.uk; inizio ottobre) Più di 100 Pearly Kings e Queens ('re e regine dei bottoni di madreperla'; v. p12) assistono a una funzione religiosa che si svolge nella chiesa, vestiti con i loro costumi tutti decorati di bottoni scintillanti. Al termine si battono le mani sulle cosce, posano per i fotografi e prendono parte a una festa danzante.

BEATING THE RETREAT
Horse Guards Parade, Whitehall

Questa pomposa parata patriottica, che è una sorta di prova generale del compleanno della regina, vede sfilare bande militari con gran rullare di tamburi.

TROOPING OF THE COLOUR
Horse Guards Parade, Whitehall

Il compleanno della regina (è nata in aprile, ma in giugno il tempo è migliore) è celebrato con grande sventolio di bandiere, parate, spettacoli fastosi e rumorose esibizioni aeree.

ARCHITECTURE WEEK
www.architectureweek.org.uk

Durante la 'settimana dell'architettura', che si svolge alla fine di giugno, si possono visitare importanti edifici e paesaggi urbani in ogni parte della città.

WIMBLEDON LAWN TENNIS CHAMPIONSHIP
www.wimbledon.com

Il più favoloso torneo tennistico del mondo si svolge – tempo permettendo – in un clima festoso, tra fragole, crema, tradizione e soprattutto smash.

LUGLIO

CITY OF LONDON FESTIVAL
www.colf.org

Due settimane di musica, danza e teatro di alta qualità ospitati nelle chiese, nelle piazze e negli edifici più belli del quartiere finanziario della capitale.

PRIDE PARADE

www.prideparade.org

Gay e lesbiche dipingono la città di rosa in occasione di questa spettacolare manifestazione annuale che propone una sfilata e, di sera, una grandissima festa in Hyde Park (i luoghi in cui si svolge l'evento possono cambiare).

GREENWICH & DOCKLANDS INTERNATIONAL FESTIVAL

www.festival.org

Ogni weekend di luglio si può assistere, quasi sempre gratuitamente, a spettacoli di danza, musica e teatro all'aperto sulle due sponde del Tamigi.

SOHO FESTIVAL

www.thesohosociety.org.uk

Consiste in buffi giochi quali la 'corsa dei camerieri' o la gara a chi mangia più spaghetti. È una manifestazione indetta per raccogliere fondi da devolvere in beneficenza e prevede l'allestimento di molte bancarelle.

BBC PROMENADE CONCERTS (THE PROMS)

www.bbc.co.uk/proms

Due mesi di eccellenti concerti di musica classica eseguiti in vari luoghi prestigiosi. L'ultima serata è trasmessa in diretta TV da Hyde Park.

RESPECT FESTIVAL

www.respectfestival.org.uk

Festival gratuito di musica e danza all'aperto (in luoghi sempre diversi), con la partecipazione di grandi artisti che intendono promuovere i valori dell'antirazzismo.

AGOSTO

to duck

NOTTING HILL CARNIVAL

www.thecarnival.tv 28/08

La più grande festa all'aperto d'Europa – e la più vivace della città – celebra nel weekend festivo (Bank Holiday) d'estate la Londra caraibica con musica, balli e costumi.

GREAT BRITISH BEER FESTIVAL

www.gbbf.org

Questo festival richiama ogni anno decine di migliaia di persone che qui possono gustare birre di ogni tipo, britanniche ed estere.

SETTEMBRE

THAMES FESTIVAL

www.thamesfestival.org

Questa festa cosmopolita, che celebra il famoso fiume di Londra, cioè il Tamigi, offre alle famiglie tante occasioni di divertimento, con fiere, teatro di strada, musica, bancarelle, fuochi d'artificio, regate sul fiume e la spettacolare 'processione delle lanterne'.

GREAT RIVER RACE

Da Ham House all'Isle of Dogs; www.greatriverrace.co.uk

In questa tradizionale regata, chiatte, dragon boat e navi vichinghe gareggiano su un percorso di 35 km.

LONDON OPEN HOUSE

www.londonopenhouse.org

In un weekend di fine settembre tutti i londinesi sono invitati a visitare più di 500 edifici storici di solito chiusi al pubblico.

OTTOBRE

DANCE UMBRELLA

www.danceumbrella.co.uk

L'annuale festival di danza contemporanea propone cinque settimane di spettacoli cui partecipano, esibendosi in varie sale della città, compagnie britanniche e di altre nazioni.

TRAFALGAR DAY PARADE

Trafalgar Square

Per commemorare la vittoria di Nelson su Napoleone, alcune bande musicali convergono in Trafalgar Square e depongono una corona ai piedi della colonna di Nelson.

LONDON FILM FESTIVAL

National Film Theatre e sale varie; www.lff.org.uk

La più importante rassegna cinematografica londinese richiama i grandi nomi internazionali e offre l'opportunità di assistere in anteprima a più di 100 film da ogni parte del mondo.

NOVEMBRE

LONDON TO BRIGHTON VETERAN CAR RUN

Serpentine Road; www.vccofgb.co.uk/lontobri

Le auto partecipanti a questo raduno, che devono essere state costruite prima del 1905, si ritrovano all'alba in Hyde Park, poi iniziano la loro corsa alla volta di Brighton.

STATE OPENING OF PARLIAMENT
House of Lords, Westminster; www.parliament.co.uk
La regina, tra salve di cannoni, fa visita al Parlamento sulla carrozza di stato per riconvocarne i membri dopo la lunga pausa estiva.

GUY FAWKES NIGHT (BONFIRE NIGHT)
Per commemorare il fallimento del tentativo di Guy Fawkes di far saltare in aria il Parlamento (1605), il 5 novembre si accendono falò ('bonfires') e fuochi d'artificio. I luoghi in cui si svolge la manifestazione sono Primrose Hill, Alexander Palace, Clapham Common e Crystal Palace Park.

LORD MAYOR'S SHOW
www.lordmayorsshow.org
In base a quanto stabilito dalla Magna Carta nel 1215, all'atto della sua elezione il Lord Mayor (il sindaco) si reca con una carrozza di stato dalla Mansion House (il municipio) alle Royal Courts of Justice per chiederne l'approvazione ufficiale. I carri allegorici, le bande e i fuochi d'artificio si sono aggiunti alla cerimonia in epoca più tarda.

REMEMBRANCE SUNDAY
Cenotaph, Whitehall
Tutti i partecipanti indossano un papavero rosso. La regina, il primo ministro e altre alte cariche dello stato depongono corone ai piedi del cenotafio che ricorda i caduti delle due guerre mondiali.

DICEMBRE
LIGHTING OF THE CHRISTMAS TREE & LIGHTS
A bordo di un carro alcuni personaggi famosi accendono tutte le luci natalizie che decorano Oxford St, Regent St e Bond St, mentre un enorme abete norvegese viene innalzato in Trafalgar Square.

CULTURA
IDENTITÀ
È inutile cercare un londinese tipico, perché non esiste. Benché la popolazione sia soprattutto bianca e anglosassone, più di un quarto degli abitanti appartiene a etnie diverse, e il 'londinese tipico' del XXI secolo può indossare tanto il turbante quanto la bombetta, il burqa come il gessato o la maglietta dei Los Angeles Lakers o ancora una camicia Ben Sherman. Londra è in continuo mutamento, e questo è il segreto della sua forza.

Nel corso di tutta la sua storia, la capitale ha assistito al continuo arrivo di profughi e immigrati. Assai presto sono nate comunità di irlandesi, greci, cinesi, turchi ed ebrei che a Londra si stabilirono in modo definitivo. Negli anni '50 la Gran Bretagna aprì le porte per accogliere grandi masse di emigranti provenienti dalle ex colonie dell'impero, in particolare dal Sub-continente indiano, dalle Indie occidentali e dall'Africa.

Naturalmente i nuovi arrivati si sistemarono nei quartieri in cui già risiedevano i loro conterranei, e in breve tempo queste zone assunsero le caratteristiche delle varie etnie in quanto chi vi abitava tendeva a conservare i propri costumi e il proprio modo di vivere: i sikh a Southall, i bengalesi a Shoreditch, i cinesi a Soho, i caraibici a Brixton, gli africani ad Hackney, gli irlandesi a Kilburn, i vietnamiti a Hackney, gli ebrei a

Galateo da metropolitana
Dato il ruolo fondamentale che gioca nella vita londinese, è naturale che il Tube, cioè la metropolitana, abbia un suo codice di comportamento. Chi non vi si attiene, rischia di far irritare parecchio i londinesi. Ecco quindi le regole da seguire.

Per cercare la giusta direzione, non fermatevi subito dopo aver superato i tornelli. Non mettetevi, in nessun caso e per nessun motivo, sul lato sinistro della scala mobile: è riservato a chi ha molta più fretta di voi. Quando arriva il treno, non cercate di salire subito: mettetevi da parte e aspettate che siano scesi tutti i passeggeri. Quanto ai quotidiani, al mattino è considerata una gentilezza lasciare sul sedile, quando si scende, il giornale del giorno; lo stesso gesto non è apprezzato la sera, quando il giornale diventa inevitabilmente spazzatura. Infine, state sempre attenti al gradino.

Regalità londinese

I sovrani cockney (popolani) sono i Pearly Kings & Queens, cioè i re e le regine dei bottoni di madreperla, gli scintillanti personaggi che portano cucite sui loro abiti decine di migliaia di bottoni ornamentali. Un venditore ambulante dell'Ottocento, di nome Henry Croft, volendo raccogliere denaro per i poveri, per attirare l'attenzione cominciò a cucire sui suoi abiti dei bottoni di madreperla. Subito altri seguirono il suo esempio e così nacque una tradizione. Oggi i re e le regine dei bottoni, spesso discendenti di quelli di un tempo, lavorano per organizzazioni benefiche e si ritrovano all'inizio di ottobre nella chiesa di St Martin-in-the-Fields, in Trafalgar Square, per la loro festa annuale (www.pearlies.co.uk) a cantare, parlare in slang, posare per i fotografi e battersi le mani sulle cosce.

Golders Green e i ciprioti, i turchi e i curdi a Stoke Newington. Poi, con l'avvento delle nuove generazioni, i muri cominciarono a cadere e ora i confini, se esistono, sono assai vaghi. Oggi i londinesi sono di ogni colore e praticano ogni genere di religione.

Nella Greater London (la Grande Londra, o Londra metropolitana) vivono circa 12 milioni di persone, 7,2 milioni delle quali nel centro o nelle sue vicinanze. La popolazione cresce dell'1,4% l'anno e l'età media sta diminuendo (36 anni, contro i 38 della media nazionale). Il numero di abitanti di colore è superiore a quello che si registra in ogni altra città europea. Con 33 comunità etniche stimate e ben 300 lingue parlate, non è esagerato che il sindaco definisca Londra 'un mondo in una città'.

È praticamente impossibile generalizzare parlando di una città così grande e articolata, ma cercheremo di fare del nostro meglio. I pregiudizi più diffusi, secondo i quali i londinesi sarebbero riservati, inibiti e fin troppo educati, sono sciocchezze. Si dice che siano silenziosi quando viaggiano in Tube, ma in qualunque metrò del mondo è difficile che i passeggeri facciano conoscenza tra loro. È vero invece che sono educati e sanno stare in coda. D'altronde, Londra è uno dei luoghi più affollati del pianeta: niente di più naturale, quindi, che si adotti un comportamento utile a fronteggiare i problemi della convivenza.

Le persone non sono necessariamente riservate anche se, come chiunque abiti in una grande città, si muovono nel loro piccolo mondo di amicizie e interessi. A volte sono solo troppo occupate per dare retta ai turisti. Al tempo stesso, però, non sono mai insensibili a una richiesta d'aiuto, e se dovesse capitarvi di dare una mano a un londinese sappiate che costui vi sarà grato per sempre.

I londinesi sono tolleranti, non si scompongono per un abbigliamento o un comportamento sconvenienti. Raramente hanno atteggiamenti di sciovinismo, razzismo, sessismo o qualunque altro 'ismo' vi venga in mente. Le ben note tensioni razziali del nord dell'Inghilterra a Londra sono sconosciute da decenni. L'annuale London Pride (fine giugno/inizio luglio) è una vivace celebrazione della cultura gay che si svolge senza incidenti, e racconta da sola la storia di una Londra che ha saputo assorbire senza difficoltà emigranti e profughi.

In una metropoli di queste dimensioni, tuttavia, non è necessario guardare troppo lontano per trovare l'esatto opposto di quanto abbiamo appena detto. L'immagine degli hooligan inglesi nel mondo del calcio è di scottante attualità, anche se in ogni cultura bande di teppisti e birra a fiumi sono ricette infallibili per comportamenti eccessivi. In tutta la capitale noterete sacche d'intolleranza, ma finché non sfiderete i bulli del luogo o non vi prenderete delle 'libertà', non avrete problemi nella Londra turistica. I giorni dal lunedì al venerdì sono tutti lavoro e pendolarismo, ma il venerdì sera e il sabato si fa festa, mentre la domenica è dedicata ai postumi della sbronza, ai giornali, agli arrosti per pranzo e al calcio in TV. Molti londinesi sostengono qualche causa, si scagliano contro le ingiustizie e partecipano alle dimostrazioni di protesta, ma è più probabile che discutano tranquillamente delle stesse questioni davanti a una pinta di birra.

L'unica cosa che amano più della celebrità è l'improvvisa demolizione della stessa. È un passatempo diffuso osannare chi sta per diventare importante, attendere che arrivi alle soglie del mito e poi lamentarsi che 'un tempo era uno che valeva ma adesso fa schifo'. I londinesi sono costantemente all'inseguimento di ciò che è alla moda, cercando di mantenersi sempre 'in'. Coloro i quali amano la musica, le arti, la letteratura e lo sport hanno preso l'abitudine di volare con le compagnie a tariffe scontate e trascorrere i weekend nelle capitali europee, ma in verità non cambierebbero Londra con nessuna città al mondo.

STILE DI VITA

Un giorno i londinesi sono felici e contenti perché Madonna ha scelto di risiedere a Londra e sono convinti che la loro città sia la migliore di tutto il pianeta. Il giorno dopo, bloccati su un affollatissimo treno del Tube e in ritardo al lavoro, hanno già cambiato idea. Londra è entusiasmante ma anche cara e congestionata, e se non si è ricchi come Madonna viverci può essere davvero difficile.

Per esempio, può voler dire correre a perdifiato per prendere al volo un vecchio autobus rosso della Routemaster. A volte si riesce a salire per un pelo, dall'entrata posteriore, e il traffico si dirada quasi per magia e ci si gode un magnifico viaggio. Altre volte, invece, ci si ritrova fermi poco dopo, con il motore in panne. Di tanto in tanto l'autobus parte prima che lo raggiungiamo, lasciandoci a tossire dietro ai suoi gas di scarico e ad agitare il pugno impotenti mentre cerchiamo di non finire sotto le ruote di un taxi nero.

I londinesi lavorano più ore degli altri cittadini dell'Unione Europea ma vivono anche nella città più cara d'Europa. Mentre l'Ufficio Nazionale di Statistica rileva che a Londra lo stipendio medio annuo è di £35.000 (£26.000 per chi non ha ancora compiuto trent'anni), uno studio recente mostra come chi acquista

Kensington (p132)

Vita quotidiana – Cultura

per la prima volta una casa debba affrontare una spesa media di £188.000. E la difficoltà sta nel fatto che le banche concedono mutui per una cifra non superiore a tre volte lo stipendio. Ancora più complicato è risparmiare le indispensabili £42.000 di deposito quando, secondo quanto rivelato dalla National Housing Federation, il prezzo dell'affitto di un appartamento con una camera da letto si porta via il 44% dello stipendio netto di un impiegato (il 78% per un alloggio con tre camere da letto). Solo chi lavora nella City, o chi guadagna da £60.000 a £200.000, ha un buon tenore di vita, anche se la recessione che ha colpito in questi ultimi anni il mercato azionario ha messo in crisi anche alcuni di questi fortunati benestanti.

Gli addetti a lavori dei servizi essenziali, quali gli infermieri, gli autisti delle ambulanze e gli insegnanti, devono cavarsela con meno di £24.000 l'anno e spesso, dato l'alto costo della vita nella capitale, sono costretti a fare i pendolari. I genitori della media borghesia non possono mandare i loro figli nelle costose scuole private ma devono scegliere quelle pubbliche, e i giovani single, occupati a far carriera, passano così tante ore in ufficio da doversi rivolgere alle agenzie per trovare un partner. Se questi sono i problemi che tormentano i diversi settori della popolazione, perché sette milioni di persone vivono a Londra?

Perché è a Londra che vogliono vivere. Perché è famosa in tutto il mondo. Perché è il motore economico della Gran Bretagna.

I top ten dei libri sulla cultura e società londinesi

- *18 Folgate Street* – Dennis Severs
- *Guide to Ethnic London* – Ian McAuley
- *London: A Biography* – Peter Ackroyd
- *London, A Social History* – Roy Porter (reperibile in biblioteca)
- *London in the 20th Century: A City and its People* – Jerry White
- *London Perceived* – VS Pritchett
- *London, The Unique City* – Steen Eiler Rasmussen (reperibile in biblioteca)
- *Pull No More Bines: My East End* – Gilda O'Neill
- *Sin City: London in Pursuit of Pleasure* – Giles Emerson
- *Soft City* – Jonathan Raban (reperibile in biblioteca)

Perché non ci sono solo le cartacce dei fast food, dei volantini pubblicitari e i sacchetti della spazzatura pieni di bottiglie di birra fuori dall'uscio di casa. Londra è il risultato impareggiabile di migliaia di anni di cultura. È uno dei luoghi più vivaci e culturalmente ricchi della Terra, dove si può ascoltare qualsiasi tipo di musica o cogliere conversazioni in circa 100 lingue diverse. "Non c'è città al mondo più internazionale di questa", ha detto giustamente il sindaco Ken Livingstone.

Benché circa il 30% della sua superficie sia destinata al verde pubblico, per qualità della vita Londra non si avvicina alle prime 10 città d'Europa. Ma viverci significa essere a contatto quotidiano con l'arte, e nello stesso tempo poter ordinare una colazione peruviana, pranzare con patate bollite e poi concedersi una cena indiana, greca, russa, caraibica.

Certo, i londinesi non sono immediatamente cordiali e non chiacchierano tra loro nei negozi o per la strada. Ma a questo rimediano sul lavoro, quando si ritrovano davanti al distributore delle bevande: allora gli argomenti di conversazione sono gli show televisivi come *The Sopranos*, le celebrità di cui si parla su riviste come *Heat*, o i colleghi d'ufficio appena sposati o le colleghe rimaste incinte. Con tanti pub e birre da provare, di solito dopo l'orario di lavoro si va a bere qualcosa con i colleghi. I londinesi, in questo secondi solo agli inglesi della provincia, hanno fatto del bere in compagnia una forma d'arte. Nei periodi dell'anno in cui hanno maggiore disponibilità economica (cioè non in gennaio), alcuni trascorrono probabilmente più tempo nel loro locale preferito che a casa.

I londinesi passano con indifferenza accanto ai personaggi famosi della televisione, del cinema e della musica perché li vedono regolarmente. Questo è il motivo per cui molte celebrità amano vivere qui e le occasioni di vederle sono maggiori che altrove.

Le distanze cittadine e le condizioni scadenti dei trasporti pubblici inducono gli abitanti a trovare il quartiere che più si adatta alle loro esigenze, anche se è difficile scegliere. Camden e la musica indie? O magari Notting Hill, quartiere alla moda? Hampstead e la cultura? Le nuove tendenze di Hoxton? O l'allegria di Soho? Ce n'è davvero per tutti i gusti.

Ma se Londra è una delle città più tolleranti del mondo (o proprio per questo), ciò non significa che il razzismo o l'omofobia non esistano affatto, oltre ad altri aspetti negativi. Le infrastrutture spesso malandate sono responsabili della povertà di alcuni strati della popolazione, anche se non esistono veri e propri ghetti, e in ultima analisi di una criminalità diffusa. Fortunatamente, però, l'aumento del 38% di aggressioni, furti di telefoni cellulari e di altri piccoli reati registrato nei 12 mesi precedenti il marzo 2002, si è ridotto al 16% grazie all'impegno della polizia metropolitana.

CUCINA

Scusate il gioco di parole, ma oggi a Londra il cibo è sulla bocca di tutti, e mangiare fuori è più di moda che andare in discoteca. Grazie ad alcuni gastronomi impegnati – e ad alcuni media specializzati sul tema – negli ultimi cinque o sei anni la ristorazione londinese ha conosciuto una vera e propria rivoluzione: chi proponeva una cucina pesante è stato messo al bando e sostituito da cuochi più abili ed esperti. Anche il buongustaio più attento non può non rimanerne impressionato.

Il caffè a Londra (p211)

Oggi mangiare fuori a Londra è stimolante, elegante e soddisfacente come mai prima d'ora. Non è eccessivo definire la capitale britannica una meta per gourmet, in quanto i ristoranti migliori possono ritenersi all'altezza dei più grandi del mondo. Furoreggiano i locali 'd'autore', come quelli di Gordon Ramsay o di Jamie Oliver: la loro inaugurazione può esercitare un richiamo non inferiore a quello delle sfilate di moda.

Quasi ogni giorno spuntano nuovi ristoranti, ed è difficile aprire un menu senza scoprire che nel locale lavora un celebre chef o che il proprietario è una celebrità.

Tutto ciò potrebbe sembrarvi non particolarmente interessante, se non avete dovuto 'subire' la cucina inglese *com'era una volta*. Londra, dopo tutto, è la capitale del paese in cui sono nati i fagioli con pane tostato, il purè di piselli e i panini con patatine fritte. Mentre prima venivamo a Londra *nonostante* il cibo, oggi scopriamo che invece è una delle principali attrattive.

Capita ancora di vedersi servire patatine unte, verdura stracotta e i piatti pesanti tipici della tradizione britannica (specie nei pub), ma è sempre più raro: i cuochi stanno assimilando le influenze cosmopolite delle altre culture ed è più probabile che nel vostro piatto scopriate un intero mondo gastronomico, dall'*agedashi* allo *zahtar*. Se vi guardate attorno con attenzione, vi accorgerete che sono praticate più di 70 diverse cucine, riflesso dell'ambiente multiculturale londinese. Tutti consumano ora una notevole quantità di piatti etnici: il tandoori del Sub-continente indiano, il kebab della Turchia e di Cipro, i polli di Kiev dell'Ucraina, il borscht della Polonia, l'*injera* dell'Eritrea, il falafel del Medio Oriente, il dim sum della Cina e il sushi del Giappone. La pizza e la pasta si trovano in tutte le vie importanti, e il curry rimane la specialità nazionale.

Ma l'attenzione per il cibo non tocca solo i ristoranti. Il cibo in sé è diventato all'improvviso degno d'interesse: i londinesi ne fanno un argomento di conversazione, e inoltre sono diventati più intraprendenti in cucina e più attenti al momento di fare la spesa. I mercati di frutta e verdura fresca sono tornati in auge, dopo decenni di predominio dei supermercati in tutto il mondo. L'allarme della stampa per la 'mucca pazza' in Gran Bretagna ha destato l'attenzione nei confronti dei prodotti biologici, che hanno cominciato a essere proposti da parecchi produttori, negozianti, venditori ambulanti e ristoratori. I timori destati dalla mucca pazza hanno inoltre infoltito la schiera dei non carnivori, e oggi i ristoranti propongono piatti vegetariani molto appetitosi.

Il problema è che tutto questo costa, e alla nuova realtà di Londra come capitale gastronomica non corrisponde un corretto rapporto qualità-prezzo. A meno che non siate degli esperti o non abbiate acquistato una guida affidabile, dovrete darvi da fare non poco per mangiare bene a un prezzo equo, e anche in tal caso non è detto che il ristorante non vi deluda. Potreste spendere £30 per un pasto cosiddetto 'modern European' (europeo moderno) che sembra cibo in scatola, ma anche £5 per un piatto indiano che vi soddisfa pienamente (seguite quindi i nostri consigli nel capitolo Pasti).

Se chiedete a un qualunque londinese che cosa ami di più della sua città, la ricchezza delle proposte culinarie figura quasi certamente in cima a ogni lista. Occorre chiarire, tuttavia, che il livello gastronomico complessivo non è così alto come i londinesi ritengono, ma è comunque almeno dieci volte migliore di quello di un tempo. Per non dire che si tratta di una conquista piuttosto recente.

I top chef

L'idea che vi siano dei cuochi celebri a Londra è relativamente recente, ma ormai universalmente riconosciuta. Ecco alcuni nomi che meritano una visita.

Gordon Ramsay Considerato 'il ragazzaccio' della sua categoria, è forse il migliore chef che Londra abbia mai avuto. Recentemente ha ottenuto la terza stella Michelin per il suo ristorante di Chelsea, ma è famoso per il suo temperamento passionale e a volte provocatorio non meno che per le sue squisite creazioni.

Jamie Oliver 'Ragazzo copertina' del panorama gastronomico, Oliver ha entusiasmato i fan della cucina con la sua serie TV *The Naked Chef* (Il cuoco nudo), così chiamata perché le ricette erano illustrate senza segreti e con semplicità. Forse esagera esibendo una parlata cockney fin troppo stretta, ma sembra un tipo davvero in gamba. Nel 2003 ha aperto un nuovo ristorante che ha chiamato Fifteen (Quindici, p218), e per gestirlo ha chiamato 15 ragazzi con scarse possibilità economiche che ha avviato al mestiere di chef per farli poi lavorare sotto la sua guida.

Nigella Lawson Nessuno è riuscito a far appassionare gli uomini al mondo della cucina come questa chef televisiva, la cui sensualità desta non minore attenzione della sua ricetta della costata d'agnello.

La cucina tradizionale inglese

La cucina inglese, benché non sia mai stata tra le più richieste del mondo, ha però i suoi punti di forza: in particolare il roast beef con lo Yorkshire pudding (una focaccetta soffice che prende il posto del pane) del pranzo domenicale, o il fish and chips (pesce e patatine fritte serviti in un cartoccio).

I locali più idonei per gustare l'autentica cucina londinese sono i pub, che inseriscono nel menu piatti quali il bangers and mash (salsicce con purè di patate e sugo di carne), lo Shepherd's pie (agnello tritato e cipolle con purè, il tutto passato in forno), pasticci vari di carne e verdura e il ploughman lunch ('pranzo del contadino', costituito da spesse fette di pane servite con salsa chutney, cipolle sottaceto e formaggio cheddar o cheshire). I dessert tradizionali comprendono pane e burro, budini (pudding) di vario tipo, una sorta di zuppa inglese (trifle) allo sherry e lo 'spotted dick', un budino con grasso di rognone e uva passa, ora ribattezzato 'spotted Richard' (Dick, in inglese, è il diminutivo di Richard) dal gigantesco supermarket Tesco.

Il piatto più inglese, comunque, è il fish and chips, costituito da pezzi di merluzzo (oggi raro), platessa o haddock passati nel burro e fritti in padella, serviti con patate immerse nell'aceto, poi fritte e salate. Ormai le rivendite appartenenti alle catene americane costituiscono una minaccia per i locali tradizionali, ma esistono ancora alcune autentiche gemme quali il Rock & Sole Plaice a Covent Garden (p214) e il North Sea Fish Restaurant a Bloomsbury (p215).

Per molti londinesi il pranzo tipico dalla metà dell'Ottocento alla fine della seconda guerra mondiale consisteva in un pasticcio d'anguilla (allora abbondante nel Tamigi) speziata, servita con purè di patate, liquore e salsa al prezzemolo. Oggi i pasticci sono generalmente di carne, e l'anguilla, affumicata o in gelatina, è proposta come piatto di contorno. I locali migliori per assaggiare questa specialità sono Manze's, vicino al Bermondsey Market (p232), Castle's a Camden Town (p240) e il Goddards Pie House, a Greenwich (p236).

MODA

La Gran Bretagna rinuncia alle regole

Londra è in continua evoluzione: ciò che è 'in' diventa presto 'out', che si tratti di locali notturni, ristoranti o negozi di abbigliamento, e un posto un tempo alla moda può chiudere i battenti ed essere snobbato per sempre.

Prendete Neal St a Covent Garden. Un tempo era una delle vie più vivaci città, con tutto un susseguirsi di negozi innovativi, stimolanti e ricchi di stile; oggi è poco più di una strada secondaria, piena di punti di vendita appartenenti a catene nazionali e internazionali che propongono scarpe e articoli sportivi. A salvare un po' della sua reputazione sono alcune piccole traverse che conservano le tracce dell'eleganza passata, con negozi quali Duffer of St George (p312), Mooks, Slam City Skates e Space NK (p311), una specie di 'mall', o centro commerciale, tipo New Age e con alcune piccole ma pregevoli boutique quali Paul Frank e Hope & Glory.

A Londra, tornata sulla cresta dell'onda nel campo della moda, accanto ad alcuni dei nuovi talenti più apprezzati del panorama mondiale operano i nomi più vecchi e affermati. Spesso usciti dalla prestigiosa St Martins School of Art – come John Galliano, Stella McCartney e Alexander McQueen – i

Vetrina londinese (p310)

membri del 'British Fashion Pack' sono creativi, originali e spesso discussi. Grandi case come Chanel, Givenchy e Chloe si contendono i migliori nuovi talenti della moda. I giovani stilisti sono orientati al futuro e al tempo stesso sfidano tutto ciò che è nuovo. Amati o odiati, tengono banco nel mondo della moda e vestono star come Sadie Frost, Gwyneth Paltrow e Kate Moss.

A prescindere dalla passerella, Londra coltiva sempre la fama di 'Cool Britannia' di cui gode all'estero, che è fatta di eccellenza, tradizione e new mod. Carnaby St, che è stata l'avanguardia della cultura pop e della moda giovane negli anni '60 inglesi, dopo decenni di brutti negozi turistici di souvenir è recentemente rinata. Sono arrivati i concept stores di Puma, Ben Sherman, Fred Perry e Lambretta, marche tradizionali/sportive richieste in passato dai ragazzi dello ska e dagli skinhead e oggi dalle nuove mod band come Oasis, Blur e Coldplay, per ricordarne solo alcune.

In questa atmosfera di rinascita della tradizione britannica figurano anche griffe quali Burberry, Pringle e Hacket. Queste fornivano in origine il classico abbigliamento destinato ai giovani delle classi più abbienti e ai weekend in campagna, ma oggi sono richieste dai nuovi ragazzi della borghesia medio/alta, una strana mescolanza di scooteristi, forti bevitori, giocatori di golf,

St Martins

Molte star dell'industria britannica della moda sono passate da St Martins, in Charing Cross Rd, l'università della moda più famosa del mondo. Fondata nel 1854, la Central St Martins School of Art & Design – per chiamarla con il suo nome esatto – nacque come scuola in cui i giovani di famiglia benestante andavano a imparare il disegno e la pittura. Negli anni '40 del Novecento fu istituito un corso di moda, e nel giro di qualche decennio gli aspiranti stilisti di tutto il mondo cominciarono a fare a gara per entrarvi.

Oggi le richieste d'iscrizione sono cento volte superiori ai posti disponibili e la scuola ha ricevuto qualche critica per aver accettato studenti a prescindere dal loro talento.

Le sfilate alla St Martins, organizzate in occasione delle cerimonie di laurea e per le quali stiliste come Stella McCartney possono contare su modelle come Naomi Campbell e Kate Moss, sono uno degli appuntamenti imperdibili del calendario annuale della moda e hanno SEMPRE grande successo, anche per le enormi reazioni suscitate, non importa se positive o negative.

Meno celebre è il Royal College of Art, una scuola di perfezionamento il cui corso di moda è però antico e importante come quello della St Martins. Si dice che i suoi allievi siano l'anima delle più celebri case di moda del mondo.

hooligan e gente che potrebbe ben figurare in film come Lock & Stock – Pazzi scatenati. Incarnano questo genere di individui Guy Ritchie (detto anche Mr Madonna e regista del film citato) nonché Jason Statham (attore nello stesso film), un cockney sfrontato e buontempone con una tenuta in campagna e un alloggio a South Kensington.

Accanto a tutto questo convivono i ragazzi dai gusti tradizionali che frequentano Saville Row (la via dei grandi sarti), che ordinano da Gieves and Hawkes vestiti di grande qualità e pantaloni a tubo un po' corti per mostrare le scarpe Church. A ciò aggiungete il colletto a coda di rondine, il monogramma sulla camicia tipo business e una cravatta di seta con nodo doppio alla Windsor, e avrete l'abbigliamento da città Old London, adottato dalle grandi star cinematografiche inglesi come Jude Law e Johnny Lee Miller, che abitano a Primrose Hill, o l'ex calciatore e ora attore di successo Vinnie Jones. Questo è il luogo in cui s'incontrano personaggi che dettano la moda, e in cui vanno forte griffe come Gucci, Prada e Paul Smith.

L'industria britannica della moda è sempre stata più attenta ai giovani dirigenti che non a quelli che vestono Gucci, che è l'equivalente di ciò che si trova in Saville Rd. Londra non ha una storia dell'alta moda simile a quella di Parigi o Milano, dove il gusto per lo stile e le stoffe è molto più raffinato. Il mercato impone alla moda inglese di rivolgersi a un pubblico molto più ampio disposto a spendere 100 sterline per acquistare alcuni articoli – di qui il boom dei centri commerciali con diversi punti di vendita – mentre francesi e italiani concentrano la stessa somma su un solo capo, che poi indossano regolarmente e con soddisfazione.

Questo è il motivo per cui la moda britannica ha sempre avuto successo, con alcune case tradizionali a reggere il sistema e accanto a esse nuovi stilisti brillanti, a volte non molto raffinati per mancanza d'esperienza ma ricchi di talento e fantasia. Molti atelier di fama

...shion Week

...ettembre la 'settimana londinese ...puntamento davvero importante ...one che amano l'eleganza e per gli addetti ai lavori. Sotto una grande tenda si possono ammirare le ultime creazioni di più di 100 stilisti locali. La manifestazione, benché non costituisca che un piccolo evento nel tour internazionale della moda, è tuttavia vivacissima, interessante, movimentata e originale, e proprio per questo conosciuta e amata. Quasi tutte le sfilate sono a inviti, ma ad alcune può assistere anche il pubblico. Se siete interessati, consultate le rubriche specializzate sui giornali o il sito web **www.londonfashionweek.co.uk.**

mondiale guardano alle proposte di queste stelle nascenti per ricavarne spunti e tendenze, e poi sfornano le loro varianti sullo stesso tema, magari più curate e rifinite.

A volte il mondo della moda ironizza su Londra per il suo modo di lavorare un po' dilettantesco – prendete per esempio la London Fashion Week (v. la relativa lettura), con tanto di tendone, sfilate fino a tardi, la confusione dei media e lo champagne a colazione. Tutto ciò è magnificamente caotico, naïf e vagamente folle per i professionisti seri. Ma è proprio questa la peculiarità di Londra, e gli stilisti locali che cercassero di emulare la raffinatezza delle sfilate italiane o l'organizzazione di quelle americane probabilmente sarebbero stroncati dalla stampa. Ciascuno di essi ha infatti un suo stile inconfondibile, che ben si adatta al loro talento.

Se mai vi sentiste in imbarazzo per come siete vestiti, ricordate che comunque non tutti i londinesi sono ossessionati dall'abbigliamento.

SPORT

L'Inghilterra è orgogliosa d'aver inventato alcuni degli sport più popolari, tra cui il calcio, il rugby, il cricket e il tennis, anche se poi molti altri paesi sono riusciti a superarla in queste stesse discipline. Nonostante ciò, l'Inghilterra è una realtà importante nel panorama sportivo e Londra ospita alcuni eventi prestigiosi che susciterebbero l'invidia di qualunque altra città del mondo. In genere i londinesi vanno pazzi per lo sport e sono tifosissimi delle loro squadre, anche se vi è una netta separazione tra la passione e la pratica attiva: nessuna squadra di nessuno sport di qualche importanza è formata da soli londinesi.

Non esistono giornali dedicati esclusivamente allo sport, forse perché lo spazio riservato dai normali quotidiani a questo argomento è più che sufficiente. In particolare il *Daily Telegraph*, il *Times* e il *Guardian* hanno ottime rubriche sportive. Ovviamente i tabloid offrono un taglio più scandalistico, ma spesso sono i primi a trattare le storie più scottanti. Il *Daily Sport* non è un giornale sportivo: più che altro, ritrae seducenti modelle con magari indosso null'altro che i calzettoni dell'Arsenal.

Calcio

Il calcio è stato inventato in Inghilterra nel XII secolo, quando senza regole e a costo di farsi male si cominciò per gioco a inseguire una palla. Nonostante i divieti reali, si continuò a giocare in questo modo fino al 1863, allorché fu fondata la Football Association e vennero dettate le regole ufficiali.

In inglese il calcio è noto anche come 'soccer' (che tra l'altro è l'unico nome usato dagli americani), ma è meglio non chiamarlo così. Il termine 'soccer' fu coniato dall'allievo di un college negli anni '80 dell'Ottocento. Era abitudine diffusa – e lo è tuttora – da parte di questi ragazzi privilegiati abbreviare le parole aggiungendo 'er' alla fine. Quando gli fu chiesto se voleva giocare al rugger – il rugby – lo studente rispose che preferiva giocare al soccer, una curiosa abbreviazione di 'association'. Oggi il calcio è di gran lunga lo sport più popolare a Londra, che ospita ben 14 squadre nelle varie leghe nazionali.

Il momento culminante della stagione si ha in maggio, con la finale della Coppa d'Inghilterra (FA Cup, l'equivalente della Coppa Italia), tradizionalmente disputata al Wembley Stadium ma ora spostata al Millennium Stadium di Cardiff, in attesa del termine dei lavori di ristrutturazione in corso a Wembley (la riapertura è prevista per il 2005). La FA Cup è il più antico torneo calcistico del mondo ed è aperto anche a squadre di dilettanti, che in teoria potrebbero avere l'opportunità di battere, per esempio, il Manchester United. La competizione si basa proprio su questa idea romantica, che fa del calcio lo sport più seguito a Londra e nel mondo.

I club più famosi della città sono l'Arsenal (i 'Gunners'), il Chelsea (i 'Blues'), il Tottenham Hotspurs (gli 'Spurs'), il Charlton (gli 'Addicks') e il Fulham (i 'Cottages'), tutti inquadrati – al momento della stesura di questa guida – in Premiership (la Serie A italiana), categoria in cui dovrebbe presto essere promosso anche il West Ham (gli 'Hammers'). I Gunners ('cannonieri') e gli Hammers ('martelli') sono così chiamati perché le rispettive squadre furono formate in origine, oltre un secolo fa, dagli operai che lavoravano nei settori delle munizioni e della siderurgia, mentre al Charlton è stato dato l'attuale soprannome per via dell'abitudine di offrire alle squadre avversarie, dopo la gara, una cena a base di pesce: 'haddock' (merluzzo) nel dialetto locale divenne 'addick', e il nome rimase.

L'Arsenal, di gran lunga la squadra più importante e famosa di Londra, è stata negli anni l'unico club in grado di contrastare davvero la supremazia del Manchester United, e tra l'altro nel 2002 ha vinto lo scudetto. Nell'estate del 2003 il miliardario russo Roman Abramovich ha acquistato il Chelsea e ha speso più di 75 milioni di sterline per assicurarsi alcuni campioni di fama mondiale nella speranza (un po' azzardata) di conquistare il titolo.

A Londra la rivalità più accesa è tra l'Arsenal e i cugini della zona nord, il Tottenham Hotspurs. I tifosi dell'Arsenal sono tradizionalmente irlandesi e greci, mentre i fan degli Spurs sono in prevalenza ebrei. L'ostilità tra i due club risale al 1913, quando l'Arsenal si stabilì nello stesso quartiere dei rivali e a quel punto il Tottenham lasciò lo Highbury, il famoso stadio dove aveva giocato fino ad allora.

L'altro derby locale si disputa tra Chelsea e Fulham, anche se la rivalità non è altrettanto accesa in quanto solo da poco tempo il Fulham si è fatto pericoloso. I derby ai quali è *meglio* non assistere sono quelli tra il Millwall, una squadra di prima divisione (la Serie B italiana), e uno qualunque dei club del sud di Londra, i cui supporter sono scatenati e spesso si rendono responsabili di episodi di violenza.

Sebbene abbia avuto costantemente cinque o sei squadre nella serie maggiore, Londra ha sempre giocato un ruolo di secondo piano rispetto all'Inghilterra del nord, la vera roccaforte del calcio. Dall'inizio della storia dei campionati, Londra ha conquistato solo 14 scudetti, 11 dei quali per merito dell'Arsenal. Ma se siete tifosi di questo sport, certo saprete che la capitale britannica è una delle principali piazze d'Europa: alcuni dei più grandi calciatori sono orgogliosi di giocarvi e ogni settimana si può assistere a qualche incontro di grande richiamo.

La stagione dura da metà agosto a metà maggio, ma non si disputano incontri nel weekend precedente le partite internazionali. È praticamente impossibile trovare un biglietto all'ultimo momento per una partita importante: l'ideale sarebbe guardarsela in TV al pub, come fanno i tifosi che non possono permettersi di sborsare cifre pazzesche (i prezzi dei biglietti si aggirano tra £20 e £60). In alternativa, si può andare a vedere un incontro di prima divisione, anche per

Il 'dream team' di Londra

Portiere

Carlo Cudicini (Chelsea) Bel ragazzo italiano e grande portiere.

Difensori

Sol Campbell (Arsenal) La roccia della difesa inglese.

Steve Carr (Tottenham) Strepitosa ala irlandese.

Alain Goma (Fulham) Difensore francese di classe.

Centrocampisti

Juan Sebastian Veron (Chelsea) Argentino sensazionale, che in Inghilterra non si è ancora espresso pienamente.

Patrick Viera (Arsenal) Francese di impressionante potenza.

Gustavo Poyet (Tottenham) Uruguaiano implacabile nei contrasti e dal gol facile.

Robert Pires (Arsenal) Elegante ala francese, uno dei migliori della Premiership.

Damien Duff (Chelsea) Affascinante centrocampista irlandese.

Punte

Thierry Henry (Arsenal) Il cannoniere per eccellenza – in un'altra lega.

Robbie Keane (Tottenham) Realizzatore irlandese un po' rotondetto ma brillantissimo.

Martin Hughes (Firhouse Celtic) Ala talentuosa, purtroppo sottovalutato e marcato implacabilmente.

gustare l'atmosfera che secondo molti è ormai assente nella Premiership, considerata sempre più un passatempo per famiglie.

Il calcio inglese è arrivato ai vertici mondiali nel 1966, quando Bobby Moore, nello stadio di Wembley, ha levato al cielo la coppa del Campionato del Mondo, ma ha toccato il fondo negli anni '80, quando i tifosi hanno creato problemi in tutto il continente e le squadre inglesi sono state escluse dalle competizioni europee. Questo fatto, insieme alle due tragedie avvenute negli stadi dell'Heysel a Bruxelles e dell'Hillsborough a Sheffield, che causarono 140 morti tra gli spettatori, fece diminuire parecchio l'interesse del pubblico per le gare.

Il calcio fu rivoluzionato all'inizio degli anni '90 grazie ai miliardi di sterline elargiti dalle TV, all'abile marketing fuori dal campo e all'"invasione' di stranieri in campo. Lo scrittore Nick Hornby ha contribuito alla rinascita con il suo brillante *Febbre a 90°* (1992; Guanda, Parma 2002), che racconta le vicende di un tifoso.

Questo libro ha contribuito significativamente a restituire credibilità al gioco del calcio e persino a farlo diventare di moda.

Cani e cavallini

Scommettere fa parte del DNA di molti londinesi, e di tanto in tanto persino la regina si concede una puntatina. Non c'è modo migliore di perdere il proprio denaro che scommettere alle corse dei cavalli, tradizionalmente note come 'lo sport dei re' e in gergo come 'gee-gees' (cioè cavallini, come vengono chiamate dai bambini). Se vi va di trascorrere un giorno alle corse, avrete modo di trovarne parecchie a breve distanza da Londra. La stagione delle corse piane dura da aprile a settembre, mentre la National Hunt (le siepi) si svolge da ottobre ad aprile. La regina e il suo seguito presenziano al Royal Ascot in giugno, mentre molto meno blasonato è, nello stesso mese, il Derby Day a Epsom.

Le corse dei cani, l'equivalente cittadino delle corse dei cavalli, pare che a Londra siano di casa, benché importate dagli Stati Uniti, perché uniscono tre passioni locali: le scommesse, la birra e il divertimento a basso costo. Walthamstow è il quartiere più popolare in cui è possibile assistere allo spettacolo di otto cani che inseguono un coniglio meccanico, che è più divertente di quanto non si voglia ammettere.

La copertura televisiva delle gare è aumentata in modo incredibile, anche perché molti tifosi si tengono lontani dagli stadi a causa dei prezzi.

Spesso, per assistere agli incontri si è costretti ad acquistare un costoso abbonamento per tutta la stagione. Per questa ragione si è fatta strada una nuova cultura del pub, dove si bevono pinte di birra e si vedono i grandi incontri in TV in compagnia del carismatico telecronista Andy Gray. È un modo piacevole per trascorrere la domenica pomeriggio e il lunedì sera (altro giorno in cui normalmente in Inghilterra si giocano le partite di calcio più importanti), o anche un giorno di metà settimana. La maggior parte delle gare, o almeno quelle in cui scendono in campo le squadre con minor seguito, si disputano tradizionalmente il sabato pomeriggio.

Walthamstow Stadium (p303)

Nell'ultimo decennio i risultati dei club inglesi nelle competizioni europee (oggi particolarmente seguite) non sono stati soddisfacenti. Qualche successo c'è stato, ma l'unica grande affermazione è stata quella del Manchester United che ha vinto la Champions League nel 1999. Anche la nazionale inglese ha promesso molto e ottenuto poco.

Il principale problema politico che oggi il calcio deve affrontare riguarda la distanza sempre maggiore che separa le grandi squadre dalle piccole. I club minori puntano tutto ciò che hanno sulla possibilità di conquistare – e mantenere – la premiership, e se non ce la fanno rischiano la bancarotta. In questo senso, molti sostengono che il calcio abbia smarrito le sue radici.

Rugby

In Gran Bretagna il rugby si gioca con due diversi tipi di regole: quelle della rugby union e quelle della rugby league. La union è tradizionalmente privilegio delle classi più elevate, mentre la league è seguita in prevalenza dalla borghesia medio/bassa, da cui provengono anche i giocatori. Come è facile immaginare, Londra è il cuore della union e ha quattro grandi squadre: gli Harlequins, i Saracens, i London Wasps e i London Irish. I tornei principali sono la Zurich Premiership e l'eccitantissima – e relativamente recente – Heineken Cup, disputata dai principali club d'Europa. La stagione dura da agosto a maggio e le partite si giocano il sabato e la domenica pomeriggio.

La più importante competizione internazionale, che si disputa tutti gli anni, è il Six Nations Tournament (Torneo delle Sei Nazioni), che ha luogo in febbraio/marzo e vede la partecipazione di Inghilterra, Scozia, Galles, Irlanda, Francia e Italia. Ogni squadra alterna gare in casa e in trasferta e affronta ciascun avversario una volta sola durante il torneo. Il rugby è l'unico sport inventato dagli inglesi nel quale essi eccellono: di recente hanno impartito severe lezioni agli avversari, pur non essendo stati, almeno fino a poco fa, al livello delle potenti squadre nazionali dell'emisfero meridionale (Nuova Zelanda, Australia e Sudafrica). Nel novembre del 2003 il rugby inglese ha ottenuto uno storico successo (il primo di una nazione europea) nella Coppa del Mondo battendo in finale l'Australia. A Londra la nazionale gioca allo stadio di Twickenham, luogo sacro per il rugby inglese. Purtroppo, se non avete le conoscenze giuste, vi sarà praticamente impossibile ottenere i biglietti per assistere a una partita internazionale.

Si ritiene che il rugby sia nato nel 1823 alla Rugby School, nel Warwickshire (Inghilterra), quando un tale di nome William Ellis, durante una partita di calcio, raccolse la palla e si mise a correre tenendola tra le mani inseguito dagli altri giocatori.

La rugby league si staccò dalla union negli anni '90 dell'Ottocento. Le sue regole sono simili a quelle della union, ma ricordano un po' quelle del British Bulldog, lo sport tradizionale in cui i giocatori cercano di sfondare il muro degli avversari per raggiungere l'altro lato del campo. I London Broncos sono l'unico club che non appartiene all'Inghilterra del Nord, il cuore della league.

Sport senza sforzo

Gli inglesi amano talmente gli sport che hanno persino inventato gare che si possono disputare nei pub. Gli ultimi anni '80 del Novecento hanno segnato il periodo di maggior voga delle freccette: per le sfide più importanti interi bar si trasformavano in arene, gli ascolti televisivi erano altissimi e i nomi dei migliori giocatori erano noti in tutto il paese. I contrasti interni hanno un po' danneggiato il gioco, che però è tuttora proposto da Sky Sports, dove l'incomparabile commentatore Bill Waddell è famoso per il suo inglese piuttosto originale.

Un altro sport che otteneva grandi ascolti in TV erano le boccette anche se, a prima vista, potrebbe sembrare uno spettacolo noioso. Infatti, le gare combattute e importanti possono essere intense ed eccitanti non meno dei calci di rigore alla fine di una partita di Coppa del Mondo. Questo gioco ha ancora un buon pubblico televisivo, in gran parte legato a giocatori divertenti come il londinese Ronnie O'Sullivan, il migliore del mondo.

Cricket

Ai tempi dell'impero gli inglesi portarono il gioco del cricket nelle colonie e oggi l'Australia e l'India battono regolarmente la nazionale inglese.

Se non conoscete le regole e avete assistito solo a qualche spezzone di partita in TV potreste pensare che il cricket sia una specie di tortura. D'altro canto, se avrete la pazienza di imparare ad apprezzarne le regole complicate, troverete il gioco immensamente affascinante e non vi perderete neppure una palla di un test match (partita internazionale), anche se dura diversi giorni.

I 'test' sono appunto incontri internazionali che durano cinque giorni e sono considerati la forma più pura di questo sport. La gara di un giorno, dove ogni squadra batte una volta sola e deve far fronte a un limitato numero di palle, è una novità piuttosto recente, inventata per venire incontro alle esigenze televisive, più accessibile ai non iniziati e considerata assolutamente insignificante dai puristi.

La squadra inglese va all'estero tutti gli anni e a sua volta ospita almeno una squadra straniera all'anno (soprattutto l'Australia, il Sub-continente indiano, il Sudafrica, lo Zimbawe e le Indie Occidentali). Le partite internazionali più accanite sono giocate in occasione dell'incontro biennale con l'Australia e chiamate 'Ashes' (ceneri). L'appellativo deriva da un finto necrologio pubblicato sul *Times* dopo una grande vittoria australiana nel 1882, in cui si diceva che il 'corpo' del cricket inglese era stato cremato e le ceneri portate in Australia.

La nazionale inglese, anche se nell'ultimo decennio non ha ottenuto grandi risultati, è in fase di rilancio e i biglietti per i grandi 'test' sono difficili da trovare a meno che non li prenotiate con anticipo.

Le squadre che prendono parte alla principale competizione nazionale inglese vengono dalle 'counties' (contee), in particolare dalle 'home counties' (le contee intorno a Londra e del Sud-est dell'Inghilterra). Questo campionato è chiamato County Cricket e la stagione dura da aprile a settembre. I più grandi giocatori del mondo – tra gli altri Warne, McGrath, Gibbs, Muralitharan e Shoaib Akhtar – giocano regolarmente per le squadre delle contee.

Alcuni club fondati nel Settecento sono attivi ancora oggi, e tra questi il Marylebone Cricket Club (MCC), che ha la sua base al Lord's (p172), il tempio di questo sport, nel nord di Londra. Al Lord's gioca anche il Middlesex, uno dei due 'county cricket club' di Londra. L'Oval (p181) è la sede della squadra del momento, il Surrey, e ospita anche incontri internazionali.

Tennis

Wimbledon, un evento tipicamente inglese che tra l'altro è anche il più celebre torneo di tennis del mondo, si svolge in quest'area (SW 19) del 1877. Alla fine di giugno/inizio di luglio la febbre del tennis s'impadronisce di Londra: i migliori giocatori del mondo vi giungono per dar vita al prestigioso evento sportivo e gli appassionati per le fragole e la crema, magari per un po' di sole, per Cliff Richard che canta ma soprattutto per l'appassionante spettacolo sui campi d'erba. L'Inghilterra ha un disperato bisogno di esprimere un atleta locale in grado di eguagliare le imprese di Fred Perry, nel 1936, e di Virginia Wade, nel 1977. Ogni anno il battage dei media in supporto alle grandi speranze inglesi, Tim Henman e Greg Rusedki, si fa frenetico. I quotidiani vanno completamente in tilt quando giocatori inglesi vincono gli incontri dei primi turni, e riempiono le loro pagine sportive di titoli tipo: 'questa potrebbe essere la volta buona'; poi ritornano tranquillamente alla realtà quando i loro campioni sono eliminati prima dei quarti di finale.

Per ottenere i posti migliori dovrete affidarvi al sorteggio pubblico (p303) che ha luogo tra agosto e dicembre dell'anno precedente. Potrete ugualmente acquistare i biglietti durante il torneo presso il botteghino dell'impianto, ma le code sono così incredibilmente lunghe, i prezzi talmente eccessivi e gli spazi limitati che forse vi passerà la voglia.

Due settimane prima di Wimbledon potrete osservare molti dei migliori giocatori esibirsi nell'annuale torneo maschile preparatorio del Queen's Club a Hammersmith.

MEDIA

Su Londra gravitano tutti i media britannici, un'industria che raccoglie il meglio e il peggio della televisione, della radio e della carta stampata di tutto il mondo.

Quotidiani

L'unico quotidiano veramente ed esclusivamente londinese è l'*Evening Standard*, un tabloid d'area conservatrice che esce in varie edizioni dal mattino alla sera. I buongustai vi troveranno le recensioni dei ristoranti firmate dal critico gastronomico più influente della città, Fay Maschler, mentre i cultori di tutto ciò che è nuovo, elegante e alla moda non dovrebbero perdersi, il venerdì, l'*ES Magazine*, guida indispensabile alle tendenze più all'avanguardia in ogni campo. *Hot Tickets* è un utile supplemento dedicato agli spettacoli che è in edicola il giovedì. L'*Evening Standard* esce anche in una versione ridotta nell'opuscolo gratuito *Metro*, disponibile nei giorni feriali nelle stazioni della metropolitana.

In Inghilterra i quotidiani nazionali sono quasi sempre finanziariamente indipendenti dai partiti, anche se è facile intuirne gli orientamenti politici. Rupert Murdoch è il personaggio più potente dei media britannici, e la sua News Corp è proprietaria del *Sun*, di *News of the World*, del *Times* e del *Sunday Times*. Mentre questa guida andava in stampa, si stava svolgendo un ampio dibattito su una proposta di legge che tendeva a restringere i limiti relativi alla proprietà delle televisioni da parte di magnati della stampa come Murdoch. Ogni decisione in merito avrà di certo conseguenze di grande portata. Il sistema dovrebbe comunque essere in grado di autoregolamentarsi, in quanto nel 1991 è stata varata la Press Complaint Commission per occuparsi dei ricorsi in materia di concentrazioni nel campo dei media.

I quotidiani nazionali sono molti, e la concorrenza per accaparrarsi i lettori è incredibilmente accanita. Alcuni giornali non vengono stampati nella capitale, ma di fatto ruotano tutti intorno a Londra. Ognuno ha le sue peculiarità e si rivolge a un pubblico ben preciso. La Gran Bretagna possiede alcuni dei migliori (e peggiori) quotidiani del mondo. Quelli come il *Guardian* e l'*Independent* sono considerati i pilastri del quarto potere, mentre parecchio più in basso, in termini di contenuti (anche se sono ai vertici quanto a diffusione), si collocano i tabloid *Sun* e *Mirror*. Il *Daily Star* e il *Daily Record* sono pieni di gossip, scandali e sesso (ma spesso anche i primi a pubblicare importanti inchieste sullo sport). Di recente il *Sun* ha cambiato orientamento politico e ora appoggia i laburisti, ma lo fa in modo conservatore e nazionalistico. Tra il *Sun* e il più indipendente *Mirror* la concorrenza è feroce, ma il *Sun* distribuisce almeno il doppio delle copie del suo antagonista, le cui vendite sono in caduta libera. Il *Daily Mail* e il *Daily Express* si ritengono un gradino superiori agli altri due concorrenti, anche se a volte hanno toni eccessivamente patriottici. Quasi tutti questi tabloid pubblicano un'edizione domenicale e i loro lettori sono in prevalenza di estrazione medio/bassa.

I lettori dei quotidiani sono fedelissimi alla loro testata e raramente la abbandonano per passare a un'altra. La tiratura del *Daily Telegraph* (chiamato anche 'Torygraph' per il suo appoggio incondizionato al partito conservatore) supera di molte copie quella dei concorrenti. A volte è considerato un po' antiquato, ma lo stile della scrittura e la ricchezza delle notizie da tutto il mondo ne fanno un giornale veramente ottimo. Il *Times* è da sempre il quotidiano dell'establishment e sostiene qualunque governo sia in carica in un determinato periodo; particolarmente curati sono i suoi servizi sportivi. Sul versante di sinistra del panorama politico, si colloca il *Guardian* letto dalle 'chattering classes' (gli intellettuali di sinistra). È scritto in modo vivace e difende le 'cause giuste', è molto ricco di servizi sulle arti figurative e propone eccellenti supplementi, uno dei quali, l'*Editor* che esce il sabato, è dedicato alla rassegna dei media da tutto il mondo. Politicamente corretto, l'*Independent* cerca di essere all'altezza del suo nome ('indipendente'), ma lotta per tenersi a galla. Il *Financial Times*, quotidiano su carta rosa dedicato all'economia e alla finanza, nel weekend propone un'eccellente rubrica di viaggi.

Canary Wharf, Docklands (p155)

A Londra i giornali della domenica sono un rito irrinunciabile. Quasi tutti i quotidiani pubblicano un numero speciale domenicale e, come potete immaginare, i tabloid si scatenano con gossip, pezzi scandalistici sulle star, supplementi dedicati alla moda, articoli contro la vittima di turno. I quotidiani di qualità propongono una tale quantità di rubriche e supplementi che stanno diventando sempre più ingombranti. L'*Observer*, fondato nel 1791, è il più antico giornale della domenica, gemello del *Guardian*, e nel primo numero del mese offre un brillante supplemento

Vita quotidiana – Cultura

sportivo. Anche chi di norma acquista solo quotidiani, qualche volta, la domenica, s'infila di nascosto sotto il braccio una copia del tabloid di successo *News of the World* per leggere qualcosa di più leggero.

Periodici

È incredibile la varietà di periodici che si pubblicano e consumano a Londra, da quelli dedicati ai pettegolezzi sulle persone celebri alle importanti riviste politiche. Negli anni '90 i mensili per i giovani, come *FHM, Loaded* e *Maxim*, hanno fatto salire il numero dei consumatori di periodici, una nuova leva di lettori che si nutre voracemente di reportage su belle ragazze e di altri argomenti tipicamente maschili.

Londra ama i personaggi celebri: *Heat* è il maggior fornitore di notizie e gossip a riguardo. *Glamour*, importato dagli Stati Uniti, è il re delle riviste femminili patinate e ha largamente superato *Cosmopolitan*, un tempo il più letto dei periodici del genere, ora ritenuto un po' obsoleto. *Marie Claire, Elle* e *Vogue* sono considerate le riviste delle donne moderne.

A Londra si pubblicano diversi periodici sulla moda – *i-D, Dazed and Confused, I-Style* – che contano lettori fedeli. La rivista *Wallpaper*, dedicata al design, all'arredamento e alla moda trendy, ha avuto grande fortuna fin dalla sua prima apparizione sul mercato, ma di recente, da quando il suo fondatore se n'è andato, la sua reputazione è in declino.

I periodici a carattere politico sono molto richiesti, e spaziano dall'ultraconservatore *Spectator* al liberal *New Statesman*, orientato a sinistra, entrambi eccellenti. Il satirico *Private Eye* (p25) non ha preferenze politiche e polemizza un po' con tutti. Se volete tenervi aggiornati su quel che accade nel mondo, *Week* è un ottimo compendio della stampa britannica e straniera.

Time out è la guida degli spettacoli per eccellenza, mentre *Big Issue*, venduto per le strade dagli homeless, non è soltanto un bel progetto editoriale ma anche un tipo di lettura davvero interessante. Londra è il cuore dell'industria dei periodici e sforna centinaia di pubblicazioni rinomate in tutto il mondo dedicate alla musica, alle arti visive, alla letteratura, allo sport, all'architettura e così via. Ne troverete un elenco esauriente nel capitolo Informazioni (p377).

La libreria Zwemmer (p321)

Nuovi media

Un fiorente mercato di proposte alternative si rivolge a coloro che si sentono esclusi dai media convenzionali, molti dei quali considerati troppo 'inquadrati'. Tra i siti internet che vale la pena di consultare segnaliamo **Indymedia** (http://uk.indymedia.org), network globale di notizie alternative, l'ottimo e originale **Urban 75** (www.urban75.com), la newsletter settimanale degli attivisti di **SchNews** (www.schnews.org.uk) e i videoattivisti **Undercurrents** (www.undercurrents.org).

A Londra le riviste on line stanno riscuotendo un gran successo soprattutto perché sono di qualità. **The Friday Thing** (www.thefridaything.co.uk) è un settimanale ben scritto e decisamente interessante che si occupa di notizie, cultura e attualità. Negli ultimi anni anche i siti on line di gossip hanno ottenuto grande notorietà raccontando vicende scottanti di personaggi celebri. Consultate **Popbitch** (www.popbitch.com) e la newsletter satirica sulla tecnologia **Need to Know** (www.ntk.net).

Radio e TV

A Londra la radio è diventata molto popolare da quando Arthur Burrows lesse per la prima volta il notiziario nella trasmissione inaugurale del 1922. La BBC è uno dei più grandi enti trasmittenti del mondo e una delle colonne portanti del giornalismo e dei programmi radiofonici e televisivi (p174). Spesso la sua indipendenza irrita l'establishment, e nel 2003 ha fatto infuriare il governo britannico per le sue ostinate inchieste sui fatti che avevano portato all'invasione dell'Iraq da parte della coalizione guidata da statunitensi e britannici.

Andrew Gilligan, della BBC, ha polemizzato pubblicamente con l'addetto stampa del governo Alistair Campbell, accusato dal network televisivo di aver dato eccessivo rilievo a un dossier contro il regime iracheno per indurre l'opinione pubblica ad appoggiare la decisione del governo di entrare in guerra. Il principale esperto di armamenti del paese, il dottor David Kelly, si è suicidato dopo che il governo lo ha accusato di essere la fonte del reportage della BBC. Di recente è stata avviata un'inchiesta sulla sua morte. La tragedia ha aumentato la tensione tra il governo Blair e la BBC, e nel gennaio del 2004, dopo il presidente Gavyn Davies, si è dimesso anche il direttore generale Greg Dyke.

La nuova legge sui media, varata nel 2003, ha consentito ai proprietari dei principali giornali di detenere quote di canali televisivi britannici terrestri, in particolare di Channel Five. Alcuni temono che si verifichi una sorta di colonialismo culturale, cioè che spettacoli statunitensi a basso costo inondino l'etere anche se, dato lo scarso successo riscosso in Gran Bretagna da brillanti show americani come *The Sopranos* e *Tutti gli uomini del presidente*, pare improbabile che programmi di livello inferiore ottengano molti ascolti.

La BBC possiede diverse stazioni radio. BBC 1, 2, 3, 4 e 5 si rivolgono rispettivamente ai giovani, agli anziani, agli amanti della musica classica, ai cultori delle arti e agli appassionati dei programmi in cui gli ascoltatori intervengono per telefono. I londinesi lamentano ancora la soppressione, operata dalla BBC, di Greater London Radio (GLR), una stazione locale intelligente e con buona musica. Oggi si può ascoltare dell'ottima musica su XFM.

La Gran Bretagna offre tuttora alcuni dei migliori programmi televisivi del mondo, ma alterna la dignitosa produzione autonoma con prodotti americani, soap australiane, sciocche sitcom nonché giochi a premi e chiacchiere insulse. I canali televisivi ufficiali sono cinque. BBC1 e BBC2 sono finanziati dal canone e, come le stazioni radiofoniche della BBC, non trasmettono pubblicità, mentre ITV, Channel 4 e Channel 5 sono canali commerciali di buona qualità. Attualmente sono in concorrenza con le reti satellitari BSkyB di Rupert Murdoch e con le varie TV via cavo.

Private Eye punisce l'establishment

Il presidente George Bush augura ai lettori 'Buon Anno', poi fa il conto alla rovescia per l'inizio della guerra: '10, 9, 8, 9, 5, 7, 2, ehmm…', si legge su una copertina della più nota rivista satirica londinese, *Private Eye*. Fondata nel 1961 da un gruppo di simpatici olandesi che si avvalevano anche della collaborazione del commediografo e scrittore Peter Cook, oggi scomparso, mantiene ancora il fascino delle origini. È specializzata in gossip sulle malefatte dei personaggi pubblici e nella pesante presa in giro di chiunque si prenda troppo sul serio. Ci troverete una gran quantità di battute, perfide vignette e rubriche ricorrenti, come per esempio l'editoriale di Lord Gnome, un personaggio immaginario che rappresenta i boss dei media. Ma contiene anche inchieste serie, che hanno contribuito alla caduta di diversi personaggi di spicco quali Jeffrey Archer e Robert Maxwell.

La cosa sorprendente è che *Private Eye* esiste ancora. Regolarmente querelato dalle sue vittime, rimane a galla solo grazie all'impegno economico dei lettori. Oggi il suo futuro pare più roseo, con le oltre 600.000 copie vendute, il livello di diffusione più alto dell'ultimo decennio. *Private Eye* è ora di gran lunga il più popolare periodico di attualità del paese.

La radio e la televisione digitali sono reclamizzate a tutto spiano, ma la loro penetrazione in termini di ascolto è molto lenta (secondo l'ultima indagine le stazioni radiofoniche digitali sono 26). Molti ascoltatori e spettatori ritengono che questa nuova tecnologia danneggi le emittenti principali e che la BBC si stia espandendo troppo timidamente, inseguendo solo gli indici di ascolto e facendo concorrenza alle TV private anziché concentrarsi sui suoi doveri di emittente pubblica e di servizio.

LINGUA

L'inglese è il maggior contributo offerto dalla Gran Bretagna al mondo moderno. È una lingua di notevole ricchezza, composta da circa 600.000 parole di forma non flessa (la si paragoni, per esempio, all'indonesiano o al malese, che ne hanno 60.000). In realtà una lingua un po' raccogliticcia: come l'Inghilterra ha preso qua e là i pezzi che fanno bella mostra nei suoi musei, così l'inglese ha attinto a piene mani dai vocabolari di tutto il mondo, anche quando disponeva già di diverse parole con lo stesso significato. Il dottor Johnson, compilatore del primo vocabolario d'inglese, tentò di preservare la lingua dai termini stranieri, ma non vi riuscì.

Chi parla inglese non ha che l'imbarazzo della scelta quando deve scegliere sostantivi o aggettivi o avverbi, come scoprirete in fretta ('in fretta' si può dire quickly, ma anche swiftly, speedly, rapidly, promptly) sfogliando un thesaurus (dizionario dei sinonimi). Circa cinquant'anni fa i linguisti proposero un inglese di base (Basic English), cioè una versione semplificata fatta di 850 vocaboli che erano tutto ciò che occorreva per dire qualsiasi cosa. Un'idea un po' buffa: pare che il solo Shakespeare abbia contribuito ad arricchire la lingua con più di 2000 parole, per tacere delle centinaia di espressioni idiomatiche tuttora in uso, come 'poisoned chalice' (calice avvelenato), 'at one fell swoop' (in un colpo solo), 'cold comfort' (magra consolazione), 'cruel to be kind' (crudele a fin di bene).

Le lingue di Londra

Oggi a Londra si parlano circa 300 lingue, e ci sono zone della capitale dove l'inglese è addirittura la seconda lingua (per esempio a Shoreditch nell'East End, nella Chinatown di Soho, a Dalston e a Stoke Newington).

Se l'inglese è la vostra lingua madre ritenetevi fortunati, perché impararla è abbastanza difficile; quanto a scrittura e pronuncia, poi, è forse la più illogica e stravagante del mondo. Per fare un esempio lampante, ci sono molte parole che hanno la stessa terminazione ('ough') ma pronunce diverse: rough (rozzo), cough (tosse), through (attraverso), though (benché), bough (ramo). Il tentativo di razionalizzare lo spelling è fieramente contestato da chi si considera il custode della corretta lingua inglese, e si scaglia contro la decisione degli americani di eliminare la 'u' da parole come 'colour' e 'glamour'.

Quanto agli accenti, lo Standard English e la Received Pronunciation (RP) si basano sulla pronuncia londinese e tradizionalmente si adeguano alla parlata delle classi superiori e di coloro che hanno studiato nelle 'public schools' (che poi in Inghilterra sono le prestigiose scuole private). Questa è senza dubbio la pronuncia più facile da capire, contrariamente a espressioni tipo: 'oh, eye nare', che sta per 'yes, I know' – sì, lo so!

Chi parla l'inglese standard ha delle serie difficoltà a comunicare con i londinesi che parlano il cosiddetto Estuary English (inglese dell'estuario), una sorta di slang diffusosi lungo l'estuario del Tamigi nella Londra postbellica.

La BBC è considerata l'arbitro in materia di pronuncia, e confrontando le affettate (e francamente umoristiche) intonazioni degli speaker dei vecchi cinegiornali della seconda guerra mondiale con quelle oggi usate nella lettura dei notiziari, si noterà come lo Standard English sia passato a un registro più sobrio e neutro.

Alcuni sostengono che l'Estuary English – che oggi si può ascoltare entro un raggio di un centinaio di miglia dalla capitale – sta rapidamente diventando la lingua standard. Le sue caratteristiche principali, secondo Stephen Burger che ha curato il *British Phrasebook* per la Lonely Planet, sono le seguenti: inflessione ascendente, uso costante dell'intercalare 'innit' (che sta per 'isn't it', 'non è vero?'), 'T' glottidale per cui la doppia 'T' di 'butter' (burro) quasi non si sente e 'alright' (tutto bene) suona come 'orwhy' e, in generale, un modo di parlare cantilenante che elimina le consonanti e abbandona le vocali al proprio destino. La mancanza di ritmo nel parlare, che deriva dall'abolizione delle consonanti, è compensata dall'inserimento di una gran quantità di 'fucks' e 'fucking' (espressioni volgari che significano all'incirca 'fottuto'), le cui consonanti sono pesantemente sottolineate.

Come avviene quasi per ogni altra cosa, a Londra la lingua è in continuo mutamento, assorbe nuove influenze, crea un nuovo slang e cambia progressivamente il significato delle parole. Le comunità etniche della città hanno appena iniziato a esercitare il loro influsso, ma molti giovani inglesi stanno già impossessandosi di alcune espressioni caraibiche e imitano quella che ritengono essere la parlata della sottocultura urbana afro-americana.

Come l'Inghilterra ha assorbito ondate di emigranti, così l'insaziabile lingua inglese continua ad accogliere nuovi vocaboli. Nel frattempo, poiché le distinzioni di classe comunque ci sono, la battaglia linguistica per la conquista di Londra continua a infuriare.

Cockney

In origine il termine cockney era spregiativo. Derivato dall'inglese antico 'cock's egg' (uovo di gallo), fu usato da Shakespeare per indicare il buffone o giullare e successivamente servì a definire le classi lavoratrici londinesi non istruite e per estensione il loro modo di parlare, che era un dialetto rimasto praticamente immutato dall'XI secolo e aveva come caratteristiche tipiche la caduta delle 'l' (ball/baw) e la perdita delle consonanti (daughter/dau'er), mentre la 'th' dura era sostituita da una doppia 'v' (brother/bruvver) e la 'th' dolce da una doppia 'f' (nothing/nuffink). Il cockney non è poi tanto diverso dall'Estuary English, oggi parlato dalla maggior parte dei londinesi.

Le classi elevate, com'è immaginabile, storcevano il naso quando sentivano parlare la gente del popolo. Tuttavia, alla fine dell'Ottocento, durante l'epoca d'oro dei teatri di varietà, il cockney fu benevolmente considerato come un'espressione di folklore. Gli attori che interpretavano i personaggi delle classi meno abbienti, come Albert Chevalier, fornirono un'immagine pittoresca e naïf dell'East End che il pubblico delle classi medie trovò curioso, inoffensivo e divertente: così si diffuse ovunque l'immagine dei bravi, sfrontati ed esuberanti abitanti dell'East End. Dopo qualche tempo, essere e parlare cockney divenne qualcosa di cui essere orgogliosi, e per una sorta di atteggiamento snobbistico rovesciato presto poté essere chiamato cockney solo chi era nato nell'East End vicino alla chiesa di St Mary-le-Bow.

Il cockney è noto soprattutto per il suo slang fatto di rime, che penetrò nel dialetto della prima metà dell'Ottocento. Lo inventarono i venditori ambulanti per poter parlare tra loro in pubblico senza essere capiti, o forse anche i furfanti di strada che ne fecero un codice.

Il cockney sostituisce parole e verbi di uso comune con frasi in rima, per cui 'wife' (moglie) diventa 'trouble and strife' ('seccatura e lite') e così via. Nel linguaggio familiare,

Vecchio cockney di uso comune

apples and pears	stairs (scale)
artful dodger	lodger (inquilino, pensionante)
barnet (fair)	hair (capelli)
boat race	face (faccia)
borassic (lint)	skint (squattrinato)
brown bread	dead (morto)
currant bun	son (figlio)
dicky bird	a word (una parola)
dog and bone	phone (telefono)
ginger beer	queer (omosessuale)
jackanory	story (storia)
mae west	best (il migliore)
mince pies	eyes (occhi)
mutt and jeff	deaf (sordo)
radio rental	mental (mentale)
rosy (rosy lea)	tea (tè)
tea leaf	thief (ladro)
tin of fruit	suit (abito)

la parola che rima viene omessa, per cui wife diventa solo trouble, loaf of bread (forma di pane) diventa loaf e significa head (testa), china plate (piatto di porcellana) vuol dire mate (compagno), syrup of fig (sciroppo di fico) è wig (parrucca) e butcher's hook (gancio da macellaio) è look (sguardo).

Vi capiterà di sentire ancora conversazioni infarcite di frasi cockney, anche se lo slang si è molto evoluto dal tempo delle sue origini nell'East End. La quantità di nuove espressioni non si conta, e spesso neppure la gente del posto riesce a capirci qualcosa.

ECONOMIA E COSTI

Londra è la città più ricca d'Europa, ed è diventata la mecca sia per chi è in cerca di un lavoro sia per le società attirate dalla sua fama di cuore del mondo finanziario. Questa ricchezza può non essere immediatamente evidente per chi, entrando per la prima volta in città, passa accanto a lunghe serie di altissimi caseggiati; eppure Londra supera anche Amburgo e Vienna quanto a reddito pro capite dei suoi abitanti. Qui la differenza tra ricchi e poveri in termini economici non è superiore a quella della maggior parte delle altre metropoli.

Per il visitatore questo purtroppo significa che Londra è di gran lunga la città più cara dell'Unione Europea, e uno dei luoghi più costosi del pianeta. I prezzi degli alberghi e dei trasporti, in particolare, sono molto elevati rispetto a quelli degli altri paesi dell'UE. Questi fattori, insieme ai maggiori dazi imposti su prodotti quali gli alcolici e il tabacco, spiegano perché nella capitale britannica i turisti debbano sempre avere a portata di mano le carte di credito.

Un britannico su otto vive nella capitale, e questo dato è destinato ad aumentare, mentre l'incremento annuale della popolazione londinese è quintuplo rispetto alla media nazionale. Il motivo principale sono le buste paga più pesanti, in quanto le retribuzioni sono superiori del 20% a quelle corrisposte altrove. Ma questi soldi in più coprono con difficoltà l'incremento del costo della vita secondo il Centre for Economics and Business Research, che ritiene che i londinesi abbiano in realtà un tenore di vita inferiore a quello dei loro compatrioti che vivono fuori città. Gli affitti, per esempio, sono più cari del 56%, e anche uscire a bere qualcosa costa il 5% in più. Ma il problema più grave è che circa un quarto dei londinesi deve viaggiare per almeno 51 minuti per raggiungere ogni giorno il posto di lavoro, cosa che non accade in nessun'altra parte del paese. E poi si lavora sodo: per legge la settimana lavorativa è di 48 ore, contro le 40 di quasi tutto il resto d'Europa e le 35 della Francia.

Negli ultimi anni i prezzi degli alloggi sono saliti alle stelle, rendendo pressoché impossibile l'acquisto a chi non possiede già un immobile. A Londra uno stipendio medio si aggira intorno a £26.000 l'anno, e l'aspirante proprietario non riesce a ottenere un mutuo sufficiente neppure per acquistare quanto di *più economico* c'è sul mercato. Nessuna meraviglia, dunque, che coloro che lavorano nei servizi essenziali come i poliziotti, gli insegnanti e gli infermieri, che possono contare su uno stipendio annuo medio di £19.000, lascino in massa la città. Gli analisti prevedono che nei prossimi anni i prezzi delle abitazioni scenderanno nei quartieri più eleganti, ma continueranno a salire – anche se meno rapidamente – in quasi tutte le altre zone della città.

Londra tuttavia è una ben nota potenza economica, e con i suoi 159 miliardi di sterline di prodotto interno lordo si colloca al nono posto in Europa – il suo PIL è superiore a quelli di Svezia, Polonia, Norvegia, Austria e Danimarca.

Gran parte della sua ricchezza nasce nella City (il nucleo originario da cui poi si è sviluppata la città), il cuore finanziario e la ragione per cui questa metropoli è sopravvissuta e ha prosperato per circa due millenni. Londra è l'area più fiorente d'Europa e crea più ricchezza di ogni altra regione dell'UE. Un quarto dei londinesi è impiegato nei servizi

---

Prezzi tipo

Pinta di birra £2,25
Financial Times (giornale) £1
Pellicola a colori da 36 pose £4
Biglietto dell'autobus urbano £1
Biglietto intero per una partita di calcio da £20 a £40
Pasto di tre portate con vino/birra da £30 in su
Taxi al km 90p
Biglietto del cinema £9
CD £15
Ingresso in un club di tendenza il venerdì sera £15

L'indice footsie

Londra è il più importante centro finanziario d'Europa in termini di volume di azioni scambiate. L'organizzazione che governa effettivamente il mercato è il London Stock Exchange, la borsa valori più internazionale del mondo. Il 'footsie' (FTSE 100) è l'indice che segue l'andamento dei prezzi delle azioni delle 100 società più importanti, e quando il mercato è aperto è calcolato ogni 15 secondi.

economici e finanziari. Ogni giorno lavorativo fino a 300.000 persone calano sulla City, producono ricchezza per un milione di sterline e poi corrono a casa in tempo per il tè. Di sera e nei weekend la City è deserta.

Tra i più grandi datori di lavoro di Londra vi sono gli aeroporti: Heathrow (il più trafficato aeroporto commerciale del mondo), Gatwick e Stansted offrono complessivamente 35.000 posti di lavoro. E nei sobborghi della città vi sono ancora alcune industrie e manifatture.

Nell'insieme, l'economia britannica gode di buona salute; la crescita annua supera il 2% (il doppio della media dei paesi dell'euro), mentre l'inflazione è costantemente intorno al 2%. Nel 1998 il governo britannico non potè avviare le operazioni per entrare nella moneta unica europea in quanto la sua economia non aveva le carte in regola, ma questa umiliazione si è poi trasformata in trionfo quando il paese, risanato e compatto, ha superato con slancio i suoi pigri vicini dell'euro.

Tony Blair ha ricevuto qualche critica dagli altri leader europei e si dice che sia favorevole a entrare nell'euro, ma il suo ministro delle finanze, Gordon Brown, è assolutamente contrario. L'ipotesi è stata presa seriamente in considerazione per l'ultima volta nel 2003, ma molti media britannici hanno reagito in modo piuttosto critico, paventando una 'rinuncia all'autonomia britannica'. La decisione è stata quindi: 'entreremo, ma non ora'. La City è già pronta per l'euro, moneta che usa per gli scambi con l'estero e nel mercato obbligazionario, ed è indifferente al dibattito politico.

Un fatto è certo: fino a quando la sua economia sarà fiorente la Gran Bretagna non si convertirà all'euro, allineandosi al resto dell'Europa, e la sterlina continuerà a governare le finanze britanniche.

ORDINAMENTO DELLO STATO E POLITICA
GOVERNO LOCALE

Quando nel XII secolo re Riccardo Cuor di Leone concesse a Londra il diritto di autogoverno, i sostenitori di questo provvedimento annunciarono che 'i londinesi non avrebbero più avuto un re ma soltanto il loro sindaco'. E da allora è stato effettivamente così per la City of London, ma per la Greater London, dove la maggior parte della popolazione vive e lavora, la situazione si è rivelata per un certo periodo più complessa.

Per certi aspetti il Greater London Council (GLC) è stato ininfluente per qualche secolo, occupandosi degli interessi locali e mostrandosi ligio e arrendevole alle linea del governo nazionale. Le cose cambiarono quando il laburista Ken Livingstone assunse il comando del Consiglio all'inizio degli anni '80, nello stesso periodo in cui era primo ministro Margaret Thatcher. I due non avrebbero potuto essere più diversi fra loro e lo scontro fu inevitabile. Livingstone condusse una campagna per rendere meno cari i trasporti pubblici nella capitale e in generale divenne una spina nel fianco del governo Thatcher, che nel 1986 abolì del tutto il GLC. Londra divenne così l'unica grande capitale del mondo a non avere una propria autorità di governo. Quattordici anni dopo il governo laburista ripristinò una nuova versione di consiglio comunale, la Greater London Assembly (GLA) e indisse elezioni che consentirono per la prima volta alla popolazione londinese di avere un proprio sindaco (v. la lettura a p30).

La competenza dei 25 membri della GLA è limitata ai trasporti, allo sviluppo economico, alla pianificazione urbanistica, all'ambiente, alla polizia, ai vigili del fuoco, alla protezione civile e alle attività culturali. I collegi elettorali dell'assemblea eleggono la GLA insieme ai londinesi. Pur non costituendo un'opposizione tradizionale, la GLA può respingere il bilancio del sindaco, formare speciali commissioni d'inchiesta e denunciare il sindaco. Il consiglio è formato attualmente da nove membri del partito conservatore, da nove laburisti, da quattro liberali democratici e da tre verdi del Green Party. La sede principale è situata nel futuristico edificio della GLA a Southwark, accanto al Tower Bridge.

La City of London ha un proprio governo rappresentato dalla Corporation of London, guidata dal *Lord* Mayor (si noti che solo il sindaco della City ha diritto al titolo di Lord) e da tutta una serie di consiglieri, funzionari e sceriffi dai nomi e soprattutto dagli abiti pittoreschi, che si riuniscono nella Guildhall. Queste persone – quasi sempre *uomini* – sono elette dai cittadini e dai rappresentanti delle corporazioni della City of London. Anche se questa forma di governo può sembrare antiquata e obsoleta nel terzo millennio, la Corporation of London possiede ancora circa un terzo della City e svolge un ruolo importante di promozione delle attività artistiche.

Londra è divisa in 33 borough (quartieri) molto diversi fra loro (13 si trovano nel centro di Londra), gestiti da consigli democraticamente eletti che godono di una certa autonomia. Questi consigli si occupano di istruzione e di altre questioni quali la pulizia delle strade e la raccolta rifiuti. Il quartiere più ricco in termini di reddito pro capite è Richmond, nella zona occidentale, il più povero è Barking in quella orientale.

GOVERNO NAZIONALE

Londra è ovviamente la sede del governo nazionale. Per l'esattezza, la Gran Bretagna è una monarchia costituzionale con una costituzione non scritta e funziona per mezzo di una combinazione di leggi parlamentari, common law (un corpo di principi legali basati su precedenti spesso risalenti a secoli fa) e consuetudini.

Il parlamento è formato dal sovrano, dalla Camera dei Comuni e dalla Camera dei Lord. Il sovrano è essenzialmente una figura simbolica, mentre la Camera dei Comuni è il luogo dove si esercita il potere legislativo. È composta da un'assemblea nazionale di 659 rappresentanti di collegi elettorali (o seggi) eletti direttamente ogni quattro o cinque anni. Il leader

Ken il rosso

Il primo sindaco di Londra eletto dal popolo è un tipo pittoresco e carismatico che ha fatto molto per aumentare il flusso turistico a Londra. Negli gli anni '80, come capo del Greater London Council (GLC), 'Ken il rosso' – in quanto noto socialista – arrivò ai ferri corti con il primo ministro conservatore Margaret Thatcher. Egli promosse e sostenne un'intensa campagna – 'Fare's Fair' – per ridurre il costo dei trasporti pubblici di Londra e fece mettere sul tetto della Country Hall un gigantesco tabellone che riportava le cifre aggiornate sulla disoccupazione ed era visibile chiaramente dalla Camera dei Comuni. La Thatcher si infuriò a tal punto con Livingstone che abolì il GLC.

Livingstone entrò come deputato in Parlamento e fece molte proposte politiche che a quel tempo sembrarono radicali, ma che poi furono adottate dal governo come linea di condotta. Il suo costante rifiuto ad allinearsi alle direttive del partito lo rese popolare presso i cittadini, ma gli procurò la diffidenza dei parlamentari. Era un personaggio odiato dai tabloid di destra, e il *Sun* una volta lo definì 'l'uomo più odioso della Gran Bretagna'.

Quando i laburisti decisero di ripristinare il consiglio di Londra sotto forma di Greater London Assembly (GLA), fu dato per certo il che il ben noto Livingstone avrebbe ottenuto la carica di sindaco. Tuttavia Tony Blair dimostrò di essere ben deciso a impedire la candidatura di Livingstone e, dopo molte discussioni, propose come candidato un altro membro del partito. Livingstone diede le dimissioni dal partito e si presentò come candidato indipendente, promettendo di fare un'opposizione forte al governo centrale ogni qual volta ciò si fosse reso necessario nell'interesse di Londra. Egli vinse le elezioni nel maggio del 2000 grazie a una marea di voti.

Livingstone fece poco nel primo anno del suo mandato, se si esclude l'aver bandito i piccioni da Trafalgar Square. Dopo aver fatto restaurare la famosa piazza, da quel momento pose in cima alle priorità il problema dei trasporti, combattendo strenuamente contro la privatizzazione della metropolitana proposta dal governo, migliorando il servizio degli autobus e introducendo, nel 2003, l'ardita, rischiosa, ma evidentemente efficace, tassa per eliminare la congestione del traffico nel centro cittadino. Il suo progetto più ambizioso, che prevede una spesa di circa 100 miliardi di sterline, è una vera e propria ristrutturazione di Londra da realizzarsi nei prossimi dieci anni che ha lo scopo di riformare l'uso delle risorse cittadine e il rapporto con l'ambiente. Una delle sue sfide più audaci e più controverse è l'offerta di edilizia popolare alla portata di tutti, ma il progetto del sindaco di costruire 15 nuovi grattacieli entro il 2013 è stato violentemente contestato perché secondo alcuni comporterebbe il più grande cambiamento apportato alla capitale inglese dalla ricostruzione seguita al grande incendio del 1666.

Nonostante i tentativi dell'*Evening Standard* di coinvolgerlo in uno scandalo nel 2002, Livingstone continua a godere di vasto seguito. Tuttavia i londinesi non sono nuovi a cambiamenti di fronte e il vero test si avrà nel 2004, quando egli si presenterà per essere rieletto.

Comunque vada, Livingstone ha dimostrato una capacità eccezionale nel ridare forza e credibilità alla propria carriera politica, che i più credevano finita per sempre dopo l'abolizione del GLC.

del partito di maggioranza della Camera dei Comuni è il primo ministro, il quale nomina un consiglio composto da circa 20 ministri per gestire i vari dicasteri del governo. Il partito laburista del primo ministro Tony Blair detiene un'imponente maggioranza rispetto al partito conservatore, in crisi ormai da dieci anni. Sebbene la popolarità dei laburisti sia precipitata durante il secondo mandato – nel quale Tony Blair divenne il primo ministro laburista rimasto in carica più a lungo nella storia – è alquanto dubbio che i conservatori riescano a impedire al partito avversario di raggiungere il terzo mandato nelle prossime elezioni generali del 2006.

La Camera dei Lord conserva un po' di potere, ma attualmente si limita a ritardare l'iter legislativo – anche quando si tratta solo di una questione di tempo prima che un progetto di legge sia trasmesso alla regina per essere automaticamente approvato. Per secoli la Camera dei Lord è stata composta da circa 900 'pari ereditari' (i cui titoli passavano da una generazione a un'altra), 25 vescovi della Chiesa d'Inghilterra e 12 Law Lords (signori della legge, che formavano anche la più alta corte di giustizia della Gran Bretagna).

Tony Blair ha preso di mira i Lord con grande zelo e si è fatto promotore della riforma che nel 1999 ha destituito la maggior parte dei pari ereditari. A 92 di loro è stato concesso di rimanere finché saranno in vita. È stato introdotto un nuovo sistema di attribuzione del titolo di 'pari a vita' che, dicono gli avversari, consente al primo ministro di

Houses of Parliament (p126)

distribuire posti di lavoro ai membri del parlamento più fedeli, i quali non dovranno neppure passare attraverso la seccatura delle votazioni per essere eletti in futuro. La seconda fase della riforma dei Lord (che non si sa quando sarà effettiva) prevede che i pari eletti entrino a sostituire progressivamente i pari ereditari.

AMBIENTE

IL TERRITORIO

La Greater London si estende per 977 kmq ed è racchiusa dal raccordo anulare formato dalla M25. Pur essendo essenziale per gli scambi commerciali a cui Londra deve la sua fortuna, il fiume Tamigi divide la città in una parte settentrionale e in una meridionale, divisione che ha provocato conseguenze assai più importanti di quelle meramente geografiche. I romani destinarono la zona sud al gioco d'azzardo e alla prostituzione e da allora, per quasi due millenni, la gente rispettabile e istruita si stabilì nella zona nord, mentre gli emarginati continuarono a vivere nella zona meridionale. Le potenzialità di quest'ultima, la cosiddetta South Bank, sono state comprese solo negli ultimi dieci anni.

Sebbene si sia ampliata a partire dalla City, Londra non ha un unico centro. La sua espansione non è mai stata realmente pianificata; piuttosto, man mano che si andava sviluppando, la città inglobava gli insediamenti esterni. Perciò – come qualsiasi lettore di Dickens comprenderà pienamente – la Londra odierna è più un mosaico di villaggi che un'unica città. Anche se può dare l'impressione di essere un'enorme giungla di cemento, presenta in realtà vastissime aree verdi nei suoi sobborghi periferici – per esempio Richmond Park e Hampstead Heath – e grandi parchi come Regent's e Hyde nel centro.

LA VERDE LONDRA

I problemi ambientali più seri che riguardano il centro di Londra, l'inquinamento e la cronica congestione causata dal traffico intenso, sono stati parzialmente alleviati dal 2003 quando è stata introdotta dal sindaco la Congestion Tax, per cui ogni auto, per poter entrare nel centro cittadino, deve pagare una tassa di £5. I veicoli che oggi circolano nelle vie centrali sono diminuiti del 15-20%, gli ingorghi del traffico sono ora rari e la velocità media è quasi raddoppiata. In molte strade, poi, l'aria è di nuovo respirabile e si può passeggiare piacevolmente (v. anche Pianificazione e sviluppo urbano a p33).

Per molti anni a Londra è stato praticato il riciclaggio dei rifiuti, soprattutto in forma di contenitori comuni piuttosto che monofamiliari, ma la maggioranza della popolazione non è mai stata realmente incoraggiata ad aver cura dell'ambiente. In alcuni quartieri la situazione è migliore che in altri, ma la media londinese del riciclaggio dell'immondizia prodotta da ogni famiglia raggiunge la misera quota del 9%.

Guardando le torbide acque del Tamigi si potrebbe pensare che siano gravemente inquinate, ma negli ultimi anni la salute del fiume è decisamente migliorata ed esso ha assunto un ruolo sempre più importante come luogo di svago. Intorno al 1962 l'impatto degli scarichi non trattati unito all'inquinamento industriale aveva di fatto ucciso ogni forma di vita nel fiume; ora, invece, esso ospita circa 115 specie di pesci, tra cui l'alosa, la lampreda di mare e perfino il salmone (per il quale sono stati costruiti speciali canali di risalita sulle chiuse). Insieme ai pesci sono ritornati 10.000 aironi, cormorani e altri uccelli acquatici che si nutrono appunto di pesci; persino lontre sono state localizzate nel tratto del fiume più a monte. La persistente torbidezza del fiume nella zona centrale di Londra è dovuta al fatto che la capitale è situata nel punto di riflusso tra la corrente d'acqua dolce e la marea salmastra.

La Londra sotterranea

La mancanza di spazio nel centro di Londra non è certo una novità: quando gli ingegneri vittoriani si trovarono di fronte a questo stesso problema, decisero di costruire sottoterra tunnel, ferrovie, strade e seppellirono diversi corsi d'acqua sotto la città. Gran parte delle attività si svolsero da allora nel sottosuolo, così che sotto i piedi dei londinesi esiste una vera e propria città sotterranea.

Sebbene il Tamigi sia oggi l'unico vero fiume di Londra, la città è attraversata da molti corsi d'acqua 'lost' (perduti) che continuano a scorrere nel sottosuolo. Fleet St prende il suo nome dal più famoso di tutti, il Fleet, che nasce ad Hampstead e si getta nel Tamigi presso il Blackfriars Bridge. Nel XVIII secolo era diventato una fogna puzzolente e fu coperto.

Inoltre, la decina di ponti che attraversano il Tamigi sono di gran lunga superati per numero dai circa 30 tunnel che attraversano zigzagando il corso del fiume. Dopo diversi tentativi falliti la prima galleria fu aperta nel 1840 e divenne più tardi la linea della metropolitana di East London.

Londra vanta più parchi e spazi aperti di qualsiasi altra città al mondo delle sue stesse dimensioni – da quelli molto curati (Holland Park, St James's Park) a quelli più selvaggi (Richmond Park, Bushy Park). Questi spazi verdi costituiscono un habitat adatto a una notevole varietà di mammiferi e uccelli.

Il mammifero che avrete maggiori probabilità di avvistare è lo scoiattolo grigio importato dal Nord America, che ha colonizzato tutti i grandi parchi a spese della popolazione indigena di scoiattoli rossi. Ci sono anche i porcospini, sebbene il loro numero sia in calo, forse a causa del sempre maggiore impiego di esche velenose usate per uccidere i lumaconi. Probabilmente non riuscirete a vedere le volpi a causa delle loro abitudini notturne, ma vi potrete rifare con i tassi e i branchi di cervi e daini ospitati al Richmond Park.

I bird-watcher, soprattutto quelli interessati agli uccelli acquatici, potranno osservare anatre, pellicani e cigni della regina a St James's Park, e altre anatre e i bellissimi svassi maggiori dalle grandi creste e dal capo castano nel lago Serpentine di Hyde Park. Anche i canali di Londra sono un luogo ideale per l'avvistamento degli uccelli acquatici.

In tutti i parchi troverete uccelli da giardino quali codibugnoli e cinciallegre, passeri, pettirossi e merli, mentre alcune aree verdi attirano specie migranti più interessanti. In primavera, in Holland Park si possono ammirare stormi di minuscoli regoli. I gheppi invece nidificano presso la Tower of London, mentre gli ampi spazi aperti dei parchi pubblici di Barnes e Wimbledon ospitano un vasto assortimento di uccelli e mammiferi.

Il **London Wildlife Trust** (LWT ☎ 7261 0447; www.wildlondon.org.uk) gestisce oltre 50 riserve naturali situate nel territorio della città, che offrono l'opportunità di osservare numerose specie di uccelli e anche qualche piccolo mammifero. La Battersea Park Nature Reserve offre diversi percorsi naturalistici, mentre il Trent Country Park dispone persino di un sentiero segnalato con pannelli in braille che si snoda attraverso i boschi. Alcune zone di Hampstead Heath sono state definite Site of Special Scientific Interest (Sito di speciale interesse scientifico) per la loro ricchezza dal punto di vista della storia naturale.

Per ulteriori informazioni sulle riserve e sugli habitat naturali potete contattare il LWT ad Harling House, 47-51 Great Suffolk St, London SE1 0BS.

Chi possiede il pollice verde non deve lasciarsi sfuggire la visita alle straordinarie piante esotiche dei suggestivi Kew Gardens (p185), mentre nei parchi di Londra troverà una vasta gamma di alberi comuni o da giardino, di arbusti e fiori. Molti londinesi, poi, sono orgogliosi dei loro giardini privati, dal fazzoletto di terra dietro casa alle piccole tenute, alcune delle quali sono aperte al pubblico per qualche giorno all'anno, in estate, in accordo con il National Gardens Scheme (NGS). L'ingresso costa di solito £2, che sono devolute in beneficenza. Per avere l'elenco dei partecipanti a questa iniziativa e delle date d'apertura, contattate l'**NGS** (☎ 01483-211535; www.ngs.org.uk) ad Hatchlands Park, East Clandon, Guildford GU4 7RT.

PIANIFICAZIONE E SVILUPPO URBANO

Il centro di Londra in questi anni è stato considerevolmente migliorato e il sindaco Ken Livingstone è in prima linea nell'elaborare progetti arditi e fantasiosi per rendere la città più piacevole da vivere e da visitare. Il traffico è stato bandito dal lato settentrionale di Trafalgar Square, oggi collegata per mezzo di una nuova zona pedonale alla National Gallery, anch'essa in fase di grandiose trasformazioni. Sono stati avviati progetti per fare lo stesso trattamento a Leicester Square e farla diventare una piacevole piazza di stile europeo, mentre lo sviluppo in corso della South Bank continua con successo.

Ma la sfida più grande che Londra deve affrontare ora è quella di dare alloggio alla sua crescente popolazione senza invadere la fascia verde che circonda la città. Zone centrali fino a poco tempo prima fatiscenti, quali Hoxton, Clerkenwell e Farringdon, negli anni '90 sono diventati quartieri eleganti, dove si sono trasferiti molti giovani che hanno trasformato i magazzini in abitazioni. Continua inoltre il ripopolamento delle Docklands, ma Londra sta rapidamente esaurendo lo spazio. Il sindaco ha preso misure per affrontare il problema e come requisito indispensabile per ottenere il permesso di realizzare nuovi

Microeconomia

A Londra la necessità crescente di nuove abitazioni è uno dei problemi più incalzanti, in quanto influisce sulla qualità della vita; per tentare di risolvere la crisi, sono stati posti in opera vari progetti. Stabili speciali sono stati messi a disposizione dal governo per chi lavora nell'ambito di alcuni servizi essenziali, quali gli infermieri, gli autisti di ambulanze e così via; inoltre, il sindaco Ken Livingstone ha posto la condizione che, per avere il permesso di progettare nuovi edifici, le imprese immobiliari ne debbano destinare il 50% a uso abitativo (sebbene quando fece l'accordo per il Dome e la zona circostante pare che si sia accontentato del 40%).

Uno dei progetti che più ha attirato l'attenzione in quest'ambito è stata l'idea dello studio d'architettura di Piercy Conner per lo sviluppo dei miniappartamenti, ossia edifici fatti in serie con piccoli appartamenti poco ingombranti a una sola camera da letto, molto simili alle capsule giapponesi (anche se più ampi, in quanto misurano circa 15 mq). L'idea è stata messa alla prova in una vetrina di Selfridges, completa di una parete di vetro e di 'micronauti' e ha ottenuto un'enorme pubblicità. Gli entusiasti dicono che renderà il centro di Londra più vivibile; i detrattori credono che sia soltanto un espediente pubblicitario.

34

Vita quotidiana – Ambiente

progetti, i costruttori oggi devono stanziare metà dei loro investimenti complessivi nella costruzione di case d'abitazione. Nel suo London Plan è prevista la conservazione degli spazi verdi, anche se gli imprenditori interessati a questo tipo di affari si stanno mobilitando per aggirare questo vincolo e ridurre l''onere' sui costruttori.

Il governo sta affrontando un inevitabile conflitto con gli ambientalisti sull'argomento del recupero del Thames Gateway, i 60 km su ognuna delle due sponde del Tamigi che si estendono dalla parte orientale di Londra al Mare del Nord. Il progetto prevede di costruire 200.000 case d'abitazione e procurare così 300.000 posti di lavoro, ma la zona contiene alcuni dei siti naturali più preziosi della Gran Bretagna e la striscia di spiaggia di circa 25 km è indicata dall'UE come Zona di Protezione Speciale. Solo con il tempo sapremo come andrà a finire.

Senza Harry Beck saremmo persi

Nel 1931 un progettista di macchine disoccupato, Harry Beck, creò la più famosa icona della città, la cartina della metropolitana di Londra (p462). Beck pensò che le cartine esistenti fossero assolutamente incomprensibili, perciò ne disegnò una che presentava una visione ordinata di una città caotica. Beck fu pagato cinque ghinee (£5,50) per il suo lavoro rivoluzionario che cambiò per sempre la faccia di Londra e continua ancora oggi a dare la sensazione, ai turisti come agli abitanti, che la città sia quasi navigabile.

Arti

Arti

Londra è la capitale culturale d'Europa, con un panorama dinamico e un pubblico aperto alle novità come nessun altro. Se il governo e il mondo imprenditoriale la sostengono nel suo cammino creativo, è la vivacità della sua popolazione giovanile che la mantiene all'avanguardia in tutte le attività artistiche. Le arti offrono un buon contributo al successo economico di Londra, ma è forse più importante l'impressione di appagamento che danno i suoi abitanti. Le star di Hollywood fanno la fila per calcare i palcoscenici dei teatri cittadini, e Londra continua a essere il cuore della letteratura inglese e non solo per il fenomeno di Harry Potter. Dopo la tempesta della Britart, l'arte figurativa si è fatta meno sconvolgente, ma la sua scena è sempre molto attiva.

Londra continua a produrre a getto continuo brillanti programmi televisivi, in particolare commedie e drammi che sono apprezzati in tutto il mondo, mentre l'industria cinematografica continua il suo cammino e di tanto in tanto produce capolavori. Per quanto riguarda la musica, Londra sta vivendo il suo quinto decennio di leader della musica pop. È anche la capitale della commedia e le sue compagnie di danza furoreggiano sui palcoscenici della scena mondiale.

LETTERATURA

LA VECCHIA LONDRA LETTERARIA

Londra mantiene una posizione d'onore nella storia della letteratura inglese. Nel corso dei tempi, la città è stata una fonte di stimolo e di ispirazione per un gran numero di scrittori inglesi e internazionali, molti dei quali la usarono per ambientarvi le loro opere. Quella che segue è una piccola selezione di momenti rilevanti della storia della letteratura che hanno appunto Londra come sfondo – per un elenco più particolareggiato consultate la *Waterstone's Guide to London Writing* (£3,99), disponibile in ogni libreria Waterstone.

Ne *I racconti di Canterbury* (Rizzoli, Milano 2000) di Geoffrey Chaucer, scritti tra il 1387 e il 1400, si trova il primo riferimento letterario alla città: i pellegrini diretti a Canterbury si radunano al Tabard Inn di Southwark.

William Shakespeare trascorse a Londra la maggior parte della vita facendo l'attore e l'autore teatrale sul finire del XVI secolo, proprio nel periodo in cui stava cominciando a diffondersi l'uso della stampa. Egli calcò le scene di diversi teatri di Southwark e scrisse le sue tragedie più importanti – tra cui *Amleto, Otello, Macbeth* e *Re Lear* – per il primo teatro Globe sulla South Bank. (L'editore milanese Newton & Compton ha pubblicato nel 2001 l'opera in due volumi *Tutto il teatro*). I collezionisti di aneddoti dovrebbero sapere che solo una delle sue opere, *Enrico IV: Parte II* (Rizzoli, Milano 2002; testo inglese a fronte, parte I e II), contiene una scena ambientata a Londra, in una taverna chiamata Boar's Head a Eastcheap.

Daniel Defoe scrisse *Robinson Crusoe* (1720; Giunti, Firenze 2003) e *Moll Flanders* (1722; Bompiani, Milano 2001) quando viveva in Church St a Stoke Newington; il suo *Il diario dell'anno della peste* (1722; Mondadori, Milano 2000) è un celebre resoconto della Morte Nera, la peste che infuriò a Londra durante l'estate e l'autunno del 1665.

Anche due celebri poeti dell'inizio del XIX secolo trovarono ispirazione a Londra. John Keats scrisse *A un usignolo* durante il suo soggiorno nei pressi di Hampstead Heath, nel 1819, e *Sopra un'urna greca* (1819) dopo aver osservato il vaso di Portland al British

Grub Street

Grub St era il nome originario di una via di Londra (oggi Milton St) abitata da scrittori poco ispirati e da letterati di scarso valore. Nel XVIII secolo qualsiasi libro o opera letteraria scadente era chiamato 'grubstreet', ma oggi il termine sembra essere usato per definire l'intera produzione editoriale di Londra.

Museum. Le sue liriche, tradotte in italiano, sono contenute nella raccolta intitolata *Poesie* (Einaudi, Torino 2003). William Wordsworth visitò la città nel 1802 e questo viaggio gli ispirò il poema *On Westminster Bridge*. In italiano, potete leggere le *Ballate liriche* (1798; Mondadori, Milano 2003), scritte con Samuel Coleridge.

Charles Dickens (1812-70) fu l'autore più legato a Londra. Quando il padre e la famiglia furono imprigionati per debiti, il dodicenne Charles fu costretto a sopravvivere da solo nelle strade della Londra vittoriana. Anche se la sua famiglia fu rilasciata tre mesi più tardi, quegli orrendi mesi s'impressero nella memoria del ragazzo e gli fornirono una fonte di esperienze dalla quale l'autore avrebbe in seguito attinto a piene mani. I romanzi maggiormente legati alla città sono *Oliver Twist* (1837; Fabbri, Milano 2002), che narra la storia di una banda di ladri bambini organizzata da un malfattore di nome Fagin a Clerkenwell, e *La piccola Dorrit* (1857-58; De Agostini Ragazzi, Milano 1997), la cui eroina nasce a Marshalsea – la stessa prigione in cui la famiglia dell'autore era stata rinchiusa.

Dickens House Museum (p100)

Il più tardo *Il nostro comune amico* (1864-65; Garzanti, Milano 2003) è un'aspra critica dei valori della Londra del tempo – sia sul piano economico, sia su quello sociale – e un vigoroso attacco alla corruzione, all'autocompiacimento e alla superficialità della Londra 'rispettabile'.

Sir Arthur Conan Doyle (1858-1930) ritrasse una città molto diversa e il suo investigatore Sherlock Holmes, che fuma la pipa e sniffa cocaina, divenne in tutto il mondo l'esempio dell'imperturbabilità e della freddezza inglesi. Ancora oggi, al 221B di Baker St, arrivano lettere di appassionati da tutto il mondo, indirizzate al mitico eroe. *221 Baker Street* è il titolo di una raccolta di sei racconti edita da Marsilio, Venezia 2001.

La Londra di fine Ottocento è descritta in numerosi libri. *La guerra dei mondi* (1898; Mursia, Milano 2002) di H.G. Wells coglie il sentimento e l'atmosfera dei tempi in modo straordinario. Il primo romanzo di Somerset Maugham, *Liza di Lambeth* (1897; Rizzoli 'Bur', Milano 1996), si basa sull'esperienza dell'autore durante il suo internato come medico nei bassifondi della Londra meridionale, mentre *Schiavo d'amore* (1915; Mondadori, Milano 1997), così inglese e così intriso dell'atmosfera del periodo, offre il ritratto forse più veritiero della Londra della tarda epoca vittoriana che sia mai stato fatto.

GLI SCRITTORI DEL XX SECOLO

Tra gli americani che scrissero di Londra alla fine dell'Ottocento ricordiamo Henry James, che visse e morì nella capitale inglese, e in particolare le sue opere *Daisy Miller* (1879; Einaudi, Torino 1999) e *Gli europei* (1878; Frassinelli, Milano 1996). Ricordiamo ancora il capolavoro *Ritratto di signora* (1879; Einaudi, Torino 2003), da cui è stato tratto l'omonimo film di Jane Campion (1996). Il

Un caso esemplare

La Londra letteraria, quello spazio nebuloso dove s'intersecano l'editoria, il giornalismo e il mondo accademico, è un grottesco carnevale di pettegolezzi e ripicche. Le pagine dedicate ai libri, apparentemente così inoffensive, sono spesso la più brutale e divertente presentazione di qualsiasi pubblicazione perché proprio lì, in quelle recensioni accuratamente commissionate, si può sovente intravedere la manifestazione dell'invidia, della paranoia e della frustrazione che rappresentano l'infelice destino della maggior parte degli scrittori a tempo pieno e degli accademici.

Jason Cowley, Guardian, 2002

Arti – Letteratura

Letture consigliate

- *Absolute Beginners* (1959; Colin MacInnes; Arcana, Padova 2003) Chiunque sia interessato alla cultura giovanile della Londra anni '50 del XX secolo, in particolare al panorama mod e alla cultura mista fioriti nella capitale del dopoguerra, deve assolutamente leggere questo brillante romanzo. È il miglior libro pubblicato su quel periodo ed è infinitamente più avvincente dell'omonimo film.

- *Alta fedeltà* (1995; Nick Hornby; Guanda, Milano 2003) Questo romanzo, di straordinario successo, scritto da uno dei più famosi scrittori di Londra, affronta problemi realmente importanti, almeno quelli che riguardano le vite di una trentina di uomini. È possibile condividere la vita con qualcuno la cui collezione di dischi è incompatibile con la vostra? Piuttosto malinconico e molto spiritoso.

- *Agrodolce* (1982; Timothy Mo; Serra e Riva, Milano 1988; reperibile in biblioteca) Candidato al Booker Prize, questo romanzo segue con ironia, attraverso gli occhi di un immigrato, le sorti di una famiglia cinese che tenta di barcamenarsi tra i 'diavoli stranieri' di Londra e il fascino della città. Scrittura elegante e humour nero.

- *Le avventure di Sherlock Holmes* (1892; Arthur Conan Doyle; Newton & Compton, Roma 2003) La prima raccolta di racconti brevi dove appaiono la figura dell'investigatore snob e quella del suo fidato amico Watson; il libro è adatto a tutti coloro che, dai 10 anni in su, amano il fascino dei racconti del mistero. Conan Doyle descrisse Londra come 'una grande fogna in cui tutti i perdigiorno dell'impero sono irresistibilmente scaricati'.

- *Il Budda delle periferie* (1990; Hanif Kureishi; Bompiani, Milano 2003) Questo libro, vincitore del premio Whitbread nel 1990, è un'aggressiva, toccante, divertente e penetrante indagine sulle speranze e i timori di un gruppo di asiatici che abitano nei sobborghi periferici residenziali di Londra negli anni '70 del XX secolo. L'autore anglo-asiatico è il più importante della sua generazione. Forse si avverte che il racconto è un po' datato, se paragonato con le cronistorie del multiculturalismo di gran moda in anni più recenti, ma ha forse maggior vigore e incisività.

- *Denti bianchi* (2000; Zadie Smith; Mondadori, Milano 2003) Questo romanzo enormemente pubblicizzato di Zadie Smith è un divertente, intenso, generoso e affettuoso libro sull'amicizia e le differenze culturali, viste attraverso gli occhi di tre famiglie non integrate della zona settentrionale di Londra.

- *Il diario dell'anno della peste* (1722; Daniel Defoe; Mondadori, Milano 2000) Tra i più avvincenti resoconti di una calamità naturale nella storia della letteratura, la classica ricostruzione di Defoe della Grande Peste del 1665 esplora le strade e i vicoli della Londra di allora per registrare le estreme sofferenze delle vittime della peste. A un tempo macabro e compassionevole.

- *Fine di una storia* (1951; Graham Greene; Mondadori, Milano 2000) Ambientato alla fine della seconda guerra mondiale in una Londra ancora segnata dai bombardamenti, è un classico intenso e commovente che descrive lo scontro fra tre tipi di amore, quello di sé, quello per un'altra persona e l'amore verso Dio (reso verosimile dalla reale e grande tensione vissuta dall'autore fra la fede cattolica e le pulsioni della passione).

- *Grey Area* (1994; Will Self; in edizione inglese) Spirito penetrante, virtuosismo narrativo e acuto commento sociale caratterizzano la scrittura di Will Self, che alcuni londinesi considerano il miglior scrittore della sua generazione, mentre altri lo accusano di saccenza e mancanza di autocritica. In questa raccolta di nove racconti brevi – o 'incubi comici' – egli critica aspramente la Londra contemporanea e mette in risalto i difetti più fastidiosi della società.

- *The Jeeves Omnibus* (1931; P.G. Wodehouse; in edizione inglese) Wodehouse, uno dei più divertenti scrittori di lingua inglese, fece la parodia delle classi elevate con 31 racconti su Bertie Wooster e il suo maggiordomo Jeeves, che vivevano nel quartiere esclusivo di Mayfair e partecipavano attivamente alla vita notturna di Londra.

- *Liza di Lambeth* (1897; Somerset Maugham; Rizzoli 'Bur', Milano 1996) Scritto durante l'ultimo anno della scuola di medicina frequentata da Maugham, questo coraggioso romanzo tratteggia le esperienze di vita dell'autore nelle misere strade di Lambeth ed è una descrizione senza compromessi della classe operaia nella Londra edoardiana. Nel racconto è talvolta adottata una scrittura volutamente scarna.

- *London: The Biography* (2000; Peter Ackroyd; in edizione inglese) Considerata da alcuni come la guida definitiva di Londra, questo enorme tomo fornisce un affascinante quadro della vita e della storia della capitale ed è organizzato per temi invece che cronologicamente.

- *Madre Londra* (2000; Michael Moorcock; Fanucci, Roma 2001) Questo avvincente, tortuoso romanzo descrive le vicende di tre personaggi mentalmente disturbati che ascoltano le voci provenienti dal cuore di Londra; strutturato a episodi, è un viaggio attraverso la storia della capitale dal tempo dei bombardamenti alla fine del millennio. La città stessa diventa un personaggio, con le sue storie di emarginazione trattate con grande sensibilità e abilità.

- *The Naked Civil Servant* (1968; Quentin Crisp; in edizione inglese) È la storia di un uomo dichiaratamente omosessuale nella Londra degli anni '20 del XX secolo, raccontata nel modo sarcastico, provocatorio e un po' brutale caratteristico di Crisp. La sua fama come scrittore 'maledetto' ha cominciato a diffondersi da quando, nel 1976, è andato in onda un film per la televisione sulla sua vita interpretato da John Hurt.

- *Oliver Twist* (1837; Charles Dickens; Fabbri, Milano 2002) Anche se forse non è il più bel romanzo di Dickens questa commovente storia di un orfano che scappa a Londra e cade nelle mani di una banda di ladri è raccontata in modo splendido, è ricca di personaggi indimenticabili e costituisce un vivace ritratto della Londra vittoriana.
- *Racconti londinesi* (1978; Doris Lessing; Feltrinelli, Milano 2000) In questa raccolta di 18 novelle la famosissima scrittrice di origine iraniana osserva Londra e i suoi abitanti con occhio sagace e sensibilità.
- *La signora Dalloway* (1925; Virginia Woolf; Oscar Mondadori, Milano 2000) Virginia Woolf, la colonna del gruppo di Bloomsbury, profonde a piene mani il suo stile del monologo interiore in questo racconto che segue una giornata nella vita di varie persone nella Londra del 1923. Splendidamente scritto, è breve quanto appassionante.
- *Sette mari tredici fiumi* (2003; Monica Ali; Tropea, Milano 2003) Questo romanzo d'esordio, il più pubblicizzato dopo *White Teeth* di Zadie Smith, racconta la storia di Nazneen, una donna islamica del Bangladesh che arriva a Londra per un matrimonio combinato; all'inizio accetta il suo destino, poi intraprende un viaggio interiore alla ricerca di se stessa. L'autrice, originaria del Bangladesh, scrive con intelligenza e pacata ironia.
- *Territori londinesi* (1989; Martin Amis; Mondadori, Milano 1995) Usando uno stile narrativo costantemente mutevole, in questa epopea della paura-della-classe-media-della-criminalità, Amis non è un autore di facile lettura. Nero e postmoderno – Dickens con l'aggiunta di bestemmie e sesso, e con meno sensibilità, scrisse un critico – è uno studio avvincente della vita dei bassifondi di Londra.
- *Ultimo giro* (1997; Graham Swift; Feltrinelli, Milano 1999) In questo racconto scritto splendidamente, dal tono pacato, a tratti amaro, quattro amici di una certa età ripensano al passato, rievocando l'East End di Londra al tempo della guerra. Ne è stato tratto un film altrettanto affascinante interpretato dal cockney per antonomasia Michael Caine.

Arti – Letteratura

popolo degli abissi dello scrittore socialista americano Jack London (1903; Robin, Roma 2003) è un ritratto appassionato della miseria e della disperazione degli abitanti dell'East End, mentre nell'indimenticabile *Gli innocenti all'estero* di Mark Twain (1869; Rizzoli, Milano 2001) l'inimitabile umorista ironizza sui costumi del Vecchio e del Nuovo Mondo. Nato a St Louis, T.S. Eliot si stabilì a Londra nel 1915, dove pubblicò quasi subito il poema *Il canto d'amore di J. Alfred Prufrock* (1917; Università degli Studi, Milano 1994; reperibile in biblioteca) e iniziò la stesura dell'innovativo poema epico *La terra desolata* (1922; Feltrinelli, Milano 2003).

Fine di una storia di Graham Greene (1951; Mondadori, Milano 2000) è un romanzo che narra un'appassionata storia d'amore ambientata a Clapham Common e dintorni durante la prima guerra mondiale, mentre *L'ora decisiva* (1949; Mondadori, Milano 1956; reperibile in biblioteca) è il resoconto sensibile, anche se melodrammatico, che Elizabeth Bowen fa della vita sotto i bombardamenti aerei di Londra.

Tra le due guerre, P.G. Wodehouse (1881-1975), la quintessenza dello scrittore britannico dell'inizio del XX secolo – che risultò poi essere americano – descrisse l'alta società cittadina con la sua spassosa satira delle classi elevate inglesi nei racconti di Jeeves (v. la raccolta *Avanti Jeeves*, Mursia Milano 2000). Quentin Crisp, autoproclamatosi 'grande omosessuale d'Inghilterra', presentò il rovescio della medaglia, raccontando nelle sue licenziose e argute memorie, *The Naked Civil Servant*, che cosa significava essere omosessuale dichiarato nella Londra degli anni '20. L'esperienza di vita da mendicante di George Orwell nell'East End di Londra rende verosimile il suo libro *Senza un soldo a Parigi e a Londra* (1933; Mondadori, Milano 1995).

Più di recente, Colin MacInnes ha descritto il mondo multiculturale e bohémien della Notting Hill degli anni '50 in *City of Spades* e *Absolute Beginners* (1959; Arcana, Padova 2003), mentre Doris Lessing ha colto l'atmosfera politica della Londra anni '60 in *La città dalle quattro porte* (1968), ultimo volume di cinque della serie *I figli della violenza* (1952-68; il primo volume è intitolato *Martha Quest*, edito da Feltrinelli, Milano 2003) e ci offre alcuni dei più divertenti e velenosi ritratti della Londra degli anni '90 in *Racconti londinesi* (1978; Feltrinelli, Milano 2000). Nick Hornby si scopre voce di una generazione nostalgica dei tempi passati nel personaggio di un giovane tifoso di calcio in *Febbre a 90°* (1992; Guanda, Milano 2003) e fanatica dei dischi di vinile in *Alta Fedeltà* (1995; Guanda, Milano 2003).

Prima che diventasse una moda, un autore come Hanif Kureishi ha esplorato Londra dal punto di vista delle minoranze etniche, specialmente quelle dei giovani pakistani, nei suoi romanzi più noti: *The Black Album* (1995; Bompiani, Milano 2000) e *Il Budda delle periferie* (1990, Bompiani, Milano 2003) – Kureishi ha scritto anche la sceneggiatura dell'innovativo film *My Beautiful Laundrette* (1985; Baldini Castoldi Dalai, Milano 1996). Lo scrittore e drammaturgo Caryl Phillips ha ottenuto grandi consensi con la descrizione delle vicende di un immigrato caraibico in *The Final Passage*, mentre *Agrodolce* (1982; Serra e Riva, Milano 1988; reperibile in biblioteca) di Timothy Mo è un acuto e divertente racconto di una famiglia cinese che, negli anni '60, cerca di adattarsi allo stile di vita inglese.

Lo straordinario successo de *Il diario di Bridget Jones* (1998; Sonzogno, Milano 2001), di Helen Fielding, conclude il genere noto come 'chick lit', una serie di libri di grandissima popolarità che trattano temi come la ricerca dell'uomo giusto o l'aspirazione all'indipendenza da parte di giovani donne coraggiose, intraprendenti e alla ricerca dei propri spazi. Will Self – *enfant terrible* e acuto commentatore della società – è stato nell'ultimo decennio l'uomo più osannato di Londra. Il suo *Grey Area* è una straordinaria raccolta di racconti brevi concentrati sugli aspetti strani e surreali di Londra. In italiano è stato apprezzato il suo *Misto maschio* (Feltrinelli, Milano 1997), storia di una scoperta sorprendente: un nuovo, inaspettato organo sessuale.

Per finire, Peter Ackroyd, considerato l'autore più londinese che ci sia, definisce la città come l'amore della sua vita. *London – The Biography* è l'inesauribile lode che Ackroyd rivolge alla capitale, mentre il suo libro più recente, *The Clerkenwell Tales*, riporta il lettore alla Londra del XIV secolo, quella di Chaucer. Di Ackroyd potete leggere in italiano il saggio *Thomas More. Una sfida alla modernità* (Frassinelli, Milano 2001), ritratto dell'uomo di potere, nonché martire, inglese.

LA SCENA CONTEMPORANEA

Il XXI secolo si apre con una situazione dell'industria editoriale in cui gli editori somigliano sempre più a dirigenti di case musicali e cinematografiche. Il migliore esempio di come funziona questo tipo d'industria è il travolgente successo del 2000, *Denti bianchi*, romanzo di debutto di Zadie Smith (Mondadori, Milano 2003), sull'integrazione multietnica nella zona settentrionale di Londra. In poco tempo, questo libro ha dato enorme fama alla Smith, facendola diventare una delle icone della giovane e rampante Londra letteraria.

La storia della pubblicazione di questo romanzo ha dell'incredibile: pare che l'agente di Zadie Smith abbia invitato gli editori a pubblicare il libro sottoponendo loro un campione di sole 100 pagine – neppure l'intero manoscritto. Tutti si sono subito resi conto che Zadie compendiava in sé tutte le tendenze del momento: oltre a essere un'ottima scrittrice era anche giovane, interessante e multiculturale (e quindi potenzialmente di successo). Alla fine la Penguin si è aggiudicata l'esclusiva pagando £250.000.

Appena il libro è stato pubblicato, 'l'intuizione' della Penguin si è rivelata esatta; *Denti bianchi* è stato subito considerato un libro eccellente, fresco e originale. L'editore, che ne ha tratto uno straordinario profitto, ha poi pubblicato nel 2002 il romanzo successivo della Smith, *L'uomo autografo* (Mondadori, Milano 2003). La vicenda di *Denti bianchi* è esemplare per descrivere l'attuale panorama letterario londinese, dominato dalla ricerca spasmodica di giovani talenti sconosciuti nella speranza di scoprire la nuova Zadie Smith.

Una volta ogni dieci anni, venti giovani scrittori inglesi sono inseriti nel prestigioso elenco di *Granta*, che stabilisce i riferimenti letterari per l'intera generazione. Uno dei nomi comparsi nel 2003 è quello della londinese e anglo-bangladeshana Monica Ali, neoscrittrice già considerata una delle più significative narratrici britanniche dei giorni nostri. Il suo libro, *Sette mari tredici fiumi* (Tropea, Milano 2003), è stato un successo.

Premi letterari

Il Booker Prize è il più importante premio letterario di narrativa della Gran Bretagna. Sin dalla sua istituzione, avvenuta nel 1969, è aperto soltanto agli scrittori del Commonwealth e agli irlandesi, ma nuovi sponsor, come Man Group, stanno facendo pressioni attraverso le rubriche dei media inglesi perché dal 2004 sia aperto anche agli autori statunitensi. Il premio Samuel Johnson è il più ricco e prestigioso per le opere nonfiction.

I top five dei siti letterari

- Dickens House Museum (p100), dove il più londinese degli autori scrisse *Oliver Twist*.

- 221B Baker St (p165), indirizzo di Sherlock Holmes, sebbene non esistesse neppure ai tempi di Arthur Conan Doyle.

- 84 Charing Cross Rd (p320), indirizzo della libreria del romanzo di Helen Hanff (l'ideale per aprirvi una libreria vera), oggi sede di un pub appartenente a una catena.

- Bloomsbury WC1 (p98), dove l'influente gruppo di scrittori, artisti e intellettuali noto come il Bloomsbury Group viveva e lavorava agli inizi del XX secolo.

- Hampstead (p168), sobborgo situato in cima a una verde collina che ospitò grandi scrittori quali John Keats (p170), H.G. Wells e D.H. Lawrence.

Gli autori meno giovani sono convinti che oggi il successo letterario sia legato all'età e all'aspetto fisico, più che alla qualità dei libri: un nuovo scrittore, se è giovane e bello, ha più probabilità di sfondare, indipendentemente da ciò che ne diranno i critici letterari. In tal senso, in molti guardano con nostalgia al sistema editoriale del secolo scorso, forse più genuino e meno ossessionato dal marketing.

Nel frattempo, si tentano nuove vie per accattivarsi le simpatie dei lettori: dalla letteratura per bambini, prodotto ormai inflazionato dal fenomeno Harry Potter, alla letteratura rivolta a un pubblico di ultra-cinquantenni, che ha registrato un leggero incremento nelle vendite.

Come reazione all'ossessione modaiola dell'industria libraria, alcuni editori si sono associati in un movimento letterario noto come New Puritans, un manifesto dagli intenti non dissimili da quelli del Dogma 95 dei registi danesi. Il suo scopo è di produrre narrativa nella 'sua forma più pura e immediata'. I New Puritans hanno abolito la licenza poetica e sono stati aspramente criticati.

Indipendentemente dai punti di vista, il dibattito ha risvegliato dal torpore l'industria editoriale. Solo qualche anno fa i giornali britannici e le riviste letterarie lamentavano la scomparsa della narrativa; nel 2003, invece, uno dei giudici dell'elenco *Granta* ha detto: "È evidente che questo periodo di magra sta portando a una prossima… nuova narrativa britannica viva e in ottima salute".

TEATRO

Negli ultimi anni i riflettori dei palcoscenici di Londra sono stati puntati su molti nomi hollywoodiani, ma anche la capitale inglese può vantare alcune interessanti proposte.

Le star straniere giungono nella patria dell'impegnativo teatro inglese per acquisire prestigio – non certamente per denaro perché generalmente guadagnano solo dalle £250 alle £300 la settimana. Gwyneth Paltrow, Woody Harrelson e Kyle MacLachlan hanno ricevuto l'approvazione della critica, contrariamente a Gillian Anderson, Glenn Close e Madonna. Nicole Kidman ha riscosso successo nello spettacolo del regista Sam Mendes *The Blue Room* al Donmar Warehouse (Mendes è il regista del film di successo *American Beauty*, 1999). Matthew Perry, al suo debutto sui palcoscenici di Londra in *Sexual Perversity in Chicago*, ha ottenuto critiche sfavorevoli fondamentalmente perché ripeteva il ruolo di Chandler in *Friends*.

In ogni caso, non sono certo le star hollywoodiane il punto di forza del teatro inglese. Dietro le quinte, geniali direttori artistici inventano sempre nuovi personaggi, mentre un recente stanziamento di 25 milioni di sterline dell'Art Council ha permesso di esprimere la ricchezza e l'intensità del talento locale e ha ravvivato la tradizione culturale del West End, patria della sperimentazione del teatro d'avanguardia.

La scrittrice Lyn Gardner, in un articolo apparso sul *Guardian* il 6 luglio 2002, si dichiara entusiasta per aver assistito a happening in forma di spettacolo sotto le arcate della ferrovia a Bethnal Green o camminando nel Lyric Hammersmith. Invece di stare seduti in sala, osserva la Gardner, "il vostro posto è sul palcoscenico. Il teatro britannico non è mai stato davvero così vario e multiforme".

Spesso, tuttavia, il teatro inglese ha avuto periodi di grandi cambiamenti. Alla fine della guerra civile, intorno al 1640, i puritani decisero di chiudere i teatri di Southwark, considerandoli un pericolo per la moralità.

Anche negli anni '50 e '60 del secolo scorso – un'epoca che il critico teatrale Michael Billington considera la più importante del teatro inglese dai tempi di Shakespeare – le opere teatrali contenevano 'in nuce' il cambiamento radicale avvenuto nel periodo successivo alla seconda guerra mondiale.

Gilbert e Sullivan

Questi prolifici londinesi del XIX secolo furono gli autori delle operette buffe *The Pirates of Penzance* e *The Mikado*. William Gilbert (1836-1911) ne scrisse le parole e Arthur Sullivan (1842-1900) la musica.

Look Back in Anger di John Osborne (*Ricorda con rabbia*, Einaudi, Torino 2003), rappresentato nel 1956 alla Royal Court, fu accolto come il paradigma di una generazione e diede il via alla notevole fioritura di opere teatrali che contraddistinse il decennio successivo, da *Homecoming* di Harold Pinter (*Ritorno a casa*, pubblicato nella raccolta *Teatro. I capolavori. Vol. II*, Einaudi, Torino 2002) a *Loot* di Joe Orton, (*Il malloppo*, nella raccolta *Farse quotidiane*, Costa & Nolan, Genova 1991) a *Rosencrantz and Guildenstern are Dead* di Tom Stoppard (*Rosencrantz e Guildenstern sono morti*, Sellerio, Palermo 1998, da cui è stato tratto il film omonimo del 1990, girato dallo stesso autore) a *How the Other Half Loves* di Alan Ayckbourn. Nello stesso periodo si formarono molte compagnie teatrali tuttora fra le più importanti, tra cui, nel 1963, il National Theatre sotto la direzione di Laurence Olivier.

Se le tendenze odierne rappresentino o meno un vero cambiamento lo deciderà la storia; nel frattempo, ci si può limitare a registrare i numerosi eventi che hanno contraddistinto gli ultimi anni del teatro inglese. Dopo un periodo nel West End, la Royal Court è ritornata nel recentemente restaurato Jerwood Theatre di Sloane Square. Definito dal *New York Times* 'il più importante teatro d'Europa', concentra la sua attività esclusivamente sulle nuove opere teatrali e negli ultimi dieci anni ha portato alla notorietà drammaturghi di talento quali Jez Butterworth (*Mojo, The Night Heron*), Ayub Khan-Din (*East Is East*) e Conor McPherson (*The Weir*), proponendo però anche le nuove commedie di scrittori affermati quali David Hare (*My Zinc Bed*). *Mojo* di Butterworth è pubblicato da Ubulibri all'interno della raccolta di autori vari *Nuovo teatro inglese* (Milano 1997), a cura di Barbara Nativi e Luca Scarlini. *East Is East* è diventata la sceneggiatura dell'omonimo film, regia di O'Donnell (1999), che ha avuto un discreto successo in Italia.

Non appena ha assunto il ruolo di direttore del National Theatre, nella South Bank di Londra, Nicholas Hynter ha subito incominciato a lavorare su uno degli eterni problemi del

Shakespeare nel limbo

Nel maggio del 2002 la Royal Shakespeare Company (RSC), celebre compagnia teatrale che vanta la scoperta di attori del calibro di Kenneth Branagh e Judi Dench, ha lasciato il famoso edificio del Barbican Centre, in Silk St, da sempre sede permanente delle sue rappresentazioni teatrali. La decisione di lasciare la storica sede londinese ha avuto conseguenze davvero negative per una delle più importanti compagnie teatrali del Regno Unito.

Per comprendere la gravità della sua situazione attuale, bisogna conoscerne la gloriosa storia. Fondata nel 1960 dallo stimato regista Sir Peter Hall, la RSC intendeva proporre al grande pubblico i capolavori di Shakespeare, seguendo la tradizione dello Shakespeare Memorial Theatre. Questo storico teatro, costruito nel 1879 a Stratford-upon-Avon, luogo di nascita di Shakespeare, divenne una delle due sedi permanenti della RSC.

L'impopolare scelta di lasciare il Barbican è stata opera del discusso direttore artistico Adrian Noble. Dal 1982, infatti, la RSC ha prodotto spettacoli in entrambi i teatri del suo comprensorio, ma quando si è avvicinato il momento del rinnovo della concessione del Barbican Centre, Noble ha deciso di dare inizio alla ristrutturazione della compagnia e alla completa ricostruzione del teatro di Stratford.

Da quel momento la compagnia, assai numerosa, è costretta a cercarsi un nuovo teatro per ogni spettacolo; la vendita dei biglietti è precipitata, gettando la RSC nella più grave crisi mai conosciuta. Nel 2002 Noble ha rassegnato le dimissioni, senza aspettare il completamento dei lavori al teatro di Stratford.

Circa un anno più tardi, la RSC ha avuto un nuovo direttore artistico, Michael Boyd, ma non ha ancora trovato una sede permanente a Londra. Indipendentemente dalle scelte di Boyd, sarà necessario un considerevole lasso di tempo prima che questa importante compagnia teatrale possa buttarsi dietro le spalle le conseguenze di un così lungo periodo di incertezza (£1,3 milioni di deficit, perdite di personale e talenti). Esiste una citazione di Shakespeare per ogni occasione, e con la RSC e il Barbican è il caso di dire 'salutarsi è una pena così dolce'.

teatro londinese: come attirare i più giovani. Una delle prime produzioni proposte è stata *Elmina's Kitchen*, che ha come argomento la violenza di gangster 'giamaicani' a Hackney; lo spettacolo ha avuto l'esito sperato, coinvolgendo un nuovo tipo di pubblico. Pur mettendo in cartellone testi più tradizionali come *Henry V* (*Enrico V*, edito recentemente da Rizzoli, Milano 2002) o la *Duchess of Malfi* (*La duchessa di Amalfi*, Einaudi, Torino 1999), Hynter ha introdotto al National anche il teatro 'trash' con *Jerry Springer – The Opera*.

Di recente, inoltre, Kevin Spacey ha assunto la direzione artistica dell'Old Vic, un edificio vecchio di 180 anni per la cui ristrutturazione sono stati stanziati diversi milioni di sterline. Spacey ha promesso di apparire sul palcoscenico dell'Old Vic almeno due volte l'anno – come ha fatto durante una rappresentazione assai applaudita di *The Ice Man Cometh*. La sua presenza attirerà certamente parecchio pubblico.

Il Globe, con la sua commistione di rappresentazioni tradizionali shakespeariane e svolte radicali e moderne, è sempre sulla cresta dell'onda. Inaugurato nel 1997, questo teatro all'aperto si ispira all'epoca elisabettiana, quando gli spettatori stavano in piedi ed erano così vicini agli attori che spesso interagivano con lo spettacolo. Attualmente il direttore Mark Rylance ha proposto alcune produzioni ispirate al teatro dei secoli passati, servendosi di cast esclusivamente maschili; per altre, invece, ha introdotto l'insolita consuetudine di usare solo attrici donne.

Shakespeare's Globe, Southwark (p144)

Anche le compagnie che agiscono fuori dal West End propongono un teatro straordinario. La fama del Donmar è stata suggellata mentre ne era direttore artistico Sam Mendes, prima che diventasse famosissimo con il film *American Beauty* (1999). Oggi il teatro è nelle abili mani di Michael Grandage, ex dei Sheffield Theatres, dove lavorò con Joseph Fiennes e Kenneth Branagh. La prima stagione di Grandage è stata all'insegna dell'innovazione, per esempio proponendo un attore di colore in *The Vortex* di Noel Coward. Nel suo programma egli ha inserito anche un po' di teatro europeo, come *Caligula* di Albert Camus (*Caligola*, Bompiani, Milano 1999) e *Accidental Death of an Anarchist* dell'italiano Dario Fo (*Morte accidentale di un anarchico*, Einaudi, Torino 1988).

Come il Donmar, anche il minuscolo Almeida di Islington è stato a lungo uno dei templi del teatro impegnato. Oggi, però, con la recente nomina di Michael Attenborough ripropone un classico come *The Lady from the Sea* (*La donna del mare*, Einaudi, Torino 2002) per gli appassionati di Ibsen.

Due altre piccole sale che vale sempre la pena di visitare sono lo Young Vic e la Southwark Playhouse. Entrambi i teatri vantano giovani e promettenti direttori e una capacità notevole di rinnovare i testi. In una città dove le preferenze del pubblico vanno ancora a Judi Dench, Ralph Fiennes, Ian McKellen e Kristin Scott Thomas, forse non sorprenderà che Simon Callow (famoso per *Quattro matrimoni e un funerale*, film del 1994) preferisca recitare davanti ai 70 spettatori della Southwark Playhouse.

Senza dubbio il West End ha conosciuto difficoltà economiche da quando, dopo il 2001, il flusso dei visitatori di Londra ha cominciato a diminuire. Tuttavia non ha mai sofferto di un calo di spettatori così vistoso come quello che ha colpito Broadway a New York; ciò è in parte dovuto alla volontà del West End di sperimentare un nuovo tipo di teatro. Certamente nei teatri attuali non si rappresentano solo classici dell'Ottocento come *An Ideal Husband* di Oscar Wilde (*Un marito ideale*, Demetra, Verona 2001), *Pygmalion* di George Bernard Shaw (*Pigmalione*, Mondadori, Milano 1993) o *An Inspector Calls* di J.B. Priestley – anche se

Showtime!

Nonostante il sensibile calo delle vendite dei biglietti e la cancellazione dai cartelloni di *Cats* dopo ben 21 anni di programmazione, il musical a Londra continua a essere abbastanza seguito. Se siete appassionati del genere, tuttavia, la città offre spettacoli più tradizionali, come *Chicago, Phantom of the Opera* e *Les Misérables* e testi più nuovi, magari ispirati a Bollywood (o Bombay Hollywood, l'industria cinematografica indiana) come *Bombay Dreams*.

Alcune di queste proposte teatrali hanno avuto poco più di un successo momentaneo. Il musical degli Abba *Mamma Mia!* e *We Will Rock You* ispirato ai Queen, per esempio, attraggono solo gli spettatori che amano le band in questione. Altri musical, tuttavia, hanno ricevuto critiche favorevoli: fra questi troviamo *Chitty Chitty Bang Bang* (solo per bambini), *The Lion King* e il melodramma su Liverpool di Willy Russell *Blood Brothers*.

La popolarità del musical a Londra risale agli anni '80, quando i teatri, colpiti dai tagli della finanziaria del governo Thatcher, decisero di programmare soprattutto spettacoli di grande richiamo. Il decano, allora come oggi, era Andrew Lloyd Webber (*Cats, Phantom of the Opera, Joseph and the Amazing Technicolor Dreamcoat*) che in quel periodo fu insignito del titolo di Sir. Di recente, Lloyd Webber ha composto la commedia musicale *The Beautiful Game* insieme a Ben Elton, già apprezzato autore di pregevoli romanzi umoristici nonché dello show televisivo degli anni '80 *The Young One* e ora brillante scrittore di testi per musical, come quello di *We Will Rock You*.

gli ultimi due testi sono quasi sempre presenti in cartellone, magari nella forma del musical (come il famoso *My Fair Lady*, che altri non è che il *Pygmalion*); ma sono soprattutto teatri come il New Ambassadors, in particolare, che sperimentano rappresentazioni di compagnie d'avanguardia come la Shared Experience (*Jane Eyre*; segnaliamo l'edizione Garzanti, Milano 2001) o esplorano persino Shakespeare a ritmo di hip-hop in uno spettacolo di successo chiamato *The Bomb-itty of Errors*.

È vero che alcuni dei migliori teatri di Londra non hanno una sede fissa. Non ci riferiamo alla Royal Shakespeare Company e alle circostanze piuttosto sfavorevoli in cui è venuta a trovarsi (v. p42), ma piuttosto alle compagnie più piccole che vivono spostandosi continuamente. L'Improbable Theatre ha avuto grande successo con la 'junk opera' *Shockheaded Peter*; poi ha lanciato *Sticky*, una rappresentazione spettacolare e fantastica in cui viene costruita, sotto gli occhi del pubblico, una gigantesca torre di nastro autoadesivo e fuochi artificiali. L'Improbable Theatre non sempre dà spettacoli a Londra, ma quando è presente attira grandi folle di spettatori. Per un elenco dettagliato dei teatri v. p304.

MUSICA

Quali che siano i vostri gusti musicali, se siete appassionati di musica, Londra è il posto che fa per voi. La musica pop è forse il più grande contributo della città al mondo dell'arte. Dopo più di 40 anni, Londra è tuttora il fulcro della cultura musicale e la meta preferita di band e artisti in cerca di fama: tra i talenti autoctoni e il continuo afflusso di stili e culture da ogni parte del mondo, la sua scena musicale si mantiene sempre viva. Come se non bastasse, la città offre il programma di concerti di musica classica forse più interessante del mondo. Infine, l'Inghilterra è la nazione con il maggiore consumo pro capite di prodotti musicali. Per l'elenco dei locali v. p295.

Il pop londinese come fenomeno di massa nacque con i Kinks e il loro leader Ray Davies, i cui versi rispecchiavano fortemente la realtà cittadina di allora. In 'You Really Got Me', 'All Day and All of the Night' e 'Dedicated Follower of Fashion' si respira l'anticonformismo degli anni '60 del XX secolo, mentre 'Waterloo Sunset' è quasi un riassunto dell'epoca.

I Rolling Stones, un'altra band londinese, ottennero il loro primo ingaggio al vecchio Bull & Bush di Richmond nel 1963. Nati come band di R'n'B (rhythm and blues), quando passarono al rock and roll ebbero un successo istantaneo e travolgente. Il loro secondo singolo, 'I Wanna Be Your Man', è un brano firmato da John Lennon e Paul McCartney, due ragazzi di Liverpool che stavano registrando in Abbey Rd e stavano già scalando il successo con la loro band, i Beatles, la più grande che il mondo abbia mai conosciuto. Nel 1964 gli Stones incisero 'Not Fade Away' e da allora sono ancora sulla cresta dell'onda dopo ben 40 anni di attività.

Dal 1965 cominciò a imperversare la band mod degli Small Faces, mentre gli Who, provenienti dai quartieri occidentali di Londra, attirarono l'attenzione del pubblico rompendo gli strumenti sul palco e producendosi in concerti spettacolari. La band è tuttora ricordata per le opere rock come *Tommy* e *Quadrophenia*. Sempre a Londra, Jimi Hendrix – emigrato dagli Stati Uniti – divenne famoso suonando la chitarra come mai prima di allora. In un certo senso, la 'Swinging London' raggiunse il suo culmine nel luglio 1969, quando gli Stones si esibirono in un concerto gratuito ad Hyde Park di fronte a più di 250.000 fan scatenati.

I componenti di una band locale chiamata Tyrannosaurus Rex, che aveva goduto fino ad allora di un discreto successo, nel 1970 cambiarono il nome in T. Rex e il loro leader, Marc Bolan, cominciò a indossare vestiti colorati e carichi di lustrini: nacque così la prima band 'glam' (da 'glamour'). Questo genere di rock, caratterizzato dal gusto per il travestimento, incoraggiò la gioventù inglese a esprimere le proprie inclinazioni e la propria sessualità. David

Concerto all'Underworld, Camden (p298)

Bowie, il ragazzo di Brixton autoproclamatosi 'camaleonte della musica pop', attirò su di sé le luci della ribalta suggellando nel 1972 la sua fama internazionale con *The Rise and Fall of Ziggy Stardust and the Spiders from Mars*, uno dei più begli album del decennio. I Roxy Music che riunivano l'arte del rock e la musica pop dei sintetizzatori, nel 1975 portarono al successo 'Love Is the Drug'.

Nel frattempo, una piccola band chiamata Led Zeppelin, formatasi a Londra nel 1968, pose le basi dell'hard rock. In quegli anni, il diciassettenne Farok Bulsara arrivò a Londra dall'India: nel 1970, cambiò il suo nome in Freddie Mercury e formò il complesso dei Queen, avviandosi a diventare una delle più grandi star del rock di tutti i tempi. I Fleetwood Mac imperversavano sia negli Stati Uniti, sia in Inghilterra; il loro *Rumours* è al quinto posto degli album più venduti della storia (subito dietro ai ragazzi di Cambridge, i Pink Floyd). Bob Marley registrò il suo album *Live* al Lyceum Theatre nel 1975.

Il glam aprì le porte al genere punk, che diede una bella accelerata al rock and roll e prese di mira l'intero establishment britannico. I Sex Pistols diventarono il gruppo punk più famoso, seguiti da band come i Clash e i Damned, che incominciarono a suonare a Londra nel 1976. Il primo singolo dei Pistols fu 'Anarchy in the UK'. In seguito, essi incisero 'God Save the Queen' e 'Pretty Vacant'. L'album *Never Mind the Bollocks, Here's the Sex Pistols* fu prodotto l'anno seguente, ricevendo il consenso della critica. Un anno più tardi, negli Stati Uniti, Johnny Rotten piantò in asso il complesso sul palcoscenico dopo aver chiesto al pubblico: "Non vi siete mai accorti di essere stati presi in giro?"

Il complesso londinese dei Clash si fece portavoce delle tensioni sociali del tempo usando la musica come mezzo di protesta politica. Punk arrabbiati, ma autori di grandi canzoni, i Clash protestavano contro il razzismo, l'ingiustizia sociale, la brutalità della polizia e la privazione dei diritti civili. La generazione disillusa degli anni '70 finalmente aveva un progetto e un capo: *London Calling* era una coraggiosa chiamata alle armi.

Un po' di classica

Sebbene Londra non sia nota per i suoi compositori di musica classica, essa è associata strettamente a uno dei più grandi musicisti di ogni tempo, Georg Friederich Haendel, che vi trascorse la maggior parte della sua vita. Anche il figlio più giovane di J.S. Bach, Johann Christian, visse a Londra gli ultimi 20 anni: per questo talvolta è chiamato 'il Bach inglese'.

Quando John Lydon (un tempo Johnny Rotten) creò i PIL, parve segnare la fine del movimento punk britannico; alla fine del 2002, però, l'intensa reazione alla morte di Joe Strummer, uomo di punta dei Clash, ha dimostrato che lo spirito punk è ancora vivo.

Sempre alla fine degli anni '70, il ragazzo cockney Ian Dury affascinava i fan con il suo grande carisma (nonostante fosse handicappato per una poliomielite infantile) e l'insolita miscela di music-hall e punk rock. Nel 1977 i Jam, pionieri del genere punk e revivalisti del mod partirono in tournée come gruppo spalla dei Clash. Il grande cantante e interprete Paul Weller ha poi proseguito come solista una carriera di enorme successo. Per quanto lontani dal punk, cominciarono ad affermarsi gruppi pop come gli Squeeze, provenienti dalla zona meridionale di Londra.

Dalle ceneri del punk nacquero la new wave e il new romantic. Le chitarre furono sostituite dai sintetizzatori e dalle batterie elettroniche. L'immagine e la moda diventarono importanti quanto la musica. Eccessivi in tutto, gli anni '80 di Londra produssero famose band come Spandau Ballet, Culture Club, Bananarama, Wham! Georgios Panayiotou dei Wham! ha poi intrapreso, con il nome di George Michael, una carriera solista di grande successo.

> ## Viaggio nella Londra musicale
>
> - Passaggio pedonale in Abbey Rd – citato dai Beatles
> - 23 Brook St – la casa dove vissero Handel ed Hendrix
> - St Martin's College – luogo del primo concerto dei Sex Pistols
> - L'albero su Queens Ride, a Barnes – dove nel 1977 Marc Bolan si schiantò con la sua mini
> - 6 Denmark Terrace, Muswell Hill – abitazione della famiglia di Ray Davies dei Kinks
> - Regent Sound Studios – dove registravano molti dei migliori artisti degli anni '60, compresi i Rolling Stones, i Beatles e David Bowie
> - Good Mixer, 30 Inverness St, Camden – famoso ritrovo dei Blur

Due band che esordirono a Londra alla fine degli anni '70, i Police e i Dire Straits, continuarono ad avere successo per gran parte del decennio successivo. I londinesi Pet Shop Boys rivisitarono il pop elettronico fornendo soluzioni innovative, mentre i Depeche Mode aprirono nuovi orizzonti nel pop neo-synth. La londinese di adozione Chrissie Hynde formò i Pretenders e divenne una delle più famose ragazze del rock'n'roll; Neneh Cherry introdusse il rap e i Madness, band ska-pop di successo, descrissero Londra in molti dei loro hit e video clip. Shane McGowan e la sua band di artisti londinesi-irlandesi, i Pogues, inventarono uno splendido punk filtrato dalla musica tradizionale irlandese, catturando l'atmosfera della città in 'The Dark Streets of London' e la splendida 'A Rainy Night in Soho'.

Nello stesso periodo, dalla zona sud di Londra emerse la boy band dei Bros, il cui album rimase a lungo in testa alla hit-parade. Il rovescio della medaglia fu la scena mancuniana, costituita dagli Smiths, lascivi e decadenti, e più tardi da Stone Roses ed Happy Mondays, che irruppero sulla scena con un nuovo sound nato nei rave acid-house, fatto di chitarre distorte, effetti psichedelici e un ritmo a cui era impossibile resistere. Nell'estate del 1988 sulla scena musicale esplosero i ravers e i Chupa Chups. Un'intera generazione fu travolta dalla dance music e si dovette imparare un nuovo lessico: techno, elettronica, hip-hop, garage, house, trance e così via. Sebbene la generazione che aveva lanciato la cultura rave/dance sia cresciuta, Londra vanta tuttora i migliori locali notturni del mondo.

Più di recente, gli anni '90 sono stati all'insegna del Britpop, un genere caratterizzato dal ritorno ai valori tradizionali (dei Beatles), ai familiari tre accordi vecchio stile e al jazz, il tutto arricchito da slang e riferimenti a tutto ciò che è 'britannico'. Il confronto tra le due maggiori band del genere, i Blur di Londra e gli Oasis di Manchester,

> ## I top ten dei CD di artisti londinesi
>
> - *Arthur or the Decline and Fall of the British Empire* – The Kinks
> - *The Rise and Fall of Ziggy Stardust and the Spiders from Mars* – David Bowie
> - *Exile on Main Street* – The Rolling Stones
> - *London Calling* – The Clash
> - *Sound Affects* – The Jam
> - *Violator* – Depeche Mode
> - *Suede* – Suede
> - *The Great Escape* – Blur
> - *Rafi's Revenge* – Asian Dub Foundation
> - *OK* – Talvin Singh

è stato molto intenso, seppur 'costruito' dai mass media. Gli Oasis in un primo momento hanno vinto la sfida delle vendite, ma i Blur hanno saputo dimostrarsi più creativi, restando sulla cresta dell'onda più a lungo. A far spostare la bilancia a favore di Londra sono stati poi i brillanti e originali Suede (ascoltate *Head Music*) e gli Elastica, guidati da Justine Frischmann.

Un po' ai margini dello scontro Londra-Manchester, i Radiohead (di Oxford, abbastanza vicino a Londra), hanno rappresentato la vera alternativa. Le band del Britpop sono diventate forse troppo sofisticate, tanto che dal 1997 non hanno più prodotto nulla di notevole. In breve tempo, gruppi come i Coldplay – che hanno realizzato due splendidi album nel 2000 e nel 2002 – sono riusciti a soppiantare le star iper-pubblicizzate del Britpop.

Il panorama è ancora stimolante come non mai, nonostante la grande diffusione della musica commerciale. Un gruppetto di artisti sembra essere in perpetua rotazione in testa alla hit-parade, capeggiati invariabilmente dall'ex Take That Robbie Williams.

All'inizio del XXI secolo è la Londra multiculturale a tenere banco, per fare riferimento alle parole di Mike Skinner (alias The Street), il cui primo album, *Original*

Il Cross, King's Cross (p287)

Arti – Arti figurative

Pirate Material, ha conquistato Londra nel 2002 con i racconti della vita quotidiana di un moderno 'geeza' ('negro', l'equivalente dell'americano 'nigga'). Il giovane rapper bianco originario di Birmingham, che ora vive a Brixton, offre un perfetto esempio di crossover, che aprirà sicuramente nuove strade alla scena musicale londinese nel XXI secolo.

L'altra rivelazione degli ultimi anni è Ms Dynamite (alias Niomi McLean-Daley), una giovane rapper della zona nord di Londra che ha vinto il prestigioso Mercury Award nel 2002 per lo straordinario album di debutto *A Little Deeper*. I suoi versi vigorosi hanno temi politici e toni contestatori. I So Solid Crew sono una rap band originaria di Brixton, mentre i giovanissimi MC Dizzee Rascal provenienti da Bow, nella zona orientale di Londra, si confrontano con un sound aggressivo e sono davvero interessanti.

La comunità asiatica di Londra è salita anch'essa alla ribalta in anni recenti con Talvin Singh e Nitin Sawhney, che unsicono la danza e la musica tradizionale indiana con effetti straordinari, e gli Asian Dub Foundation, che propongono il loro originale mix di jungle, techno e politica a un pubblico sempre crescente, nonostante siano stati esclusi dalle principali etichette discografiche britanniche.

ARTI FIGURATIVE

Dopo circa due millenni, l'unico contributo della Gran Bretagna ai più alti livelli dell'arte figurativa è venuto dal pittore di paesaggi romantici J.M.W. Turner (1775-1851). Nonostante l'incredibile ricchezza delle sue collezioni, la Gran Bretagna non ha mai dominato ma neppure contribuito a creare una corrente o uno stile particolari. Tutto è cambiato sul finire del XX secolo, quando la Britart ha fatto irruzione sulla scena con le sue mucche a fette, lo sterco di elefante e i mucchi di mattoni. C'è da chiedersi se il movimento lascerà una traccia duratura, ma una cosa è certa: per tutta la durata degli anni '90 Londra è stata il cuore pulsante dell'arte mondiale.

La Britart nacque da una mostra intitolata Freeze, allestita nel 1988 in un magazzino delle Docklands. Era organizzata dallo showman Damien Hirst e dava ampio spazio ai laureati del Goldsmiths College. Influenzato dalla cultura pop e punk, questo libero movimento divenne presto famoso grazie al guru della pubblicità Charles Saatchi, che allora dominava la scena artistica londinese. In verità si potrebbe quasi dire che il genere lo abbia creato Saatchi stesso, con le sue ampie disponibilità finanziarie e gli allestimenti aperti a tutti gli artisti. Dal 1992 egli promosse una serie di sette mostre intitolate 'Young British Artists' (YBAs), nelle quali presentò l'avanguardia della moderna arte britannica. Le opere erano provocatorie, decadenti, ironiche, facili da capire e facilmente commerciabili.

Lo scopo sembrava essere quello di scandalizzare: Hirst presentò una mucca sezionata e conservata in formaldeide e una testa di mucca circondata da mosche ronzanti nella sua opera prima, *A Thousand Years*; Chris Ofili provocava con la *Holy Virgin Mary*, una Madonna nera fatta in parte con escrementi di elefante; la macabra scultura di Marc Quinn, *A Head*, era stata realizzata con nove pinte del suo stesso sangue e Marcus Harvey presentava il ritratto della famigerata Myra Hindley, assassina di bambini, fatto interamente con impronte di mani di bambini.

Le zone di Shoreditch, Hoxton e Whitechapel – dove molti artisti vivevano, lavoravano ed esponevano – divennero l'epicentro del movimento e numerose gallerie vi si trasferirono. Fra queste vi era il White Cube, di proprietà di uno dei più importanti mecenati della prima Britart, Jay Jopling.

Le esposizioni della Britart gettarono lo scompiglio in tutto il mondo artistico, creando reazioni nel mondo sociale e politico. I liberal presero le parti del movimento, i media presero a trattare alcuni artisti come fossero pop star e la Britart divenne argomento di conversazione in tutto il mondo. Per i dieci anni circa in cui il movimento fu sulla cresta dell'onda, la sua caratteristica eminente fu la ricerca dell'effetto a tutti i costi. Damien Hirst e Tracey Emin divennero inevitabilmente delle celebrità, e gli operatori del settore dovettero fare i conti con la notevole vendibilità delle loro opere.

Un critico affermò che il movimento, così esaltato dai media, era il prodotto di un 'vuoto culturale' e sarebbe presto diventato come i vestiti nuovi dell'imperatore, che tutti temevano di criticare per paura di sembrare stupidi. Il ministro della cultura definì le candidature al Turner Prize 'fredde, meccaniche, una fregatura concettuale'.

Tracey Emin proseguì nel suo intento di diventare la più famosa artista della Britart. Entrò nella rosa dei candidati al Turner Prize con una installazione chiamata *My Bed*, il suo letto sporco e sfatto, con biancheria intima macchiata di sangue e con preservativi usati. Per un'altra installazione, chiamata *Everyone I Have Ever Slept with 1963-1995*, ricamò su una tenda i nomi di tutte le persone che erano andate a letto con lei. Era perfetta per la Britart perché mediava tra il più oscuro voyeurismo *e* l'esibizionismo. Quando disseminò la città di annunci per ritrovare il suo gatto smarrito, la gente se li portò via credendoli *objets d'art*.

Tracey Emin ispira lo 'Stuckism'

Lo Stuckism è un movimento artistico radicale che indica la pittura come il mezzo più efficace per descrivere la realtà contemporanea. Si fonda su un netto rifiuto degli sviluppi del modernismo del XX secolo e in particolare della Britart, della quale, nel sito web ufficiale dello Stuckism (www.stuckism.com), si legge che esiste 'non in virtù delle sue opere ma del potere istituzionale e finanziario, (e) di una critica consenziente'. Il nome stuckism deriva, come nella migliore tradizione della storia dell'arte, da una critica; in questo caso, quella che l'icona della Britart Tracey Emin fece all'ex fidanzato Billy Childish, pittore: "I tuoi quadri sono stuck (confusi), tu sei stuck! Stuck! Stuck! Stuck!"

Un esponente dello Stuckism, Sean Hall, ha fatto una scommessa con i bookmakers di William Hill che Charles Saatchi avrebbe acquistato la sua ultima opera – una comune ricevuta di scommessa – per £1000 o più; al momento della stesura della guida essa era in vendita per £10.000 allo Stuckism Centre, 3 Charlotte Rd, Hoxton EC2.

Mentre il mondo non aveva occhi che per le star, ai margini vivevano e operavano numerosi grandi artisti. A quel periodo (1987) risale *20:50*, l'installazione di Richard Wilson, diventata un simbolo, che oggi si trova nella Saatchi Gallery (p140) ed è una sorta di camera piena di olio riciclato. Entrare in questa stanza vi farà provare la sensazione di essere stati proiettati nello spazio. Martin Creed vinse il Turner Prize nel 2001 con la sua magnifica

The Lights Going On and Off. Nella sua opera più famosa, il video *24 Hour Psycho*, l'artista scozzese Douglas Gordon proiettò al rallentatore il capolavoro di Alfred Hitchcock in modo tale che il film, spogliato della parte narrativa, diventasse una scultura in movimento; intanto cominciavano a circolare le opere di Gary Hume, un tipo di pittura più tradizionale. Hume divenne famoso con la sua serie *Doors*, quadri a grandezza naturale di porte d'ospedale, vigorosa descrizione allegorica della disperazione.

Rachel Whiteread vinse il Turner Prize nel 1993 con *House*, la colata di cemento di una fila di case a schiera dell'East End che poco dopo il Consiglio avrebbe fatto abbattere con una decisione discutibile. Nella

I top five delle gallerie d'arte

- Tate Modern (p143)
- National Gallery (p92)
- Saatchi Gallery (p140)
- Tate Britain (p127)
- Courtauld Gallery (p96)

Arti – Arti figurative

stessa settimana la Whiteread vinse £40.000 quale Worst British Artist (peggior artista britannico) dell'anno, premio assai remunerativo istituito dai musicisti e produttori discografici KLF come provocazione e critica nei confronti degli artisti della Britart.

Che Londra sia diventata il fulcro dell'arte moderna è confermato dall'immediato e clamoroso successo ottenuto dall'apertura della Tate Modern nel 2000 e dal successivo trasferimento, nel 2003, della Saatchi Gallery nel centro cittadino.

Oggi, però, i londinesi sono alla ricerca di qualcosa di diverso. L'edizione 2000 del Turner Prize, il più vivace capitolo nella storia dell'arte inglese, è giunto a un passo dal dichiarare la fine della Britart. I cosiddetti giovani artisti britannici si sono affermati individualmente e non costituiscono più un movimento. Nel frattempo, si riconosce che Londra ha prodotto nuovi centri di energia creativa. Alcuni stanno ancora tentando di far rivivere i fasti della Britart, in parte perché nulla è emerso per rimpiazzarla, in parte perché i musei e i collezionisti hanno investito troppo nel genere per lasciarlo morire del tutto.

PRIMA DELLA BRITART

Prima delle provocazioni della Britart la storia dell'arte britannica è stata decisamente più conformista e banale.

L'arte londinese raggiunse una posizione di spicco solo durante il regno dei Tudor. Il tedesco Hans Holbein il giovane (1497-1543) fu pittore di corte di Enrico VIII e una delle sue opere migliori, *Gli ambasciatori* (1533) si trova alla National Gallery. Il miniaturista inglese Nicholas Hilliard (1547-1619) eseguì i ritratti di Sir Francis Drake e di Sir Walter Raleigh. Nel Seicento lavorarono a corte numerosi grandi ritrattisti, il più noto dei quali fu Anton Van Dyck (1599-1641), un fiammingo che trascorse a Londra gli ultimi nove anni della sua vita dipingendo alcuni ritratti straordinariamente belli di Carlo I, tra cui *Carlo I a cavallo* (1638), attualmente conservato alla National Gallery. Carlo I fu un appassionato collezionista e fu durante il suo regno che giunsero a Londra i cartoni di Raffaello, oggi al Victoria & Albert Museum. L'olandese Peter Lely (1618-80) e il tedesco Godfrey Kneller (1646-1723) furono i successori di Van Dyck come pittori di corte; molti loro ritratti sono esposti rispettivamente all'Hampton Court Palace e alla National Portrait Gallery.

Gli artisti locali iniziarono a emergere nel XVIII secolo. Thomas Gainsborough (1727-88) si dedicò ancora ai ritratti, ma scegliendo talvolta come soggetti i rappresentanti della piccola nobiltà, ed è considerato il primo grande paesaggista inglese. William Hogarth (1697-1764) è invece famoso per le serie morali, quadri che ritraggono la vita dei bassifondi londinesi (p77). Thomas Rowlandson (1756-1827), caricaturista sensibile, ebbe un notevole impatto; alcune sue opere sono oggi esposte alla Courtauld Gallery.

L'Inghilterra vanta una buona tradizione di acquerellisti che comincia dal poeta e incisore William Blake (1757-1827), i cui dipinti e illustrazioni di gusto romantico (come quelle realizzate per *Il paradiso perduto* di Milton; edizione Tranchida, Milano 1993) si trovano alla Tate Britain. Per contrasto, John Constable (1776-1837) studiò le nuvole e i panorami di Hampstead Heath, facendo schizzi di centinaia di scene che poi abbinava ai soggetti umani nei suoi paesaggi. Constable esercitò una grande influenza sugli impressionisti francesi.

Arte di strada

Passeggiando per il centro di Londra, si possono ammirare le opere di Banksy, il più celebre pittore di graffiti della Gran Bretagna, che usa le strade come tele per i suoi bellissimi lavori e i suoi slogan sovversivi e politicamente impegnati. Incerto tra l'arte di strada e quella commerciale, nel 2003 Banksy (nativo di Bristol) ha pubblicato due libri, allestito una mostra in una galleria (in realtà un magazzino di Hackney) e disegnato la copertina dell'album *Think Tank* dei Blur, ma continua a rimanere totalmente anonimo. Potrebbe essere il pittore di graffiti più famoso del mondo, anche se le sue opere non sono ancora considerate vera e propria arte. Ammirare per le strade i graffiti di Banksy è davvero un'emozione: per riconoscere la sua firma, visitate il sito www.banksy.co.uk.

J.M.W. Turner (1775-1851) rappresenta il culmine dell'arte britannica del XIX secolo. Si dedicò alla pittura a olio e all'acquerello, ma con l'uso innovativo del colore e delle gradazioni della luce creò una nuova atmosfera che sembrava catturare la meraviglia, la sublimità e il terrore della natura. Le sue ultime opere – tra cui *Tempesta di neve – Steam-boat off a Harbour's Mouth* (1842), *Peace – Burial at Sea* (1842) e *Pioggia, vapore e velocità* (1844), oggi alla Tate Britain e alla National Gallery – tendevano ormai all'astrazione e sebbene molto osteggiate dalla critica contemporanea, più tardi ispirarono pittori come Claude Monet.

La Confraternita dei Preraffaelliti (1848-54), fondata a Londra, fu un movimento intenso ma di breve durata. I pittori che ne facevano parte respingevano ciò che consideravano il superficiale convenzionalismo di una pittura accademica in favore di una 'oggettiva veridicità'. Traevano ispirazione dalla pittura che aveva preceduto Raffaello e dalle opere dei poeti romantici; misero da parte le atmosfere soffuse, allora in voga, in favore di una potente, luminosa e puntuale rievocazione delle leggende medievali e della bellezza femminile.

Le astratte e arrotondate sculture eseguite nel Novecento da Henry Moore (1898-1986) hanno finalmente ottenuto il meritato successo internazionale. L'irlandese Francis Bacon destò scalpore quando espose *Tre studi di figure per la base di una crocifissione* (1945), attualmente alla Tate Britain. Nelle sue opere, infatti, l'autore proponeva forme distorte, ripugnanti ma al tempo stesso affascinanti. All'incirca in quel periodo Lucian Freud (1922-) tenne la sua prima mostra.

L'originale opera del londinese Richard Hamilton (1922-), *Just What Is It that Makes Today's Home so Different, so Appealing?* (1956), con i suoi riferimenti alla cultura popolare e consumistica, è considerata da molti il primo quadro della pop art, termine coniato da un critico inglese nel 1958. La pop art si collega perfettamente con l'immagine della 'swinging London' degli anni '60. Il brillante David Kockney (1937-) si guadagnò la reputazione di capofila degli artisti pop per l'uso che inizialmente faceva di immagini da rotocalco (sebbene egli abbia sempre respinto tale definizione). Dopo il suo trasferimento in California, l'artista passò a un'espressione più naturalistica, traendo ispirazione dal mare, dal sole, dai nuotatori e dalle piscine. Due dei suoi quadri più famosi, *Mr and Mrs Clark and Percy* (1971) e *A Bigger Splash* (1974) sono esposti alla Tate Britain.

Gilbert & George rappresentarono la quintessenza della pittura inglese degli anni '60. In un certo senso, si può dire che aprirono la via alla Britart, proprio per il loro atteggiamento provocatorio e da pop star.

La nuova scultura inglese giunse alla ribalta negli anni '80, distinguendosi per l'uso originale di materiali e tecniche nuove. Il più dotato fra gli scultori fu Tony Cragg, di cui si possono ammirare alcune opere alla Tate Britain. Cragg, come il movimento di cui faceva parte, passò in secondo piano quando si affacciò sulla scena la Britart.

CINEMA E TELEVISIONE

Londra, in particolare Soho, è il cuore dell'industria cinematografica, televisiva e pubblicitaria della Gran Bretagna; ma non è né New York né tanto meno Los Angeles: non ha un Woody Allen che la riprenda amorevolmente e ripetutamente per il grande schermo e, pur aspirando a esserlo, non è una delle più importanti potenze cinematografiche del globo.

La capitale inglese è sede del primo ente radiofonico pubblico del mondo, la British Broadcasting Corporation (BBC) ed è tuttora all'avanguardia nella produzione televisiva.

Per quanto riguarda il cinema, invece, i suoi numerosissimi talenti sembrano aver trovato un mercato migliore negli studi di Hollywood, piuttosto che nell'industria nazionale. Nonostante alcuni gioielli, tra cui il famosissimo *Quattro matrimoni e un funerale* (1994) e *Trainspotting* (1996), la rinascita della cinematografia inglese finisce sempre per non concretizzarsi.

Gli appassionati di cinema fanno spesso riferimento con nostalgia all'epoca d'oro – ma onestamente piuttosto breve – della Ealing comedy, un genere un po' di maniera, tipico del dopoguerra, che gli Ealing Studios, con sede a Londra, producevano con grande successo. Tra il 1947 e il 1955, dopo la vendita degli studi alla BBC, furono girati dei classici intramontabili tra cui *Passaporto per Pimlico*, *Sangue blu*, *Whisky a volontà* (usciti nelle sale cinematografiche italiane nel 1949), *Lo scandalo del vestito bianco* e *L'incredibile avventura di Mr. Holland* (entrambi del 1951) e ancora *La Signora omicidi* (1955). Questo fu anche il periodo dei leggendari produttori Michael Powell ed Emeric Pressburger, gli uomini che stavano dietro le quinte di *Duello a Berlino* (1943) e *Scarpette rosse* (1948).

Oggi quei giorni appaiono molto lontani, poiché l'industria sembra essersi fossilizzata su commedie romantiche, drammi in costume, ritratti di gangster e polizieschi di mediocre qualità. Produttori, registi e attori lamentano la mancanza di intraprendenza degli investitori, i quali, dal canto loro, sostengono che non vi sono sceneggiature su cui valga la pena investire. Per ogni *Young Adam* (film del 2003, con l'interpretazione acclamata dalla critica di Ewan McGregor) che rischia di non essere girato, vi è un *Velvet Goldmine* (film del 1998 ampiamente criticato di McGregor) che viene prodotto con risultati discutibili.

Accanto all'investimento privato esiste un sistema di sovvenzione pubblica attraverso l'UK Film Council che alcuni disapprovano con forza, benché nel 2002 abbia inciso solo per una minima parte dei 570 milioni di sterline spesi nella produzione cinematografica

Arti – Cinema e televisione

In pellegrinaggio nei luoghi del cinema

Molte ambientazioni di film sono un po' scontate, come il Westminster Bridge e il Big Ben. Qui sono indicati alcune location meno conosciute dove sono stati girati alcuni celebri film del grande schermo. Troverete ulteriori informazioni in *London on Film: 100 Years of Filmmaking in London* di Colin Sorensen, in *The Worldwide Guide to Movie Locations Presents: London* di Tony Reeves (www.movielocations.com) o contattando la commissione cinematografica di Londra, la Film London, all'indirizzo info@filmlondon.org.uk.

Borough Market (p328) *Il diario di Bridget Jones* (2001); è stato girato nel mercato e negli immediati dintorni, in particolare lungo Bedale St (sebbene l'ultima scena si svolga al Royal Exchange in Threadneedle St). Park St, a Borough, dovrebbe essere familiare anche ai fan di *Lock, Stock – Pazzi scatenati* (1998).

King's Cross Station Il marciapiede 4 della stazione di King's Cross è il marciapiede 9 e ¾ da cui partiva l'Hogwarts Express in *Harry Potter e la pietra filosofale* (2001).

Leadenhall Market (p109) Noto anche come Diagon Alley, dove streghe e maghi si procurano la loro attrezzatura scolastica in *Harry Potter e la pietra filosofale* (2001). Harry vi acquista la sua prima bacchetta magica.

London Zoo/Regent's Park (p165) Non soltanto è il luogo dove Harry Potter si rende conto di poter comunicare con i serpenti, ma anche quello in cui David si sveglia una mattina in *Un lupo mannaro americano a Londra* (1981) e dove Richard E. Grant recita il monologo di Amleto a una famiglia di lupi nella scena finale del classico cult movie *Shakespeare a colazione* (1987).

Maryon Park, Woolwich Secondo la Film London questo è uno dei luoghi turistici più frequentati di Londra proprio grazie a un film: gli appassionati del cult movie *Blow Up* (1966) vi accorrono per vedere il luogo in cui è stata girata la scena della partita di tennis giocata con una palla invisibile.

Tavy Bridge Shopping Centre, Thamesmead Il sottopasso dietro questo centro commerciale servì d'ambientazione per la scena particolarmente cruda del pestaggio di un barbone da parte di Alex e dei suoi 'drughi' nel cult movie di Stanley Kubrick *Arancia meccanica* (1971).

Travel Bookshop, Notting Hill (p321) In realtà la libreria sita al 13 di Blenheim Cres non è quella che appare in *Notting Hill* (1999), perché quest'ultima era stata allestita dietro al 142 di Portobello Rd appositamente per il film. Tuttavia, se volete scattare fotografie alla loro libreria, i proprietari acconsentono di buon grado. Altre scene del film sono state girate a Portobello Rd, Westbourne Park Rd e intorno a Elgin Square Garden e Hempel Garden Square.

inglese. Recentemente, l'ex critico cinematografico dell'*Evening Standard* Alexander Walker ha ipotizzato che la realizzazione di progetti cinematografici modesti derivi proprio dalla cronica mancanza di denaro del sistema.

Nel frattempo, noti attori inglesi quali Ewan McGregor, Ian McKellen, Ralph Fiennes, Jude Law, Liam Neeson, Hugh Grant, Rhys Ifans, Kristin Scott Thomas ed Emily Watson lavorano perlopiù all'estero, come pure molti registi inglesi, quali Tony Scott (*Top Gun* 1986, *Una vita al massimo* 1993) e Ridley Scott (*Blade Runner* 1982, *Alien* 1979, *Thelma & Louise* 1991, *Il gladiatore* 2000), Anthony Minghella (*Il paziente inglese* 1996, *Ritorno a Cold Mountain* 2003), Michael Winterbottom (*Le bianche tracce della vita* 2000) e Sam Mendes (*American Beauty* 1999, *Era mio padre* 2002).

Sebbene non sia fotogenica come New York, Londra ha fatto da sfondo cinematografico più spesso di quanto si pensi. Questo è accaduto soprattutto negli ultimi anni. Naturalmente l'omonimo quartiere della zona occidentale di Londra salì alla ribalta nel 1999 con il film *Notting Hill*, così come le stradine dickensiane di Borough ritornarono in auge grazie a *Il diario di Bridget Jones* (2001) e a *Lock, Stock – Pazzi scatenati* (1998) di Guy Ritchie, spassosa storia di gangster dei nostri tempi.

La combinazione di edifici antichi e ultramoderni per certi aspetti torna sicuramente a vantaggio della città. Per esempio, *Ragione e sentimento* (1996) di Ang Lee, ha potuto essere girato nella Greenwich storica per i suoi meravigliosi parchi e l'architettura neoclassica. La Queen's House di Inigo Jones appare, in particolare, nelle scene d'interno. Nel dramma in costume di James Ivory *Casa Howard* (1992) e nel film biografico di Richard Attenborough *Charlot, Chaplin* (1992) appare il neogotico St Pancras Chambers, mentre la cupa atmosfera di *The Elephant Man* (1980, commovente e bellissimo film di David Lynch), dei primi anni '80, era esaltata dall'ambientazione nella Shad Thames (il sito dove oggi sorge il Butler's Wharf).

Per contrasto, il film del 1999 di James Bond *007 – Il mondo non basta* inizia con un inseguimento in barca lungo il Tamigi che culmina nella scena di Pierce Brosnan, nel ruolo di Bond, che salta su una mongolfiera nei pressi del Millenium Dome.

Alcuni film hanno riscosso successo tra i londinesi per le loro inquadrature della città. La storia di *Sliding Doors* (1998), in cui la vita amorosa di Gwyneth Paltrow potrebbe

cambiare a seconda che prenda un treno oppure no, ha avuto critiche discordanti; tuttavia, il film è stato apprezzato per le inquadrature della metropolitana, di West London e di Primrose Hill. Allo stesso modo *28 giorni dopo* del 2002, del regista di *Trainspotting* Danny Boyle, non ha avuto molto successo, ma le inquadrature iniziali del centro di Londra e delle Docklands abbandonate dopo un attacco biologico sono state giudicate con favore. Il film d'azione *Mission Impossible* (1996) mostra la stazione ferroviaria di Liverpool St, mentre il divertentissimo *Un lupo mannaro americano a Londra* di John Landis (1981) finisce con un folle inseguimento in Piccadilly Circus; infine, il regista finlandese Aki Kaurismäki rivisita in maniera piuttosto singolare la zona occidentale di Londra nella commedia *Ho affittato un killer* (1990).

D'altra parte molti film girati a Londra non mostrano traccia della città nel montaggio finale. Nei due grandi studi di produzione di Pinewood e Shepperton le scene in interno possono essere girate su set appositamente allestiti e con il sonoro in presa diretta. È il caso di film come *Guerre*

National Film Theatre, South Bank (p282)

I top ten dei film girati a Londra

Il diario di Bridget Jones (2001) La magra texana Renee Zellweger è ingrassata di oltre 10 chili e ha raffinato l'accento inglese per interpretare Bridget Jones, l'archetipo di una ragazza più o meno trentenne in carriera che proprio non riesce a trovare l'uomo giusto e finisce per dover scegliere tra due partner.

Quattro matrimoni e un funerale (1994) È la prima apparizione della squadra di *Notting Hill* (1999). Charles (Hugh Grant) e compagni sfrecciano per tutta Londra e nella campagna inglese (sempre in ritardo) per onorare quattro impegni matrimoniali e una veglia funebre e trovano l'amore lungo la strada.

Ipcress (1965) Incentrato su Londra più di qualsiasi altro film di Michael Caine degli anni '60-'70 (compresi *Get Carter* del 1965 e il singolare *Un colpo all'italiana* del 1973), questo cupo thriller di spionaggio permette di ammirare il Blackfriars Bridge, la Royal Albert Hall, Marylebone Station, Trafalgar Square e il Victoria & Albert Museum come si presentavano 40 anni fa.

Krays – I Corvi (1990) Gary e Martin Kemp (entrambi ex componenti degli Spandau Ballet, band new romantic degli anni '80) sono gli interpreti di questa biografia filmata dei famigerati fratelli Kray, Ronnie e Reggie, la cui banda controllò, negli anni '50 e '60, il mondo del crimine nell'East End. Il film non raggiunge la qualità di *Quei bravi ragazzi* (sempre del 1990), ma è abbastanza interessante.

La Signora omicidi (1955) In questo splendido esempio di Ealing comedy, Alec Guinness è un criminale che progetta una rapina in tutti i dettagli. Con la sua banda, in cui figurano Peter Sellers e Herbert Lom, affitta alcune stanze a King's Cross da un'anziana signora, la quale, senza volerlo, manda all'aria il piano. È imminente un remake di questo grande classico per la regia dei fratelli Cohen.

Lock, Stock – Pazzi scatenati (1998) Quattro personaggi un po' stupidi e arroganti (tra cui Nick Moran e Jason Statham) si ritrovano in debito di £500.000 con un delinquente dell'East End dopo aver perso una partita giocata con carte truccate. È un film di gangster anarchico e irriverente, diretto da Guy Ritchie (attuale marito di Madonna).

My Beautiful Laundrette (1985) Interessante spaccato degli anni della Thatcher, è la storia dell'emarginato Omar (Gordon Warnecke) e del suo amante occasionale Johnny (Daniel Day-Lewis) che decidono di aprire una straordinaria lavanderia a gettoni con luci al neon e musica a tutto il volume. Naturalmente, la sceneggiatura di Hanif Kureishi va oltre, esplorando i temi del razzismo, della sessualità, dell'adulterio, dell'avidità e della dignità.

Notting Hill (1999) Il titolo ha reso famoso in tutto il mondo l'omonimo quartiere della zona ovest di Londra, dove sono state girate molte scene. È la storia di una diva cinematografica americana (Julia Roberts) che si innamora del modesto proprietario di una libreria (Hugh Grant).

Segreti e bugie (1996) La più celebre analisi della vita della classe operaia inglese di Mike Leigh, cruda ma divertente e curata in ogni dettaglio, ha per protagonista Hortense, un'oculista nera di successo alla ricerca della propria madre naturale. Quando la trova, scopre che si tratta di Cynthia (Brenda Blethyn in uno splendido ruolo), una donna bianca piena di problemi e con un passato difficile alle spalle.

Snatch – Lo strappo (2000) In questo seguito di *Lock, Stock*, Guy Ritchie offre un altro spaccato della malavita londinese. Turkish e Tommy vengono scoperti nel tentativo di truccare un incontro di box; la trama si complica con il furto di un diamante. Memorabile è il volutamente incomprensibile accento irlandese antico di Brad Pitt.

stellari (parte I, 1977), *Tomb Raider* (I e II, usciti in Italia rispettivamente nel 2000 e 2003), *Troy* (interpretato da Brad Pitt, uscirà in Italia nel 2004) e *Love Actually* (2003), debutto nella regia dello scrittore Richard Curtis reduce dalle sceneggiature di *Quattro matrimoni e un funerale* (1994) e *Notting Hill* (1999). Purtroppo, a differenza di Hollywood, gli studi londinesi non consentono visite guidate.

In un famoso caso, tuttavia, pur essendo stata usata come set per gli esterni, la città fu deliberatamente contraffatta. In *Full Metal Jacket* (1987) Stanley Kubrick usò l'area intorno ai Beckton Gasworks di Newham, ormai abbandonati e destinati a essere distrutti, per ambientarvi le scene di guerra. Durante le riprese, la zona fu chiusa al pubblico. Ciò che ne rimase diventò poi il set di un video musicale degli Oasis.

Per quanto riguarda le produzioni televisive, Londra svolge un ruolo più importante rispetto a quello che riveste nel cinema: circa il 13% dei programmi trasmessi nelle ore di massimo ascolto nel mondo sono ancora prodotti in Gran Bretagna. Ultimamente, però, la TV è stata accusata di abbassare il livello culturale del paese, e nel complesso alcuni dei suoi più grandi successi – *Chi vuol essere milionario, The Weakest Link* e *Teletubbies* – hanno esacerbato le critiche. Tuttavia, sin da quando John Logie Baird mostrò per la prima volta al mondo, nel 1926, la trasmissione di immagini in movimento al Royal Institute di Londra – e la BBC iniziò a trasmettere nel 1932 (regolarmente dal 1936) – il servizio pubblico di TV britannica è stato quasi sempre all'altezza.

John Reith, il primo direttore generale della BBC, intendeva il ruolo della TV come mezzo per informare ed educare molto più che come intrattenimento, e insisteva sulla qualità. Si può dire che questa impostazione sia stata mantenuta fino ai giorni nostri, sebbene le stazioni delle TV commerciali siano ormai più numerose dei canali della BBC. Vi sono cinque canali in chiaro: BBC1, BBC2 (istituita nel 1964), ITV (1955), Channel 4 (1982) e Channel 5 (1997). Sebbene la TV via cavo sia già disponibile e nel 1998 sia stato introdotto il servizio digitale, la BBC si avvale di un canone di abbonamento.

Non è ovviamente possibile fare in questa sede una storia completa della televisione britannica; citeremo perciò alcune delle serie più classiche, come le commedie *Fawlty Towers* e *Rising Damp* e i polizieschi *The Sweeney* e *The Professionals*; le serie di culto quali *The Prisoner, The Avengers* o *Minder*, le commedie 'anni '70' (*The Good Life*) e quelle 'anni '80' (*Brideshead Revisited*), i thriller (*Edge of Darkness*) e i drammi (*The Singing Detective*). Senza alcun dubbio, però, le due più famose serie TV legate a Londra sono la lunghissima soap-opera *Eastenders* e il poliziesco drammatico *The Bill*. Per ironia della sorte la prima di queste serie è in realtà filmata negli studi della BBC a Elstree, Hertfordshire, anche se si dice che Albert Square sia stata modellata su Fassett Square di Dalston. *The Bill* è invece girato nell'East End.

Negli ultimi anni, nel Regno Unito come dappertutto, ha preso piede la moda della TV verità. *Il Grande Fratello* ha avuto un enorme successo, mentre in *Pop Idols* ambiziose aspiranti pop star si esibivano nella speranza di emergere. A tarda notte, però, si può ancora apprezzare qualche commedia tipicamente contro corrente, come *The Kumars at Number 42, The Mark Thomas Product*, ma soprattutto *Black Books*, in cui Dylan Moran recita il ruolo dell'irlandese misantropo residente a Londra.

Chiunque voglia saperne di più può consultare *British Television Drama: A History*, di Lez Cooke, pubblicato nel 2003, oppure *A Concise History of British Television 1930-2000*, di Tony Currie (per ora, inediti in Italia). Per coloro che desiderano assistere alle riprese nel Television Centre a White City (nella zona ovest di Londra) vi sono **visite guidate della BBC** (☎ 0870 603 0304; adulti/bambini sotto i 10 anni e studenti/anziani £7,95/5,95/6,95).

DANZA

Dalla versione totalmente al maschile de *Il lago dei cigni* a cura di Matthew Bourne al successo del film *Billy Elliot* (2000) sono passati alcuni anni, ma il momento d'oro della danza londinese non si è mai interrotto. Un portavoce dell'Arts Council, intervistato a proposito, afferma: "Abbiamo un panorama che gode di ottima salute, estremamente stimolante".

Sono passati circa dieci anni da quando Bourne mescolò il balletto classico con il musical vecchia maniera e la danza contemporanea. Tuttavia, il momento in cui i ballerini apparvero al Sadler's Wells a petto nudo e con le cosce rivestite di penne bianche fu un momento cruciale, che segnò il passaggio della danza da forma d'arte per pochi a spettacolo per il grande pubblico.

Ancora oggi, mentre il suo *Il lago dei cigni* è ancora in tournée per il mondo, Bourne continua a mettere in scena spettacoli nuovi, da *Highland Fling*, con influenze scozzesi, a *The Car Man* (un rifacimento in stile *West Side Story* della *Carmen* di Bizet). Dopo aver presentato il suo *Schiaccianoci!* di Tchaikovsky, pare che stia allestendo al Sadler's Wells una versione di *Edward mani di forbice*. La prima è prevista per la fine del 2005.

Un tale successo ha indotto alcuni ballerini di scuola più classica a passare a forme di danza contemporanea, per esempio i ballerini del Royal Ballet Michael Nunn e William Levitt. In seguito a un documentario televisivo di Channel 4 che li aveva resi famosi come *Ballet Boyz*, la loro compagnia, chiamata George Piper Dances, cominciò a far presa sul pubblico giovane con spettacoli in cui si combinavano danza moderna e proiezioni video.

Lo stesso Royal Ballet, anche se ancora dedito alle opere classiche, ha cominciato ad assumere coreografi più giovani, come Christopher Wheeldon. La sua pièce astratta *Tryst*, danzata da Darcey Bussell e Jonathan Cope, è stata ampiamente reclamizzata come il miglior balletto nuovo dell'anno.

Dalla fine degli anni '90 la grande richiesta di balletto da parte del pubblico ha prodotto uno straordinario sviluppo di nuovi spazi. The Place, luogo di nascita della danza contemporanea a Londra, è stato sottoposto a un importante ammodernamento. Una nuova sede più grande è stata aperta a Deptford per il Laban Centre for Movement and Dance.

Forse, però, il contributo più importante è venuto dalla riapertura del Sadler's Wells. Con il suo nuovo palcoscenico di 225 mq e i moderni servizi dietro le quinte è degno delle grandi compagnie internazionali, tra cui quella della leggendaria Pina Bausch, di Twyla Tharp, del Dance Theatre of Harlem e di Alvin Ailey. "Londra è sempre stata, insieme a Parigi e New York, una delle più importanti piazze della danza, ma questo ha

Tutti in pista

Se vi piace il ballo, Londra fa al caso vostro. Dalla danza del ventre al tango, la città offre una vasta gamma di scuole e corsi.

Oltre ai corsi per professionisti di The Place (p292) o del Laban Centre (p291), potete rivolgervi alle seguenti scuole, oppure consultare l'elenco settimanale dei corsi su *Time Out*.

Cecil Sharp House (☎ 7485 2206; www.efdss.org; 2 Regent's Park Rd NW1) Per la danza Morris e i balli popolari inglesi.

Danceworks (☎ 7629 6183; www.danceworks.co.uk; 16 Balderton St W1) Sonorità stile Bollywood, flamenco, break-dancing e molto altro ancora.

Drill Hall (☎ 7307 5060; www.drillhall.co.uk; 16 Chenies St WC1) Salsa, tango, jive e danza classica indiana.

Pineapple Dance Studios (☎ 7836 4004; www.pineapple.uk.com; 7 Langley St WC2) Dal balletto al jazz, dalla salsa all'hip-hop e altro ancora.

fatto salire la posta in gioco" ci ha risposto il portavoce del Sadler's Wells quando lo abbiamo intervistato durante la stesura di questa edizione della guida.

Anche la diversità multiculturale della città si è rivelata un vantaggio. Ha attecchito con forza la danza dell'Asia meridionale, i cui esempi più illustri sono i lavori di Shobana Jeyasingh e di Akram Khan, esperto nella tradizionale danza Kathak.

Una buona occasione per assistere agli spettacoli asiatici è di solito il festival **Summer on the South Bank** che si tiene in agosto (p138). Altro importante festival di danza a Londra è **Dance Umbrella** (☎ 8741 5881; www.danceumbrella.co.uk). Il festival inizia alla fine di settembre e dura sei settimane ed è uno dei più importanti del mondo nel suo genere. Per avere notizie più aggiornate sui diversi spettacoli consultate il sito www.londondance.com.

Per ulteriori informazioni sui luoghi specifici dove si tengono gli spettacoli e sulle diverse compagnie v. p291.

SCIENZE E FILOSOFIA

I contributi dei londinesi – o comunque di coloro con forti legami con la città – ai diversi campi della scienza e della tecnologia sono stati innumerevoli. Isaac Newton (1642-1727), che secondo la leggenda intuì la legge di gravità dopo che una mela gli era caduta sulla testa, si trasferì da Cambridge a Londra nel 1701 e fu presidente della Royal Society of London a partire dal 1703. È sepolto nell'abbazia di Westminster. Edmund Halley (1656-1742), lo scienziato che per primo osservò la cometa che porta il suo nome, e James Bradley (1693-1762), che dimostrò il movimento di rivoluzione della Terra intorno al sole, furono rispettivamente il secondo e il terzo degli astronomi reali a Greenwich tra il 1720 e il 1762.

Il teorico dell'evoluzione Charles Darwin (1809-82) visse per più di quarant'anni a Down House, nella zona sud-orientale di Londra, dove scrisse l'alquanto controverso *Le origini della specie* (1859; Newton & Compton, Roma 2000), un saggio in cui utilizzava le esperienze vissute nel corso di un viaggio di cinque anni in Sud America e nelle isole Galapagos per sviluppare la teoria dell'evoluzione delle specie attraverso la selezione naturale. Il chimico e fisico Michael Faraday (1791-1867), pioniere nel campo dell'elettromagnetismo e inventore della batteria elettrica (1812), trascorse buona parte della vita a Islington ed è sepolto nel cimitero di Highgate.

Tra gli abitanti della Londra dei primi anni del secolo scorso cui si devono importanti scoperte scientifiche, ricordiamo Sir Alexander Fleming (1881-1955), che scoprì la penicillina mentre stava lavorando al St Mary's Hospital di Paddington come ricercatore immunologo, e John Logie Baird (1888-1946), che inventò il televisore e tenne la prima dimostrazione pubblica del nuovo mezzo di comunicazione in una sala sopra un ristorante di Greek St, a Soho, nel 1925.

Nel campo della filosofia Londra può vantare un legame con Thomas Hobbes (1588-1679), autore del *Leviatano* (1657; Editori Riuniti, Roma 2002) e primo pensatore dai tempi di Aristotele a sviluppare una teoria generale della natura in cui fosse incluso anche il comportamento umano. Egli fu il precettore del principe Carlo durante il suo esilio e divenne poi un membro eminente della corte quando quest'ultimo salì al trono come Carlo II nel 1660. Karl Marx (1818-83), Friedrich Engels (1820-95), George Bernard Shaw (1856-1950) e il Mahatma Gandhi (1869-1948) studiarono, meditarono e scrissero tutti nella sala di lettura del British Museum. L'influente pensatore, pacifista, vincitore del premio Nobel Bertrand Russell (1872-1970) era professore alla London School of Economics già alla fine del XIX secolo e fu eletto membro della Royal Society of London nel 1908.

Architettura

Architettura

In questo periodo, secondo Deyan Sudjic, critico di architettura del giornale *Observer*, Londra è "alle prese con una trasformazione che avviene una sola volta in un secolo". Questa visione di un fondamentale rinnovamento della città è condivisa dal presidente del Royal Institute of British Architects (RIBA), George Ferguson. "Londra sta scoprendo se stessa", ci ha risposto Ferguson pieno d'entusiasmo, intervistato nel corso della stesura di questa nuova edizione della guida.

La cronica mancanza di abitazioni, la situazione poco felice delle infrastrutture e dei trasporti pubblici e il bisogno di un recupero del centro cittadino sono ancora problemi scottanti; tuttavia, le recenti opere pubbliche hanno cominciato a restituire un po' di fiducia ai londinesi.

Non è solo a luoghi come la Swiss Re Tower, la Tate Modern, il Millennium Bridge, il London Eye e la City Hall che gli architetti rivolgeranno la loro attenzione: finalmente, Londra ha cominciato a rivalutare il Tamigi e le zone circostanti.

Nello stesso tempo, in questa città dedita soprattutto al commercio, si avverte la sensazione di un rinnovato interesse per i collegamenti e lo spazio pubblico – i passaggi pedonali lungo la South Bank oggi collegano le aree pubbliche dal Butler's Wharf alla County Hall. "Si sono aperte nuove prospettive", sostiene Ferguson del RIBA, "e oggi Londra è una delle grandi città del mondo dove è possibile attraversare il nuovo Millennium Bridge e andare dalla Tate Modern sempre dritto fino a St Paul's e la City".

Tate Britain, Millbank (p127)

A differenza di altre grandi metropoli come Parigi, Londra non è stata mai pianificata con metodo e, confrontata con altre città importanti, per esempio New York, è storicamente formata da edifici bassi. La tendenza più recente è di incrementare le unità abitative, tanto che il sindaco Ken Livingstone ha cominciato a incoraggiare la costruzione di edifici alti. Questo metterà ancor più in evidenza la costante tensione tra tradizione e novità che è caratteristica di Londra.

LE FONDAMENTA

Le origini della città risalgono all'insediamento fortificato romano di Londinium, corrispondente all'incirca al sito dell'attuale City, che fu fondato nel 43 d.C. sulla sponda settentrionale del Tamigi. Si ritiene che i sassoni, trasferitisi nella zona dopo il declino dell'impero romano, reputassero quell'area troppo piccola, e per questo motivo costruirono le loro comunità più lontano dal fiume. Nel VII secolo sorsero un'abbazia su Thorney Island (Westminster Abbey; p124) e il palazzo reale ad Aldwych. Fu solo sotto la minaccia dei predoni danesi che i sassoni, nel IX secolo, ritornarono nella città fortificata.

Due secoli più tardi vi fu l'invasione dei normanni, e quasi subito dopo l'arrivo di Guglielmo il Conquistatore (1066) nel paese sorse il primo esempio di architettura normanna, la White Tower, oggi al centro della più vasta Tower of London (p110). Nei successivi cinque secoli si assistette al passaggio graduale dallo stile gotico a quello Tudor, durante il quale le opere architettoniche di maggiore interesse furono il restauro di Westminster Abbey, durato a lungo nel corso del XIII e del XIV secolo, e la costruzione di Hampton Court Palace (p187).

AL PASSO CON INIGO JONES

Gli inglesi arrivarono tardi al Rinascimento, e solo grazie a Inigo Jones (1573-1652) che portò in patria le idee artistiche che avevano rivoluzionato il continente un centinaio di anni prima. Jones era già stato nominato architetto di Enrico, principe di Galles, nel 1610, dopo aver trascorso un anno e mezzo in Italia. Durante quel periodo si convertì all'architettura rinascimentale di Andrea Palladio (1508-80), basata sullo stile classico romano con proporzioni geometriche stabilite in base a calcoli matematici.

Sebbene Jones sia oggi considerato uno dei più importanti progettisti di Londra, a quel tempo la sua opera non fu capita. Dopo il ritorno in Inghilterra nel 1615 e la promozione alla carica di architetto generale di re Giacomo I, la sua ossessione per lo stile italiano lo pose ben presto in conflitto con i tradizionalisti. Quando i finanziamenti pubblici cessarono definitivamente, egli incominciò a costruire la Queen's House a Greenwich (p158) e con grande successo portò a compimento, nel 1622, la Banqueting House a Whitehall (p128), prima di dedicarsi alla piazza di Covent Garden (da allora completamente rinnovata).

Quando nel 1642 Jones cominciò la costruzione di uno spazio pubblico simile a quello di Covent Garden a Lincoln's Inn Fields, scoppiò la guerra civile. L'anno seguente, con la confisca delle case del re da parte del Parlamento controllato dai puritani, Jones, fedele alla monarchia, fu costretto a fuggire da Londra. Si salvò dall'assedio di Basing House del 1645 e morì nel 1652 senza aver portato a termine nessun altro edificio.

L'INCENDIO DI LONDRA

Nel settembre del 1666, mentre Londra si stava ancora riprendendo dalla peste, scoppiò un incendio in una panetteria in Pudding Lane. Quattro giorni dopo la città era stata rasa al suolo dal fuoco. Fu un disastro enorme, anche se le vittime furono poche. Eppure l'incendio portò qualche inaspettato beneficio: liberò completamente Londra dalla peste e fece tabula rasa di molte zone fatiscenti che furono competamente ricostruite su progetto di Christopher Wren (1632-1723).

Wren non fu il solo architetto coinvolto nell'impresa. In quel momento, infatti, era importante ricostruire il maggior numero di case d'abitazione e il più rapidamente possibile. Wren, tuttavia, fu responsabile della costruzione di 51 chiese in un periodo di circa 50 anni. Il più autorevole architetto londinese di tutti i tempi cominciò la sua carriera come brillante fisico e astronomo che si occupava di architettura a tempo perso. Dopo il grande incendio,

Le porte sono aperte, entrate pure

Per chi vorrebbe sapere come vivono le persone che abitano negli appartamenti più moderni di Londra e lavorano nella Swiss Re Tower, oppure che cosa c'è dietro le porte di edifici rimasti chiusi per anni, come per esempio le St Pancras Chambers, grazie all'Open House, sia i londinesi, sia i turisti possono dare libero sfogo alla loro curiosità, almeno una volta all'anno. Durante un weekend, di solito a settembre, l'istituzione benefica fa in modo che i proprietari di circa 500 edifici privati lascino aperte le porte e consentano alla gente di entrare liberamente nelle loro case.

Talvolta partecipano a questa manifestazione alcuni tra gli edifici più importanti. La City Hall fu la prima a essere aperta al pubblico durante l'Open House 2002 (ma oggi è aperta a periodi intermittenti durante tutto l'anno), e in questo modo sono stati resi accessibili anche i Lloyd's, il Foreign Office e Portcullis House, mentre nei prossimi anni potrebbe essere il turno della Swiss Re Tower. A volte sono visitabili anche altri siti: quando le St Pancras Chambers furono aperte, il loro spazio fu illuminato da 12 artisti, tra i quali Tracey Emin.

Per ulteriori informazioni contattate la **Open House Architecture** (☎ 09001 600 061, 60p/min.; www.londonopen house.org). Ogni sabato l'ente benefico organizza visite di tre ore guidate da architetti (☎ 7267 7644; adulti/studenti £18,50/13). Il programma comprende la visita della City, del Bankside, del West End e delle Docklands.

Un altro evento annuale degno di nota è l'**Architecture Week** (☎ 7973 6469; www.architectureweek.org.uk) che ha luogo in giugno e comprende un interessante ciclo di conferenze tenute da importanti architetti, designer e noti critici televisivi, oltre a manifestazioni che coinvolgono attori e gruppi musicali. Il tutto è gestito da una joint venture tra il Royal Institute of British Architects e l'Arts Council.

St Paul's Cathedral, City (p104)

re Carlo II, suo amico d'infanzia, lo nominò membro della commissione incaricata della ricostruzione di Londra.

Wren, come il molto criticato Inigo Jones, era entusiasta del classicismo, anche se lo combinò con il barocco. Preparò immediatamente un progetto che prevedeva di ricostruire l'intera città secondo modelli classici, sostituendo le strade tortuose e i vicoli angusti con viali alberati che si irradiavano dalle piazze o dai principali edifici pubblici. Il progetto fu tuttavia accantonato, in parte perché risultava essere troppo radicale, in parte perché l'esproprio del terreno necessario non era fattibile.

I primi due progetti di Wren per St Paul's Cathedral (p104), la sua opera maggiore, furono respinti. La principale obiezione, in entrambi i casi, fu che la cupola in cima alla chiesa era troppo cattolica e troppo poco simile a un campanile protestante. Wren si dedicò anima e corpo a progetti alternativi, modificando la cupola e inserendovi una guglia. D'altronde, l'autorizzazione che portava la firma reale faceva riferimento solo a variazioni 'ornamentali'. Astutamente, durante la costruzione Wren inserì per gradi molte delle idee che erano state cassate. Quando lo stratagemma cominciò a essere evidente, i lavori per la cupola erano già troppo avanzati.

La costruzione di St Paul's durò 35 anni e Wren raggiunse l'età di 66 anni prima che fosse terminata; tuttavia, egli riuscì a occuparsi attivamente anche di altri monumenti importanti di Londra. Il Royal Exchange nella City, il Royal Hospital Chelsea, il Royal Naval College (p157) e il Drury Lane Theatre recano tutti la sua firma. Quando Wren morì, nel 1723, fu la prima persona a essere sepolta nella St Paul's Cathedral.

Alla morte di Wren, i suoi protetti Nicholas Hawksmoor e James Gibb proseguirono la sua opera. Entrambi avevano lavorato all'ombra del grande architetto, specialmente da quando il Parlamento, nel 1711, aveva deliberato di edificare 50 nuove chiese. Ora, però, erano pronti a costruire a loro volta nuovi capolavori, quali la Christ Church, Spitalfields (Hawksmoor, 1729; p116) e St Martin-in-the-Fields (Gibb, 1726; p94). Questi edifici sono solitamente definiti come barocco inglese.

Nel frattempo, varie imprese edili avevano intrapreso la ricostruzione delle case distrutte dal grande incendio. La loro opera è degna di nota per tre motivi: molti di questi impresari diedero i loro nomi alle strade della Londra contemporanea (Storey, Bond e Frith); essi inventarono la formula del possesso immobiliare (*leasehold*) dividendo il loro terreno in lotti e dandoli in locazione con la clausola condizionale che gli edifici su quei terreni fossero tutti costruiti in un certo stile (Thomas Wriotheseley fu il primo a sviluppare questo progetto in Bloomsbury Square); in tal senso costituirono un precedente, in una Londra in cui l'architettura era subordinata agli interessi commerciali. Da allora la città ha assistito a questo fenomeno molte volte.

IL GUSTO GEORGIANO

Il Settecento è l'epoca in cui si comincia ad apprezzare Inigo Jones. Il classicismo e il neopalladianismo, osteggiati ai tempi del celebre architetto, caratterizzarono fortemente le case georgiane londinesi, come si può notare tuttora. Fra i più grandi esponenti della rinascita di questo stile vi furono Robert Adam e i suoi fratelli. Gran parte delle loro opere furono demolite dai vittoriani, tranne alcuni eccellenti esempi come la Kenwood House (1773; p169) di Hampstead Heath.

La fama dei fratelli Adam fu eclissata, nel periodo 'Regency', da quella degli architetti John Nash (1752-1835) e John Soane (1753-1837). "Una volta e soltanto una volta è stato ben progettato e condotto a termine un grandioso piano regolatore per Londra, riguardante lo sviluppo della capitale nel suo insieme" scrisse John Summerson nel suo libro *Georgian London* (Penguin, 1978). Il progetto a cui Summerson si riferisce è quello di John Nash relativo alla creazione di Regent St (p89), una sorta di asse di collegamento tra St James's Park a sud e il nuovo Regent's Park a nord. Questo grandioso disegno comportava anche la costruzione di Trafalgar Square, lo sviluppo del Mall e dell'estremità occidentale dello Strand, oltre alla deviazione del Regent's Canal verso Regent's Park.

Il progetto fu portato a termine con successo, ma incontrò diverse difficoltà poiché molti proprietari dei terreni che si trovavano nell'area interessata rifiutarono di vendere, e Nash fu costretto a optare per una strada completamente curva. Più tardi i vittoriani (p62) demolirono alcuni dei suoi edifici, ma senza alterare del tutto la fisionomia del progetto originario. Nash lavorò anche a Buckingham Palace e progettò le cosiddette 'Nash terraces' splendide ville a schiera all'ingresso di Regent's Park (Park Cres, per esempio). Contemporaneo di Nash, John Soane fu presumibilmente migliore come architetto, ma gli mancò il sostegno della corona di cui godette Nash. Oggi è ricordato soprattutto per la sua straordinaria collezione di *objets d'art* raccolta nel Sir John Soane's Museum (p95). Tutto ciò che rimane della sua Bank of England in Threadneedle St è una parte del muro esterno, mentre la Dulwich Picture Gallery (p162) è il migliore esempio della sua architettura.

I top ten degli esterni londinesi

Qui di seguito, sono indicati alcuni notevoli esempi di architettura londinese:

City Hall (Foster & Partners, 2002; p148) Mettendosi dall'altra parte del fiume rispetto all'edificio, dopo l'imbrunire si può ammirare la rampa di scale a spirale che si trova all'interno.

Lloyds of London (Rogers, 1986; p109) Con tubature, ascensori e acciaio inossidabile posti sulla facciata, i Lloyds costituiscono un grandioso scenario fantascientifico.

Oxo Tower Wharf (Lifschutz & Davidson, 1996; p142) Le finestre illuminate al neon di questa torre Art Deco compongono la scritta O-X-O in senso verticale; molto aprrezzato dai grafici.

Palace of Westminster (Barry & Pugin, 1847; p126) Capolavoro neogotico, è l'elegante simbolo della democrazia britannica.

Portcullis House (Michael Hopkins, 2000; Cartina pp446-47) Non piace molto agli uomini politici che lo frequentano, ma molti architetti lo tengono in grande considerazione: è il nuovo edificio del Parlamento.

St Pancras Chambers e St Pancras Station (George Gilbert Scott, 1874; p166) Questo enorme edificio ricurvo in mattoni rossi sembra più un castello medievale che l'albergo di una stazione ferroviaria.

St Paul's Cathedral (Wren, 1697; p104) La sua cupola, costruita da Sir Christopher Wren, domina ancora tutta Londra.

Swiss Re Tower (Foster & Partners, 2003; p110) La torre a forma di cetriolo decorata da strisce nere non incontra l'apprezzamento di tutti, ma è innegabilmente sorprendente.

Tate Modern (Herzog & de Meuron, 2000; p143) La struttura di vetro a due piani aggiunta sul tetto, quando è illuminata crea un'atmosfera straordinaria.

Vauxhall Cross (Farrell, 1993; Cartina pp460-61) Questo moderno ziggurat potrebbe tranquillamente essere il quartier generale delle spie dell'MI6.

Architettura – Il gotico vittoriano

IL GOTICO VITTORIANO

Nel decennio 1830-40 si verificò un'inversione di tendenza nel gusto architettonico. Un uomo in particolare, August Welby Northmore Pugin (1812-52), influenzò questo cambiamento. Criticando il classicismo e il protestantesimo, nel suo pamphlet *Contrasts* del 1836, egli auspicò 'una rinascita dell'arte cattolica'. Due anni prima, il Palace of Westminster, o Houses of Parliament (p126), era stato distrutto dal fuoco e, fin dal tempo in cui aveva pubblicato *Contrasts*, Pugin aveva già tradotto in azione le sue parole lavorando come assistente e arredatore d'interni presso l'architetto Charles Barry durante la ricostruzione dell'edificio. Il risultato, quello visibile attualmente, è il tipico 'gotico vittoriano' (Victorian High Gothic, spesso scritto 'Gothick') con torri altissime, archi a sesto acuto, torrette e ricchi arredi. Si trattava in realtà di un'interpretazione molto romantica dell'architettura medievale, di uno slancio nostalgico verso il passato da parte di un'epoca in cui la rivoluzione industriale stava avanzando velocemente.

Un altro eminente fautore del ritorno al gotico fu George Gilbert Scott, a cui si devono l'anacronistico Albert Memorial (p137) in Kensington Gardens, l'edificio del Foreign Office in Whitehall e St Pancras Station (1874; p116), l'albergo dell'omonima stazione ferroviaria, che lo stesso Gilbert Scott una volta definì "forse troppo bello per il suo scopo". Alfred Waterhouse, progettista dello splendido edificio neogotico che ospita il Natural History Museum (p133), non ha mai più realizzato niente di così appariscente, anche se il suo stile architettonico è sempre stato di grande valore.

L'importanza attribuita al lavoro artigianale e ai materiali necessari per creare i complessi edifici neogotici agevolò la nascita del movimento noto come Arts and Crafts, di cui William Morris (1834-96) fu il principale esponente. Lo stesso Pugin non progettò solo edifici, ma si dedicò anche alla lavorazione di mobili, vetrate istoriate, metallo, tessuti, piastrelle e tappezzerie. Proprio in queste arti si cimentò Morris, le cui migliori opere si possono ammirare nella Green Dining Room del Victoria & Albert Museum (p132) e nella William Morris Gallery (p153).

LA VOCE DEI SOBBORGHI

L'architettura gotica fu solo un aspetto della violenta reazione anticlassica vittoriana che produsse cambiamenti durevoli e fondamentali nel panorama architettonico di Londra. Donald Olsen, nel suo libro *The Growth of Victorian London* (Penguin, 1976; reperibile in biblioteca in lingua inglese) parla di "ambivalente rapporto di amore e odio che i vittoriani nutrirono nei riguardi della Londra georgiana ereditata dai loro padri". Essenzialmente romantici e amanti dell'arte, i vittoriani non approvavano l'utilitarismo degli edifici georgiani e Regency. Come studiosi dei classici, riscontravano una certa trascuratezza nella riproposizione dello stile romano delle Nash terraces. Peggio ancora, consideravano il grande progetto di Nash sulla ristrutturazione di Londra come nocivo alla vivibilità stessa della città, che rischiava così di diventare un'enorme metropoli congestionata, oppressa dal crimine e dalla carenza di servizi sanitari.

Così, abbatterono vaste porzioni della georgiana Whitehall, demolirono la vecchia corte di giustizia di John Soane e infine distrussero molti degli edifici originari che fiancheggiavano Regent St. Neppure l'opera di Wren si salvò: molte chiese da lui costruite furono rase al suolo, mentre ad altre furono aggiunte delle incongrue vetrate istoriate.

"Se lo stile Regency apprezzava gli stucchi levigati" scriveva Olsen, "i vittoriani produssero superfici di pietra il più ruvide possibile; se i georgiani preferivano i discreti mattoni grigi, i vittoriani costruirono con mattoni del rosso più brillante che riuscirono a trovare; se i georgiani ricercavano sobrie facciate uniformi e monocrome, i vittoriani preferirono piastrelle vetrinate policrome; se i georgiani ammiravano i piatti cornicioni che stavano in cima ai loro edifici, i vittoriani apprezzarono i profili frastagliati… e alla simmetria sostituirono l'asimmetria, al bidimensionale il tridimensionale, allo stile disadorno la decorazione abbondante".

Non fu solo nell'architettura che i vittoriani rifiutarono i valori del XVIII secolo, ma anche nella pianificazione della città. Piuttosto che progettarne la crescita, si accontentarono di consentire uno sviluppo organico della città che riflettesse il loro modo di vivere. In realtà, si può dire che la divisione di Londra in vari quartieri fosse già cominciata nel XVII secolo con la creazione di St James's, Covent Garden e Bloomsbury. Le villette suburbane esistevano già nel Settecento, in particolare a Clapham, nella zona sud, e a Islington, Hackney e Highgate, a nord. Tuttavia, fu nel XIX secolo, quando la ferrovia e gli omnibus resero possibile fare la spola con il centro città, che i quartieri

Temple Church, Holborn (p97)

I top ten degli interni londinesi

British Library (Colin St John Wilson, 1998; p166) Il bell'interno di questo edificio, con particolari di influenza vagamente scandinava, risveglia il gusto per la lettura.

British Museum, Great Court (Foster, 2000; p99) Il colore della pietra non si armonizza affatto con le pareti più vecchie, ma lo spettacolare tetto in vetro e acciaio infonde al nuovo spazio una luce che ne esalta la vitalità.

Courtauld House, Eltham Palace (1937; p162) La sala d'ingresso circolare, sovrastata da una cupola, con il suo tappeto intessuto a mano e le solide poltrone è uno dei più pregevoli interni di Londra.

Imagination Building (Herron Associates, 1989; Cartina pp446-47) La facciata piuttosto anonima di una scuola edoardiana nasconde un interno splendido e multifunzionale.

Painted Hall (interno di James Thornhill, 1725; p157) La ricca decorazione formata dagli affreschi di James Thornhill che rivestono il soffitto e le pareti è apprezzato anche da coloro che hanno gusti più moderni.

Peterborough Court/ex sede del Daily Express (interno di Robert Atkinson, 1931; Cartina pp446-47) La sala d'ingresso, uno dei pochi esempi di vera Art Deco di Londra, ha un pavimento a motivi blu e neri, un soffitto argentato e una ringhiera di metallo a forma di serpente che sono stati restaurati nel 2001; guardate attraverso la parete di vetro.

St Bartholomew-the-Great (p103) Questo cupo interno normanno è adatto alla riflessione e alla contemplazione. Qui sono state girate alcune sequenze di *Shakespeare in Love* (1998).

St Paul's Cathedral (Wren, 1697; p104) Pur essendo parzialmente chiuso per via dei lavori di restauro, l'interno di Sir Christopher Wren è pur sempre maestoso.

Sir John Soane's Museum (p95) Non soltanto la raccolta di oggetti egizi è originale, ma l'edificio ha anche una pregevole cupola di vetro che illumina l'interrato.

Tate Modern (Herzog & de Meuron, 1999; p143) La maggior parte dei visitatori si entusiasma per l'immensa Turbine Hall che funge da ingresso a questa modernissima galleria d'arte.

Architettura – I bassifondi dickensiani

dormitorio periferici cominciarono davvero a esistere. La creazione di questi sobborghi iniziò dapprima in luoghi come Kensington, Chelsea e Notting Hill, quindi si diffuse in zone quali Wimbledon, Richmond e Highgate.

La costruzione di case lungo i due lati delle vie principali – file di villette l'una accanto all'altra con in comune le pareti divisorie tra una proprietà e l'altra – riguardò le strade fuori dal centro di Londra. Le concezioni dell'epoca riguardo alla vita privata e ai valori dell'individualismo ebbero come conseguenza che la casa unifamiliare fosse di gran lunga preferita rispetto agli appartamenti di stile continentale; ciò nonostante, intorno al 1850 cominciò a sorgere qualche edificio ad appartamenti.

I BASSIFONDI DICKENSIANI

Le case d'abitazione per la nuova classe media a Belgravia e Pimlico furono edificate da imprenditori edili come Thomas Cubitt. Tuttavia, il XIX secolo fu anche il periodo durante il quale furono costruite abitazioni appositamente per la classe operaia. Prima che questo accadesse, i cittadini più poveri erano soliti abitare in case fatiscenti. Poi, con il continuo aumento della popolazione di Londra – da neppure un milione di abitanti all'inizio dell'Ottocento ai 4,5 milioni della fine del secolo – gli speculatori di proprietà private cominciarono a costruire edifici progettati in modo da essere alla portata dei meno abbienti, pur essendo nuovi.

L'effetto che si produsse sulla qualità delle costruzioni è testimoniato in queste singolari istruzioni di un proprietario terriero al costruttore, che operava su 20 ettari di un suo terreno a Camden Town: dovevano essere erette 500 case di bassa qualità, "o un numero inferiore di abitazioni di livello superiore, così che il valore rimanesse lo stesso, nel corso di 15 anni". Questo tipo di impostazione del lavoro raggiunse l'apice nell'East End, dove le affollate case d'appartamenti ben presto si trasformarono in bassifondi infestati dalla criminalità, o 'rookeries' (baraccopoli).

Gli oscuri oggetti del desiderio

Buckingham Palace Ticket Office (Hopkins, 1994; p119) Ogni anno, nei mesi di agosto e settembre, questa cabina di legno rosso viene allestita per accogliere la folla dei turisti; ha un ampio e stupefacente tetto acrilico rimovibile.

Hammersmith Health Centre (Gut Greenfield, 2000) Parte ricurva di un edificio che volge le spalle alla strada come un baluardo, guarda su un giardino interno in stile giapponese.

London Ark (Ralph Erskine, 1991; Cartina pp436-37) Visto dall'esterno, questo edificio di Hammersmith (oggi occupato dalla Seagram) ricorda perfettamente la forma di una nave; all'interno, i nove piani di uffici sono senza pareti divisorie.

Lord's Cricket Ground Media Centre (Future Systems, 1999; p172) Questo guscio di vetro e alluminio situato su palafitte è stato definito dai londinesi come un'astronave, una saponetta e un grande occhio alieno che guarda in basso sul campo da cricket.

Peckham Library (Will Alsop, 1999; p181) Questo allegro e colorato edificio ha vinto, sbaragliando una spietata concorrenza, il più prestigioso premio della Gran Bretagna, lo Stirling.

Penguin Pool, London Zoo (Berthold Lubetkin, 1934; p165) I pinguini dello zoo di Londra giocare ogni giorno su questa rampa a spirale di cemento icona del modernismo.

Public Lavatory (CZWG Architects, 1993) All'angolo di Westbourne Grove e Colville Rd, Piers Gough e il suo studio di architetti hanno creato la loro opera più celebre: un piccolo capolavoro in stile Art Deco.

Red Phone Box (Giles Gilbert Scott, 1924) Questa tipica icona londinese, un tempo così comune, si trova soltanto più nelle zone battute dai turisti (per esempio intorno a St Paul's); la forma della cabina e le pareti di vetro a pannelli furono ispirate dalla tomba della moglie di John Soane, situata nel cimitero di St Pancras.

Sainbury's, Camden Town (Nicholas Grimshaw, 1988) Questa catena di supermercati vanta oggi parecchi grandi magazzini dall'architettura innovativa; questo, in particolare, che è stato uno dei primi a essere costruito, ha una facciata che ricorda vagamente il Centre Pompidou.

Serpentine Gallery Summer Pavilion (p136) Ogni estate un architetto diverso è invitato a erigere un padiglione temporaneo accanto alla galleria: fra i nomi più recenti citiamo Daniel Libeskind e il brasiliano Oscar Niemeyer.

Intorno al 1860 molti cittadini delle classi più elevate cominciarono a distinguersi per il loro impegno filantropico, volto ad alleviare le sofferenze dei vittoriani meno abbienti. Il filantropo William Booth fondò l'Esercito della Salvezza nell'East End e il dottor Joseph Barnardo istituì scuole per i bisognosi. Nel frattempo, l'uomo d'affari George Peabody lasciò alla sua morte, avvenuta nel 1869, mezzo milione di sterline per la costruzione di case d'abitazione decorose e accessibili ai meno abbienti. Il Peabody Trust esiste ancora oggi.

Alcuni decenni più tardi, l'architetto Ebenezer Howard (1850-1928) si dedicò anch'egli al miglioramento della qualità della vita a Londra, decidendo di spostare le case d'abitazione fuori del centro urbano. I suoi progetti di cittadine verdi e ben organizzate in aree extraurbane si realizzarono nelle 'nuove città' di Welwyn Garden City e Milton Keynes. La stessa concezione fu condivisa dal grande architetto 'tradizionalista' proveniente dal Sussex Edwin Lutyens (1869-1944). Anche se costruì essenzialmente fuori Londra, egli contribuì allo sviluppo del verde urbano con l'Hampstead Garden Suburb. Progettò inoltre il Cenotaph di Whitehall, la sede della Reuters in Fleet St e la Britannic House in Finsbury Square.

AMORI MODERNISTI

Rispetto agli sconvolgimenti del XIX secolo, il XX secolo iniziò un po' in sordina. Nei primi 15 anni non furono costruiti molti edifici pubblici degni di nota, tranne l'Admiralty Arch (Aston Webb, 1910; p121) e la County Hall (Ralph Knott, 1922; p140). Nel periodo tra le due guerre mondiali l'architettura inglese fu decisamente più creativa. Infatti, fu concesso ad architetti stranieri di apportare energie nuove in un panorama che altrimenti si presentava piuttosto piatto. Gli architetti provenienti dall'Europa, in particolare, introdussero lo stile modernista, anche se i monumenti che lasciarono non sono considerati significativi.

Il russo Berthold Lubetkin (1901-90) è forse il più noto, soprattutto per aver progettato la vasca dei pinguini con la sua rampa a spirale di cemento per lo zoo di Londra (p165). Quando fu costruita nel 1934, infatti, era una delle prime strutture moderniste della città; la piscina è ancora oggi molto apprezzata, soprattutto per i suoi pinguini.

Alcuni architetti emigrati dalla Germania trascorsero parecchi anni a Londra, prima di trasferirsi negli Stati Uniti. Fra questi vi fu il direttore della Bauhaus, Walter Gropius (1883-1969), che viveva al n. 15 di Lawn Rd, ad Hampstead (Cartina p435), nei geometrici appartamenti Isokon, essi stessi famosa opera modernista dell'architetto canadese Wells Coates (1893-1958). Gli appartamenti considerati di grande interesse architettonico di Grade I, uno dei quali ospitò la scrittrice di gialli Agatha Christie, sono in fase di restauro e dovrebbero essere riaperti al pubblico a metà del 2004.

LA RICOSTRUZIONE DOPO I BOMBARDAMENTI

Durante i bombardamenti della seconda guerra mondiale, Londra subì la peggiore distruzione dai tempi del grande incendio del 1666; l'immediato problema che si presentò alla fine della guerra fu una grave mancanza di case d'abitazione. Gli impresari edili cominciarono a lavorare assiduamente, costruendo interi isolati di edifici a più piani per fornire alloggio a molte famiglie nel più breve tempo possibile. Non sorprende, data la fretta, che gli edifici fossero di bassa qualità, per non parlare dell'estetica, totalmente assente. Molti di questi edifici sono ancora oggi luoghi in cui si concentra il degrado urbano di Londra.

Nel 1951 il governo decise di organizzare una festa nazionale per lasciarsi alle spalle il trauma della guerra. Il Festival of Britain fu la celebrazione di una nazione che voleva dimenticare gli orrori della guerra; nella stessa occasione fu commemorato il centenario della Great Exhibition del 1851 al Crystal Palace. La Royal Festival Hall (1951, Robert Matthew e Leslie Martin; p141) nel South Bank Centre, il primo importante edificio pubblico di Londra in stile modernista, fu edificata proprio in occasione del Festival of Britain. Con il suo tetto ricurvo e la facciata in pietra di Portland, questa sala da concerti ha sempre vinto il confronto con gli edifici che le sorgono intorno, compreso il National Theatre di Denys Lasdun (1976). Oggi si avverte un rinnovato interesse per lo stile modernista e l'intero South Bank Centre è in fase di ristrutturazione. Dall'altra parte della città, all'incrocio di Charing Cross Rd e Oxford St, la stessa Centre Point Tower (Richard Seifert, 1967), non molto apprezzata fino a poco tempo fa, è stata inserita nell'elenco dell'English Heritage (l'ente che ha in cura la maggior parte dei monumenti e dei luoghi d'arte della Gran Bretagna). Anche la BT Tower (un tempo Post Office Tower, Ministry of Public Building and Works, 1964), che invece è sempre stata molto amata dal pubblico e considerata uno dei più famosi simboli di Londra (anche per il ristorante girevole un tempo aperto a tutti), è stata inserita nell'elenco dell'English Heritage.

POSTMODERNISMO E DOCKLANDS

Il modernismo dominò la scena fino alla fine degli anni '70 del XX secolo. Il suo ideale utopico di costruire su vasta scala abitazioni per le grandi masse, la progettazione molto schematica e razionale e l'abitudine a fare frequente assegnamento sui fondi pubblici erano molto in sintonia con la politica assistenzialista del dopoguerra. Tuttavia, quando nel 1979 vinse le elezioni il partito conservatore di Margaret Thatcher, l'architettura modernista cominciò a essere considerata sorpassata. Negli anni '80 e nei primi anni '90 si diffuse la tendenza a subordinare l'architettura ai vari interessi commerciali.

Se gli edifici costruiti con i fondi pubblici nel dopoguerra sono stati ampiamenti criticati, gli anni '80 e '90 non si sono certo distinti per un'architettura di qualità; si veda per esempio la NatWest Tower (Richard Seifert, 1981).

Tra gli edifici di qualità risalenti a quegli anni, si distinguono l'Embankment Place (Terry Farrell, 1990) e l'ancora più notevole edificio dei Lloyds of London di Richard Rogers (1986; p109). Rogers era già famoso per aver collaborato con l'architetto italiano Renzo Piano alla costruzione del controverso Centre Pompidou di Parigi (1977), in cui la parte esterna dell'edificio è formata da uno scheletro d'acciaio e da elementi come i condotti dell'aria condizionata. Allo stesso modo la torre high-tech dei Lloyds presenta all'esterno molti elementi strutturali che di norma dovrebbero trovarsi all'interno dell'edificio, dai condotti, agli ascensori e alle tortuose scale antincendio di cemento e metallo.

Nessuna descrizione di questo periodo sarebbe completa se non si parlasse della ricostruzione delle Docklands. Il progetto approvato dalla Thatcher di trasformare i dock a est del Tower Bridge, ormai abbandonati e in disuso, nel secondo polo finanziario di Londra, è sempre stato motivo di discussione. Lo scopo prefissato era quello di alleggerire la congestione della City. Tuttavia, nella zona affidata alla London Docklands Development Corporation (che lavorava in tandem dapprima con la società immobiliare Travelstead e in un secondo momento con l'Olympia e la York) vivevano ancora parecchie persone, per cui lo sconvolgimento sociale creato dalla costruzione di grattacieli e di uffici fu enorme.

Canary Wharf Tower, Docklands (p155)

Le condizioni offerte per l'acquisizione del terreno destinato allo sviluppo commerciale furono giudicate inadeguate. Inoltre, le nuove Docklands inizialmente non sembrarono funzionare molto bene. La principale linea di collegamento, la Docklands Light Railway (ferrovia leggera), si rivelò inaffidabile per anni e, sulla centrale Isle of Dog, la Canary Wharf Tower, a forma di obelisco dell'architetto canadese Cesar Pelli (ufficialmente chiamata One Canada Square, 1991; p155), fu così duramente colpita dalla recessione dei primi anni '90 da dover essere salvata dalla bancarotta con fondi statali. Nel museo delle Docklands (p156) si può seguire la cronistoria di gran parte di questo sfortunato periodo.

Soltanto oggi, all'inizio del XXI secolo, le Docklands stanno cominciando a realizzare le aspettative che i progettisti avevano riposto in esse. I trasporti sono migliorati in modo considerevole, specialmente con il prolungamento fino a quella zona della linea Jubilee della metropolitana (v. la lettura sotto). Nel frattempo la Canary Wharf Tower, alta 244 m, è stata quasi completamente occupata da uffici. Al più alto grattacielo di Londra si è già affiancata la torre gemella della HSBC Holding, sede principale del Citigroup.

Celebrazione della Jubilee

Nonostante il titolo, questa lettura non si riferisce alla favolosa festa per celebrare i 50 anni di regno di Elisabetta svoltasi nel 2002, ma alla meravigliosa ultima acquisizione della vecchia metropolitana di Londra. Infatti, anche se alcuni tratti della rete non sono stati mai rimodernati dall'inizio del XX secolo, la Jubilee Line vanta 11 stazioni tutte spaziose e nuove di zecca. Sul modello delle sontuose stazioni della metropolitana di Mosca, le nuove stazioni della Jubilee Line sono state disegnate ognuna da un architetto diverso. Le più straordinarie, da ovest a est, sono le seguenti:

Westminster (Michael Hopkins; Cartina pp446-47) Colonne di cemento imponenti e massicce, puntellate da travi d'acciaio, rendono l'atmosfera di questa stazione simile a quella del film muto di Fritz Lang *Metropolis* (1926).

Southwark (Richard MacCormac; Cartina pp446-47) Questa luminosa stazione, che serve la Tate Modern, ha una parete ricurva ricoperta di 660 pezzi di vetro blu sfaccettato e luci sagomate a forma di navi.

Canary Wharf (Norman Foster; Cartina p455) Alla fine di un atrio lungo 265 m gli ascensori conducono sotto una tettoia di vetro ricurvo. Monumentale in tutti i sensi.

North Greenwich (Will Alsop e John Lyall; Cartina p434) Le piastrelle blu di questa stazione molto colorata, sgargiante e frequentata, richiamano il passato marinaro di Greenwich e producono interessanti riflessi.

Stratford (Chris Wilkinson; Cartina p434) Con un elegante tetto ricurvo su un edificio che sembra un air terminal, è il suggestivo capolinea della Jubilee.

IL SIGILLO REALE DELLA DISAPPROVAZIONE

Molto prima che i nuovi edifici colorati cominciassero a diffondersi nell'Isle of Dog e nelle Docklands come una valanga postmoderna, il principe Carlo, su tutti, dimostrò che l'antica disputa fra l'architettura tradizionalista e quella modernista non era finita. Nel 1984, in un discorso al RIBA lanciò un attacco frontale contro l'architettura contemporanea.

Il suo primo atto d'accusa fu diretto all'ampliamento della National Gallery (p92), che descrisse come "un mostruoso foruncolo sulla faccia di un amico elegante e molto amato". Inoltre, colse l'opportunità per esprimere la sua preferenza verso un'architettura più 'umana' e per elogiare le chiese della città, le case a schiera georgiane e i parchi verdi.

Il discorso del principe ebbe grande risonanza: sembrava infatti che avesse colto gli umori dei londinesi; come conseguenza, alla ditta Arhends Burton & Koralek fu tolto il progetto relativo alla National Gallery in favore di quello più classico degli americani Venturi, Scott Brown and Associates. Lo stesso accadde per il progetto riguardante la Mansion Square House, e da quel momento in poi cominciarono a essere costruiti edifici di gusto tradizionale.

La reazione di molti architetti fu naturalmente negativa. Scriveva allora Richard Rogers: "l'architettura moderna corre il pericolo di essere cancellata da un'indiscriminata ondata di nostalgia". Kenneth Powell, invece, nel suo libro *New London Architetture* (Merrel, 2001; reperibile in biblioteca in lingua inglese), considerava la crociata del principe come un'involontaria spinta promozionale al postmoderno. Tra gli altri architetti coinvolti nella disputa citiamo James Stirling (autore nel 1985 della Clore Gallery, ampliamento della Tate Britain; p127) e Terry Farrell.

IL CAMBIO DEL MILLENNIO

Gli anni della Thatcher (1979-91) non furono generosi con le scuole e gli ospedali pubblici di Londra; a farne le spese furono soprattutto le persone a basso reddito. Inoltre, in quel periodo, gli edifici di proprietà del Great London Council furono venduti in blocco a proprietari privati. Peggio ancora, nel 1986 i tory abolirono il GLC, che vedevano come una minaccia per il governo in quanto erano guidati da Ken Livingstone (oggi sindaco di Londra). Questo provvedimento privò la metropoli di un'autorità che progettasse e coordinasse la vita urbana, il che ebbe ripercussioni negative anche sul sistema dei trasporti pubblici.

Nel 1992, il governo introdusse la Lotteria Nazionale per reperire fondi da impiegare nell'edilizia pubblica. Recentemente, sebbene Londra non sia mai stata una città di *grand projets* come Parigi, quando si è profilato all'orizzonte il nuovo millennio, si è dato il via a importanti lavori di ristrutturazione della città. Tra i circa 20 progetti sottoscritti dalla Millennium Commission, finanziata dalla lotteria, vi sono parecchie opere che caratterizzeranno la Londra del XXI secolo: la Tate Modern, il Millennium Bridge e il Millennium Dome.

La Tate Modern (Herzog & de Meuron, 2000; p143) è stata un successo, superando le aspettative degli stessi architetti che l'hanno progettata. Questa galleria d'arte, che è subito diventata una delle dieci più importanti attrattive turistiche di Londra, ricevendo anche

Millennium Dome, Greenwich (p160)

il Pritzker, il più prestigioso premio internazionale di architettura, è stata ricavata dalla Bankside Power Station, vecchia centrale elettrica in disuso, costruita originariamente da Sir Giles Gilbert Scott.

Quando si è inaugurato il Millennium Bridge (Foster, 2000; p144), ci si è accorti che il ponte oscillava in modo eccessivo; dopo la ristrutturazione è diventato una struttura importante per la città. Il Millennium Dome (Rogers; p160), monumentale edificio rivestito in teflon adatto ai grandi eventi sportivi e non, potrebbe essere una sede ideale per ospitare le Olimpiadi del 2012, qualora fossero assegnate a Londra.

Anche se non è stato realizzato con i fondi del progetto 'Millennium', il British Airways London Eye (Marks & Barfield; p140), costruito nel 2000 sulla South Bank, è diventato subito molto popolare.

UN TERRENO COMUNE

Nella Londra odierna, ai simboli del 'Millennium' si sono aggiunti la Swiss Re Tower (p110) e la nuova City Hall (p148). Sono iniziati i lavori di risanamento del Paddington Basin – una sorta di Canary Wharf intorno alla ricostruita stazione di Paddington – e intorno alla stazione di King's Cross, per collegare il Channel Tunnel con il centro cittadino. Nel frattempo, lo stadio di calcio di Wembley è stato demolito per fare posto al nuovo stadio progettato da Norman Foster.

Di fronte ai successi dell'architettura contemporanea, i tradizionalisti hanno dovuto in parte ricredersi. Per esempio, il progetto di Daniel Libeskind per un ampliamento a forma di spirale del V&A, il National Museum of Art and Design, ha ottenuto il sostegno dell'English Heritage, di solito su posizioni più conservatrici; va detto, però, che il progetto di Renzo Piano, definitivamente approvato nel 2003, di una torre di vetro alta 390 m da costruire nelle vicinanze del London Bridge ha suscitato diverse polemiche.

Gli interessi commerciali continuano a pilotare le scelte urbanistiche, e Deyan Sudjic ha scritto sull'*Observer* (18 maggio 2003) che se la città ha riscoperto il Tamigi, ora lo sta amando così tanto che rischia di farlo morire; mentre la Tate Modern e il London Eye hanno creato nuove zone molto vitali, egli obietta che "gran parte del nuovo Tamigi non ha seguito la stessa sorte: vaste aree delle sue sponde sono occupate da una sequela ininterrotta di edifici residenziali a discapito di tutto il resto".

Diverse comunità di cittadini hanno spesso ingaggiato battaglie contro la speculazione immobiliare. Il fatto che la Oxo Tower Wharf (p142), per esempio, ospiti appartamenti residenziali oltre che negozi e ristoranti – anziché essere destinata solamente a uffici – rappresenta un successo per la comunità di Coin St. Allo stesso modo, la clamorosa opposizione alla nuova urbanizzazione della zona intorno a Spitalfields, all'inizio del XXI secolo, è servita a bloccare momentaneamente il progetto; al momento della stesura di questa guida, infine, era in corso una controversia per impedire la costruzione di un nuovo grattacielo residenziale nei pressi della Tate Modern.

Pur tra alti e bassi, molti architetti si stanno impegnando per rendere la città sempre più vivibile e aperta a tutti. Il rinnovamento di Trafalgar Square (p91), secondo il progetto 'World Square for All' di Norman Foster, ha lo scopo di rendere la piazza un piacevole luogo di incontri. Anche Terry Farrell sta lavorando a un progetto per creare comodi collegamenti pedonali tra molti dei cosiddetti parchi 'reali', da Richmond e Greenwich, attraverso Hyde Park e St James's Park, fino a Regent's Park.

Per i londinesi, i problemi più urgenti sono il costo delle case e i trasporti pubblici. Dopo il prolungamento della Jubilee Line, si sta pensando di estendere la Docklands Light Railway fino al London City Airport e la East London Line fino ad Hackney.

Con queste proposte, già in fase avanzata, George Ferguson della RIBA è ottimista circa la rinascita architettonica di Londra. "C'è ancora un sacco di lavoro da fare, ma la gente sta davvero aprendo gli occhi sulle possibilità di Londra".

Storia

Storia

LA LONDRA DEL XXI SECOLO

Londra ha iniziato il nuovo millennio con una serie di incidenti e contrattempi: 'il più grande spettacolo pirotecnico che la città avesse mai visto', organizzato per festeggiare l'arrivo del 2000, è stato cancellato all'ultimo momento per problemi tecnici, il complesso del Millennium Dome è costato quasi un miliardo di sterline di fondi pubblici e il Millennium Bridge, alla sua inaugurazione, oscillava così tanto da dover essere chiuso.

Nonostante le disavventure e gli umilianti fallimenti, Londra ha tutt'altro che perso fiducia nelle sue capacità, grazie anche all'aggressivo Ken Livingstone, sindaco dal 2000 per elezione diretta dei londinesi. Per saperne di più sugli obiettivi e i traguardi raggiunti da Ken Livingstone v. la lettura a p30.

LE ORIGINI

CELTI E ROMANI

Lungo la valle del Tamigi sono state ritrovate tracce di insediamenti che risalgono a mezzo milione di anni fa; probabilmente, le prime popolazioni a occupare stabilmente la zona furono alcune tribù di celti. Eppure Londra cominciò a diventare un agglomerato di una certa importanza solo all'arrivo dei romani. Quando vi giunsero per prima volta, nel I secolo a.C., istituirono scambi commerciali con i celti e posero le basi per la successiva conquista. Nel 43 d.C. sbarcarono con un esercito guidato dall'imperatore Claudio e si stabilirono nella zona fondando il porto di Londinium. Costruirono un ponte di legno sul Tamigi (nei pressi dell'attuale London Bridge) e usarono l'insediamento come base strategica per condurre il loro attacco alle altre tribù della regione. Il ponte divenne il punto focale di una rete di strade che si estendevano in tutta la regione, e per qualche anno l'insediamento prosperò con il commercio.

Questa crescita iniziale fu stroncata praticamente sul nascere intorno al 60 d.C., quando un esercito comandato da Boadicea, regina della vicina tribù degli iceni, inflisse una violenta sconfitta ai soldati romani e si impadronì dei loro territori. Gli iceni devastarono Camulodunum (Colchester) – che era diventata la capitale della Britannia romana – per dirigersi poi verso Londinium, dove massacrarono gli abitanti e rasero al suolo l'intero insediamento.

I romani, però, che apprezzavano le acque profonde del Tamigi, adatte alle proprie navi, e consideravano il sito relativamente facile da difendere, tra l'80 e il 90 d.C. ricostruirono la città sulle pendici di Cornhill, l'altura più elevata a nord del ponte, e la circondarono un secolo più tardi con una cinta muraria lunga 1,8 miglia (3 km) della quale sono visibili ancora oggi alcuni tratti. I nomi delle porte originarie – Aldgate, Ludgate, Newgate, Bishopsgate – definiscono tuttora alcune zone di Londra. Gli scavi compiuti nella City hanno rivelato che Londinium, centro di affari e commerci ma non *colonia* a pieno titolo, era una metropoli importante, tra i cui edifici imponenti svettavano una basilica, un anfiteatro, un foro e il palazzo del governatore.

Verso la metà del III secolo d.C. Londinium accoglieva circa 30.000 persone di varia provenienza etnica e molti templi dedicati a culti diversi. Nel 312, con la conversione del-

CRONOLOGIA	43 a.C.	80-90	200
	Invasione dei romani e fondazione di Londinium.	Ricostruzione della città.	I romani costruiscono una cinta muraria a protezione della città.

l'imperatore Costantino, il cristianesimo divenne la religione ufficiale di tutto l'impero, a discapito dell'antico paganesimo.

A causa delle incessanti invasioni dei barbari, cominciò l'inesorabile declino dell'impero romano. La stessa sorte toccò alla città di Londinium: quando l'imperatore Onorio, trovandosi in gravi difficoltà, ritirò nel 410 gli ultimi soldati, anche i cittadini romani abbandonarono l'insediamento, che si ridusse così a una zona depressa e scarsamente abitata.

SASSONI E DANESI

Nello stesso periodo, i coloni sassoni cominciarono ad attraversare il Mare del Nord e a creare fattorie e piccoli villaggi nel sud dell'Inghilterra, mostrando per almeno 200 anni scarso interesse per quello che rimaneva di Londinium.

Sotto la loro dominazione, il porto di Londinium divenne 'Lundenwic' e crebbe gradualmente d'importanza di pari passo con la ripresa del commercio. Quando, alla fine del VI secolo, il re sassone del Kent Ethelbert si convertì al cristianesimo, Roma istituì una diocesi a Lundenwic, il cui primo vescovo, Mellitus, costruì il nucleo originario della St Paul's Cathedral.

Letture di storia

- *Senza un soldo a Parigi e a Londra* di George Orwell (Mondadori, Milano 1995) descrive le esperienze dello scrittore negli anni '20 del secolo scorso alle prese con i problemi del sottoproletariato urbano.
- Per cominciare a orientarsi nell'intricata storia di Londra vi consigliamo il romanzo di Edward Rutherford *London* (Mondadori, Milano 2000): un ambizioso itinerario narrativo, dai tempi della conquista romana al sorgere dei monumenti che oggi la caratterizzano.
- *Lettere da Londra* di Alberto Arbasino (Adelphi, Milano 1997) è il ritratto che emerge dal flusso di lettere, pubblicate per lo più sulla rivista *Il Mondo*, delle istituzioni londinesi più tipiche (il *Times*, il Labour Party, le Corti di Giustizia, fra le altre) e dei personaggi dell'arte e della cultura della Londra anni '50.
- *I segreti di Londra. Storie, luoghi e personaggi di una capitale* di Corrado Augias (Mondadori, Milano 2003): tante storie significative, nascoste dietro i monumenti e i luoghi della capitale britannica, come Trafalgar Square, con la statua imponente di Horatio Nelson e l'East Side, cupo e delittuoso.

Storia – Sassoni e danesi

L'insediamento sassone, situato prevalentemente fuori delle mura della città, si estendeva verso ovest in direzione dell'attuale Aldwych e fino a Charing Cross, ma fu vittima della sua stessa crescente importanza, poiché attirò l'attenzione dei vichinghi danesi, i quali nell'842 attaccarono la città e 10 anni dopo la ridussero in cenere. Sotto il re Alfredo il Grande del Wessex, la popolazione sassone mosse al contrattacco, cacciò i danesi nell'886 e ristabilì quello che rapidamente divenne l'importante centro commerciale di Lundunburg.

La Londra sassone si trasformò in una città fiorente e bene organizzata divisa in 20 quartieri, ognuno con il proprio alderman (consigliere comunale anziano); in questo periodo, cominciarono a insediarvisi colonie di mercanti tedeschi e commercianti di vino francesi. Ma i danesi non demordevano e le incursioni dei vichinghi indebolirono progressivamente la leadership sassone che, nel 1016, fu costretta ad accettare come re d'Inghilterra il re danese Canuto. Il suo regno durò fino al 1040 e durante questo periodo la capitale dell'Inghilterra fu trasferita da Winchester a Londra.

Con la morte del figlio di Canuto, Aroldo, avvenuta nel 1042, il trono passò al sassone Edoardo il Confessore, il quale fondò un'abbazia e un palazzo a Westminster su quella che allora era solo un'isola alla foce del fiume Tyburn (che oggi scorre sotterraneo). Quando Edoardo trasferì la sua corte a Westminster, stabilì le linee di demarcazione che – almeno geograficamente – avrebbero poi definito il futuro di Londra. Il porto divenne il centro commerciale e mercantile oggi noto come la City, mentre Westminster acquisì il ruolo di sede delle attività giudiziarie e amministrative.

410	842	852	886
I romani abbandonano la Bretagna.	I vichinghi danesi attaccano la città.	I vichinghi danesi si insediano in città.	Re Alfredo il Grande restituisce la città ai sassoni.

I NORMANNI

Al volgere del primo millennio i normanni controllavano gran parte dell'attuale Francia settentrionale e occidentale. Poiché dopo la morte di Edoardo il Confessore si era scatenata una lite circa la successione al trono inglese, Guglielmo, duca di Normandia, preparò una massiccia invasione dell'Inghilterra. Nel 1066 sconfisse il rivale Aroldo nella decisiva battaglia di Hastings, prima di marciare su Londra per reclamare la sua ricompensa. Guglielmo il Conquistatore fu incoronato re d'Inghilterra nell'abbazia di Westminster, sanzionando in questo modo il successo della conquista normanna.

Da quel momento, Guglielmo si ritrovò ad avere il controllo della più grande e ricca città del suo regno, ma diffidando della 'feroce plebe' di Londra fece costruire diverse fortezze tra cui la White Tower, il nucleo centrale della Tower of London. Con grande diplomazia, riuscì a ottenere l'appoggio dei ricchi mercanti garantendo l'indipendenza della City in cambio del pagamento di alcune tasse.

LA LONDRA MEDIEVALE

Nel 1154 morì Stefano, ultimo re normanno, e il trono passò a Enrico II della potente dinastia dei Plantageneti, che avrebbe regnato sull'Inghilterra per i successivi due secoli e mezzo (da quel momento il potere monarchico è stato concentrato a Londra). Da allora, per parecchi secoli, Londra fu teatro di una vera e propria battaglia fra tre contendenti: la chiesa, la City e il re.

I successori di Enrico furono ben contenti di lasciare alla City la sua indipendenza, purché i mercanti continuassero a finanziare le loro guerre e i loro progetti edilizi. Quando Riccardo I (noto come 'Cuor di Leone') ebbe bisogno di fondi per la sua crociata, riconobbe alla City lo status di comune con diritto all'autogoverno. Intorno al 1190 fu nominato il primo sindaco della City, Henry Fitz Aylwin.

Nel 1215 il successore di Riccardo, Giovanni (detto 'Senza Terra' perché aveva perso la Normandia e quasi tutti gli altri possedimenti inglesi in Francia) fu costretto a cedere parte del suo potere ai baroni e dovette moderare le eccessive richieste di denaro alla City. Tra coloro che lo costrinsero a porre il suo sigillo sulla Magna Charta del 1215 (che effettivamente poneva pesanti limitazioni al potere del sovrano) vi fu il sindaco della City, che da allora cominciò a essere considerato una figura politica importante.

Tower of London, Tower Hill (p112)

Intanto, il commercio e gli scambi prosperavano e nobili, baroni e vescovi si facevano costruire eleganti residenze che costituirono l'originario nucleo delle proprietà immobiliari lungo lo Strand, la via che collegava la City con il palazzo di Westminster, nuova sede del potere del re. Il primo ponte di pietra, il London Bridge, fu costruito nel 1176; poiché era spesso ostruito, la maggior parte dei cittadini per attraversare il fiume si faceva traghettare sull'altra sponda dai barcaioli (i quali continuarono a esercitare il loro mestiere sino al XVIII secolo).

1016	1066	1154	1190
I danesi si riprendono la città e Canuto viene incoronato re d'Inghilterra.	Guglielmo il Conquistatore viene incoronato a Westminster Abbey.	Enrico II Plantageneto viene incoronato re.	Viene eletto il primo sindaco della City.

Sebbene, nel XIV secolo, gli incendi costituissero una minaccia costante nelle strette vie affollate e nei vicoli di Londra, il diffondersi delle malattie causato da condizioni di vita poco igieniche e dall'acqua inquinata del Tamigi rappresentava un rischio ancora maggiore per la popolazione della città. Nel 1348, i topi che si trovavano a bordo di una nave proveniente dall'Europa portarono la 'morte nera', la peste bubbonica che uccise quasi due terzi della popolazione (allora composta da circa 100.000 persone).

Poiché i lavoratori erano stati decimati dalla peste e la produzione di derrate alimentari era pressoché ferma, scoppiarono diverse sommosse e la lotta per la sopravvivenza divenne sempre più dura. Nel 1381, tenendo in scarsa considerazione le gravi condizioni in cui versava la nazione, il re tentò d'imporre una poll tax, ossia un'imposta pro capite uguale per tutti i cittadini del regno. Decine di migliaia di contadini, capitanati dal soldato Wat Tyler e dal prete Jack Straw, marciarono su Londra per protestare. L'arcivescovo di Canterbury fu trascinato fuori dalla Tower of London e decapitato; diversi ministri furono assassinati e molti edifici rasi al suolo prima che la rivolta fosse sedata. Tyler fu ucciso, pugnalato dal sindaco, mentre Straw e gli altri capi della sommossa furono giustiziati a Smithfield. Della poll tax non si parlò più (almeno fino a quando Margaret Thatcher tentò di introdurla nuovamente negli anni '80 del XX secolo).

Nel XV secolo Londra si impose per ricchezza e importanza sotto le casate dei Lancaster e degli York; questo fu anche il periodo del sindaco filantropo Dick Whittington (v. la lettura sopra). Nel 1476 William Caxton fece installare a Westminster il primo torchio da stampa.

Nel 1483, il dodicenne Edoardo V della dinastia di York regnò per soli due mesi prima di scomparire con il fratello minore nella Tower of London senza dare più notizie di sé. Nei secoli successivi furono fatte molte ipotesi sul ruolo avuto dallo zio Riccardo III – che infatti ne ereditò il trono – nell'assassinio dei due ragazzi (nel 1674 alcuni operai trovarono una cassa contenente gli scheletri di due fanciulli nei pressi della White Tower e si pensò che quei resti, poi seppelliti nell'Innocents' Corner dell'abbazia di Westminster, potessero essere quelli dei principini). Riccardo III, comunque, non si godette il trono a lungo, perché dopo due anni fu deposto da Enrico Tudor, primo esponente dell'omonima dinastia.

Un ragazzo, un gatto e il municipio di Londra

L'attuale sindaco di Londra, Ken Livingstone, è molto popolare, ma probabilmente non quanto lo fu, nel XV secolo, Dick Whittington.

Narra la leggenda che il giovane Whittington, mentre si accingeva a lasciare la città con il suo fedele gatto al seguito, udì le campane di St Mary-le-Bow lanciargli un messaggio: "Torna indietro, Whittington, tu che sarai per tre volte sindaco di Londra". Fu così che egli ritornò in città, dove ebbe fama e fortuna diventando per *quattro* volte sindaco. Nell'Ottocento, a Highgate Hill fu posta una targa per indicare il punto in cui Whittington decise il suo destino.

LA LONDRA DEI TUDOR

Londra divenne una delle più grandi e importanti città d'Europa durante il regno dei Tudor, che coincide con la scoperta dell'America e la fioritura del commercio mondiale.

Enrico VIII, figlio e successore di Enrico VII, fu senza dubbio il più celebre della sua casata. Molto appassionato di architettura, fece erigere nuovi palazzi a Whitehall e a St James's e costrinse il cardinale Thomas Wolsey a regalargli Hampton Court.

Il suo atto più significativo fu tuttavia la separazione dalla chiesa cattolica, nel 1534, dopo che gli era stato rifiutato l'annullamento del matrimonio con Caterina d'Aragona, da cui non aveva avuto eredi maschi. Non tenendo in nessuna considerazione il potere di Roma, si autonominò capo *supremo* della chiesa d'Inghilterra e sposò Anna Bolena (la seconda delle

1348	1397	1534	1558
La 'morte nera' arriva in città.	Dick Whittington viene eletto sindaco.	Enrico VIII si separa dalla chiesa cattolica.	Viene pubblicata la prima mappa della città.

sue sei mogli). 'Sciolse' i monasteri di Londra e s'impadronì delle vaste ricchezze e proprietà della chiesa. La città medievale cambiò aspetto; gran parte dei terreni requisiti per farne riserve di caccia divennero in seguito Hyde Park, Regent's Park e Richmond Park, mentre molte delle residenze dei religiosi scomparvero lasciando a quelle zone solo il nome, come Whitefriars e Blackfriars (dal colore degli abiti dei frati).

Nonostante la sua inclinazione a risolvere le divergenze in modo violento (due delle sue sei mogli e Tommaso Moro, successore di Wolsey alla carica di lord cancelliere, furono decapitati) e il fatto che perseguitò sia i cattolici sia gli stessi protestanti che non obbedivano al suo volere, Enrico VIII fu un sovrano molto popolare, almeno sino alla morte avvenuta nel 1547.

Durante il regno di Maria I, nata dal suo matrimonio con Caterina d'Aragona, ci fu un breve ritorno al cattolicesimo, durante il quale la regina mandò al rogo a Smithfield centinaia di protestanti, meritandosi il soprannome di 'Maria la Sanguinaria'.

LA LONDRA ELISABETTIANA

Quando salì al trono Elisabetta I, figlia di Enrico VIII e di Anna Bolena, destinata a regnare per 45 anni, la causa dei cattolici era ormai praticamente persa e centinaia di persone che avevano osato sostenere il contrario furono condotte alla forca di Tyburn (v. la lettura a p75).

Londra si stava espandendo economicamente e fisicamente; nella seconda metà del XVI secolo la popolazione raddoppiò sino a raggiungere i 200.000 abitanti, mentre la città diventava il principale mercato mondiale con l'apertura, nel 1572, della Royal Exchange (la borsa reale). La prima mappa di Londra di cui si abbia notizia fu pubblicata nel 1558, mentre John Stow scrisse la prima storia della città, *A Survey of London*, nel 1598.

Questo fu anche il periodo d'oro dell'arte drammatica: le opere di autori quali William Shakespeare, Christopher Marlowe e Ben Johnson erano rappresentate nei nuovi teatri come il Rose (costruito nel 1587) e il Globe (1599). Questi due edifici sorgevano entrambi a Southwark, un 'quartiere malfamato' dell'epoca brulicante di bordelli, taverne di infimo ordine e gente di malaffare. È importante tenere presente che tale quartiere era fuori dalla giurisdizione della City, la quale disapprovava e persino bandiva il teatro considerandolo una perdita di tempo.

Quando Elisabetta morì senza eredi nel 1603, le succedette un cugino di secondo grado incoronato con il nome di Giacomo I. Sebbene figlio della cattolica Maria, regina di Scozia, egli non manifestò alcuna intenzione di migliorare la situazione in cui si trovavano i cattolici inglesi, suscitando in tal modo la loro collera. Giacomo sfuggì per un soffio alla morte quando il 5 novembre 1605 fu scoperta in tempo la congiura di Guy Fawkes che intendeva far saltare in aria il palazzo del Parlamento. Il fallimento dell'audace piano è ricordato ogni anno in questa data con falò e fuochi d'artificio in tutta la Gran Bretagna.

LA GUERRA CIVILE

Nel 1625 salì al trono Carlo I e la triplice contesa fra il re, la City e il Parlamento giunse infine a una crisi risolutiva. Mentre la City si stava stancando della crescente richiesta di tasse sempre più esorbitanti e il Parlamento cominciava a diventare sempre più potente, la crisi raggiunse il suo culmine quando Carlo tentò di fare arrestare cinque membri del Parlamento, suoi oppositori, che si erano rifugiati nella City; nel 1642 il paese si ritrovò in piena guerra civile.

I puritani, frangia estremista dei protestanti, e la classe mercantile in continua espansione della City garantirono il loro appoggio a Oliver Cromwell e ai sostenitori del Parlamento (le cosiddette 'teste rotonde'), che si battevano contro le truppe del re (i 'cavalieri'). Londra

1599	1605	1642	1646
Apertura del Globe Theatre.	Guy Fawkes fallisce il suo tentativo di far saltare in aria il Parlamento.	Inizio della guerra civile.	Sconfitta di Carlo I contro le 'teste rotonde' guidate da Oliver Cromwell.

si schierò decisamente con le teste rotonde e nel 1646 Carlo I fu sconfitto. Tre anni più tardi fu decapitato davanti alla Banqueting House in Whitehall, e rimase famoso per aver indossato due camicie, il giorno dell'esecuzione, per difendersi dal freddo del mattino: non voleva che un'eventuale tremarella fosse scambiata per codardia.

Cromwell governò il paese, divenuto una repubblica, per i successivi 11 anni, durante i quali fece chiudere i teatri, vietò la danza, la festa di Natale. Subito dopo la sua morte, il Parlamento decise di ripristinare la monarchia e nel 1660 invitò a tornare Carlo II, che si trovava in esilio. Inoltre stabilì di procedere all'esumazione del corpo di Cromwell per poi impiccarne il cadavere a Tyburn (v. lettura sotto) in segno di sfregio; inoltre la testa di Cromwell, ormai in decomposizione, fu lasciata appositamente infilzata su una lancia a Westminster Hall per ben 20 giorni.

Di quel periodo sono degni di menzione gli edifici dell'architetto Inigo Jones, che progettò nel 1622 la Banqueting Hall a Whitehall e nel 1631 la piazza di Covent Garden (p59).

LA PESTE E L'INCENDIO

Nel XVII secolo Londra era una città sovraffollata e sporca, in cui la maggior parte della popolazione viveva sotto la soglia della povertà. La città era già stata colpita da ricorrenti epidemie di peste bubbonica fin dal XIV secolo, ma esse provocarono disagi di scarsa importanza, se paragonate alla 'grande peste' (Great Plague) del 1665. Non appena la 'febbre eruttiva' si diffuse in città, gli abitanti, in preda al panico, si ritirarono in casa e sbarrarono le porte, avventurandosi all'esterno solo per approvvigionarsi o seppellire i familiari morti. Il sindaco pensò che fossero cani e gatti i colpevoli dell'epidemia e ordinò di sterminarli tutti, riuscendo in un sol colpo a liberare i topi, veri portatori della malattia, dai loro predatori naturali. Quando il freddo dell'inverno arrestò l'epidemia, erano morte ben 100.000 persone.

Appena si ripresero dalla peste, i londinesi furono subito vittime di un'altra tragedia. Per secoli, la città era stata colpita da incendi, ma nessuno paragonabile al Great Fire, l'incendio che scoppiò il 2 settembre 1666 in una panetteria della City, in Pudding Lane. All'inizio sembrò di proporzioni limitate – lo stesso sindaco, prima di tornarsene a letto, lo definì "un fuocherello che una donna avrebbe potuto spegnere facendo la pipì" – ma il levarsi del vento alimentò le fiamme facendole divampare senza più controllo per quattro giorni consecutivi, così che l'80% della città andò in cenere. Morirono solo otto persone, ma la maggior parte degli edifici della Londra medievale, Tudor e dell'epoca di Giacomo I andarono distrutti.

Storia – La peste e l'incendio

Storia della forca

L'impiccagione fu la più comune forma di esecuzione dai tempi dei sassoni fino all'abolizione della pena di morte nel 1964, e Londra fu la capitale del crimine e della punizione. Più di 50.000 persone furono impiccate principalmente al 'Triple Tree' (albero triplo) di Tyburn (nei pressi di quello che oggi è Marble Arch) fra il XIII e il XVIII secolo, e in seguito di fronte alla Newgate Prison dove ora sorge l'Old Bailey. Folle immense assistevano a questi spettacoli, considerati più un divertimento che un deterrente nei confronti del crimine. Dopo il 1868 le esecuzioni si svolsero in privato, provvedimento reso necessario dai comportamenti sempre più turbolenti e irrispettosi della folla, che spesso culminavano in vere e proprie risse che coinvolgevano la famiglia del defunto.

All'inizio dell'Ottocento si registrarono ben 222 delitti, tra cui, per esempio, i 'terribili reati' degni della condanna capitale, quali spacciarsi per un pensionato di Chelsea o danneggiare il London Bridge. Tuttavia, la maggior parte di questi reati furono poi puniti con la deportazione in Australia piuttosto che con l'impiccagione. L'idea della reclusione come punizione si affermò veramente solo dopo il 1840.

1660	1665	1666	1710
Restaurazione della monarchia.	Scoppia la 'grande peste'.	Scoppia il 'grande incendio' di Londra.	Si inaugura St Pauls' Cathedral.

LA RICOSTRUZIONE

L'unico esito positivo dell'incendio del 1666 fu la costruzione di diverse magnifiche chiese su progetto dell'architetto Christopher Wren. Il suo piano di ricostruzione dell'intera città, invece, fu giudicato eccessivamente costoso, per cui ben presto le vecchie case Tudor a traliccio furono sostituite da case di mattoni. Nello stesso periodo, Carlo II si trasferì a St James's Palace e la zona circostante fu occupata dalla piccola nobiltà che fece costruire grandi piazze e case d'abitazione.

Nel 1677 fu eretto un monumento per ricordare l'incendio, come simbolo della ricostruzione e della rinascita avvenute negli anni seguenti.

Nel 1685, circa 1500 ugonotti cercarono rifugio a Londra per sfuggire alle persecuzioni dell'Europa cattolica. Molti di essi si dedicarono alla fabbricazione di oggetti d'artigianato di grande qualità, come seta e argenteria, nei quartieri di Spitalfields, Clerkenwell e dintorni, già abitati da immigrati e artigiani irlandesi, ebrei e italiani.

La 'rivoluzione pacifica' (Glorious Revolution) del 1688 portò sul trono inglese il sovrano olandese Guglielmo d'Orange. Egli trasferì di nuovo la residenza dal Whitehall Palace in un nuovo palazzo ai Kensington Gardens: di conseguenza, tutta l'area circostante si rivalutò. Per ottenere finanziamenti più cospicui a sostegno della guerra con la Francia – e in conseguenza della trasformazione della City in un centro finanziario, piuttosto che produttivo – Guglielmo III, nel 1694, fondò la Bank of England.

Nonostante la battuta d'arresto dei decenni precedenti, la crescita di Londra continuò inarrestabile e intorno al 1700 essa era la più grande città d'Europa con 600.000 abitanti. L'affluenza di lavoratori stranieri portò all'espansione della città verso est e sud, mentre i più abbienti si diressero verso i dintorni settentrionali e occidentali, assai più salubri. La Londra odierna è ancora più o meno divisa lungo queste linee.

Il coronamento della 'grande ricostruzione', la St Paul's Cathedral di Christopher Wren, fu inaugurata nel 1710 (p60).

LA LONDRA GEORGIANA

Quando nel 1714 la regina Anna morì senza eredi, si dovette cercare un successore protestante (l'Act of Settlement del 1701 escludeva i cattolici dalla successione al trono). Alla fine, si decise per Giorgio d'Hannover, pronipote di Giacomo I, il quale arrivò dalla Germania, fu incoronato re d'Inghilterra e non imparò mai a parlare l'inglese. Nel frattempo, il crescente numero di coloro che sapevano leggere e scrivere fra la popolazione fece nascere i primi giornali che cominciarono a raggrupparsi intorno a Fleet St.

Il partito Whig (liberale) di Robert Walpole ebbe la maggioranza in Parlamento durante gran parte del regno di Giorgio I e Walpole stesso divenne il primo ministro della Gran Bretagna. Egli si trasferì al n. 10 di Downing St, che da allora è stata la residenza ufficiale di (quasi) tutti i primi ministri.

In quel periodo, Londra crebbe a una velocità straordinaria e dovettero essere prese alcune misure per renderla più vivibile. Quando fu inaugurato, nel 1750, il Westminster Bridge rappresentava solo il secondo ponte sul Tamigi dopo il London Bridge, costruito dai romani. Il vecchio ponte fu liberato dai molti edifici che lo occupavano e furono demolite le mura romane che circondavano la City.

La Londra georgiana conobbe un grande impulso creativo nel campo della musica, della pittura e dell'architettura. Il compositore di corte George Frederick Handel durante il suo soggiorno londinese scrisse la *Musica sull'acqua* (1717) e il *Messiah* (1741), e nel 1755 il dottor Samuel Johnson compilò il primo dizionario inglese. Hogarth, Gainsborough e Reynolds crearono alcuni dei loro dipinti e incisioni più belli, e molti dei più eleganti edi-

1750	1837	1837	1863
Inaugurazione del Westminster Bridge.	Incoronazione della regina Vittoria.	Charles Dickens pubblica *Oliver Twist*.	Inaugurazione a Londra della prima metropolitana del mondo.

fici, strade e piazze di Londra furono eretti o progettati da personaggi quali John Soane e l'incomparabile John Nash (p60).

Nonostante tutto, però, Londra era in una situazione di sempre maggiore isolamento ed era infestata di criminali. Persino Giorgio II in persona fu rapinato di 'portafoglio, orologio e fibbie' durante una passeggiata nei Kensington Gardens. Era la Londra del pittore William Hogarth (v. la lettura sotto), in cui i ricchi si facevano costruire nuove ed eleganti dimore in belle piazze e si riunivano nei nuovi caffè alla moda, mentre i poveri si ammassavano in orrendi bassifondi.

Per cercare di contenere gli atti criminosi sempre in aumento, due magistrati, nel 1751, istituirono i 'Bow Street Runners', un gruppo di volontari – in realtà gli antesignani della Metropolitan Police Force (fondata nel 1829) – con il compito di ostacolare i capi della polizia ufficiale (detti anche 'thief-takers', 'acchiappaladri') sospettati di collusione con la criminalità.

Nel 1780 il Parlamento propose l'abolizione della legge che impediva ai cattolici di acquistare o ereditare beni immobili. Un parlamentare esaltato, Lord George Gordon, si mise a capo di una dimostrazione chiamata 'No Popery' ('no al papismo') che sfociò nelle Gordon Riots (le rivolte antipapali). Una folla inferocita di 30.000 persone aggredì alcuni operai irlandesi e diede alle fiamme le prigioni, le cappelle dette 'Papishe dens' (covi papisti) e diverse corti di giustizia. Durante la sommossa si contarono almeno 300 morti. Sul finire del secolo, la popolazione di Londra era aumentata enormemente fino a raggiungere quasi il milione di abitanti.

LA LONDRA VITTORIANA

Anche se la crescita e le conquiste del secolo precedente erano state importanti, esse non reggono il confronto con quelle del periodo vittoriano, che ebbe inizio nel 1837, quando la diciottenne Vittoria fu incoronata regina. Sulla spinta della rivoluzione industriale Londra divenne il centro nevralgico del più vasto e ricco impero che il mondo abbia mai conosciuto, esteso su un quarto della superficie del globo e comprendente oltre 500 milioni di persone.

Furono costruiti nuovi dock per soddisfare il fiorente commercio con le colonie e le linee ferroviarie cominciarono a diramarsi dalla capitale. La prima metropolitana del mondo, che andava da Paddington a Farringdon Rd, fu inaugurata nel 1863 ed ebbe un tale successo che altre linee seguirono in rapida successione. Molti dei più famosi edifici e simboli di Londra furono costruiti nel periodo vittoriano: la Clock Tower (torre dell'orologio) della House of Parliament, nota come Big Ben (1859), la Royal Albert Hall (1871) e il Tower Bridge (1894).

Un eroe relativamente poco celebrato di quel periodo fu Joseph Bazalgette. Nel 1855 egli cominciò a costruire più di 1250 miglia (2000 km) di fognature per allontanare i liquami dalla città e rendere più vivibile l'imponente metropoli. Il sistema di Bazalgette costituisce ancora la base dell'odierna rete fognaria di Londra.

Sebbene il periodo vittoriano sia stato soprattutto descritto come l'epoca del grande potere imperialistico della Gran Bretagna, che aveva forti influenze nell'industria, negli

Libertini e prostitute: il mondo di Hogarth

William Hogarth (1697-1764) fu un pittore e incisore satirico, dagli intenti fortemente moralistici. Le sue incisioni erano così famose ai suoi tempi che venivano riprodotte senza permesso, tanto da indurre il Parlamento ad approvare l'Hogarth Act del 1735 per proteggere i diritti d'autore dell'artista. Le opere di Hogarth forniscono impagabili spaccati della vita – in particolare dei ceti bassi – della Londra georgiana. Sono esposte al Sir John Soane's Museum a Holborn (p95), alla Hogarth's House a Chiswick (p183), alla Tate Britain (p127) e alla National Gallery (p92).

1884	1901	1915	1922
Viene istituito il Greenwich Mean Time (GTM), il meridiano di Greenwich.	Muore la regina Vittoria.	Durante la prima guerra mondiale, le prime bombe lanciate dallo Zeppelin colpiscono la città.	Prima trasmissione radiofonica della BBC.

Crystal Palace e la 'grande esposizione'

Il marito della regina Vittoria, il principe tedesco Alberto, organizzò nel 1851, in Hyde Park, una vasta celebrazione della tecnologia da tutto il mondo. La 'grande esposizione' (Great Exhibition) fu allestita in una rivoluzionaria serra di vetro e ferro, ampia 7,5 ettari: un vero e proprio 'palazzo di cristallo' progettato dal giardiniere e architetto Joseph Paxton. L'esposizione riscosse così tanto successo – più di due milioni di persone si accalcarono per vedere gli oltre 100.000 oggetti esposti – che Alberto ne destinò gli incassi alla costruzione di due edifici per mostre permanenti che oggi ospitano lo Science Museum e il Victoria & Albert Museum. Il Crystal Palace fu spostato a Sydenham, dove fu distrutto da un incendio nel 1936.

Esattamente dieci anni dopo l'esposizione, il principe morì di tifo a 42 anni e la regina fu talmente prostrata dal dolore che non abbandonò più gli abiti da lutto fino alla sua morte avvenuta nel 1901.

scambi e nel commercio mondiali, le sue conquiste intellettuali nel campo delle arti e della scienza furono importantissime. Il principale cronista della Londra vittoriana fu Charles Dickens, il cui *Oliver Twist* (1837; Fabbri, Milano 2002), insieme ad altre opere, fece propri i temi della povertà, della disperazione e dello squallore della classe operaia. Sempre a Londra, nel 1859, Charles Darwin diede alle stampe la sua opera più famosa, *Le origini della specie* (Newton & Compton, Roma 2000), un saggio tuttora molto discusso.

Alcuni dei primi ministri più abili e progressisti della storia della Gran Bretagna furono in carica proprio in quel periodo: i più importanti furono William Gladstone (quattro mandati tra il 1868 e il 1894) e Benjamin Disraeli (che fu in carica nel 1868 e di nuovo dal 1874 al 1880).

Ondate di immigrati, dai cinesi agli europei dell'est, arrivarono a Londra durante tutto il XIX secolo, facendo aumentare il numero degli abitanti da un milione a sei milioni. I bassifondi del centro cittadino ospitavano i poveri, mentre i ricchi si spostavano verso verdeggianti quartieri periferici. I sobborghi di Londra sono ancora costituiti in larga parte dalle casette a schiera vittoriane.

Jack lo Squartatore

Nel 1888 il più tristemente famoso criminale del mondo emerse dalla nebbia vittoriana e uccise cinque prostitute, per poi sparire di nuovo senza lasciare tracce. La storia presenta la classica trama di un giallo e ancora oggi continua a ispirare una serie ininterrotta di libri e film.

La regina Vittoria visse tanto da poter celebrare il suo Diamond Jubilee (60 anni di regno) nel 1897, ma morì quattro anni dopo a 81 anni e fu sepolta a Windsor. Il suo regno è considerato il momento di massimo splendore della supremazia britannica, quando Londra era di fatto la capitale del mondo.

LA LONDRA EDOARDIANA E LA PRIMA GUERRA MONDIALE

Edoardo, figlio di Vittoria e principe di Galles, aveva già 60 anni quando fu incoronato re nel 1901 con il nome di Edoardo VII. La *belle époque* di Londra fu segnata dall'introduzione dei primi autobus a motore, che sostituirono gli omnibus trainati da cavalli, introdotti nel 1829, e da un tocco di glamour, con la costruzione di lussuosi alberghi come il Ritz, nel 1906, e dei grandi magazzini Selfridges, nel 1909. A White City, nel 1908, si tennero invece le Olimpiadi.

Quella che comunemente è chiamata la 'grande guerra' scoppiò nell'agosto del 1914; un anno più tardi, le prime bombe lanciate dallo Zeppelin caddero vicino alla Guildhall uccidendo 39 persone e furono seguite ben presto da bombardamenti aerei che fecero circa

1926	1936	1936	1940-41
Sciopero generale dei lavoratori londinesi.	Prima trasmissione televisiva della BBC.	Edoardo VIII abdica in favore di Giorgio IV.	Londra è devastata dai bombardamenti aerei.

650 vittime. Per quanto tragici, questi avvenimenti furono tuttavia insignificanti, se messi a confronto con la carneficina che ebbe luogo durante la seconda guerra mondiale.

TRA LE DUE GUERRE

I 'ruggenti anni '20' furono in realtà gli anni in cui il paese cercò faticosamente di riprendersi dalle devastazioni della guerra; essi furono un momento davvero difficile per la maggior parte dei londinesi, alle prese con una crisi economica che aumentava vertiginosamente il costo della vita.

La popolazione continuò a crescere raggiungendo circa 7,5 milioni di abitanti nel 1921. Il London County Council (LCC) diede inizio allo sgombero dei bassifondi e creò nuovi complessi edilizi, mentre i sobborghi si espandevano soprattutto nelle campagne circostanti.

La disoccupazione continuò ad aumentare costantemente, mentre il mondo intero precipitava nella recessione. Nel maggio del 1926 una vertenza salariale dell'industria del carbone sfociò in uno sciopero generale di nove giorni, e il numero dei lavoratori che incrociarono le braccia fu così elevato che la capitale praticamente si bloccò. Fu necessario far intervenire l'esercito per mantenere l'ordine e far funzionare i principali servizi della città. Questa situazione di conflittualità nel mondo dell'industria continuò per i successivi 50 anni.

Nonostante le difficoltà economiche, quegli anni furono ricchi di conquiste intellettuali. Infatti, rappresentarono il periodo d'oro del Bloomsbury Group, di cui facevano parte la scrittrice Virginia Woolf e l'economista John Maynard Keynes. Nel decennio successivo il fulcro della vita intellettuale si spostò verso ovest, a Fitzrovia, dove George Orwell e Dylan Thomas si incontravano con i loro coetanei alla Fitzroy Tavern di Charlotte St.

Cinema, televisione e radio stavano per cambiare il mondo: nel 1922 la British Broadcasting Corporation (BBC) diffuse la prima trasmissione radiofonica dal tetto della Marconi House e il primo programma televisivo dall'Alexandra Palace 14 anni dopo.

La famiglia reale visse un momento critico quando Edoardo VIII abdicò nel 1934 per sposare una donna che, oltre ad avere divorziato due volte, era anche americana. Nello stesso anno, Oswald Mosley tentò di guidare la British Union of Fascists in una marcia antisemita attraverso l'East End, ma fu respinto da una folla di circa mezzo milione di persone.

LA SECONDA GUERRA MONDIALE E IL BLITZ

La politica del primo ministro Neville Chamberlain tesa a compiacere Hitler durante gli anni '30 alla fine si dimostrò errata, e quando la Germania invase la Polonia nel settembre 1939, la Gran Bretagna fu costretta a entrare in guerra.

Il primo anno della seconda guerra mondiale trascorse in ansiosa attesa; furono evacuate da Londra 600.000 persone, soprattutto donne e bambini, ma la città non fu bombardata. Il 7 settembre 1940 però, la 'phoney war' (la 'finta guerra') ebbe improvvisamente termine e numerosi aerei tedeschi della Luftwaffe sganciarono centinaia di bombe sull'East End uccidendo 430 persone.

Il Blitz (abbreviazione del tedesco 'blitzkrieg' che significa 'guerra lampo') durò 57 notti per poi continuare con brevi interruzioni fino al maggio del 1941. La metropolitana fu trasformata in un gigantesco rifugio antiaereo, anche se una bomba, infilatasi in un ascensore, raggiunse la stazione di Bank esplodendo sulla banchina: le vittime furono più di 100. I londinesi risposero con notevole coraggio. La loro capacità di resistenza, però, fu messa nuovamente alla prova nel gennaio del 1944, quando la Germania lanciò sulla città i bombardieri senza pilota V-1 (noti come bombe volanti). Quando la Germania nazista capitolò nel maggio del 1945, oltre un terzo dell'East End e della City era stato raso al suolo, erano morti 32.000 londinesi e oltre 50.000 erano stati feriti gravemente.

1948	1952	1953	1956
Londra ospita le Olimpiadi.	Cala sulla città il Great Smog.	Incoronazione di Elisabetta II.	Cominciano a circolare per le strade di Londra i primi autobus rossi a due piani.

Winston Churchill, primo ministro dal 1940, orchestrò gran parte della strategia bellica della nazione dalle Cabinet War Rooms, nei sotterranei di Whitehall, e da qui pronunciò i suoi emozionanti discorsi del tempo di guerra.

LA LONDRA POSTBELLICA

Terminate le celebrazioni del giorno della VE (Victory in Europe, vittoria in Europa), la nazione dovette fronteggiare l'enorme costo delle conseguenze della guerra. Per rispondere alla critica penuria di alloggi, il governo fece costruire in tutta fretta alcuni brutti complessi residenziali sui terreni bombardati di Pimlico e dell'East End. Le Olimpiadi del 1948 e il Festival of Britain del 1951 furono un atto d'orgoglio, per dimostrare che il paese si stava riprendendo. Il festival intendeva emulare la Great Exhibition di un secolo prima, ma di fatto lasciò in eredità ai posteri il brutto complesso in cemento del South Bank Centre (p65).

Il clima di fiducia nella ripresa economica fu funestato dall'ennesima calamità che il 6 dicembre 1952 si abbatté su Londra: il Great Smog. Una combinazione letale di nebbia, fumo e inquinamento calò all'improvviso sulla città, causando la morte di circa 4000 persone.

Immigrati da tutto il mondo – in particolare dalle ex colonie britanniche – arrivarono nella Londra del dopoguerra, dove il calo della popolazione seguito alla guerra aveva causato una mancanza di manodopera. Le caratteristiche della città cambiarono per sempre. Come dimostrano gli scontri razziali scoppiati a Notting Hill nel 1958, i nuovi immigrati, benché fossero ufficialmente incoraggiati a trasferirsi nel paese, non erano sempre ben visti dai londinesi.

Il razionamento di molti generi ebbe fine nel 1953, l'anno dell'ascesa al trono di Elisabetta II (l'attuale regina), esattamente tre anni prima che gli autobus rossi a due piani facessero la loro prima apparizione nelle strade di Londra.

LA 'SWINGING LONDON'

Alla fine degli anni '50 la Gran Bretagna attraversò un periodo di relativo benessere economico e il primo ministro Harold Macmillan disse agli inglesi che "non erano mai stati così bene". Durante i successivi anni '60, Londra divenne davvero una meta ambita, poiché l'energia creativa latente nel periodo postbellico esplose improvvisamente e in modo spettacolare. La città divenne l'epicentro della moda e della musica, le strade erano inondate di colori e di vitalità. Due avvenimenti di rilievo nella storia del costume si verificarono nello stesso periodo: i Beatles registravano in Abbey Rd e i Rolling Stones si esibivano in un concerto gratuito di fronte a mezzo milione di persone ad Hyde Park.

'The Firm' – la ditta

Mentre i media di tutto il mondo giungevano a Carnaby St e King St per immortalare gli anni '60 londinesi, due gemelli perfettamente identici dell'East End stavano organizzando un impero malavitoso che li avrebbe portati alla notorietà come i più famosi gangster di Londra. Ronnie e Reggie Kray formarono una banda chiamata 'the Firm' (la ditta) e passarono subito dal racket della prostituzione alla gestione di case di gioco d'azzardo del West End, frequentate anche da personaggi celebri. Il loro regno di violenza terminò quando furono arrestati nel 1967 per l'assassinio di due altri gangster. Ronnie sparò a un tale nel locale chiamato Blind Beggar, a Whitechapel, dopo che questi lo aveva chiamato "grasso finocchio".

L'immagine dei Kray si appannò di poco, durante i decenni trascorsi in prigione, e il loro patrimonio crebbe grazie ai diritti cinematografici e alle loro autobiografie di successo. Reggie morì in carcere nel 1995, mentre Ronnie morì nel 2000, 35 giorni dopo che gli era stata concessa la libertà sulla parola.

1958	1966	1969	1979
Scoppiano gli scontri razziali a Notting Hill.	La nazionale di calcio inglese vince la Coppa del Mondo a Wembley.	I Rolling Stones suonano gratuitamente ad Hide Park.	Margaret Thatcher viene eletta primo ministro.

Nel 1965 l'amministrazione cittadina fu riformata con l'istituzione del Greater London Council (GLC), la cui giurisdizione copriva un'area ben più vasta del precedente LCC.

Negli anni '70, però, Londra si ritrovò di nuovo in una forte depressione economica, alimentata da un clima difficile, segnato dagli eccessi del punk e dalle bombe dell'IRA (Irish Republican Army).

GLI ANNI DELLA THATCHER

Una ripresa dell'economia nazionale si verificò sotto il pugno di ferro di Margaret Thatcher, capo del partito conservatore e prima donna inglese eletta alla carica di primo ministro nel 1979. La sua politica monetaria fu accusata di accrescere il divario tra ricchi e poveri, così come la sua politica sociale fu considerata la principale causa dell'aumento della disoccupazione in Gran Bretagna. Il suo mandato fu caratterizzato da rivolte e agitazioni, le più imponenti a Brixton nel 1981 e a Tottenham nel 1985.

Il GLC, sotto la guida di Ken Livingstone, si rivelò un nemico acerrimo del governo Thatcher avviando un'appassionata campagna per fare abbassare i prezzi dei trasporti pubblici di Londra. Per tutta risposta, la Thatcher lo abolì nel 1986, privando Londra di un'amministrazione locale. Il GLC non avrebbe più ripreso la sua attività per i successivi 14 anni.

Mentre gli strati più poveri della popolazione subivano le conseguenze dei tagli allo stato sociale imposti dalla Thatcher, il mondo degli affari stava vivendo un momento di gloria. Sull'onda della fiducia suscitata anche dalla liberalizzazione dello Stock Exchange (borsa valori) nel 1986 (il cosiddetto 'Big Bang'), Londra conobbe una crescita economica rapida ed eclatante. Gli imprenditori edili cominciarono nuovamente a edificare in diverse zone della città, e nonostante alcune opere discutibili progettarono edifici moderni tuttora considerati di notevole interesse, come quello dei Lloyds of London (p109).

Come il boom precedente, il grande sviluppo della fine degli anni '80 si dimostrò insostenibile. Quando la disoccupazione ricominciò ad aumentare e la gente iniziò a sentire gli effetti della svalutazione economica, la 'lady di ferro' introdusse la poll tax, un'imposta pro capite a tariffa unica. Le proteste esplose in tutto il paese culminarono nella marcia a Trafalgar Square, nel 1990, poi degenerata in una vera e propria rivolta che contribuì a minare definitivamente la credibilità del governo Thatcher.

GLI ANNI '90

Nel 1992 i conservatori andarono al governo per la quarta volta consecutiva. Poco dopo, però, l'economia inglese ebbe un tracrollo e la Gran Bretagna fu costretta a ritirarsi dall'European Exchange Rate Mechanism (ERM), un'umiliazione da cui il governo non riuscì mai a riprendersi.

A peggiorare la situazione contribuì l'IRA, che fece esplodere due grosse bombe, una nella City, nel 1992, e un'altra nelle Docklands, quattro anni dopo, uccidendo diverse persone e causando danni agli immobili per milioni di sterline.

Le elezioni del maggio 1997 riportarono al governo i laburisti dopo 18 anni di assenza, ma il partito era decisamente cambiato, trasformandosi nel 'New Labour' Party, e aveva accantonato la maggior parte dei suoi ideali socialisti, giungendo ad appoggiare l'economia di mercato, la privatizzazione e l'integrazione con l'Europa. Sebbene Tony Blair e il suo governo siano stati molto criticati, il Labour Party ha vinto una seconda volta le elezioni nel 2001 e anche se molti inglesi continuano a nutrire diffidenza verso il partito, la ripresa dell'economia e la praticamente inesistente opposizione dei conservatori lasciano presagire che probabilmente otterrà anche il terzo mandato.

1986	1990	1997	2000
Viene abolito il Greater London Council (GLC).	A Trafalgar Square scoppia la protesta contro la poll tax.	I laburisti vincono le elzioni.	Con la ricostituzione del GLC, Ken Livingstone viene eletto sindaco.

Quartieri

Quartieri

Londra può sembrare un città fitta e impenetrabile, una vasta metropoli che continua a crescere disordinatamente, formata da una miriade di quartieri e priva di un centro vero e proprio. Per renderla un po' più facile da visitare, abbiamo suddiviso la città in 13 porzioni, ossia dallo centro, ossia dallo spumeggiante **West End**, una zona caotica, pittoresca e sempre in movimento, che deve la sua vivacità a una fiumana di abitanti e visitatori in cerca di divertimento ed è

I top five della Londra 'vecchio stile'

- Buckingham Palace (p119)
- Fortnum & Mason (p318)
- Ritz (p342)
- Inns of Court (p97)
- Wallace Collection (p164)

quindi piena di pub, ristoranti, locali notturni, sale cinematografiche e alcuni dei migliori negozi del mondo. Al centro del West End si trovano i quartieri di Soho e Covent Garden, ma anche le piacevolmente caotiche Bloomsbury e Fitzrovia, nonché Holborn, tradizionale sede del 'quarto stato' londinese, e il decadente Strand. Il **centro-sud** si trova a est del West End e ha il suo fulcro nelle secolari sedi del potere parlamentare e reale, a Westminster e nei dintorni di St James's. Per concludere il quadro non resta che aggiungere lo sfarzoso quartiere di Mayfair, il pretenzioso Chelsea, l'altezzoso Hyde Park e i musei di Kensington. Sull'altro lato del West End si trova il **centro-est**, che racchiude il cuore commerciale di Londra noto semplicemente come la City, la sempre trendy Islington e le nuove zone alla moda di Clerkenwell, Hoxton e Shoreditch. Anche i dintorni della **South Bank**, comprendenti la maggior parte del centro a sud del fiume, ospitano parecchie delle principali attrazioni di Londra emerse negli ultimi anni, come il London Eye, la Tate Modern, la Saatchi Gallery e il Globe Theatre.

Il Tamigi

Di qui in poi, i nomi dei quartieri si distinguono dal punto di vista geografico. Il **centro-nord** ospita l'irrefrenabile Camden, il suggestivo Marylebone e l'ordinato Regent's Park, sui quali si affaccia – spesso ben oltre la rete della Tube – la **zona nord**, nota per i deliziosi paesini, le brughiere e la loro storia. Molte personalità del mondo dello spettacolo londinese vivono dalle parti di Crouch End, Muswell Hill, Highgate e Hampstead (quest'ultimo è da molto tempo una vera e propria calamita per chi nutre ambizioni artistiche). Notting Hill è il fulcro del **nord-ovest**, un toponimo che si riferisce soprattutto ai ricchi sobborghi residenziali, come l'amena Maida Vale e la deliziosa Little Venice. L'**East End**, anche se di solito viene associato ai vecchi ed eccentrici cockney è diventato animatissimo e multiculturale. Più a est, l'"Old Father Thames' ('il caro, vecchio Tamigi') ci porta in direzione **Down River** per ammirare il grandioso revival delle Docklands e conoscere l'affascinante storia di Greenwich. Earl's Court è probabilmente il nome più familiare dell'**ovest** di Londra, la zona che si estende fino ad Hammersmith e allo Shepherd's Bush della BBC. Tra le zone meno note del **sud-ovest** meritano un cenno Fulham e Putney, che offrono paesaggi incantevoli lungo il fiume, mentre il **sud** ci porta nel cuore della nera e grintosa Brixton e alla rampante Battersea, la cui zona industriale si è trasformata in una pregevole area residenziale. Infine, ci dirigiamo verso **Up River** spostandoci controcorrente fino a Richmond Park, Kew Gardens, Hampton Court Palace e nel cuore dei sobborghi residenziali.

ITINERARI CONSIGLIATI

UN GIORNO

Quasi tutti visitiamo Londra in gran fretta, ma un solo giorno è veramente troppo poco. Potete iniziare la vostra rapida visita con una passeggiata (di buon passo) a Westminster ammirando il Big Ben, la Westminster Abbey e le Houses of Parliament. Limitatevi ad assaporarne l'atmosfera, poiché visitare questi monumenti non è strettamente necessario (se proprio vi interessa, fate un salto alle Cabinet War Rooms). Dirigetevi poi all'imponente Trafalgar Square, e infilatevi nella National Gallery per una rapida visita alla sua sensazionale collezione. Prendete un autobus Routemaster (con accesso sul retro) fino a Charing Cross Road, nel cuore del West End, e pranzate a Chinatown. Dopo esservi rifocillati, fate un giro a Soho e poi proseguite fino al Covent Garden (prendendo le vie laterali se siete sicuri di non perdervi). Sull'itinerario per St Paul's Cathedral date un'occhiata alla Somerset House e magari fermatevi per una tazza di tè sulla sua terrazza posteriore. Se avete tempo e interesse, la Courtauld Gallery della Somerset House è eccezionale. Dopo la visita alla cattedrale, entrate in un tipico pub, esaminate la lista delle bevande, poi fermatevi ad ascoltare la band di turno.

TRE GIORNI

Con tre giorni a disposizione, al vostro arrivo potete visitare il British Museum, esplorare qualche negozietto, assistere a una partita di calcio e pernottare in città. La mattina dopo acquistate un biglietto per il London Eye, visitate la 'Trophy Room' di Charles Saatchi che espone il meglio dell'arte contemporanea inglese nella Saatchi Gallery, e confrontate questa collezione con quella fantastica della Tate Modern. Proseguite con la visita al teatro Globe e provate a immaginare le folle che ascoltarono per la prima volta i versi scritti da Shakespeare. Assaporate un briciolo dell'atmosfera della vecchia Londra al mercato di Borough, prima di dirigervi verso l'imponente Tower of London per una lezione di storia, e terminate piacevolmente la giornata in un pub lungo il fiume.

UNA SETTIMANA

Se potete permettervi il lusso di trascorrere un'intera settimana a Londra, consigliamo di effettuare almeno una delle seguenti visite, a vostra scelta. A South Kensington ci sono tre istituzioni di fama mondiale: il Victoria & Albert Museum, il Natural History Museum e il Science Museum (ma non dimenticatevi di Harrods). L'Highgate Cemetery si trova nella parte nord di Londra, ma merita una visita. Da non perdere il mercato di Portobello, che si svolge nel weekend; anche una giornata trascorsa a Greenwich – al National Maritime Museum e a bordo del *Cutty Sark* – sarà ben spesa. Non è il caso che acquistiate i costosi biglietti d'ingresso ai palazzi e ai siti della Royal London: per farvi un'idea delle residenze reali fate piuttosto una passeggiata fino a Buckingham Palace e Kensington Palace e nei dintorni di St James's Park e dei Kensington Gardens, senza scordare, come fa la maggior parte dei turisti, alcune attrattive minori come il Sir John Soane's Museum e la Wallace Collection, che ben figurano in qualunque itinerario approfondito di Londra.

ESCURSIONI ORGANIZZATE

Anche se molti viaggiatori non amano la tradizionale gita organizzata in pullman, è importante sottolineare che questo tipo di escursioni offre un'alternativa accettabile per visitare i principali monumenti di una città consentendovi poi di ritornarvi con più calma, per conto vostro, ad approfondirne la conoscenza. Perciò, anche chi ha poco tempo a disposizione riuscirà a vedere (quasi tutte) le principali attrattive della capitale inglese in un solo giorno. Grazie alla popolarità di queste escursioni, a Londra prosperano moltissime agenzie che propongono ogni genere di itinerari e forniscono un servizio efficiente, per cui potrete abbinare la visita di gruppo con quella individuale senza particolari difficoltà.

Aereo

Adventure Balloons (☎ 01252 844222; www.adventure balloons.co.uk; Winchfield Park, Hartley Wintney, Hampshire) Questa compagnia organizza voli, tempo permettendo, ogni mattina dei giorni feriali, poco dopo l'alba, da maggio ad agosto. Sorvolare Londra costa £165. Il volo dura all'incirca un'ora, ma dovrete calcolare in tutto quattro ore, compresi il decollo e l'atterraggio.

Aeromega Helicopters (☎ 01708 688361; www.aeromega.co.uk; metro Debden e poi in taxi fino allo Stapleford Aerodrome, Essex) Voli di 30 minuti che sorvolano Londra la prima e la terza domenica di ogni mese a £115 per persona. Noleggiare un elicottero da sei posti costa £450.

Cabair Helicopters (☎ 8953 4411; www.cabair.com; Elstree Aerodrome, Borehamwood, Hertfordshire) Offre il medesimo servizio ogni domenica a £129.

Imbarcazioni

Per le escursioni in battello v. p385.

Autobus

Le tre seguenti autolinee propongono escursioni con commento e offrono la possibilità di scendere dall'autobus a ogni fermata interessante, risalendo poi a bordo su una corsa successiva. I biglietti costano da £13 a £16 per adulti e da £6 a £8 per bambini. Spesso sono disponibili sconti per le prenotazioni online e i biglietti sono validi per 24 ore.

Big Bus Tours (☎ 0800 1691345; www.bigbus.co.uk)

London Pride (☎ 01708 631122; www.londonpride.co.uk)

Original London Sightseeing Tour (☎ 8877 1722; www.theoriginaltour.com)

Escursioni a tema

London Duck Tours (☎ 7928 3132; www.londonducktours.com; partenza dalla fermata davanti alla County Hall; metro Westminster) Queste escursioni utilizzano originali imbarcazioni anfibie, basate sui progetti usati per la prima volta nello sbarco in Normandia: l'itinerario percorre le vie del centro di Londra prima della teatrale discesa nel Tamigi a Vauxhall.

London Open House (☎ 7267 7644; www.londonopenhouse.org; 39-51 Highgate Rd, NW5) Questa agenzia propone Londra come una 'mostra vivente di architettura' e le sue escursioni spaziano dall'evento annuale di un fine settimana (a settembre), quando vengono aperti al pubblico più di 500 edifici londinesi, ai tour a tema e alle visite per le scuole.

Black Taxi Tours of London (☎ 7935 9363; www.black taxitours.co.uk) Noleggiate un taxi nero con una guida esperta (anche se qualunque tassista della città saprà raccontarvi aneddoti altrettanto divertenti): si tratta di un'escursione dispendiosa, che condivisa con altri quattro passeggeri ha un costo assai più ragionevole. Dovrete scegliere un itinerario di due ore, che costa £70.

Escursioni a piedi

Association of Professional Tourist Guides (APTG; ☎ 7403 2962; www.touristguides.co.uk) Vi metterà in contatto con le prestigiose guide ufficiali della città (riconoscibili dal tesserino blu), che hanno studiato per due anni e superato esami scritti per poter svolgere il loro lavoro.

Citisights (☎ 8806 4325; www.chr.org.uk/cswalks.htm) Organizza un numero incredibile di originali visite a piedi. V. il capitolo Itinerari a piedi a p191 per le alternative 'fai da te'.

Haunted London Tours (adulti/ridotti £5/4; ritrovo metro St Paul's, uscita 2, ☽ 20 giovedì) Comprende la visita ai siti di Londra dove un tempo avvenivano le esecuzioni capitali e alle chiese e ai cimiteri che si presumono infestati dagli spettri.

Historical Tours (☎ 8668 4019; www.historicalwalks oflondon.com) Offre numerose originali escursioni a piedi ai siti di interesse storico.

Mystery Tours (☎ 8558 9446; mysterywalks@hotmail .com; adulti/ridotti £5/4; ritrovo davanti alla stazione della metro Aldgate ☽ 20 mercoledì e sabato e ☽ 19 venerdì) Visita dei luoghi resi celebri da Jack lo Squartatore, con un esperto in materia.

Original London Walks (☎ 7624 3978; www.walks .com; adulti/anziani £5/4) Sul sito web troverete un lunghissimo elenco di passeggiate.

Sherlock Holmes Tours (£5; ritrovo davanti alla stazione della metro Holborn ☽ 19 martedì) Visita di due ore delle principali zone di Londra legate al personaggio di Sherlock Holmes, che termina alla casa dell'investigatore in Baker Street.

IL WEST END

Pasti p209; Pernottamento p334; Shopping p312

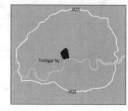

Gli stessi londinesi non concordano sui confini esatti del West End (che più spesso viene usato come termine culturale anziché geografico) ma si tratta all'incirca della zona delimitata dalle stazioni della metropolitana di Piccadilly Circus, Oxford Circus, Warren Street, King's Cross-St Pancras e Blackfriars. Entusiasmante miscuglio di consumismo e cultura, il West

End è il quartiere dove grandi musei e gallerie convivono con le più banali attrazioni turistiche, mentre palazzi e monumenti così celebri da essere immediatamente riconoscibili contendono le vie della zona alle boutique degli stilisti e ai luoghi di svago noti in tutto il mondo. Questa è la Londra delle immagini da cartolina, delle bancarelle di T-shirt e della memoria popolare: dovrete però allontanarvi dalle caotiche arterie principali, perché solo esplorando le vie laterali del West End scoprirete i suoi tesori.

SOHO

Equivalente londinese della Rive Gauche o del Greenwich Village, Soho è un quartiere molto animato e vivace, che proprio grazie a queste caratteristiche offre un'esperienza unica e imperdibile della capitale inglese. Con le sue numerose vie pedonali, i negozi esclusivi, i pittoreschi palazzi, i viali ricchi d'atmosfera, le boutique delle grandi firme, i vivaci caffè, le affollate taverne e la vita notturna che prosegue fino alle ore piccole, è facile scambiarlo per un quartiere che vive a esclusivo beneficio dei turisti (sul genere del Covent Garden). Ma sappiate che questa sua vitalità sfrenata è opera soprattutto

delle circa 5000 persone che vivono nel quartiere, delle migliaia di operatori nel settore dei media che vi lavorano di giorno e delle folle che arrivano dopo il tramonto in cerca di divertimento – in effetti, avrete quasi l'impressione che alla gente di qui non importi poi molto dei turisti, anche se li accoglie sempre con cordialità.

La zona di Soho è nettamente delimitata da Regent St, Oxford St, Shaftesbury Ave e Charing Cross Rd, mentre Wardour St la divide in due metà esatte: la parte superiore di Soho (high Soho) a est, e la parte inferiore (low) o West Soho di fronte. Old Compton Rd è in pratica la via principale del quartiere e la sua zona più trendy. L'unico mercato di frutta e verdura del West End si trova nella pittoresca Berwick St, mentre Carnaby St, epicentro della moda negli anni '60 del XX secolo, sta gradualmente riguadagnandosi una dignità dopo decenni di edonismo turistico.

A partire dal XVI secolo questo quartiere fu una delle riserve di caccia del sovrano Enrico VIII, che sciolse gli enti monastici

Quartieri – Il West End

Covent Garden Market (p328)

furono costrette ad abbandonare le strade, divenne la zona a luci rosse della città con sexy shop, locali di spogliarello e bar di hostess. Tale scena è cambiata soltanto negli anni '80, con la regolamentazione dei sexy shop, e da allora Soho si è affermato come luogo di ritrovo per chi lavora nel mondo delle comunicazioni e come quartiere dei divertimenti per celebrità e londinesi dei quartieri alti. Recentemente è diventato anche il luogo di ritrovo degli omosessuali di Londra.

DEAN STREET Cartine pp446-47 e 448

Karl Marx e la sua famiglia vissero in una casa al 28 di Dean St, sopra il ristorante Quo Vadis (che ha anch'esso una storia interessante – v. p211) dal 1851 al 1856. Il fondatore del comunismo moderno trascorreva le sue giornate nella sala di lettura della British Library e non pareva preoccuparsi affatto di guadagnare qualcosa per aiutare la moglie a sostenere le spese domestiche; tre dei loro bambini morirono di polmonite, e alla famiglia fu infine risparmiato l'ospizio dei poveri grazie a una cospicua eredità lasciata dai familiari alla signora, in seguito alla quale i Marx si trasferirono nel più salubre quartiere di Primrose Hill. Oggi Dean Street è una via animata sulla quale si affacciano negozi, bar e molti altri luoghi consumistici che certamente Marx non apprezzerebbe.

LONDON TROCADERO Cartina p448

☎ 09068 881100; www.troc.co.uk; 1 Piccadilly Circus W1; ingresso libero; ⏱ 10-13; metro Piccadilly Circus

Questa gigantesca e anonima galleria di divertimenti al coperto è formata da sei piani di costosi locali high-tech per giovani, e da sale cinematografiche, ristoranti a tema in stile americano e bar per chi ha tempo libero a disposizione (o sta cercando un riparo dalla pioggia).

PICCADILLY CIRCUS Cartine pp446-47 e 448

Sebbene non sia il posto migliore dove passeggiare, questo incrocio intasato dal traffico è da secoli un popolare luogo di ritrovo e le sue gigantesche luci al neon suscitano sempre una certa emozione. La piazza prende il nome dai colletti rigidi ('picadil') che andavano di moda all'inizio del XVII secolo (e che fecero la fortuna della bottega di un sarto che si trovava nei dintorni).

Oggi Piccadilly Circus è meglio nota per la statua che rappresenta l'*Angel of Christian Charity* (angelo della carità cristiana): questo

impossessandosi delle loro terre, ed è proprio da questo antico ruolo che deriva il suo nome: 'so-ho' era infatti il grido di incitamento ai cani quando i cacciatori avvistavano la preda. All'inizio del XVII secolo, dopo che il Great Fire (il 'grande incendio') aveva raso al suolo buona parte della città, lo sviluppo residenziale della zona fu favorito dall'afflusso di profughi greci e ugonotti. Nel XVIII secolo i londinesi benestanti si trasferirono a Mayfair e furono rimpiazzati a Soho da immigrati stranieri, artigiani e radicali. L'atmosfera cosmopolita del quartiere sedusse artisti e romanzieri, e questa zona sovraffollata si trasformò in un luogo di divertimenti con ristoranti, taverne e caffetterie sempre più numerosi.

Grazie a una nuova ondata di immigrazione dall'Europa, Soho divenne ancora più vivace: infatti, resterà un autentico quartiere bohémien ancora per un ventennio dopo la seconda guerra mondiale. Il famoso locale notturno di Ronnie Scott in Gerrard St diede a Soho la sua prima colonna sonora jazz degli anni '50, mentre personaggi del calibro di Jimi Hendrix, i Rolling Stones e i Pink Floyd tennero i loro concerti da esordienti al leggendario Marquee, un locale notturno che si trovava in Wardour St. Soho aveva già da tempo la fama di quartiere malfamato, ma quando le centinaia di prostitute che vi esercitavano il mestiere

problemi grazie alle numerose attività proposte, come le dimostrazioni di trucco teatrale e i laboratori di arti manuali.

ROYAL OPERA HOUSE Cartina p450

☎ 7304 4000, 7304 4000; www.royaloperahouse.org; Bow St WC2; adulti/ridotti £8/7; ☺ visite guidate 10.30, 12.30 e 14.30 da lunedì a sabato; metro Covent Garden

Sul lato nord-orientale della piazza si trova la scintillante – e interamente rinnovata – Royal Opera House. Le originali visite guidate 'Behind the Scenes' (dietro le quinte) vi condurranno attraverso il teatro, consentendovi di vivere da vicino i fervidi preparativi e il clima eccitante che precede uno spettacolo in uno dei più attivi teatri d'opera del mondo. Poiché si tratta di un teatro in cui si svolgono abitualmente spettacoli, gli orari delle visite possono cambiare: è quindi vivamente consigliato telefonare prima.

LEICESTER SQUARE Cartine pp446-47, 448 e 450

Nonostante vi si affaccino grandissime sale cinematografiche, locali notturni e un colossale teatro, questa piazza è abbastanza brutta e priva di attrattive, e avrebbe bisogno di una radicale trasformazione (che pare sia uno degli obiettivi previsti dal programma dell'attuale sindaco di Londra). Benché si trovi in una zona centrale e accessibile soltanto ai pedoni e offra numerosissime occasioni di divertimento (le sfarzose prime dei film inglesi si svolgono proprio qui), Leicester Square continua a dare l'impressione di essere solo un punto di passaggio da attraversare in fretta, anziché una destinazione degna di nota.

Si tratta palesemente di un passo indietro rispetto al passato, se si considera che nel XIX secolo questa piazza era considerata talmente interessante da attirare l'attenzione di artisti del calibro di Joshua Reynolds e William Hogarth, che scelsero di andarci a vivere. Su un lato della piazza c'è una piccola statua che

raffigura Charlie Chaplin e le targhe al suolo (ammesso che riusciate a vederle in mezzo alla folla) indicano le distanze dal centro di Londra alle capitali di vari paesi del Commonwealth.

CHINATOWN Cartine p448 e 450

Immediatamente a nord di Leicester Square – ma enormemente distante per quanto riguarda l'atmosfera – troverete Lisle St e Gerrard St, punti focali della comunità cinese della capitale. Sebbene sia più piccola delle Chinatown di numerose altre metropoli del mondo – perché in realtà è formata da sole due strade – la Chinatown londinese è un quartiere molto animato, con indicazioni stradali in cinese, lanterne rosse, porte ornate da draghi e un'infinità di ristoranti. Per vederla al massimo dello splendore dovrete fare in modo di visitarla nel corso del Capodanno cinese, che cade alla fine di gennaio o nei primi giorni di febbraio (p8).

ST GILES-IN-THE-FIELDS Cartina p450

☎ 7240 2532; 60 St Giles High St; ☺ 9-16 da lunedì a venerdì; metro Tottenham Court Road

St Giles è un'altra chiesa costruita in quella zona che un tempo era la campagna tra la City e Westminster e, nonostante sia poco appariscente, vanta una storia interessante. L'attuale edificio è il terzo costruito in ordine di tempo sul sito di una cappella, risalente al XII secolo e al servizio del vicino lebbrosario. Fino al 1547, anno in cui l'ospedale fu chiuso, i condannati che venivano condotti al patibolo di Tyburn si fermavano davanti al portale di questa chiesa e bevevano a grandi sorsi dalla cosiddetta St Giles's Bowl, una grande ciotola piena di birra che era l'ultimo conforto loro offerto. A partire dal 1650, i condannati, dopo l'esecuzione, venivano riportati alla chiesa per essere sepolti nel suo cimitero. Di grande interesse è il pulpito, dal quale predicò per quarant'anni John Wesley, fondatore del Metodismo.

TRAFALGAR SQUARE Cartina p450

Per molti aspetti questa piazza si può considerare il centro di Londra, perché qui si svolgono imponenti marce e raduni, decine di migliaia di persone attendono il nuovo anno e i londinesi si ritrovano per celebrare ogni avvenimento importante, dalla vittoria contro la nazionale di calcio della Germania alla sconfitta dei Tories (il partito dei conservatori). Nel corso degli anni, questa piazza è stata trascurata, assediata dal traffico e lasciata in balia di stormi di piccioni. Oggi non è più così.

I top five della Londra multietnica

- Ballare al carnevale di Notting Hill
- Mangiare un curry a Whitechapel
- Andare a passeggio per Brixton
- Suonare il jazz ad Hackney
- Attraversare a piedi Chinatown

Una delle prime iniziative intraprese dal sindaco Ken Livingstone dopo la sua elezione è stata allontanare i piccioni dalla piazza, proibendo alla gente di dar loro da mangiare. Dopo aver restituito la piazza ai londinesi, il sindaco si è lanciato in un audace e fantasioso progetto per trasformarla nel genere di spazio urbano che John Nash aveva in mente quando la progettò all'inizio del XIX secolo. Sul lato nord, di fronte alla National Gallery, è stato vietato il traffico ed è stata inoltre costruita una nuova piazza pedonale. Anche la National Gallery è coinvolta nel progetto, e nel 2004 dovrebbe presentarsi al pubblico con una nuova facciata e un nuovo atrio d'ingresso. L'iniziativa del sindaco ha già dato ottimi risultati e Trafalgar Square si può adesso annoverare tra i più grandi spazi pubblici del mondo. È inoltre previsto un potenziamento del programma estivo di eventi culturali messi in scena nella piazza, che dovrà diventare la vetrina del multiculturalismo della città.

Oggi è dunque facile apprezzare non soltanto la piazza ma anche gli splendidi edifici che l'affiancano: la National Gallery, la National Portrait Gallery e la suggestiva chiesa di St Martin-in-the-Fields. Un ampio viale, il **Pall Mall**, corre in direzione sud-ovest dal punto più alto della piazza, mentre a sud-ovest si erge l'**Admiralty Arch**, costruito in onore della regina Vittoria nel 1910, oltre il quale il Mall prosegue fino a Buckingham Palace. A ovest della piazza c'è la **Canada House** (1827), progettata da Robert Smirke. La **Nelson's Column** (dalla quale la statua dell'ammiraglio Nelson scruta l'orizzonte in direzione sud-ovest) svetta con i suoi 43,5 m di altezza nel centro della piazza sin dal 1843 e celebra la vittoria dell'ammiraglio su Napoleone al largo di Capo di Trafalgar, in Spagna, nel 1805.

Tre dei quattro piedistalli della piazza sono occupati da statue di personaggi importanti, tra i quali Giorgio IV a cavallo; uno era destinato alla statua di Guglielmo IV, ma è vuoto da più di 150 anni. Alcuni artisti contemporanei inglesi sono stati invitati negli ultimi anni a usare il piedistallo per esporvi le loro opere, ma pare che non tutta l'opinione pubblica inglese abbia gradito l'iniziativa e il dibattito sulla destinazione del plinto continua (durante l'ultima Coppa del Mondo vi è stata beffardamente sistemata una statua di cera con le sembianze del capitano della squadra di calcio inglese David Beckham). Il sindaco ha anche tentato di far sistemare sulla terrazza nord della piazza una statua di Nelson Mandela, ma un comitato di Westminster ha respinto la proposta come inadeguata; eppure, sarebbe molto più appropriata di un'altra statua che si erge in mezzo alla piazza: quella di George Washington, l'uomo che privò l'Inghilterra delle sue colonie nel Nuovo Mondo.

NATIONAL GALLERY Cartina p450

7747 2885; www.nationalgallery.org.uk; Trafalgar Sq WC2; ingresso libero; 10-18 da giovedì a martedì, 10-21 mercoledì; metro Charing Cross

Con più di 2000 dipinti di pittori dell'Europa occidentale in mostra, la National Gallery è una delle più grandi gallerie d'arte del mondo, ma è la qualità di tali opere, non tanto la quantità, la caratteristica più straordinaria di questo museo. Quasi cinque milioni di persone all'anno visitano la National Gallery per ammirare dipinti straordinari di tutte le epoche più importanti della storia dell'arte, eseguiti da Giotto, Leonardo da Vinci, Michelangelo, Tiziano, Velázquez, Van Gogh e Renoir, solo per citarne alcuni. Anche quando la galleria è sovraffollata, gli ambienti risultano spaziosi (a volte persino monotoni) e si riescono sempre ad apprezzare le opere (come del resto in tutti i grandi musei dell'Europa continentale). Se avete tempo di visitare più volte la galleria, vi consigliamo di concentrarvi su una sezione alla volta per apprezzare al meglio questa stupefacente collezione.

Trafalgar Square (p91)

Capolavori della National Gallery

- *Pentecoste* – Giotto
- *Madonna col Bambino, sant'Anna e san Giovannino* – Leonardo da Vinci
- *Ritratto dei coniugi Arnolfini* – Van Eyck
- *Venere e Marte* – Botticelli
- *Madonna Ansidei* – Raffaello
- *Cappello di paglia* – Rubens
- *Ritratto di Carlo I a cavallo* – Van Dyck
- *Bacco e Arianna* – Tiziano
- *Deposizione* – Michelangelo
- *Venere allo specchio (Venere Rokeby)* – Velázquez
- *Cena in Emmaus* – Caravaggio
- *Les Grandes Baigneuses* – Cézanne
- *Girasoli* – Van Gogh
- *Ninfee* – Monet
- *Mlle La La al Circo Fernando* – Degas
- *La carretta da fieno* – Constable
- *Pioggia, vapore e velocità* – Turner

Per ammirare le opere secondo un ordine cronologico, iniziate dalla relativamente moderna Sainsbury Wing (ala Sainsbury), sul lato occidentale della galleria, che ospita dipinti eseguiti dal 1260 al 1510. Qui troverete anche la Micro Gallery, con una decina di terminali per consultare il database di pittura, trovare la posizione delle vostre opere preferite, oppure crearvi un tour personalizzato. Nelle 16 sale della Sainsbury Wing potrete esplorare il Rinascimento attraverso i dipinti di Giotto, Leonardo da Vinci, Botticelli, Raffaello e Tiziano, insieme alle opere di molti altri artisti.

L'Alto Rinascimento (1510-1600) è presente nella West Wing (ala ovest), con Michelangelo, Tiziano, Correggio, El Greco e il Bronzino, mentre Rubens, Rembrandt e Caravaggio si trovano nella North Wing (ala nord; 1600-1700). La zona più affollata della galleria – per ovvie ragioni – è probabilmente la East Wing (ala est; 1700-1900) e soprattutto le sale dove sono esposte le numerose opere impressioniste e postimpressioniste della collezione, in cui figurano dipinti di Van Gogh, Gauguin, Cézanne, Monet, Degas e Renoir. Nonostante si notino appena, tra tanti capolavori, meritano una visita anche le belle sale dedicate ai paesaggisti inglesi del Settecento, come Gainsborough, Constable e Turner.

Le mostre temporanee – che normalmente sono a pagamento – occupano il seminterrato della Sainsbury Wing e sono di solito interessanti. I capolavori elencati nel riquadro sopra comprendono molte delle opere più importanti della collezione; ma se volete immergervi in questa miniera di tesori anziché limitarvi a saggiarne la superficie, prendete in prestito nella Central Hall un'audioguida a tema o generale (offerta consigliata £4). Le **visite guidate** introduttive di un'ora sono gratuite e partono dal banco informazioni della Sainsbury Wing, tutti i giorni alle 11.30 e alle 14.30, con una visita supplementare alle 18.30 del mercoledì. Sono inoltre disponibili percorsi speciali e attività per bambini.

Abbellita dalla trasformazione della piazza, la galleria ostenta la sua elegante facciata ottocentesca progettata da William Wilkins, mentre nel 2004 dovrebbe essere portato a termine il nuovo atrio d'ingresso. Il comodo Gallery Café è nel seminterrato della West Wing, mentre il bel ristorante Crivelli's Garden si trova al primo piano della Sainsbury Wing.

NATIONAL PORTRAIT GALLERY
Cartina p450

☎ 7306 0055; www.npg.org.uk; St Martin's Place WC2; ingresso libero, tariffe variabili per le mostre temporanee; ☼ 10-18 da lunedì a mercoledì, sabato e domenica, 10-21 giovedì e venerdì; metro Charing Cross/Leicester Square

Questa splendida galleria d'arte recentemente ristrutturata è alquanto insolita, poiché il soggetto dei dipinti esposti è più importante degli artisti che hanno eseguito le opere. Si tratta infatti di un museo dedicato alla storia più che all'arte, che offre l'occasione per trovarsi faccia a faccia con i personaggi celebri e tristemente noti dell'Inghilterra passata e presente.

Istituita nel 1856, questa galleria ospita un'importantissima collezione di circa 10.000 opere, esposte a rotazione. I dipinti seguono un ordine cronologico a partire dall'ultimo piano e proseguendo verso il basso. Un ascensore sale dall'atrio di ingresso all'ultimo piano, dove i primi Tudor si allineano sulle pareti della Long Room (sala lunga) in stile elisabettiano; tra i sovrani figura l'unico ritratto di Shakespeare, che si pensa sia stato eseguito quando il poeta era ancora in vita. Proseguendo nella visita, si incontrano i ritratti degli Stuart, dallo sguardo altero e serioso.

Il duca di Monmouth, quattordicesimo figlio illegittimo di Carlo II, indossa stranamente un fazzoletto al collo. Infatti, il ritratto fu sinistramente eseguito dopo che il re cattolico Giacomo II lo aveva fatto decapitare, nel 1685: trattandosi di un personaggio di sangue reale, meritava comunque di essere ritratto. In quell'occasione, fu chiamato il chirurgo di corte perché ricucisse la testa al duca, in modo che il pittore lo potesse ritrarre.

Proseguendo nella visita troverete gli interessanti autoritratti di Hogarth e Reynolds, e le altrettanto affascinanti immagini di due dei più grandi primi ministri della storia inglese, Gladstone e Disraeli. Al primo piano ci sono invece i ritratti dell'attuale famiglia reale. Se siete fortunati, è possibile che riusciate a vedere uno dei due ritratti dell'attuale regina eseguiti da Andy Warhol.

Il pianterreno è il più interessante per i turisti, essendo dedicato a personaggi ben noti del mondo contemporaneo ritratti con diversi mezzi espressivi, comprese la scultura e la fotografia. L'unico problema di questa parte della collezione è che gli artisti sembrano interessati più a esprimere le proprie idee che a riprodurre fedelmente il soggetto, per cui alcune opere non offrono un'immagine veritiera del personaggio ritratto. Le **audioguide** (offerta consigliata £3) illustrano circa 200 ritratti e permettono di ascoltare le voci di alcuni personaggi. Il Portrait Café e la libreria si trovano nel seminterrato, mentre il Portrait Restaurant è all'ultimo piano.

ST MARTIN-IN-THE-FIELDS Cartina p450

☎ 7766 1199, 7930 9306 per il ricalco dei bassorilievi funerari oppure 7839 8362 per la biglietteria dei concerti; www.stmartin-in-the-fields.org; Trafalgar Sq WC2; ingresso libero; ⏰ 8-18.30; ricalco dei bassorilievi 10-18 da lunedì a sabato, 12-18 domenica (il materiale è a pagamento); metro Charing Cross/ Leicester Square

La 'parrocchia reale' è un delizioso insieme di stile classico e barocco e fu portata a termine da James Gibbs (1682-1754) nel 1726. La sua guglia, simile alla decorazione di una torta nuziale, di sera è illuminata in modo suggestivo e il suo fascino si è notevolmente accresciuto da quando la piazza ha migliorato il proprio aspetto. Il cimitero della chiesa, che oggi ospita una bancarella di souvenir, accoglie le tombe di Reynolds e Hogarth, artisti del XVIII secolo.

L'interno, gradevole ma non eccezionale, è stato teatro di numerosi battesimi reali, mentre la cripta è celebre per il suo caffè (p216) e per la curiosa attività di ricalco dei bassorilievi (v. la lettura). Forse, però, la maggiore attrattiva di questo edificio di culto dall'acustica eccezionale è il suo calendario di concerti di musica classica; inoltre, si eseguono recital gratuiti all'ora di pranzo ogni lunedì, martedì e venerdì alle 13.05, e concerti a lume di candela alle 19.30 tutto l'anno (£6-20).

Il ricalco dei bassorilievi

Nel Medioevo, i bassorilievi che ritraevano figure stilizzate di cavalieri, membri della nobiltà e draghi erano posti nelle cripte funerarie dei personaggi famosi. Furono quindi gli stessi artisti a iniziare la pratica del ricalco dei bassorilievi (con carta e carboncino), per conservare memoria delle loro opere, e quest'abitudine in epoca vittoriana divenne una pratica molto diffusa. Oggi si usa la stessa tecnica, ma non direttamente sugli originali: si adoperano calchi dei bassorilievi, che vengono sfregati con speciali matite. L'effetto è davvero suggestivo e la perfetta riproduzione dell'immagine sulla carta è un souvenir molto originale, che vi verrà donato perché possiate portarvelo a casa.

EDITH CAVELL MEMORIAL Cartina p450

In un'isola spartitraffico davanti all'ingresso della National Portrait Gallery si erge la statua di Edith Cavell (1865-1915), un'infermiera inglese che aiutò i soldati alleati a fuggire da Bruxelles durante la prima guerra mondiale e che per questo motivo fu giustiziata dai tedeschi. La scultura è opera di George Frampton, autore anche del *Peter Pan* di Hyde Park.

HOLBORN E LO STRAND

Questa zona – qui descritta per comodità in un unico paragrafo – comprende un'area di forma quasi quadrata che s'incunea tra la City a est, Covent Garden a ovest, High Holborn a nord e il Tamigi a sud. Essa racchiude in sé diversi gioielli del passato: Fleet St fu la prima sede del giornalismo britannico, mentre lo Strand, che collega Westminster con la City, era una delle vie più importanti di Londra, sulla quale si affacciavano fantastiche residenze urbane costruite dalle celebrità e dagli aristocratici locali. La sua storia, così densa di avvenimenti, oggi è solo vagamente percepibile perché buona parte del quartiere è diventata un po' anonima e dozzinale; ma la zona si riscatta grazie alle sue gemme architettoniche, a qualche splendida galleria e ai quieti giardini degli Inns of Court, culla della legislazione inglese. Dietro lo Strand si trovano i Victoria Embankment Gardens, un luogo delizioso per un picnic, una passeggiata e per ammirare il fantastico panorama sul Tamigi e sulla rinnovata South Bank.

Fleet Street prese il nome dal fiume Fleet, che nel XVII e XVIII secolo era praticamente ridotto a una fogna a cielo aperto che raccoglieva gli scarti provenienti dal mercato di Smithfield (p329). Holborn, invece, fu chiamato così da uno degli affluenti del Fleet; entrambi i corsi d'acqua furono interrati alla fine del XVIII secolo. In epoca vittoriana i due quartieri erano in verità bassifondi malfamati, e nonostante i tentativi di migliorarli, all'inizio del XX secolo, la loro quasi totale distruzione durante i bombardamenti tedeschi della seconda guerra mondiale non fu probabilmente una grave perdita. La zona ha dunque assunto l'aspetto attuale nel dopoguerra.

LO STRAND Cartina pp446-47

Alla fine del XII secolo la nobiltà londinese si fece costruire massicce case in pietra con giardini lungo la 'spiaggia' (da cui il nome 'strand') del Tamigi che collegava la City con Westminster, i due centri del potere. Lo Strand divenne quindi uno dei luoghi più prestigiosi dove vivere a Londra, e nel XIX secolo il primo ministro Benjamin Disraeli la definì 'la via più bella d'Europa'.

Oggi certamente non lo è più: sebbene vi abbiano sede prestigiosi alberghi come il Savoy, il Simpson's-in-the-Strand e la splendida Somerset House con tutti i suoi tesori, questa via è diventata squallida, triste e inquinata. Tra le cose piacevoli che ancora conserva merita un cenno **Twinings** al n. 216, una sala da tè avviata da Thomas Twining nel 1706 e che pare sia la più antica attività della capitale; essa è situata nel medesimo edificio e gestita dalla stessa famiglia dai tempi della sua fondazione. Il **Wig & Pen Club** ai nn. 229-30 – si notino le parrucche (wig) e le penne (pen)

Savoy Hotel, Strand (p337)

raffigurate negli intonaci – è l'unico palazzo originale dello Strand sopravvissuto al 'grande incendio' del 1666.

SIR JOHN SOANE'S MUSEUM
Cartina p450

☎ 7405 2107; www.soane.org; 13 Lincoln's Inn Fields WC2; ☼ 10-17 da martedì a venerdì, 18-21 il primo martedì del mese, visite guidate sabato alle 14.30 (ingresso £3, biglietti in vendita a partire dalle 14); ingresso libero; metro Holborn

Il Sir John Soane's Museum, uno dei più prestigiosi di Londra, è in parte una magnifica casa, in parte un piccolo museo pieno di sorprendenti cimeli e di curiosità che rappresentano il gusto personale di un famoso architetto nonché straordinario collezionista, Sir John Soane (1753-1837).

Soane, figlio di un muratore e noto soprattutto per il progetto della Bank of England, trasse ispirazione, per il suo stile di vita e le sue opere, dalle profonde suggestioni ricevute durante il suo lungo viaggio in Italia. Sposatosi con una donna ricca, impiegò il suo capitale per costruire la casa che oggi ospita il museo e l'edificio adiacente, recentemente acquisito dallo stesso museo, in fase di ampliamento.

La casa, dichiarata monumento nazionale, è rimasta praticamente identica a com'era all'epoca della morte di Sir John ed è in sé una curiosità, con la sua cupola di vetro che illumina il pianterreno, una stanza con il lucernario dove sono esposte le statue, la sfilata di ambienti e la galleria dei dipinti dove ogni quadro è appeso a un'anta mobile, che una volta aperta rivela altri quadri di più piccole dimensioni. Nella galleria potrete ammirare le opere preferite da Soane, tra cui alcuni dipinti di Canaletto e Turner, alcuni disegni di Christopher Wren e Robert Adam, e l'originale di *Rake's Progress* (La carriera di un libertino), la serie di caricature realizzate da William Hogarth alla fine del XVIII secolo che ritraggono la vita nei bassifondi della Londra dell'epoca e per le quali fu appositamente costruita una galleria. Tra le acquisizioni più insolite della collezione spiccano un sarcofago egizio, la copia del parlatorio di un monaco, alcuni vasi antichi e altri innumerevoli *objets d'art*.

SOMERSET HOUSE Cartina p450

☎ 7845 4600; www.somerset-house.org.uk; ☽ The House 10-18, Great Court 19.30-23; visite di 45 minuti sabato alle 13.30 e alle 15.45 (£2.75); metro Temple/Covent Garden

Passando sotto l'arco che conduce a questo splendido capolavoro palladiano, è difficile credere che il magnifico cortile di fronte a voi, con le sue 55 fontane zampillanti, fosse un parcheggio per esattori delle imposte fino alla spettacolare ristrutturazione del 2000! La Somerset House fu progettata da William Chambers nel 1775 per le compagnie reali e oggi ospita i tre favolosi musei che descriviamo di seguito. In inverno il suo cortile si trasforma in un'animata pista da pattinaggio su ghiaccio, mentre in estate viene utilizzato come sede di concerti di vario genere. Dietro il palazzo ci sono un delizioso terrazzo soleggiato e un caffè che si affaccia sulla banchina.

I tre musei seguenti fanno tutti parte del complesso di Somerset House, ma ognuno merita una visita a sé.

COURTAULD INSTITUTE OF ART
Cartina pp446-47

☎ 7848 2526; www.courtauld.ac.uk; Somerset House; adulti/ridotti £5/4; ingresso libero ☽ 10-14 lunedì; ☽ 10-18

Immediatamente alla vostra destra, entrando nel complesso di Somerset House dallo Strand, troverete questa superba galleria collegata al Courtauld Institute of Arts, la più importante accademia britannica di storia dell'arte. Se non avete voglia di affrontare subito la folla di visitatori alla National Gallery regalatevi una

tranquilla passeggiata tra le mura di questo luogo meraviglioso, dove sono esposte le opere dei più importanti maestri del passato, degli impressionisti e dei postimpressionisti. Recentemente la collezione ha ricevuto una serie di prestiti a lungo termine, e oggi espone opere di Rubens, Botticelli, Cranach, Cézanne, Degas, Renoir, Manet, Monet, Matisse, Gauguin, Van Gogh, Toulouse-Lautrec e Moore. La galleria organizza **conferenze all'ora di pranzo** dedicate a opere o temi specifici riguardanti la collezione, che si svolgono ogni martedì alle 13.15; con l'occasione, potrete rifocillarvi nel delizioso piccolo caffè.

GILBERT COLLECTION OF DECORATIVE ARTS Cartina pp446-47

☎ 7420 9400; www.gilbert-collection.org.uk; Somerset House; adulti/ridotti £5/4, ingresso libero ☽ 16.30-17.30; ☽ 10-18

I sotterranei della South Terrace, dalla quale si gode di uno dei più bei panorami sul Tamigi, ospitano questa collezione di arti decorative che comprende argenti europei, tabacchiere d'oro, mosaici italiani e ritratti in miniatura donati alla nazione nel 1996 dall'uomo d'affari anglo-americano e straordinario collezionista Arthur Gilbert. Splendida, ma per certi versi un po' pacchiana, questa raccolta è stata descritta come il dono più generoso mai fatto alla Gran Bretagna. Tutti i sabati sono disponibili **visite guidate di un'ora** (£6,50/6 compreso il biglietto d'ingresso). Visitando tutte e tre le collezioni della Somerset House risparmierete £2.

HERMITAGE ROOMS Cartina pp446-47

☎ 7845 4630; www.hermitagerooms.com; Somerset House; adulti/ridotti £6/4; ☽ 10-18

Questa galleria è una specie di avamposto del museo statale dell'Hermitage di San Pietroburgo (che con i suoi tre milioni di pezzi è una delle più belle collezioni d'arte di tutto il mondo). Gli ambienti richiamano le sale del Palazzo d'Inverno e un breve video illustra San Pietroburgo e l'Hermitage. Le collezioni cambiano due volte l'anno e spesso, tra una mostra e l'altra, le sale rimangono chiuse: conviene quindi telefonare per chiedere informazioni.

ROYAL COURTS OF JUSTICE Cartina pp446-47

☎ 7936 6000; 460 Strand; ingresso libero; ☽ 9-16.30 da lunedì a venerdì; metro Temple

Nel punto in cui lo Strand sfocia in Fleet St si trova l'ingresso a questo gigantesco miscuglio di guglie gotiche, pinnacoli e pietra brunita di

Portland, progettato dall'aspirante costruttore di cattedrali G.E. Street nel 1874 (l'impresa fu talmente impegnativa che l'architetto morì d'infarto poco prima di riuscire a portarla a termine). All'interno della Great Hall c'è una mostra di toghe d'epoca, insieme all'elenco delle cause che si discuteranno in quello stesso giorno. Se volete assistere a un'udienza, dovrete lasciare all'ingresso la macchina fotografica e sottoporvi a un'accurata ispezione.

HOLBORN VIADUCT Cartina pp446-47
metro St Paul's
Questo bel viadotto in ferro fu costruito nel 1869 nel tentativo di migliorare l'aspetto della zona, ma anche per collegare Holborn a New-gate St superando quella che un tempo era una valle scavata dal fiume Fleet. Le quattro statue in bronzo rappresentano rispettivamente il Commercio e l'Agricoltura (sul lato nord) e le Scienze e le Belle Arti (a sud).

ST ANDREW HOLBORN Cartina pp446-47
☎ 7353 3544; Holborn Viaduct EC4; ⏰ 9-16.30 da **lunedì a venerdì; metro Chancery Lane**
Questa chiesa situata nell'angolo sud-orientale di Holborn Circus, citata per la prima volta nei documenti del X secolo, fu ricostruita da Wren nel 1686 e all'epoca era la più grande chiesa parrocchiale di Londra. Sebbene l'interno sia stato distrutto dai bombardamenti durante la seconda guerra mondiale, buona parte di

---

Inns of Court

Gli Inns of Court, raggruppati a Holborn nella zona a sud di Fleet St, formano una vera e propria oasi urbana grazie ai loro viali e cortili e alla caratteristica atmosfera. Tutti gli avvocati di Londra svolgono la loro professione all'interno di uno dei quattro Inn, nei cui elenchi di ex membri figurano personaggi del calibro di Oliver Cromwell, Charles Dickens, il Mahatma Gandhi e Margaret Thatcher.

Lincoln's Inn (Cartina pp446-47; ☎ 7405 1393; Lincoln's Inn Fields WC2; ⏰ complesso 9-18 da lunedì a venerdì, cappella 12.30-14.30 da lunedì a venerdì; metro Holborn) Il Lincoln's Inn è il più affascinante dei quattro Inn e comprende anche una cappella, una bella piazza e pittoreschi giardini che invitano ad andare a passeggio, specialmente al mattino presto o nel tardo pomeriggio quando non ci sono gli avvocati. Il cortile, chiuso al pubblico, è visibile attraverso i cancelli e si è mantenuto relativamente intatto con gli edifici originali del XV secolo, come la Lincoln's Inn Gatehouse in stile Tudor di Chancery Lane. Il progetto della cappella, costruita nel 1623 e abbastanza ben conservata, si deve in parte a Inigo Jones.

Gray's Inn (Cartina pp446-47; ☎ 7458 7800; Gray's Inn Rd WC1; ⏰ complesso 10-16 da lunedì a venerdì, cappella 10-18 da lunedì a venerdì; metro Holborn/Chancery Lane) Questo Inn – distrutto durante la seconda guerra mondiale, e in seguito ricostruito e ampliato – è meno interessante del Lincoln's Inn, ma è molto piacevole, anche per i suoi tranquilli giardini. Le pareti del salone originale furono testimoni della prima rappresentazione de *La commedia degli errori* di Shakespeare.

Temple Church (Cartina pp446-47; ☎ 7353 8559; Inner Temple; King's Bench Walk EC4; ⏰ 11-18 da mercoledì a venerdì, 11-14.30 sabato, 12.45-14.45 domenica; metro Temple/Blackfriars) Dopo aver superato l'arco vicino alla Prince Henry's Room, vi troverete nell'Inner Temple (tempio interno). Questo edificio di culto fu progettato e costruito per la prima volta dai misteriosi cavalieri Templari tra il 1161 e il 1185, che presero a modello la chiesa del Santo Sepolcro di Gerusalemme; il nucleo dell'edificio è l'unica chiesa a pianta circolare di Londra. Nel 1240 vi furono aggiunti il coro e il presbiterio a pianta oblunga, in stile gotico del primo periodo. Quando i Templari divennero troppo potenti, la corona inglese decise di sopprimerli: le loro proprietà terriere furono cedute agli avvocati, che vi istituirono gli Inns of Court. Le effigi in pietra dei cavalieri del XIII secolo ornano ancora i pavimenti della navata circolare, mentre figure di volti grotteschi sbirciano dai muri, insieme a esseri mostruosi che mordicchiano loro le orecchie. Il portale ovest è originale dell'epoca normanna e si trova leggermente più in basso, segno che nei secoli il livello del pavimento si è alzato. La chiesa, gravemente danneggiata durante la seconda guerra mondiale, è stata splendidamente restaurata negli anni '60 del XX secolo e oggi funge da cappella privata per il Middle Temple e l'Inner Temple, i cui giardini sono aperti rispettivamente dalle 10 alle 11.30 e dalle 15 alle 16 da lunedì a venerdì, e dalle 10 alle 16 da lunedì a venerdì.

Staple Inn (Cartina pp446-47; Holborn; metro Chancery Lane) La facciata di una bottega del XVI secolo è la principale attrattiva dello Staple Inn (1589), l'ultimo degli otto Inns of Chancery che furono soppiantati dagli Inns of Court nel XVIII secolo. L'edificio, in gran parte ricostruito nel dopoguerra, ospita oggi l'Institute of Actuaries e non è aperto al pubblico. Sullo stesso lato di Holborn, ma più vicino a Fetter Lane, c'era il **Barnard's Inn**, ricostruito nel 1991, dove vivevano Pip ed Herbert Pocket, protagonisti di *Grandi speranze* di Dickens.

ciò che vedete è originale o proviene da altre chiese antiche.

ST CLEMENT DANES Cartina pp446-47

☎ 7242 8282; Strand WC2; ⏱ 8.30-16.30 da lunedì a venerdì, 9-15.30 sabato, 9-12.30 domenica; metro Temple

Wren progettò l'edificio originale di questa chiesa nel 1682, ma alle incursioni della Luftwaffe sono sopravvissuti soltanto i muri e la guglia aggiunti da James Gibbs nel 1719, e la chiesa fu ricostruita nel dopoguerra in memoria degli alleati. Oggi è la cappella della RAF, e nel pavimento della navata sono collocati più di 800 distintivi dei diversi squadroni.

La statua davanti alla chiesa celebra in modo discreto (ma anche controverso) Sir Arthur 'Bomber' Harris, il pilota della RAF che durante la seconda guerra mondiale comandò i bombardamenti che rasero al suolo Dresda uccidendo circa 10.000 civili.

BLOOMSBURY E FITZROVIA

Immediatamente a nord di Soho, il quartiere di Bloomsbury è per tradizione il cuore accademico e intellettuale di Londra, dove spiccano l'università con le sue numerose facoltà e ha sede il famosissimo British Museum. A nord del quartiere si trovano alcune piacevoli vie in stile georgiano e vittoriano e splendide piazze frequentate in passato dagli artisti e intellettuali del cosiddetto Bloomsbury Group, di cui erano membri Virginia Woolf ed E.M. Forster.

Questo gruppo, in realtà, non fece altro che portare avanti una tradizione inaugurata da Charles Dickens, Charles Darwin, William Butler Yeats e George Bernard Shaw, tutti residenti nella zona, come si può notare dalle numerose targhe blu che celebrano appunto i loro nomi gloriosi.

Nel dopoguerra, Fitzrovia (a ovest) fu il predecessore di Soho come enclave bohémien e i suoi numerosi pub, soprattutto la Fitzroy Tavern, erano frequentati da artisti e scrittori in cerca di fama. Oggi questo quartiere offre abbastanza poco ai turisti, dal momento che la sua principale attrattiva, la BT Tower costruita negli anni '60, è stata chiusa diversi anni fa per timore di attacchi terroristici.

BRITISH MUSEUM Cartine pp446-47 e p450

☎ 7323 8000, visite guidate 7323 8181; www.thebritishmuseum.ac.uk; Great Russell St WC1; ingresso libero, offerta consigliata £2; ⏱ gallerie 10-17.30 da sabato a mercoledì e 10-20.30 giovedì e venerdì, Great Court 9-18 da domenica a mercoledì e 9-23 da giovedì a sabato; metro Tottenham Court Road/Russell Square

Il British Museum è uno dei più antichi e interessanti musei del mondo e fu istituito nel 1749 come 'gabinetto di rarità' dal medico di corte Hans Sloane, che lo ha lasciato poi in eredità alla nazione. Oggi la collezione comprende circa sette milioni di pezzi, accumulati negli anni tramite acquisizioni spregiudicate e il discutibile saccheggio operato dall'impero britannico.

Nazioni in lite per i marmi del Partenone

Con tutte le sue meraviglie, il British Museum può talvolta dare l'impressione di essere un vasto magazzino di bottini di guerra. In effetti, molti degli oggetti in mostra non furono semplicemente 'raccolti' dai viaggiatori e dagli esploratori vittoriani nel corso dei loro viaggi, bensì presi o acquistati in circostanze poco chiare.

Per questo motivo, ogni tanto capita che alcuni governi stranieri sollecitino la restituzione delle loro 'proprietà', richiesta alla quale il British Museum risponde negativamente, rimandando la soluzione del problema ad altra occasione. I greci, però, stanno facendo di tutto per riavere i cosiddetti marmi di Elgin, le antiche sculture marmoree che un tempo ornavano il Partenone. Il British Museum e i vari governi che si sono succeduti in Gran Bretagna, dal canto loro, continuano a rifiutarsi di restituire queste opere di inestimabile valore che furono asportate dal Partenone e inviate in patria per mare dall'ambasciatore inglese presso l'impero ottomano, il conte di Elgin, nel 1806. Dopo aver dilapidato il suo patrimonio, Elgin vendette le sculture al governo. Il British Museum ha sempre sostenuto che i marmi sono più al sicuro se affidati alle *sue* cure, ma tale atteggiamento un po' arrogante ha assunto un risvolto tragicomico quando si è scoperto che all'inizio del XX secolo il museo aveva 'pulito' le preziose sculture con scalpelli e spazzolini di ferro, distruggendo così la patina di finitura applicata dagli antichi greci.

Negli ultimi anni il governo greco è passato all'azione e la costruzione del museo da 86 milioni di euro appositamente progettato ad Atene per esporre i marmi secondo la disposizione originale del V secolo a.C. è quasi giunta al termine. Grazie all'attenzione dei media per le Olimpiadi che si svolgeranno ad Atene nel 2004, i greci sperano di mettere in difficoltà il governo inglese, costringendolo alla restituzione dei marmi.

È la meta turistica più visitata di Londra, che richiama una media di cinque milioni di persone all'anno. Prima di lanciarvi alla scoperta della collezione, ricordate che l'ingresso posteriore di Montague Place di solito è più tranquillo dell'ingresso principale nel portico di Great Russell St. Il cortile interno del museo, nascosto per quasi 150 anni, è stato coperto da uno spettacolare tetto in vetro e acciaio progettato da Norman Foster e ha aperto al pubblico con il nome di **Great Court** negli ultimi mesi del 2000; si tratta del più grande spazio pubblico coperto di tutta l'Europa, con con il suo stupendo design introduce quel labirinto di sale che è il British Museum e rende un po' più accessibile la sua incredibile collezione. Se avete tempo, vi consigliamo di tornare diverse volte al museo; non cercate di vedere troppo in una sola volta, perché rischiate di non godervi nulla con calma. Rilassatevi, date un'occhiata alle guide disponibili presso il banco informazioni, valutate la possibilità di partecipare a una **visita guidata** e scegliete su quale parte della collezione preferite concentrarvi.

La raccolta del British Museum offre una carrellata completa e stimolante tra le culture di tutto il mondo, con gallerie dedicate all'Egitto, all'Asia occidentale, alla Grecia, all'Oriente, e poi all'Africa, all'Italia, agli etruschi, ai romani, all'Inghilterra preistorica e romana, e alle antichità medievali. Per aiutarvi a scegliere secondo i vostri interessi, ecco qualche capolavoro che non dovreste perdervi.

La **stele di Rosetta** (sala 4), scoperta nel 1799, è incisa in tre diversi tipi di scrittura (due forme di antico egizio e greco antico) e fu la chiave per decifrare i geroglifici egiziani, fino ad allora incomprensibili per gli studiosi. I **marmi del Partenone** (sala 18, meglio noti come i marmi di Elgin, p98) adornavano un tempo le pareti del Partenone di Atene e si pensa che illustrino la grande processione al tempio che si svolgeva durante le feste panatenaiche, uno degli eventi più importanti del mondo greco che celebrava il giorno della nascita di Atena. Nascosta ai piedi dello scalone orientale c'è la Mexican Gallery (sala 27), dov'è esposta la **maschera mosaico di Tezcatlipoca**, opera azteca del XV secolo con un mosaico di turchesi applicato su un teschio umano. Seguono le sale 33 e 34 con la collezione asiatica, che comprende le splendide **sculture di Amaravati** (sala 33A), statue di divinità femminili indiane, Shiva danzanti e Buddha realizzati in rame e pietra.

Lo stupefacente **tesoro di Oxus** (sala 52) è una raccolta di pezzi d'oro persiani del periodo dal

British Museum, Bloomsbury (p98)

Quartieri – Il West End

VII al IV secolo, provenienti dall'antica capitale Persepoli e sottratti ai banditi nel bazar di Rawalpindi. La **nave-sepolcro di Sutton Hoo** (sala 41), di epoca anglosassone, risale al 620 e fu rinvenuta nel Suffolk nel 1939. Lo sfortunato **uomo di Lindow** (sala 50) visse nell'età del ferro e fu probabilmente colpito alla testa con un'ascia e poi strangolato. I suoi resti sono stati conservati in una torbiera fino al 1984, quando il cadavere fu accidentalmente tagliato in due da una macchina per tagliare la torba.

Nel centro della Great Court – e quindi nel cuore del museo – si trova la famosissima **Reading Room** (sala di lettura), già sede della British Library, dove studiarono George Bernard Shaw e il Mahatma Gandhi, andarono a meditare Oscar Wilde e William Butler Yeats, e Karl Marx scrisse *Il manifesto del partito comunista*. L'estremità settentrionale del livello inferiore del cortile ospita le nuovissime **Sainsbury African Galleries**, un'affascinante carrellata nell'arte e nella cultura delle società africane antiche e contemporanee.

La restaurata **King's Library**, gemma architettonica del 1820 che accoglieva la biblioteca di Giorgio III (oggi risistemata nella British Library), diventerà la sala 1 e dedicherà una particolare attenzione alla storia del museo. Qui, e in una parte della nuova **Wellcome Gallery of Ethnography**, che stava per aprire i battenti quando questa guida andava in stampa, ci saranno nuovi spazi dove esporre pezzi della collezione finora conservati nei magazzini.

Il museo propone nove visite guidate gratuite da 50 minuti l'una chiamate **eyeOpener tour**, che si effettuano nelle singole gallerie per tutta la giornata, e brevi conferenze di 20 minuti, le **eyeOpener Spotlight talks**, che tutti i giorni alle 13.15 affrontano diversi temi riguardanti la collezione. Gli **Highlights tour** di 90 minuti (£8/5) iniziano alle 10.30, 13 e 15 tutti i giorni. Se invece volete visitare il museo da soli, al banco informazioni troverete degli **audio tour** (£3,50) che comprendono una visita per famiglie narrata dal versatile attore e romanziere Stephen Fry. Un'audioguida specifica per i marmi del Partenone è a disposizione nella galleria dove sono esposti i marmi. Si può inoltre consultare COMPASS, un sistema multimediale di pubblico accesso con 50 terminali che vi condurrà in una visita virtuale del museo, consentendovi di organizzare un vostro circuito personalizzato oppure di avere informazioni su particolari mostre.

Nonostante la sua bellezza, il British Museum non è esente da problemi economici. Alcune misure adottate per abbassarne i costi, come i numerosi licenziamenti e la riduzione degli orari di apertura in varie gallerie, hanno portato a tensioni sindacali che hanno costretto il museo alla chiusura temporanea – solo per un giorno – nel 2002. Il governo è intervenuto per evitare ulteriori problemi ma, senza un impegno a lungo termine, l'ente potrebbe in futuro essere costretto a chiudere temporaneamente un numero sempre maggiore di gallerie.

DICKENS HOUSE MUSEUM Cartina pp440-41

☎ 7405 2127; www.dickensmuseum.com; 49 Doughty St WC1; adulti/ridotti £4/3; ☼ 10-17 da lunedì a sabato; metro Russell Square

Questa bella casa di quattro piani è l'unica residenza rimasta delle molte abitazioni occupate dal grande e irrequieto romanziere vittoriano prima del suo trasferimento nel Kent. I due anni e mezzo trascorsi in questa casa, dal 1837 al 1839, furono assai prolifici e Dickens vi scrisse di getto *Il Circolo Pickwick*, *Nicholas Nickleby* e *Oliver Twist*, nonostante i debiti, i lutti e i figli neonati. La casa fu salvata dalla demolizione e trasformata in museo nel 1925 e oggi è una delle più interessanti nel suo genere. Il salotto è stato riportato alle condizioni originarie, mentre le altre 10 stanze sono piene di cimeli. Nello spogliatoio potrete ammirare i libri che Dickens preparava per i suoi cicli di conferenze, pieni di note e appunti, e la scrivania rivestita di velluto che si era fatto fare proprio per le conferenze.

Ogni mercoledì alle 19.30 da metà maggio a metà settembre nella casa viene messo in scena un monologo intitolato 'The Sparkler of Albion' (Il diamante di Albione; £12).

ST GEORGE'S BLOOMSBURY Cartina p450

☎ 7405 3044; Bloomsbury Way WC1; ☼ 9.30-17.30 da lunedì a venerdì, 10.30-12.30 domenica; metro Holborn/Tottenham Court Road

Non lontana dal British Museum, questa chiesa progettata da Nicholas Hawksmoor (1731) si distingue per il portico in forme classiche con capitelli corinzi e per il campanile ispirato al Mausoleo di Alicarnasso. In cima all'edificio si erge una statua di Giorgio I in abito da antico romano. Purtroppo, l'altra peculiarità di questa chiesa è la sua facciata sporca e annerita. L'edificio dovrebbe chiudere da un momento all'altro per essere restaurato, ma il problema, naturalmente, è la mancanza di fondi.

PETRIE MUSEUM OF EGYPTIAN ARCHAEOLOGY Cartina pp438-39

☎ 7679 2884; www.petrie.ucl.ac.uk; University College London (UCL; ingresso dalla Science Library), Malet Place WC1; ☼ 13-17 da martedì a venerdì, 10-13 sabato; metro Goodge Street

Chi è interessato all'antico Egitto apprezzerà questo museo spesso trascurato dai turisti, dove circa 80.000 pezzi formano una delle più suggestive collezioni archeologiche egizie e sudanesi del mondo. Nelle teche sono esposti reperti che spaziano dai frammenti di ceramiche al più antico abito del mondo (2800 a.C.). Il museo prende il nome dal Professor William Flinders Petrie (1853-1942), che scoprì molti dei reperti qui conservati durante le sue campagne di scavo e li donò all'università nel 1933.

PERCIVAL DAVID FOUNDATION OF CHINESE ART Cartina pp438-39

☎ 7387 3909; www.pdfmuseum.org.uk; 53 Gordon Sq WC1; ☼ 10.30-17 da lunedì a venerdì; metro Russell Square

Per quanto sembri un'istituzione vecchia e antiquata, il simpatico personale di servizio, l'assenza di folla e la sua insolita collezione rendono questo museo degno di una visita. Con i suoi 1700 pezzi è la più vasta collezione di ceramiche cinesi dal X al XVIII secolo, escluse quelle della stessa Cina; Sir Percival David la donò all'Università di Londra nel 1950 a condizione che ogni singolo pezzo fosse sempre esposto. Di conseguenza vedrete alcuni oggetti molto ordinari – indubbiamente significativi dal punto di vista storico ma non altrettanto interessanti per l'osservatore poco esperto – prima di raggiungere le sale che conservano oggetti davvero squisiti, come il vasellame che appartenne agli imperatori cinesi. Tra i capolavori della collezione citiamo i David Vases (1351), i più antichi vasi cinesi di porcellana blu e bianca con data e iscrizione, che presero il nome dallo stesso Percival.

POLLOCK'S TOY MUSEUM Cartina pp446-47
☎ 7639 3452; www.pollocksweb.co.uk; 1 Scala St; adulti/bambini £3/1,50; ☺ 10-17 da lunedì a sabato; metro Goodge Street

Forse un po' inquietante per i bambini ma di indubbio fascino per gli adulti, questo museo espone una polverosa collezione di vecchi giocattoli che spazia dai giochi da tavolo ai giocattoli in latta, da marionette, bambole e case di bambole agli orsi di pezza, bambole di cera, giornali a fumetti e giocattoli artigianali da tutto il mondo. La raccolta più interessante, però, è quella dei teatri-giocattolo: Benjamin Pollock, infatti, fu il più importante artigiano di questi popolari giocattoli in epoca vittoriana. È davvero un museo magico, tutto da esplorare; le scale scricchiolanti vi condurranno in un labirinto di camere, ciascuna dedicata a un diverso tipo di giocattolo: per chi ha più di trent'anni, sarà un commovente viaggio nella memoria. Nel negozio c'è un fantastico assortimento di giocattoli in legno che difficilmente troverete altrove.

LE PIAZZE DI BLOOMSBURY
Cartina pp446-47

Nel cuore di Bloomsbury c'è **Russell Square**, la piazza più grande di Londra. Tracciata nel 1800 da Humphrey Repton, diversi anni fa è stata oggetto di una generale ristrutturazione con l'installazione di una nuova fontana alta 10 m.

Il centro della Bloomsbury letteraria era **Gordon Square** dove, in vari periodi, Bertrand Russell visse al n. 57, Lytton Strachey al n. 51 e Vanessa e Clive Bell, Maynard Keynes e la famiglia Woolf al n. 46. Strachey, Dora Carrington e Lydia Lopokova (futura moglie di Maynard Keynes) abitarono tutti al n. 41. Non tutti gli edifici, molti dei quali appartengono oggi all'università, sono indicati da targhe blu.

La deliziosa **Bedford Square**, l'unica piazza completamente georgiana tuttora esistente a Bloomsbury, fu sede fino a pochi anni fa di numerose case editrici londinesi, poi rilevate dalle multinazionali e trasferite altrove. Tra queste c'erano la Jonathan Cape e la Chatto e Bodley Head (fondata dalla Woolf e dal marito Leonard), in gran parte responsabili di aver tramandato ai posteri la leggenda del Bloomsbury Group continuando a pubblicare collezioni apparentemente interminabili di raccolte epistolari, memorie e biografie.

IL CENTRO-EST

Pasti p216; Pernottamento p338; Shopping p315

Nonostante il film *Notting Hill* e quel che sostengono gli abitanti della parte occidentale di Londra, una delle zone più animate e fiorenti della capitale negli ultimi tempi è stata la parte est, ovvero il quartiere finanziario noto come la City e i suoi dintorni. Durante il boom dell'era Thatcher, capitalisti e società immobiliari hanno ricostruito il cuore commerciale di Londra, ma sono stati gli artisti e i bohémien a dare un nuovo volto al quartiere. Il margine settentrionale della City – ovvero le zone di Shoreditch e Hoxton, prima quasi dimenticate – è oggi la parte più vitale e dinamica della capitale inglese, mentre Clerkenwell, a nord-est della City, ha conosciuto un vero e proprio rinascimento e la vicina Islington, già precoce esempio di trasformazione di un quartiere in zona residenziale, è oggi sinonimo di New Labour e della sinistra di tendenza.

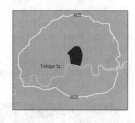

LA CITY

Confonde un po' le idee arrivare a Londra e scoprire che esiste una City all'interno della città. Infatti, se il termine 'città' si riferisce all'intera metropoli di Londra, 'the City' (con la maiuscola, che in inglese significa appunto 'città') comprende soltanto il cosiddetto 'Square Mile' (miglio quadrato) sulla sponda nord del Tamigi, ovvero il primo centro abitato di Londra dove i

romani costruirono 2000 anni fa un villaggio cinto da mura. Oggi la zona è invasa da operatori di borsa e altri professionisti della finanza.

Ricostruita in uno stile alquanto eclettico dopo i devastanti bombardamenti della seconda guerra mondiale, la City è stata rimodernata negli anni '80, quando i poco apprezzati edifici del dopoguerra sono stati abbattuti per far posto a nuovi palazzi di uffici. I cambiamenti più significativi (e rapidi) hanno avuto luogo durante il grande boom dei servizi finanziari conseguente alla deregulation del 1989.

In settimana la City è affollata da impiegati in abito gessato e da turisti che si accalcano nella St Paul's Cathedral e nella Tower of London. Durante il weekend, invece, è una specie di città fantasma con uffici e negozi chiusi, e con qualche astuto turista che coglie l'occasione per esplorarla in tutta tranquillità.

BARBICAN Cartina pp452-53

☎ informazioni 7638 8891, centralino 7638 4141; www.barbican.org.uk; Silk St EC2; ☿ 9-23 da lunedì a sabato, 10.30-23 domenica; metro Barbican/Moorgate

L'intrico di passaggi pedonali sopraelevati che conduce nel più grande centro culturale multiartistico d'Europa, dove ha sede anche la London Symphony Orchestra (LSO), potrebbe confondere anche il visitatore più avveduto.

Questo problema è il risultato della complessa storia della zona, il cui sviluppo urbanistico ha avuto inizio negli anni '60 del XX secolo in un sito massicciamente bombardato durante la seconda guerra mondiale e in seguito abbandonato; poiché era stato inizialmente progettato come quartiere residenziale, i teatri, le sale da concerti e cinematografiche, e le gallerie d'arte che richiamano un gran numero di visitatori sono stati aggiunti in seguito. La maggior parte degli appartamenti della zona sono raggruppati in isolati di cemento alti sei o sette piani, disposti a formare i lati di un rettangolo un po' irregolare (abbellito

Barbican, City (sopra)

da tre torri e da numerosi percorsi pedonali). Per trovare il centro artistico di questa sorta di cittadella che ha aperto al pubblico nel 1982, occorre districarsi tra i vari percorsi.

Anche se non è facile orientarvisi, il Barbican è in compenso ricco di attività culturali ed è persino diventato una meta chic. Oltre alla celeberrima LSO, qui troverete la City of London Symphonia, l'English Chamber Orchestra e la BBC Symphony Orchestra, che tengono i loro concerti negli auditorium della zona. Il cartellone degli spettacoli teatrali è diventato un po' discontinuo da quando la Royal Shakespeare Company ha lasciato il Barbican Centre nel 2002 (v. Shakespeare nel limbo a p42), ma il balletto svolge tuttora un ruolo importante nel repertorio locale.

La prestigiosa **Barbican Gallery** (☎ 7638 8891, Level 3, Barbican Centre, Silk St EC2; adulti/ anziani, studenti e ragazzi età 12-17 £7/5; ☿ 10-18 lunedì, martedì, e da giovedì a sabato, 10-21 mercoledì, 12-18 domenica) organizza alcune delle più belle mostre fotografiche di Londra.

Grazie a un recente stanziamento di sette milioni di sterline per la sua rivalutazione e a una famosa brasserie, il Barbican è assai più amato dell'altro colosso modernista della città, il South Bank Centre (p141) e i nuovi architetti fanno a gara per ottenere appalti in questa zona. Il *Daily Telegraph* ha espresso un giudizio meno positivo sul complesso, avendolo descritto come un incrocio tra l'utopia e un gabinetto pubblico.

Per maggiori informazioni sui teatri (p304), le sale cinematografiche (p281) e le sale da concerti (p299) v. il capitolo Divertimenti (p279).

MUSEUM OF LONDON Cartina pp452-53

☎ 7600 0807; www.museumoflondon.org.uk; London Wall EC2; ingresso libero; ☿ 10-17.50 da lunedì a sabato, 12-17.50 domenica; metro Barbican

Questo tesoro nascosto tra il Barbican e gli uffici circostanti è uno dei musei più affascinanti di Londra, nonché un luogo rilassante dove trascorrere qualche ora nel weekend, come fanno spesso gli stessi londinesi quando lo Square Mile è praticamente deserto. Il Museum of London narra l'evoluzione della città dall'era glaciale al XX secolo, ed è il più grande museo di storia urbana al mondo.

La galleria più recente, chiamata London Before London (Londra prima di Londra), traccia lo sviluppo della Valle del Tamigi a partire da 450 milioni di anni fa. Grazie alla tecnolo-

I top five della Londra insolita

- Cabinet War Rooms (p127)
- Dennis Severs' House (p115)
- Old Operating Theatre Museum (p146)
- Pollock's Toy Museum (p101)
- Tyburn Convent (p136)

gia informatica che ne ricostruisce la storia tramite percorsi virtuali e ai suggestivi fossili e asce in pietra esposti nelle minuscole nuove vetrine, questa parte del museo sembra più interessante delle sezioni precedenti, relative all'epoca romana e ai periodi sassone, medievale, Tudor e Stuart. Scendendo una rampa di scale e superando la sontuosa carrozza da cerimonia del Lord Mayor, il sindaco della City, la storia della città continua fino al 1914.

A parte la magnifica carrozza, sono degni di nota i seguenti oggetti in mostra: la bara di piombo, lo scheletro e la ricostruzione del volto di una giovane donna benestante romana vissuta nel IV secolo, i cui resti furono scoperti a Spitalfields nel 1999; il tesoro di Cheapside, con bellissimi gioielli dei secoli XVI e XVII; il diorama sul 'grande incendio' di Londra, di scarsa qualità ma suggestivo, con una narrazione tratta dal famoso diario di Samuel Pepys; e la cronologia della progressiva urbanizzazione di Londra nel XVIII e XIX secolo. Ci sono inoltre le ricostruzioni di due vie della città – una rappresenta la Londra romana, mentre l'altra si chiama Victorian Walk (passeggiata vittoriana) e ripropone la vita quotidiana nel XIX secolo (il Leadenhall Market, p109, ricrea un ambiente forse meno autentico ma con una vivace atmosfera vittoriana).

Potete fare una pausa nel bel giardino del cortile centrale dell'edificio, oppure recarvi all'adiacente **Museum Café**, che serve pasti leggeri dalle 10 alle 17.30 (la domenica a partire dalle 11.30). In alternativa, se la giornata è bella, portatevi qualche panino da mangiare nel vicino **Barber Surgeon's Herb Garden**.

Arrivando al museo, cercate l'ingresso n. 7 del Barbican, e prima di andarvene non dimenticate di dare un'occhiata alla ben fornita **libreria** del museo.

SMITHFIELD MARKET Cartina pp446-47

☎ 7248 3151; West Smithfield EC1; metro Farringdon
Smithfield è l'ultimo mercato di carne rimasto nel centro di Londra. Per maggiori informazioni v. il capitolo Shopping (p309).

ST BARTHOLOMEW-THE-GREAT

Cartina pp446-47

☎ 7606 5171; www.greatstbarts.com; West Smithfield EC1; ⏰ 8.30-17 da martedì a venerdì, 10.30-13.30 sabato, 8-20 domenica; metro Barbican

La maggiore attrattiva di questa chiesa per il pubblico moderno è il fatto che vi sono state girate alcune scene del famoso film *Shakespeare in Love* (e anche di *Quattro matrimoni e un funerale*). Le scelte dei cineasti erano in effetti ben motivate, perché St Bartholomew-the-Great è uno dei luoghi di culto più caratteristici della capitale. Gli autentici archi normanni, le pietre annerite dal tempo, le sculture in legno scuro e la scarsa illuminazione donano a questo ambiente un'atmosfera dal sapore antico – soprattutto perché di solito la chiesa è frequentata da pochissime persone. Qui fu battezzato il pittore William Hogarth, e il politico Benjamin Franklin lavorò come apprendista tipografo. La chiesa è situata in un angolo del complesso del St Bartholomew's Hospital, sul lato più vicino allo Smithfield Market.

GREAT FIRE MEMORIAL Cartina pp446-47

Questa piccola statua di un ragazzo corpulento, sistemata di fronte al St Bartholomew's Hospital, all'angolo tra Cock Lane e Giltspur St, reca un'epigrafe alquanto insolita: "In memoria dell'incendio di Londra, causato da un peccato di gola, 1666"; la scintilla del rogo, infatti, scaturì da un'affollata panetteria. In questo luogo, un tempo si trovava la taverna Fortune of War, dove i ladri di cadaveri si procuravano le salme da vendere ai chirurghi dell'ospedale, che le utilizzavano per tenere le loro lezioni di anatomia.

CENTRAL CRIMINAL COURT (OLD BAILEY) Cartina pp446-47

☎ 7248 3277; all'incrocio tra Newgate St e Old Bailey; ingresso libero; ⏰ 10-13 e 14-17 da lunedì a venerdì; metro St Paul's

Assistere a un processo nella Old Bailey a volte può essere più divertente che guardare un film giudiziario in televisione. In questa corte il romanziere Jeffrey Archer è stato giudicato colpevole di falso giuramento; qui è stato anche ritirato il verdetto di colpevolezza ai Quattro di Guildford (ingiustamente incarcerati perché ritenuti responsabili di attacchi terroristici dell'IRA) ed è stato condannato lo 'squartatore dello Yorkshire' Peter Sutcliffe; in passato, al 'vecchio Bailey' (situato però in un diverso edificio

Quartieri – Il centro-est

nello stesso sito), si sono presentati personaggi come i gemelli Kray e Oscar Wilde.

Se siete curiosi di assistere a un processo, scegliete una delle 18 corti, tra le quali le più antiche – ovvero la prima, la seconda e la terza – che trattano di solito i casi più interessanti. All'interno dei tribunali è vietato introdurre macchine fotografiche, videocamere, cellulari, borse di grandi dimensioni e cibi o bevande: poiché non vi sono guardaroba né armadietti, è meglio portare con sé il minimo indispensabile. Si consiglia di portare un maglione o un cuscino morbido per sistemarsi sui sedili duri, e di arrivare presto, se si vuole assistere a un processo di grande risonanza.

La Central Criminal Court deriva il suo soprannome dalla via nella quale si trova: *baillie* era infatti il termine francese normanno che stava per 'chiesa fortificata'. L'edificio attuale fu inaugurato nel 1907 sul sito dove precedentemente si trovavano l'Old Bailey e la Newgate Prison. La tradizionale immagine della Giustizia che tiene in mano la spada e la bilancia, sopra la cupola di rame, *non* è bendata (come dovrebbe essere di solito, per non subire ingerenze illecite), il che ha suscitato molti commenti sarcastici da parte degli imputati.

ST PAUL'S CATHEDRAL Cartina pp452-53
☎ 7236 4128; www.stpauls.co.uk; St Paul's Churchyard; ingresso adulti/bambini età 6-16/anziani e studenti £6/3/5; ⏱ 8.30-16 (ultimo ingresso) da lunedì a sabato; metro St Paul's

La St Paul's Cathedral, che con i suoi 300 anni di storia è uno degli edifici più famosi di Londra, vanta la cupola più grande della città. Questa gemma architettonica rischiò di rimanere solo un progetto, perché i disegni originari di Sir Christopher Wren furono rifiutati. Dalla prima messa nel 1697, è stata poi teatro dei funerali di Lord Nelson, del duca di Wellington e di Winston Churchill, ed è miracolosamente sfuggita ai bombardamenti durante la seconda guerra mondiale per accogliere Martin Luther King e lo sfortunato matrimonio del principe Carlo con Lady Diana Spencer.

Tuttavia, nonostante questa storia densa di avvenimenti e il suo magnifico interno, i visitatori sono di solito interessati a salire sulla cupola per ammirare il panorama.

Questa è in realtà formata da tre strutture, una all'interno dell'altra, e rappresenta forse il capolavoro di Wren, essendo superata in dimensioni soltanto da poche altre cupole al mondo (quasi tutte situate in Italia). Esattamente 530 gradini vi porteranno in cima, con tre tappe intermedie. La cattedrale ha una pianta a forma di croce e la cupola è impostata all'incrocio dei due bracci. Dopo aver ammirato il pavimento circolare tra le otto robuste colonne che sorreggono la cupola, dirigetevi verso la porta sul lato ovest del transetto meridionale (all'incirca alle 'cinque' dell'orologio guardando verso l'altare): circa 30 m (esattamente 259 gradini) sopra questo luogo si trova il corridoio interno che corre attorno all'imposta della cupola, ovvero la **Whispering Gallery** (galleria dei sussurri), così chiamata perché se si parla vicino alla parete si sentono le parole sul lato opposto, a 32 m di distanza.

Salendo ancora – 119 gradini! – ecco la **Stone Gallery** (galleria di pietra), la piattaforma esterna con la sua veduta panoramica a 360° di Londra, che spazia dalla Swiss Re Tower, a forma di cetriolo, fino alle Houses of Parliament, alla Tate Modern e all'Alexander Palace. I successivi 152 gradini di ferro che portano alla **Golden Gallery** (galleria dorata) sono più ripidi e stretti di quelli inferiori e il panorama non è migliore, ma se si vuole arrivare in cima ai 111 m della cupola vale la pena affrontare questa fatica.

Ovviamente, anche il pianterreno della cattedrale offre numerosissimi tesori. Per esempio, sotto la cupola si trovano una bussola e un epitaffio composto da Wren per il figlio: *Lector, si monumentum requiris, circumspice* (Tu che leggi, se cerchi il suo monumento funebre guardati attorno).

Attualmente è in corso un importante restauro che terminerà nel 2004 o 2005, anche se poche delle parti decorate dell'edificio dovrebbero rimanere nascoste dalle impalcature.

Nella navata nord troverete la **All Souls' Chapel** (Cappella di Ognissanti) e la **Chapel of St Dunstan** (Cappella di St Dunstan), dedicata all'arcivescovo di Canterbury del X secolo, e il sontuoso monumento al duca di Wellington (1875). Nella cappella del transetto nord si trova il celebre dipinto di Holman Hunt The Light of the World (La luce del mondo), raffigurante Cristo che bussa a una porta coperta di vegetazione che rappresenta il cuore dell'uomo. Più oltre,

---

I top five del centro-est
- Museum of London (p102)
- The Old Bailey (p103)
- St Bartholomew-the-Great (p103)
- St Paul's Cathedral (sopra)
- Tower of London (p110)

ST PAUL'S CATHEDRAL

PIANTERRENO
1 Statua della regina Anna
2 Portale occidentale (ingresso principale)
4 All Souls' Chapel
5 Ingresso esterno al negozio e al Crypt Café
6 Monumento ai londinesi
7 Chapel of St Dunstan
8 Monumento al duca di Wellington

11 *The Light of the World* di Holman Hunt
12 Cupola ed epitaffio di Sir Christopher Wren
15 Coro e presbiterio
16 Stalli del coro
17 Cancellate di Jean Tijou
19 Altare maggiore
20 American Memorial Chapel
21 Cancellate di Jean Tijou

22 Fotografie di St Paul's Cathedral durante la seconda guerra mondiale
24 Monumento a John Donne
25 Ingressi alla cripta
26 Ingresso alla cupola e alla Whispering Gallery
28 Chapel of St George & St Michael

CRIPTA
3 Crypt Café
9 Servizi igienici
10 Tesoro
13 Tomba di Horace Nelson
14 Tomba del duca di Wellington
18 OBE Chapel
23 Tomba di Sir Christopher Wren
27 Negozio

Non in scala

Quartieri – Il centro-est

nel centro della cattedrale, si possono ammirare gli spettacolari **coro e presbiterio**, i cui soffitti e archi sono rivestiti da uno splendido mosaico verde, blu, rosso e oro, e infine l'altare maggiore. Gli stalli del coro riccamente scolpiti, opera di Grinling Gibbons, si trovano ai due lati del coro e sono di squisita fattura, come anche le **cancellate ornamentali in ferro battuto** che separano le navate laterali dall'altare e furono eseguite da Jean Tijou (entrambi gli artisti lavorarono anche per l'Hampton Court Palace). Dopo aver girato intorno all'altare, sormontato da un imponente baldacchino in legno di quercia dorato, si può proseguire fino all'**American Memorial Chapel**, monumento alla memoria dei 28.000 soldati americani di stanza in Inghilterra che persero la vita durante la seconda guerra mondiale.

Passando al lato sud del deambulatorio, ecco il **monumento a John Donne** (1573-1631) dedicato al poeta metafisico un tempo decano di St Paul's, famoso soprattutto per i versi immortali "Nessun uomo è un'isola" e "Non mandare mai a chiedere per chi suona la campana: essa suona per te", entrambi contenuti nella stessa opera. Purtroppo la statua del poeta era nascosta dalle impalcature al momento della nostra visita, così come la vetrina con le

fotografie della cattedrale durante la seconda guerra mondiale.

Dal lato orientale dei transetti nord e sud si dipartono le scale che scendono alla cripta, al tesoro e alla cappella dell'OBE, dove si celebrano matrimoni, funerali e altre funzioni per i membri dell'Order of the British Empire. La **cripta** è dedicata a circa 300 eroi delle varie guerre, come Wellington, Florence Nightingale, Kitchener e Nelson, l'ultimo dei quali riposa direttamente sotto la cupola in un sarcofago nero. Sulle pareti della cripta si trovano lapidi in memoria dei soldati del Commonwealth che persero la vita nei vari conflitti del XX secolo.

Nella cripta si trova anche la tomba di Wren, insieme a quelle dell'architetto Edwin Lutyens e del poeta William Blake, e in una nicchia sono esposti i controversi progetti di Wren per la cattedrale e quello che fu poi realizzato. St Paul's Cathedral fu una delle 50 imprese di cui fu incaricato il famoso architetto dopo che il 'grande incendio' di Londra aveva raso al suolo buona parte della città, nonché la quinta cattedrale costruita in questo luogo; la prima sorse nel 604.

Nel **tesoro** sono esposti alcuni argenti della cattedrale e diversi tessuti ricamati, tra i quali il piviale (manto del vescovo) indossato dal decano Beryl in occasione del Giubileo del 1977, su cui sono raffigurate le guglie di 73 chiese di Londra, e la mitra abbinata. Nella cripta ci sono anche il **Crypt Café** e il ristorante **Refectory** (🕑 9-17.30 da lunedì a sabato, 10.30-17.30 domenica), e un **negozio** (🕑 9-17 da lunedì a sabato, 10.30-17 domenica).

Appena fuori del transetto nord (e cioè a sinistra, guardando la scalinata di accesso alla cattedrale) c'è un **monumento ai londinesi**, che onora la memoria dei 32.000 civili morti (e degli altri 50.000 gravemente feriti) per difendere la città e la cattedrale durante la seconda guerra mondiale.

Le visite con audioguida durano 45 minuti e costano £3,50 per adulti, oppure £3 per anziani e studenti; le visite guidate durano da un'ora e mezzo a due ore (adulti/bambini età 6-16/ anziani e studenti £2,50/1/2) e hanno inizio alle 11, 11.30, 13.30 e 14. Quasi tutte le domeniche, alle 17, nella cattedrale si svolge un recital d'organo (gratuito), mentre i concerti di musicisti famosi (adulti/ridotti £8/5,50) hanno luogo alle 18.30 del primo giovedì del mese nel periodo tra maggio e ottobre. I vespri vengono recitati alle 17 quasi tutti i giorni feriali e alle 15.15 la domenica.

GUILDHALL Cartina pp452-53

🕾 7606 3030; www.cityoflondon.gov.uk; Gresham St EC2; ingresso libero; 🕑 10-17 da maggio a settembre, 10-17 da lunedì a sabato da ottobre ad aprile; metro Bank

Situata esattamente al centro dello Square Mile, la Guildhall è stata la sede del governo della City per quasi 800 anni. L'edificio attuale fu costruito all'inizio del XV secolo, mentre dell'antico palazzo sono sopravvissuti soltanto i muri perché il resto fu gravemente danneggiato sia dal 'grande incendio' del 1666 sia dai bombardamenti del 1940. Il soffitto in pannelli di quercia, per esempio, è stato restaurato negli anni '50 da Sir Giles Gilbert Scott, l'architetto che ha progettato anche la Bankside Power Station (ovvero la galleria d'arte Tate Modern).

La prima meta della maggior parte dei visitatori è l'imponente **Great Hall**, il grande salone dove potrete vedere gli stemmi e gli stendardi delle 12 principali corporazioni di Londra (o delle più importanti corporazioni artigiane), che esercitavano un potere assoluto sulla City. Ogni anno, in questo vasto ambiente vuoto ornato da massicci candelieri e da monumenti simili a quelli delle chiese, vengono

eletti il sindaco e gli sceriffi. Spesso la sala è chiusa al pubblico, in occasione di varie altre cerimonie, perciò vi consigliamo di telefonare prima e chiedere informazioni. Le sedute del Common Council hanno luogo nella Great Hall il terzo giovedì di ogni mese (eccetto agosto) alle 13, e la Guildhall ospita anche le cene di gala per le premiazioni del Booker Prize, il più importante premio letterario inglese.

Tra i monumenti da ammirare, se la sala è aperta, ricordiamo le statue di Winston Churchill, dell'ammiraglio Horace Nelson, del duca di Wellington e dei due primi ministri Pitt, senior e junior. Nella 'galleria dei menestrelli', all'estremità ovest, si trovano le statue dei leggendari Gog e Magog, copie moderne degli originali settecenteschi distrutti durante i bombardamenti della seconda guerra mondiale. Le vetrate istoriate della Guildhall andarono anch'esse perdute a causa dei bombardamenti, ma una vetrata moderna, nell'angolo sud-orientale dell'edificio, narra la storia della città: cercate l'immagine del primo sindaco di Londra, Dick Whittington, con il suo gatto.

Sotto la Great Hall si trova la più vasta cripta medievale di Londra, ornata da 19 finestre istoriate con gli stemmi delle corporazioni artigiane, che si può visitare soltanto nel corso della **visita guidata** gratuita (🕾 7606 3030 int 1463).

Gli edifici a ovest ospitano gli uffici della Corporation of London e la **Guildhall Library** (🕾 7606 3030; Aldermanbury EC2; 🕑 9.30-16.45 da lunedì a sabato), fondata intorno al 1420 per volontà di Richard 'Dick' Whittington e suddivisa in tre sezioni: libri stampati, manoscritti e stampe, mappe e disegni. Nel medesimo palazzo ha sede anche il **Clockmakers' Company Museum** (🕾 7332 1868; Guildhall Library, Aldermanbury EC2; ingresso libero; 🕑 9.30-16.45 da lunedì a venerdì), il museo della corporazione degli orologiai dove sono esposti più di 700 orologi da polso e da parete, alcuni dei quali vecchi di 500 anni. Il museo è talvolta chiuso per un'ora o due il lunedì, perché il personale deve caricare gli orologi.

GUILDHALL ART GALLERY Cartina pp452-53

🕾 7332 3700; www.guildhall-art-gallery.org.uk; Guildhall Yard EC2; adulti/anziani e studenti/famiglie £2,80/1/5; 🕑 10-17 da lunedì a sabato, 12-16 domenica; metro Bank

Nella seconda metà del 2002 questa modesta galleria d'arte è diventata famosa in tutto il mondo perché la statua in essa esposta del primo ministro Margaret Thatcher è stata decapitata da un visitatore con una mazza da cricket (e con uno dei montanti in metallo della stessa galleria). Non sappiamo se la statua sia già stata riparata o sostituita, ma sicuramente c'è un'altra ragione per visitare il museo: nella fioca luce del seminterrato potrete vedere i ruderi dell'anfiteatro romano di Londra, o colosseo, di cui restano solamente alcuni muri in pietra accanto all'ingresso orientale; grazie al gioco di luci nere e verdi fluorescenti e ai computer, è stata realizzata un'immagine a trompe l'oeil dei sedili mancanti e del profilo degli spettatori.

È un posto fantastico per chi è rimasto affascinato da Massimo Decimo Meridio nel film *Il gladiatore*, e certamente più interessante della collezione abbastanza monotona della Corporation of London, esposta al piano superiore. La galleria si trova a est, dalla parte opposta del cortile rispetto alla Guildhall e alla chiesa di St Lawrence Jewry.

CHURCH OF ST LAWRENCE JEWRY Cartina pp452-53

☎ 7600 9478; Gresham St EC2; ingresso libero;
☺ 7.30-14.15; metro Bank

Guardando la chiesa della Corporation di London, molto ben conservata, è difficile immaginare che durante la seconda guerra mondiale fu quasi interamente rasa al suolo. Invece, con le sue immacolate pareti di alabastro e gli stucchi dorati, celebra tuttora l'ingegno di Sir Christopher Wren, che la costruì nel 1678, e dei successivi architetti che la restaurarono. Gli stemmi della City ornano la cassa dell'organo, situato sopra la porta all'estremità occidentale dell'edificio, mentre la Commonwealth Chapel accoglie le bandiere degli stati membri. Nella chiesa hanno luogo ogni lunedì le 13 concerti gratuiti di pianoforte, e alla stessa ora, il martedì, concerti d'organo.

Come suggerisce il suo nome, la chiesa un tempo faceva parte del quartiere ebraico – il cui centro era l'Old Jewry, il Vecchio Ghetto, a sud-est. Nel 1262, il quartiere fu saccheggiato e circa 500 ebrei furono uccisi durante una sommossa scoppiata come 'rappresaglia' contro un usuraio ebreo; in seguito a questo episodio, nel 1290 Edoardo I espulse nelle Fiandre l'intera comunità ebraica londinese, che farà ritorno in città soltanto alla fine del XVII secolo.

DINTORNI DI BANK Cartina pp452-53

Buona parte delle attività che si svolgono nella City sono ovviamente a porte chiuse, ma con una breve escursione nelle vie accanto alla stazione della metropolitana Bank potrete ammirare numerosi celebri edifici del mondo finanziario, politico e religioso londinese. Vicino all'uscita principale della metropolitana convergono ben sette vie piene di banche: prendete Princes St in direzione nord-ovest per raggiungere la Guildhall oppure incamminatevi a nord-est verso Threadneedle St per visitare il Bank of England Museum.

Il **Royal Exchange** (la borsa valori) è l'imponente edificio colonnato che vedrete all'in-

Quartieri – Il centro-est

Le corporazioni artigiane londinesi

Nel Medioevo la maggior parte degli artigiani faceva parte di corporazioni che organizzavano l'apprendistato ed erano una sorta di prototipo degli attuali sindacati. Le corporazioni più ricche si fecero costruire magnifici palazzi e i loro dignitari indossavano abiti di gran pregio o livree. Questi stessi dignitari potevano essere eletti come rappresentanti della corporazione, in una successione di cariche che culminava con quella di Lord Mayor (sindaco) della City of London.

Mentre le vecchie corporazioni dei mestieri oggi sono forse superate, sopravvivono invece più di un centinaio di corporazioni artigiane le cui 'eminenze' detengono ancora importanti cariche nella Court of Common Council, che gestisce la Corporation of London e quindi la City. Anche se molti palazzi delle corporazioni furono distrutti dal 'grande incendio' o dai bombardamenti del 1940-41, alcuni sono stati ricostruiti e sono tuttora edifici imponenti, benché generalmente inaccessibili. Uno dei più interessanti è la Merchant Taylors' Hall di Threadneedle St, che conserva la grande cucina in uso dal 1425. La ricca Vintners' Company occupa il vecchio palazzo di Upper Thames St, che risale alla fine del XVII secolo.

Se desiderate visitare uno dei palazzi, dovete rivolgervi al **Corporation of London Tourist Information Centre** (Cartina pp452-53; ☎ 7332 1456; www.cityoflondon.gov.uk; St Paul's Churchyard; ☺ 9.30-17 da lunedì a venerdì, 9.30-12 sabato, oppure 9.30-17 da aprile a settembre; metro St Paul's), che potrà darvi informazioni oppure procurarvi i biglietti per i palazzi delle corporazioni. Ogni anno, in febbraio, questo ufficio mette a disposizione biglietti per i palazzi dei Goldsmiths (orefici), Fishmongers (pescivendoli), Ironmongers (commercianti di ferramenta), Tallow Chandlers (fabbricanti di candele di sego), Haberdashers (merciai) e degli Skinners (conciatori), che però si esauriscono abbastanza in fretta. In alternativa è possibile visitare la Guildhall, dove gli associati si riuniscono a giugno per scegliere due sceriffi e poi di nuovo a settembre per eleggere il Lord Mayor.

crocio di Threadneedle St e Cornhill, a est: si tratta del terzo edificio sorto in questo luogo originariamente scelto nel 1564 da Thomas Gresham per fondarvi la borsa valori ed ex sede del London International Financial Futures Exchange. Oggi è un palazzo di uffici e centri commerciali, dove potrete ammirare le fantastiche linee architettoniche mentre acquistate una borsa di Prada o una camicia di Paul Smith. Nel cortile centrale si può sostare al ristorante della catena Conran **Grand Café & Bar** (p217), oppure fermarsi sulla gigantesca scalinata e ammirare il panorama della Bank of England, dalla parte opposta di Threadneedle St. Gli uffici del Futures Exchange si sono trasferiti poco più a nord-est in Threadneedle St, nel palazzo dello Stock Exchange, e non sono più aperti al pubblico.

Guardando in direzione nord dall'incrocio della stazione Bank, il panorama è monopolizzato (da sinistra a destra) dalla Tower 42 della NatWest Bank, dalla Swiss Re Tower, edificio futuristico a forma di cetriolo dove ha sede una delle assicurazioni più importanti del mondo, e dallo scintillante palazzo in acciaio inossidabile dei Lloyds of London.

Proseguendo in direzione sud-est si entra in Lombard St, che prende il nome dai banchieri italiani che gestirono i mercati monetari londinesi tra il XIII e il XVI secolo, dopo l'espulsione dei finanzieri ebrei. I grandi simboli con le date di fondazione delle banche – una cavalletta (1563), una cavalla al galoppo (1677), un gatto e un violino – furono rimossi per un certo periodo, perché erano pericolanti, e furono ricollocati al loro posto e saldamente fissati solo nel 1901, per l'incoronazione di Edoardo VII.

Nell'angolo tra Lombard St e King William St, più a sud, vedrete i due campanili gemelli di **St Mary Woolnoth** (☎ 7626 9701; ⏱ 8-17 da lunedì a venerdì), costruita nel 1717 da Hawksmoor. Unica chiesa progettata da questo architetto nella City, ha al suo interno delle colonne corinzie che anticipano la Christ Church di Spitalfields, opera dello stesso autore.

Tra King William St e Walbrook si trova la sontuosa **Mansion House** (☎ 7626 2500; www.cityoflondon.gov.uk), preceduta da un portico, che è la residenza ufficiale del sindaco di Londra e fu costruita a metà del Settecento da George Dance senior. Non è aperta al pubblico, ma prenotando si può talvolta partecipare alle visite di gruppo.

Lungo Walbrook, superata la City of London Magistrats Court, ecco **St Stephen Walbrook** (☎ 7283 4444; 39 Walbrook EC3; ⏱ 10-16

da lunedì a giovedì, 10-15 venerdì), costruita nel 1679. Quasi unanimemente considerata la più bella chiesa progettata da Sir Christopher Wren per la City, preannuncia lo stile della St Paul's Cathedral ed è un edificio indubbiamente imponente, nonché arioso e pieno di luce. Sedici pilastri con capitelli corinzi sostengono la cupola e la volta, e circondano un vasto spazio centrale oggi occupato da un grande blocco di pietra color crema, ovvero l'altare realizzato dallo scultore Henry Moore e ironicamente soprannominato 'camembert' dalla critica.

Queen Victoria St corre in direzione sudovest da Bank. Poco dopo l'imbocco della via, al n. 11, sulla sinistra e di fronte all'edificio di Temple Court, si possono ammirare i ruderi non particolarmente interessanti del **Temple of Mithras** (III secolo d.C.). Nel **Museum of London** (p102) sono esposte sculture e incensieri rinvenuti nel tempio.

A ovest di Bank c'è Poultry. Il moderno edificio all'angolo, con rivestimento di pietra a strisce gialle e rosa, è opera di Stirling Wilford (che ha progettato anche il famoso centro Lowry di Salford Quays, vicino a Manchester). Dietro il palazzo, Poultry prosegue in Cheapside, dove nel Medioevo si svolgeva un grande mercato. A sinistra si può notare un'altra bella chiesa di Wren, **St Mary-le-Bow** (☎ 7248 5139; Cheapside EC2; ⏱ 6.30-18 da lunedì a giovedì, 6.30-16 venerdì), costruita nel 1673 e famosa perché il suono delle sue campane delimitava convenzionalmente la zona 'cockney' di Londra. Il suo elegante campanile è una delle migliori opere dell'architetto, e anche le moderne vetrate istoriate sono degne di nota. Vicino alla chiesa c'è un bel caffè chiamato **Place Below** (p223).

BANK OF ENGLAND MUSEUM

Cartina pp452-53

☎ 7601 5545; www.bankofengland.co.uk; Bartholomew Lane EC2; ⏱ 10-17 da lunedì a venerdì; metro Bank

Quando Giacomo II dichiarò guerra alla Francia, nel XVII secolo, si rese ben presto conto di non avere i capitali per finanziare il suo esercito. Un mercante scozzese di nome William Paterson ebbe allora l'idea di fondare una banca con capitale azionario che potesse prestare denaro al governo e così nel 1694 nacquero la Bank of England e il concetto di debito nazionale. La banca crebbe rapidamente e si trasferì nella sede attuale nel 1734. Durante una crisi finanziaria alla fine del XVIII secolo apparve una vignetta che ritraeva l'istituzione come una vecchia macilenta dalla quale deriva probabilmente il soprannome di 'Vecchia Signora di Threadneedle St', tuttora in uso. Oggi questa istituzione ha il compito di assicurare l'integrità e il valore della sterlina e del sistema finanziario britannico. La struttura originale fu opera dell'ingegnoso Sir John Soane, ma i governatori fecero demolire la maggior parte di questa splendida banca all'inizio del XX secolo, sostituendola con un edificio molto più sobrio e lineare che però avrebbe fatto loro rimpiangere il palazzo precedente.

Il pezzo forte del museo – che esplora l'evoluzione del concetto di denaro e la storia di questa istituzione, e che non è affatto noioso come potrebbe sembrare – è la ricostruzione fatta nel dopoguerra dell'ufficio di Soane, completo di manichini in costume d'epoca dietro i banconi originali di mogano. La serie di sale che segue dopo l'ufficio è piena di oggetti, dalle fotografie alle monete, ai lingotti d'oro e ai moschetti un tempo usati per difendere la banca. Ci sono inoltre numerose mostre interattive, compresa una con la quale potrete fingere di essere un agente di cambio.

LEADENHALL MARKET Cartina pp452-53
Whittington Ave, che si dirama da Gracechurch St EC1; 7-16 da lunedì a venerdì; metro Bank
Visitare questo spazio coperto e scarsamente illuminato è come fare un piccolo salto all'indietro nel tempo, all'epoca vittoriana. Qui c'è

Leadenhall Market (sopra)

sempre stato un mercato, sin dai tempi dei romani, ma l'attuale edificio in ferro con pavimenti in acciottolato è stato realizzato alla fine del XIX secolo, e persino i ristoranti moderni e i negozi in franchising della zona decorano le loro facciate nel medesimo stile. A questo mercato si ispira la Diagon Alley di *Harry Potter e la pietra filosofale*. Per maggiori informazioni sugli articoli in vendita v. p329.

LLOYDS OF LONDON Cartina pp452-53
7623 1000; 1 Lime St EC3; metro Aldgate/Bank
Mentre all'interno di questo palazzo i broker della più famosa compagnia assicurativa del mondo stipulano polizze di ogni genere nei loro uffici, assicurando treni, aerei e navi, ma anche la vita dei cosmonauti e le gambe delle star cinematografiche, all'esterno i turisti si ammirano le condutture a vista e le scale esterne in acciaio inossidabile. Il free climber francese Alain Robert è rimasto talmente affascinato da questo edificio da scalarlo a mani nude nel 2003.

L'interesse per il palazzo dei Lloyds è tuttora vivo, nonostante dall'anno della sua costruzione, il 1986, in tutta la capitale siano sorti molti altri stupefacenti edifici moderni. Il progetto si deve a Richard Rogers, uno degli architetti che hanno ideato il Centre Pompidou di Parigi, la cui decisione di illuminare di notte la facciata con neon gialli e blu è stata considerata particolarmente geniale.

L'audace postmodernismo dei Lloyds contrasta nettamente con l'antiquato Leadenhall Market, che si trova proprio accanto. L'interno del palazzo si può intravedere solo grazie alle pareti: purtroppo, infatti, l'accesso è limitato agli impiegati e ai gruppi di professionisti del settore, che devono prenotare la visita.

MONUMENT Cartina pp452-53
7626 2717; Monument St EC3; adulti/bambini età 5-15 £2/1; 9.30-17; metro Monument
Questo gigantesco monumento è dedicato al 'grande incendio' di Londra del 1666 che, in termini di danni e di tremendo impatto psicologico, devastò letteralmente la città, anche se, fortunatamente non del disastro morirono poche persone. Da questo edificio, costruito da Sir Christopher Wren nel 1677, si godono splendide vedute di Londra. Situato leggermente più a sud-est di King William St, vicino al London Bridge, il Monument dista esattamente 60,6 m dalla panetteria di Pudding Lane dove si sviluppò l'incendio, ed è alto 60,6 m precisi.

Quartieri – Il centro-est

Per raggiungere la piattaforma panoramica, che si trova appena sotto l'urna con fiamme in bronzo dorato, dovrete salire 311 stretti scalini; scendendo, riceverete un attestato della vostra 'impresa' che vi sembrerà decisamente meritato se siete saliti fino in cima.

SWISS RE TOWER Cartina pp452-53
St Mary Axe EC3; metro Aldgate/Bank

Fino a quando l'architetto Renzo Piano non avrà costruito la sua 'torre di vetro' alta 390 m presso il London Bridge, la Swiss Re Tower resterà il grattacielo più caratteristico di Londra. Quest'edificio a forma di missile con la facciata in vetro trasparente cerchiata da strisce nere che salgono a spirale è il gigantesco ufficio dell'assicurazione svizzera: con i suoi 41 piani, non si può fare a meno di notarlo, anche se è un po' più basso del vicino NatWest Tower.

Sotto certi aspetti, questo futuristico e fantascientifico 'cetriolo' rappresenta per Londra quello che la Pudong Tower è per Shanghai, in Cina. La principale preoccupazione dei suoi costruttori è stata quella di realizzare un edificio ecologicamente compatibile. Dopo aver condotto alcune ricerche con il leggendario architetto Buckminster Fuller, Norman Foster ha progettato gli uffici in modo da formare una spirale attorno ai giardini pensili interni, per cui le finestre si possono aprire e i giardini sono utilizzati per il riciclo dell'aria, in modo che si possa tenere l'aria condizionata al minimo.

Il grattacielo sorge nel luogo dove si trovava la Baltic Exchange, distrutta da una bomba dell'IRA nel 1992. Purtroppo, il ristorante all'ultimo piano del nuovo grattacielo non sarà aperto al pubblico, ma c'è una galleria di negozi al primo piano. Se volete ammirare il palazzo in tutta la sua altezza, andate verso Whitechapel: lo vedrete bene da Whitechapel Rd.

TOWER OF LONDON Cartina pp452-53
☎ 7709 0765; www.hrp.org.uk; Tower Hill EC3; adulti/bambini età 5-15/anziani e studenti/famiglie £12/7,80/9/34; ☉ 9-18 da lunedì a sabato e 10-17 domenica da marzo a ottobre, 9-16 da martedì a sabato e 10-16 domenica e lunedì da novembre a febbraio; metro Tower Hill

'Riposa a disagio una testa che cinge una corona': questo verso tratto dall'*Enrico IV* di Shakespeare sembra assai appropriato per la Tower of London, dove Anna Bolena, moglie di re Enrico VIII, fu decapitata nel XVI secolo e dove sono tuttora conservati i gioielli della corona. Iniziato durante il regno di Guglielmo

il Conquistatore (1066-1087) e rimasto quasi immutato per almeno 600 anni, questo castello medievale ben conservato è uno dei monumenti più importanti del paese nonché una delle attrattive che i turisti considerano assolutamente da non perdere.

Ciò significa che più di due milioni di persone all'anno visitano la Tower of London: ecco due consigli per evitare le code (di solito lunghe). Anzitutto, si può acquistare il biglietto in una qualunque stazione della metropolitana (i biglietti d'ingresso sono stampati sullo stesso cartoncino rosa utilizzato per i biglietti dei trasporti e si possono acquistare il giorno stesso oppure fino a una settimana prima); in secondo luogo, è meglio visitare la Tower of London quando se ne sono andate le folle del mattino, per esempio verso le 15. Presso le biglietterie della Tower of London e di Hampton Court Palace sono in vendita comodi biglietti cumulativi.

La Tower of London è uno dei quattro monumenti di Londra dichiarati di interesse mondiale (gli altri sono Westminster Abbey, i Kew Gardens e Maritime Greenwich) ed è costituita da un gruppo di edifici. La **White Tower**, nel cuore del complesso, era un palazzo normanno, attorno al quale i sovrani Enrico III ed Edoardo I fecero costruire tra il 1190 e il 1285 **due cinte murarie**, una interna con 13 torri e l'altra esterna con cinque torri. Il fossato che un tempo circondava la cinta esterna fu prosciugato a metà del XIX secolo dopo che gli scarichi delle fogne avevano provocato epidemie di colera. Nel cortile, accanto alla White Tower, sono stati costruiti altri edifici, come la cappella in stile Tudor e diverse palazzi, sedi di musei, del XIX e XX secolo. Nell'alto Medioevo la Tower of London fu una residenza reale (ruolo che conserverà almeno fino all'inizio del XVII secolo) e sede del tesoro, della zecca, di un arsenale e di una prigione, e conserva tuttora la testimonianze di queste sue varie funzioni. Nel corso dei secoli l'edificio è stato anche teatro di loschi traffici e assassinii, incarcerazioni ed esecuzioni.

Si entra nel complesso superando il West Gate (porta ovest) e seguendo un passaggio che attraversa il fossato asciutto tra la **Middle Tower** e la **Byward Tower**. Davanti a voi si erge la **Bell Tower**, dove si trovano le campane vespertine e dove visse Tommaso Moro. L'uomo politico, autore di *Utopia*, fu infatti imprigionato nella Tower of London nel 1534, prima di essere giustiziato per aver rifiutato di accettare re Enrico VIII come nuovo capo della

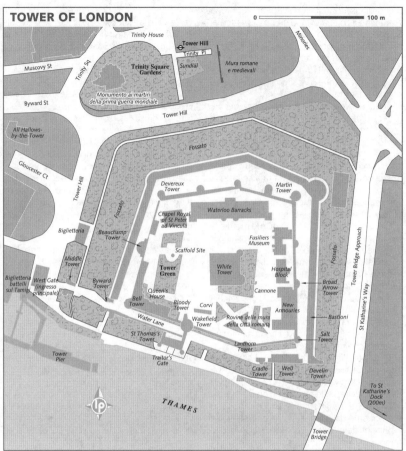

TOWER OF LONDON

0 ─────── 100 m

chiesa d'Inghilterra al posto del papa. A sinistra si possono ammirare le **finestre a battenti dell'ex Royal Mint**, la zecca reale trasferita nei nuovi edifici a nord-est del castello nel 1812.

Proseguendo oltre la Bell Tower in **Water Lane**, tra le mura, ecco la celebre **Traitors' Gate** (porta dei traditori), da dove i prigionieri giunti via fiume entravano nella Tower of London. Quest'edificio sembrerà vagamente familiare a chi abbia visto il film del 1998 *Elizabeth*, con Cate Blanchett, perché Elisabetta I, ancora principessa, arrivò alla Tower of London nello stesso modo per esservi incarcerata (il film, però, fu girato altrove).

Sopra la porta, le camere situate all'interno della **St Thomas's Tower** danno un'idea di come doveva essere il salone di Edoardo I (1272-1307) e anche di come gli archeologi stu-

diano gli edifici strato dopo strato per scoprire le tracce del passato. Di fronte alla St Thomas's Tower si erge la **Wakefield Tower**, fatta costruire da Enrico III tra il 1220 e il 1240, al cui piano superiore si accede in realtà dalla St Thomas's Tower: questa torre è più interessante della precedente perché è arredata con la copia di un trono e un gigantesco candelabro, e rende l'idea di come doveva essere un'anticamera in un palazzo medievale all'epoca di Edoardo I. Nel XV secolo, durante la 'guerra delle rose' tra le casate di Lancaster e York, Enrico VI fu quasi certamente assassinato proprio in questa torre.

Sotto, nel seminterrato della Wakefield Tower, c'è una mostra abbastanza recente dedicata al tema **Torture at the Tower** (la tortura nella torre). Pare, però, che la tortura fosse meno diffusa in Inghilterra rispetto all'Europa continentale, e la mostra è un po' superficiale: comprende infatti una ruota, un paio di manette e uno strumento per torturare i prigionieri detto 'la figlia di Scavenger'. Per raggiungere la mostra e il seminterrato della Wakefield Tower, entrate nel cortile della torre passando dall'arco situato di fronte alla Traitors' Gate.

Seguendo questo itinerario vedrete anche, al centro del cortile, la normanna **White Tower**, con le torrette ai quattro angoli e i loro segnavento dorati in cima. Questa torre conserva alcune strutture di epoca normanna, come il caminetto e il guardaroba (o gabinetto), ma è in massima parte occupata da una collezione di cannoni, fucili e armature per uomini e cavalli realizzate dalle Armerie Reali di Leeds. Tra i pezzi più interessanti segnaliamo l'armatura di Giovanni di Gaunt, alta più di due metri e la minuscola armatura per bambini realizzata per il figlioletto di Giacomo I, Enrico.

Nell'aiuola tra le torri Wakefield e White vedrete i famosi **corvi** della Tower of London: secondo una leggenda locale, se un giorno essi dovessero lasciare l'edificio la monarchia cadrebbe all'istante. Da quando questa leggenda fu narrata a Carlo II, ci sono sempre stati almeno sei corvi nella torre, con le ali tarpate in modo che non possano fuggire.

Di fronte alla Wakefield Tower e alla White Tower c'è la **Bloody Tower**, che ospita una mostra dedicata all'avventuriero di epoca elisabettiana Sir Walter Raleigh, imprigionato qui dal 1605 al 1616. La Bloody Tower ricevette il suo soprannome dalla leggenda secondo la quale i 'principi della torre', Edoardo V e il fratello minore, vi fuorno rinchiusi e assassinati per negare loro qualunque pretesa al trono. Di questo crimine si è ritenuto colpevole il loro zio Riccardo III, ma anche Enrico VII avrebbe avuto forti ragioni politiche per eliminarli.

Accanto alla Bloody Tower si trovano diverse case a graticcio bianco e nero in stile Tudor, dove abita il personale della Tower of London. La **Queen's House**, dove Anna Bolena trascorse i suoi ultimi giorni nel 1536, ospita oggi il governatore residente ed è chiusa al pubblico.

A nord della Queen's House, oltre il **Tower Green**, ecco il **patibolo**, dove in epoca Tudor furono giustiziate per decapitazione sette persone: due delle sei mogli di Enrico VIII, accusate di adulterio (Anna Bolena e Catherine Howard); la dama di compagnia di Catherine, Jane Rochford; Margaret Pole, contessa di Salisbury, discendente della casata di York; la sedicenne Lady Jane Grey, fatta giustiziare dalla figlia di Enrico, Maria I, in quanto sua rivale al trono; William, Lord Hastings; e Robert Devereux, conte di Essex, già favorito di Elisabetta I.

Queste persone furono giustiziate all'interno del complesso della Tower of London per risparmiare al monarca l'imbarazzo di un'esecuzione pubblica sulla Tower Hill, alla quale assistevano di solito migliaia di spettatori. Nel caso di Robert Devereux, forse le autorità temettero anche una rivolta popolare a favore del conte.

Dietro il patibolo si trova la **Chapel Royal of St Peter ad Vincula** (Cappella reale di San Pietro in Vincoli), raro esempio di architettura religiosa in stile Tudor e luogo di sepoltura dei prigionieri giustiziati sul patibolo oppure sulla vicina Tower Hill. Purtroppo, questa cappella si può vedere soltanto durante le visite guidate delle 16.30, perciò, se non fate già parte di un gruppo, cercate di unirvi al primo che passa; in alternativa, potete ammirarla la domenica, durante la messa delle 9.

A est della cappella e a nord della White Tower si trova l'edificio più noto di tutto il

---

Uomini… in carne

Visitando la Tower of London incontrerete gli Yeoman Warders, meglio noti come Beefeaters (mangiatori di manzo), che accompagnano i gruppi di visitatori. Questi guardiani indossano tutti i giorni costumi blu scuro (quasi nero) e rossi di epoca Tudor, mentre in occasione delle cerimonie ufficiali sfoggiano abiti vittoriani più elaborati in tessuti rosso e oro, che costano £12.000 ciascuno. I Beefeaters hanno una storia interessante e sorvegliano la torre da più di 900 anni.

Le oltre tre dozzine di Beefeaters attualmente impiegati nella Tower of London hanno tutti trascorso almeno 22 anni nell'esercito, raggiungendo il grado di sergente maggiore, e possono conservare il posto fino al compimento dei 60 anni e vivere entro i confini della torre con le loro famiglie. Oltre a guidare le visite al complesso, arricchendole di aneddoti divertenti, tutte le sere danno vita all'antica Ceremony of the Keys (cerimonia delle chiavi) chiudendo le porte della Tower of London e riponendo le chiavi nella Queen's House.

Nel XVII secolo i Beefeaters ricevevano una razione quotidiana di manzo e birra: siccome il manzo era un lusso inaccessibile ai poveri, erano molto invidiati dal popolo, che diede loro il soprannome ancora oggi utilizzato.

complesso: Waterloo Barracks (caserma di Waterloo), sede dei **gioielli della corona**. Oltre ai filmati dell'incoronazione della regina Elisabetta II e ai video di alcuni dei pezzi più importanti della collezione, nel sotterraneo sono esposti scettri, mantelli, piatti, globi e ovviamente corone, come l'Imperial State Crown, del valore di 27,5 milioni di sterline e tempestata di diamanti (2868 per la precisione), zaffiri, smeraldi, rubini e perle, e la corona di platino dell'ultima regina madre, Elisabetta, che monta il famosissimo diamante Koh-i-Noor (montagna di luce) da 105 carati. Avvolto nel mito e nella leggenda, questo diamante del XIV secolo è stato reclamato dall'India e dall'Afghanistan e pare che conferisca enormi poteri a chi lo possiede, se persona di sesso femminile, e porti invece a una tragica morte se il proprietario è di sesso maschile.

Il **Fusiliers Museum**, a est della Waterloo Barracks, è gestito dal Royal Regiment of Fusiliers, che fa pagare un biglietto d'ingresso simbolico. Questo museo illustra la storia del corpo dei Fucilieri Reali, istituito nel 1685, ed espone i modellini di varie battaglie. Un video della durata di 10 minuti fornisce informazioni dettagliate sul moderno reggimento.

La **New Armouries** in mattoni rossi, che si trova nell'angolo sud-orientale del cortile interno, espone vari tipi di oggetti, tra cui riproduzioni della Royal Menagerie (il 'serraglio reale', spostato nel 1834 per diventare il primo nucleo del London Zoo) e un elenco dei prigionieri famosi della torre, da Ranulf Flambard, vescovo di Durham nel 1100, al 'delfino' di Hitler, Rudolf Hess, nel 1941.

La Tower of London offre numerose altre attrattive, tra cui chiese, negozi e un ristorante all'interno del complesso, nonché la possibilità di visitare i bastioni interni. La cosiddetta **Wall Walk** (passeggiata sulle mura) inizia dalla ducentesca **Salt Tower**, probabilmente utilizzata come magazzino di salnitro per fabbricare la polvere da sparo, e termina alla **Martin Tower**, che ospita una mostra dedicata alle cerimonie di incoronazione: qui potrete vedere alcune corone molto antiche, fabbricate in modo che le gemme potessero essere asportate. La corona più antica è quella di Giorgio I, alla cui sommità si trovano il globo e la croce provenienti dalla corona di Giacomo II. Nel 1671 il colonnello Thomas Blood, travestito da sacerdote, tentò di rubare i gioielli della corona che allora erano custoditi nella Martin Tower.

Le **visite guidate** di un'ora, condotte dagli Yeoman Warders (i guardiani della Tower of London), sono piuttosto interessanti perché narrano vari aneddoti sulla vita del complesso. Queste visite partono tutti i giorni dalla Middle Tower ogni 30 minuti dalle 9.30 (domenica dalle 10 in poi) alle 15.30 (14.30 in inverno). Ai guardiani sono inoltre affidate otto brevi presentazioni (35 minuti) e le visite guidate (45 minuti) su temi specifici: la prima si svolge alle 9.30 da lunedì a sabato (domenica alle 10.15 in estate, alle 11.30 in inverno), l'ultima alle 17.15 (15 in inverno). Infine, per chi vuole visitare la Tower of London da solo, al punto informazioni di Water Lane sono disponibili audioguide in cinque lingue diverse al costo di £3.

DINTORNI DELLA TOWER OF LONDON Cartina pp452-53

Benché la Tower of London sia considerata patrimonio dell'umanità, la zona situata immediatamente a nord del complesso è abbastanza deludente, soprattutto perché negli ultimi anni è stata una specie di enorme cantiere. Appena fuori della stazione della metropolitana Tower Hill, una gigantesca meridiana di bronzo illustra la storia di Londra dal 43 d.C. al 1982: la meridiana è situata su una piattaforma dalla quale si gode un bel panorama dei vicini **Trinity Square Gardens**, dove un tempo si trovava il patibolo e oggi ha sede il monumento ai marinai della marina mercantile e militare che persero la vita durante la prima guerra mondiale (opera di Edwin Lutyens). Nel prato vicino alla scalinata che porta a un sottopasso sotto la strada principale ci sono alcuni tratti di **mura medievali** costruite su fondamenta romane e, di fronte, una moderna statua dell'imperatore Traiano (regnante dal 98 al 117 d.C.). Dall'altra parte del tunnel si trova una posterla (o cancello) risalente al XIII secolo.

ALL HALLOWS-BY-THE-TOWER
Cartina pp452-53

☎ 7481 2928; Byward St EC3; ingresso libero;
🕐 9-17.45 da lunedì a venerdì, 10-17 sabato e domenica; metro Tower Hill

All-Hallows è la chiesa dove Samuel Pepys, autore di un celebre diario, scrisse nel 1666 le sue osservazioni sul 'grande incendio' di Londra che stava divampando nei pressi. Si tratta di un edificio abbastanza bello, ricostruito dopo la seconda guerra mondiale. Presenta una guglia di rame aggiunta nel 1957 perché la chiesa spiccasse maggiormente, un pulpito proveniente da una chiesa di Sir Christopher Wren costruita in Cannon St e distrutta durante la guerra, uno splendido fonte battesimale del

XVII secolo eseguito dal maestro Grinling Gibbons, e alcuni interessanti vessilli moderni.

Una chiesa denominata All-Hallows (Ognissanti) esisteva in questo luogo già nel 675, e la parte meglio conservata di questo antico edificio è indubbiamente il suggestivo ambiente sotterraneo di epoca sassone, detto **cripta** (ingresso £3; 🕒 10-16 da lunedì a sabato, 13-16 domenica), dove si possono ammirare il pavimento in piastrelle romane e le pareti della chiesa sassone del VII secolo, oltre a monete e a reperti di storia locale.

William Penn, fondatore della Pennsylvania, fu battezzato qui nel 1644 e nella cripta si trova un monumento a lui dedicato. John Quincy Adams, sesto presidente degli Stati Uniti, si sposò ad All-Hallows nel 1797.

È disponibile un'audioguida (45 minuti; è richiesta un'offerta). Nel **centro dei ricalchi** (🕒 11-16 da lunedì a sabato, 14-16 domenica) si spendono da £2 a £5 per il ricalco di un bassorilievo o di un'iscrizione tombale.

TOWER BRIDGE Cartina pp452-53
metro Tower Hill

Icona-simbolo di Londra che tutti gli studenti del mondo sono in grado di riconoscere, il Tower Bridge non delude mai, con le sue torri neogotiche e i suoi puntoni di colore blu.

Tower Bridge (sopra)

Costruito nel 1894 nella zona est di Londra, dove era diventato assolutamente necessario, fu dotato di un meccanismo basculante assai ingegnoso per l'epoca che permetteva il passaggio delle navi in tre minuti. Benché il periodo glorioso del porto di Londra sia ormai tramontato, il ponte levatoio viene ancora alzato circa 500 volte all'anno e ben 10 volte al giorno in estate (per informazioni ☎ 7940 3984).

L'imperdibile **Tower Bridge Experience** (☎ 7940 3985; www.towerbridge.org.uk; adulti/bambini inferiori a 5/anziani, studenti e bambini età 5-15/famiglie £4,5/gratuito/3/9,50-19; 🕒 10-18 da aprile a ottobre, 10.30-18 da novembre a marzo) narra la storia del ponte: anche se non siete particolarmente interessati all'argomento, è comunque piacevole dare un'occhiata all'interno della struttura e affacciarsi dalle sue finestre con vista sul Tamigi.

HOXTON, SHOREDITCH E SPITALFIELDS

Il più celebre e spontaneo esempio di rigenerazione urbana londinese ha avuto luogo in questa zona a partire dall'inizio degli anni '90 del XX secolo, quando artisti e musicisti hanno iniziato a trasferirsi nei magazzini abbandonati di questa zona del centro di Londra rimasta a lungo dimenticata. Poco per volta, sono state aperte numerose gallerie d'arte e piccoli atelier di stilisti, alle quali si sono aggiunti, durante il boom della fine degli anni '90, professionisti del settore finanziario e delle nuove aziende di telecomunicazioni, oltre a bar e ristoranti, il che ha ovviamente comportato un notevole aumento dei prezzi degli immobili.

'Hoxditch', 'Shoho', 'Hip Square Mile': non sono che alcuni dei molti diminutivi pretenziosi coniati per il crogiolo della cosiddetta Britart, che sta continuando a mietere successi. Molto tempo dopo l'inaugurazione del leggendario locale notturno Blue Note (dove si trova adesso il bar Bluu; p260), luoghi di ritrovo sul genere di Vibe Bar, 93 Feet East e Cargo portano avanti la loro battaglia a favore della musica d'avanguardia e sono frequentati da artisti come Tracey Emin e Gary Hume. La galleria d'arte White Cube di Jay Jopling, dal canto suo, gode ormai di una fama consolidata. Sebbene nella zona esistano anche alcune attrattive turistiche 'tradizionali', la risposta londinese al Greenwich Village di New York si frequenta soprattutto per i bar e i ristoranti, per lo shopping e per respirare la sua atmosfera trendy.

WHITE CUBE GALLERY Cartina pp440-41

☎ 7930 5373; www.whitecube.com; 48 Hoxton Sq N1; ingresso libero; ⏱ 10-18 da martedì a sabato; metro Old Street

Insieme a Charles Saatchi, proprietario della Saatchi Gallery (p140), Jay Jopling della White Cube Gallery ha portato all'attenzione del pubblico la cosiddetta Britart (p47 per maggiori informazioni sull'argomento). Jopling ha lavorato con il giovane Damien Hirst prima che comparisse sulla scena Saatchi, e ha inoltre esposto le opere dello scultore Antony Gormley, autore della gigantesca opera *Angel of the North* (*Angelo del Nord*) di Gateshead, e sposato l'artista Sam Taylor-Wood. Oggi fa parte del 'new establishment' inglese e ha ristrutturato la sua White Cube (la galleria originale si trovava in St James ma è stata chiusa) aggiungendovi due nuovi piani. La White Cube differisce dalla Saatchi Gallery in quanto si tratta di un luogo che i collezionisti frequentano per acquistare effettivamente delle opere; grazie alle mostre dedicate a Damien Hirst, Tracey Emin e ad altri artisti meno noti, però, può essere visitata semplicemente per ammirare le opere che espone.

GEFFRYE MUSEUM Cartina pp440-41

☎ 7739 9893; www.geffrye-museum.org.uk; 136 Kingsland Rd E2; ingresso con offerta; ⏱ 10-17 da martedì a sabato, 12-17 domenica; metro Old Street, poi autobus n. 243, oppure treno Dalston Kingsland

In questo museo sono esposti numerosi interni domestici: quasi tutte le camere vantano arredi d'epoca e sono sistemate in pittoreschi ricoveri per anziani del XVIII secolo, coperti di edera e simili agli ambienti descritti da Jane Austen nei suoi romanzi. All'interno del museo si sviluppa una storia in ordine cronologico dell'arredamento domestico: percorrendo il lungo corridoio ci si può fare un'idea di come vivevano le classi medie dall'epoca elisabettiana alla fine del XIX secolo.

I 14 ricoveri furono costruiti per ospitare gli anziani bisognosi, grazie ai fondi donati da Robert Geffrye, sindaco di Londra alla fine del XVI secolo. Fu proprio la presenza nel quartiere di numerosi mobilieri e commercianti del settore che ispirò la trasformazione di questi edifici in una specie di museo nel 1914.

La nuova sezione del museo (1998), in stile postmoderno, prosegue sullo stesso tema, con diversi ambienti del XX secolo: un appartamento degli anni '30, una camera in stile anni '50 e un magazzino trasformato in abitazione negli anni '90. Ci sono inoltre una galleria per mostre temporanee, un centro di design, un negozio e un ristorante.

Un'acquisizione recente è lo splendido restauro di un **antico interno di ricovero per anziani** (adulti/bambini minori di 16 £2/gratuito), nel quale è particolarmente degna di nota la cura assoluta del particolare, a partire dal quotidiano d'epoca lasciato aperto sul tavolo della colazione (anche il vaso di gusto contemporaneo sembra essere del medesimo periodo). Questo piccolo locale è aperto soltanto in certi weekend dell'anno e per un numero limitato di persone, perciò vi consigliamo di consultare il sito web del museo o di telefonare per informazioni. Il delizioso orto del museo, infine, ospita speciali manifestazioni dedicate al giardinaggio.

DENNIS SEVERS' HOUSE Cartina pp452-53

☎ 7247 4013; www.dennissevershouse.co.uk; 18 Folgate St; ingresso domenica/lunedì/lunedì sera £8/5/12; ⏱ 12-14 prima e terza domenica del mese, 12-14 il lunedì seguente la prima e terza domenica del mese, tutti i lunedì sera (orari variabili); metro Liverpool St

Questo insolito palazzo prende il nome da un eccentrico americano che lo fece restaurare, trasformando la propria abitazione in ciò che amava chiamare 'teatro dal vivo', ma che potremmo anche definire in parte come opera lirica e in parte come una detective story. I visitatori si troveranno nella casa di una famiglia di tessitori di seta ugonotti (molto numerose nella zona di Spitalfields durante il XVIII secolo): negli interni in stile georgiano splendidamente restaurati, con pasti e bevande abbandonati a metà e lenzuola sgualcite, i profumi della cucina e il cigolìo dei pavimenti in legno. Divertente e originale di giorno, questo museo offre un'esperienza ancora più memorabile con le visite guidate a lume di candela 'Silent Night', che si svolgono tutti i lunedì sera e per le quali è indispensabile la prenotazione.

SPITALFIELDS MARKET Cartina pp452-53

Grazie alla sua vicinanza a Hoxton e Shoreditch, questo mercato domenicale è sempre sulla cresta dell'onda e ospita giovani stilisti e produttori di mobili e utensili trendy. Venerdì e sabato troverete in vendita anche prodotti biologici; v. p329 per maggiori informazioni.

DINTORNI DI SPITALFIELDS

Cartina pp452-53

La Dennis Severs' House (p115) non è l'unica bella casa georgiana di Folgate St, a nord del mercato di Spitalfields; in tutta la via, infatti, si affacciano antiche residenze un tempo abitate dagli ugonotti protestanti sfuggiti alle persecuzioni religiose in Francia e insediatisi in questo quartiere all'inizio del XVII secolo. Questi profughi portarono con sé la loro attività di abili tessitori di seta e la loro presenza in zona è tuttora ricordata nei nomi delle vie, come Fleur-de-Lis St e Nantes Passage.

Di fronte al mercato, in diagonale e all'incrocio tra Commercial St e Fournier St, si trova la **Christ Church, Spitalfields** (☎ 7247 7202), frequentata in passato da numerosi tessitori. La sua magnifica struttura in stile 'barocco inglese', con la slanciata guglia che svetta dal portico appoggiato alle quattro grandi colonne in stile tuscanico, fu progettata da Nicholas Hawksmoor e portata a termine nel 1729. Osservando di sera la suggestiva sagoma della chiesa, inizierete a comprendere perché Hawksmoor si guadagnò una fama diabolica (v.

la lettura sotto). Al momento la chiesa è in corso di restauro ed è inaccessibile.

Anche in Fournier St si trovano numerose case georgiane restaurate, ma proseguendo lungo la via troverete un edificio particolare e dalla lunga storia: prima che la **Great Mosque** (grande moschea) diventasse nel 1975 un luogo di culto islamico, qui si trovava una sinagoga per i profughi ebrei giunti dalla Russia e dall'Europa centrale; ma ancora più indietro nel tempo, l'edificio si chiamava Nuova Chiesa Francese e accolse le preghiere degli ugonotti dal 1743 al 1899.

BRICK LANE Cartina pp452-53

Immortalata in un divertente e fortunatissimo romanzo di Monica Ali (la nuova Zadie Smith), Brick Lane è la via più animata della dinamica comunità bengalese che vive nella zona soprannominata Banglatown: una lunga processione di locali che vendono curry e balti, intercalati a negozi di sari e tessuti, alimentari indiani e cianfrusaglie etniche. Purtroppo, l'ottima qualità del curry cucinato nei locali della zona è ormai un lontano ricordo, per cui forse

Chiese sataniche?

Mentre vi dirigete di notte verso Brick Lane dalla stazione di Liverpool Street, magari per andare a mangiare un curry oppure per incontrare gli amici al Vibe Bar o al 93 Feet East, improvvisamente vi si parerà davanti in Brushfield St la Christ Church, Spitalfields, progettata dall'architetto Nicholas Hawksmoor. Costruita nel 1714 e ritenuta il capolavoro dell'architetto, ha una massiccia torre e un'alta guglia che la rendono decisamente imponente, ma anche innegabilmente lugubre. L'impressione è accentuata dal fatto che sorge sul luogo dove si trovava un cimitero romano.

Stranamente, attorno alla figura di Hawksmoor (1661-1736), braccio destro di Sir Christopher Wren nella ricostruzione delle chiese di Londra per vari decenni dopo il 'grande incendio' del 1666 ('l'anno della bestia'!), si è intessuta una vera e propria trama di dicerie. Continua infatti a circolare la voce secondo la quale le sue chiese dimostrerebbero il fatto che fosse un adoratore del demonio, senza che esista tuttavia alcuna prova in merito.

Fu Iain Sinclair – ex giardiniere del complesso di Christ Church – a mantenere vivo l'interesse per la questione, prendendo in esame, nel suo libro del 1975 intitolato *Lud Heat: A Book of Dead Hamlets*, lo schema occulto dei luoghi dove furono costruite le chiese di Hawksmoor. Tale schema, secondo l'autore, formerebbe un triangolo comprendente la Christ Church, St George-in-the-East e St Anne's, Limehouse: aggiungendovi anche St George's, Bloomsbury e St Alfege a Greenwich diventerebbe una stella a cinque punte.

Sinclair ha citato anche le finestre di Christ Church – piccole feritoie situate sopra aperture strette e lunghe – che ritiene essere simboli sessuali. Quattro anni dopo, il professor Kerry Downes, nella sua pubblicazione accademica *Hawksmoor*, ha anch'egli fatto osservare come certi espedienti formali utilizzati dall'architetto siano stati identificati soltanto grazie all'esplorazione dell'inconscio avvenuta nel XX secolo.

Dopo Sinclair e Downes, lo scrittore Peter Ackroyd ha ulteriormente alimentato le dicerie su Hawksmoor con il suo romanzo del 1985 *Hawksmoor*, nel quale un immaginario architetto (discepolo di Sir Christopher Wren) inserisce nella pianta delle sue chiese simbolismi che alludono a sacrifici umani. Nel 1999 la favola delle chiese sataniche ha raggiunto anche il mondo dei fumetti, e in *From Hell* Alan Moore ha avanzato l'ipotesi che il grande ispiratore di Hawksmoor, Vitruvio, fosse un seguace del dio pagano Dioniso.

Questi racconti diabolici sono alquanto bizzarri, ma lasciando galoppare la fantasia vi si possono leggere moltissime informazioni interessanti sulle splendide chiese di Hawksmoor. Perché, per esempio, nella St Anne's Church si trova il simbolo pagano della piramide? E perché fu consacrata solo sei anni dopo essere stata terminata? Forse fu una punizione divina il fulmine che colpì la Christ Church, Spitalfields, nel 1841?

farete meglio a provare la cucina indiana di Whitechapel (p233) o Tooting (p222). Ristoratori a parte, quasi tutta la comunità bengalese del quartiere lavora nel settore tessile, come i loro predecessori ugonotti.

Subito dopo Hanbury St si trova la **Old Truman's Brewery**, che fu la più grande ditta produttrice di birra londinese. La Director's House (casa del direttore), a sinistra, fu costruita intorno al 1740; l'antica Vat House (dove si trovavano i tini per la fermentazione) dalla parte opposta della strada ha un campanile esagonale e risale ai primi dell'Ottocento; l'Engineer's House (casa dell'ingegnere), accanto alla precedente, fu costruita a partire dal 1830. La fabbrica, che terminò la produzione di birra nel 1989, è stata restaurata negli anni '90 del XX secolo per accogliere varie ditte indipendenti come la casa discografica Acid Jazz e la rivista musicale *Blues & Soul* (vi abita anche il musicista Talvin Singh), insieme a numerosi negozietti, un bar/caffetteria alla moda, il **Vibe Bar** (p262) e un centro d'arte.

CLERKENWELL E ISLINGTON

Sede dei locali londinesi di tendenza e dei professionisti alla moda, Clerkenwell vanta anche qualche attrattiva turistica nei pressi di Exmouth Market, in Charterhouse St e in Clerkenwell Green. A pochi minuti dall'indirizzo 14-16 di Farringdon Lane, dove per conto dei Parish Clerks of London (chierici di Londra) nel XII secolo si mettevano in scena le rappresentazioni sacre, troverete la sede dell'importante quotidiano liberale *Guardian,* decine di studi di architetti, nuove aziende del settore delle comunicazioni, gioiellieri, appartamenti in loft, e il solito corollario di ristoranti, bar e locali notturni. Islington è un pretenzioso quartiere della classe medio-alta, sinonimo di centro-sinistra nel nuovo progetto politico del 'New Labour'. Da quando il primo ministro Tony Blair e molti professionisti di idee liberal hanno restaurato le case georgiane del quartiere, 'Islington' è diventato un termine abusato nei quotidiani. Questa zona è frequentata soprattutto di sera, e Upper St, in modo particolare, è piena di ristoranti etnici e di bar molto animati. Di giorno, si consiglia di visitare la Estorick Collection oppure di seguire la traccia dei riferimenti letterari del quartiere. George Orwell, per esempio, abitava al 27 di Canonbury Square quando

pubblicò *La fattoria degli animali* nel 1945, mentre il commediografo Joe Orton visse per sette anni al 25 di Noel Rd negli anni '60 del XX secolo.

ST JOHN'S GATE Cartina pp446-47
metro Farringdon

Questa porta medievale che sovrasta St John's Lane risale all'inizio del XVI secolo e fu pesantemente restaurata 300 anni dopo. I Cavalieri di San Giovanni di Gerusalemme, soldati che si erano incaricati di soccorrere i feriti durante le crociate, fondarono un priorato a Clerkenwell che originariamente si estendeva su quattro ettari. La porta fu costruita nel 1504 come sontuoso ingresso alla chiesa di St John's Clerkenwell in St John's Square. La chiesa aveva una navata rotonda come la Temple Church, e all'esterno si possono ancora identificare alcune tracce delle fondamenta in mattoni.

L'edificio fu in gran parte demolito tra il 1536 e il 1540, quando Enrico VIII ordinò la soppressione di tutti i monasteri del paese, ma la porta è giunta fino ai giorni nostri, anche se tra alterne vicende, non da ultimo quella di essere trasformata in un caffè per latinisti, gestito senza molto successo dal padre di William Hogarth durante il regno della regina Anna. I restauri furono eseguiti nel XIX secolo, nel periodo in cui l'edificio ospitò la Old Jerusalem Tavern.

ORDER OF ST JOHN MUSEUM
Cartina pp446-47

☎ 7324 4005; St John's Lane EC1; ingresso libero;
🕐 10-17 da lunedì a venerdì, 10-16 sabato;
metro Farringdon

All'interno della St John's Gate si trova il piccolo Order of St John Museum, che narra la storia dei Cavalieri di San Giovanni, delle loro proprietà sparse per il mondo e dei loro successori, ovvero i membri del moderno British Order of St John e dell'associazione St John Ambulance.

Per godervi il museo al meglio, cercate di arrivare entro le 11 o le 14.30 martedì, venerdì o sabato per partecipare alla **visita guidata** (adulti/anziani e studenti £5/3,50) dei resti dell'antica chiesa restaurata, che comprendono la bella cripta normanna con il massiccio monumento in alabastro di un cavaliere castigliano (1575), un altro monumento alquanto malridotto che raffigura l'ultimo priore William Weston in forma di scheletro avvolto nel sudario e la vetrata istoriata che illustra i principali protagonisti della storia dell'ordine. Si può visitare anche la Chapter Hall, dove ogni tre mesi si riunisce il capitolo generale dell'ordine.

CHARTERHOUSE Cartina pp446-47

☎ 7251 5002; Charterhouse Sq EC1; ingresso £3;
🕑 visite guidate 14.15 mercoledì da aprile a luglio; metro Barbican/Farringdon

Dovrete prenotare quasi un anno prima per visitare questo ex monastero certosino, la cui principale attrattiva è il salone in stile Tudor con un soffitto restaurato di travi a vista. Le visite guidate estive di due ore iniziano dalla porta trecentesca di Charterhouse Square, poi attraversano la Preachers' Court (con tre celle originali dei monaci lungo il muro occidentale del complesso), la Master's Court, la Great Hall e la Great Chamber, dove la regina Elisabetta I soggiornò in numerose occasioni.

Fondato nel 1371, il monastero fu confiscato da Enrico VIII nel 1537, in seguito acquistato dal filantropo Thomas Sutton nel 1611 e successivamente trasformato in scuola per i poveri fino al 1872. Oggi ospita una trentina di pensionanti che conducono le visite guidate.

KARL MARX MEMORIAL LIBRARY Cartina pp446-47

☎ 7253 1485; www.marxmemoriallibrary.sageweb .co.uk; 37a Clerkenwell Green EC1; ingresso libero;
🕑 13-18 da lunedì a giovedì, 13-20 mercoledì, 10-13 sabato; metro Farringdon

La storia di Clerkenwell è legata agli ideali politici radicali. Zona di bassifondi in epoca vittoriana (i cosiddetti Rookery), nel XIX secolo ha accolto soprattutto immigrati italiani. Qui visse il rivoluzionario Mazzini e nel 1836 vi passò pure Garibaldi. Nel 1902-03 Lenin diresse il quotidiano *Iskra* (*Scintilla*) da questa biblioteca, che ancora ne conserva alcune copie insieme a numerosi altri testi di ispirazione socialista. Chi non è iscritto alla biblioteca può comunque visitarla tra le 13 e le 14, ma per frequentarla abitualmente o prendere in prestito i libri occorre tesserarsi (£11 all'anno).

ESTORICK COLLECTION OF MODERN ITALIAN ART Cartina pp440-41

☎ 7704 9522; www.estorickcollection.com;
39a Canonbury Sq N1, ingresso in Canonbury Rd;
adulti/ridotti £3,5/2,50; 🕑 11-18 da mercoledì a sabato, 12-17 domenica; metro Highbury e Islington

Ospitata in una casa georgiana dichiarata monumento nazionale, la Estorick Collection è dedicata in modo particolare al Futurismo italiano del XX secolo ed espone opere di grandi artisti come Giacomo Balla, Umberto Boccioni, Gino Severini e Ardengo Soffici. Questa collezione di dipinti, disegni, schizzi e sculture, raccolta dallo scrittore e mercante d'arte americano Eric Estorick e dalla moglie Salomé, comprende anche disegni e dipinti dell'ancor più famoso Amedeo Modigliani. Le mostre sono organizzate con particolare cura e si concentrano generalmente sul Divisionismo italiano o sulla collezione di manifesti di famosi film italiani. Il museo ha anche una biblioteca ben fornita, un caffè e un negozio.

IL CENTRO-SUD

Pasti p223; Pernottamento p340; Shopping p318

MAYFAIR E ST JAMES'S

Tecnicamente questa zona fa parte del West End ma è più simile come atmosfera al centro-sud londinese: a Mayfair e St James's vivono infatti le classi più abbienti. St James's è un insieme di esclusivi club per gentlemen, negozi storici e palazzi eleganti, e nei suoi 36 ettari si trovano circa 150 edifici di importanza storica rilevante. Nonostante lo spiccato sviluppo in senso commerciale della zona, il suo elitarismo è rimasto praticamente intatto.

Immediatamente a sud di St James's si trova ciò che rende questa zona tanto esclusiva, sede della Londra reale e mecca dei so-

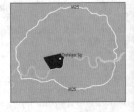

stenitori della corona inglese di tutto il Commonwealth: qui il sontuoso viale cerimoniale del Pall Mall – che prende il nome dal gioco simile al croquet con cui si dilettavano, proprio in questa zona, Carlo II e la sua corte – sfila accanto all'affascinante St James's Park fino a Buckingham Palace e al viale carrozzabile usato dalla regina. Questo quartiere iniziò a prendere forma nel XVII secolo, quando Carlo II trasferì la sua corte a St James's Palace e i nobili londinesi seguirono il suo esempio. Le belle piazze georgiane

– Berkeley, Hanover e Grosvenor – furono costruite nel secolo seguente, epoca in cui St James's era ormai quasi del tutto abitato. Verso il 1900 questa era la zona più alla moda di Londra, brulicante di teatri, ristoranti e negozi raffinati. Savile Row è tuttora la via dove si vestono i gentlemen, mentre le due Bond St (vecchia e nuova) sono la meta delle signore in cerca di gioielli e Cork St il posto giusto per trovare costose opere d'arte. Alcuni residenti non hanno apprezzato i cambiamenti del quartiere e si sono trasferiti altrove, lasciando il posto ad aziende, uffici e ambasciate. Su Grosvenor Square campeggia l'ambasciata americana, con al centro una statua di Franklin D. Roosevelt.

Mayfair è il quartiere più caro di Londra e si trova a ovest di Regent St. Nell'angolo sud-orientale, adiacente ad Hyde Park e vicino al sito dove aveva luogo l'animatissima fiera dalla quale la zona ha preso il nome, c'è lo Shepherd's Market. La fiera fu bandita nel 1730 e oggi il nucleo più antico di Mayfair è una minuscola enclave di pub e bistrot.

L'incantevole Piccadilly divide in due Mayfair e St James's: lungo questa via troverete le icone del 'bel mondo' londinese, come Fortnum & Mason, il Ritz e la Royal Academy.

Buckingham Palace (sopra)

BUCKINGHAM PALACE Cartina pp446-47

☎ 7839 1377 o 7321 2233 per prenotazioni con carta di credito; www.the-royal-collection.org.uk; SW1; adulti/bambini/ridotti £12/6/10 (biglietti in vendita al chiosco di Green Park); ⏰ 9.30-16.30 dai primi di agosto a settembre (biglietti a tempo con ingresso ogni 15 min); metro St James's Park/Victoria/Green Park

Costruito nel 1705 come Buckingham House per l'omonimo duca, questo palazzo è la residenza londinese della famiglia reale dal 1837, quando St James's Palace fu giudicato troppo antiquato e non abbastanza imponente. È assai difficile non notare questo vasto palazzo, anche se per osservarlo meglio si consiglia di fermarsi in fondo al Mall, nel punto in cui St James's Park e Green Park convergono a formare una grande rotonda su cui domina il **Queen Victoria Memorial**, alto 25 m.

Dopo una serie di scandali e rivelazioni imbarazzanti che l'hanno coinvolta all'inizio degli anni '90, la famiglia reale sta facendo del suo meglio per riguadagnarsi il sostegno popolare. Tra le varie iniziative intraprese a questo proposito, c'è l'apertura per la prima volta al pubblico di alcune stanze (solo 19 su 661) del palazzo reale più importante nei mesi di agosto e settembre, quando la regina va in vacanza in Scozia.

La visita guidata inizia dalla Guard Room, troppo piccola per la Ceremonial Guard che è invece schierata nelle sale adiacenti; prosegue verso la State Dining Room (la sala da pranzo di gala, con damaschi rossi e arredi da fiaba); quindi si giunge nella Blue Drawing Room, il salotto blu che ha uno splendido soffitto scanalato opera di John Nash e nella White Drawing Room, il salotto bianco dove si ricevono gli ambasciatori stranieri; infine si raggiunge la Ballroom, la sala da ballo dove si svolgono i ricevimenti ufficiali e i banchetti di stato. La più affascinante è la Throne Room, con i troni rosa del re e della regina (siglati 'ER' e 'P') sistemati in bell'ordine sotto una specie di scenografia teatrale.

La parte più interessante della visita è la Picture Gallery lunga 76,5 m dove sono esposti splendidi dipinti di artisti del calibro di Van Dyck, Rembrandt, Canaletto, Poussin, Canova e Vermeer, anche se alla National Gallery potrete vedere molte più opere degli stessi artisti senza spendere nulla.

CAMBIO DELLA GUARDIA Cartina pp446-47

Buckingham Palace, SW1; ⏰ 11.30 da aprile a luglio e a giorni alterni, tempo permettendo, da agosto a marzo; metro St James's Park/Victoria

Non dovete assolutamente perdervelo, anche se forse, alla fine, vi chiederete perché se ne parli tanto. La guardia (Foot Guards of the

Household Regiment), che ha finito il proprio turno, smonta e viene sostituita da quella che subentra sul piazzale antistante a Buckingham Palace, offrendo ai turisti l'occasione di ammirare (spesso in mezzo a una vera e propria folla) le sgargianti uniformi rosse e i colbacchi di pelle d'orso dei soldati, che marciano urlando per una buona mezz'ora. Il nome ufficiale della cerimonia è Guard Mounting (p129).

QUEEN'S GALLERY Cartina pp446-47

☎ 7839 1377, prenotazioni con carta di credito 7766 7301; www.the-royal-collection.org.uk; ala sud di Buckingham Palace, ingresso Buckingham Gate; adulti/bambini/ridotti £6,50/3/5; ◷ 10-17.30; metro St James's Park/Victoria

Le opere esposte in questo museo rappresentano più di cinque secoli di gusto dei reali inglesi, e spaziano dai dipinti alle sculture, alle ceramiche, ai mobili e ai gioielli. Le mostre si susseguono regolarmente in questa splendida galleria, progettata da Nash come serra e poi trasformata in cappella per la regina Vittoria nel 1843, distrutta da un bombardamento aereo nel 1940 e riaperta al pubblico nella forma attuale nel 1962. A seguito della ristrutturazione (costata 20 milioni di sterline) in occasione del Golden Jubilee del 2002, è stato ampliato l'ingresso, aggiunto un portico in stile dorico e un centro multimediale, e infine triplicato lo spazio espositivo a disposizione.

ROYAL MEWS Cartina pp446-47

☎ 7766 7302; www.the-royal-collection.org.uk; Buckingham Palace Rd SW1; adulti/bambini/ridotti £5/2,50/4; ◷ 11-16 da marzo a luglio, 10-17 da agosto a settembre; metro Victoria

A sud del palazzo, le scuderie note come Royal Mews furono originariamente progettate come falconerie, ma oggi ospitano i sontuosi veicoli utilizzati dai sovrani per le cerimonie ufficiali. Particolarmente interessanti sono la splendida carrozza dorata del 1762, usata per tutte le incoronazioni a partire da Giorgio III, e la carrozza di vetro del 1910, che sfila invece durante i matrimoni reali. Le Royal Mews sono chiuse a giugno durante i quattro giorni delle gare di ippica di Royal Ascot.

ST JAMES'S PARK Cartina pp446-47

☎ 7930 1793; The Mall SW1; ◷ 5-tramonto; metro St James's Park

Il più suggestivo dei parchi reali di Londra gode anche dei migliori panorami, visto che di qui si possono ammirare Westminster, St James's Palace, Carlton Terrace e l'Horse Guards Parade; la vista di Buckingham Palace dal ponte pedonale sul St James's Park Lake è addirittura imbattibile. Le aiuole curatissime in estate sono piene di colori: alcune sono state rifatte a imitazione delle originali aiuole di John Nash, in cui si mescolavano cespugli, fiori e alberi. Ma ciò che rende questo parco così speciale per andare a passeggio e rilassarsi è il grande lago con la sua fauna acquatica, tra cui un gruppo di pellicani che si mettono orgogliosamente in mostra.

ST JAMES'S PALACE E CLARENCE HOUSE Cartina pp446-47

Cleveland Row SW1; chiuso al pubblico; metro Green Park

La splendida ex casetta del portinaio in stile Tudor di questo palazzo è l'unica parte superstite dell'edificio fatto costruire nel 1530 da Enrico VIII. Il palazzo si raggiunge più facilmente da St James's St, a nord del parco, ed è attualmente la residenza del principe Carlo e dei suoi figli, che dal 2004 dovrebbero però trasferirsi nell'adiacente Clarence House (1828), ex abitazione della regina madre, anche se potrebbero decidere di trascorrere più tempo nel loro palazzo del Gloucestershire o magari a Birkhall, vicino a Balmoral.

St James's Palace fu la residenza principale dei sovrani d'Inghilterra per più di tre secoli, ma attualmente le cerimonie ufficiali hanno luogo a Buckingham Palace. La principessa Diana, che non amava questo palazzo, visse qui fino al suo divorzio da Carlo, nel 1996, trasferendosi in seguito a Kensington Palace. Per ironia della sorte, si pensò che St James's Palace fosse il luogo più adatto per esporne la salma nel 1997.

Dopo la morte della regina madre, nel 2002, il principe Carlo ha avviato un restauro di **Clarence House** per una spesa di 4,6 milioni di sterline; alla fine dei lavori e prima che il principe vi si trasferisca, per visitare le sue sale si pagheranno £5. Questa residenza fu progettata da John Nash all'inizio del XIX secolo, ma in seguito ha subito diversi rifacimenti.

I top five del centro-sud

- Cabinet War Rooms (p127)
- Hyde Park (p136)
- Tate Britain (p127)
- Victoria & Albert Museum (p132)
- Westminster Cathedral (p129)

Quartieri – Il centro-sud

SPENCER HOUSE

☎ 7499 8620; www.spencerhouse.co.uk;
27 St James's Place SW1; adulti/ridotti £6/5;
🕑 10.30-17.45 solo domenica (eccetto gennaio
e agosto); metro Green Park

Situata appena fuori del parco, la Spencer House fu costruita in stile palladiano tra il 1756 e il 1766 per il primo conte Spencer, antenato della principessa Diana. Gli Spencer abbandorano il sontuoso edificio nel 1927, che fu in seguito usato come sede di uffici fino a quando Lord Rothschild, nel 1987, spese 18 milioni di sterline per riportarla all'antico splendore. Attualmente vi si possono ammirare otto camere lussuosamente arredate, ma solo nel corso di una visita guidata.

I giardini, anch'essi tornati al loro aspetto settecentesco, sono aperti al pubblico dalle 14 alle 17 per un paio di domeniche a giugno. I biglietti costano £3,50.

QUEEN'S CHAPEL Cartina pp446-47

Marlborough Rd SW1; 🕑 aperto solo per la messa
domenicale alle 8.30 e 11.30 da aprile a luglio;
metro St James's Park

Questa cappella è abbastanza interessante: qui sono transitate prima del funerale la salma della principessa Diana e quella della regina madre. L'edificio originale, costruito da Inigo Jones in stile palladiano, fu la prima chiesa sorta in Inghilterra dopo la Riforma per il culto cattolico. Un tempo faceva parte del complesso di St James's Palace, ma ne è stata separata dopo un incendio. L'interno, assai semplice, ha squisiti arredi seicenteschi ed è illuminato in modo suggestivo dalla luce che filtra dalle grandi finestre poste sopra l'altare.

ADMIRALTY ARCH Cartina pp446-47

metro Charing Cross

Da Trafalgar Square, il Mall passa sotto questo sontuoso monumento edoardiano in pietra a tripla arcata, progettato da Aston Webb nel 1910. Il grande portone centrale viene aperto soltanto in occasione di sfilate reali e visite di stato.

APSLEY HOUSE
(WELLINGTON MUSEUM) Cartina pp446-47

☎ 7499 5676; www.vam.ac.uk; 149 Piccadilly W1;
adulti/ridotti compresa l'audioguida £4,50/3; 🕑 11-
17 da martedì a domenica; metro Hyde Park Corner

Questa straordinaria casa, che è una delle più belle della città, appartenne al duca di Wellington e ha la particolarità di avere come

N. 1 London, Apsley House (sopra)

indirizzo 'n. 1 London' essendo stata il primo edificio visibile per chi entrava in città da ovest. Progettata da Robert Adam per il barone Apsley alla fine del XVIII secolo, in seguito fu venduta a Wellington che ci abitò per 35 anni fino alla morte (1852). Il duca sconfisse Napoleone nella battaglia di Waterloo, ma è più prosaicamente famoso per aver dato il nome a un tipo di stivali.

Nel 1947 la casa fu ceduta allo stato e attualmente sono aperte al pubblico 10 stanze, dove ha sede il Wellington Museum. L'edificio è davvero magnifico e conserva molti mobili e collezioni originali. I cimeli di Wellington, comprese le sue medaglie, alcuni divertenti disegni umoristici e la sua maschera mortuaria sono esposti nel seminterrato della galleria, mentre la stupenda collezione di porcellane, che vanta anche qualche pregevole pezzo d'argenteria, si trova al piano terreno. Sulla tromba delle scale incombe la sbalorditiva statua di Antonio Canova, alta 3,4 m, che raffigura Napoleone nudo. Le camere al primo piano sono decorate da dipinti di Velázquez, Rubens, Bruegel e Murillo, ma l'opera forse più interessante è il ritratto del duca eseguito da Goya, sotto il quale si sono scoperte alcuni anni fa le fattezze del fratello di Napoleone, Giuseppe Bonaparte: pare che l'artista avesse dato per certa la vittoria di Napoleone a Waterloo e che dovette poi operare un 'ritocco' quando arrivò la notizia del trionfo di Wellington.

BURLINGTON ARCADE Cartina p448
51 Piccadilly W1; metro Green Park
Adiacente al lato occidentale di Burlington House – sede della Royal Academy of Arts – si trova la curiosa Burlington Arcade, costruita nel 1819 e suggestiva testimonianza dei tempi passati. Oggi è una zona di negozi costosissimi, celebre soprattutto per i Burlington Berties, le guardie in uniforme che sorvegliano la galleria con l'incarico di fermare chi si comporta in modo inadeguato al luogo.

FARADAY MUSEUM Cartina p448
☎ 7409 2992; www.rigb.org; 21 Albermarle St W1; £1; ☼ 10-17 da lunedì a venerdì;
metro St James's Park
Questo museo situato nella Royal Institution (of Science) è dedicato al celebre fisico e chimico Michael Faraday, pioniere dell'elettromagnetismo e inventore della dinamo, che diede il suo nome anche all'unità di misura utilizzata per l'elettricità. Il museo – che interesserà probabilmente solo chi ha qualche conoscenza in materia – ospita la ricostruzione del laboratorio di Faraday, dove il fisico fece le sue scoperte, arredato con molti impianti e apparecchiature originali.

GREEN PARK Cartina pp446-47
Piccadilly W1; ☼ 5- tramonto; metro Green Park
Meno curato dell'adiacente St James's, questo parco ha alberi e spazi aperti: un tempo fu il luogo dove si svolgevano i duelli, e divenne un orto durante la seconda guerra mondiale.

GUARDS MUSEUM
☎ 7414 3271; www.army.mod.uk; Wellington Barracks, Birdcage Walk SW1; adulti/ridotti £2/1;
☼ 10-16 da febbraio a dicembre; metro St James's Park
Questo piccolo museo narra la storia di cinque reggimenti di fanteria e del loro ruolo durante le campagne militari a partire da Waterloo. Fondato nel XVII secolo durante il regno di Carlo II, è ricco di uniformi, dipinti a olio, medaglie, curiosità e cimeli appartenuti ai soldati, ma forse la sua principale attrattiva è il vastissimo assortimento di soldatini giocattolo del negozio interno.

HANDEL HOUSE MUSEUM Cartina pp446-47
☎ 7495 1685; www.handelhouse.org;
25 Brooke St; adulti/bambini/ridotti £4,50/2/3,50;
☼ 10-18 da martedì a sabato (fino alle 20 giovedì) e 12-18 domenica; metro Bond Street
Questo settecentesco palazzo di Mayfair, dove George Frederick Handel visse per 36 anni fino alla morte (sopraggiunta nel 1759), ha aperto i battenti come museo alla fine del 2001 ed è stato restaurato per dare un'idea dell'ambiente quotidiano del grande compositore tedesco, con opere d'arte prestate da altri musei. Meritano un cenno le prime edizioni delle opere e degli oratori di Handel, ma già solo il fatto di trovarsi nello stesso luogo dove l'artista compose opere come *Water Music*, *Messiah*, *Zadok the Priest* e *Fireworks Music*, è una splendida esperienza per qualunque appassionato di musica.

Per uno degli strani casi del destino, la casa al n. 23 della stessa via (che adesso fa parte di un museo) ospitò un musicista molto diverso da Handel: si tratta del chitarrista americano Jimi Hendrix (1942-69), che visse qui dal 1968 fino alla morte.

INSTITUTE FOR CONTEMPORARY ARTS Cartina pp446-47
ICA; ☎ 7930 3647; www.ica.org.uk; The Mall SW1; ingresso giornaliero adulti/ridotti £1,50/1 da lunedì a venerdì, £2,50/1,50 sabato-domenica durante le mostre; ☼ 12-22.30 lunedì (fino all'una di notte da martedì a sabato e fino alle 23 domenica);
metro Charing Cross/ Piccadilly Circus
Famoso per il suo approccio alquanto anticonformista e controverso verso il mondo dell'arte, l'ICA si può frequentare in qualunque giorno della settimana per assistere a ogni genere di film, balletto, serata musicale, mostra di fotografia o d'arte, spettacolo teatrale o musicale, conferenze su vari argomenti di attualità, intrattenimento multimediale e presentazioni di libri. Proprio in questo istituto hanno proposto per la prima volta le loro opere al pubblico inglese artisti del calibro di Picasso ed Henry Moore. Nel complesso si trovano una libreria, una galleria, un cinema, un bar, un teatro e un caffè-ristorante che può vendere alcolici.

La Duke of York's Column, in cima alla scalinata di Waterloo Place di fianco all'ICA, commemora il secondo figlio di Giorgio III. Fu eretta nel 1834, ma non ha mai colpito l'immaginario del pubblico come la Nelson's Column in Trafalgar Square, pur essendo soltanto 6 m più bassa.

ROYAL ACADEMY OF ARTS

☎ 7300 8000; www.royalacademy.org.uk; Burlington House, Piccadilly W1; adulti/inferiori a 8 anni/studenti £7/gratuito/5 durante la Summer Exhibition, biglietti singoli per le mostre temporanee, disponibili altre tariffe ridotte; ⊗ 10-18 domenica, 10-22 venerdì; metro Green Park

La prima scuola d'arte britannica è stata per lungo tempo tenuta in minore considerazione rispetto alla Hayward Gallery, ma è tornata alla ribalta negli ultimi anni grazie a diverse mostre molto ben congegnate, dall'enorme successo di quelle sull'arte azteca alla famosa esposizione di artisti dell'accademia che ha luogo dai primi di giugno a metà agosto e che per quasi 250 anni ha proposto opere che sono risultate gradite al grande pubblico. La collezione permanente, raccolta in questa residenza palladiana completamente trasformata, è focalizzata sull'arte inglese del XVIII secolo e conserva opere importanti di artisti quali Reynolds, Gainsborough, Turner, Constable e Hockney.

Seguendo l'esempio della Somerset House, nel 2002 l'accademia ha trasformato il suo cortile in un'elegante piazza pavimentata in pietra, impreziosita da luci e fontane coreografiche e dalla statua del fondatore Joshua Reynolds. Purtroppo questo suggestivo spazio è talvolta usato per allestire mostre di dubbia qualità. L'Annenberg Courtyard deve il nome a un ex ambasciatore americano a Londra, la cui cospicua donazione ne ha reso possibile la realizzazione. Entro la fine del 2008, invece, dovrebbe concludersi il cosiddetto Burlington Project, che raddoppierà gli spazi a disposizione dell'accademia.

ST JAMES'S PICCADILLY Cartina p448

☎ 7734 4511; 197 Piccadilly W1; ⊗ 8-19

L'unica chiesa costruita a partire dalle fondamenta e su un nuovo sito da Sir Christopher Wren (perché quasi tutti i progetti dell'architetto riguardarono invece la ricostruzione degli edifici distrutti dal 'grande incendio') è molto semplice e gradevole e, al posto della pomposa ridondanza decorativa delle sue chiese più famose, manifesta invece un calore e un'eleganza insoliti. La sobria guglia, prevista dal progetto di Wren, fu aggiunta soltanto nel 1968. La chiesa ospita un consultorio, concerti serali e, all'ora di pranzo, un mercato di antiquariato e una fiera artigianale (rispettivamente dalle 10 alle 18 il martedì, e da mercoledì a domenica).

WELLINGTON ARCH Cartina pp446-47

☎ 7973 3539; www.english-heritage.org.uk; Hyde Park Corner W2; adulti/studenti o bambini/anziani £2,50/1,30/1,90; ⊗ 10-18 da mercoledì a domenica; metro Hyde Park Corner

Di fronte alla Apsley House, nel piccolo angolo verde accanto alla rotonda di Hyde Park Corner, si trova la risposta inglese all'Arc de Triomphe, con la sola differenza che questo monumento celebra la *sconfitta* della Francia (e in particolare quella di Napoleone per mano di Wellington). Questo arco neoclassico, costruito nel 1826, culminava con una statua equestre di Wellington esageratamente grande, che fu rimossa nel 1882 e sostituita qualche anno dopo con la più grande scultura in bronzo mai realizzata in Gran Bretagna, dal titolo *Peace Descending on the Quadriga of War* (la pace discende sulla quadriga della guerra).

Per diversi anni il monumento ha ospitato la più piccola stazione di polizia della città, ma in seguito è stato restaurato e aperto al pubblico con una mostra su tre livelli che illustra la storia degli archi londinesi. Dalla balconata si gode un panorama indimenticabile di Hyde Park, Buckingham Palace e delle Houses of Parliament.

WESTMINSTER E WHITEHALL

Mentre la City of London si è sempre occupata di economia, Westminster è stata per quasi un millennio la sede dell'autorità reale e religiosa e dal XIV secolo in poi anche il fulcro del potere parlamentare. È ovvio, perciò, che buona parte dei suoi monumenti e delle sue funzioni siano strettamente legati alla storia e alla politica della nazione; le sue due principali attrazioni sono infatti la chiesa più importante d'Inghilterra e il palazzo del Parlamento più famoso del mondo. L'intera zona è assolutamente notevole per la rara omogeneità della sua architettura, nonché per l'eccezionale rilevanza storica. In realtà, Westminster è il nome del distretto amministrativo che comprende quasi tutto il West End, ma con questo termine si definisce tutta la zona che circonda Parliament Square. Per Whitehall, sinonimo di governo e amministrazione, si intende generalmente la zona compresa tra Westminster e Trafalgar Square, mentre Millbank è il tratto lungo il fiume che si estende da Westminster al Vauxhall Bridge, meglio noto come sede della celebre Tate Britain.

La geografia di Londra sarebbe stata incredibilmente diversa se Edoardo il Confessore non avesse deciso di trasferire qui la sua corte nell'XI secolo, in modo da poter controllare di persona la costruzione della Westminster Abbey; in conseguenza di questa scelta, i fulcri del potere e del commercio di Londra furono separati per sempre e prese forma l'intero centro di Londra.

Ovviamente, dopo aver visitato i monumenti e dopo che gli impiegati hanno abbandonato i loro uffici, Westminster non offre molto, la sera.

WESTMINSTER ABBEY Cartina pp446-47

☎ 7222 5152; www.westminster-abbey.org; Dean's Yard SW1; adulti/inferiori a 11/ridotti £6/gratuito/4; ⏱ 9.30-16.45 e 18-19 da lunedì a venerdì, 9.30-14.45 sabato; metro Westminster

L'abbazia di Westminster è uno dei luoghi più sacri e simbolici dell'Inghilterra. A eccezione di Edoardo V ed Edoardo VIII, tutti i sovrani inglesi sono stati incoronati qui a partire da Guglielmo il Conquistatore nel 1066, e quasi tutti da Enrico III in poi (morto nel 1272) a Giorgio II (morto nel 1760) vi sono anche sepolti. Oltre a essere il fulcro della chiesa anglicana, l'abbazia è anche il luogo in cui la nazione celebra i suoi idoli politici e artistici, ed è difficile immaginare un edificio altrettanto significativo in qualunque altra parte del mondo.

Westminster Abbey è veramente magnifica. Sebbene unisca in sé numerosi stili architettonici, è considerata il miglior esempio esistente di gotico inglese del primo periodo (1180-1280). L'edificio originale fu costruito nell'XI secolo da re Edoardo il Confessore (poi proclamato santo), sepolto nella cappella dietro l'altare maggiore. Enrico III (regnante nel 1216-1272) fece avviare i lavori per un nuovo edificio senza mai portarlo a termine, e la navata in stile gotico francese fu ultimata nel 1388. La gigantesca e magnifica cappella di Enrico VII fu aggiunta nel 1519. A differenza di St Paul's Cathedral, Westminster Abbey non è mai stata cattedrale – è infatti una chiesa non soggetta

I top five dei luoghi di culto

- St Martin-in-the-Fields (p94)
- St Paul's Cathedral (p104)
- Temple Church (p97)
- Westminster Abbey (sopra)
- Westminster Cathedral (p129)

alla giurisdizione della diocesi bensì amministrata direttamente dalla corona inglese.

Senza voler sminuire il suo indubbio valore architettonico, l'abbazia è probabilmente più imponente se vista dall'esterno. L'interno è infatti stipato di piccole cappelle, elaborate tombe di monarchi e monumenti a varie personalità vissute nel corso dei secoli e, com'è ovvio per una delle chiese più visitate del mondo cristiano, può diventare intollerabilmente affollata.

Immediatamente dopo aver superato il cancello del portale nord ecco la **Statesmen's Aisle** (navata degli uomini di stato), dove sono celebrati da numerose sculture marmoree di proporzioni notevoli uomini politici importanti come i primi ministri Whig e Tory che dominarono la scena politica tardo-vittoriana Gladstone (sepolto qui) e Disraeli. Nei pressi si trova il monumento a Robert Peel, ministro dell'interno nel 1829, che istituì il corpo di polizia metropolitana, poi passato alla storia come 'Bobby's boys' e in seguito più semplicemente come 'bobbies'. Sovrasta questi monumenti un rosone, opera di James Thornhill, che raffigura gli apostoli senza Giuda.

All'estremità orientale del presbiterio, di fronte all'ingresso della cappella in cui è sepolto Enrico VII, si trova la **Coronation Chair** (sedia dell'incoronazione), sulla quale si dice che siano stati incoronati quasi tutti i sovrani inglesi a partire dalla fine del XIII secolo. La sedia poggia sulla **Stone of Scone**, la pietra usata dagli scozzesi per l'incoronazione che Edoardo I rubò nel 1297. Nel 1996 la pietra è stata restituita agli scozzesi, con l'impegno che venga però prestata in occasione di future incoronazioni.

Salendo i gradini di fronte troverete a sinistra la **Queen Elizabeth Chapel**, la cappella in cui sono sepolte insieme, in una tomba piuttosto elaborata, la regina Elisabetta I e la sorellastra Maria la Sanguinaria.

La **Henry VII Chapel**, nella parte più orientale dell'abbazia, è un eccezionale esempio di stile tardogotico 'perpendicolare' (una variante del gotico inglese) con una splendida volta anulare. Gli stalli lignei del coro sono scolpiti con immagini di creature esotiche e ornati da pittoresche bandiere araldiche. Dietro l'altare della cappella si trova il sarcofago riccamente ornato di Enrico VII e di sua moglie, Elisabetta di York, eseguito dallo scultore fiorentino Pietro Torrigiano.

Oltre l'altare della cappella si trova anche la **Royal Air Force (RAF) Chapel**, con una vetrata

WESTMINSTER ABBEY

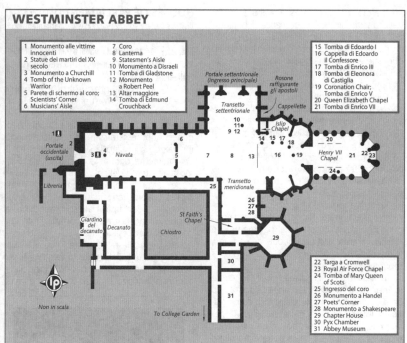

1 Monumento alle vittime innocenti
2 Statue dei martiri del XX secolo
3 Monumento a Churchill
4 Tomb of the Unknown Warrior
5 Parete di schermo al coro; Scientists' Corner
6 Musicians' Aisle
7 Coro
8 Lanterna
9 Statesmen's Aisle
10 Monumento a Disraeli
11 Tomba di Gladstone
12 Monumento a Robert Peel
13 Altar maggiore
14 Tomba di Edmund Crouchback
15 Tomba di Edoardo I
16 Cappella di Edoardo il Confessore
17 Tomba di Enrico III
18 Tomba di Eleonora di Castiglia
19 Coronation Chair; Tomba di Enrico V
20 Queen Elizabeth Chapel
21 Tomba di Enrico VII
22 Targa a Cromwell
23 Royal Air Force Chapel
24 Tomba di Mary Queen of Scots
25 Ingresso del coro
26 Monumento a Handel
27 Poets' Corner
28 Monumento a Shakespeare
29 Chapter House
30 Pyx Chamber
31 Abbey Museum

Portale settentrionale (ingresso principale)
Rosone raffigurante gli apostoli
Transetto settentrionale
Cappellette
Islip Chapel
Portale occidentale (uscita)
Navata
Henry VII Chapel
Libreria
Transetto meridionale
Giardino del decanato
Decanato
St Faith's Chapel
Chiostro
To College Garden
Non in scala

Quartieri – Il centro-sud

istoriata che commemora il momento più glorioso dell'aeronautica inglese, la battaglia d'Inghilterra. Accanto alla vetrata, una targa indica il luogo in cui il corpo di Oliver Cromwell giacque per due anni fino a quando, con la Restaurazione, fu riesumato, impiccato e decapitato. Qui riposano anche le salme di due principini, forse uccisi nella Tower of London nel 1483. La navata sud della cappella ospita invece la **tomba di Maria, regina di Scozia**, decapitata per ordine della cugina Elisabetta e con il tacito consenso di suo figlio, il futuro Giacomo I.

La **Chapel of St Edward the Confessor** (cappella di Sant'Edoardo il Confessore), ovvero il luogo più sacro dell'abbazia, sorge immediatamente a est del presbiterio, dietro l'altare maggiore; può darsi che l'accesso venga limitato per proteggere il pavimento del XIII secolo. Sant'Edoardo il Confessore fu il fondatore dell'abbazia, il cui edificio più antico fu consacrato poche settimane dopo la sua morte. La tomba del santo è stata completamente modificata dopo che l'originale fu distrutto all'epoca della Riforma.

Nel transetto meridionale si trova il **Poets' Corner** (l'angolo dei poeti), dove sono sepolti o commemorati molti celebri letterati inglesi: un monumento in questo luogo è il più alto

onore che la regina possa concedere. Immediatamente a nord ecco la **lanterna**, cuore dell'abbazia, dove hanno luogo le incoronazioni. Stando al centro, rivolti a est, avrete davanti a voi il presbiterio. L'elaborato altare maggiore del 1897 è opera di George Gilbert Scott; alle vostre spalle, invece, c'è il coro di Edward Blore, realizzato a metà del XIX secolo con una struttura di color oro, blu e rosso in stile gotico vittoriano. Dove un tempo pregavano i monaci, oggi i seminaristi e i ragazzi della Schola Cantorum cantano durante le quotidiane funzioni religiose.

L'ingresso al **chiostro** risale al XIII secolo, mentre il chiostro stesso è del XIV secolo. A est, in fondo a un passaggio che li collega al chiostro, si trovano tre musei gestiti dall'English Heritage. L'ottagonale **Chapter House** (sala capitolare; ingresso con/senza il biglietto dell'abbazia £1/2,50; ⏰ 9.30-17 da aprile a settembre, 10-17 ottobre, 10-16 da novembre a marzo) vanta uno dei pavimenti di piastrelle medievali tra i meglio conservati d'Europa e sulle sue pareti sono visibili le tracce di affreschi di soggetto religioso. Questa sala fu usata come luogo di riunioni della Camera dei Comuni nella seconda metà del

XIV secolo. L'adiacente **Pyx Chamber** (camera della pisside; ingresso con/senza il biglietto dell'abbazia £1/2,50; ☺ 10-16.30 tutti i giorni) è una delle poche stanze rimaste dell'edificio originale e conserva oggetti liturgici e i tesori dell'abbazia. L'**Abbey Museum** (☺ 10.30-16 tutti i giorni) espone invece le maschere mortuarie di diverse generazioni di reali, le effigi di cera che rappresentano Carlo II e Guglielmo III, armature e vetrate istoriate.

Per raggiungere il **College Garden** (☺ 10-18 da martedì a giovedì da aprile a settembre, 10-16 da martedì a giovedì da ottobre a marzo), costruito 900 anni fa, attraversate il giardino del decanato e i piccoli chiostri a pochi passi da Great College St.

Girando attorno al chiostro principale arriverete all'estremità occidentale della navata principale dove, incassata nel pavimento, c'è la **tomba del milite ignoto**, circondata da papaveri, in memoria delle vittime della seconda guerra mondiale.

Proseguendo nella navata laterale troverete lo **Scientists' Corner** (angolo degli scienziati) e la parte di navata settentrionale nota come **Musicians' Aisle**, dedicata ai musicisti. Sopra la parete che funge da schermo c'è un magnifico organo (1730), oltre il quale potrete ammirare lo splendido soffitto a volta della navata centrale, in pietra, e le volte a ventaglio delle navate laterali.

Le due torri che sovrastano il portale occidentale, attraverso il quale si esce dall'abbazia, furono progettate da Nicholas Hawksmoor e portate a termine nel 1745. Appena sopra al portale, nelle nicchie del XV secolo, ci sono le più recenti acquisizioni dell'abbazia: 10 statue in pietra di martiri del XX secolo, inaugurate nel 1998, che comprendono Martin Luther King e il prete polacco san Maximilian Kolbe, ucciso dai nazisti ad Auschwitz.

A destra, uscendo, potrete ammirare il monumento dedicato alle vittime innocenti di oppressioni, violenze e guerre di tutto il mondo.

Le **visite guidate** (☎ 7222 7110; da lunedì a sabato; un'ora e mezzo; £3) si svolgono diverse volte al giorno e sono disponibili anche alcune **audioguide** (£2). Uno dei momenti migliori per visitare l'abbazia è durante le funzioni, soprattutto ai vespri (17 nei giorni feriali, 15 nel weekend). L'eucarestia domenicale ha luogo alle 11.

L'abbazia richiede una visita un po' approfondita: se non amate i bagni di folla venite al mattino presto o nel tardo pomeriggio; si entra fino a un'ora prima della chiusura.

HOUSES OF PARLIAMENT Cartina pp446-47

Visitor's Gallery ☎ 7219 4272; www.parliament.uk; St Stephen's Entrance, St Margaret St SW1; ingresso libero; ☺ 14.30-19.30 da lunedì a mercoledì, 11.30-19.30 giovedì, 9.30-15 venerdì; metro Westminster Parliament

La Camera dei Comuni e quella dei Lord hanno sede nel Palace of Westminster, costruito da Charles Barry e Augustus Pugin nel 1840, quando a Londra furoreggiava lo stile neogotico; dopo essere stato restaurato a fondo, il palazzo ha rivelato la sua originale tonalità delicatamente dorata. La costruzione più famosa all'esterno del palazzo è la Clock Tower (torre dell'orologio), comunemente chiamata **Big Ben**; la vera 'Ben', una campana che prese il nome da Benjamin Hall, sovrintendente ai lavori quando la torre fu portata a termine nel 1858, è appesa all'interno. Se vi interessa, potete fare richiesta per partecipare alle visite guidate gratuite della torre (consultate il sito web). La campana, che pesa 13 tonnellate, annuncia il nuovo anno sin dal 1924 e viene

Big Ben, Westminster (sopra)

ripulita ogni cinque anni. La vista migliore dell'intero complesso si gode dall'estremità orientale del Lambeth Bridge.

Dalla parte opposta dell'edificio si erge la **Victoria Tower**, terminata nel 1860. Questa piccola struttura con un tetto in tegole colorate, solo in apparenza medievale, è situata a sud nel giardino triangolare dei Victoria Tower Gardens, ed è un monumento eretto nel 1834 dedicato all'emancipazione degli schiavi dell'impero britannico.

Nella Camera dei Comuni si riuniscono i membri del Parlamento (MPs) per proporre e discutere le nuove leggi e rivolgere interrogazioni ai ministri.

La disposizione della Camera dei Comuni si basa sulla St Stephen's Chapel dell'antico Palace of Westminster, e la sala attuale, progettata da Giles Gilbert Scott, ha sostituito un precedente ambiente distrutto nel 1941 da una bomba. Sebbene i Comuni siano un'assemblea nazionale formata da 650 membri, la sala dispone soltanto di 437 posti a sedere. I membri del governo siedono alla destra del presidente della Camera dei Comuni, quelli dell'opposizione a sinistra.

Quando il Parlamento è in riunione, i visitatori sono ammessi alla **House of Commons Visitors' Gallery**: preparatevi a fare la fila per almeno un'ora se non avete già acquistato il biglietto tramite l'ambasciata inglese del vostro paese. Le vacanze dei parlamentari durano tre mesi d'estate e un paio di settimane a Pasqua e a Natale, perciò vi consigliamo di telefonare per informazioni. Per sapere invece qual è l'argomento del dibattito del giorno, guardate la bacheca a lato dell'ingresso oppure leggete il *Daily Telegraph* o il giornale gratuito *Metro* alla rubrica 'Today in Parliament'. Borse e macchine fotografiche verranno controllate prima di entrare nella galleria e al controllo ai raggi X non sono ammesse valigie di grandi dimensioni né zaini. **The House of Lords Visitors' Gallery** (☎ 7219 3107; ingresso libero; ☻ dalle 14.30 in poi da lunedì a mercoledì, dalle 15 giovedì, dalle 11 venerdì) è anch'essa aperta al pubblico.

Mentre aspettate che le vostre borse passino il controllo ai raggi X, ammirate a sinistra lo splendido tetto di **Westminster Hall**, costruito nel 1099, che è la parte più antica del Palace of Westminster, sede della monarchia inglese dall'XI secolo all'inizio del XVI. Il tetto, realizzato tra il 1394 e il 1401, è forse il più antico esempio di tetto con travi a vista ed è stato giudicato come la più grandiosa opera di carpenteria medievale inglese ancora esistente.

Nel Medioevo, Westminster Hall accoglieva i banchetti per l'incoronazione e fu utilizzata anche come palazzo di giustizia fino al XIX secolo. Qui si svolsero i processi di William Wallace (1305), Tommaso Moro (1535), Guy Fawkes (1606) e Carlo I (1649) e nel XX secolo vi furono esposte le salme di Winston Churchill e di alcuni sovrani.

Quando le Camere non sono riunite si possono effettuare **visite guidate estive** (☎ 7344 9966; 75 minuti; St Stephen's Entrance, St Margaret St; adulti/ridotti £7/5) di alcuni edifici del complesso. Gli orari delle visite sono variabili, perciò è meglio telefonare o consultare il sito www.parliament.uk.

TATE BRITAIN Cartina pp460-61

☎ 7887 8000 o 7887 8888; www.tate.org.uk; Millbank SW1; ingresso libero, tariffe variabili a seconda delle mostre; ☻ 10-17.50; metro Pimlico (le due gallerie Tate sono collegate anche da un battello – p143)

Contrariamente a quanto si possa pensare, questa galleria non è stata penalizzata dal fatto che metà della sua collezione è stata trasferita alla Tate Modern, inaugurata nel 2000. Costruita nel 1897, la Tate Britain è stata anzi ampliata per accogliere la più bella collezione di arte inglese dal XVI alla fine del XX secolo.

Nelle gallerie, disposte secondo un ordine cronologico, si possono ammirare alcune delle opere più importanti di artisti come Hogarth, Reynolds, Stubbs, Blake, Hockney, Bacon e Moore. Accanto all'edificio principale si trova la Clore Gallery, che ospita un grandissimo e ricchissimo lascito di J.M.W. Turner.

Ogni giorno hanno luogo diverse **visite guidate a tema**, quasi tutte allo scoccare dell'ora; nella Rotunda sono inoltre previste conferenze di 15 minuti su dipinti, pitture e stili alle 13.15 da martedì a giovedì. Le audioguide per la collezione costano £3/2,50 (adulti/ridotti).

Il Tate Restaurant è meritatamente popolare, anche per il gigantesco dipinto murale di Rex Whistler.

CABINET WAR ROOMS Cartina pp446-47

☎ 7766 0120; www.iwm.org.uk/cabinet; adulti/ minori di 16 anni/ridotti £7/gratuito/5,50; ☻ 9.30-18 da settembre ad aprile, 10-18 da ottobre a marzo; metro Charing Cross

Questo museo si trova nei bunker dove Churchill, il suo gabinetto e i generali si incontravano durante la seconda guerra mondiale e dove furono trattati i più importanti affari di

Quartieri – Il centro-sud

stato mentre le bombe della Luftwaffe piovevano su Londra. Protetti da 3 m di solido cemento, lo statista e i suoi collaboratori misero a punto la loro strategia per sconfiggere Hitler, e fu proprio qui che Churchill pronunciò gli emozionanti discorsi che contribuirono a galvanizzare il popolo inglese e nei quali definì il Führer 'un uomo malvagio'.

Di particolare interesse sono la stanza in cui si tennero più di 100 riunioni durante la guerra, l'ufficio di Churchill, il piccolo tavolo dove le dattilografe lavoravano febbrilmente 24 ore su 24, la Telegraph Room con una linea riservata per Roosevelt e la Map Room con le cartine che mostrano i movimenti delle truppe e delle navi intorno al globo. Le pareti della Chief of Staff's Conference Room sono coperte di gigantesche mappe originali scoperte soltanto nel 2002. Se guardate attentamente, sulla parete di destra vedrete un piccolo scarabocchio (forse fatto dallo stesso Churchill) che rappresenta un Hitler strabico, con le gambe storte, mentre viene preso a calci nel sedere.

L'audioguida è molto divertente e ricca di informazioni, e narra aneddoti riguardanti le persone che lavoravano nel centro nevralgico della strategia militare inglese.

Sotto le stanze attualmente visibili, ce ne sono altre all'epoca utilizzate come mensa, ospedale e poligono di tiro, delle quali non è prevista per il momento l'apertura al pubblico; accanto alle War Rooms si trova un nuovo museo dedicato a Churchill costato sei milioni di sterline nell'ambito del **Churchill Project**, che verrà inaugurato nel gennaio del 2005 per il quarantesimo anniversario della morte dello statista.

JEWEL TOWER Cartina pp446-47
☎ 7222 2219; Abingdon St SW1; adulti/ridotti £2/1,20; ☼ 10-18 da aprile a settembre, 10-16 da ottobre a marzo

Situata di fronte alle Houses of Parliament, la Jewel Tower fu costruita nel 1365 per ospitare il tesoro di Edoardo III ed è una delle ultime vestigia del medievale Palace of Westminster. In origine il complesso era circondato da un fossato, prosciugato nel XVII secolo. Nel corso dei secoli la torre ha avuto varie funzioni, ma mai quella di conservare i gioielli della corona, come il nome farebbe invece supporre ('jewel' in inglese significa infatti 'gioiello'). Oggi ospita mostre dedicate alla storia e ai lavori del Parlamento, con il supporto di un video di 25 minuti (che non sempre è in funzione); il museo offre quindi una buona introduzione

a chi intende visitare la House of Commons; se invece non siete molto interessati all'argomento, questo bell'edificio massiccio offre comunque qualche oggetto interessante, come una spada sassone del XII secolo.

WHITEHALL Cartina pp446-47
Whitehall, che prosegue in Parliament St, è l'ampio viale che collega Trafalgar con Parliament Squares: vi si affacciano numerosi edifici governativi, statue, monumenti e altri luoghi di importanza storica.

BANQUETING HOUSE Cartina pp446-47
☎ 7930 4179; adulti/ridotti £4/3; ☼ 10-17 da lunedì a sabato; metro Westminster/Charing Cross

È l'unica parte superstite del Whitehall Palace di epoca Tudor, che un tempo occupava quasi tutto questo lato di Whitehall e fu distrutto da un incendio nel 1698. Progettato da Inigo Jones dopo il suo ritorno in patria dall'Italia, fu il primo edificio in puro stile rinascimentale realizzato in Inghilterra; all'epoca non aveva nulla in comune con gli altri edifici del paese, tant'è vero che gli inglesi iniziarono ad apprezzarlo solo in un'epoca successiva.

Il busto all'esterno commemora il 30 gennaio 1649 quando Carlo I, accusato di tradimento da Cromwell dopo la guerra civile, fu giustiziato su un patibolo montato contro una finestra del primo piano del palazzo. Con la restaurazione della monarchia, nella persona di Carlo II, questo luogo divenne inevitabilmente una sorta di santuario per i monarchici, per quanto le sue funzioni cerimoniali siano scomparse con il tempo e a partire dal XVIII secolo sia stato poi utilizzato come magazzino reale. In qualche occasione il palazzo ospita tuttora banchetti e concerti, ma fortunatamente non è più necessario essere vip per poterlo visitare. In una vastissima sala praticamente senza mobilio, al primo piano, si trovano nove pannelli decorativi da soffitto, commissionati da Carlo I per commemorare i successi di suo padre, Giacomo VI di Scozia, e dipinti da Rubens nel 1634.

CENOTAPH Cartina pp446-47
Whitehall SW1; metro Westminster/Charing Cross

Questo cenotafio (termine greco che sta per 'tomba vuota') è il più importante monumento inglese ai cittadini del Commonwealth uccisi durante le due guerre mondiali. L'11 novembre la regina e altre personalità depongono mazzi di papaveri ai piedi del monumento.

N. 10 DOWNING STREET Cartina pp446-47
www.number1-gov.uk; 10 Downing St SW1;
metro Westminster/Charing Cross

Sede ufficiale del primo ministro inglese sin dal 1732, quando Giorgio II assegnò il n. 10 a Robert Walpole; il palazzo è stato anche la residenza dei primi ministri fino al 1902, quando fu completamente ristrutturato. L'edificio non è affatto imponente e si trova in una via non particolarmente degna di nota: lo si riconoscere soltanto dall'impassibile bobby di guardia. Durante l'ultimo periodo di governo di Margaret Thatcher sono stati aggiunti i cancelli e la via è stata chiusa al pubblico per timore di attacchi terroristici da parte dell'IRA. Contrariamente alla tradizione, Tony Blair e la sua famiglia si sono insediati nel più spazioso appartamento al n. 11. Blair si è anche fatto assegnare gli uffici al n. 12, tradizionale sede del capogruppo parlamentare, sostenendo di aver bisogno di altro spazio per il suo staff.

HORSE GUARDS PARADE Cartina pp446-47
☎ 0906 866 3344; ☼ 11 da lunedì a sabato e 10 domenica; metro Westminster

In questa versione più facilmente accessibile del cambio della guardia di Buckingham Palace, i soldati a cavallo della Household Cavalry cambiano il picchetto di guardia tutti i giorni presso l'ingresso ufficiale dei palazzi reali (di fronte alla Banqueting House). Alle 16 ha luogo una cerimonia più semplice.

ST JOHN'S SMITH SQUARE Cartina pp446-47
☎ biglietteria 7222 1061; www.sjss.org.uk;
Smith Square, Westminster SW1; metro Westminster

Situata nel cuore di Westminster, questa suggestiva chiesa fu costruita da Thomas Archer nel 1728 a seguito di un provvedimento che sanciva la costruzione di 50 nuove chiese (1711). Con le sue quattro torri angolari e la facciata monumentale fu molto criticata per tutto il suo primo secolo di vita; si dice che la regina Anna l'avesse paragonata a un poggiapiedi, ma secondo la versione degli attuali gestori dell'edificio, invece, sarebbe stata proprio la regina a volere una chiesa di tale foggia. Comunque sia, oggi l'edificio è considerato uno dei capolavori del barocco inglese (anche se non è più una chiesa). Danneggiata durante i bombardamenti della seconda guerra mondiale, la chiesa fu ricostruita negli anni '60 come sede di concerti di musica classica (p299) e in tale veste è diventata famosa per la sua ottima acustica. Il ristorante dalle volte in mattone situato nella cripta si chiama, ovviamente, 'The Footstool' (poggiapiedi), ed è aperto a pranzo da lunedì a venerdì e per cena prima e dopo i concerti.

VICTORIA E PIMLICO

Vicino a Westminster, il quartiere di Victoria è molto vivace ma non particolarmente interessante per i turisti; infatti, è noto soprattutto come snodo dei trasporti, grazie alle sue gigantesche stazioni della ferrovia e degli autobus. Non è il posto ideale dove alloggiare, a meno che non vi accontentiate di uno degli economici alberghi della zona. L'unico monumento degno di una sosta è la Westminster Cathedral, situata a circa 200 m dalla stazione della metropolitana.

Se Victoria è priva di attrattive, Pimlico si può definire ancora più anonimo. Questo quartiere fu costruito nel XIX secolo in massima parte su progetto di Thomas Cubitt, che forse aveva già dato il meglio di sé nella creazione dell'elegante e vicina Belgravia. L'unico vanto del quartiere è quindi il panorama oltre il fiume che si gode dalla Battersea Power Station.

WESTMINSTER CATHEDRAL
Cartina pp460-61
☎ 7798 9055; www.westminstercathedral.org.uk;
Victoria St SW1; ingresso libero nella cattedrale,
ingresso alla torre adulti/ridotti £2/1, audioguide
£2,50; ☼ cattedrale 7-19, torre 9-17 da aprile a
novembre, 9-17 da giovedì a domenica da dicembre
a marzo; metro Victoria

I lavori per la costruzione di questa cattedrale, sede della chiesa cattolica inglese, ebbero inizio nel 1895 e, sebbene i fedeli abbiano cominciato a frequentarla dal 1903, in realtà non è mai stata portata a termine e per certi versi si può considerare analoga al progetto di Gaudí per La Sagrada Familia di Barcellona.

John Francis Bentley eseguì un superbo progetto neo-bizantino dalla caratteristica torre con decorazione a strisce di pietra bianca e mattoni rossi, che spicca sul panorama della parte occidentale di Londra. L'interno della cattedrale vanta un bellissimo rivestimento in marmi e mosaici alternato al nudo mattone. Le celebri sculture in pietra che ritraggono le *Stations of the Cross* (le stazioni della Via Crucis), opera di Eric Gill del 1918, e l'atmosfera meravigliosamente solenne (soprattutto nel tardo pomeriggio quando i mosaici brillano alla luce delle candele) rendono questa chiesa un acco-

Quartieri – Il centro-sud

gliente rifugio dal traffico delle vie londinesi. Il panorama che si gode dalla **torre campanaria**, alta 83 m, è davvero notevole.

Nella cattedrale si celebrano messe tutti i giorni: sette dal lunedì al venerdì, cinque il sabato e sette la domenica. Nel complesso ci sono anche un negozio di souvenir e un caffè, aperti tutti i giorni dalle 10 alle 16.30.

CHELSEA E BELGRAVIA

Chelsea è stata una delle zone più eleganti di Londra sin da quando il martire Tommaso Moro vi si trasferì all'inizio del XVI secolo. Il 'paese dei palazzi' divenne uno dei quartieri più ambiti della città perché era vicino alla City e a Westminster, ma anche relativamente isolato e nascosto in una grande ansa del fiume. Pur essendo stato inglobato nella crescita urbana del XX secolo, ha tuttavia conservato la sua atmosfera aristocratica riuscendo persino ad amalgamarla con lo spirito bohémien. La sua principale arteria di traffico, King's Rd, ha contribuito alla fama di Londra negli 'swinging sixties', mentre nel decennio successivo Chelsea ha anche accolto il fenomeno punk. Oggi i suoi abitanti continuano ad avere i redditi più elevati di tutti gli altri quartieri della città (i suoi negozi e ristoranti sono adeguati a tale clientela), la comunità residente è cosmopolita come la squadra di calcio locale e il quartiere è sempre trendy. Proprio qui, però, sta la differenza con la Chelsea del passato: è come se i suoi abitanti cercassero di essere alla moda a tutti i costi, perché in effetti la zona ha perso molto del suo fascino.

Il vicino quartiere di Belgravia, con le sue piazze a stucchi bianchi, ha fama di essere una zona d'élite sin da quando fu progettata da Thomas Cubitt nel XIX secolo. Si tratta di una zona affascinante e prevalentemente residenziale, con pittoresche stradine in acciottolato, numerose ambasciate e qualche splendido pub all'antica, ma senza l'affettazione della sua ambiziosa vicina.

ALBERT BRIDGE

Cartina pp456-57

L'Albert Bridge è uno dei più bei ponti di Londra: una sorta di incrocio tra un ponte a sbalzo e uno a sospensione la cui struttura è stata rinforzata negli anni '60 del XX secolo per evitare che fosse chiuso al passaggio. Progettato da Roland Mason Ordish nel 1873, in seguito fu modificato dall'ingegnere Joseph Bazalgette (p77). Dipinto di bianco e rosa e con i cavi ornati da magiche luci, si presenta splendente di giorno e festoso di notte. Le garitte a entrambe le estremità sono un ricordo dei tempi in cui si pagava il pedaggio.

CARLYLE'S HOUSE Cartina pp456-57

☎ 7352 7087; 24 Cheyne Row SW3; adulti/ridotti £3,50/1,75; ☯ 11-17 da mercoledì a domenica da aprile ai primi di novembre; metro Sloane Square

Dal 1834 fino alla sua morte, avvenuta nel 1881, il grande saggista e storico di epoca vittoriana Thomas Carlyle visse in questa casa a tre piani, nel cui attico scrisse la sua celebre storia della rivoluzione francese e numerose altre opere. Secondo una leggenda, il manoscritto era ormai terminato quando una cameriera lo gettò per sbaglio nel fuoco; così Carlyle dovette riscriverlo quasi interamente. Questa piccola e affascinante casetta a schiera, costruita nel 1798, non ha subito cambiamenti dai tempi di Carlyle, quando la frequentavano personaggi come Chopin, Tennyson e Dickens.

CHELSEA OLD CHURCH Cartina pp456-57

☎ 7795 1019; Cheyne Walk, Old Church St SW3; ☯ 13.30-17.30 da martedì a venerdì e domenica; metro Sloane Square

Questa chiesa è nota soprattutto come monumento alla memoria di Tommaso Moro (1477-1535), ex cancelliere (poi proclamato santo della chiesa cattolica) che fu decapitato per essersi opposto a Enrico VIII quando decise di diventare capo supremo della chiesa d'Inghilterra. La chiesa fu costruita nel XII secolo ma è stata più volte rimaneggiata; l'ultima, dopo i bombardamenti della seconda guerra mondiale. All'interno vi sono conservati molti pregevoli monumenti di epoca Tudor, tra i quali è particolarmente degna di nota la **More Chapel**, a sud, una cappella fatta ricostruire da Tommaso Moro nel 1528 che ha ancora il soffitto in legno e i capitelli delle colonne originali ed è uno dei primi esempi di stile rinascimentale in Inghilterra. All'estremità occidentale della navata sud si trovano alcuni libri, tra i quali una copia del *Book of Martyrs* (*Libro dei martiri*) di Foxe, scritto nel 1684.

Davanti alla chiesa si può ammirare una statua dorata di Tommaso Moro, che visse a Chelsea con la sua famiglia in una proprietà poi espropriata da Enrico VIII dopo l'esecuzione del cancelliere. Tra gli altri personaggi famosi che hanno vissuto a Chelsea, e in particolare in questa via, ricordiamo George Eliot, che abitò e morì al n. 4, e il pittore J.M.W. Turner, residente al n. 119 sotto lo pseudonimo di 'Booth'.

CHELSEA PHYSIC GARDEN Cartina pp456-57

☎ 7352 5646; www.chelseaphysicgarden.co.uk; 66 Royal Hospital Rd SW3; adulti/ridotti £5/3; ☺ 12-17 mercoledì e 14-18 domenica da aprile a ottobre, 12-17 durante il Chelsea Flower Show, 11-15 nei Snowdrop Days (prime due domeniche di febbraio); metro Sloane Square

Istituito nel 1673 dall'Apothecaries' Society (associazione dei farmacisti) per offrire agli studenti un luogo in cui studiare le piante medicinali, questo luogo affascinante è uno dei più antichi orti botanici d'Europa e contiene numerose specie rare di alberi, arbusti e piante. Alcuni angoli del giardino sono dedicati alla medicina naturale da tutto il mondo e alle piante utilizzate per la tintura e l'aromaterapia. Nei secoli, qui hanno lavorato numerose personalità del settore, come William Aiton, primo giardiniere a Kew, e William Forsyth, che diede il suo nome alla forsizia.

Michelin House (sotto)

La statua rappresenta Sir Hans Sloane, il filantropo che salvò il giardino dalla chiusura all'inizio del XVIII secolo (e la cui collezione privata di antichità formò il primo nucleo del British Museum).

Gli orari di apertura sono assai limitati, perché il giardino è tuttora usato per motivi di studio e ricerche; si possono però organizzare visite guidate su appuntamento.

KING'S ROAD Cartina pp456-57
metro Sloane Square/South Kensington

Nel XVII secolo Carlo II fece costruire a Chelsea un nido d'amore dove rifugiarsi con la sua amante Nell Gwyn. Per tornare al palazzo di Hampton, Carlo passava da una strada di campagna che verrà poi inevitabilmente chiamata King's Rd. Questa via è stata una delle più importanti per la moda londinese e mondiale durante i fantasiosi anni '60 e gli anarchici '70 del XX secolo ed è tuttora di tendenza, anche se in modo meno romantico. La via inizia da Sloane Square, a nord della quale si trova Sloane St, nota per le boutique degli stilisti. Al n. 75 di Sloane St c'è il Cadogan Hotel, dove nel 1895 fu arrestato Oscar Wilde (nella camera 118, per la precisione) che sarà poi incarcerato per la sua 'amicizia' con Lord Alfred Douglas.

MICHELIN HOUSE Cartina pp456-57
81 Fulham Rd SW3; metro South Kensington

Anche se non avete intenzione di cenare nello splendido ristorante Bibendum (p225) di Terence Conran, situato nella Michelin House, vi consigliamo di fare una passeggiata nei pressi per ammirare lo splendido edificio in stile Art Nouveau che fu costruito per la Michelin tra il 1905 e il 1911 da François Espinasse, e completamente restaurato nel 1985. Il pianterreno, aperto sulla via, ospita deliziose bancarelle di pesce e fiori, mentre il famoso e paffuto omino della Michelin compare nelle moderne vetrate colorate del palazzo, il cui atrio è rivestito da piastrelle con motivi decorativi ispirati alle automobili dell'inizio del XX secolo. In questo edificio si trova anche il Conran Shop.

NATIONAL ARMY MUSEUM
Cartina pp460-61

☎ 7730 0717; www.national-army-museum.ac.uk; Royal Hospital Rd SW3; ingresso libero ma è richiesta un'offerta; ☺ 10-17.30; metro Sloane Square

Situato accanto al Royal Hospital (posizione alquanto appropriata), questo antiquato museo narra la storia dell'esercito inglese dalla

Quartieri – Il centro-sud

parte degli uomini che offrirono la loro vita al sovrano e al paese. Piacevolmente semplice, il museo illustra gli orrori ma anche le glorie delle guerre, con oggetti che spaziano dallo scheletro del cavallo di Napoleone ai modellini di trincee, al nutrito repertorio di armi, artiglieria e tattiche militari. Due delle sale più interessanti riguardano l'epoca 'Redcoat' ('giubba rossa', termine con il quale furono definiti i soldati inglesi dalla battaglia di Agincourt, nel 1415, alla rivoluzione americana), e la battaglia di Waterloo tra Napoleone e il duca di Wellington.

ROYAL HOSPITAL CHELSEA
Cartine pp456-57 e 460-61

☎ 7881 5204; Royal Hospital Rd SW3; ingresso libero; ⏰ 10-12 e 14-16 da lunedì a sabato, 14-16 domenica; metro Sloane Square

Progettato da Sir Christopher Wren, questo splendido complesso fu costruito nel 1692 per accogliere i veterani e ha svolto questo ruolo sin dal regno di Carlo II. Oggi ospita centinaia di veterani, i 'Chelsea Pensioners', che si vedono passeggiare nel parco con i loro cappotti blu scuro (in inverno) o le redingote azzurre (in estate). In genere, i turisti possono circolare liberamente nel complesso e visitare la cappella e il museo dell'ospedale, che espone una ricchissima collezione di medaglie di guerra donate dai veterani. Dai giardini si gode un bel panorama della Battersea Power Station, oltre il Tamigi. Quando sono in corso particolari celebrazioni (evenienza che sta diventando sempre più frequente) l'ospedale non si può visitare. Qui ha luogo anche il Chelsea Flower Show di maggio.

KNIGHTSBRIDGE, SOUTH KENSINGTON E HYDE PARK

Buona parte della zona ovest di Londra è formata da quartieri eleganti e offre il meglio di sé in 'South Ken', che grazie al principe Alberto e alla 'grande esposizione' del 1851 è anche sede di musei e ospita il Natural History Museum, il Science Museum e il Victoria & Albert Museum, situati tutti nella stessa via. Il monumento al principe Alberto, splendidamente ristrutturato in anni recenti, si trova a nord di questo fantastico trio di musei. La zona è inoltre una delle più sofisticate di Londra, con popolose comunità di francesi, italiani e orientali abbienti. Kensington High St,

animato miscuglio di boutique di lusso e grandi magazzini, domina la zona di Kensington; a nord di essa si trova Holland Park, quartiere residenziale con eleganti case costruite attorno a un parco pieno di alberi. Knightsbridge, zona un tempo famosa per i briganti e gli ubriaconi, oggi è celebre per lo shopping alla moda da Harrods e Harvey Nichols. A protezione di questi quartieri chic dai decisamente più squallidi Bayswater e Paddington, a nord, si distendono gli splendidi Hyde Park e Kensington Gardens (definibili come un unico grande polmone verde), attorno ai quali si trovano alberghi di lusso e prestigiosi negozi.

VICTORIA & ALBERT MUSEUM
Cartine pp442-43 e 456-57

☎ 7942 2000; www.vam.ac.uk; Cromwell Rd SW7; ingresso libero, tariffe variabili a seconda delle mostre; ⏰ 10-17.45 (fino alle 22 mercoledì e l'ultimo venerdì del mese); metro South Kensington

Questo vasto e splendido museo di arti decorative e design fa parte del lascito del principe Alberto al paese, sull'onda del grande successo ottenuto dalla 'grande esposizione' del 1851: esso contiene ben quattro milioni di oggetti raccolti negli anni in Inghilterra e in ogni parte del globo. Suddiviso in quasi 150 sezioni, il museo ospita la più ricca collezione al mondo di arte decorativa, che comprende un repertorio incredibilmente vario di oggetti: antiche ceramiche cinesi e disegni architettonici di gusto modernista, bronzi coreani e spade giapponesi, prototipi realizzati dal movimento ottocentesco Arts e Crafts di William Morris, cartoni di Raffaello, incantevoli opere d'arte asiatica e islamica, sculture di Rodin, abiti di epoca elisabettiana e quelli presentati alle ultime sfilate di Parigi, gioielli antichi, un apparecchio radio degli anni '30 del XX secolo, uno studio interamente in legno progettato da Frank Lloyd Wright e un paio di Doctor Martens. Come avrete già capito, come per il British Museum anche la visita di questo museo richiede un'accurata pianificazione.

Appena entrati – dopo aver ammirato lo stupefacente **Chihuly Chandelier** sopra la vostra testa – dirigetevi verso il nuovissimo banco informazioni e biglietteria, i cui impiegati sono tra i più gentili ed efficienti di tutti i musei londinesi. Se l'ingresso principale di Cromwell Rd è troppo affollato, girate l'angolo ed entrate da Exhibition Rd, dove troverete un altro banco informazioni che distribuisce le cartine dei diversi piani. In alternativa, potete aggregarvi a una **visita guidata introduttiva** in partenza dalla reception principale ogni ora, dalle 10.30 alle 16.30.

Il Level A è quasi interamente dedicato all'arte e al design di India, Cina, Giappone e Corea, e all'arte europea. Ci sono inoltre un'originale galleria dei Fakes & Forgeries (falsi e contraffazioni) e un'altrettanto insolita e affascinante Cast Court, dedicata alle copie, che espone la replica della gigantesca Colonna Traiana di Roma. La sala 40 è tutta dedicata al costume e spazia dalle parrucche settecentesche ai corsetti di stecche di balena e agli zatteroni che fecero inciampare Naomi Campbell durante una sfilata parigina. La collezione di questa sala comprende anche alcuni vecchi abiti della principessa Diana.

Nella Raphael Gallery (sala 48A) sono esposti sette cartoni di Raffaello (1483-1520), dipinti commissionati da papa Leone X per realizzare alcuni arazzi attualmente conservati nel Museo Vaticano.

Il Pirelli Garden è un delizioso cortiletto dove potrete riposarvi a metà visita. Oltre il giardino ci sono tre ambienti di ristoro con mobili degli anni '60 del XIX secolo. Il Victoria & Albert Museum è stato il primo museo al mondo ad avere un luogo di ristoro per i visitatori, che è poi diventato un'attrazione in sé. La Canon Photography Gallery (sala 38), lì accanto, propone eccellenti mostre a rotazione.

Al Level B troverete collezioni dedicate agli oggetti in ferro battuto (sale 113 e 114), ai vetri istoriati (sale 111 e 116), ai gioielli (sale da 91 a 93) e una splendida esposizione di strumenti musicali (sala 40A).

Appena dopo il pianerottolo si trova la celebre statua *Le tre Grazie* di Antonio Canova, che negli anni '90 del XX secolo è stata oggetto di un controverso acquisto statale da un collezionista privato (7,6 milioni di sterline), per impedire che l'opera fosse venduta agli Stati Uniti.

Le 15 relativamente nuove **British Galleries** illustrano ogni aspetto del design inglese dal 1500 al 1900 e offrono un'interessante panoramica dell'evoluzione della società britannica. Tra gli oggetti in mostra meritano un cenno il decanter e il servizio di bicchieri davanti ai quali il principe Carlo, durante l'inaugurazione delle gallerie nel 2001, si è fermato esclamando: "Ecco dov'erano finiti!" Pare infatti che uno chef pasticciere in servizio al castello di Windsor li avesse sottratti di nascosto. Altri pezzi forti di questo piano sono le Silver Galleries (sale da 65 a 69), dedicate agli argenti, e la

splendida scultura sospesa di Cornelia Parker, intitolata *Breathless* e realizzata con strumenti musicali di ottone schiacciati da pesi come quelli che consentono di aprire e chiudere il Tower Bridge.

L'Henry Cole Wing, ampliamento dell'edificio in Exhibition Rd, è sede della più grande collezione esistente di dipinti di Constable, ma ospita anche la mostra sulle opere dell'architetto americano Frank Lloyd Wright (1869-1959). Se non siete diretti al ristorante, abbastanza buono, potete comunque visitare la mostra a rotazione che espone testi e disegni di Beatrix Potter.

Tenete presente che le mostre temporanee di questo museo sono spesso così interessanti che probabilmente non riuscirete a vedere niente altro.

NATURAL HISTORY MUSEUM
Cartine pp442-43 e 456-57

☎ 7938 9123; www.nhm.ac.uk; Cromwell Rd SW7; ingresso libero, visite guidate ai capolavori (che dipendono dal personale disponibile) £3, visite guidate gratuite di mezz'ora ai reperti zoologici del Darwin Centre; ☼ 10-17.50 (dalle 11 in poi domenica); metro South Kensington

Non solo i bambini, ma anche molti adulti apprezzeranno questo fantastico museo, un'incredibile combinazione di splendidi reperti archeologici. L'edificio stesso è magnifico: si tratta di una delle più belle strutture neogotiche di Londra, progettata da Alfred Waterhouse tra il 1873 e il 1880, con un ingresso principale simile ai portali delle cattedrali. La facciata è decorata da sfavillanti mattoni e terrecotte color sabbia e blu, sottili colonne e complessi archi, nonché da una grande quantità di sculture di piante e animali.

La collezione, che ha assorbito il vecchio Geological Museum, è attualmente suddivisa tra le adiacenti Life Galleries (sezione di biologia; ingresso da Cromwell Rd) ed Earth Galleries (sezione di scienze geologiche; ingresso da Exhibition Rd). Un tempo il museo geologico era pieno di polverose teche di vetro con farfalle e insetti; oggi invece questa splendida collezione interattiva espone mostre a tema su argomenti come la biologia umana e l'entomologia; le affollatissime sezioni sui mammiferi e i dinosauri comprendono riproduzioni animate, come quella del tyrannosaurus rex, alto 4 m. I bambini visitano soprattutto le sezioni citate, mentre gli adulti si godono la fantastica balconata dei mammiferi, la mostra sulla balenottera azzurra e la sezione dedicata

Quartieri – Il centro-sud

Natural History Musem (p133)

all'ecologia, con la sua riproduzione di una foresta pluviale.

Per certi versi, però, le sale più stupefacenti del museo sono le Earth Galleries. Entrando da Exhibition Rd vi troverete davanti a un ascensore che sale verso l'alto ed entra in una sfera cava, attorno alla cui base sono splendidamente disposte rocce e gemme. Al piano superiore troverete due importanti mostre permanenti: Earthquake (terremoti) e Restless Surface (mutamenti della crosta terrestre), che illustrano gli effetti dell'impatto del vento, dell'acqua, del ghiaccio, della gravità e della vita stessa sulla Terra. La prima vanta una straordinaria ricostruzione di cosa accadde in un piccolo negozio giapponese di alimentari durante il terremoto di Kobe del 1995, che uccise 6000 persone. Tra le interessantissime mostre del piano inferiore, ricche di supporti interattivi su computer, ricordiamo Earth Today e Tomorrow (la Terra oggi e domani), focalizzata sull'ecologia; Earth's Treasury (tesori della Terra), che presenta le gemme e altre pietre preziose; e From the Beginning (le origini del cosmo), che descrive la formazione dei pianeti. Per evitare la ressa delle gite scolastiche, vi consigliamo di visitare il museo il mattino presto o nel tardo pomeriggio, oppure nel weekend. Il Waterhouse Café al pianterreno delle Life Galleries è abbastanza valido e propone un buon assortimento di piatti vegetariani.

Nel 2002 è stata avviata la prima fase di un nuovo e modernissimo progetto per il Darwin Centre che si occupa soprattutto di tassonomia (la classificazione sistematica delle scienze naturali); l'esposizione di circa 450.000 esemplari in formalina, le visite guidate gratuite ogni mezz'ora e le conferenze tenute da ricercatori del museo sono però iniziative rivolte a chi ha uno specifico interesse per la materia. La seconda fase del progetto, ancora più ambiziosa, presenterà 22 milioni di reperti zoologici, botanici ed entomologici e dovrebbe essere inaugurata nel 2007.

SCIENCE MUSEUM Cartine pp442-43 e 456-57

☎ 0870 870 4868; www.sciencemuseum.org.uk; Exhibition Rd SW7; ingresso libero, sala cinematografica IMAX adulti/ridotti £7,10/5,95; ✆ 10-18; metro South Kensington

Questo museo di scienze è, nel suo genere, uno dei più all'avanguardia e facilmente accessibili del mondo, e riesce a rendere meravigliosamente interessante una materia che spesso è considerata noiosa e difficile da adulti e bambini. Con ben sette piani di mostre interattive e didattiche non è soltanto un museo ricco di informazioni, ma anche una delle attrazioni più divertenti di Londra, adatta a ogni età. La sezione Synopsis – an Introduction, vicino al banco informazioni, dovrebbe essere la vostra prima tappa.

Making the Modern World (nascita del mondo moderno), al pianterreno, narra la storia della rivoluzione industriale attraverso le macchine che l'hanno resa possibile, come le automobili d'epoca e le prime locomotive a vapore, Puffing Billy e Stephenson's Racket, realizzate all'inizio del XIX secolo. Nello stesso settore si prende in esame l'esplorazione dello spazio, con razzi e altri famosi veicoli. C'è anche una sezione dedicata alla tecnologia nella vita quotidiana, con oggetti, giochi e utensili del XX secolo, per un pubblico di tutte le età.

Salendo di un piano scoprirete qual è l'impatto della scienza sul cibo, il tempo, le telecomunicazioni e le condizioni atmosferiche, oppure potrete visitare l'affascinante ala intitolata Who Am I (chi sono), un'esplorazione interattiva delle caratteristiche genetiche umane e del loro rapporto con la scienza. Salendo ancora vi troverete nel mondo dei computer, della chimica e dell'energia nucleare. Al terzo piano sono esposti vecchi aeroplani come il

Vickers Vimy, sul quale Alcock e Brown sorvolarono per la prima volta l'Atlantico nel 1919, e il Gipsy Moth, con cui Amy Johnson volò in Australia nel 1930. Nel Flight Lab (laboratorio di volo) si illustrano, tramite supporti interattivi e modellini, le leggi dell'aerodinamica e del movimento; nell'Health Matters, invece, si esplora il mondo della medicina moderna. Al quarto e quinto piano troverete esposizioni relative alla storia della medicina e della scienza veterinaria.

Nell'atrio del museo si trova una versione moderna del famoso pendolo di Foucault. Ogni giorno, con il trascorrere delle ore, il piano di oscillazione del pendolo sembra cambiare direzione; secondo Foucault ciò è dovuto alla rotazione della Terra sul proprio asse: il pendolo, infatti, resta sempre fissato nello stesso punto. Nel seminterrato si trovano fantasiose mostre interattive per bambini: Garden (giardino), per bambini da 3 a 6 anni, e Things (cose) da 7 a 11. The Secret Life of the Home (la vita segreta di una casa) è una collezione di elettrodomestici amati o odiati dalle casalinghe, adatta al pubblico di ogni età.

L'ancora più avveniristica Wellcome Wing, un ampliamento del museo costato 50 milioni di sterline che è stato inaugurato nel 2000, è piena di mostre interattive dedicate all'importanza della scienza moderna nella vita di tutti i giorni. Segnaliamo come particolarmente interessanti Digitopolis, sulla tecnologia digitale; On Air, sulle trasmissioni radiofoniche e televisive; e Flight Lab, dove potrete provare il tunnel del vento o cercare di far decollare un elicottero. La sala cinematografica IMAX da 450 posti (ingresso al pianterreno della Wellcome Wing) propone in tre dimensioni il solito repertorio di avventure spaziali, viaggi e attacchi di dinosauri. Il Deep Blue Café, anch'esso situato al pianterreno della Wellcome Wing, è aperto tutti i giorni dalle 10.30 alle 17.30.

Il museo non organizza visite guidate, ma si possono seguire i percorsi per bambini grazie a opuscoli illustrati (copertina chiara per i piccoli, copertina scura per i più grandi).

KENSINGTON PALACE Cartina pp442-43

☎ 7937 9561; www.royalresidences.com; Kensington Gardens W8; adulti/bambini/ridotti £10,50/ 7/8, ingresso libero al parco e ai giardini; ☻ 10-16.30; metro Queensway/Notting Hill Gate/ High Street Kensington

Questo palazzo è stato la principale residenza reale a partire dal 1689, quando Guglielmo di Orange vi si trasferì facendolo restaurare da Sir Christopher Wren, e fino all'incoronazione di Giorgio III, nel 1760, con il successivo trasferimento della corte a Buckingham Palace. La regina Vittoria vi nacque in una camera al pianterreno nel 1819, ma il palazzo è diventato famoso in tempi recenti come residenza della principessa Diana dopo la separazione da Carlo.

Le visite con audioguida vi condurranno negli ambienti sorprendentemente angusti degli State Apartments, rivestiti in legno e databili all'epoca di Guglielmo, e nei più sontuosi e spaziosi appartamenti del periodo georgiano. Questo palazzo è tuttora in uso, perché ospita appartamenti e uffici di persone appartenenti alla famiglia reale.

Sotto luci soffuse è esposta la Royal Ceremonial Dress Collection, una collezione di abiti da cerimonia d'epoca e non. La principale attrazione del palazzo è la splendida collezione di abiti appartenuti a Diana.

Il più bell'ambiente del palazzo è la Cupola Room, dove si svolgeva la cerimonia d'iniziazione all'esclusivo Ordine della Giarrettiera e dove fu battezzata la regina Vittoria; il simbolo dell'ordine è dipinto sul soffitto, a sua volta decorato con un bellissimo trompe l'œil che lo fa sembrare a cupola. La sala è circondata da colonne in marmo e nicchie con statue dorate in stile romano.

Nella **King's Long Gallery** (lunga galleria del re) sono esposte alcune opere d'arte della collezione reale, come l'unico dipinto noto di soggetto classico del pittore Van Dyck. Sul soffitto della galleria William Kent illustrò la storia di Ulisse, ma raffigurò i ciclopi erroneamente con due occhi.

Sulla **King's Drawing Room** (salotto del re) troneggia un monumentale dipinto con **Cupido e Venere** di Giorgio Vasari (1511-74), pittore manierista italiano meglio noto per la sua storia del Rinascimento. Da questa sala potrete ammirare la bella vista sul parco e sui giardini e il **Round Pond** (laghetto rotondo), un tempo pieno di tartarughe e oggi affollato di modellini di barche a vela.

Le pareti del **King's Staircase** (scalone del re) sono ornate da bellissimi affreschi di William Kent, che nella falsa cupola si è autoritratto con un turbante. Nei dipinti compare anche un ritratto di Peter, il 'bambino selvaggio' trovato nei boschi di Hannover e portato in Inghilterra per intrattenere la corte.

Il **Sunken Garden** (giardino sommerso), vicino al palazzo, è particolarmente bello nei mesi estivi; la vicina **Orangery**, progettata nel 1704 da Vanbrugh e Hawksmoor come serra indipendente, è una sala da tè molto luminosa.

KENSINGTON GARDENS Cartina pp442-43

☼ dall'alba al tramonto; metro Queensway/High Street Kensington/Lancaster Gate

Situati immediatamente a ovest di Hyde Park, dalla parte opposta del lago Serpentine, questi giardini fanno in realtà parte di Kensington Palace, dove la principessa Diana visse dopo la separazione da Carlo. La **fontana monumentale**, un fossato in pietra alto 80 m con una cascata, dovrebbe essere inaugurata nell'estate del 2004 per il sesto anniversario della morte della principessa; progettata dall'architetto statunitense Kathryn Gustafson, costerà 3 milioni di sterline. Di qui passa un percorso commemorativo dedicato a Lady Diana, lungo 12 km, che compie un tragitto attraverso quattro parchi reali: Kensington, Hyde Park, St James's e Green Park. Se viaggiate con i bambini, visitate il **Diana, Princess of Wales Memorial Playground**, un parco giochi situato nell'angolo nord-occidentale dei giardini.

Le opere d'arte che lo ornano sono un'altra caratteristica di questo giardino: la celebre statua di George Frampton che raffigura Peter Pan si trova vicino al lago, accanto a una bella zona nota come Flower Walk (passeggiata dei fiori). A sud del lago, e vicino alla strada principale che attraversa il parco, c'è la **Serpentine Gallery** (☎ 7402 6075; www.serpentinegallery.org; ingresso libero; ☼ 10-18; metro Knightsbridge), dove potrete ammirare alcune sculture di Henry Moore e Jacob Epstein.

HYDE PARK Cartina pp442-43

☼ 5.30-24; metro Hyde Park Corner/Marble Arch/ Knightsbridge/Lancaster Gate

Il più grande spazio all'aperto di Londra si estende su ben 145 ettari, ed è un invitante miscuglio di giardini curatissimi e di radure selvagge. In primavera è un tripudio di colori, mentre d'estate si riempie di gente che prende il sole. Hyde Park è anche un magnifico luogo di ritrovo per concerti all'aperto, manifestazioni e cerimonie reali. I soldati attraversano il parco tutte le mattine per recarsi alla Horse Guard's Parade di Whitehall. Per andare a cavallo nel centro di Londra v. p184.

Hyde Park è separato dai Kensington Gardens dal lago a forma di L chiamato Serpentine, formatosi quando le acque del fiume Westbourne furono canalizzate in una diga intorno al 1730; sul lago, in estate, si può andare in barca. Fu Enrico VIII a espropriare questi terreni alla chiesa nel 1536, destinandoli a riserva di caccia per sovrani e aristocratici; in seguito divennero luogo di duelli, esecuzioni e corse di cavalli. Fu poi il primo parco reale a essere aperto al pubblico, all'inizio del XVII secolo, e ospitò la celebre 'grande esposizione' del 1851. Durante la seconda guerra mondiale fu trasformato in un enorme campo di patate.

MARBLE ARCH Cartina pp442-43

metro Marble Arch

Nel 1827 John Nash progettò questo enorme arco per Buckingham Palace; nel 1851 esso fu trasferito nell'angolo nord-orientale di Hyde Park perché considerato non abbastanza imponente come ingresso al palazzo reale. All'interno dell'arco vi è un appartamento con una sola camera: il più sontuoso monolocale di Londra.

SPEAKERS' CORNER Cartina pp442-43

metro Marble Arch

L'angolo nord-orientale di Hyde Park è per tradizione il luogo di ritrovo di chiunque desideri esprimere la propria opinione. Si tratta infatti dell'unico posto della Gran Bretagna dove i dimostranti possono riunirsi senza dover chiedere il permesso alla polizia, una concessione fatta nel 1872 in seguito ai gravi disordini scoppiati a causa dell'imposizione di una nuova tassa, la Sunday Trading Bill, quando 150.000 persone si riunirono davanti al Parlamento per protestare. Se volete dire la vostra, salite sul podio di fortuna dello Speaker's Corner la domenica: forse qualcuno vi darà retta.

TYBURN TREE Cartina pp442-43

metro Marble Arch

Una targa nell'isola spartitraffico di Marble Arch indica il punto in cui si trovava il tristemente noto Tyburn Tree, un patibolo sul quale si calcola siano state giustiziate 50.000 persone dal 1300 al 1783, molte delle quali provenienti dalla Tower of London.

TYBURN CONVENT Cartina pp442-43

☎ 7723 7262; www.tyburnconvent.org.uk; 8 Hyde Park Place; ingresso libero; ☼ visite guidate della cripta 10.30, 15.30 e 17.30 (cercate di telefonare per chiedere informazioni); metro Marble Arch

Uno degli edifici di questo luogo malinconico e silenzioso ha la peculiarità di essere la più piccola abitazione londinese, perché misura poco più di un metro in larghezza. Il convento fu fondato nel 1903, vicino al luogo dove sorgeva il patibolo di Tyburn Tree sul quale, nel corso del XIX secolo, furono giustiziati numerosi seguaci del cattolicesimo e che in seguito divenne meta di pellegrinaggio per i cattolici. Nella cripta si trovano le reliquie di 105 martiri, insieme ad alcuni dipinti che narrano le loro vite e le circostanze in cui sono morti. Da più di un secolo il convento è abitato da suore benedettine di clausura.

ALBERT MEMORIAL Cartina pp442-43

☎ 7495 0916 per le visite guidate di 40 minuti alle 14 e 15 domenica; www.aptg.org.uk; adulti/ridotti £3,50/3; metro South Kensington/Gloucester Road

Situato all'estremità sud di Hyde Park di fronte a Kensington Gore, questo monumento è dedicato ad Alberto (1819-61), il marito della regina Vittoria. In realtà Alberto aveva detto esplicitamente di non desiderare un monumento alla propria memoria; il desiderio del principe, però, non fu preso sul serio e nel 1872 George Gilbert Scott ricevette l'incarico di costruire questo fastoso monumento in stile gotico alto 52,5 m, che raffigura il principe nell'atto di sfogliare un catalogo della sua 'grande esposizione', circondato da 178 figure che rappresentano i continenti (l'America di John Bell, l'Africa di Theed, l'Asia di Foley e l'Europa di Macdowell), le arti, l'industria e le scienze. Il monumento è stato nuovamente inaugurato nel 1998, dopo un costosissimo restauro; all'epoca della nostra ricerca era in ristrutturazione un altro edificio che commemora il principe tedesco, ossia la Royal Albert Hall dalla parte opposta della via: anche in questo caso è prevista un'ingente spesa. L'Albert Memorial è particolarmente imponente di sera, quand'è illuminato.

ROYAL ALBERT HALL Cartina pp442-43

☎ 7589 3203; www.royalalberthall.com; Kensington Gore SW7; metro South Kensington

Questo enorme anfiteatro di mattoni rossi, incoronato da una cupola, è ornato da un fregio di piastrelle di Minton e fu portato a termine nel 1871 su progetto degli architetti Francis Fawke ed Henry Scott. La regina Vittoria sorprese tutti facendo il gesto di porre la prima pietra dell'edificio, a cui diede il nome del defunto marito, il principe tedesco Alberto. La Royal Albert Hall non fu concepita come sala da concerti, bensì (e più appropriatamente)

come spazio dedicato alle arti e alle scienze, e di sicuro chi ne progettò l'acustica non aveva pensato che vi si potessero svolgere concerti; si dice infatti che l'unico modo in cui un compositore britannico può sentire la sua opera suonata due volte nello stesso giorno è appunto alla Royal Albert Hall, tanto forte è l'eco che si riverbera nella struttura ovale. La sala è nota soprattutto come sede dei Promenade Concerts (detti anche 'Proms'), i più famosi concerti di musica classica del mondo, che vi hanno luogo ogni estate dal 1947 (p300).

L'unico modo per visitarne l'interno è assistere a un concerto. La sala è attualmente sottoposta a un radicale restauro, che intende restituirle il suo originario splendore adattandola nello stesso tempo alle norme in vigore (e migliorandone l'acustica). I lavori dovrebbero terminare nel 2004.

ROYAL GEOGRAPHICAL SOCIETY (RGS) Cartina pp442-43

☎ 7591 3000; www.rgs.org; 1 Kensington Gore SW7; ingresso libero; ◷ 10-17 da lunedì a venerdì; metro South Kensington

A breve distanza in direzione est dalla Royal Albert Hall si trova la sede della Royal Geographical Society, ospitata in un edificio di mattoni rossi in stile regina Anna (1874), facilmente riconoscibile dalle statue degli esploratori David Livingstone ed Ernest Shackleton, situate all'esterno.

L'istituto vanta una collezione di più di mezzo milione di oggetti tra mappe, fotografie, opere d'arte, libri e manoscritti; la Library and Map Room (biblioteca e sala delle carte geografiche) dovrebbe riaprire al pubblico nella primavera del 2004 al termine del progetto 'Unlocking the Archives' (archivi aperti), costato cinque milioni di sterline e avviato per conservare il materiale della collezione ma anche per renderlo più facilmente accessibile al pubblico.

BROMPTON ORATORY Cartina pp456-57

☎ 7808 0900; 215 Brompton Rd SW7; ◷ 6.30-20; metro South Kensington

Nota anche come London Oratory e Oratory of St Philip Neri, questa chiesa cattolica fu costruita in stile barocco italiano nel 1884; vanta una grande collezione di marmi, candele e statue e un regolare frequentatore nella persona del primo ministro Tony Blair. Nei giorni feriali vi si celebrano sei funzioni, il sabato una alle 18 e la domenica nove tra le 7 e le 19.

COMMONWEALTH INSTITUTE

Cartina pp442-43

☎ 7603 4535; www.commonwealth.org.uk;
Kensington High St W8; metro High Street Kensington

Sul lato sud di Holland Park, a pochi passi da Kensington High St, uno spiazzo con fontane e pennoni si apre davanti al Commonwealth Institute: realizzato nel 1962 con materiali provenienti da ogni parte del Commonwealth, questo edificio, che assomiglia a una grande tenda, non è mai stato molto apprezzato dal punto di vista estetico. L'interno è stato recentemente ristrutturato per celebrare i 54 paesi del Commonwealth e ospita mostre temporanee dedicate a questo argomento.

LINLEY SAMBOURNE HOUSE

Cartina pp442-43

☎ 8994 1019; 18 Stafford Terrace W8; adulti/ridotti £6/4; ☺ visite guidate sabato-domenica;
metro High Street Kensington

Nascosta dietro Kensington High St, dal 1874 al 1910 questa casa fu l'abitazione di Linley Sambourne, vignettista satirico del *Punch* e fotografo dilettante. L'edificio non è mai stato ritinteggiato e ha mantenuto l'aspetto originale di una tipica casa vittoriana di famiglia benestante, tutta legni scuri, tappeti turchi e sontuose vetrate istoriate. Vi si può accedere soltanto nel corso delle visite guidate di 90 minuti.

LUNGO LA SOUTH BANK

Pasti p228; Pernottamento p345; Shopping p322

Un grandioso progetto architettonico avviato a metà degli anni '90 del XX secolo ha trasformato la sponda meridionale del Tamigi da zona disabitata e poco interessante in uno dei quartieri più vivaci della capitale. Tra le strutture sorte nella rinnovata South Bank, sono degni nota il nuovo Globe Theatre, copia fedele dell'antico teatro in cui lavorò Shakespeare, e la Tate Modern e l'Oxo Tower, che sono il risultato della

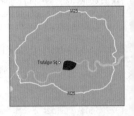

ristrutturazione di alcune importanti strutture della rivoluzione industriale in disuso. Numerose nuove attrattive della zona, come la ruota panoramica London Eye, la City Hall e il Millennium Bridge, hanno saputo conquistare gli inglesi, aprendo nuove prospettive alla Londra del XXI secolo. L'intento di queste imponenti strutture è di far riconquistare ai cittadini lo spazio pubblico: grazie alla Silver Jubilee Walkway e al Thames Path, che garantiscono i collegamenti tra le varie zone del quartiere, lungo la South Bank oggi passeggia una fila ininterrotta di visitatori.

Inoltre, è difficile perdersi in questa zona: attraversando i suoi quartieri (Lambeth, South Bank, Bankside, Southwark, Borough e Bermondsey, da ovest a est) avrete quasi sempre la sponda del fiume come riferimento per orientarvi. La stazione ferroviaria e della metropolitana Waterloo (dove fermano gli Eurostar provenienti dall'Europa continentale) offre un facile accesso alla Royal Festival Hall e agli altri edifici del South Bank Centre; di qui si raggiungono altrettanto facilmente la ruota panoramica London Eye Ferris e la Saatchi Gallery. Arrivando da St Paul's Cathedral, si consiglia di arrivare alla Tate Modern passando dal Millennium Bridge. Questa zona, infine, è anche ragionevolmente vicina alla stazione London Bridge, dalla quale si può proseguire per i London Dungeons, il Fashion e Textile Museum, la City Hall e, infine, il Tower Bridge.

LAMBETH

IMPERIAL WAR MUSEUM Cartina pp460-61

☎ 7416 5320 o 09001 600140; www.iwm.org.uk;
**Lambeth Rd SE1; ingresso libero; ☺ 10-18;
metro Lambeth North/Southwark**

Questo museo, ospitato in un enorme ex ospedale, offre una bella lezione di storia moderna. Oltre ad aerei, carri armati e varie attrezzature militari sistemate nell'ingresso o sospese nell'atrio, una buona parte dei sei piani dell'edificio è dedicata alla valutazione del 'costo' dei conflitti in termini umani e sociali; inoltre, sebbene il museo si concentri in modo particolare sulle azioni militari delle truppe inglesi o del Commonwealth coinvolte nelle guerre del XX secolo, al termine 'guerra' è data un'interpretazione assai ampia. Nel seminterrato troverete la popolare Trench Experience, che ricostruisce la vita quotidiana di un soldato in trincea sulla Somme durante la prima guerra mondiale, e la Blitz Experience, dove potrete nascondervi in un rifugio antiaereo (riprodotto) durante un'incursione della Luftwaffe e riemergere nelle strade devastate dell'East End. Due piani più su è esposta una fotografia di Nelson Mandela mentre presta giuramento prima di diventare il primo presidente nero del Sudafrica dopo la lunga lotta all'apartheid; su un'altra parete si trova la celebre e commovente fotografia di Kevin Carter che ritrae alcuni bambini sudanesi in grave stato di indigenza, a testimoniare il dramma delle frequenti carestie provocate dalle guerre nell'Africa Sub-sahariana.

Ovviamente, nel museo è esposto molto materiale militare, con varie sezioni dedicate alle due guerre mondiali, alla Corea, al Vietnam, alla guerra fredda e ad altre crisi verificatesi dopo il 1945. La sezione Secret War va oltre la mitologia di James Bond per esplorare il ruolo delle spie e dei servizi segreti, mentre un'altra area è dedicata ai dipinti di soggetto bellico, con opere di Stanley Spencer e John Singer Sargent.

Le due sezioni più interessanti e commoventi, però, sono la vasta Holocaust Exhibition (sconsigliata ai minori di 16 anni) e la nuovissima area dedicata al genocidio, con un film di 30 minuti (dai 12 anni in su) sui crimini contro l'umanità perpetrati in Cambogia, Jugoslavia e Ruanda.

Il museo è molto ben allestito, ma vi consigliamo di visitare anche il tranquillissimo **Tibetan Peace Garden**, nel parco.

LAMBETH PALACE Cartina pp436-37
Lambeth Palace Rd SE1; metro Lambeth North

L'edificio del corpo di guardia in stile Tudor, costruito in mattoni rossi, che si trova accanto alla chiesa di St Mary-at-Lambeth dà accesso al Lambeth Palace, residenza londinese dell'arcivescovo di Canterbury. Sebbene il palazzo non sia abitualmente aperto al pubblico, i giardini si possono visitare in determinate occasioni; per maggiori informazioni in proposito consultate il TIC, Tourist Information Centre (p398).

MUSEUM OF GARDENING HISTORY
Cartina pp436-37

☎ 7401 8865; www.museumgardenhistory.org; **Lambeth Rd SE1; ingresso libero, richiesta offerta £3;** ⏱ **10.30-17 da lunedì a venerdì e domenica da febbraio a metà dicembre; metro Lambeth North**

In una città che può vantare parchi come i Kew Gardens (p185), il Museum of Gardening History (museo di storia del giardinaggio) è una destinazione riservata a chi ha veramente il pollice verde. Allestito nel 1977 nell'ex chiesa di St Mary-at-Lambeth per salvare l'edificio dalla demolizione, è famoso soprattutto per il suggestivo giardino di arbusti nel camposanto della chiesa, copia di un giardino all'italiana del XVII secolo con siepi che formano un intricato disegno, disseminate di giunchiglie selvatiche, vecchie piante di rose ed erbacee perenni. Quando leggerete questa guida, probabilmente il giardino sarà stato rimesso a posto, dopo le visite indesiderate di una volpe che ne ha sradicato alcune piante.

All'interno del museo, gli amanti del giardinaggio apprezzeranno le bacheche dedicate alla vita e all'opera dei Tradescant, padre e figlio che nel XVII secolo lavorarono come giardinieri rispettivamente per Carlo I e Carlo II (entrambi appassionati collezionisti di piante esotiche provenienti da tutto il mondo).

FLORENCE NIGHTINGALE MUSEUM
Cartina pp446-47

☎ 7620 0374; www.florence-nightingale.co.uk; **2 Lambeth Palace Rd SE1; famiglie/anziani, studenti e bambini/adulti £10/3,60/4,80;** ⏱ **10-17 da lunedì a venerdì, 11.30-16.30 sabato e domenica; metro Westminster/Waterloo**

Il Florence Nightingale Museum, situato presso il St Thomas's Hospital, potrebbe guadagnarsi un più vasto consenso di pubblico risistemando le sue sale. Dopotutto, in quanto creatrice dell'assistenza infermieristica professionale, la Nightingale (1820-1910) fu una delle prime celebrità moderne. Intellettuale battagliera e interessata alla politica, Florence persuase il segretario di stato Sidney Herbert a lasciarle dirigere un gruppo di infermiere all'ospedale di Scutari, in Turchia, durante la guerra di Crimea del 1854-56, dove, grazie all'aiuto del primo corrispondente estero del *Times* William Howard Russell, operò attivamente per migliorare le condizioni ospedaliere dei soldati semplici. A questo proposito, era soprannominata 'la signora della lampada', perché di notte si aggirava tra le corsie facendosi luce con una lampada per controllare la salute dei feriti.

I top five della South Bank

- London Eye (p140)
- Millennium Bridge (p144)
- Saatchi Gallery (p140)
- Shakespeare's Globe (p144)
- Tate Modern (p143)

Il museo narra dunque i successi della Nightingale e di come si servì in seguito della propria fama per fondare nel 1859 la prima scuola per infermiere all'ospedale di St Thomas's, ed è un'importante testimonianza su una donna che ha lasciato un segno nella storia moderna.

SOUTH BANK CENTRE E WATERLOO

BRITISH AIRWAYS LONDON EYE
Cartina pp446-47

☎ 0870 500 0600; www.ba-londoneye.com; Jubilee Gardens SE1; adulti/bambini 5-15/anziani £11/5,50/10; ⏰ 9.30-20, fino alle 21 o 22 nei fine settimana di maggio, giugno e settembre, fino alle 22 a luglio e agosto; metro Waterloo

Nelle belle giornate, il panorama che si gode dalla ruota panoramica più grande del mondo spazia per oltre 40 km in tutte le direzioni – fino a Windsor a ovest e quasi fino al mare verso est. Salire sul London Eye, alto 135 m e chiamato anche Millennium Wheel, è terribilmente affascinante: le 32 navicelle di vetro si librano lentamente, durante la rotazione completa di 35 minuti della ruota, in modo che i passeggeri (fino a 25 per ogni navicella) possano gustarsi con calma l'esperienza.

I biglietti si acquistano presso la biglietteria dietro la ruota, ma le code possono essere molto lunghe, perciò vi consigliamo di arrivare prestissimo o, meglio ancora, di prenotare; anche nel secondo caso, però, dovrete arrivare 30 minuti prima dell'ora stabilita per ritirare i biglietti.

La ruota dovrebbe rimanere sul lungofiume fino al 2005.

London Eye, South Bank (sopra)

COUNTY HALL Cartina pp446-47
metro Westminster/Waterloo

Proprio dall'altra parte del Westminster Bridge rispetto alle Houses of Parliament sorge questo magnifico edificio dalla facciata curvilinea ornata da un colonnato, che un tempo ospitava il London County Council (Consiglio della Contea di Londra), poi ribattezzato (1965) Greater London Council prima che Margaret Thatcher lo abolisse nel 1986.

Nel seminterrato si trovano un grande acquario, un museo dedicato a Salvador Dalí, due alberghi e un ristorante (p141).

SAATCHI GALLERY Cartina pp446-47

☎ 7823 2363 o 0870 1160 278 per prenotare i biglietti; www.saatchi-gallery.co.uk; County Hall, Westminster Bridge Rd SE1; adulti/anziani e studenti £8,50/£6,50; ⏰ 10-18, 10-22 venerdì e sabato; metro Westminster/Waterloo

Tempio del movimento della cosiddetta Young British Art (YBA), la Saatchi Gallery è stata oggetto di diverse polemiche alla sua inaugurazione, nel 2003. I critici d'arte hanno giudicato negativamente le opere *Away from the Flock* (una pecora in formaldeide sistemata in un acquario) di Damien Hirst e *My Bed* (il letto sfatto dell'artista) di Tracey Emin e *Dead Dad* (papà morto) di Ron Mueck.

Se ancora non conoscete le opere provocatorie della YBA (movimento nato nel 1992 che ha raggiunto il suo culmine con la mostra Sensation, nel 1997), la collezione della galleria Saatchi è una perfetta introduzione all'argomento. Il pubblicitario e collezionista Charles Saatchi, fondatore della galleria, ha la straordinaria capacità di individuare le opere che faranno epoca, e tra quelle trasferite qui dalla piccola galleria situata nella zona occidentale di Londra meritano un cenno *The Holy Virgin Mary* di Chris Ofili (un dipinto che raffigura la Madonna nera realizzato con l'aggiunta di carta, lustrini e sterco di elefante), la gigantesca *Myra* di Marcus Harvey (il volto dell'infanticida Myra Hindley realizzato con migliaia di impronte di mani infantili) e *Au Naturel* di Sarah Lucas (due meloni e un secchio, due arance e un cetriolo, sistemati in modo da alludere a una coppia nuda su un materasso).

Nell'elenco delle opere della galleria, tra cui figurano numerosissimi esempi di arte concettuale, ricordiamo ancora due realizzazioni di Hirst, *The Physical Impossibility of Death in the Mind of Someone Living* (un acquario con dentro uno squalo), e *A Thousand Years* (una teca che contiene la testa di una mucca morta mangiata dai vermi), e opere di Gavin Turk, Jake e Dinos Chapman e Hiroshi Sugimoto. Meritano un cenno anche la già citata scultura di Ron Mueck, che rappresenta il cadavere del padre, sinistramente iper-realistico anche se in miniatura, e *20:50* di Richard Wilson, una stanza piena di petrolio.

Molte di queste opere sono ormai celebri in tutto il mondo: la galleria merita dunque una visita, anche se non avete seguito gli sviluppi della Britart o addirittura non la conoscete affatto. Le opere meno note non aggiungono molto al quadro della Britart, ma il grandioso ambiente edoardiano della County Hall, anche se non è un abbinamento particolarmente felice dal punto di vista estetico, garantisce certamente ampi spazi espositivi alla collezione permanente e alle mostre a rotazione.

DALÍ UNIVERSE Cartina pp446-47

☎ 7620 2720; www.daliuniverse.com; County Hall, Westminster Bridge Rd SE1, ingresso dall'Albert Embankment; adulti/bambini età 3-9/ragazzi età 10-16/anziani e studenti/famiglie £1/4,95/7,50/8,50/24; ☺ 10-17.30; metro Westminster/Waterloo

Come i giovani artisti inglesi della Saatchi Gallery, anche il pittore surrealista spagnolo Dalí è stato un maestro nel farsi pubblicità: il suo volto baffuto fa capolino da molte delle fotografie esposte in questo museo. Entrando nella sala principale, con soffitto e pavimenti neri, pareti nere a specchio e luci soffuse, vi sembrerà di essere entrati nel subconscio deliziosamente contorto dell'artista. Qui, nella più grande collezione europea di opere di Dalí, compaiono i soggetti costanti di tutta la sua carriera artistica – orologi molli, elefanti con lunghe zampe di ragno, grucce e cassetti – suddivisi per tema: sensualità e femminilità, religione, sogni e fantasia. Le opere in mostra sono oltre 500, compreso il famoso sofà a forma di labbra di Mae West, la scenografia dipinta per il film di Hitchcock *Io ti salverò*, e un 'telefono aragosta': ce n'è per tutti, insomma, fan di Dalí e curiosi di ogni età.

LONDON AQUARIUM Cartina pp446-47

☎ 7967 8000; www.londonaquarium.co.uk; County Hall, Westminster Bridge Rd SE1, ingresso dall'Albert Embankment; adulti/bambini età 3-14/anziani e studenti/famiglie £8,75/5,25/6,50/25; ☺ 10-18; metro Westminster/Waterloo

Questo acquario è uno dei più grandi d'Europa. Le enormi vasche piene di squali si alternano ad acquari che riproducono i diversi habitat marini: il percorso si snoda tra le vasche in lunghi corridoi al buio. Nell'atrio, però, troverete una sorpresa: sembra che anche il London Aquarium non abbia saputo resistere alla tentazione della Britart: ci riferiamo alla Ford Ka trasformata in acquario che è stata chiamata… Karp (carpa).

SOUTH BANK CENTRE Cartina pp446-47

Il South Bank Centre, un gruppo di edifici in cemento che si delineano sullo sfondo della zona meridionale di Londra, risale al periodo tra la fine degli anni '50 e gli ultimi anni '70 del XX secolo, quando l'architettura mondiale era improntata al gusto modernista.

La **Royal Festival Hall** (☎ 7960 4242; www.rfh.org.uk; Belvedere Rd SE1; metro Waterloo) fu costruita nell'ambito del Festival of Britain del 1951, una sorta di celebrazione della fine della seconda guerra mondiale. Le altre strutture temporanee realizzate per questo festival sono state invece demolite, lasciando spazio agli edifici del South Bank Centre. Luogo di ritrovo per l'opera, la musica classica e corale e il jazz, la Royal Festival Hall ha una facciata in vetro e pietra di Portland leggermente ricurva che i londinesi hanno sempre apprezzato molto. Il restauro da 60 milioni di sterline, attualmente in corso, ha dotato la zona di passaggi pedonali e di un nuovo caffè all'aperto in Festival Square, che si aggiunge così al più formale ristorante **People's Palace** (p229), all'interno della RFH. A partire dall'estate del 2005 la Royal Festival Hall sarà chiusa per 18 mesi per ulteriori ristrutturazioni.

Nel frattempo, nel foyer si può assistere a parecchi spettacoli gratuiti nel corso dell'anno, come la bella cerimonia di premiazione del World Press Photo che si svolge di solito in autunno. Un'altra manifestazione annuale da non perdere è l'eclettico Meltdown Festival di musica, danza e spettacoli vari che ha luogo in giugno, organizzato da personalità esterne all'ente. In passato si sono occupati di questo festival Laurie Anderson, David Bowie, David Byrne, Nick Cave, Lee 'Scratch' Perry e Robert Wyatt. I biglietti d'ingresso variano a seconda degli spettacoli.

La più piccola **Queen Elizabeth Hall**, a nord-est, e la **Purcell Room** ospitano concerti di musica classica e jazz. Anche queste sale saranno ristrutturate nel 2006.

Quasi invisibile sotto le arcate del Waterloo Bridge, il **National Film Theatre** (NFT; ☎ 7633 0274 per informazioni oppure 7928 3232 per prenotazioni; www.bfi.org.uk/nft; South Bank SE1; metro Waterloo), portato a termine nel 1958, proietta attualmente circa 2000 pellicole ogni anno. Il cartellone comprende soprattutto film di repertorio o d'essai, ma vi si svolgono anche con regolarità interessanti retrospettive; è inoltre una delle sedi del London Film Festival di novembre. Particolarmente interessanti sono le anteprime di film importanti, di solito introdotte dall'incontro con il regista o con uno dei protagonisti: tra i personaggi che sono stati in passato ospiti di questa iniziativa ricordiamo Pedro Almodovar, Robert Altman, Steve Buscemi, Ethan Hawke, Ang Lee, Spike Lee, Mike Leigh, Kevin Spacey (divertentissimo), Tim Roth, Ray Winstone, Denzel Washington e molti, molti altri. Nel complesso c'è pure un invitante caffè.

Accanto al NFT, il **Museum of the Moving Image** è attualmente chiuso e sarà riaperto al pubblico (questa volta come spazio per mostre temporanee sul cinema) dopo che il British Film Institute avrà terminato la costruzione di un nuovo centro cinematografico (ancora alla fase iniziale del progetto).

Il **Riverside Walk Market**, un mercato dove troverete in vendita stampe e libri di seconda mano, ha luogo proprio di fronte al NFT, sotto le arcate del ponte. In estate, questa passeggiata all'ombra degli alberi dà la sensazione di trovarsi a Parigi sulla Rive Gauche (per maggiori informazioni v. p329).

La **Hayward Gallery** (☎ 7261 0127 per informazioni oppure 7960 4242 per prenotazioni; www.sbc.org.uk; Belvedere Rd SW1; adulti/ridotti £8-10/£6-8; ☯ 10-18 lunedì e da giovedì a domenica, 10-20 martedì e mercoledì) è un chiaro esempio di architettura 'brutalista', capace cioè di esprimere con forza tutte le virtù e le possibilità costruttive del cemento. Se non vi piace particolarmente questo tipo di architettura, vi consigliamo una visita veloce alla galleria, dove vari ambienti offrono un eccellente spazio espositivo per le opere d'arte moderna e contemporanea che hanno reso questo museo il più importante di Londra. Qui si svolgono infatti le mostre più importanti a livello internazionale. I biglietti d'ingresso variano a seconda della manifestazione in corso.

Il **Royal National Theatre** (☎ 7452 3000; www.nationaltheatre.org.uk; South Bank SE1; metro Waterloo) è il più importante complesso teatrale della nazione, comprendente tre auditorium: Cottesloe, Lyttelton e Olivier. Progettato nel 1976 dall'architetto modernista Denys Lasdun, questo edificio in cemento armato è stato oggetto alla fine degli anni '90 di una ristrutturazione costata ben 42 milioni di sterline. Le visite guidate che si svolgono dietro le quinte costano £5 per adulti, £4,25 per anziani e studenti, e hanno luogo tre volte al giorno da lunedì a sabato; per quanto riguarda gli spettacoli che si svolgono nel teatro v. p304.

Passeggiando per un breve tratto in direzione est lungo la South Bank s'incontra il **Gabriel's Wharf**, un gruppo di negozietti di souvenir, bar, caffè e ristoranti.

I **Jubilee Gardens**, vicino al London Eye, saranno anch'essi ampliati in direzione del South Bank Centre e dell'Hungerford Bridge.

LONDON IMAX CINEMA Cartina pp446-47

☎ 7902 1234; www.bfi.org.uk/imax; 1 Charlie Chaplin Walk SE1; adulti/bambini età 5-16/anziani e studenti £7,50/£4,95/£6,20, oltre a £1 per la prenotazione anticipata, proiezioni supplementari £4,20; ☯ 7 proiezioni dalle 13 alle 21, 2 proiezioni supplementari 10.30 e 11.45 venerdì e sabato; metro Waterloo

Il repertorio di film in cartellone al London IMAX Cinema comprende documentari in 2D e IMAX 3D sui viaggi, lo spazio e la natura, che durano da 40 minuti a un'ora e mezzo. Ben diversa la situazione al British Film Institute: questa sala cinematografica da 458 posti è la più grande d'Europa, con uno schermo largo 26 m e alto 10 piani.

OXO TOWER WHARF Cartina pp446-47

metro Waterloo

Sebbene questa torre Art Deco non sia più la sede dell'azienda produttrice dei dadi da brodo Oxo, la sua enorme insegna al neon conserva il nome della ditta. Restaurato nel 1996 dopo anni di oblio, oggi l'edificio ospita appartamenti, un gruppetto di negozi di stilisti

---

I top five della Londra romantica

- Baciarsi sul sedile posteriore di un taxi nero
- Abbracciarsi in cima al London Eye
- Un picnic con champagne a Hampstead Heath in una sera d'estate
- Guardare i fuochi d'artificio dalla Primrose Hill durante la Bonfire Night
- Acquistare insieme la biancheria intima da Agent Provocateur

che meritano una visita e un paio di ristoranti: il **River Walk Restaurant** al secondo piano, e l'**Oxo Tower Restaurant** all'ottavo (p229). All'ottavo piano c'è anche una **terrazza panoramica** con una bellissima veduta del Tamigi e della City.

BANKSIDE

BANKSIDE GALLERY Cartina pp446-47

☎ 7928 7521; www.banksidegallery.com; 48 Hopton St SE1; ingresso libero; ☿ 10-17 da martedì a venerdì, 11-17 sabato e domenica; metro St Paul's/Waterloo

Situata in un angolo della zona occidentale di questo vasto quartiere, la minuscola Bankside Gallery ha dovuto esporre un cartello con la scritta 'Tate Modern next door' per indicare dove si trova la sua celebre vicina ed evitare così gli equivoci. Questa galleria è sede della Royal Watercolour Society e della Royal Society of Painter-Printmakers, e merita una visita solo se siete interessati all'acquisto di opere d'arte contemporanea: poiché vi hanno regolarmente luogo mostre a rotazione di acquerelli, stampe e incisioni, qui si possono acquistare pezzi d'arte discreti spendendo meno di £200. Telefonate per avere informazioni sull'Artists' Perspectives, incontri periodici durante i quali gli artisti parlano delle loro opere.

TATE MODERN Cartine pp446-47 e 452-53

☎ 7401 5120 per informazioni oppure 7887 8008 per acquistare i biglietti; www.tate.org.uk; Queen's Walk SE1; ingresso libero, mostre speciali £3-10; ☿ 10-18 da domenica a giovedì, 10-22 venerdì e sabato; metro St Paul's/London Bridge

L'edificio meritamente più popolare dei progetti del Millennium, ideato per celebrare l'anno 2000, è notevole sia per la sua struttura architettonica, sia per la sua collezione di opere d'arte del XX secolo. I celebri architetti svizzeri Herzog e de Meuron sono riusciti fin dall'inizio del progetto a convertire la Bankside Power Station, una centrale elettrica in disuso, in un'opera architettonica di successo. Della vecchia struttura è stato conservato il camino centrale; si è invece aggiunta al tetto una sorta di enorme teca in vetro alta due piani e, soprattutto, si è utilizzata la vasta Turbine Hall (sala delle turbine) per realizzare un atrio d'ingresso davvero sensazionale. Di notte, i piani superiori illuminati rendono la Tate Modern simile a un faro, che celebra la sua storia di edificio industriale; perciò non sorprende che durante il suo primo anno di vita l'abbiano visitata 5,2 milioni di persone e che sia la seconda attrattiva di Londra dopo il famosissimo British Museum.

Dalla Turbine Hall, scale mobili e ascensori conducono gli appassionati d'arte alle varie sezioni espositive. Numerose opere, compreso il *Concert for Anarchy* di Rebecca Horn (un pianoforte capovolto appeso al soffitto) e la *Girl in a Chemise* del periodo blu di Picasso, provengono dalla Tate (oggi Tate Britain) di Millbank, dove non c'era più spazio sufficiente per esporle. Nel frattempo, alcuni dipinti di Mark Rothko hanno finalmente avuto uno spazio tutto per loro, come l'artista aveva richiesto. Queste, e altre opere della collezione permanente – che spaziano dai dipinti di grandi artisti quali Georges Braque, Roy Lichtenstein, Matisse, Pollock, Warhol, alle sculture e installazioni di Joseph Beuys, Duchamp, Damien Hirst, Sarah Lucas e Claes Oldenburg e alle opere di video-artisti sul genere di Bill Viola (affascinante) – sono disposte secondo il soggetto. Due gallerie – intitolate rispettivamente Landscape, Matter, Environment (paesaggio, materia, ambiente), e Still Life, Object, Real Life (natura morta, oggetto, vita vera) – si trovano al terzo piano; mentre History, Memory, Society (storia, memoria, società) e Nude, Action, Body (nudo, azione, corpo) sono al quinto piano.

Le mostre temporanee, che in passato hanno coinvolto anche gli scultori Louise Bourgeois, Anish Kapoor e Paul McCarthy, si svolgono nella zona antistante il complesso, nella Turbine Hall e al quarto piano.

Le **audioguide**, che descrivono quattro diversi itinerari di visita, costano £1. Le **visite guidate ai capolavori** (gratuite) iniziano alle 11, 12, 14 e 15 tutti i giorni.

I **caffè** (☿ 10-17.30 da domenica a giovedì, 10-21.30 venerdì e sabato) al secondo e settimo piano e il bar al quarto piano sono celebri per la splendida vista sul Tamigi. Anche nelle sale del museo ci sono alte finestre panoramiche e vari salottini dove rilassarsi che si affacciano sulla Turbine Hall.

Il traghetto **Tate-to-Tate** fa servizio dal Bankside Pier della Tate Modern al nuovo Millennium Pier presso il museo gemello Tate Britain, fermandosi lungo il percorso al London Eye, con corse dalle 10 alle 18 tutti i giorni, a intervalli di 40 minuti. Il biglietto per tre fermate (che si acquista a bordo) costa £4,50 (sono previsti sconti). Uno dei traghetti è stato dipinto da Damien Hirst: non potrete fare a meno di notarlo.

Quartieri – Lungo la South Bank

Shakespeare's Globe (sotto)

MILLENNIUM BRIDGE Cartina pp452-53

Nonostante consenta un rapido attraversamento del fiume, il Millennium Bridge resterà a lungo nella memoria dei londinesi come il 'ponte traballante'. Progettato da Norman Foster e Anthony Caro, ha una lunga sagoma sospesa alquanto spettacolare, soprattutto quando, di sera, è illuminato da lampadine a fibre ottiche che è danno luogo al cosiddetto effetto 'lama di luce'. Per i londinesi, però, è difficile scordarsi la fallimentare inaugurazione del ponte nel giugno 2000: dopo soli tre giorni, infatti, fu necessario chiuderlo perché aveva iniziato a ondeggiare pericolosamente sotto il peso del traffico. Un anno e mezzo dopo (grazie a un consolidamento costato 5 milioni di sterline), il ponte è stato riaperto e da allora ha accolto senza problemi le folle di persone che lo attraversano per andare da Peter's Hill (di fronte a St Paul's Cathedral) alla sponda settentrionale del Tamigi, alla Tate Modern e al Bankside, sulla sponda meridionale.

SHAKESPEARE'S GLOBE Cartina pp452-53

☎ 7902 1500; www.shakespeares-globe.org; 21 New Globe Walk SE; ingresso alla mostra adulti/bambini minori di 15 anni/anziani e studenti/famiglie £8/5,50/ 6,50/24 compresa la visita guidata; ☽ 10-17, visite guidate 9-12 da maggio a settembre, 10-17 da ottobre ad aprile; metro London Bridge

Per buona parte del XX secolo gli studenti d'inglese delle scuole superiori hanno sentito parlare di William Shakespeare come di un illustre poeta e drammaturgo, ma negli ultimi anni si è diffusa sempre di più l'opinione (pensate anche soltanto al *Romeo + Juliet* di Baz Luhrmann) che egli fosse essenzialmente uno scrittore popolare.

Questo punto di vista è stato adottato anche dai responsabili del ricostruito **Globe Theatre**, dove potrete vedere Shakespeare come dovrebbe essere interpretato, e cioè con attori in costume e interazioni con il pubblico. L'edificio, di forma circolare, si trova a soli 200 m dalla sede dell'originale Globe Theatre, di cui Shakespeare contribuì alla fondazione nel 1599 e dove lavorò fino al 1611. Si tratta di una copia fedele dell'antico teatro, con un'arena centrale all'aperto dove si trovano il palcoscenico e 500 posti in piedi; ciò significa che il direttore artistico Mark Rylance e la sua compagnia di attori recitano a breve distanza dal pubblico, senza illuminazione del palcoscenico né sistemi di amplificazione. Questo allestimento presenta ovviamente qualche svantaggio, come il rumore degli aerei che sorvolano la zona e due 'autentici' pilastri corinzi che ostruiscono la visuale dei posti più vicini al palcoscenico. Tuttavia, nei mesi invernali gli spettacoli si spostano al chiuso nell'**Inigo Jones Theatre**, copia di un teatro dell'epoca di re Giacomo I e collegato al Globe. Per quanto riguarda le informazioni sui biglietti v. p305.

Se non avete tempo per assistere al *Riccardo III*, *alla Bisbetica domata* o a qualunque altra commedia elisabettiana o contemporanea in cartellone, potete comunque partecipare alla visita guidata diurna del teatro e ammirare la splendida mostra allestita al piano inferiore. Il teatro originale fu chiuso al pubblico nel 1642, dopo la vittoria dei puritani nella guerra civile: i puritani, infatti, consideravano i teatri covi di immoralità. La sua ricostruzione, durata alcuni decenni, si deve all'appassionata opera dell'attore americano (poi diventato regista) Sam Wanamaker, che iniziò a raccogliere i fondi necessari ma purtroppo morì tre anni prima della serata inaugurale del 1997. L'edificio è stato scrupolosamente ricostruito utilizzando 600 tasselli di legno di quercia (in tutta la struttura non ci sono né chiodi né viti), mattoni Tudor cotti appositamente, e canniccio di copertura per il tetto proveniente dal Norfolk; l'intonaco contiene persino pelo di capra, calce e sabbia, come si usava ai tempi di Shakespeare. Il **Globe Café** e il **Globe Restaurant** sono aperti a pranzo e cena fino alle 22 o 23.

ROSE THEATRE Cartina pp452-53

☎ 7593 0026; www.rosetheatre.org.uk; 56 Park St SE1; adulti/bambini età 5-15/anziani e studenti/famiglie £4/2/3/10; ☺ 11-17 da aprile a settembre, 10-17 da ottobre a marzo; metro London Bridge

Se del vecchio Globe Theatre non sono mai stati ritrovati i resti, le fondamenta del vicino Rose Theatre, costruito nel 1587, sono venute alla luce nel 1989 sotto un palazzo di uffici presso il Southwark Bridge. Tutti i giorni, sul sito dello scavo, ha luogo uno spettacolo di suoni e luci che dura 25 minuti.

VINOPOLIS Cartina pp452-53

☎ 0870 444 4777; www.vinopolis.co.uk; 1 Bank End, Park St SE1; adulti/minori di 15 anni/anziani £12,50/gratuito/£11,50; ☺ 12-21 lunedì, 12-18 da martedì a giovedì e domenica, 12-21 venerdì e sabato; metro London Bridge

Per metà vineria alla moda, per l'altra metà rustica cantina, Vinopolis offre una piacevole incursione nel mondo del vino. Per comprendere il senso di questa iniziativa è indispensabile utilizzare l'audioguida con la narrazione di un esperto di vini inglese, Oz Clarke, e avere quindi a disposizione almeno due ore di tempo: chi vuole imparare qualcosa sulla produzione vinicola e le varietà regionali dalla Francia al Sudafrica e dal Cile alla Spagna apprezzerà certamente la visita. Seduti in Vespa scorrazzerete sulle colline del Chianti, oppure 'volerete' sulla Hunter Valley australiana a bordo di un aereo virtuale. Durante la visita guidata è prevista la degustazione di cinque vini.

Per gli intenditori, invece, saranno probabilmente più interessanti le serate dedicate alle degustazioni, il negozio di vini e la vicina filiale del rivenditore vinicolo Majestic. Il ristorante di Vinopolis, **Cantina Vinopolis**, apre tutti i giorni a pranzo e dal lunedì al sabato a cena.

Le tariffe per la visita guidata sono leggermente più economiche (adulti £11, anziani £10) il martedì, mercoledì e venerdì. Anziché il vino, ai minori di 18 anni viene offerto succo di frutta.

CLINK PRISON MUSEUM Cartina pp452-53

☎ 7378 1558; www.clink.co.uk; 1 Clink St SE1; adulti/anziani, studenti e bambini/famiglie £4/3/£9; ☺ 10-18; metro London Bridge

L'espressione 'in the clink' ('in prigione') deriva proprio dal nome di questa famosa prigione, che è in realtà più piccola e meno interessante di quanto farebbe supporre la sua fama. Dal 1503 in poi l'edificio fu il carcere privato del vescovo di Winchester, che possedeva numerose tenute ed esercitava un potere assoluto sulla sponda meridionale del Tamigi sin dall'epoca della conquista normanna dell'Inghilterra nel 1066. Il carcere fu incendiato durante la sommossa dei Gordon Riots nel 1780, quando ormai era in disuso da oltre un secolo.

Il museo, che odora di muffa e ha i pavimenti coperti di segatura, ricostruisce la misera vita che conducevano i prigionieri, ma non è particolarmente avvincente.

Le visite guidate costano £1/gratuito (adulti/bambini); è necessaria la prenotazione.

WINCHESTER PALACE Cartina pp452-53

A pochi passi dal Clink, troverete quanto resta del sontuoso palazzo del vescovo: la finestra a rosone scolpita nella pietra, in alto nella grande sala, che risale al XIV secolo, e qualche parte superstite del pavimento originale del medesimo ambiente. Il palazzo, costruito per il vescovo William Giffard nel 1109, fu poi sede del vescovato per più di 500 anni, prima di essere trasformato in prigione per rinchiudervi i sostenitori del re durante il governo di Cromwell nel 1642.

GOLDEN HINDE Cartina pp452-53

☎ 7403 0123; www.goldenhinde.co.uk; Cathedral St SE1; adulti/bambini/anziani e studenti/famiglie £2,75/2/2,35/8; ☺ 9-17.30; metro London Bridge

Ormeggiato al St Mary Overie Dock, è la riproduzione della celebre nave di epoca Tudor che ospitò Sir Francis Drake e il suo equipaggio per più di tre anni, dal 1577 al 1580, durante la prima circumnavigazione del globo. Gli ambienti di questo piccolo galeone, lungo appena 37 m, sono alti 160 m e per visitarli molti turisti devono stare chinati.

Dalla sua inaugurazione, nel 1973, la nave è dotata di un moderno equipaggio e in qualche occasione molla ancora gli ormeggi.

I top five dei panorami londinesi

- Buckingham Palace dal ponte pedonale sul laghetto di St James's Park
- Dal London Eye
- Dal Waterloo Bridge (preferibilmente al tramonto)
- Dalla cupola di St Paul's Cathedral
- Dal caffè all'ultimo piano della Tate Modern

Quartieri – Lungo la South Bank

I biglietti si acquistano nel negozio di cartoline e souvenir che si trova proprio davanti alla nave. Vi si organizzano feste a tema ed è possibile pernottare a bordo spendendo £33 per persona, compresa una cena a base di pane e stufato e una prima colazione con pane e formaggio. Chiamate il ☎ 0870 011 8700 per prenotare.

SOUTHWARK CATHEDRAL Cartina pp452-53
☎ 7367 6700; www.dswark.org/cathedral; Montague Close SE1; ingresso libero, offerta richiesta £4; ⊗ 8-18; metro London Bridge

I suoi ammiratori lamentano il fatto che sia poco visitata, ma la Southwark Cathedral è molto meno imponente e importante di Westminster Abbey e St Paul's Cathedral. Una sua caratteristica degna di nota, però, è quella di voler essere al passo con i tempi: per fare un esempio, accanto al **monumento a William Shakespeare** (che lavorò nel vicino Globe Theatre) è stata sistemata una **targa alla memoria dell'attore Sam Wanamaker** (1919-93), promotore della ricostruzione di quello stesso teatro; all'estremità settentrionale della navata del coro si trova una **tomba medievale** in pietra, su cui è raffigurata una salma di cui si intravedono le costole attraverso il sudario, mentre vicino alla porta è stato eretto il **Marchioness memorial**, che ricorda la notte del 1989 in cui un'imbarcazione da crociera colpì una draga e affondò con 51 passeggeri nei pressi del Southwark Bridge.

In questo luogo esiste un edificio di culto almeno dal 1086. La parte più antica della chiesa è il suggestivo coro dietro l'altare maggiore, che faceva parte del priorato di St Mary Overie (che deriva da 'St Mary over the Water') e risale al XIII secolo; dopo la Riforma il priorato fu abbandonato e in seguito adibito a panetteria e porcile. Dal 1830 e per diverso tempo la chiesa è rimasta abbandonata: buona parte dell'edificio attuale è perciò di epoca vittoriana (la navata fu ricostruita nel 1897). Nel 1905 è diventata una cattedrale anglicana.

Le audioguide, con testo narrato da Prunella Scales, Tommy Steele e Zoë Wanamaker (figlia di Sam e attrice), durano una quarantina di minuti (adulti/bambini/anziani e studenti £2,50/1,25/£2). I vespri si celebrano nei giorni feriali alle 17.30, alle 16 il sabato e alle 15 la domenica.

Accanto alla cattedrale si trova il centro visitatori, che ospita una mostra di storia locale intitolata **Long View of London** (adulti/bambini/anziani e studenti £3/1,50/2,50; con audioguide adulti/bambini/anziani e studenti/

famiglie £5/2,50/4/£12,50; ⊗ 10-18 da lunedì a sabato, 11-17 domenica). Sebbene siano stati installati soltanto nel 2000, i supporti multimediali erano fuori uso durante la nostra visita.

Ci sono inoltre un ristorante (⊗ 10-17), un negozio e un giardino molto frequentato in estate.

BOROUGH E BERMONDSEY
BRAMAH MUSEUM OF TEA & COFFEE
Cartina pp452-53

☎ 7403 5650; 40 Southwark St SE1; adulti/bambini/anziani e studenti/famiglie £4/3/3,50/10; ⊗ 10-18; metro London Bridge

In questo museo potrete trascorrere piacevolmente una mezz'ora, purché non vi ritroviate in mezzo a una visita guidata. Il museo traccia la storia del tè, da quando veniva imbarcato nei porti lungo le coste della Cina orientale per giungere ai salotti olandesi e inglesi, fino ai giorni nostri; in alternativa, potete semplicemente limitarvi ad ammirare la gran quantità di utensili per la preparazione del tè e del caffè che sono esposti nel museo, e che spaziano dalle tazze a motivi floreali alle argenterie e ai contenitori da tè giapponesi.

Potete inoltre gustarvi una buona tazza di tè, servita e preparata a regola d'arte; ma anche una corroborante tazza di caffè in questo luogo sarà un'esperienza assai più singolare che da Starbucks.

OLD OPERATING THEATRE MUSEUM & HERB GARRET Cartina pp452-53
☎ 7955 4791; www.thegarret.org.uk; 9a St Thomas St SE1; adulti/bambini/anziani e studenti/famiglie £4/2,50/3/10; ⊗ 10.30-17; metro London Bridge

Per certi versi, la vecchia sala operatoria del St Thomas's Hospital è ancora più raccapricciante del London Dungeon (p147). Questa ex sala chirurgica di epoca vittoriana dà un'idea delle terribili condizioni in cui avvenivano le operazioni chirurgiche nel XIX secolo – senza disinfettanti né anestesia, e su un tavolo di legno. Vi sono in mostra gli antichi strumenti medici e si illustra la pratica del furto delle salme: i cadaveri venivano disseppelliti e venduti ai medici dell'epoca, che li acquistavano per fare pratica; si spiega inoltre come, senza anestesia, i chirurghi dovessero operare rapidamente sui pazienti vivi: per un'amputazione, per esempio, si calcolava fosse sufficiente un minuto. Sul sito web del museo sono illustrate alcune di queste operazioni.

Nell'adiacente soffitta (che si attraversa per entrare nell'Operating Theatre Museum), dove venivano immagazzinate le erbe officinali, c'è una piccola sezione dedicata alla medicina alternativa. L'ex farmacia dell'ospedale è oggi piena di mazzetti di erbe appese al soffitto, con le spiegazioni sul loro uso. In questo locale si trovano anche organi umani conservati in formalina.

Questo museo piccolo e insolito, ma molto interessante, si trova in cima a una scala stretta e scricchiolante di 32 gradini, ed è purtroppo privo di accesso per disabili.

ST OLAF HOUSE Cartina pp452-53

Questo piccolo palazzo di uffici, di fronte al Tamigi in Tooley St (il nome di questa via, in realtà, è la contrazione di St Olave's St), fu costruito nel 1932 ed è uno dei più begli edifici in stile Art Deco di Londra. Osservate sulla facciata le scritte dorate in mosaico e i rilievi in bronzo.

LONDON DUNGEON Cartina pp452-53

☎ 7403 7221 oppure 09001 600066 informazioni registrate; www.thedungeons.com; 28-34 Tooley St SE1; adulti/minori di 14 anni/studenti e anziani £14,50/ £9,75/£12,75; ⏲ 10-18.30 da aprile a settembre, 10-17.30 da ottobre a marzo; metro London Bridge

Se volete provare un brivido di terrore, il London Dungeon è il posto che fa per voi. Per unirvi alla lunga coda dei turisti che desiderano assistere a questo spettacolo da Grand Guignol, vi consigliamo di acquistare i biglietti su internet, altrimenti sarete costretti a un'ora o più di attesa.

Questa famosa prigione sotterranea non è altro che una casa degli orrori di grandi dimensioni dove, a piedi o in barca, ripercorrerete la storia della Londra degli orrori. Assisterete alla ricostruzione della 'grande peste' del 1666 o delle esecuzioni sulla forca di Tyburn, ascolterete le ultime parole di Anna Bolena prima della sua decapitazione e potrete esaminare da vicino tutta una serie di ingegnosi strumenti di tortura. Ci sono inoltre le riproduzioni di una ghigliottina francese funzionante e delle prostitute fatte a pezzi dal serial killer di epoca vittoriana Jack lo Squartatore. Proverete anche il brivido di essere condannati a morte e caricati sulla barca del boia per il 'viaggio finale' attraverso il Traitors' Gate. Nella sezione dedicata al 'grande incendio' di Londra passerete letteralmente attraverso una cortina di fiamme.

BRITAIN AT WAR EXPERIENCE
Cartina pp452-53

☎ 7403 3171; www.britainatwar.co.uk; 64-66 Tooley St SE1; adulti/minori di 15 anni/anziani e studenti/ famiglie £7,50/4/5/16; ⏲ 10-18 da aprile a settembre, 10-17 da ottobre a marzo; metro London Bridge

Situato nei pressi del famosissimo London Dungeon, questo museo offre un'esperienza decisamente diversa: le sue riproduzioni dei quartieri distrutti dai bombardamenti e dei bar del tempo della guerra sono addirittura commoventi. Scendendo con l'ascensore, vedrete la ricostruzione della metropolitana londinese quando era usata come rifugio durante i bombardamenti della seconda guerra mondiale e vi sembrerà di essere finiti in un vecchio set televisivo della BBC; più avanti c'è effettivamente un BBC Radio Studio, dove potrete ascoltare i discorsi di Churchill e Hitler.

I giornali del tempo di guerra sono esposti insieme alle tessere annonarie e alle cartoline inviate dal fronte con l'ormai celebre avvertimento 'Careless talk costs lives' (le chiacchiere imprudenti possono costare vite umane). Tra le principali attrazioni del museo ricordiamo la ricostruzione di un rifugio antiaereo domestico 'Anderson', in cui si ascoltano i rumori del bombardamento, e un cinegiornale a colori dell'epoca (testimonianza sempre toccante per le generazioni del dopoguerra, che tendono a pensare al passato in bianco e nero). Va detto, tuttavia, che l'**Imperial War Museum's Blitz Experience** (p138) è organizzato in modo molto più professionale. Al termine della visita una voce registrata vi dà il via libera per uscire dal rifugio attraverso un negozio appena bombardato.

HMS BELFAST Cartina pp452-53

☎ 7940 6300; www.hmsbelfast.org.uk; Morgan's Lane, Tooley St SE1; adulti/minori di 16 anni/anziani e studenti £6/gratuito/4,40; ⏲ 10-18 da marzo a ottobre, 10-17 da novembre a febbraio; metro London Bridge

Ormeggiato in mezzo al Tamigi, l'HMS *Belfast* piace ai ragazzi di tutte le età. Ovviamente, per buona parte della sua esistenza questo grande incrociatore ha avuto missioni più importanti da svolgere. Varato nel 1938 dal cantiere navale di Belfast Harland e Wolff, l'incrociatore è stato utilizzato durante la seconda guerra mondiale, prendendo parte anche allo sbarco in Normandia e alla guerra di Corea.

Oggi è in pratica una succursale dell'Imperial War Museum e consente di farsi un'idea di come si svolgeva la vita in mare, passando dalla sala

Quartieri – Lungo la South Bank

City Hall (sotto)

operativa e dal ponte di comando (dove potrete sedervi al posto dell'ammiraglio) ai locali caldaia e alle cabine del personale: potrete anche visitare gli ambienti di servizio come la cambusa, la lavanderia e la sala operatoria della nave. Inoltre, viene proiettato un video della battaglia di Capo Nord, al largo della Norvegia, alla quale prese parte anche il *Belfast*; sul ponte all'aperto ci sono 16 cannoni da sei pollici, con cui potrete fingere di prendere di mira un obiettivo.

Per non perdervi nelle otto zone dei nove ponti e piattaforme della nave dovrete seguire con attenzione la vostra Visitors Guide; in alternativa, potete aggirarvi a piacimento e scoprire la nave a poco a poco. Preparatevi comunque a salire e scendere molte scalette ripide.

FASHION & TEXTILE MUSEUM

Cartina pp452-53

☎ 7403 0222; www.ftmlondon.org; 83 Bermondsey St SE1; adulti/studenti/famiglie £16/4/6; ⊗ 11-17.15 (ultimo ingresso) da martedì a domenica;
metro London Bridge

L'industria dell'abbigliamento è oggi una delle più importanti del mondo. Londra – con il suo stile informale e all'avanguardia e stilisti come Stella McCartney, Alexander McQueen e Vivienne Westwood – è uno dei centri più vivaci dell'alta moda, e questo museo si trova nel posto giusto al momento giusto.

L'architetto Luis Baragan ha certamente influenzato la realizzazione di questo edificio di colore rosa, giallo e arancio che non potrete fare a meno di notare, ma che in realtà è stato progettato dal collega messicano di Baragan, Ricardo Legorreta. All'interno, le collezioni sono molto ben esposte (con drappi neri e luci soffuse, al momento della nostra visita) per non distogliere l'attenzione dagli oggetti.

Questo museo frequentato da appassionati di moda e da addetti ai lavori non possiede una collezione permanente ma espone mostre tematiche a rotazione; all'inaugurazione ha ospitato gli abiti migliori di una ventina di stilisti. Consultate il sito per le informazioni sulle mostre in corso, oppure telefonate direttamente al museo.

CITY HALL Cartina pp452-53

☎ 7983 4100; www.london.gov.uk; The Queen's Walk, SE1; ingresso libero; ⊗ aperto di solito due fine settimana al mese, telefonare per informazioni;
metro Tower Hill/London Bridge

Ken Livingstone, il sindaco di Londra, ha davvero fortuna con gli uffici. All'inizio degli anni '80 'Red Ken' (Ken il rosso) era a capo del Greater London Council e lavorava nel sontuoso County Hall (dove oggi ha sede la Saatchi Gallery, v. p140), mentre oggi, nel ruolo di sindaco e capo della Greater London Authority, trascorre le sue giornate in questa notevole creazione di Norman Foster e Ken Shuttleworth.

Soprannominato per la sua forma 'l'uovo', il City Hall potrebbe anche essere paragonato a un astronauta con il casco, oppure alla cupola del Reichstag di Berlino divisa a metà dalla mano di un gigante. Il Reichstag è stato un precedente progetto di Foster, nonché fonte di ispirazione per l'uovo di Londra.

L'edificio di vetro e cemento è illuminato di sera e ha una rampa a spirale all'interno che sale oltre la sala delle assemblee fino al tetto dell'edificio.

Il 'palazzo di città' è aperto al pubblico alcuni weekend all'anno, durante i quali i visitatori possono accedere ad alcune delle sue sale. È possibile prendere la rampa (o l'ascensore) fino alla sala riunioni e alla galleria panoramica del sesto piano, oppure seguire un'altra rampa curva che scende dall'atrio concavo fino alla sala esposizioni del seminterrato, alle sale dove si riuniscono le commissioni e al caffè. Di qui si può uscire e risalire fino al lungofiume passando da un auditorium all'aperto che ricorda una piazza greca.

L'esperienza è memorabile, e la galleria panoramica è così bella che ci si chiede perché il sindaco Livingstone abbia inizialmente disapprovato il progetto. Gli amanti dell'architettura moderna si augurano probabilmente che l'edificio venga nuovamente illuminato di sera, in modo da rendere meglio visibile la rampa interna attraverso la facciata di vetro.

Le norme di sicurezza per accedere all'edificio sono severe, ma a la coda dei visitatori scorre abbastanza rapidamente.

DESIGN MUSEUM Cartina pp452-53;
☎ 7940 8790; www.designmuseum.org;
28 Shad Thames SE1; famiglie/adulti/anziani e studenti
£16/£6/£4; ☉ 10-17.15 (ultimo ingresso) da sabato a
giovedì, 10-20.30 (ultimo ingresso) venerdì;
metro Tower Hill/London Bridge
In questo sofisticato cubo bianco in stile anni '30 che ospita il Design Museum sono illustrati tutti gli aspetti del design contem-

poraneo. Avendo poco spazio a disposizione, la direttrice Alice Rawsthorn ha deciso di non esporre la collezione permanente di oggetti del secolo XX e XXI per far posto sui tre piani dell'edificio alle mostre temporanee. Alcuni pezzi della collezione permanente, tuttavia, continueranno a comparire ogni anno nelle varie mostre a tema: parliamo della collezione di sedie (comprese quelle progettate da Charles e Ray Eames e da Ludwig Mies van der Rohe), aspirapolvere (come il Dyson), giradischi, telefoni e via dicendo.

Per darvi un'idea delle proposte del museo, sappiate che recentemente sono state organizzate mostre dedicate alle calzature di Manolo Blahnik, il miglior stilista europeo nel suo campo, e al design delle sedie degli ultimi cento anni.

Come nel caso di musei analoghi, anche qui il negozio interno è interessantissimo: propone un assortimento di libri illustrati sul design e l'architettura, lampade, modellini di sedie e molte altre curiosità. Nel museo ci sono due locali: l'informale **Riverside Café** (☉ 11-17.30 da lunedì a venerdì, 10.30-17.30 sabato e domenica), e il più elegante **Blue Print Café**, che in realtà è un ristorante (p231).

L'EAST END

Pasti p233; Pernottamento p347; Shopping p323

Sede degli ospizi di carità londinesi e luogo natale dell'Esercito della Salvezza e dell'opera pia Barnardo, in epoca vittoriana l'East End era un quartiere poverissimo. In questa zona, intorno al 1880, gli omicidi seriali di prostitute per mano del fantomatico Jack lo Squartatore quasi paralizzarono la nazione; ancora all'inizio del XX secolo (come narra lo scrittore americano Jack London) era impossibile trovare un taxi per andare a Whitechapel e l'East End veniva deliberatamente omesso dalla maggior parte delle cartine del tempo.

Nell'ultimo secolo, ovviamente, sono cambiate moltissime cose: il quartiere compare sugli stradari e la sua recente trasformazione in zona residenziale ha coinvolto anche Hoxton e la vicina City, diffondendo il benessere nelle zone di Whitechapel e Aldgate East. Whitechapel, per esempio, è oggi sede di una delle gallerie d'arte contemporanea più affascinanti della città. Persino nelle caotiche Hackney, Dalston e Mile End (protagonista di una celebre canzone dei Pulp durante l'era del Britpop a metà degli anni '90) la situazione sta decisamente migliorando.

Anche se la parte orientale di Londra continua a essere prevalentemente abitata dalla classe operaia, le numerose ondate di immigrati arrivati a Londra in cerca di lavoro hanno senz'altro contribuito a creare la vivace atmosfera multiculturale di oggi. Se nella vicina Spitalfields ci sono ancora le case dei tessitori di seta ugonotti di origine francese, proseguendo da Whitechapel verso est si trovano numerosissimi ristoranti con cucina del Bangladesh, negozi di italiani ed ebrei, e una pittoresca comunità afro-caraibica ad Hackney e Dalston.

Per maggiori informazioni sulla storia e la cultura dell'East End, v. Regalità londinese (p12) e Cockney (p27).

WHITECHAPEL

WHITECHAPEL BELL FOUNDRY

Cartina pp452-53

☎ 7247 2599; www.whitechapelbellfoundry.co.uk; 32-34 Whitechapel Rd; ⏱ negozio 9.30-17 da lunedì a venerdì, visite guidate 10 sabato; visite guidate £8, ingresso vietato ai minori di 14 anni; metro Aldgate East

Nella più vecchia fabbrica di Londra, fondata verso il 1570, sono state realizzate la Liberty Bell di Philadelphia e le campane del Big Ben e di St Paul's Cathedral; dopo l'11 settembre 2001 questa fonderia ha forgiato una nuova campana per la Trinity Church di New York City. Le visite guidate di un'ora e mezzo al sabato offrono un'interessante presentazione di questa antica attività, ma è indispensabile prenotare. In orario d'ufficio si può ammirare una piccola mostra nell'atrio oppure acquistare souvenir nel negozio interno.

WHITECHAPEL ART GALLERY

Cartina pp452-53

☎ 7522 7888 or 7572 7878; www.whitechapel.org; 80-82 Whitechapel Rd; ingresso libero; ⏱ 11-18 da martedì a domenica, 11-21 mercoledì; metro Aldgate East

Questa galleria, che si può annoverare tra le più interessanti di Londra per l'arte contemporanea, non si limita a organizzare mostre di artisti noti e emergenti, da Gary Hume e Liam Gillick a Frida Kahlo e Nan Golden, ma ospita regolarmente dibattiti o conferenze di musicisti o registi del calibro di David Byrne e Robert Altman. Dietro la facciata e l'atrio d'ingresso, in stile Art Noveau, vi sono mostre a rotazione di fotografia, pittura, scultura e video-arte, nonché varie manifestazioni di beneficienza, letture di poesie e programmi didattici. Consultate il sito della galleria per avere informazioni aggiornate sulle iniziative in corso e non dimenticatevi di visitare il delizioso **Whitechapel Art Gallery Café** (p234).

ROYAL LONDON HOSPITAL ARCHIVES & MUSEUM Cartina pp452-53

☎ 7377 7608; www.brlcf.org.uk; St Philip's Church, Newark St E1; offerta; ⏱ 10-16.30 da lunedì a venerdì; metro Aldgate East

Al Royal London Hospital ha trascorso una lunga degenza il cosiddetto Elephant Man, Joseph Merrick. Questo piccolo museo, però, cita a malapena la vicenda di Merrick, forse per non alimentare troppa curiosità attorno

I top five dell'East End

- Bethnal Green Museum of Childhood (p151)
- I luoghi dei delitti di Jack lo Squartatore (p151)
- Ragged School Museum (p152)
- Whitechapel Art Gallery (sopra)
- William Morris Gallery (p153)

a questo paziente devastato dalla malattia e dal tumore, ed espone soprattutto antichi strumenti medici, uniformi da infermiere e testimonianze sulla storia dell'ospedale, che interesseranno soprattutto i medici.

DINTORNI DI WHITECHAPEL ROAD

Cartine pp436-37 e 452-53

A pochi minuti a piedi dalla stazione della metropolitana di Whitechapel si trovano alcuni celebri monumenti che possono interessare gli studiosi di storia moderna. Parliamo anzitutto della grande **East London Mosque**, dietro alla quale corre parallela Fieldgate St, con il suo discreto ristorante **New Tayyab** (p234) e la **Tower House**. Quest'ultima è attualmente un ostello per i senzatetto, ma tra i suoi ex ospiti conta personaggi illustri some Stalin, Lenin e il romanziere Jack London.

In questa zona commise i suoi efferati delitti Jack lo Squartatore. La prima vittima del serial killer, Mary Ann Nichols, fu uccisa il 31 agosto 1888 in quella che oggi si chiama Durward St, dietro la stazione della metropolitana di Whitechapel (v. Storie di squartatori a p151).

In Whitechapel Rd il passare dei secoli ha lasciato numerose tracce di vari fatti criminosi. Appena prima dell'incrocio con Cambridge Heath Rd si trova il **Blind Beggar Pub** (☎ 7247 6195; 337 Whitechapel Rd), dove il gangster Ronnie Kray sparò a George Cornell nel 1966, durante una lotta tra bande per il controllo della malavita organizzata dell'East End. Dell'omicidio fu testimone una barista, e Kray finì prima all'Old Bailey e poi in prigione.

Dopo l'incrocio con Cambridge Heath Rd si trova una zona tradizionalmente povera le cui vicende storiche si sono però intrecciate ad alcune importanti iniziative filantropiche: qui troverete un busto dedicato a **William Booth**, che fondò l'Esercito della Salvezza negli anni '60 dell'Ottocento, e le **Trinity Green Almshouses**, ricoveri costruiti nel 1695 per accogliere marinai invalidi o in pensione. Le due file di case di riposo si trovano ad angolo retto rispetto alla strada, davanti a un giardino: oggi sono abitazioni private.

BETHNAL GREEN & HACKNEY

BETHNAL GREEN MUSEUM
OF CHILDHOOD Cartina pp436-37

☎ 8980 2415; www.museumofchildhood.org.uk;
Cambridge Heath Rd e Old Ford Rd E2; ingresso libero;
🕒 10-17.50, chiuso venerdì; metro Bethnal Green

L'atrio all'aperto di questo edificio di epoca vittoriana risuona delle risate dei bambini e dello scalpiccio dei loro minuscoli piedini, dal momento che il recente restauro ha aumentato il numero di mostre interattive dedicate a questa fascia di pubblico. I piccoli visitatori possono giocare su grandi tavoli da domino, costruire castelli di sabbia, indossare costumi da carnevale – tutti i giochi costano £1,80 – oppure unirsi ai visitatori adulti per ammirare le bambole e i cavallini a dondolo d'epoca.

In questo divertente museo sono infatti esposti giocattoli dal XVII secolo a oggi, dalle figurine scolpite nell'avorio agli orsi di pezza, dal Meccano al Lego, dai primi 'peep show' (proiezioni di diapositive che si osservano attraverso un apparecchio dotato di apposito foro) ai videogame. La galleria al piano superiore, ornata di grate in ferro battuto, illustra le fasi di sviluppo del bambino ed espone giocattoli provenienti dall'Africa, dai Caraibi e dall'Europa orientale, riflettendo la volontà multiculturale di Bethnal Green. La visita non richiede molto tempo, ma in mezzo alla scacchiera del pianterreno c'è un caffè dove grandi e piccoli potranno rifocillarsi.

HACKNEY MUSEUM Cartina pp436-37

☎ 8356 3500; www.hackney.gov.uk/hackney
museum; Hackney Learning & Technology Centre,
1 Reading Lane E8; ingresso libero; 🕒 9.30-17.30
da martedì a venerdì, 9.30-20 giovedì, 10-17 sabato;
treno Hackney Central

Questo museo sorprendente e affascinante è stato trasferito qui di recente e riflette il carat-

Quartieri – L'East End

Storie di squartatori

Prima del Cecchino di Washington, dello Strangolatore di Boston, di Jeffrey Dahmer e del Figlio di Sam ci fu Jack lo Squartatore che, nel terribile pantheon dei serial killer, fu probabilmente il primo della serie. Ma lo Squartatore – la cui identità è tuttora sconosciuta – fu soprattutto il primo pluriomicida a spargere il terrore in una città moderna, e per questo motivo è diventato una leggenda.

'Leggenda' è effettivamente il termine più corretto per descrivere la vicenda dello Squartatore, dato che spesso i fatti oggettivi vengono contestati, arricchiti di supposizioni oppure considerati semplicemente poco chiari. Pare certo che l'omicida abbia ucciso e mutilato cinque prostitute nei vicoli dell'East End nel 1888 – Mary Ann Nichols in Bucks Row (oggi Durward St), a nord di Whitechapel, Annie Chapman in Hanbury St (dove si trova la Truman Brewery), Elizabeth Stride in Berner St (attuale Henriques St), a sud di Commercial Rd, Catherine Eddowes in Mitre Square, vicino ad Aldgate, e Mary Kelly in Miller's Court. Sia gli studiosi seri, sia gli investigatori per diletto, però, ammettono che l'assassino di Whitechapel, detto anche 'grembiule di pelle' dall'oggetto che fu rinvenuto vicino al cadavere di una delle vittime, potrebbe essere responsabile di altri vari sanguinosi crimini.

All'epoca dei fatti la stampa popolare stava prendendo piede e gli editori dei quotidiani coinvolsero i loro lettori in un delirio collettivo, diffondendo il panico nelle case vittoriane della classe media con i racconti di questo ignoto maniaco sessuale che mutilava e sventrava le sue vittime. Il nome 'Jack lo Squartatore' ebbe origine dalle lettere che si supponevano scritte dal killer, inviate alla polizia e poi pubblicate sui giornali, ma che pare fossero state scritte, in realtà, dagli stessi giornalisti. Al responsabile di un comitato locale di vigilanza fu inviato anche un pacchetto: conteneva un pezzo di rene umano, con una lettera che dichiarava appartenesse a Catherine Eddowes, vittima del serial killer.

La precisione chirurgica con la quale l'assassino mutilava le sue vittime portò alla supposizione che potesse trattarsi di uno studente in medicina. Dopo varie ipotesi, che portarono a identificare lo Squartatore con personaggi di ogni genere, dal nipote della regina Vittoria, duca di Clarence, all'avvelenatore polacco Severin Klosowski (alias George Chapman), gli omicidi terminarono bruscamente nel novembre del 1888 e Scotland Yard restò a mani vuote. La misteriosa fine della vicenda ha ovviamente alimentato altre leggende.

L'elenco stilato dalla polizia con i più plausibili sospetti, prima che il caso fosse dichiarato chiuso nel 1892, comprendevano il dottor Montague John Druitt, avvocato e dottore in legge, che si suicidò un mese dopo l'ultimo assassinio ufficialmente noto. Oggi è irrilevante sapere chi fosse Jack lo Squartatore ma, anche se il caso è destinato quasi certamente a restare irrisolto, la gente visita tuttora i luoghi dei suoi crimini – dove in effetti non c'è molto da vedere e solo un buon narratore può ridare vita a questa vecchia storia. Se l'argomento vi interessa, vi consigliamo la passeggiata di due ore nei luoghi dei delitti dello Squartatore organizzata da **London Walks** (☎ 7624 3978; www.walks.com; 🕒 escursioni guidate 19.30, 15 sabato; adulti/anziani e studenti £5/4); potete anche presentarvi direttamente all'uscita principale della stazione della metropolitana di Tower Hill.

tere multiculturale di Hackney, che è uno dei quartieri più vari del Regno Unito dal punto di vista etnico. Nelle sue bacheche, collocate su blocchi traslucidi, si possono ammirare le opere e gli utensili quotidiani delle diverse comunità etniche, in un'ambientazione degna della rivista *Elle Deco*. Persino l'antica barca sassone di tronchi d'albero, scoperta in una palude, è stata sistemata nel pavimento sotto un blocco di vetro, sopra il quale si trova una copia della stessa.

L'allestimento scenico della mostra, tuttavia, non è così invadente da interferire con gli oggetti esposti, che spaziano dagli zootropi e da una carta topografica dell'inizio del XX secolo a un antico negozio di dolciumi e a una mano con le unghie dipinte secondo la moda dei saloni di bellezza gestiti da vietnamiti. C'è anche una copia del romanzo *Yardie* di Victor Headley, una colorita testimonianza sulla vita dei giamaicani nel ghetto di Londra. Il museo si avvale di auricolari e diversi monitor interattivi.

Forse l'Hackney Museum non è abbastanza interessante da venirci apposta, ma se vi trovate già in zona vi consigliamo di visitarlo, soprattutto perché piacerà molto ai bambini. Se invece preferite evitare le rumorose scolaresche, è meglio scegliere il giovedì sera o il sabato.

SUTTON HOUSE Cartina pp436-37

☎ 8986 2264; suttonhouse@nationaltrust; 2 e 4 Homerton High St E8; adulti/bambini/famiglie £2,20/50p/4,90; ☺ 13-17.30 venerdì e sabato, 11.30-17 domenica; treno Hackney Central, autobus 106, 253 o D6

È abbastanza strano pensare che ad Hackney, in epoca Tudor, vivessero anche alcuni nobili, ma la più antica casa di East London è un'affascinante testimonianza di questa realtà. Abbandonata e occupata da abusivi (che hanno lasciato i loro graffiti sulla parete dell'attico) nel corso degli anni '80 del XX secolo, la cinquecentesca Sutton House è oggi affidata alle cure del National Trust che l'ha magnificamente restaurata.

La prima stanza d'epoca che si visita, il Linenfold Parlour, è anche la principale attrattiva dell'edificio, grazie al suo rivestimento ligneo di epoca Tudor scolpito in modo da assomigliare a un tessuto drappeggiato; dopo una tale meraviglia, persino gli altri sontuosi ambienti Tudor ed edoardiani, lo studio vittoriano, il salotto georgiano e l'intrigante finta cucina Tudor passano decisamente in secondo piano.

Nel museo troverete un caffè e un negozio, e l'ultima domenica di ogni mese potrete partecipare ai cosiddetti 'discovery days' (giorni delle scoperte), in cui vengono riproposti differenti aspetti della vita quotidiana in epoca Tudor e in periodi poco più recenti.

MILE END E VICTORIA PARK
RAGGED SCHOOL MUSEUM
Cartina pp436-37

☎ 8980 6405; www.raggedschoolmuseum.org.uk; 46-50 Copperfield Rd E3; offerta; ☺ 10-17 mercoledì e giovedì, e 14-17 la prima domenica del mese; metro Mile End

Se siete in viaggio con i bambini e volete conoscere meglio la storia dell'East End visitate il Ragged School Museum, dedicato alle scuole inglesi per bambini poveri, che abbina la ricostruzione di un'aula scolastica vittoriana con un museo di storia sociale. Adulti e bambini saranno inevitabilmente attratti dalle panche e dai banchi di legno che, con le lavagnette, i gessetti, i calamai e gli abachi ricreano al primo piano una classe del passato. Nel periodo scolastico il museo sviluppa un programma didattico per insegnare ai bambini a leggere, scrivere e far di conto come si faceva in epoca vittoriana: i bambini possono assistere alle lezioni dalla galleria vetrata. Durante le vacanze questi spettacoli sono offerti anche al pubblico adulto, ma dovrete telefonare per avere informazioni in proposito.

Il termine vittoriano 'ragged' (pezzente) era abitualmente usato per descrivere gli scolari di famiglie indigenti che si presentavano a lezione laceri, sporchi e scarmigliati. Il museo celebra l'opera del dottor Joseph Barnardo, che proprio in questo edificio fondò la prima scuola gratuita per i bambini poveri dell'East End, intorno al 1860. Sotto la classe c'è una galleria al pianterreno che racconta la storia del quartiere, descrivendone l'estrema povertà e le privazioni sofferte durante la seconda guerra mondiale, senza però indulgere al sentimentalismo e ricorrendo spesso a divertenti aneddoti. Lo sapevate, per esempio, che al Jamrach's Wild Beast Store di Shadwell si potevano acquistare leoni per £20?

MILE END PARK Cartina pp436-37
metro Mile End

Il Mile End Park si estende per 36 ettari accanto a Mile End Rd e al Ragged School Museum. Sontuosamente disegnato da Tibbalds TM2, oggi ingloba una pista da go-kart, un centro per bambini con meno di 10 anni, e una zona ecologica. La sua principale attrattiva è il 'ponte verde' dell'architetto Piers Gough, che si estende dall'estremità nord del parco fino a Mile End Rd; in realtà, il ponte è giallo, è l'aggettivo 'verde' si riferisce piuttosto agli alberi piantati lungo il passaggio pedonale.

VICTORIA PARK Cartina pp436-37
metro Mile End
Se volete rilassarvi in un parco di maggiori dimensioni del Mile End Park dirigetevi a nord della stazione della metropolitana di Mile End, lungo Grove Rd, fino al Victoria Park. Questo parco alberato ha laghetti, fontane, ponti, un campo da bocce, campi da tennis e molto altro ancora.

WALTHAMSTOW E LEYTONSTONE

WILLIAM MORRIS GALLERY Cartina p434
☎ 8527 3782; www.lbwf.gov.uk/wmg; Lloyd Park, **Forest Rd E17; ingresso libero;** ☼ **10-13 e 14-17 da martedì a sabato, e la prima domenica di ogni mese; metro Walthamstow Central**
La casa in cui il designer di epoca vittoriana (e ideali socialisti) William Morris visse durante l'adolescenza ha carte da parati a fiori e chintz a profusione. La collezione permanente comprende tappeti e stuoie, vetri istoriati, piastrelle dipinte e mobili, progettati dallo stesso Morris oppure dai suoi collaboratori, tra i quali l'artista pre-raffaellita Edward Burne-Jones.

Insieme all'elmo e alla spada medievali, realizzati da Morris come 'arredi scenici' per i dipinti murali eseguiti dai pre-raffaelliti alla Oxford Union, e al disegno originale della prima tappezzeria di Morris, intitolata 'Trellis', le sale al pianterreno consentono di farsi un'idea della vita assai interessante di questo artista, mentre la galleria al piano superiore ospita una bella collezione di dipinti pre-raffaelliti.

Dalla stazione della metropolitana, incamminatevi in direzione nord lungo Hoe St per una quindicina di minuti e svoltate a sinistra in Forest Rd. La galleria si trova dalla parte opposta della via.

DAVID BECKHAM TRAIL
☎ 8496 3000; www.lbwf.gov.uk/beckham; **metro Walthamstow Central, poi autobus W12 o 257**
Oltre a essere il capitano della nazionale di calcio inglese, il marito della 'Posh Spice' Victoria Adams, l'amico di Nelson Mandela e uno sportivo di altissimo livello, pare che David Beckham (o Becks) stia per diventare anche un'attrazione turistica. Il Waltham Forest Council ha ideato quest'attrazione dopo aver ricevuto molte telefonate da parte dei tifosi che volevano visitare la casa dove Beckham è nato, nel 1975, il campo dove ha tirato il suo primo calcio a un pallone, e così via.

Troverete tutte queste informazioni sul sito web; il percorso dedicato al calciatore inizia a cinque minuti a piedi dalla stazione della metropolitana Walthamstow Central, presso il Whipps Cross Hospital di Whipps Cross Rd (dove Beckham è nato), prosegue al Peter May Sports Centre (il primo campo di calcio in cui ha giocato) e al **Walthamstow Stadium** (presso il cui bar ha lavorato da ragazzo per £10 a sera) e termina al Gilwill Park di Chingford, dove il giovane Beckham faceva campeggio con i Cub Scouts.

DOWN RIVER: A EST DEL TOWER BRIDGE

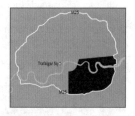

Pasti p234; Pernottamento p347; Shopping p323
A est del Tower Bridge le Docklands, il più grande agglomerato londinese di grattacieli, si affacciano a sud sul fiume guardando verso i maestosi parchi ed edifici di Greenwich, pur essendo completamente diverse da quest'ultimo. Docklands era un tempo l'animata zona portuale di Londra, dove i mercantili provenienti da ogni parte del mondo facevano scalo a partire dal XVI secolo; il declino del porto fu segnato definitivamente dal dirottamento delle navi verso porti con acque più profonde e dalla graduale scomparsa dell'impero britannico dopo la seconda guerra mondiale. Nella zona, tuttavia, si conservano scampoli di storia e ciò che vedete oggi, soprattutto nell'Isle of Dogs e attorno al Canary Wharf, è in gran parte opera della London Docklands Development Corporation (LDDC), un ente istituito negli anni '80 del XX secolo per creare una nuova metropoli finanziaria e trasferirvi parte degli uffici dalla congestionata City. Dopo un difficile avvio – dovuto a uno scarso interesse dell'opinione

pubblica per questo tipo di architettura, ai trasporti inizialmente insufficienti e alla recessione economica – questo quartiere sta diventando solo adesso la piccola Manhattan che si sperava di realizzare.

A sud del fiume ci sono alcune zone con vie poco significative ma soprattutto c'è Greenwich, dove si trova il primo meridiano longitudinale in base al quale si misura l'ora a partire dal XIX secolo. Questo quartiere è anche il luogo in cui nacquero Enrico VIII e sua figlia Elisabetta: i suoi legami con le stirpi reali e i vasti parchi gli donano un'atmosfera raffinata ma al contempo semirurale. Oggi sito protetto dall'UNESCO, Greenwich vanta splendidi e sontuosi palazzi bianchi, opera di Sir Christopher Wren e Inigo Jones.

DOCKLANDS

ST KATHARINE'S DOCK
Cartina pp452-53
metro/DLR Tower Hill

Sebbene sia per lo più frequentato dai turisti, il St Katharine's Dock funziona tuttora, per quanto in modo molto limitato. Con i suoi caffè e un famoso ristorante, **Lightship Ten** (p234), è il posto ideale per una breve sosta dopo un itinerario mattutino al Tower Bridge o alla Tower of London; qui troverete una fila di negozi di souvenir e un pub chiamato **Dickens Inn**; inoltre, vi sono ormeggiati lussuosi yacht.

Purtroppo la storia di questo porto è assai meno affascinante del suo aspetto, perché per costruirlo, nel 1828, furono abbattute più di 1200 case e lasciate senza tetto ben 11.000 persone; tuttavia, non ebbe mai una grande fioritura e fu definitivamente chiuso negli anni '80 del XX secolo. Oggi è frequentato da turisti e da broker finanziari che lavorano al vicino Commodities Quay.

WAPPING E LIMEHOUSE
Cartine pp452-53 e 455

Nella sua opera *A Survey of London*, lo scrittore del XVI secolo John Stow descrisse Wapping High St come una strada sudicia e angusta, con vicoli pieni di piccole case in affitto o cottage. Oggi la realtà è ben diversa, ma non molto più attraente. Negli anni '80 del XX secolo questa zona è stata uno dei primi ambiziosi progetti falliti di edilizia 'yuppie', perché i suoi lussuosi appartamenti restarono invenduti e, sebbene gli ex magazzini e i loft ristrutturati che si affacciano sulla strada siano ormai quasi tutti occupati, la visita di questa parte di Londra non è particolarmente interessante.

Per secoli qui hanno abitato marinai e scaricatori del porto, e uno dei luoghi che più attirano i turisti è l'**Execution Dock** vicino alla vecchia stazione della polizia fluviale di Wapping New Stairs, dove i pirati catturati venivano impiccati e i loro corpi incatenati a un palo durante la bassa marea come avvertimento per gli altri pirati. Un locale nei pressi ricorda uno dei corsari più celebri, qui giustiziato nel 1701: si tratta del **Captain Kidd Pub**.

Dirigendosi a nord lungo Wapping Lane e oltre l'Highway, si arriva a **St George-in-the-East**; i resti dell'antica chiesa, che circondano il più piccolo edificio moderno, appartengono alla chiesa costruita da Nicholas Hawksmoor nel 1726, gravemente danneggiata dai bombardamenti della seconda guerra mondiale.

Cannon St Rd conduce a nord in Cable St, dove alla fine del XVIII secolo si fabbricavano i cordami. Un tempo questa strada misurava esattamente quanto l'unità di misura inglese del 'cable' (180 m). Proseguendo verso est in Cable St si raggiunge l'edificio già sede del municipio, oggi trasformato in biblioteca; sul muro esterno c'è un grande dipinto murale che ricorda i **tumulti di Cable St**, che ebbero luogo in questa via nel 1936. Il fascista inglese Oswald Mosley, a capo di un gruppo di camicie nere, irruppe nel quartiere per terrorizzare la popolazione ebrea ma fu prontamente respinto.

A Limehouse non c'è molto da vedere, sebbene sia stata la prima Chinatown di Londra, alla fine del XIX secolo, e sia inoltre citata nel romanzo *Il ritratto di Dorian Gray* di Oscar Wilde (1891; Mondadori, Milano 2003), di cui il protagonista vi si aggira in cerca di oppio. Oggi l'unica attrattiva degna di nota della zona è **St Anne's, Limehouse**, all'angolo tra Commercial Rd e Three Colt St, che fu la prima chiesa costruita da Nicholas Hawksmoor e vanta la torre con l'orologio più alta tra le chiese di tutta la città. Costruita nel 1724, fu consacrata soltanto nel 1730 (v. la lettura Chiese sataniche? a p116).

I top five di Down River

- Canary Wharf Tower e stazione della metropolitana di Sir Norman Foster (p155)
- National Maritime Museum (p158)
- Painted Hall dell'Old Royal Naval College (p157)
- Royal Observatory (p159)
- Thames Flood Barrier (p161)

Scultori e scaricatori di porto

Un tempo, la tinteggiatura delle navi era l'arte più praticata nei porti di tutto il mondo; oggi, invece, nelle Docklands domina piuttosto la scultura, con statue e altri monumenti commissionati agli artisti per rendere il luogo più attraente.

A sud-ovest del Canary Wharf, per esempio, c'è il **Traffic Light Tree** di Pierre Vivant: sistemato al centro di una rotonda spartitraffico, questo monumento è formato da 75 luci rosse, ambra e verdi, che lampeggiano freneticamente per dare l'idea dell'animazione del Canary Wharf. Giuseppe Lund, creatore degli elaborati cancelli dedicati alla regina madre ad Hyde Park, ha forgiato un altro **ingresso** in metallo con fiori e piante al Westferry Circus. Il celebre designer di mobili Ron Arad è invece autore di due sculture: il **Big Blue** in Canada Park Sq, che sembra un grandissimo zaffiro galleggiante, e il **Windwand** al Westferry Circus, una bacchetta rossa in fibra di carbonio alta 50 m che dondola leggermente al soffio del vento. In Nash Crt, Konstantin Grcic ci ha dato la sua interpretazione dell'orologio delle ferrovie nei suoi **Six Public Clocks**.

Per maggiori informazioni sulle altre sculture della zona, v. www.canarywharf.co.uk (poi cliccate su lifestyle/arts). Anche alcuni ponti hanno aspirazioni artistiche: il **ponte pedonale** che collega gli Heron Quays con South Quay ha montanti e cavi che evocano una nave con le vele al vento, mentre il **ponte galleggiante verde** della Future Systems mette in comunicazione il West India Quay con Canary Wharf.

ISLE OF DOGS Cartina p455

Nonostante il suo nome, di cui non si conosce l'origine, questa zona non è un'isola, ma una penisola situata sulla costa settentrionale del Tamigi; non considerando le strade e i vari collegamenti dei mezzi di trasporto, però, si può ritenere *quasi* separata dalla terraferma nei pressi dei West India Docks. Anche l'origine del termine 'dogs' è controversa, e alcune associazioni di storici sostengono che il nome derivi dal fatto che proprio qui si trovavano i canili reali, durante il regno di Enrico VIII; altre fonti altrettanto autorevoli pensano che si tratti di un'alterazione della parola *dijk* (argine), riferita al lavoro compiuto dagli ingegneri fiamminghi nella zona durante il XIX secolo.

È invece sicuro che la parte più interessante dell'Isle of Dogs è il Canary Wharf. Se volete farvi un'idea di com'era l'isola in passato visitate il **Mudchute Park & Farm** (☎ 7515 5901; Pier St E14; ☯ 10-17, dalle 9 in poi d'estate; DLR Mudchute), a breve distanza in direzione sud-est.

CANARY WHARF Cartina p455

Vale la pena visitare il Canary Wharf anche solo per il suo aspetto così surreale. Questa città-giocattolo, che si potrebbe definire anche un parco a tema dedicato alla finanza, è circondata dai recenti grattacieli dell'HSBC e Citigroup e dagli uffici della Bank of America, Barclays, Lehmann Brothers, Morgan Stanley, Dean Witter e altri ancora. Questa comunità di recente costruzione ricorda il set di un film di fantascienza: sembra un paesaggio del futuro, a tratti affascinante, a tratti inquietante, sullo stile del film *Blade Runner*.

La **Canary Wharf Tower** di Cesar Pelli, alta 244 m, fu costruita nel 1991 in One Canada Square ed è tuttora l'edificio più alto di Londra e una delle più grandi proprietà immobiliari europee; tuttavia, ha dovuto essere salvata dalla bancarotta con finanziamenti statali prima di raggiungere gli attuali livelli di occupazione. Sede dei quotidiani *Independent* e *Daily Telegraph*, è stata soprannominata la 'Fleet St verticale'.

Purtroppo non è possibile visitare la torre, ma nelle giornate di sole si possono frequentare i caffè e i bar all'aperto del sempre più trendy West India Quay.

Canary Wharf Tower, Docklands (sopra)

Quartieri – Down River: a est del Tower Bridge

La zona si raggiunge con la ferrovia leggera DLR (Docklands Light Railway), ma la grandiosa e monumentale stazione della metropolitana di Canary Wharf sulla Jubilee line, opera di Sir Norman Foster, è l'introduzione ideale a questo quartiere fantascientifico.

MUSEUM IN DOCKLANDS Cartina p455

☎ 7515 1162; www.museumindocklands.org.uk; Warehouse N. 1, West India Quay E14; adulti/studenti con documento di identità e minori di 16 anni/anziani £5/gratuito/3; ☿ 10-17.30 (ultimo ingresso); DLR West India Quay, metro Canary Wharf

Questo museo ha alcune sezioni irresistibili, come la 'sailor town' (città del marinaio: un'eccellente ricostruzione con viuzze acciottolate, bar e case in affitto in cui viveva la comunità locale del XIX secolo) e il grande modello del primo London Bridge (com'era nell'anno 1400 da un lato e nel 1600 dall'altro). Questo magazzino ristrutturato, vecchio di due secoli, non è però una semplice testimonianza della vita del porto, perché la sua collezione offre anche una completa panoramica di tutta la storia del Tamigi a partire dal 43 d.C., un po' faticosa da seguire in certe sezioni.

Il museo dà il meglio di sé quando tratta argomenti come la controversa trasformazione dei vecchi moli nelle Docklands negli anni '80 del XX secolo, e i conseguenti problemi sociali che ne sono derivati.

La visita del museo inizia al terzo piano (prendete l'ascensore) dedicato all'insediamento romano di Londinium e prosegue scendendo attraverso le varie epoche storiche.

TRINITY BUOY WHARF Cartina p455

☎ 7515 7153; ☿ 9-17.30; DLR East India

L'unico faro di Londra fu costruito nel 1863 perché Michael Faraday potesse svolgervi i suoi esperimenti; è aperto al pubblico il primo venerdì di ogni mese. Nella stessa zona si trova anche l'insolita Container City, un gruppo di studi e atelier di artisti, designer e architetti ricavati da container per navi mercantili e sistemati fianco a fianco o l'uno sopra l'altro. Il molo è aperto al pubblico tutti i giorni (seguite le indicazioni per la riserva avifaunistica) ed è un luogo molto sfruttato per le riprese cinematografiche e frequentato dagli appassionati di modellismo per varare i loro modellini di navi; infine di qui si ammira un fantastico panorama del Millennium Dome. In genere il molo non si visita la prima volta che si viene a Londra, ma piuttosto quando si conosce già bene la città.

GREENWICH

Per informazioni generali su Greenwich rivolgetevi al Greenwich TIC (☎ 0870 608 2000, www.greenwich.gov.uk; Pepys House, 2 Cutty Sark Gardens SE10; ☿ 10-17; DLR Cutty Sark). L'adiacente centro visitatori del Greenwich Gateway ospita una piccola mostra dedicata alla storia locale. Greenwich Tour Guides (☎ 8858 6169, www.greenwichtourguides.co.uk; adulti/minori di 14 anni/ridotti £4/gratuito/3) propone visite guidate che partono dal TIC alle 12.15 e alle 14.15.

CUTTY SARK Cartina p455

☎ 8858 3445; Cutty Sark Gardens SE10; adulti/bambini età 5-16/famiglie £3,95/2,95/9,80; ☿ 10-17; DLR Cutty Sark

Il profumo del tè che emana dalle scatole e dalle casse contenute in questo veliero è talmente persistente da non lasciare dubbi sull'utilizzo del Cutty Sark. L'ultima delle grandi navi per il trasporto del tè che facevano la spola tra l'Inghilterra e la Cina nel XIX secolo è oggi ormeggiata all'asciutto nel Cutty Sark Gardens, vicino all'ufficio turistico; visitandola imparerete parecchio sul commercio globale nei secoli scorsi. I cartelloni illustrano in modo esaustivo e con schemi semplici, adatti anche ai bambini o a chi non parla inglese, come un tempo si portava in patria il tè più fresco (e quindi più caro) dalla Cina.

Il Cutty Sark (il nome è tratto da una poesia di Robert Burns e significa 'camiciola') era la nave più veloce del mondo quando prese il mare nel 1869, ma divenne obsoleta con l'introduzione dei battelli a vapore. Tuttavia, è piacevole visitarne i ponti, esaminarne gli accessori in tek e i souvenir marittimi. Con i canti dei marinai come sottofondo e la più grande collezione al mondo di pittoresche polene al piano inferiore, il Cutty Sark è molto divertente da visitare anche con bambini piccoli.

GIPSY MOTH IV Cartina p455

☎ 8858 3445; Cutty Sark Gardens SE10; DLR Cutty Sark

Osservando questa imbarcazione lunga 16 m, vicino all'ingresso della galleria pedonale di Greenwich, vi domanderete se vi piacerebbe trascorrervi 226 giorni in mare, come fece Francis Chicester nel 1966 e 1967, circumnavigando da solo il globo all'età di 64 anni. Per quest'impresa Chicester è stato nominato cavaliere e ha ispirato un'intera generazione di viaggiatori solitari dei mari, come Ellen MacArthur ed Emma Richards.

OLD ROYAL NAVAL COLLEGE

Cartina p455

☎ 8269 4747 or 0800 389 3341; King William Walk SE10; ingresso libero; ☯ 10-17 da lunedì a sabato, 12.30-17 domenica; DLR Cutty Sark

Nel vecchio collegio navale reale ci sono due sale aperte al pubblico: la **Painted Hall** e la **Chapel**. I due ambienti si trovano in due diversi edifici, perché Sir Christopher Wren, quando nel 1692 ricevette da re Guglielmo e dalla regina Maria l'incarico di progettare un ospedale e un istituto di riposo per i veterani della marina feriti in combattimento, decise di dividere il complesso in due parti per non ostruire la vista del fiume che si godeva dalla già esistente **Queen's House** (p158). L'ospedale fu costruito sul sito dell'Old Greenwich Palace, Placentia, appartenuto ai Tudor, e in un primo tempo adibito alla cura dei feriti nel corso della vittoriosa battaglia contro i francesi a La Hogue, nel 1692. Nel 1869 il complesso fu trasformato in collegio navale, mentre oggi è sede dell'University of Greenwich e del Trinity College of Music.

Come suggerisce il suo nome, la **Painted Hall** del King William Building è quasi interamente ricoperta da dipinti murali. Anche se l'elaborato 'barocco allegorico' dell'artista James Thornhill non dovesse essere di vostro gusto, sarete certamente impressionati dalla bellezza di questo ambiente. Il salone fu progettato come sala da pranzo per i veterani della marina, ma fu poi giudicato troppo sfarzoso per tale scopo.

Thornhill, che dipinse anche la cupola di St Paul's Cathedral, portò a termine l'opera in due fasi successive. La sala principale fu dipinta dal 1708 al 1712, mentre quella al piano superiore dal 1718 al 1725. Il soffitto della sala principale richiese cinque anni di lavoro e celebra la monarchia (all'epoca committente di Thornhill). Il re Guglielmo e la regina Maria, fondatori dell'ospedale, siedono in trono tra le Virtù, al cospetto della Concordia e della Pace, mentre il sovrano francese Luigi XIV, sconfitto a La Hogue, striscia nella polvere ai piedi di Guglielmo. Nella sala ci sono alcuni specchi su carrelli che consentono di ammirare meglio il soffitto affrescato.

Nella sala superiore è rappresentata la successione protestante al trono, con Giorgio I e la sua famiglia ritratti sulla parete ovest. Nell'angolo in basso a destra Thornhill si è autoritratto nell'atto di indicare l'opera.

La **Chapel**, nel Queen Mary Building, è ornata da dipinti in stile rococò: sebbene la decorazione pittorica sia splendida, questa cappella è famosa soprattutto per l'organo e l'acustica; vale quindi la pena visitarla la prima domenica del mese, in occasione del concerto gratuito d'organo che ha luogo alle 15, oppure durante le funzioni religiose, che si celebrano tutte le domeniche alle 11.

Le visite guidate partono dalla Painted Hall tutti i giorni alle 14 (adulti/bambini minori di 16 anni £4/gratuito) e hanno anche accesso alla **Jacobe**, una cripta dell'ex palazzo e al **campo per il gioco dei birilli** che si trova nell'ospedale.

Visioni da tunnel

Appena imboccata, la galleria pedonale di Greenwich che passa sotto il Tamigi è il luogo più claustrofobico di Londra, tanto da far venire la pelle d'oca, ma subito dopo diventa un trafficato passaggio tra Greenwich e Island Gardens, che sopporta tranquillamente la pressione dell'acqua da più di 100 anni.

La scrittrice di romanzi gialli P.D. James, affascinata dal tunnel, vi ha ambientato alcune scene in *Morte sul fiume* (1994; Mondadori, Milano 1998), ed effettivamente il modo in cui il tunnel scende gradualmente verso la sua parte centrale all'inizio dà un senso di oppressione. Superata però l'indicazione della metà del percorso, si comincia a intravedere l'uscita e il tunnel diventa più rassicurante.

Costruito nel 1902 perché gli operai di Greenwich potessero raggiungere il porto senza dover prendere il traghetto, è aperto 24 su ore su 24 per chi è disposto a salire o scendere gli 88 o i 100 gradini alle due estremità (per motivi di sicurezza è stata installata una telecamera a circuito chiuso). In alternativa, gli ascensori situati nei due ingressi a forma di cupola vi porteranno su e giù dalle 7 alle 19 da lunedì a sabato e dalle 10 alle 17.30 la domenica.

Questo tunnel potrebbe anche essere visto come una metafora della secolare suddivisione di Londra lungo l'asse nord-sud. Spostarsi sull'altra sponda del fiume, infatti, è considerato un vero e proprio rito di passaggio da molti londinesi – sia della parte meridionale, sia di quella settentrionale della città. Anche gli artisti si sono resi conto di questo suo potenziale mistico: un'installazione sistemata tempo fa nella zona era formata da una fila di luci rosse ed emetteva suoni particolari per dare l'idea ai passanti di trovarsi dentro un'arteria pulsante.

NATIONAL MARITIME MUSEUM
Cartina p455

☎ 8312 6565; www.nmm.ac.uk; Romney Rd SE10; ingresso libero, tariffe variabili a seconda delle mostre; ✹ 10-18 da aprile a settembre, 10-17 da ottobre a marzo; DLR Cutty Sark

Il superlativo National Maritime Museum è generalmente molto apprezzato. Infatti, è davvero interessantissimo, oltre che affascinante: all'ingresso di questo magnifico edificio neoclassico si ode il rumore delle onde, mentre al pianterreno il Neptune Court (cortile di Nettuno) mostra la sua suggestiva copertura in vetro; al terzo piano, sotto luci soffuse, fanno bella mostra di sé i cimeli di grandi esploratori, come il capitano James Cook, e le mute da immersione del futuro. Il suo riallestimento è costato 20 milioni di sterline.

Le sezioni sono organizzate a tema e illustrano le vie commerciali e l'impero, la potenza navale britannica, la Londra marittima, le navi mercantili, gli oceani del pianeta, il futuro del mare e molti altri argomenti. Tra i pezzi più importanti segnaliamo la chiatta dorata costruita nel 1732 per Federico, principe di Galles, e la gigantesca elica di una nave sistemata al pianterreno. Potrete inoltre ammirare l'uniforme indossata da Nelson quando fu ferito a morte e la copia della lancia di salvataggio *James Caird*, utilizzata da Kenneth Branagh nel film *Shackleton* (2002), sulla quale Ernest Shackleton e un pugno di uomini compirono la loro epica missione di salvataggio (il vero Caird si trova al **Dulwich College**, p162).

La sezione dedicata ai passeggeri, che si sofferma sui grandi transatlantici e sull'immigrazione, è disposta su vari livelli e presenta manifesti pubblicitari, porcellane in stile Art Deco utilizzate sulle navi e un finto cocktail bar. La sfera nel Neptune Court, in cui si entra per vedere filmati sugli oceani, è una delle numerose sezioni del museo che fa uso della tecnologia più moderna.

L'unico lato negativo del museo è che i dipinti di soggetto marino non sono interessanti come gli altri oggetti esposti; se lo visitate in settimana, inoltre, rischierete di imbattervi in rumorose scolaresche.

QUEEN'S HOUSE Cartina p455

☎ 8858 4422; Romney Rd SE10; ingresso libero; ✹ 10-17 dai primi di settembre a maggio, 10-18 da giugno all'inizio di settembre; DLR Cutty Sark

L'edificio palladiano è la principale attrattiva di questo complesso. Il celebre architetto Inigo Jones iniziò la sua costruzione nel 1616, dopo il suo ritorno dall'Italia, per Anna di Danimarca, moglie di Giacomo I; ma l'edificio non fu portato a termine che nel 1635, quando divenne la residenza di Carlo I e della sua regina, Henrietta Maria.

La **Great Hall** è l'ambiente principale del palazzo, dal quale si irradiano tutti gli altri: si tratta di uno spazio cubico mozzafiato, con una galleria al primo piano. Il dipinto del soffitto non è l'originale eseguito da Orazio Gentileschi e da sua figlia Artemisia, bensì una copia fotografica proiettata. La **Tulip Staircase** (scala dei tulipano), a forma di elica, sale al piano superiore, dove si trovano ritratti di grandi marinai e dipinti di avvenimenti importanti avvenuti in mare. La grande sala al pianterreno è però il vero fulcro del palazzo: per la sua bellezza, è stata utilizzata dal regista Ang Lee come scenario del film *Ragione e sentimento* (1995), con Kate Winslet ed Emma Thompson.

ST ALFEGE CHURCH Cartina p455

☎ 8858 6828; Church St SE10; ingresso libero; ✹ 10-16 da lunedì a sabato, 13-16 domenica; DLR Cutty Sark

La chiesa parrocchiale di Greenwich non è certo una meta imperdibile ma ha un suo fascino. Progettata da Nicholas Hawksmoor nel 1714 per sostituire un precedente edificio del XII secolo, ha coro e presbiterio con affreschi (restaurati) di James Thornhill (l'artista che eseguì anche la decorazione della Painted Hall del Royal Naval College). Sant'Alfege (Elfego), arcivescovo di Canterbury, fu martirizzato dai vichinghi nel 1012 proprio in questo luogo.

FAN MUSEUM Cartina p455

☎ 8305 1441; 12 Croom's Hill SE10; adulti/ridotti £3,50/2,50; ✹ 11-17 da martedì a sabato, 12-17 domenica; DLR Cutty Sark

In questo affascinante museo si riscopre letteralmente l'interesse per le piccole cose, sia per quanto riguarda la sede (una settecentesca casa di città georgiana), sia per i ventagli esposti (vere e proprie opere d'arte). I preziosi oggetti in avorio, tartaruga, piume di pavone e tessuti preziosi della collezione permanente fanno bella mostra di sé accanto ai moderni ventagli a pila e agli enormi ventagli ornamentali gallesi. Nelle mostre temporanee sono esposti pezzi molto particolari, come i ventagli utilizzati per la propaganda politica, con sopra stampato il nome del candidato.

Dietro la casa c'è un giardino giapponese con un'**aranceto** dove si serve il tè del pomeriggio (🕒 15-17 da martedì a domenica; tè con servizio completo/a metà £4,50/3,50).

GREENWICH PARK Cartina p455

☎ 8858 2608; DLR/treno Cutty Sark/Maze Hill

Il più grande (e forse il più gradevole) parco di Londra ha un grande viale, ampie radure, un roseto e una bella passeggiata. In parte opera di Le Nôtre, che disegnò anche i giardini del palazzo di Versailles per Luigi XIV, questo parco vanta diversi monumenti storici, un caffè e una riserva naturale di cervi chiamata **Wilderness**.

Proseguendo a sud del parco arriverete a **Blackheath** (p160).

ROYAL OBSERVATORY Cartina p455

☎ 8312 6565; www.rog.nmm.ac.uk; Greenwich Park SE19; ingresso libero; 🕒 10-17 da ottobre a maggio, 10-18 da aprile a settembre; DLR Cutty Sark

Al Royal Observatory potrete vivere l'insolita esperienza di stare con un piede nell'emisfero occidentale della Terra e con l'altro in quello orientale, e vi sarà inoltre spiegato perché il **primo meridiano** per la misurazione dell'ora si trovi proprio qui. La designazione di Greenwich come punto di riferimento per misurare il tempo su tutto il pianeta risale alla lunga ricerca di un metodo affidabile per determinare la longitudine nei secoli XVII e XVIII secolo (v. la lettura sotto). Carlo II, preoccupato dal numero di navi affondate perché non erano riuscite a stabilire correttamente le loro coordinate est-ovest, fece costruire nel 1675 il Royal Observatory, nella convinzione che l'astronomia potesse fornire un metodo preciso per la navigazione in mare. Il primo astronomo reale, John Flamsteed (1646-1719), abitò nell'osservatorio lavorando nella **Octagon Room** – una sala ariosa e piena di luce, a pianta geometrica, che è anche uno dei pochi interni progettati da Sir Christopher Wren a essere sopravvissuti fino ai giorni nostri.

Greenwich è il primo meridiano sin dalla conferenza di Washington del 1884, come ricompensa all'impegno nella ricerca astronomica di questo osservatorio. Tutti i giorni alle 12, o alle 13 in estate, la sfera rossa che segna il tempo in cima all'osservatorio scandisce con

La lunga strada per arrivare alla longitudine

La storia del modo in cui si arrivò a calcolare con precisione la longitudine è davvero affascinante. Il sottile volumetto di Dava Sobel dedicato all'argomento, *Longitudine* (1995; Mondolibri, Milano 2001), è infatti diventato un bestseller internazionale; il suo sottotitolo descrive la vicenda narrata come la vera storia di un genio solitario che risolse il più grande problema scientifico della sua epoca.

All'inizio del XVIII secolo i marinai non potevano ancora contare su un sistema affidabile per determinare la longitudine di una nave in mezzo al mare. Per stabilire quanto distava la sua posizione dall'equatore, ovvero la latitudine, bastava prendere la misura dell'altezza del sole o della Stella Polare all'orizzonte per mezzo di un sestante. Per misurare la distanza in direzione est oppure ovest dal porto in cui si intendeva arrivare, invece, si avevano a disposizione soltanto formule e metodi astronomici assai complicati, se non addirittura bizzarri. Di conseguenza spesso si sbagliavano i calcoli, rischiando di far incagliare le navi.

Già nel XVI secolo gli scienziati sapevano che per misurare la posizione sull'asse est-ovest della Terra si poteva comparare l'ora locale (misurata rispetto al sole) con l'ora indicata da un orologio regolato sull'ora del porto di partenza. Questa nozione si basava sulla conoscenza del fatto che la Terra impiega 24 ore per compiere una rivoluzione di 360° e che perciò un'ora di differenza rappresenta 1/24 di una rivoluzione – ovvero 15° di longitudine.

Questo implicava, però, che si potesse disporre di un orologio affidabile, che misurasse con precisione l'ora del porto di partenza, e tale strumento non era stato ancora inventato nemmeno due secoli dopo, all'inizio del Settecento; il beccheggio spesso violento delle navi in mare aperto e le temperature variabili facevano sì che gli orologi del tempo non fossero precisi quanto sarebbe servito.

Essendo una delle più importanti nazioni marinare, l'Inghilterra aveva molto a cuore questo problema; nel 1714 il Parlamento offrì l'altissimo compenso di 20.000 sterline a chi avesse scoperto un metodo per determinare la longitudine, anche con un'approssimazione di 30 miglia.

Tra molti ciarlatani e alcuni famosi astronomi, tra cui Sir Isaac Newton, convinti che la risposta al problema andasse cercata nelle stelle, la risposta al problema giunse dall'umile orologiaio dello Yorkshire, John Harrison, che dopo parecchi esperimenti con diversi pendoli, molle e metalli realizzò gli orologi H1, H2, H3 e infine H4; quest'ultimo, dopo le prove al Royal Observatory, convinse le scettiche autorità londinesi che le sue strisce bi-metalliche resistenti al variare della temperatura erano proprio la soluzione che tutti stavano cercando. Il settantanovenne Harrison ottenne il dovuto compenso nel 1772.

esattezza il Greenwich Mean Time (GMT) come ora standard del pianeta.

Si consiglia la visita all'adiacente **Greenwich Planetarium** (adulti/anziani, studenti e bambini £4/2; proiezioni 14.30 da lunedì a venerdì, 13.30 e 15.30 sabato, 14 e 15 domenica).

RANGER'S HOUSE Cartina p455

☎ 8853 0035; www.english-heritage.org.uk; Greenwich Park SE10; adulti/bambini minori di 5 anni/ bambini 5-15/anziani e studenti £4,50/gratuito/2,50/ 3,50; ☼ 10-16 da mercoledì a domenica da novembre a maggio, 10-17 ottobre, 10-18 da settembre ad aprile

A sud-ovest dell'osservatorio, in una casa imponente costruita per l'ammiraglio Francis Hosier nel 1700 e in seguito abitata dal guardaparco, oggi (dopo il restauro dell'English Heritage) è esposta la celebre collezione Wernher, un insieme eterogeneo di gioielli, porcellane, argenti e dipinti raccolti da un cercatore d'oro e diamanti tedesco che fece fortuna in Sudafrica nel XIX secolo. Questa collezione, veramente eclettica, vanta rari dipinti antichi a soggetto religioso accanto a opere di maestri fiamminghi, gioielli rinascimentali, avori medievali, smalti di Limoges, statuette Meissen e grandissimi arazzi di Beauvais.

Sul tetto, dal gazebo dell'ammiraglio Hosier, si gode uno splendido panorama.

DINTORNI DI GREENWICH

BLACKHEATH Cartina p434
treno Blackheath

Osservando una cartina, Blackheath può sembrare un'estensione verso sud del Greenwich Park, ma il paesaggio circostante ha un'atmosfera assai peculiare. Conosciuto localmente come 'Hampstead del sud', questo terreno demaniale di 110 ettari ha svolto nella storia di Londra un ruolo molto più importante del suo famoso gemello a nord. I danesi montarono il loro campo a Blackheath all'inizio dell'XI secolo, dopo aver catturato Alfege, l'arcivescovo di Canterbury, e Wat Tyler fece lo stesso prima di marciare su Londra con decine di migliaia di soldati dell'Essex e del Kent durante la rivolta contadina del 1381. Enrico VII sconfisse proprio qui i ribelli della Cornovaglia nel 1497, mentre nella brughiera Enrico VIII incontrò la sua quarta moglie, Anna di Cleves, nel 1540. In seguito, Blackheath divenne un covo di banditi di strada e solo alla fine del XVIII secolo, con lo sviluppo della zona e la costruzione del delizioso **Paragon**, un gruppo di case georgiane

disposte a formare una mezzaluna al limite sud-orientale della brughiera, Blackheath fu finalmente considerato un luogo sicuro. Il toponimo (Blackheath significa 'brughiera nera') deriva dal colore del suolo, e non dal fatto che questa zona fu un cimitero durante la 'morte nera' (Black Death, in inglese), ovvero la peste diffusasi nel XIV secolo.

Da questa landa battuta dal vento, ideale per una passeggiata rilassante, per far volare un aquilone o per emulare il pittore di paesaggi Turner, in aprile parte la London Marathon. A pochi passi da essa, inoltre, ci sono due pub storici: l'**Hare and Billet** e il **Princess of Wales**.

Oltre al Paragon, gli altri edifici degni di nota della zona comprendono la **All Saints' Church** (1858), a sud, una chiesa in pietra grezza con la sua slanciata guglia e il **Morden College**, il migliore di tutti gli ospizi di carità, costruito nel 1695 per ospitare i mercanti turchi caduti in disgrazia. L'edificio, che ospita una clinica privata ed è chiuso al pubblico, fu forse progettato da Sir Christopher Wren.

Per raggiungere Blackheath dal Greenwich Park, incamminatevi in direzione sud lungo la Chesterfield Walk e superate la Ranger's House (oppure prendete a sud lungo Blackheath Ave e attraversate il Blackheath Gate), e poi attraversate Shooters Hill Rd.

MILLENNIUM DOME Cartina p455

Quando è stato aperto al pubblico il primo giorno del 2000, il gigantesco Millennium Dome, a forma di tendone di circo, si è subito presentato come il più ambizioso edificio costruito a Londra dopo St Paul's Cathedral (del 1710); con i suoi 380 m di larghezza è il più grande ambiente coperto d'Europa, sorretto da ben 100 montanti. Purtroppo, questa creazione di Richard Rogers non è mai riuscita a fare breccia nel cuore dei londinesi come è invece accaduto a St Paul's Cathedral.

Questo fallimento è in gran parte dovuto alle mostre poco interessanti ospitate nella struttura per celebrare l'anno del millennio. Quando ha chiuso i battenti, questa sorta di cupola costata 760 milioni di sterline era stata visitata soltanto da 6,5 milioni di persone, la metà circa di quelle previste. In seguito, il fatto che il solo mantenimento della struttura (anche se chiusa) costi ben 100.000 sterline a settimana le ha alienato anche le simpatie di coloro che l'avevano inizialmente apprezzata. In totale, fino a oggi la struttura è costata più di un miliardo di sterline, in buona parte provenienti dalle casse statali.

Si è comunque deciso di riutilizzare questo enorme colosso bianco di North Greenwich e, dopo numerose discussioni, il sindaco Ken Livingstone ha finalmente approvato la trasformazione della cupola e di 76 ettari di terreno circostante in un luogo di eventi sportivi e culturali con 26.000 posti a sedere. Questa iniziativa rientra nell'ambito del nuovo sviluppo urbanistico delle Docklands che vedrà la costruzione di 10.000 case (secondo il progetto ambientalista Millennium Village), uffici, centri commerciali, una scuola e un albergo.

Al momento, tuttavia, questa zona non offre molto da vedere, senza contare che la parte attorno al Millennium Dome è chiusa. Se volete vedere la cupola da lontano andate alle Docklands oppure partecipate a una crociera sul Tamigi (v. p385 o il seguente paragrafo Thames Flood Barrier). Anche il Trinity Buoy Wharf (v. p156) è un ottimo punto di osservazione.

THAMES FLOOD BARRIER Cartina p434
metro North Greenwich, treno Charlton, autobus 161, 177 e 180

Anche se si tratta di una struttura estremamente importante, la caratteristica tuttora più appariscente della Thames Flood Barrier è il suo aspetto avveniristico. Costruita tra Greenwich e Woolwich nel 1982, è stata progettata per proteggere Londra dalle inondazioni e dalle ondate di marea almeno fino al 2030. I suoi nove moli di cemento collegano 11 paratoie mobili, ciascuna delle quali alta come un edificio di cinque piani. Le coperture d'argento dei moli accolgono un complesso meccanismo che alza e abbassa le paratoie, e assomigliano a quelle della Sydney Opera House o dell'auditorium 'Armadillo' di Glasgow.

Il motivo per cui Londra ha bisogno di queste chiuse è che il livello dell'acqua è andato gradualmente aumentando, fino a 75 cm in un secolo, mentre il fiume contemporaneamente si restringeva. Nel 1953, quando il fiume ha rotto gli argini, sono affogate circa 300 persone; con la costruzione della barriera, invece, Londra è stata salvata da una catastrofe simile almeno una settantina di volte. Nel gennaio 2003 si è battuto un record, perché le chiuse sono state aperte per ben 14 volte soltanto nella prima settimana del mese.

Il periodo migliore per vedere le chiuse è quando sono in funzione, il che accade di per certo una volta al mese, quando il meccanismo viene controllato. Per sapere la data e l'orario esatti telefonate al **Thames Barrier Visitors Centre** (☎ 8305 4188; www.environment-agency.gov.uk; 1 Unity Way SE18; ingresso gratuito alle chiuse, ingresso al centro informazioni al pianterreno adulti/bambini/anziani £1/50p/75p; ☺ 11-15.30 da ottobre a marzo, 10.30-16.30 da aprile a settembre). Questo piccolo centro fornisce anche informazioni sulle maree quotidiane e primaverili e sulle ondate di marea che minacciano la città.

Il centro visitatori si raggiunge in metropolitana, in treno (con una bella passeggiata supplementare) o in autobus. Prendendo il treno diretto alla stazione Charlton in partenza da Charing Cross o dal London Bridge arriverete a una ventina di minuti (a piedi) dalle chiuse; per raggiungerle da Greenwich prendete invece l'autobus n. 177 o 180, che percorrono Romney Rd, e scendete al pub Victoria, 757 Woolwich Rd, da dove Westmoor St prosegue in direzione nord-ovest fino al centro visitatori.

Per visitare le chiuse sono in servizio anche alcuni battelli, che però non fanno scalo sul posto. Da Westminster si può effettuare un'escursione di andata e ritorno di tre ore, mentre da Greenwich la gita dura un'ora soltanto. Dalla fine da marzo a ottobre i battelli gestiti da **Thames River Services** (☎ 7930 4097; www.westminsterpier.co.uk; da Westminster adulti/minori di 16 anni/anziani/famiglie £9/4,50/7,50/24, da Greenwich adulti/minori di 16 anni/anziani/famiglie £5,40/2,70/4,40/14,20) partono dal Westminster Pier ogni ora dalle 10 alle 15 (da Greenwich tra le 11 e le 16), superando il Millennium Dome lungo il percorso. Da novembre a marzo si effettua un servizio ridotto da Westminster tra le 10.40 e le 15.20. Consultate il sito web per gli orari precisi.

FIREPOWER Cartina p434
☎ 8855 7755; www.firepower.org.uk; Royal Arsenal, Woolwich SE18; adulti/bambini età 5-15/anziani e studenti £6,50/4,50/5,50; ☺ 10.30-17 mercoledì-domenica; treno Woolwich Arsenal

Il Firepower è un museo dedicato all'artiglieria e al suo sviluppo nei secoli, che spazia dalle catapulte agli armamenti nucleari; la stravagante mostra multimediale Field of Fire (campo di tiro) cerca di dare un'idea del compito dei mitraglieri dalla prima guerra mondiale al conflitto in Bosnia. Ci sono inoltre una sezione di balistica e un'altra dedicata alle medaglie, mentre nella sezione Real Weapons (armi vere) potrete addirittura provare a sparare a un carro armato o a un cannone con un simulatore. Si tratta di un museo alquanto rumoroso, che piacerà molto ai bambini.

Quartieri – Down River: a est del Tower Bridge

CHARLTON HOUSE Cartina p434

☎ 8856 3951; Charlton Rd SE7; ingresso libero;
🕑 9-23 da lunedì a venerdì, 9-17.30 sabato; treno
Charlton, autobus 53, 54, 380 e 442

Questa casa giacobiana in mattoni rossi è la
sede di un centro ricreativo. È quindi possibile
accedervi liberamente per ammirarne la scala
in legno di quercia, i soffitti decorati e i caminetti di marmo.

Il giardino, in parte progettato dal famoso
architetto seicentesco Inigo Jones, è stato ri-
sistemato con nuove piante e aiuole, e oggi è
delimitato da un orto e da siepi ornamentali; vi
si trova anche un gelso piantato nel 1608.

ELTHAM PALACE Cartina p434

☎ 8294 2548; www.english-heritage.org.uk; Court
Rd SE9; adulti/minori di 5 anni/bambini età 5-15/ri-
dotti £6,50/gratuito/3,50/5; 🕑 10-16 da mercoledì
a venerdì e domenica da novembre a marzo, 10-17
ottobre, 10-18 da aprile a settembre; treno Eltham

Gli appassionati di Art Deco non devono perdersi una visita all'Eltham Palace, non solo per
le poche parti superstiti del palazzo, ma anche
per la fantastica Courtauld House, all'interno
della proprietà.

La casa fu fatta costruire negli anni '30
del XX secolo dal ricco mercante di tessuti
Stephen Courtauld e dalla moglie Virginia,
una coppia dotata oltre che di denaro anche
di buon gusto, come potrete vedere dal
sontuoso atrio a cupola e dal grandissimo
tappeto circolare a motivi geometrici, nonché
dai bagni rivestiti in marmo e dal sofisticato
impianto elettrico. I coniugi avevano in casa,
secondo la moda del tempo, un lemure domestico: è in mostra anche la gabbia riscaldata del
viziato (e dispettoso) 'Mah-jongg'.

Del palazzo costruito tra il XIV e il XVI secolo, dove Enrico VIII trascorse l'infanzia prima
di trasferirsi a Greenwich, resta ben poco, se
si eccettua la restaurata Great Medieval Hall
(grande sala medievale) il cui tetto in travi a
vista è generalmente considerato il terzo per
bellezza del paese, dopo quelli di Westminster
Hall e dell'Hampton Court Palace.

DULWICH E FOREST HILL

DULWICH COLLEGE Cartina p434

☎ 8693 3601; www.dulwich.org.uk; Dulwich
Common SE21; ingresso libero; 🕑 8.30-16 da lunedì
a venerdì; treno West Dulwich

Nel 2001 il mondo ha iniziato a riscoprire la
vicenda dell'esploratore Ernest Shackleton

e della sua rocambolesca fuga dal Polo Sud
con alcuni compagni di spedizione, durante
la quale il manipolo riuscì a sopravvivere per
più di un anno sui ghiacci dell'Antartico. Dopo
la proiezione del filmato originale del viaggio
girato dal fotografo Frank Hurley, il nuovo film
IMAX, un documentario inglese e un film di
Hollywood, il Wall Street Journal ha cominciato
a parlare di 'Shackletonmania'.

Shackleton fu uno dei più famosi allievi
del Dulwich College (un altro fu lo scrittore
umoristico P.G. Wodehouse), il che spiega
perché il college possieda oggi una delle più
interessanti collezioni di souvenir di quella
famosa spedizione al Polo Sud. Qui è infatti
esposta l'originale lancia di salvataggio James
Caird con la quale Shackleton e i suoi uomini
percorsero 900 miglia (1400 km) attraverso i
mari più pericolosi del mondo.

Spesso la barca è in prestito ad altri musei di
tutto il mondo, perciò vi conviene telefonare
per sapere se è in sede.

DULWICH PICTURE GALLERY
Cartina p434

☎ 8693 5254; www.dulwichpicturegallery.org.uk;
Gallery Rd SE21; adulti/studenti e bambini/anziani
£4/gratuito/3, venerdì ingresso libero; 🕑 10-17 da
martedì a venerdì, 11-17 sabato e domenica; treno
West Dulwich

La galleria Dulwich è una delle più antiche
gallerie d'arte pubbliche della Gran Bretagna, costruita da Sir John Soane dal 1811 al
1814 per ospitare la collezione del Dulwich
College, comprendente dipinti di Raffaello,
Rembrandt, Rubens, Reynolds, Gainsborough,
Lely, Van Dyck e altri ancora. Fatto insolito, il
collezionista Noel Desenfans e il pittore Francis Bourgeois hanno voluto far sistemare il loro
mausoleo tra i dipinti.

La nuova ala aperta di recente ospita sale
per le mostre temporanee e un caffè con
tavoli all'aperto.

Il museo si trova a 10 minuti a piedi in direzione nord lungo Gallery Rd, che inizia quasi di
fronte alla stazione West Dulwich.

HORNIMAN MUSEUM Cartina p434

☎ 8699 1872 or 8699 2339; www.horniman.ac.uk;
100 London Rd SE23; ingresso libero; 🕑 10.30-17.30
da lunedì a sabato, 14-17.30 domenica; treno Forest Hill

Non ci sono dubbi che questo straordinario
museo sarebbe una grande attrattiva turistica
se non fosse così lontano dal centro di Londra. Allestita in un edificio Art Nouveau ricco

di mosaici e con una torre dotata di orologio, la collezione del mercante di tè di epoca vittoriana Frederick John Horniman è molto eterogenea e comprende ogni genere di oggetti, dalle grandi maschere africane al pesce angelo imperatore e alle magnifiche piccole fisarmoniche esagonali. Nella sezione etnografica potrete ammirare la 'African Worlds', ovvero la prima raccolta permanente di arte e cultura africana e afro-caraibica fondata nel Regno Unito. La sezione di storia naturale ospita un tricheco, un dronte (uccello estintosi alla fine

del XVII secolo) impagliato e molto altro, mentre la Music Room espone strumenti musicali egizi di 3500 anni fa e antiche tastiere inglesi.

Il piccolo Living Waters Aquarium sembra un po' fuori luogo tra le altre collezioni del museo, ma i suoi pesci colorati divertono molto i bambini.

Per raggiungere l'Horniman Museum dalla stazione Forest Hill girate a sinistra uscendo dalla stazione e imboccate Devonshire Rd, poi svoltate ancora a destra in London Rd. L'Horniman si trova sulla destra.

IL CENTRO-NORD

Pasti p236; Pernottamento p348

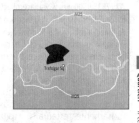

È difficile credere che a breve distanza dalla caotica Oxford St si trovi il 'paese' sempre più alla moda di Marylebone, con le sue vie eleganti e molto inglesi, le tranquille piazze georgiane, le raffinate boutique, i negozi di alimenti biologici, gli accoglienti ristoranti e i bar conviviali. Fino al XVIII secolo Marylebone era una comunità prevalentemente rurale conosciuta soprattutto per la sua chiesa parrocchiale, che sorgeva in riva al fiume Tyburn: in qualche modo 'St Mary's by the Bourne' divenne poi Marylebone.

Pur avendo molte più ragioni di notorietà rispetto a qualunque altra zona di Londra, questo quartiere è stato spesso considerato soltanto una piccola enclave residenziale tra il West End e il curatissimo Regent's Park. A Marylebone, invece, troverete l'abitazione del super investigatore Sherlock Holmes (in Baker St), i medici migliori e più costosi del mondo (in Harley St), la BBC (in Regent St), il fulcro del cricket (al Marylebone Cricket Club), ma soprattutto il museo di Madame Tussaud, la più popolare attrattiva a pagamento della città. Come se non bastasse, Marylebone è sempre più apprezzata dalle celebrità del mondo dello spettacolo e non solo, che spesso scelgono di venirci ad abitare.

A nord del quieto Regent's Park, dalla parte opposta del canale, si trova l'amabile e florido paesino di Primrose Hill; la collina, che forma essa stessa un parco, offre splendidi panorami sul centro di Londra. Più a nord ancora si trova l'alberata e rilassante zona residenziale di Belsize Park.

A nord di Hyde Park, Paddington è nota soprattutto per la stazione ferroviaria (dallo splendido tetto con travi in legno realizzato a metà Ottocento) in cui giunse l'omonimo orso, protagonista della storia per bambini di Michael Bond (1958; *L'orso del Perù*, Salani, Firenze 1998): questa zona, infatti, non ha mai goduto di buona fama, anche perché si trovava nei pressi del celebre patibolo di Tyburn; ma anche oggi non ci sono particolari ragioni per visitarla, anche se forse ci passerete con l'Heathrow Express. Anche Bayswater – il cui nome deriva dalla sorgente di Bayard's Spring, che nel Medioevo forniva l'acqua potabile alla città – non è molto interessante: si tratta di una monotona zona residenziale, divisa in due dalla poco frequentata Queensway. Data la loro posizione centrale, la vicinanza con i quartieri alla moda e il cronico bisogno di ampliarsi della città, è però possibile che sia solo questione di tempo perché Paddington e Bayswater abbiano la loro rivincita.

Nonostante i lavori in corso per rivalutare il quartiere – come l'apertura al pubblico della favolosa British Library – King's Cross ed Euston sono ancora zone notoriamente pericolose. Due brutte stazioni ferroviarie e una invece magnifica dominano il panorama della zona, le cui vie sono intasate dal traffico, fiancheggiate da tristi edifici grigi, e generalmente squallide; anche se è attualmente in corso una vasta ristrutturazione della stazione di St Pancras, dove nel 2007 arriverà l'Eurostar (in data ancora da decidersi), per il momento il rumore e le strade chiuse non fanno che peggiorare l'aspetto già poco piacevole del quartiere.

Poche zone di Londra stanno al passo della vertiginosa velocità con cui Camden è cambiata negli ultimi cinquant'anni. Tradizionalmente sede delle masse di poveri immigrati irlandesi e greci, questa zona è stata trascurata fino all'inizio degli anni '70, quando improvvisamente ha acquisito una vivacità bohémien ed è diventata il luogo in cui abitavano e si divertivano attori in cerca di notorietà come i protagonisti di *Withnail & I*. Con l'affermazione internazionale del suo famosissimo mercato, Camden è diventata una meta per il weekend di molti londinesi e si è riempita di atelier di artisti e di luoghi di ritrovo con musica dal vivo da cui sono emersi alcuni dei migliori talenti della città. Tale notorietà ha raggiunto l'apice all'inizio degli anni '90, quando a Camden Market si vendevano le ultime novità in fatto di moda e il quartiere era l'epicentro del Britpop. Con il tempo Camden si è un po' inflazionata e ha perso parte del fascino, ma è tuttora animata e divertente e vanta i migliori locali notturni della città.

WALLACE COLLECTION Cartina pp446-47

☎ 7935 9500; www.wallacecollection.org; Hertford House, Manchester Sq W1; ingresso libero; ⏱ 10-17 da lunedì a sabato, 12-17 domenica; metro Bond Street

Probabilmente la più bella tra le piccole gallerie d'arte di Londra (e relativamente poco nota agli stessi londinesi), la Wallace Collection offre l'affascinante occasione per farsi un'idea della vita quotidiana degli aristocratici del XVIII secolo. Questo palazzo di gusto italiano, sontuosamente restaurato, ospita una splendida collezione di dipinti dei secoli XVII e XVIII, porcellane, opere d'arte e mobili raccolti per generazioni dalla stessa famiglia e donati alla nazione dalla vedova di Sir Richard Wallace (1818-90), a patto che fossero per sempre esposti nel centro di Londra.

Tra i capolavori della collezione – custoditi da un personale simpatico e cordiale – ci sono dipinti di Rembrandt, Hals, Delacroix, Tiziano, Rubens, Poussin, Van Dyck, Velázquez, Reynolds e Gainsborough, tutti esposti nella stupefacente **Great Gallery** (grande galleria). In essa troverete anche un assortimento davvero spettacolare di armature medievali e rinascimentali (alcune delle quali si possono indossare), una sala per fumatori rivestita in piastrelle Minton, bellissimi candelabri e una vasta scalinata che è considerata uno dei migliori esempi esistenti di architettura d'interni francese.

Da provare anche il bel ristorante dal tetto in vetro, il Café Bagatelle, che si trova nel cortile centrale.

MADAME TUSSAUD'S Cartina pp442-43

☎ 0870 400 3000; www.madame-tussauds.com; Marylebone Rd NW1; tariffe variabili, fino a un massimo di £20 (compreso il London Planetarium); ⏱ 9-17.30 da lunedì a venerdì, 9.30-17.30 sabato-domenica; metro Baker Street

Ogni anno quasi tre milioni di persone visitano il museo delle cere più famoso e costoso di Londra: se volete evitare la fila (soprattutto in estate) vi consigliamo di arrivare al mattino presto o nel tardo pomeriggio, oppure di acquistare i biglietti da un'agenzia o telefonando e facendovi assegnare un orario di visita.

Il museo delle cere di Madame Tussaud ha ormai più di due secoli e nacque quando questa scultrice di modelli svizzera iniziò a eseguire le maschere mortuarie delle persone uccise durante la rivoluzione francese. Madame Tussaud arrivò a Londra nel 1803 ed espose una trentina di suoi modelli di cera in Baker St, in un luogo non lontano dall'attuale sede del museo, che ospita le cere sin dal 1885.

Il museo delle cere ebbe grande successo in epoca vittoriana, perché offriva al pubblico l'opportunità di vedere i volti di personaggi celebri o tristemente noti. Oggi, esso rappresenta più che altro una curiosità e un divertimento, anche se il gusto di certi allestimenti, come la famosa **Chamber of Horrors** (camera degli orrori) alla quale il museo dovette la sua notorietà nel secolo scorso, è un po' superato.

Buona parte delle cere moderne è esposta nel **Garden Party** all'inizio del museo, dove si trovano appunto le celebrità del momento, e nella **Grand Hall**, dove ci sono le riproduzioni dei grandi leader mondiali. Nel 'time taxi' (taxi del tempo) della sezione Spirit of London prenderete posto in un finto taxi nero londinese e per cinque minuti ascolterete un breve riassunto della storia di Londra. Tra le nuove statue ci sono anche Jennifer Lopez e Brad Pitt.

Nel caso vi interessi sapere che cosa succede alle statue di cera dei personaggi la cui notorietà dura poco, sappiate che le teste vengono tolte e immagazzinate in un armadio: caso mai dovessero un giorno ritornare in auge.

I top five del centro-nord

- British Library (p166)
- Camden Market (p168)
- Regent's Park (p165)
- St Pancras Station (p166)
- Wallace Collection (sopra)

LONDON PLANETARIUM Cartina pp442-43

☎ 0870 400 3000; www.london-planetarium.com;
**Marylebone Rd NW1; ingresso incluso nel biglietto per
Madame Tussaud oppure £2,45/1,50 separatamente;**
☽ di solito 12-17 in estate, telefonare per gli orari
negli altri periodi; metro Baker Street

Adiacente a Madame Tussaud's, il London
Planetarium proietta sul suo tetto a cupola un
filmato di 20 minuti che illustra il cosmo e il sistema solare e spiega che cos'è l'astronomia.

REGENT'S PARK Cartina pp438-39

☎ 7486 7905; ☽ 5-tramonto; metro Baker Street/
Regent's Park

Il parco più elaborato e curato di Londra fu
creato intorno al 1820 da John Nash per farne
una tenuta in cui costruire palazzi per l'aristo-
crazia. Tale progetto non fu mai portato a termine – come molti altri dell'epoca: per avere
un'idea dello stile di Nash potete ammirare
gli edifici lungo l'Outer Circle e soprattutto
le residenze palladiane ornate di stucchi che
l'architetto costruì in Cumberland Terrace.

Al pari di numerosi altri parchi della città,
Regent's Park fu una tenuta di caccia reale
in seguito trasformata in fattoria, prima di
diventare, durante il XVIII secolo, un luogo
per il tempo libero e il divertimento. Oggi
è ben organizzato e tranquillo, animato ma
nello stesso tempo rilassante: in altre parole
un paradiso molto londinese, ma anche cosmopolita, proprio nel cuore della città. Tra
le sue molte attrattive ricordiamo il London
Zoo, il Grand Union Canal che corre lungo
il lato settentrionale del parco, un laghetto
ornamentale, un **teatro all'aperto** (p308) nei
Queen Mary's Gardens, dove nei mesi estivi
va in scena Shakespeare, e poi altri laghetti
e aiuole fiorite, roseti spettacolari, campi da
calcio e di softball.

Sul lato ovest del parco si trova l'imponente
London Central Islamic Centre & Mosque (☎ 7724
3363; 146 Park Rd NW8; metro Marylebone),
gigantesco edificio bianco con una cupola
luccicante. Se volete visitare la moschea dovete essere vestiti in modo sobrio e togliervi
le scarpe.

LONDON ZOO Cartina pp438-39

☎ 7722 3333; www.londonzoo.co.uk; Regent's Park
NW1; adulti/ridotti £12/9; ☽ 10-17.30 da marzo a
ottobre; 10-16 da novembre a gennaio, 10-16.30 da
febbraio a marzo; metro Baker Street/Camden Town

Fondato nel 1828, questo giardino zoologico è
uno dei più vecchi del mondo ed è proprio da

esso che ha avuto origine la parola 'zoo'. Dopo
le recenti critiche, il London Zoo è diventato
uno dei più all'avanguardia del pianeta e ha
avviato un programma di modernizzazione a
lungo termine, per una buona metà completato, che si focalizza soprattutto sulla tutela
dell'ambiente, l'educazione all'ecologia e l'allevamento degli animali, curando particolarmente le condizioni delle specie che ospita.

Consigliamo di visitare lo zoo arrivandoci in
battello da Little Venice o Camden, ma anche
passeggiando lungo il sentiero del canale. Nel
parco c'è anche un delizioso **zoo per bambini**,
costruito quasi interamente con materiali
ecologici, che ha in programma tutto l'anno
numerose manifestazioni ed eventi (come il
bagno degli elefanti e il pasto dei pinguini).

Web of Life, un padiglione di vetro che ospita
una sessantina di animali (dalle termiti alle me-
duse, agli uccelli e alle api), presenta mostre
interattive e consente di assistere al pasto di
alcuni animali: questa sezione vale da sola la
visita allo zoo. Da non perdere anche i recinti
dei felini, degli elefanti e dei rinoceronti, nonché le varie specie di scimmie, i piccoli mammiferi e gli uccelli. La Penguin Pool (vasca dei
pinguini), progettata da Berthold Lubetkin nel
1934, è una delle più importanti strutture moderniste di Londra.

BAKER STREET UNDERGROUND STATION Cartina pp442-43

È una delle stazioni originali della prima metropolitana al mondo (la Metropolitan Railway) e
si trova sotto la stazione di Baker Street: per visitarla basta acquistare un biglietto della metropolitana. Baker Street, una delle sette stazioni
originali della linea che si estendeva per circa
3¾ miglia (6 km) da Paddington a Farringdon
St, fu aperta al pubblico nel 1863: è stata restaurata nel 1983 e oggi è visibile ai binari 5 e
6 (linee Circle e Hammersmith & City).

SHERLOCK HOLMES MUSEUM

Cartina pp442-43

☎ 7935 8866; www.sherlock-holmes.co.uk; 221b
Baker St; £6/4; ☽ 9.30-18; metro Baker Street

L'indirizzo del museo non è quello in cui visse
(nei romanzi) Sherlock Holmes, che abitava
invece nel palazzo Abbey National, un po'
più a sud. I fan del celebre investigatore visite-
ranno con interesse i tre piani di questa casa
vittoriana restaurata, con vari cimeli d'epoca,
berretti da cacciatore, candele accese, infer-
riate cigolanti e persino i modelli di cera del

professor Moriarty e del fantomatico 'uomo dal labbro storto'; forse c'è poco su Arthur Conan Doyle.

ALL SOULS CHURCH Cartina pp446-47
☎ 7580 3522; Langham Pl W1; 🕙 9.30-18, chiuso sabato; metro Oxford Circus

La soluzione fornita da Nash per l'ampia curva formata dal tratto settentrionale di Regent St fu questa deliziosa chiesa con colonnato circolare e caratteristica guglia slanciata, che ricorda un antico tempio greco. La chiesa fu molto criticata quando venne portata a termine nel 1824, e una vignetta contemporanea di George Cruikshank mostra un Nash dolorosamente infilzato sulla guglia con sotto la didascalia 'gusto nazionale!!!'. Gravemente danneggiata dai bombardamenti della seconda guerra mondiale, è stata ristrutturata nel 1951.

BROADCASTING HOUSE Cartina pp446-47
☎ 0870 603 0304; www.bbc.co.uk; Portland Pl; 🕙 negozio 9.30-18 da lunedì a sabato, 10-17.30 domenica; metro Oxford Circus

Di fronte alla All Souls Church si trova la Broadcasting House, da dove la BBC iniziò a trasmettere i programmi radiofonici nel 1932. Nel negozio troverete un assortimento di articoli relativi ai programmi della BBC, anche se ormai gran parte dell'attività dell'ente si svolge nel gigantesco complesso a vetrate di Shepherd's Bush (consultate il sito web della BBC per procurarvi il biglietto per assistere alla registrazione di un programma).

PADDINGTON, BAYSWATER, KING'S CROSS ED EUSTON

ST PANCRAS STATION Cartina pp440-41
☎ 7304 3921; www.lcrproperties.com; Euston Rd NW1; visite guidate £5 (senza prenotazione); 🕙 atrio d'ingresso 11-13.30 da lunedì a venerdì, visite guidate 11 e 13.30 sabato-domenica; metro King's Cross

Se usate la metropolitana probabilmente passerete dalla stazione di King's Cross-St Pancras, nel qual caso vi consigliamo di risalire in superficie per vedere dall'esterno questo capolavoro in stile gotico vittoriano di fantastica imponenza, costruito dal famoso architetto George Gilbert Scott nel 1876. Sul retro dell'edificio si trova una suggestiva tettoia in vetro e ferro, opera del grande Brunel. È in progetto la riconversione di alcuni ambienti della stazione in stanze d'albergo, che dovrebbero essere in

British Library (sotto)

funzione dal 2004: vi consigliamo perciò di visitare questo bel monumento finché è possibile. Non ci sono ascensori, e per seguire l'itinerario di visita dovrete salire diverse rampe di scale.

BRITISH LIBRARY Cartina pp438-39
☎ centralino 7412 7000, servizi ai visitatori 7412 7332; www.bl.uk; 96 Euston Rd NW1; ingresso libero; 🕙 10-18 lunedì, 9.30-18 martedì-giovedì, 9.30-18.30 venerdì-sabato; metro King's Cross

L'inaugurazione della British Library, nel 1998, suscitò parecchie critiche, perché per costruirla furono necessari 15 anni e 500 milioni di sterline (che la rendono l'edificio più costoso del Regno Unito). Buona parte delle contestazioni riguardano la facciata in mattoni rossi della biblioteca, progettata da Colin St John Wilson, che il principe Carlo ha definito simile a un 'edificio della polizia segreta'. Anche chi non gradisce l'esterno dell'edificio, però, non può fare a meno di ammirarne l'interno, spettacolare e spazioso.

La British Library è la principale biblioteca nazionale del paese: essa riceve una copia di tutte le pubblicazioni inglesi appena uscite, che vanno ad aggiungersi al suo patrimonio di manoscritti storici, libri e mappe trasferiti qui dal British Museum. La biblioteca vanta ben 186 miglia (1300 km) di scaffali distribuiti su quattro piani sotterranei e può contenere circa 12 milioni di volumi.

Al centro dell'edificio si trova la magnifica **King's Library** (biblioteca reale), che conserva i 65.000 volumi della collezione appartenuta a Giorgio III, donati alla nazione dal figlio Giorgio IV, nel 1823, e attualmente sistemati in una torre di sei piani a pareti vetrate, alta

17 m. A sinistra, entrando nell'edificio, troverete l'eccellente libreria della biblioteca e alcune sezioni espositive.

La maggior parte del complesso è dedicato alla conservazione dei testi e alla loro consultazione da parte degli studiosi, ma ci sono anche diverse mostre come la **John Ritblat Gallery: Treasures of the British Library**, che presenta i tesori della biblioteca spaziando su un arco di tempo di quasi tre millenni e in ogni continente. Tra i documenti più importanti esposti in questa sezione ricordiamo: la Magna Charta (1215); il Codex Sinaiticus, ovvero il primo testo completo del Nuovo Testamento scritto in greco nel IV secolo; una bibbia di Gutenberg (1455), il primo libro stampato in Occidente con caratteri tipografici mobili; il First Folio di Shakespeare (1623); vari manoscritti di celebri autori inglesi (come Lewis Carroll, Jane Austen, George Eliot e Thomas Hardy); e persino i testi scritti a mano di alcune delle prime canzoni dei Beatles.

Presso la **National Sound Archive Jukeboxes**, dove il programma delle registrazioni trasmesse è sempre vario, è inoltre possibile ascoltare registrazioni storiche, come la prima in assoluto eseguita da Thomas Edison nel 1877, un brano letto da James Joyce tratto dal suo *Ulisse* e il celebre discorso di Nelson Mandela al processo di Rivonia nel 1964. La mostra *Turning the Pages* vi consente invece di sfogliare virtualmente numerosi testi importanti, tra cui il *Libro d'Ore* degli Sforza, il *Sutra del Diamante* e un taccuino di Leonardo da Vinci.

La **Philatelic Exhibition**, accanto alla John Ritblat Gallery, si basa sulle collezioni istituite nel 1891 con il lascito della Tapling Collection e oggi comprende più di 80.000 pezzi tra cui affrancature e francobolli, cartoleria postale e le prime buste spedite da quasi ogni paese del mondo e in qualunque periodo.

Il **Workshop of Words, Sounds and Images** (laboratorio della parola, del suono e dell'immagine) documenta lo sviluppo della scrittura e della comunicazione tramite la parola scritta, esaminando con attenzione le opere dei primi amanuensi, stampatori e rilegatori. La sezione dedicata al suono confronta le registrazioni effettuate con diversi apparecchi, dai cilindri di cera dell'inizio del XX secolo ai moderni CD. La **Pearson Gallery** ospita invece sensazionali mostre a tema, che spaziano da 'Oscar Wilde: A Life in Six Acts' (Oscar Wilde: una vita in sei atti) a 'Chinese Printing Today' (la stampa cinese oggi).

Si può partecipare anche alle **visite guidate** (£6/4,50; 15 lunedì, mercoledì, venerdì, 10.30 e 15 sabato) degli spazi pubblici della biblioteca e alla visita che comprende le sale di lettura (£7/5,50; 11.30 e 15 domenica). Telefonate al centralino per la prenotazione.

ST PANCRAS NEW CHURCH
Cartina pp438-39

☎ 7388 1461; all'incrocio tra Euston Rd e Upper Woburn Pl WC1; ☉ 9-17 da martedì a venerdì, 9.15-11 sabato, 7.45-12 e 17.30-19.15 domenica; metro King's Cross

Questa splendida chiesa in stile neogreco ha un campanile volutamente simile al Tempio dei Venti di Atene, un portico con sei colonne ioniche che allude all'Eretteo dell'Acropoli e un'ala ornata da cariatidi, anch'esse ispirate all'Eretteo. Quando fu portata a termine, nel 1822, risultò essere la chiesa più costosa costruita a Londra dopo St Paul's Cathedral. Nel portico c'è una grande lapide in memoria delle 31 persone che hanno perso la vita nella stazione della metropolitana di King's Cross durante l'incendio del novembre 1987.

LONDON CANAL MUSEUM
Cartina pp440-41

☎ 7713 0836; www.canalmuseum.org.uk; New Wharf Rd N1; adulti/bambini £2,50/1,25; ☉ 10-16.30 da martedì a domenica; metro King's Cross

Questo curioso e antico museo è sistemato in una vecchia ghiacciaia (con un pozzo profondo dove si immagazzinava il ghiaccio) e narra la storia del Regent's Canal, del com-

A passeggio per l'aia

In tutta la città esistono piccoli parchi in cui sono state allestite vere fattorie, con mucche, pecore e maiali. Se voi e i vostri bambini sentite il bisogno di prendervi una pausa dalla Londra urbana, eccovi qualche indirizzo:

Coram's Fields (Cartina pp440-41; ☎ 7837 6138; 93 Guildford St WC1; ☉ 9-19 da giugno a settembre, 9-18 da ottobre a maggio; metro Russell Square)

Hackney City Farm (Cartina pp436-37; ☎ 7729 6381; 1a Goldsmith's Row E2; ☉ 10-16.30 da martedì a domenica; metro Bethnal Green, treno Cambridge Heath)

Kentish Town City Farm (Cartina p435; ☎ 7916 5420; 1 Cressfield Close, Grafton Rd NW5; ☉ 9.30-17.30; metro Kentish Town)

Spitalfields Farm (Cartina pp436-37; ☎ 7247 8762; Weaver St E1; ☉ da martedì a domenica 10.30-17.30; metro Shoreditch/Liverpool Street)

mercio del ghiaccio e dello sviluppo dell'industria gelatiera attraverso modelli, fotografie, oggetti e documenti d'archivio. Il ghiaccio era un prodotto molto richiesto nella Londra tardo vittoriana, e nel 1899 ne furono importate dalla Norvegia 35.000 tonnellate.

CAMDEN

CAMDEN MARKET Cartina pp438-39
all'incrocio tra Camden High St e Buck St NW1;
🕙 **9-17.30 da giovedì a domenica; metro Camden Town/Chalk Farm**

Nonostante il mercato di Camden non sia più un luogo trendy da parecchio tempo, è tuttora visitato da ben 10 milioni di persone all'anno e resta la più popolare attrattiva 'gratuita' di Londra. Nato da un nucleo di bancarelle di artigianato a Camden Lock, sul Grand Union Canal, oggi questo mercato si estende per buona parte del percorso dalla stazione della metropolitana di Camden Town a quella di Chalk Farm, a nord. Ci troverete un po' di tutto, ma anche molta merce scadente (p327 per maggiori informazioni in proposito). Nel weekend è decisamente troppo affollato.

JEWISH MUSEUM Cartina pp438-39
☎ **7284 1997; www.jewishmuseum.org.uk; Raymond Burton House, 129-31 Albert St NW1; adulti/bambini/ anziani £3,50/1,50/2,50;** 🕙 **10-16 da lunedì a giovedì, 10-17 domenica; metro Camden Town**

Questa sede distaccata del Jewish Museum illustra l'ebraismo e le sue tradizioni religiose nella prestigiosa **Ceremonial Art Gallery**, nonché la storia della comunità ebraica inglese dall'epoca dei normanni ai giorni nostri, attraverso fotografie e manufatti, nella **History Gallery**. Ci sono inoltre alcuni spazi espositivi dedicati a mostre temporanee.

Il **Jewish Museum, Finchley** (☎ 8349 1143; Sternberg Centre, 80 East End Rd N3; adulti/ bambini/ridotti £2/gratuito/1; 🕙 10.30-17 da lunedì a giovedì, 10.30-16.30 domenica; metro Finchley Central) è sede delle collezioni di storia sociale del museo, che comprendono alcune testimonianze orali e archivi fotografici e mostre temporanee. Nella collezione permanente ci sono le ricostruzioni di una sartoria e di una falegnameria dell'East End, e una sezione dedicata all'Olocausto basata sull'esperienza di un ebreo inglese sopravvissuto ad Auschwitz.

LA ZONA NORD

Pasti p240; Pernottamento p348

L'elegante zona settentrionale di Londra è formata da diverse piccole cittadine. Hampstead con la sua vasta brughiera selvaggia è popolare meta di scrittori, artisti e celebrità sin dall'inizio del XIX secolo, quando il poeta romantico John Keats vi trascorse due anni della sua breve vita. Il raffinato e pittoresco paesino di Highgate, arroccato in cima a un colle, vanta superbi panorami di Londra ed è circondato da parchi e boschi verdi. Muswell Hill e Crouch End, situati rispettivamente più a nord e a est, sembrano anch'essi piccoli paesi appena fuori Londra: non sono serviti dalla metropolitana e sono entrambi indipendenti e autosufficienti. L'edoardiana Muswell Hill ha diversi negozi famosi, un'atmosfera conviviale e l'inimitabile Alexandra Palace ma, stranamente, nessun buon pub. A Crouch End, invece, non manca nulla, e in più è molto frequentato dai vip. Stoke Newington non fa parte della catena di colline che formano la zona nord, ma potrebbe tranquillamente esservi compresa, dato che si raggiunge soltanto in autobus ed è piacevolmente separata dalla metropoli. Vi domina la Church St, su cui si affacciano bei negozi, ristoranti e il suggestivo Abney Park Cemetery.

HAMPSTEAD E HIGHGATE

HIGHGATE CEMETERY Cartina p435
☎ **8340 1834; www.highgate-cemetery.org; Swain's Lane N6; £2 (più £1 per ogni macchina fotografica);** 🕙 **10-17 da lunedì a venerdì e 11-17 sabato-domenica da aprile a ottobre, 10-16 da lunedì a venerdì e 11-16 sabato-domenica da novembre a marzo,** visite guidate alle 14 da lunedì a venerdì e ogni ora sabato-domenica da aprile a ottobre (non si effettuano prenotazioni); metro Highgate

Famoso soprattutto per la tomba di Karl Marx e di altri celebri personaggi, l'Highgate Cemetery si estende per 20 ettari in una zona selvaggia e suggestiva, con affascinanti e un po' cupe tombe vittoriane pesantemente

Dave Stewart, Crouch End

Fino a poco tempo fa, Dave Stewart degli Eurythmics aveva uno studio di registrazione in una chiesa a pochi passi da Crouch End Broadway. Aveva spesso invitato l'amico Bob Dylan ad andarlo a trovare, così un pomeriggio Dylan aveva deciso di fargli visita. Il celebre cantante aveva preso un taxi e aveva chiesto al conducente di portarlo a un certo indirizzo di Crouch End Hill. Se siete già stati da queste parti, saprete che diverse vie hanno nomi che contengono le parole 'Crouch', 'End' e 'Hill', perciò non vi stupirete del fatto che il povero tassista lasciò Dylan nella via sbagliata.

Dylan bussò alla porta e chiese alla donna che gli aprì se Dave era in casa. Dato che anche suo marito si chiamava Dave (ed era un grande fan di Dylan), la donna rispose: "No, è appena uscito ma tornerà tra poco; se vuoi aspettarlo accomodati pure". Mezz'ora dopo Dave (un idraulico) entrò in casa e chiese alla moglie se c'erano dei messaggi per lui.

"No," rispose lei, "ma Bob Dylan si sta bevendo una tazza di tè in soggiorno."

Dopo aver fatto conoscenza con il suo idolo, Dave l'idraulico spiegò a Bob dove si trovava lo studio di Dave Stewart.

---

decorate. Il cimitero è diviso in due aree. Nella parte orientale si può visitare la tomba di Marx che, per una strana coincidenza, è situata proprio di fronte a quella dell'economista del libero mercato Herbert Spencer. Questa parte è un po' trascurata, ma offre una bellissima passeggiata. La zona più interessante del cimitero si trova invece a ovest. Nell'atmosfera suggestiva di questo Valhalla vittoriano ci sono infatti le tombe più famose: per visitarle dovrete aggregarvi a una visita guidata e accordarvi direttamente con i custodi del cimitero. Un intrico di sentieri conduce al Circle of Lebanon, un anello di tombe situato di fianco a un sentiero circolare e incoronato da un maestoso cedro antico di secoli. Le guide sono simpatiche e illustrano ai visitatori le varie tombe narrando la storia dei personaggi celebri sepolti, come lo scienziato Michael Faraday e l'inventore delle mostre canine Charles Cruft. I 'dissenters' (ovvero coloro che non appartennero alla chiesa d'Inghilterra) sono sepolti lontano, nei boschi. Il cimitero è tuttora in funzione ma chiude durante i funerali; perciò, se volete visitarlo, vi consigliamo di telefonare per accertarvi che sia aperto.

HAMPSTEAD HEATH Cartina p435

☎ 7485 4491; metro Gospel Oak o Hampstead, treno Hampstead Heath

La vasta Hampstead Heath, con i suoi prati e le colline ondulate, dista quattro miglia dal centro di Londra, e si estende su 320 ettari, in buona parte formati da boschi, colline e prati dove vivono circa 100 specie di uccelli. È un posto splendido per una passeggiata, lungo i sentieri che percorsero poeti come Coleridge, Keats e Pope, e pittori come Hogarth e Constable, che vissero tutti nella zona. Constable studiò le nuvole e i cieli di Hampstead Heath, dipingendo oltre 100 paesaggi che in seguito avrebbe usato come sfondo dei suoi quadri più famosi.

Se non amate andare a passeggio, sappiate che alcune zone della brughiera hanno campi da calcio e cricket, e che ci sono anche diversi laghetti dove fare il bagno. Percorrendo Parliament Hill o la collina di North Wood, in una giornata limpida riuscirete persino a vedere Canary Wharf e le Docklands. A chi ha inclinazioni artistiche consigliamo invece di raggiungere direttamente la **Kenwood House**, fermandosi però lungo il percorso per ammirare le sculture di Henry Moore e Barbara Hepworth.

Il posto migliore dove dissetarsi è il suggestivo **Spaniard's Inn** (p269), che ha una storia affascinante e un bellissimo beer garden.

A South Green, di fronte alla stazione di Hampstead Heath, c'è uno dei più antichi gabinetti pubblici inglesi, costruito nel 1897 e restaurato nel 2000. George Orwell lavorò in una libreria proprio di fronte a questa struttura.

KENWOOD HOUSE Cartina p435

☎ 8348 1286; www.english-heritage.org.uk; Hampstead Lane NW3; ingresso libero; ⏰ 10-17.30 da aprile a settembre, 10-17 ottobre, 10-16 da novembre a marzo (non apre mai prima delle 10.30 mercoledì e venerdì), Suffolk Collection (al piano superiore) 11-16.30 giovedì-domenica; metro Archway/Golders Green, e poi autobus 210

All'estremità settentrionale della brughiera, questa magnifica residenza neoclassica si staglia sullo sfondo dei giardini all'inglese che digradano fino al pittoresco laghetto, attorno

Quartieri – La zona nord

I top five della zona nord

- Hampstead Heath (sopra)
- Highgate Cemetery (p168)
- Highgate Wood (p171)
- Keats House (p170)
- Kenwood House (sopra)

Kenwood House, Hampstead (p169)

al quale d'estate si svolgono concerti di musica classica (p299). La casa fu rimaneggiata nel XVIII secolo da Robert Adam e salvata dalla demolizione da Lord Iveagh Guinness, che la donò alla nazione nel 1927 insieme alla splendida collezione d'arte che conteneva. L'Iveagh Bequest espone dipinti di Gainsborough, Reynolds, Turner, Hals, Vermeer, Van Dyck e altri ancora, ed è una delle più belle tra le collezioni minori inglesi.

Il grande scalone e la biblioteca di Robert Adam, una delle 14 camere aperte al pubblico, sono particolarmente belli. La Suffolk Collection ha orari ridotti e si trova al primo piano: comprende ritratti giacobiani di William Larkin e ritratti degli Stuart di Van Dyck e Lely.

Il **Brew House Café** propone un ottimo assortimento, dagli spuntini leggeri ai pasti completi, e ha molti posti a sedere nella deliziosa terrazza sul giardino.

KEATS HOUSE Cartina p435
☎ 7435 2062; www.keatshouse.org.uk; Wentworth Place, Keats Grove NW3; adulti/minori di 16 anni/ridotti £3/gratuito/1,50; ⏰ 12-17 martedì-domenica da aprile a ottobre, 12-16 da novembre a marzo; metro Hampstead, treno Hampstead Heath

A pochi passi dalla parte bassa della brughiera, questa elegante casa in stile Regency fu la dimora del poeta romantico Keats dal 1818 al 1820. Egli fu convinto a stabilirsi qui da Charles Armitage Brown e proprio in questa casa in-

contrò la futura fidanzata Fanny Brawne. Per lei Keats scrisse nel 1819 la sua poesia più celebre, *A un usignolo* (in *Poesie*, Einaudi, Torino 2003). Purtroppo, le memorie più importanti del poeta – compresi i manoscritti originali e le lettere d'amore – non sono più esposte nella casa. C'è comunque molto da vedere, e l'ambiente è ricco d'atmosfera grazie anche alla collezione di mobili in stile Regency raccolti in anni recenti. Anziché distribuire opuscoli e audioguide, il personale del museo narra aneddoti su Keats e sulla casa durante la visita, mostrando l'anello che il poeta donò a Fanny (e che lei porterà per tutta la vita) o il busto di Keats, sistemato all'altezza esatta del poeta (appena 1,53 m!).

La casa è stata salvata dalla demolizione e aperta al pubblico grazie alle donazioni degli ammiratori di Keats che vivono negli Stati Uniti e sarà probabilmente chiusa per lavori per un paio di mesi a partire dalla Pasqua del 2004; perciò, se venite a Hampstead solo per visitarla, vi conviene telefonare per accertarvi che sia effettivamente aperta.

N. 2 WILLOW ROAD Cartina p435
☎ 7435 6166; www.nationaltrust.org.uk; 2 Willow Rd; adulti/ridotti £4,50/2,25; ⏰ 12-17 giovedì-sabato da aprile a ottobre, 12-17 sabato a marzo e novembre, visite guidate alle 12, 13 e 14; metro Hampstead, treno Hampstead Heath

Gli appassionati di architettura moderna apprezzeranno questa casa, situata al centro in un gruppo di tre, che fu progettata nel 1939 dall'esponente del razionalismo strutturale Ernö Goldfinger per la propria famiglia. Sebbene l'architetto abbia seguito, per la sua realizzazione, i principi dello stile georgiano, l'edificio assomiglia stranamente al tipo di architettura in voga negli anni '50 del XX secolo. Effettivamente esistono alcune analogie, ma in realtà il n. 2 di Willow Rd fu un precursore del razionalismo in architettura. L'interno, con la sua ottimale distribuzione degli spazi, ospita opere di Henry Moore, Max Ernst e Bridget Riley ed è interessante e accessibile a tutti. La visita si effettua in un'ora ed è solo guidata.

BURGH HOUSE Cartina p435

☎ 7431 0144; New End Sq NW3; ingresso libero; ⏰ 12-17 mercoledì-domenica; metro Hampstead

Se vi trovate a passare da queste parti, questa residenza in stile regina Anna della fine del XVII secolo è sede dell'**Hampstead Museum** di storia locale, di una piccola galleria d'arte e della deliziosa sala da tè Buttery, dove potrete consumare un pasto discreto a prezzi ragionevoli da mercoledì a sabato.

FENTON HOUSE Cartina p435

☎ 7435 3471; www.nationaltrust.org.uk; Windmill Hill, Hampstead Grove NW3; £4,50/2,25; ⏰ 14-17 mercoledì-venerdì e 11-17 sabato-domenica da aprile a ottobre, 14-17 sabato-domenica a marzo; metro Hampstead

Questa residenza di un mercante della fine del XVII secolo è una delle case più antiche di Hampstead e ha un affascinante giardino cintato in cui spiccano un roseto e un frutteto. L'edificio vanta una bella collezione di porcellane e di strumenti a tastiera – compreso un clavicembalo del 1612 che fu suonato da Handel – lavori di ricamo del XVII secolo e mobili di epoca georgiana.

HIGHGATE WOOD Cartina p435

⏰ alba-tramonto; metro Highgate

Con più di 28 ettari di boschi secolari, questo parco è magnifico in qualunque periodo dell'anno. È abitato da circa 70 specie diverse di uccelli, da cinque specie di pipistrelli, 12 di farfalle e 80 di ragni. Al centro si trovano una vastissima radura per gli sport, un popolare parco giochi, un percorso naturalistico per bambini e numerose altre attività praticabili tutto l'anno, dalla falconeria all'osservazione dei pipistrelli. L'**Oshobasho Café** (p241), in mezzo al bosco, ha un bel giardino, un'atmosfera tranquilla e buoni spuntini vegetariani.

MUSWELL HILL
ALEXANDRA PARK & PALACE

☎ 8365 2121; www.alexandrapalace.com; Alexandra Palace Way N22; treno Alexandra Palace

Costruito nel 1873, l'Alexandra Palace fu completamente distrutto da un incendio appena 16 giorni dopo l'inaugurazione. Incoraggiati dal numero di visitatori, gli investitori decisero di ricostruirlo e di aprirlo al pubblico due anni dopo. Sebbene ospitasse un teatro, un museo, una sala di lettura, una biblioteca e la Great Hall con uno dei più grandi organi del mondo, non raggiunse però mai la fama del Crystal Palace. Durante la prima guerra mondiale vi furono ospitati i prigionieri tedeschi e nel 1936 da qui fu trasmesso il primo spettacolo televisivo del mondo – un varietà intitolato *Here's Looking at You* (ti stiamo guardando). Il palazzo bruciò nuovamente nel 1980 ed è stato ricostruito per la terza volta e riaperto al pubblico nel 1988. Oggi il palazzo 'Ally Pally' (come viene affettuosamente chiamato) è essenzialmente un centro per conferenze ed esposizioni che comprende diverse altre strutture, tra cui una pista di pattinaggio su ghiaccio al coperto, il panoramico Phoenix Bar & Beer Garden e alcune giostre nei mesi estivi.

Il parco nel quale sorge il palazzo copre una superficie di 88 ettari circa, dove si trovano pregevoli giardini pubblici, una riserva naturale, un parco per i cervi e diverse attrezzature sportive come il laghetto navigabile, un campo da golf e una pista da pattinaggio.

STOKE NEWINGTON
ABNEY PARK CEMETERY Cartina p434

☎ 7275 7557; Stoke Newington Church St N16; ingresso libero; ⏰ 8-tramonto; treno Stoke Newington, autobus 73

Questo luogo fu acquistato e gestito da una ditta privata a partire dal 1840, per sopperire alla mancanza di spazi cimiteriali. Fu inoltre il primo cimitero per persone non appartenenti alla chiesa anglicana, dove furono sepolti numerosi dei più importanti presbiteriani, quaccheri e battisti di Londra, tra i quali il fondatore dell'Esercito della Salvezza, William Booth, la cui imponente lapide tombale vi accoglie all'ingresso di Church St. Dagli anni '50 del XX secolo in poi il cimitero è stato abbandonato a se stesso è oggi è una specie di riserva naturale con piante, uccelli e ruderi ricoperti dall'erba. L'antica cappella in mezzo al parco potrebbe essere il set di un film dell'orrore, e l'atmosfera del cimitero ha un che di inquietante.

Quartieri – La zona nord

IL NORD-OVEST

Pasti p242; Pernottamento p350

Il raffinato quartiere di St John's Wood, alberata zona suburbana con dimore signorili, si trova a ovest di Regent's Park; da quando la Saatchi Gallery è stata trasferita nella County Hall, nel 2002, le attrattive locali si sono ridotte a due edifici importanti e una via celebre. I Beatles incisero la maggior parte dei loro album al n. 3 di Abbey Rd, compreso lo stesso *Abbey Road* (1969) con la famosa immagine di copertina dei

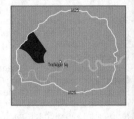

quattro musicisti che attraversano le strisce pedonali fuori dello studio. L'altro indirizzo degno di nota è quello del Lord's Cricket Ground, un campo da cricket famoso a livello internazionale.

Verso sud-ovest si trovano Maida Vale e un angolo davvero suggestivo chiamato Little Venice, con deliziose vie alberate e un canale, il Regent's Canal, affollato di imbarcazioni colorate. A Little Venice si trova anche un bellissimo pub, il **Crocker's Folly**, opera di un costruttore di nome Crocker che aveva saputo da fonte riservata che nella zona sarebbe stato costruito un nuovo capolinea ferroviario; la stazione fu invece costruita a quasi un chilometro di distanza e Crocker si suicidò buttandosi dal tetto dell'edificio.

Il famoso Notting Hill Carnival (che ha luogo alla fine di agosto) riflette il carattere multiculturale di questa zona della Londra occidentale, dove negli anni '50 del XX secolo si trasferirono gli immigrati delle Indie Occidentali. Dopo decenni di tensioni sociali, a volte sfociati in qualche tumulto, la comunità locale ha finalmente conquistato l'integrazione rendendo questa zona della città un angolo florido e vivace, nonché l'emblema della Londra multiculturale. Anche se a Notting Hill non c'è molto da vedere – e il quartiere non assomiglia per nulla all'omonimo film – si tratta comunque di un posto divertente da visitare con moltissimi negozi, ristoranti e pub originali. La stretta Portobello Rd (contraltare di Notting Hill Gate) è il cuore e l'anima del quartiere, nota soprattutto perché oggi ospita il migliore mercato di Londra (p329). Se volete passare una sera al cinema non perdetevi l'edoardiano **Electric Cinema** (p282), ristrutturato di recente, che è la più antica sala cinematografica del paese. L'elegante Westbourne Grove, situata all'incirca nell'angolo nord-orientale di questa parte di Londra, vanta invece negozi esclusivi, pub, gallerie e atelier d'arte.

ST JOHN'S WOOD E MAIDA VALE

LORD'S CRICKET GROUND Cartina pp438-39

☎ visite guidate 7616 8585, centralino 7616 8500; www.lords.org; St John's Wood Rd NW8; visite guidate adulti/bambini/ridotti £7/4,50/5,50; ☹ 10, 12 e 14 da aprile a settembre, 12 e 14 da ottobre a marzo quando non ci sono partite in corso; metro St John's Wood

Oltre alle partite, questo campo da cricket offre una divertente visita guidata di 90 minuti al campo e alle strutture, che comprendono la celebre Long Room, dove i soci guardano le partite circondati dai ritratti dei grandi giocatori, e il museo, dove sono esposti i nostalgici cimeli che piaceranno ai vecchi e nuovi fan di questo sport. Il campo da cricket è dominato dall'alto da un centro di telecomunicazioni simile a una torre radiofonica, nonché dal famoso segnavento che rappresenta Crono, il dio del tempo; notevole anche il Mound Stand, una struttura espositiva moderna a forma di tenda.

NOTTING HILL E WESTBOURNE GROVE

KENSAL GREEN CEMETERY

Cartina pp436-37

Harrow Rd, Kensal Green W10; visite guidate £5; ☹ visite guidate 14 domenica; metro Kensal Green

Thackeray e Trollope sono alcuni degli ospiti più eminenti di questo grandissimo e meraviglioso cimitero vittoriano, che nel XIX secolo fu scelto come luogo di sepoltura per le per-

> ### I top five del nord-ovest
> - Kensal Green Cemetery (sotto)
> - Leighton House (p173)
> - Lord's Cricket Ground (sopra)
> - Notting Hill Carnival (p10)
> - Westbourne Grove (sotto)

Mete interessanti

FREUD MUSEUM Cartina pp438-39

☎ 7435 2002; www.freud.org.uk; 20 Maresfield Gardens NW3; ☽ 12-17 da mercoledì a domenica; metro Finchley Road

Dopo essere fuggito da Vienna, occupata dai nazisti, nel 1938 Sigmund Freud giunse a Londra e si stabilì in questa casa, dove visse per 18 mesi. Anche la figlia di Freud – celebre psicologa infantile – abitò qui fino alla morte, nel 1986, e secondo le sue ultime volontà la casa fu poi trasformata nel Freud Museum. Oltre al divano originale di Freud, la casa ospita la sua vasta collezione di libri e opere d'arte, illustrata da didascalie tratte dai suoi libri. Una commovente fotografia vi darà un'idea di come Freud cercasse di ricreare la sua casa viennese in questo tranquillo e alberato quartiere residenziale di Londra, a lui poco familiare.

ROYAL AIR FORCE MUSEUM HENDON Cartina p434

☎ 8205 2266; www.rafmuseum.org.uk; Grahame Park Way NW9; 10-18; metro Colindale (più una passeggiata di 10 minuti)

Chi è interessato all'aeronautica non dovrebbe perdersi questo museo, sito nel luogo in cui nacque l'aviazione inglese. Vi è infatti illustrata la storia del volo umano grazie a oltre 70 velivoli, fotografie, simulatori di volo e un fantastico spettacolo di suoni e luci intitolato 'Our Finest Hour' (la nostra ora più bella), dedicato in particolare alla battaglia d'Inghilterra.

sonalità dell'epoca. Probabilmente ispirato al Cimetière du Père-Lachaise di Parigi, il Kensal Green si caratterizza per il revival dell'architettura greca, gli ingressi ad arco e le tombe sontuosamente ornate che testimoniano il gusto ottocentesco. La visita guidata di due ore inizia dalla cappella anglicana situata al centro del cimitero.

LEIGHTON HOUSE Cartina pp456-57

☎ 7602 3316; 12 Holland Park Rd W14; offerta; ☽ 11-17.30 da mercoledì a lunedì; metro High Street Kensington

Vicino all'Holland Park e a Kensington – ma spesso trascurata – si trova la Leighton House, una splendida casa progettata nel 1866 da George Aitchison che fu residenza di Lord Leighton (1830-96). Leighton fu un pittore di soggetti biblici e mitologici e decorò parte dell'edificio in stile mediorientale: la stanza più bella è la suggestiva 'sala araba', aggiunta nel 1879 e sontuosamente ornata da un rivestimento di piastrelle blu e verdi provenienti da Rodi, dal Cairo, da Damasco e da Iznik (Turchia), con una fontana che zampilla al centro; gli infissi in legno delle finestre e della galleria sono originari di Damasco. Nella casa sono esposti alcuni importanti dipinti preraffaelliti di Burne-Jones, Watts, Millais e dello stesso Lord Leighton. Il restauro del giardino sul retro lo ha riportato al primitivo splendore vittoriano; lo stesso può dirsi per lo scalone e le sale al piano superiore.

Quartieri – L'ovest

L'OVEST

Pasti p244; Pernottamento p352; Shopping p326

La tradizione di Kensington e la modernità di Hammersmith si incontrano a Earl's Court, una zona difficile da definire. Negli anni '80 del XX secolo era soprannominata 'Kangaroo Valley' (valle dei canguri) per la popolarità di cui godeva (e di cui gode tuttora) tra i viaggiatori con zaino in spalla provenienti dall'Australia; ma Earl's Court offre molto di più al turista. A parte Earl's Court Rd, con i suoi fast food e il traffico

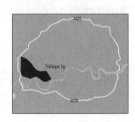

caotico, questa zona vanta pregevoli case vittoriane, un magnifico cimitero nei pressi di West Brompton, il Brompton Cemetery, ed eleganti ristoranti situati accanto a bar aperti fino alle ore piccole. Freddie Mercury visse e morì al n. 1 di Garden Place ed è ancora oggi il più famoso abitante del quartiere.

Earl's Court offre anche comodi mezzi di trasporto, il che la rende una meta popolare tra i turisti e un ottimo posto dove cenare o trascorrere la serata.

Nonostante non offra grandi attrattive e sia un po' caotico, lo Shepherd's Bush Green, cuore dei trasporti della Londra occidentale il cui nome significa 'terra del pastore', sta conoscendo una vera e propria rinascita ed è un luogo ideale per trascorrervi il tempo libero. L'insolito toponimo pare derivi dal fatto che i pastori portavano le loro greggi al pascolo sulle terre demaniali della zona, lungo il tragitto per il mercato di Smithfield nella parte orientale di Londra, ai tempi in cui Shepherd's Bush era solo un paesino rurale fuori della città. Qui Miles Syndercombe cercò di assassinare Oliver Cromwell nel 1657, ma fallì e fu impiccato sul patibolo che in questa zona fu attivo fino al 1750.

L'ovest di Londra, per molti sinonimo dell'enorme BBC Television Centre nella vicina White City, inaugurato nel 1960, era in realtà già diventato famoso cinquant'anni prima, come sede delle olimpiadi londinesi del 1908 e della 'grande esposizione' del medesimo anno. Nel 1948 vi si svolsero nuovamente le olimpiadi; lo stadio è però stato abbattuto nel 1984. Negli anni '60 Shepherd's Bush fu il set del film degli Who, *Quadrophenia*, e non è raro vedere fan del gruppo in pellegrinaggio nella zona.

Oggi Shepherd's Bush è un quartiere multietnico, pieno di atmosfera e di originali caffè e bar, che non deluderà chi è in cerca di un posto piacevole in cui fare una sosta rigenerante, soprattutto da quando negli ultimi anni hanno aperto i battenti alcuni gastropub. Il famosissimo Shepherd's Bush Empire, nel Green, è anche una delle più importanti sedi londinesi di concerti, e ospita regolarmente spettacoli di livello internazionale.

Assai diverso è Hammersmith, un quartiere molto urbanizzato su cui incombono un gigantesco cavalcavia e una rotonda che offre attrattive al turista, se si escludono alcuni ristoranti discreti e i famosi Riverside Studios. Se avete tempo, ci sono alcuni bei pub sul lungofiume dell'Hammersmith Bridge (sul lato di Chiswick), e una piacevole passeggiata di due miglia (3 km) lungo il Tamigi, che parte dal centro commerciale accanto al ponte di Chiswick.

EARL'S COURT E WEST BROMPTON

BROMPTON CEMETERY Cartina pp456-57
☎ 7351 9936; Old Brompton Rd SW5; ☽ 8-tramonto; visite guidate domenica, £3, partenza alle 14 dal South Lodge, ingresso di Fulham Rd; metro West Brompton

Il lungo viale principale del cimitero che parte da Brompton Rd conduce a una cappella circondata da un colonnato che prende a modello quello di San Pietro a Roma. La più celebre ospite del cimitero è Emmeline Pankhurst, pioniera del voto alle donne in Gran Bretagna; questo luogo è inoltre interessante perché ha ispirato molti personaggi di Beatrix Potter. La scrittrice, che da giovane è vissuta in questo quartiere prima di trasferirsi nel nord, ha tratto diversi nomi citati nelle sue opere dalle tombe del Brompton Cemetery: parliamo di mister Nutkin, mister McGregor, Jeremiah Fisher, Tommy Brock – e persino Peter Rabbett.

SHEPHERD'S BUSH E HAMMERSMITH

BBC TELEVISION CENTRE
☎ 0870 603 0304; Wood Lane, W12; adulti/studenti e bambini maggiori di 10 anni £7,95/5,95, ingresso vietato ai minori di 10 anni; gli orari delle visite guidate sono variabili, indispensabile la prenotazione; metro White City

La visita al vasto complesso di studi e uffici che trasmettono in tutto il mondo i programmi della BBC ha preso il posto della precedente BBC Experience alla Broadcasting House. Le visite guidate, con itinerario variabile a seconda della programmazione televisiva, comprendono gli studi del BBC News e i Weather Centres, nonché gli studi dove vengono registrati gli show, offrendo un'interessante panoramica dell'ente televisivo britannico. Il centro TVC è stato inaugurato nel 1960 e qui vengono ancora registrati tutte le settimane i programmi televisivi di maggior successo, da *Top of the Pops* ad *Anello debole*. Uno degli aspetti più divertenti della visita è il fatto che spesso si intravedono le star della TV. Prenotando su internet, è possibile assistere gratuitamente alle registrazioni di alcuni show in uno dei numerosi studi londinesi della BBC.

Particolare dell'Hammersmith Bridge

Londra per i bambini

La città è piena di divertimenti per i piccoli e per tutta la famiglia. I numerosi parchi del centro di Londra sono sempre all'altezza delle aspettative, mentre i musei Science Museum (p134), Natural History Museum (p133), Richmond Museum (p185), Theatre Museum (p90), Bethnal Green Museum of Childhood (p151), Hackney Museum (p151) e Ragged School Museum (p152) sono pieni di mostre e oggetti interessanti. Se c'è troppa coda da Madame Tussaud's e reputate il London Dungeon poco adatto ai bambini, dirigetevi alla sempre affascinante Tower of London (p110), al London Zoo (p165), al Wetland Centre (p177) e alle fattorie urbane (p167), oppure fate una gita in barca sui canali, partecipate a un Duck Tour (p86), salite a bordo del *Cutty Sark* (p156), visitate il rumoroso Firepower (p161) e dedicatevi al ricalco dei bassorilievi a St Martin-in-the-Fields (p94). Infine, non perdetevi per nulla al mondo le altezze da capogiro del London Eye (p140).

Consultate il sito www.bbc.co.uk/whatson/tickets per sapere quali sono i programmi in corso durante il vostro soggiorno.

RIVERSIDE STUDIOS Cartina p434

☎ 8237 1000; Crisp Rd W6; 🕘 9-23 da lunedì a sabato, 12-23 domenica; metro Hammersmith

Equivalente dell'Institute for Contemporary Arts (ICA) ma situato nella parte ovest di Londra, questo centro (che illustra le varie forme della comunicazione) offre due auditorium di vaste proporzioni dedicati alla proiezione di film, al teatro, a spettacoli di danza moderna e a una dozzina di mostre d'arte ogni anno. Oggi è uno dei fulcri della cultura londinese, con un miglior repertorio cinematografico rispetto all'ICA. Recentemente, i Riverside Studios hanno scandalizzato la città presentando *XXX*, una produzione spagnola definita 'pornografica' dall'*Evening Standard*. Il centro offre anche un bar discreto, con un fantastico terrazzo affacciato sull'Hammersmith Bridge.

KELMSCOTT HOUSE

☎ 8741 3735; 26 Upper Mall W6; william.morris@care4free.net; ingresso libero; 🕘 14-17 giovedì e sabato; metro Hammersmith

La William Morris Society – istituita in onore dell'omonimo designer, artigiano, poeta e socialista – ha sede nell'edificio in cui Morris gestiva una tipografia e dove in seguito fondò, nella rimessa delle carrozze, la Lega Socialista. Tra gli oggetti in mostra si trovano i progetti d'interni originali di Morris e opere di Sir Edward Byrne-Jones e della figlia di Morris, May. Gli orari al pubblico sono limitati, ma chi è interessato può frequentare la biblioteca (su appuntamento). La società organizza inoltre conferenze e visite guidate agli altri luoghi del Regno Unito collegati all'attività di Morris.

Quartieri – Il sud-ovest

IL SUD-OVEST

Pasti p246; Pernottamento p355; Shopping p326

Per un buon numero di londinesi è diventato un passatempo comune scovare parti di Londra che sembrino non appartenere alla città: diverse zone della parte sud-occidentale della capitale rappresentano appunto questo bucolico diversivo. Il modo migliore per visitare questo angolo di Londra è durante una tiepida giornata di sole; la zona perde invece parte del suo fascino se il tempo è brutto.

Di giorno la parte sud-occidentale di Londra è una zona residenziale abbastanza tranquilla, frequentata da giovani mamme che spingono le carrozzine e fanno la spesa. Questo è il momento migliore per godersi i molti spazi verdi – passeggiando lungo il Thames Path (sentiero del Tamigi) dal Putney Bridge a Barnes, soffermandosi sul lungofiume in Bishop's Park, giocando a tennis nel South Park, sorseggiando una birra al Parson's Green o facendo un picnic a Barnes Common.

Di sera la zona cambia aspetto e la popolazione locale, formata da australiani ed ex allievi delle scuole private, dà il meglio di sé. Fulham è un posto molto frequentato di sera per via dei numerosi pub, bar e ristoranti, mentre Putney e Barnes, dall'aspetto più raffinato, al sabato sera si scatenano nei pub di High St.

Sebbene la parte sud-occidentale di Londra sia un po' scomoda se intendete trascorrere in città soltanto un weekend, è tuttavia la base perfetta per un soggiorno più lungo.

FULHAM E PARSON'S GREEN

Fulham e Parson's Green formano un unico quartiere comodamente situato in un'ansa del Tamigi tra Chelsea e Hammersmith. Se le belle terrazze vittoriane e la posizione sul fiume hanno attirato nella zona molte persone facoltose, le radici operaie di Fulham sono ancora ben evidenti nella lunga tradizione del tifo per il Fulham Football Club. La squadra, però, è stata costretta a lasciare la sua sede storica al Craven Cottage di Stevenage Rd e il suo noto mecenate, Mohamed Al Fayed, è in procinto di trovarle una nuova sede permanente. Potrete ammirare la squadra in azione in Loftus Rd, al campo di gioco dei Queen's Park Rangers.

FULHAM PALACE Cartina pp436-37

☎ 7736 3233; Bishop's Ave SW6; ☽ da marzo a ottobre da mercoledì a domenica 14-17, da novembre a febbraio da giovedì a domenica 13-16; ingresso libero, i minori di 16 anni devono essere accompagnati; metro Putney Bridge

Residenza estiva dei vescovi di Londra dal 704 al 1973, il Fulham Palace è stato dichiarato monumento nazionale e presenta un interessante miscuglio di vari stili architettonici e splendidi giardini, un tempo circondati dal fossato più lungo di tutta l'Inghilterra. Qui potrete vedere il piccolo orto botanico, rimasto com'era ai tempi di Caterina d'Aragona ed Elisabetta I, che vissero entrambe nel palazzo, e approfondire la conoscenza della storia dell'edificio e dei suoi abitanti visitando il museo interno. Buona parte dell'edificio è chiusa al pubblico; le visite guidate devono essere prenotate tramite il museo e costano £4. Un tempo il parco si estendeva su 36 acri, oggi ridotti ai 13 del Bishop's Park che vantano però una bella passeggiata all'ombra lungo il fiume, un campo da bocce, campi da tennis, un roseto, un caffè e persino uno stagno con fontana dove potrete rinfrescarvi nelle giornate torride.

CHELSEA VILLAGE Cartina pp456-57

Fulham Rd SW6; www.chelseavillage.com; metro Fulham Broadway

Questa vasta area in pieno sviluppo urbanistico circonda lo stadio di Stamford Bridge, sede del Chelsea Football Club, e ha un albergo a quattro stelle, diversi ristoranti, locali notturni e una lussuosa palestra. Per le partite più importanti della nota squadra può essere difficile procurarsi i biglietti: provate a chiamare ☎ 7386 7799, perché la disponibilità è in relazione all'andamento del campionato. Potete comunque partecipare alla visita guidata del complesso (☎ 0870 603 0005; 11, 13/15 da lunedì a venerdì, 10/14 sabato e domenica; adulti/minori di 5 anni/bambini/famiglie £8/gratuito/5/26), oppure rivolgervi al Chelsea World of Sport (☎ 7915 22222; 10-16 da martedì a domenica, 10-un'ora prima del calcio d'inizio; adulti/minori di 5 anni/anziani e disabili/bambini e studenti/famiglie £10/gratuito/5/7/30), in cui si celebra la gloriosa società del Chelsea Football Club e si narrano, attraverso le mostre multimediali, la storia e i successi del CFC, oltre a illustrare lo Stamford Bridge Stadium e il complesso in continua espansione del Chelsea Village. Presso il centro ci sono inoltre moltissimi giochi interattivi dedicati ad altri sport, come il tennis, il canottaggio, la pallavolo, le corse di velocità e l'arrampicata sportiva.

PUTNEY E BARNES

Putney è famosa soprattutto come punto di partenza dell'Oxford & Cambridge Boat Race (v. la lettura a p177), la regata che ogni primavera è seguita in diretta da milioni di persone in tutto il pianeta. Barnes è invece assai meno nota e ha un'atmosfera più tranquilla: tra i suoi ex residenti meritano un cenno il compositore Gustav Holst e il romanziere Henry Fielding.

Il modo migliore per raggiungere Putney è seguire le indicazioni per il ponte pedonale (parallelo alla ferrovia) dalla stazione della metropolitana di Putney Bridge, ammirando le splendide case del lungofiume con i loro giardini che si affacciano sulle acque del Tamigi ed evitando il più possibile la trascurata High St. Se avete tempo, potete percorrere il Thames Path da Putney a Barnes oppure andare a spasso per il Common (terreno demaniale) partendo dalla stazione ferroviaria di Putney: entrambi questi piacevoli itinerari conducono a Barnes. In alternativa, prendete il treno da Vauxhall o Waterloo.

I top five del sud-ovest

- Barnes Common (p177)
- Chelsea Village (sopra)
- Fulham Palace (sopra)
- Thames Path (p177)
- Wetland Centre London (p177)

La più celebre gara di canottaggio del mondo

Anche chi non è interessato a questo sport non potrà non subire il fascino della Varsity Boat Race, la regata che ha luogo ogni anno alla fine di marzo o nei primi giorni di aprile nel tratto di quattro miglia da Putney a Mortlake e in cui 18 ragazzi dei due celebri college di Oxford e Cambridge si fronteggiano con grinta, rischiando persino di far capovolgere le loro barche. Se avete intenzione di assistere alla gara (nel qual caso dovrete cercare di arrivare presto per assicurarvi un posto sulla riva del fiume), eccovi alcune curiosità:

- La gara del 2003 è stata la più serrata di tutti i tempi – il margine tra Oxford e Cambridge era di un solo piede; il più grande margine di vittoria ha visto il Cambridge vincitore di 20 lunghezze nel 1900
- Le imbarcazioni sono affondate sei volte, l'ultima nel 1978
- La gara del 1877 terminò alla pari
- Il tempo più veloce di 16 minuti e 19 secondi fu ottenuto da Cambridge nel 1998
- Entrambe le squadre battono una media di 600 colpi di remo per portare a termine la gara
- Il canottiere più robusto pesava 110 kg, il più leggero 60 kg
- Cambridge detiene il record di 13 vittorie consecutive tra il 1924 e il 1936
- Per maggiori informazioni, consultate il sito ufficiale della regata www.theboatrace.org

WETLAND CENTRE LONDON

☎ 8409 4400; www.wwt.org.uk; Queen Elizabeth's Walk SW13; adulti/ridotti £6,75/4; ☯ 9.30-17 d'inverno, 9.30-18 d'estate; metro Hammersmith poi gli autobus n. 283 (detto 'the duck bus'), 33, 72 o 72 o il treno per Barnes

Il Wetland Centre è Il più grande progetto europeo di bonifica di una palude e si estende su 105 acri; portato a termine nel 2000, questa riconversione in parco di quattro bacini idrici vittoriani ospita oggi circa 140 specie di uccelli e 300 di falene e farfalle – per non parlare dei suoi 100.000 visitatori. I sentieri che partono dall'atrio d'ingresso, dove si trova anche un negozio, si dividono in due percorsi che comprendono entrambi diversi habitat. Nell'opuscolo illustrativo si citano alcune specie esotiche delle paludi, ma probabilmente avvisterete soltanto anatre, cigni, oche e folaghe, e magari qualche raro airone e altre specie ancora meno diffuse, come l'anatra mandarina. In primavera e in estate è bellissimo osservare gli anatroccoli mentre nuotano senza timore avvicinandosi ai visitatori del parco: per i bambini il divertimento è assicurato.

BARNES COMMON & GREEN

La Nature Reserve Barnes Common è un parco percorso da diverse strade, abbastanza grande da essere un luogo davvero tranquillo, ideale per una passeggiata o un picnic (fate provvista nelle gastronomie di Church Rd o Barnes High St). Gli appassionati di musica glam qui si recano per tributare un omaggio a Marc Bolan, presso l'albero contro cui, nel 1977, perse la vita in un incidente d'auto. Lo si può riconoscere dai fiori e dagli omaggi lasciati dai fan.

Il Green, situato all'estremità occidentale del Common e in certo qual modo responsabile dell'atmosfera rurale di Barnes, è molto popolare tra i bambini della zona che lo frequentano portandosi dietro il pane per nutrire le numerose anatre che sguazzano nel suo laghetto.

THAMES PATH

www.thames-path.co.uk

Il tratto del Thames Path (sentiero del Tamigi) da Putney a Barnes è solo una piccola parte di questo itinerario di ben 210 miglia (340 km). La parte iniziale lungo l'Embankment è frequentata dai canottieri dei circoli sportivi e dagli avventori dei vicini pub. Quasi tutta la passeggiata, tuttavia, si snoda in una zona rurale, dove talvolta le uniche presenze sono il canto degli uccelli e il dolce sciabordio del vecchio Tamigi. Se preferite invece vedere il Tamigi da una barca, potete noleggiarla da Chas Newens Marine (☎ 020 8788 4587; www.chastheboat.com; The Boathouse, Embankment SW15; £65-200 all'ora, noleggio minimo 3 ore; ☯ 9-18).

BEVERLEY BROOK WALK

www.londonwalking.com oppure www.tfl.gov.uk/streets/walking/home.shtml

La piacevole passeggiata di 7 miglia (11 km) che da Putney porta alla stazione di New Malden segue un affluente del Tamigi e attraversa le splendide zone di Putney Lower Common, Barnes Common, Richmond Park e Wimbledon Common, percorrendo per buona parte una regione rurale e offrendo una splendida opportunità per visitare parchi e boschi. Lungo il percorso troverete anche numerosi pub e caffè, dove potrete rifocillarvi.

Quartieri – Il sud-ovest

IL SUD

Pasti p249; Shopping p326

La parte meridionale di Londra non ha mai goduto di buona fama ed è spesso stata considerata squallida e priva di attrattive. In realtà, se è vero che qui i trasporti pubblici versano in condizioni peggiori rispetto ad altre zone della città perché vi arrivano pochissime linee della metropolitana, il sud non è una landa desolata. Negli ultimi anni, inoltre, i prezzi più abbordabili delle abitazioni e lo stile di vita rilassato di questa zona a sud del Tamigi hanno fatto cambiare idea sul suo conto a molti londinesi.

Clapham è da parecchi anni il portabandiera dello stile di vita 'meridionale' di Londra, con i suoi numerosi e pregevoli ristoranti e i bar che si affacciano sulla via principale sin dalla fine degli anni '80 del XX secolo. Anche l'anarchica e artistica Brixton a partire dalla fine del decennio ha iniziato a trasformarsi in zona residenziale.

Ancor più di recente l'attenzione del pubblico si è rivolta a Battersea, grazie alla costruzione di un imponente complesso di appartamenti di lusso, Montevetro, progettato dal famoso architetto Richard Rogers; inoltre, anche la Battersea Power Station è finalmente oggetto di vari progetti di ristrutturazione.

Kennington vanta alcune belle vie con case e giardini in stile georgiano, ed è solo questione di tempo perché anche Stockwell (detta 'Little Portugal', il 'piccolo Portogallo') diventi una zona residenziale alla moda.

BRIXTON

'We gonna rock down to Electric Avenue' cantava ottimisticamente Eddy Grant alludendo alla prima via commerciale di Brixton dove fu installata l'illuminazione elettrica (proprio a sinistra dell'uscita dalla stazione della metropolitana). Ma 'Guns of Brixton' dei Clash assunse un tono più lugubre riferendosi ai disordini degli anni '80 del XX secolo e agli scontri della comunità locale con la polizia. Da un punto di vista storico, non sono che due aspetti del vivace miscuglio multiculturale di questo quartiere all'avanguardia.

Nella zona si trovava un insediamento normanno già un anno dopo l'invasione del 1066, ma in seguito Brixton rimase un villaggio isolato fino al XIX secolo, quando il nuovo Vauxhall Bridge (1816) e la ferrovia (1860) lo collegarono al centro di Londra. Gli anni in cui si formò l'attuale Brixton, tuttavia, furono quelli del dopoguerra quando gli immigrati dalle Indie Occidentali arrivarono nella capitale in risposta alla richiesta di manodopera del governo inglese: questo fenomeno è stato chiamato 'Windrush' dal nome di una delle più importanti navi che condussero gli indiani nel Regno Unito. La generazione successiva vide il fallimento dell'integrazione razziale, nonché l'inasprirsi della crisi economica e dell'ostilità tra la polizia e i neri (che all'epoca formavano solo il 29% della popolazione

di Brixton) a cui seguirono i disordini del 1981, 1985 e 1995, concentrati soprattutto in Railton Rd e Coldharbour Lane.

Alcuni di questi problemi sono tuttora irrisolti, ma la situazione, negli ultimi anni, è generalmente migliorata. L'aumento vertiginoso dei prezzi degli immobili ha spinto molti londinesi a cercare casa in questa zona più economica della città: accanto alle vie più degradate si stanno gradualmente inserendo nuove zone residenziali. Il clima multiculturale del quartiere è testimoniato dalla varietà dei ristoranti (p249) e dei locali (p288), in cui si ascolta hip-hop e reggae.

Oltre a frequentare la zona per i suoi ristoranti, i locali notturni e la **Brixton Academy** (p296), oppure per vedere un film nello storico **Ritzy** (p283), probabilmente il modo migliore per gustarsi la sua atmosfera caraibica è una visita al mercato di **Brixton** (p328), dove sono in vendita incenso e frutta, verdure e carni esotiche, abiti e oggettistica di tutto il mondo.

Vicino a Brixton, nel Brockwell Park c'è la più bella piscina all'aperto di Londra, il **Brockwell Park Lido** (p294).

BATTERSEA E WANDSWORTH

Lungo il Tamigi, a sud-ovest di Lambeth, si trova Battersea, dove gli edifici industriali in disuso vengono gradualmente rimpiazzati da lussuosi appartamenti. Le principali attrattive di questa zona sono un bel parco lungo il fiume, con uno zoo per bambini, e l'imponente Battersea Power Station.

La più povera Wandsworth, abitata da operai e situata più a valle rispetto al fiume, era famosa perché un tempo vi si fabbricavano cappelli di qualità. Quando nel XVIII secolo la curia romana cominciò a ordinare mitre e berretti da prete nelle nuove modisterie ugonotte della zona, i cappelli di Wandsworth divennero famosi in tutta Europa.

BATTERSEA DOGS HOME Cartina pp460-61

☎ 7622 3626; www.dogshome.org; 4 Battersea Park Rd ☽ 10.30-16.15 da lunedì a mercoledì e venerdì, 10.30-15.15 sabato e domenica; treno Battersea Park

Se volete seguire l'esempio dell'ex Spice Girl Geri Halliwell e prendervi un cucciolo (magari perché siete appena venuti ad abitare a Londra), in questo famoso canile troverete certamente un nuovo amico.

BATTERSEA PARK Cartine pp456-57 e 460-61

☎ 8871 7530; ☽ alba-tramonto; treno Battersea Park

Questo parco di 50 ettari si estende tra i ponti Albert e Chelsea. Con la sua passeggiata sul lungofiume, le sculture di Henry Moore e la **Peace Pagoda** (Cartina pp456-57), costruita nel 1985 da un gruppo di buddisti giapponesi per commemorare l'Hiroshima Day, ha un'apparenza tranquilla che nasconde un passato assai turbolento. Questo luogo fu infatti teatro del tentativo di assassinio di re Carlo II nel 1671 e di un duello nel 1829 tra il duca di Wellington e un nobile che lo accusava di tradimento.

Nel weekend si possono noleggiare barche per navigare sul laghetto (£5 all'ora); i biglietti sono in vendita al chiosco vicino alla pista da jogging (☎ 8871 7537). Ci sono inoltre un piccolo **Children's Zoo** (Cartina pp456-57; ☎ 8871 7540; Battersea Park SW11; adulti/anziani e bambini £2,50/1,50; ☽ 10-17 da aprile a settembre, 11-15 sabato e domenica da ottobre a marzo), e un luna park nei giorni festivi.

BATTERSEA POWER STATION

Cartina pp460-61
treno Battersea Park

I fan del rock lo riconosceranno dalla copertina dell'album dei Pink Floyd intitolato *Animals*, mentre chi ama il cinema forse ha visto questo edificio nella versione del *Riccardo III* girata da Ian McKellen. Questa ex centrale elettrica con quattro ciminiere è una delle tante creazioni di Giles Gilbert Scott; meno apprezzata della Bankside Power Station (oggi Tate Modern), è comunque entrata a far parte del patrimonio artistico nazionale quando ha cessato l'attività, nel 1982. Sono state avanzate

---

Le celebrità del 'ghetto'

Il West End, la parte ovest di Londra e Primrose Hill, nella zona nord, offrono le migliori occasioni per vedere da vicino le star della capitale. Anche alcune persone nate e vissute nel sobborgo storicamente più povero di Brixton hanno dato un notevole contributo alla vita pubblica del paese. Quello che segue è dunque un elenco di alcune celebrità di Brixton di cui avete certamente sentito parlare o che vale la pena conoscere.

- Floella Benjamin – nota presentatrice di *Play School* e autrice di un libro per bambini, nonché dirigente della BAFTA (British Academy of Film and Television Arts); residente a Brixton
- David Bowie – già trasgressiva rock star amante dei travestimenti; nato David Jones all'indirizzo 40 Stansfield Rd
- Linton Kwesi Johnson – 'dub poet' e icona degli artisti neri inglesi, ha vissuto a Brixton per più di quarant'anni
- John Major – ex primo ministro inglese spesso criticato; nato in una famiglia di artisti circensi e cresciuto a Brixton, si è poi sposato nella chiesa di St Matthew
- Magnus Mills – conducente di autobus sulla linea 159; è diventato scrittore di successo con *Bestie* (1998; Guanda, Parma 2001).
- Roger Moore – ex 'Santo' e James Bond 007; nato a Stockwell, dove il padre faceva il poliziotto
- Chris Morris – attore comico, residente a Brixton; ha annunciato la 'morte' del parlamentare tory Michael Heseltine (che invece godeva di ottima salute)
- Will Self – scrittore di forte carica polemica, famoso soprattutto per *My Idea of Fun* e *Grandi scimmie* (1998; Feltrinelli, Milano 1999); residente a Brixton
- Paul Simonon – bassista nella band dei Clash, nato e cresciuto a Brixton (e poi trasferitosi nella zona ovest di Londra); ha scritto la canzone 'Guns of Brixton'
- Benjamin Zephaniah – poeta, residente a Brixton; vanta tra i suoi estimatori Nelson Mandela... e la polizia di Londra, che ha dovuto scusarsi pubblicamente per aver utilizzato un suo verso in una campagna pubblicitaria

Peckham Library (p181)

varie ipotesi sul suo futuro impiego: da parco a tema della Disney a cinema multisala della Warner, da teatro Cirque du Soleil a nuova stazione ferroviaria o complesso con centro commerciale e albergo. All'epoca della nostra ricerca la Parkview International, proprietaria dell'edificio, aveva chiesto al noto architetto Nicholas Grimshaw di studiare un progetto per la ristrutturazione: secondo la sua proposta, l'edificio diventerebbe un grandissimo auditorium circondato da negozi.

WANDSWORTH COMMON Cartina p434
treno Wandsworth Common/Clapham Junction
Più selvaggio del vicino terreno demaniale di Clapham, il Wandsworth Common è assiduamente frequentato da coppie con neonati: per questo motivo si è guadagnato il soprannome di 'Nappy Valley' (valle dei pannolini).

Sul lato orientale del parco si trova una zona con piacevoli vie sulle quali si affacciano case georgiane: Baskerville Rd, Dorlcote Rd, Henderson Rd, Nicosia Rd, Patten Rd e Routh Rd. Il 3 Routh Rd è l'abitazione dell'ex primo ministro inglese David Lloyd George.

Nell'angolo nord-orientale del parco, a pochi passi da Trinity Rd, si trova il bellissimo

I top five del sud
- Battersea Park (p179)
- Brixton Market (p178)
- Brockwell Park Lido (p178)
- Peckham Library (p181)
- Young's Ram Brewery (sotto)

Royal Victoria Patriotic Building, un colosso gotico che vanta guglie imponenti e cortili in acciottolato, costruito per ospitare gli orfani e i soldati che avevano combattuto nella guerra di Crimea all'inizio del XIX secolo. Durante la seconda guerra mondiale l'edificio fu utilizzato come base degli MI5 e MI6 e come campo di detenzione per i prigionieri. Oggi ospita una scuola di teatro, vari appartamenti e un grande salone molto usato per festeggiare i matrimoni, nonché un romantico ristorante pieno d'atmosfera, Le Gothique (p250).

YOUNG'S RAM BREWERY Cartina p434
☎ 8875 7000, 8875 7005; 68 High St SW18; **visita della fabbrica di birra adulti/ragazzi età 14-17/anziani e studenti £5,50/3/4,50;** ☽ **centro visitatori 10-18 da lunedì a sabato; treno Wandsworth Town**
In questa fabbrica di birra potrete gustare una bella pinta di 'bionda' e ascoltare la storia di questa famosa bevanda. La birra (che qui si chiama 'bitter' anziché lager) viene prodotta in questo stabilimento dalla fine del XVI secolo; le visite guidate di un'ora e mezzo partono alle 12 e alle 14 da lunedì a giovedì e il sabato – telefonate per prenotare. Nel biglietto d'ingresso è compreso anche un boccale di birra, che consumerete nel vecchio pub adiacente. Le visite guidate alle **stalle** (adulti/bambini età 5-17/famiglie £3,50/2/9), che ospitano dei cavalli da tiro, vanno prenotate con largo anticipo. I minori di 18 anni devono essere accompagnati da un adulto.

Per raggiungere la fabbrica dalla stazione di Wandsworth Town (treni in arrivo dalla stazione di Waterloo), incamminatevi a ovest in Old York Rd, attraversate davanti alla Armoury

Way, poi proseguite in direzione sud lungo Ram St fino al centro visitatori di High St.

CLAPHAM

Questa zona è stata urbanizzata a partire dal 'grande incendio' di Londra del 1666, quando molte persone, compreso Samuel Pepys, l'autore del celebre diario, vi si stabilirono dopo essere fuggiti dalle rovine della City.

CLAPHAM COMMON Cartina p434
metro Clapham Common

Questa vasta area verde rappresenta il cuore del quartiere di Clapham ed è stata citata da Graham Greene nel suo romanzo *La fine dell'avventura* (1951; Mondadori, Milano 1995). La via principale, Clapham High St, inizia dal margine occidentale della zona: vi si affacciano molti dei bar, ristoranti e negozi che costituiscono la principale attrattiva di Clapham. Per una bella passeggiata, invece, si consiglia di esplorare le vie eleganti di **Clapham Common North Side** e **Clapham Old Town**, entrambe situate a nord-ovest della stazione della metropolitana.

All'incrocio tra Clapham Park Rd e Clapham Common South Side, troverete la **Holy Trinity Church** (chiesa della Santissima Trinità), sede nel XIX secolo della Clapham Sect, un gruppo di cristiani facoltosi che comprendeva anche William Wilberforce, leader della campagna contro la schiavitù.

KENNINGTON, OVAL E STOCKWELL

DINTORNI DI KENNINGTON

Cartina pp460-61
metro Kennington/Oval

Meta turistica di nicchia e sede del **Kennington Park**, nel secolo XVIII e XIX era il luogo in cui i predicatori (tra i quali John Wesley, fondatore della chiesa metodista) rivolgevano al pubblico le loro prediche.

Dalla parte opposta di Camberwell New Rd rispetto al parco c'è un'altra piccola testimonianza di storia londinese antica. La **St Mark's Church** (1824) è degna di nota per il fatto di essere stata costruita sul luogo dove si trovava il patibolo dei ribelli giacobiti.

A pochi passi da Kennington Lane, immediatamente a ovest dell'incrocio con Kennington Rd, si trova un delizioso gruppetto di strade alberate sulle quali si affacciano case

georgiane. Come per Wandsworth (p180), non vale la pena spostarsi in direzione sud per vedere Cardigan St, Courtney St e Courtney Square, ma se vi trovate a passare da queste parti (magari per giocare a cricket) queste vie sono un simpatico diversivo.

OVAL Cartina pp460-61

☎ 7582 7764; www.surreycricket.com; Kennington Oval SE11; metro Oval

Sede del Surrey County Cricket Club, l'Oval è il secondo campo da cricket di Londra dopo il Lord's; oltre alle gare del Surrey ospita regolarmente incontri internazionali. La stagione dura da aprile a settembre.

DINTORNI DI STOCKWELL Cartina pp460-61
metro Stockwell

Questa zona di Londra è consigliata soltanto ai visitatori che si fermano a lungo oppure agli estimatori della cucina portoghese (p251); a Stockwell c'è anche la casa in cui visse dal 1873 al 1874 il geniale pittore olandese **Vincent Van Gogh** (Cartina pp460-61), all'87 di Hackford Rd.

La biblioteca di Peckham

Di recente questo quartiere è salito alla ribalta delle cronache per due episodi: quando lo scolaro Damilola Taylor è stato pugnalato a morte, nel 2000, in una zona di case popolari; e, nel medesimo anno, perché il **Peckham Library and Media Centre** di Alsop (Cartina pp436-37; ☎ 7525 0200; Peckham Sq SE15; ingresso libero; 9-20 da lunedì a venerdì, dalle 10 in poi mercoledì, 9-17 sabato, 12-16 domenica; treno Peckham Rye/Queen's Road/Peckham) ha vinto il prestigioso premio di architettura Stirling Prize.

Vedendo per la prima volta la biblioteca – tuttora molto apprezzata sia dal pubblico, sia dagli architetti – rimarrete stupiti: si tratta infatti di un bizzarro edificio colorato che allude, nella forma, alla lettera F. Il rivestimento esterno è in rame verde patinato, e sopra il tetto si trova una vistosa 'lingua' rossa. L'ultimo piano è situato a 12 m di altezza, e forma un avancorpo a sbalzo sopra il blocco verticale sottostante di cinque piani.

L'intenzione dell'architetto era quella di creare un nuovo punto focale della vita comunitaria, contribuendo nello stesso tempo a risollevare questa zona depressa. Il fatto che l'ultimo piano si affacci su Peckham Square apre gli spazi della biblioteca al mondo circostante; di qui si vedono anche la City e il West End. I visitatori possono accedere liberamente alla biblioteca.

Quartieri – Il sud

UP RIVER: DA CHISWICK A WIMBLEDON

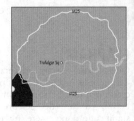

Pasti p252; Pernottamento p356; Shopping p326

La maggior parte dei londinesi considera Chiswick un quartiere noioso e borghese, per via dell'eccesiva sontuosità dei suoi palazzi, in cui risiedono i cittadini più abbienti; ma questa tranquilla enclave nella parte ovest di Londra, non merita tutte queste critiche.

Essendo numerose le stazioni della metropolitana che percorrono la District Line per tutta la lunghezza di Chiswick High Rd, conviene tracciare un itinerario. Stamford Brook o Turnham Green sono un comodo accesso ad High Rd e quindi i migliori punti di partenza per la visita al quartiere. Chiswick High Rd, dal canto suo, è una via centrale raffinata ma non particolarmente interessante, sulla quale si affacciano pub, negozi e qualche raro ristorante discreto; vi consigliamo invece di dirigervi subito verso Hogarth Lane, Church St e il lungofiume.

'Se dovessi scegliere tra Richmond e la morte, sceglierei la morte!' esclama Nicole Kidman, interpretando la parte di Virginia Woolf nel film *The Hours*. In realtà, questo quartiere è oggi molto amato per il suo incredibile parco e le belle passeggiate ed è l'ideale per chi voglia allontanarsi da Londra per un giorno senza spendere troppo o per chi lavora in città ma preferisce risiedere nei dintorni. Secoli di storia monarchica, alcuni splendidi edifici georgiani e il bel panorama dell'ansa del Tamigi hanno reso Richmond una delle zone più eleganti di Londra, dove risiedono rock star in pensione e professionisti di successo.

Anticamente Richmond si chiamava Sheen ma Enrico VII, innamoratosi del borgo, lo ribattezzò come la contea dello Yorkshire dando inizio a un legame con la corona destinato a durare secoli. Il più celebre abitante del villaggio, Enrico VIII, acquisì il vicino Hampton Court Palace dal cardinale Wolsey, dopo che quest'ultimo era caduto in disgrazia nel 1529; la figlia Elisabetta I morì a Richmond nel 1603, dopo aver trascorso i suoi ultimi anni nel Richmond Palace.

Uscendo dalla stazione, questa cittadina non sembra molto diversa da qualunque altra località inglese; ma basta una breve passeggiata oltre The Quadrant e il vastissimo parco di Richmond Green, con i suoi palazzi e i deliziosi pub, per rendersi conto che si tratta di un luogo davvero speciale. Attraversando il parco in diagonale si trovano i ruderi del Richmond Palace, ovvero l'ingresso principale e il cancello, costruiti nel 1501; sopra il cancello c'è lo stemma di Enrico VII, che fece costruire l'ala Tudor dell'edificio, anche se il palazzo era già residenza reale sin dal 1125. Nel parco pascolavano le greggi del borgo, e si svolgevano dei tornei al cospetto del re.

La cittadina di Kew è famosa in tutto il mondo per il suo orto botanico – dichiarato patrimonio dell'umanità – e una giornata trascorsa nei Kew Gardens può essere piacevole e interessante anche per chi non ha una grande passione per le piante e i fiori. Questo elegante sobborgo occidentale di Londra offre inoltre piacevoli passeggiate.

Non solo sinonimo del rugby, Twickenham è legato anche a personaggi famosi come Alfred Lord Tennyson, Walter de la Mare e Alexander Pope, mentre la Marble Hill House e il Twickenham Stadium attirano moltissimi visitatori in questa tranquilla e graziosa cittadina del Middlesex.

Dal 1877, per alcune settimane, ogni estate il mondo dello sport segue con trepidazione gli eventi che animano il sobborgo meridionale di Wimbledon. Al di là del suo celebre torneo di tennis, è una località piacevole, e il suo Wimbledon Lawn Tennis Museum è in grado di soddisfare gli appassionati di tennis tutto l'anno.

Nella periferia sud-occidentale di Londra si trova il meraviglioso Hampton Court Palace; l'edificio è situato all'interno del Bushy Park, un parco naturale che si estende per 400 ettari dove vivono mandrie di cervi e daini.

Isleworth è un tranquillo sobborgo che si affaccia sul Tamigi ed è privo di particolari attrattive per il turista, se si eccettuano l'Osterley House e il suo bel parco. Alcune zone di Ealing, un tempo celebre per i suoi studi cinematografici, sono piuttosto boscose; qui si trova anche il Pitshanger Manor, una casa di campagna progettata da John Soane.

CHISWICK

HOGARTH'S HOUSE Cartina p434

☎ 8994 6757; Hogarth Lane, Great West Rd W4; ingresso libero; Ⓧ 13-17 da martedì a venerdì, 13-18 sabato e domenica da aprile a ottobre, 13-16 da martedì a venerdì, 13-17 sabato e domenica da novembre a dicembre e in febbraio e marzo; metro Turnham Green

Questo museo, dedicato alle opere dell'artista e cronista sociale William Hogarth (che vi abitò dal 1749 al 1764), è uno dei meglio organizzati di Londra. In questa deliziosa casetta che dà su un bel giardino vedrete in mostra le opere più famose dell'artista, come l'incantevole *Vicolo del gin* e *Marriage à la mode*, e potrete ammirare le divertenti caricature di vari personaggi dell'epoca nonché le incisioni private *Prima* e *Dopo* (1730), commissionate dal duca di Montagu. Chi non è interessato alla vita e ai costumi di Londra in epoca georgiana, non avrà molto da ammirare a parte le incisioni di Hogarth, dato che l'edificio è praticamente privo di mobilio; chi invece ama Hogarth lo apprezzerà moltissimo.

CHISWICK VILLAGE

Girando attorno alla Hogarth Roundabout (utilizzate il sottopasso), uscite in Church St dove, a pochi passi dalla A4 che porta fuori Londra, si trovano gli edifici originali del paesino di Chiswick, che risalgono al XIX secolo e, in alcuni casi, addirittura al XVI secolo. Arrivati alla chiesa, svoltate a destra e troverete il **Chiswick Old Cemetery** (aperto dalle 9 al tramonto), in cui riposano anche Hogarth e Whistler. Proseguendo in Church St arriverete in **Chiswick Mall**, una delle vie più esclusive di Londra con grandi residenze che si affacciano sul Tamigi. La passeggiata lungo il viale in direzione di Hammersmith è davvero piacevole: nei molti pub sul lungofiume potrete fare una sosta per un drink o per pranzo. L'**Old Ship** (p273) merita senz'altro una visita.

CHISWICK HOUSE Cartina p434

☎ 8995 0508; www.english-heritage.org.uk; Chiswick Park, a pochi passi da Burlington Lane W4; adulti/bambini/anziani e studenti £3,30/1,70/2,50; Ⓧ 10-18 da aprile a settembre, 10-17 ottobre, 10-16 da mercoledì a domenica da novembre a marzo; treno Chiswick

Questo bel padiglione palladiano, con una cupola ottagonale e un portico colonnato, fu progettato dal conte di Burlington (1694-1753), che, in seguito ad un lungo viaggio in Italia, era rimasto suggestionato dalle bellezze architettoniche di Roma. Qui Lord Burlington intratteneva i suoi ospiti e aveva sistemato la biblioteca e la collezione d'arte.

Il pianterreno mostra i segni dei recenti restauri e accoglie parecchie statue trasferite dal giardino all'interno per proteggerle dalle intemperie. Al piano superiore si trovano alcune sale completamente restaurate, con una magnificenza quasi eccessiva. La cupola del salone principale è stata lasciata senza dorature e le pareti sono decorate da otto enormi dipinti. Nella Blue Velvet Room (sala di velluto blu), sopra una delle porte, c'è il ritratto di Inigo Jones, architetto molto ammirato da Lord Burlington. Gli affreschi del soffitto sono opera di William Kent, autore anche degli appartamenti di Kensington.

Lord Burlington progettò anche i giardini originali della residenza, oggi Chiswick Park, che da allora hanno però subito sostanziali modifiche; la piccola cascata, restaurata di recente, è finalmente in funzione dopo anni di inattività. La casa, che dista circa un miglio in direzione sud-ovest dalle stazioni della metropolitana, si trova di fronte all'imbocco di Burlington Lane.

SYON HOUSE Cartina p434

☎ 8560 0883; www.syonpark.co.uk; Syon Park, Brentford; adulti/anziani, studenti e bambini età 5-15/famiglie £6,25/5,25/15; Ⓧ 11-17 mercoledì, giovedì e domenica da metà marzo a ottobre; metro/treno Gunnersbury, poi autobus 237 o 267

Residenza dei duchi del Northumberland a partire dalla metà del XVIII secolo, la Syon House vanta una storia affascinante ed è una delle più belle attrattive della parte ovest di Londra. Nata come abbazia in epoca medievale, prendeva il nome dal monte Sion e fu espropriata da Enrico VIII insieme alla comunità di suore dell'ordine di santa Brigida che vi si erano pacificamente insediate; il sovrano fece trasformare l'abbazia in uno splendido palazzo, il cui interno offre opere di antichi maestri e splendidi panorami sui Kew Gardens. I giardini del palazzo furono progettati dal celebre progettista di giardini Lancelot 'Capability' Brown. Come molte altre residenze importanti aperte ai visitatori, anche la Syon House ha alcuni ambienti più moderni non perfettamente coerenti con la tradizione aristocratica; tra questi vi consigliamo di non perdere il padiglione dedicato alle farfalle.

FULLER'S GRIFFIN BREWERY

☎ 8996 2063; Chiswick Lane South W4;
metro Turnham Green

Visita interessante per tutti coloro che amano la birra e vogliono sapere come si produce, questa fabbrica, una delle ultime due rimaste a Londra, offre anche l'opportunità di degustare numerosi tipi di birra. Le visite guidate, che durano un'ora e mezzo e si prenotano telefonicamente, si svolgono il lunedì e da mercoledì a venerdì, alle 11, 12, 13 e 14. I biglietti costano £5, oppure £3,50 per i ragazzi da 14 a 18; i minori di 14 anni non sono ammessi.

RICHMOND

RICHMOND PARK Cartina p434

☎ 8948 3209; ☾ 7.30-tramonto da agosto ad aprile, 7.30-21 da maggio a luglio; ingresso libero;
metro/treno Richmond

Essendo il più grande parco urbano d'Europa, il Richmond Park è un'importante attrattiva di Londra e offre un'ampia gamma di paesaggi, dai giardini all'italiana alle mandrie di cervi e ai fitti boschi. Purtroppo si può visitare anche in automobile, il che significa che è attraversato da diverse strade e che le vetture rovinano un po' il panorama, altrimenti spettacolare. Tuttavia, non c'è posto migliore in città per fare una passeggiata, e le mandrie di cervi addomesticati lo rendono un luogo davvero magico. Arrivando da Richmond, il percorso più facile passa dal Richmond Gate o da Petersham Rd. Procuratevi una cartina e girate per il parco; chi ama i fiori non deve perdersi l'**Isabella Plantation** in tarda primavera, dove risplendono i rododendri e le azalee.

Pembroke Lodge, luogo in cui trascorse l'infanzia Bertrand Russell, è diventata una caffetteria con un delizioso giardino e una splendida vista su Londra.

Particolarmente belli sono i due grandi laghi di **Pen Ponds**, al centro del parco. Anche se è molto più eccitante osservare i cervi in libertà, ma ci vuole un po' di fortuna, vicino al **White Lodge** c'è un recinto dove potrete tranquillamente ammirarli da vicino. Nel parco si può anche andare a cavallo, partendo dai quattro maneggi che si trovano negli immediati dintorni. Telefonate al centralino per maggiori informazioni in proposito.

IL TAMIGI

Il tratto del lungofiume che si estende da Twickenham Bridge a Petersham e Ham è uno dei più belli di Londra. Nelle giornate di sole vi regna una grande animazione, perché la zona è frequentata da centinaia di famiglie e gruppi di ragazzi. Il punto più trafficato si trova nei pressi del **Richmond Bridge**, il più antico ponte di Londra che fu costruito nel 1777 e aperto al traffico soltanto nel 1937. La deliziosa passeggiata che risale il fiume verso Petersham è anch'essa spesso sovraffollata con il bel tempo: in tal caso è meglio attraversare le **Petersham Meadows** e proseguire fino al Richmond Park, dove troverete finalmente un po' di tranquillità.

ST PETER'S CHURCH

Church Lane, Petersham, Surrey; ingresso libero;
☾ 15-17 solo domenica; metro/treno Richmond

Questa chiesa normanna, la cui struttura originale risale al 1266, è un luogo di culto da ben 1300 anni. Si tratta di un edificio affascinante, anche per i curiosi sedili pieghevoli riservati ai locali proprietari terrieri, mentre il personale di servizio e i manovali si sedevano sulle normali panche nel transetto sud. Contro la parete nord del presbiterio si trova l'originale **Cole Monument**, dedicato a George Cole, a sua moglie e suo figlio, che riposano tutti in abiti elisabettiani – un'iconografia davvero insolita per una chiesa inglese.

In una tomba poco appariscente vicino al muro di cinta del cimitero della chiesa fu

Temperate House, Kew Gardens (p185)

sepolto nel 1798 il capitano George Vancouver, scopritore dell'isola omonima e grande cartografo.

RICHMOND MUSEUM

☎ 8332 1141; www.museumofrichmond.com; Old Town Hall, Whittaker Ave; ingresso libero; ☒ 11-17 da martedì a sabato, 13-16 domenica (solo a maggio); metro/treno Richmond

Questo piccolo museo offre alcune interessanti informazioni su Richmond e le cittadine dei dintorni, tutte fondate in epoca medievale. L'ampia esposizione riguarda soprattutto le vicende della monarchia che hanno interessato Richmond; le mostre temporanee sono di solito altrettanto interessanti. L'allestimento è stato ideato anche per accogliere i bambini.

KEW

KEW GARDENS Cartina p434

☎ 8332 5000, 8940 1171; www.rbgkew.org.uk; Kew Rd; adulti/minori di 16 anni/anziani, studenti, maggiori di 16 anni £6,50/gratuito/4,50, ultimo ingresso 45 minuti prima della chiusura delle serre £4.50; ☒ giardini 9.30-18.30 da lunedì a venerdì, 9.30-19.30 sabato e domenica dalla fine di marzo ad agosto; 9.30-18 in settembre e ottobre; 9.30-16.15 da novembre a febbraio; serre 9.30-17.30 dalla fine di marzo a ottobre; 9.30-15.45 da novembre a febbraio; metro/treno Kew Gardens

I Royal Botanical Gardens di Kew sono una delle attrattive più popolari dell'itinerario turistico di Londra, il che significa che possono essere estremamente affollate d'estate e soprattutto durante il weekend. La primavera è probabilmente il periodo migliore per visitarli, ma in qualunque periodo dell'anno questa vasta distesa di 120 ettari di prati, giardini all'italiana e serre ha molte delizie da offrire. Oltre a essere un parco pubblico, Kew è anche un importante centro di ricerca che vanta la fama di più completa collezione botanica del mondo.

Per avere un'idea generale dei giardini prendete il **minitreno Kew Explorer** (adulti/bambini £2,50/1,50), dal quale potrete salire e scendere a piacere lungo il percorso. L'intero circuito dura circa mezz'ora.

A parte le splendide piante e i magnifici alberi, Kew ha alcune altre caratteristiche interessanti. Arrivando in metropolitana ed entrando dal **Victoria Gate**, raggiungerete quasi immediatamente un grande lago sul quale si affaccia la gigantesca **Palm House**, una serra di metallo e vetro progettata da Decimus Bur-

ton e Richard Turner (1848) che ospita ogni genere di piante esotiche. Immediatamente a nord-ovest di questa serra c'è la minuscola ma irresistibile **Water Lily House** (aperta soltanto da marzo a dicembre e dedicata alle ninfee), costruita nel 1852.

Dirigendosi a nord, troverete lo stupefacente **Princess of Wales Conservatory**, aperto al pubblico nel 1987, al cui interno sono state riprodotte 10 diverse zone climatiche, le cui condizioni di temperatura e umidità sono controllate da computer: vi sono rappresentati tutti gli habitat del pianeta, dal deserto alla foresta pluviale. Segue la **Kew Gardens Gallery** accanto al Kew Green, che ospita mostre di dipinti e fotografie, generalmente su temi relativi alla botanica.

Proseguendo verso ovest dalla galleria arriverete al **Kew Palace**, edificio in mattoni rossi ed ex residenza reale un tempo nota come Dutch House, che risale al 1631 e fu molto amata da Giorgio III e dalla sua famiglia (la regina Carlotta vi morì nel 1818). I giardini che circondano il palazzo sono particolarmente graziosi, ma l'edificio è stato chiuso per un radicale restauro.

Proseguendo in direzione sud attraverso il prato, passerete vicino a un lungo lago che si estende da ovest a est. A sud-ovest del lago sorge il **Queen Charlotte's Cottage**, casa estiva in legno, anch'essa utilizzata da Giorgio III e dalla sua famiglia, immersa tra le campanule in primavera; questa residenza è aperta solo durante i weekend estivi. A est del cottage si trovano la **Japanese Gateway** (porta giapponese) e la famosa **Great Pagoda** (grande pagoda), costruite su progetto di William Chambers nel 1761.

L'itinerario prosegue poi a nord raggiungendo la **Temperate House**, lunga 180 m: un'altra meravigliosa serra in ferro e vetro progettata da Burton nel 1860 ma portata a termine soltanto nel 1899.

A est della Temperate House vedrete la **Marianne North Gallery**. Marianne North fu un'indomita viaggiatrice di epoca vittoriana che andò da un continente all'altro nel periodo tra il 1871 e il 1885, dipingendo le piante e gli alberi che vedeva lungo il cammino: oggi le sue opere ornano le pareti di questa piccola galleria, appositamente costruita.

Nell'Orangery (aranceto) vicino al Kew Palace trovano posto un ristorante, un caffè e un negozio.

Tenete presente che la maggior parte delle serre chiude alle 17.30 in estate, e prima ancora in inverno.

Quartieri – Up River: da Chiswick a Wimbledon

I Kew Gardens si raggiungono in metropolitana o in treno. Uscite dalla stazione e incamminatevi (in direzione ovest) lungo Station Rd, attraversate Kew Gardens Rd, poi proseguite in Lichfield Rd fino al Victoria Gate. In alternativa, da maggio a settembre (con corse ridotte in ottobre) si possono prendere i battelli gestiti dalla **Westminster Passenger Services Association** (☎ 7930 4721; www.wpsa.co.uk), con partenze dal Westminster Pier per i Kew Gardens fino a cinque volte al giorno (p386).

TWICKENHAM

MARBLE HILL HOUSE Cartina p434

☎ 8892 5115; www.english-heritage.org.uk; Richmond Rd; adulti/bambini età 5-15/anziani e studenti/ £3,30/1,70/2,50; ☺ 10-18 da aprile a ottobre, 10-16 da mercoledì a domenica da novembre a marzo; treno St Margaret's

Questo settecentesco nido d'amore palladiano fu costruito per l'amante di Giorgio II, Henrietta Howard, e in seguito occupato da Mrs Fitzherbert, moglie segreta di Giorgio IV. Il poeta Alexander Pope collaborò alla progettazione del parco, che scende fino al Tamigi. All'interno dell'edificio ci sono una mostra dedicata alla vita di Henrietta e una collezione di mobili del primo periodo georgiano.

Per raggiungere il museo dalla stazione di St Margaret's, svoltate a destra in St Margarets Rd, poi prendete la prima biforcazione a destra in Crown Rd e girate a sinistra in Richmond Rd. Proseguite ancora una volta a destra in Beaufort Rd e attraversate infine Marble Hill Park, oltre il quale troverete la casa.

MUSEUM OF RUGBY

☎ 8892 8877; www.rfu.com; Gate K, Twickenham Stadium, Rugby Rd; adulti/ridotti £3/2, visite guidate dello stadio e del museo £5/3; ☺ 10-17 da martedì a sabato, 14-17 domenica; metro Hounslow East, poi autobus 281 o treno per Twickenham

Questo modernissimo museo del rugby, nascosto sotto le tribune est dello stadio, affascinerà tutti gli amanti di questo sport: dopo aver visitato lo stadio, nel video-teatro si può assistere a partite storiche. Le visite guidate cominciano alle 10.30, 12 e 13.30 (anche alle 15 la domenica) ma non sono mai organizzate nei giorni delle partite.

WIMBLEDON

WIMBLEDON LAWN TENNIS MUSEUM

☎ 8946 6131; www.wimbledon.org; Gate 4, Church Rd SW19; adulti/ridotti £3/4; ☺ 10.30-17, spettatori ammessi soltanto durante il campionato; metro Southfields/Wimbledon Park

Questo museo racconta la storia dello sport del tennis, a partire dall'importante invenzione del tosaerba, nel 1830, e della pallina di gomma, negli anni '50 dell'Ottocento, con un allestimento attualissimo e ricco di videoclip, per far rivivere ai tifosi i momenti più belli delle partite più importanti. Nel museo ci sono anche una sala da tè e un negozio che vende ogni genere di souvenir sul tennis.

WIMBLEDON COMMON

Estendendosi fino alla zona di Putney Heath, Wimbledon Common copre 440 ettari nella

I campionati di tennis a Wimbledon (sopra)

parte meridionale di Londra ed è un parco magnifico per fare passeggiate, escursioni e picnic. Vanta inoltre alcune particolari attrattive, in particolare il **Wimbledon Windmill** (☎ 8947 2825; Windmill Rd SW19; adulti/ bambini £1/50p; ☺ 14-17 sabato, 11-17 domenica da aprile a ottobre; metro Wimbledon), la ricostruzione di un mulino antico che risale al 1817. Proprio durante un suo soggiorno al mulino, nel 1908, Baden-Powell scrisse una parte del suo *Scautismo per ragazzi* (1924; Scout Nuova Fiordaliso, Roma 2000). Sul lato sud del Common sorge il **Caesar's Camp**, un terrapieno preistorico erroneamente definito 'accampamento di Cesare' che testimonia la presenza di insediamenti umani nella zona già prima dell'arrivo dei romani.

BUDDHAPADIPA TEMPLE

☎ 8946 1357; 14 Calonne Rd SW19; ingresso libero; ☺ complesso 8-21.30 in estate, 8-18 in inverno; tempio 13-18 sabato, 8.30-10.30 e 12.30-18 domenica; metro Wimbledon

Questo luogo insolito, situato in un quartiere residenziale che dista circa mezzo miglio dal Wimbledon Village, è un tempio thailandese dall'atmosfera non proprio autentica, fatto costruire da un'associazione di giovani buddhisti inglesi e aperto al pubblico nel 1982. Il *wat* (recinto del tempio) ospita un *bot*, o cappella consacrata, ornata da scene tradizionali dipinte da due importanti pittori thailandesi. Non dimenticatevi di togliere le scarpe prima di entrare nel *bot*.

Per raggiungere il tempio prendete la metropolitana o il treno per Wimbledon, poi l'autobus n. 93 fino a Wimbledon Parkside. Calonne Rd, dove è situato il tempio, si trova sulla destra.

HAMPTON

HAMPTON COURT PALACE

☎ 8781 9500; www.fhrp.org.uk; East Molesey; biglietto tutto compreso adulti/bambini età 5-15/ anziani e studenti/famiglie £10,80/7,20/8,50/32,30; ☺ 10.15-18 lunedì, 9.30-18 da martedì a domenica da metà marzo alla fine di ottobre, 10.15-16.30 lunedì, 9.30-16.30 da martedì a domenica dalla fine di ottobre a febbraio; treno Hampton Court

Nel 1514 il cardinale Thomas Wolsey decise di farsi costruire un palazzo degno della sua carica di gran cancelliere. Purtroppo, nemmeno Wolsey riuscì a convincere il papa a concedere a Enrico VIII il divorzio da Caterina d'Aragona, e

i rapporti tra il cancelliere e il re si guastarono rapidamente. Una quindicina di anni più tardi, Wolsey fu costretto a donare l'Hampton Court Palace al sovrano. Accusato di alto tradimento, il cardinale morì nel 1530, prima di arrivare al processo.

Appena entrato in possesso del palazzo, Enrico intraprese grandi opere di ampliamento aggiungendo la **Great Hall**, la **Chapel Royal** e le spaziose **cucine**. Nel 1540 Hampton Court era quindi diventato uno dei palazzi più sontuosi e raffinati d'Europa. Alla fine del Seicento, Guglielmo III e la regina Maria incaricarono Sir Christopher Wren di ampliarlo ulteriormente e il risultato fu la bellissima fusione di architettura Tudor e di 'sobrio barocco' che si può ammirare ancora oggi.

Attualmente il palazzo è la più vasta e imponente struttura Tudor d'Inghilterra, ricca di storia e con superbi **giardini** e un famoso **labirinto** vecchio di tre secoli. Dovreste disporre di molto tempo per una visita accurata dell'edificio, e tenete presente che se ci venite in barca la gita vi impegnerà mezza giornata.

Alla biglietteria presso il principale **Trophy Gate** (cancello dei trofei) sono in vendita i biglietti cumulativi per visitare il palazzo e la Tower of London, oppure quelli per il giardino o il labirinto o ancora il biglietto 'tutto compreso' per l'Hampton Court Palace. Chiedete il volantino con i programmi del giorno, che vi aiuterà a pianificare la vostra visita: precauzione importante soprattutto perché molte visite guidate gratuite devono essere prenotate in anticipo.

Camminando lungo il sentiero che conduce al palazzo, godetevi la vista della lunghissima facciata di mattoni rossi con i caratteristici comignoli in stile Tudor e l'imponente portale d'ingresso. Attraversato il portale, entrerete prima nel Base Court e poi nel Clock Court, quest'ultimo così chiamato per il bell'orologio astronomico del XVI secolo che ancora mostra la rotazione del sole attorno alla Terra. Il cortile successivo è il Fountain Court. Dal Clock Court potrete seguire le indicazioni per i sei principali complessi di appartamenti dell'edificio.

Le scale all'interno dell'ingresso un tempo riservato ad Anna Bolena salgono agli **appartamenti di Enrico VIII**, che comprendono la Great Hall, ovvero la più grande sala del palazzo ornata da arazzi e con uno splendido soffitto con travi a vista e minuscoli volti dipinti. Un corridoio decorato con trofei di caccia porta alla Great Watching Chamber, da dove le guardie tenevano sotto controllo l'accesso

Hampton Court Palace (p187)

agli appartamenti del re; questa è la stanza che ha subito minori rimaneggiamenti tra tutte quelle risalenti al tempo di Enrico VIII. Appena usciti dalla camera si trovano la più piccola Pages' Chamber (stanza dei paggi) e la Haunted Gallery (galleria dei fantasmi). Arrestata per adulterio e detenuta nel palazzo nel 1542, la quinta moglie di Enrico, Caterina Howard, riuscì a eludere le guardie e a correre strillando per il corridoio in cerca del re. Si narra che il suo spettro abbia ripetuto questa stessa scena fino ai giorni nostri.

Proseguendo lungo il corridoio arriverete alla magnifica Chapel Royal, la cappella reale costruita in soli nove mesi. La Royal Pew (anticappella), che fa parte degli appartamenti del re, si affaccia dall'alto sull'altare. Il soffitto a volta in blu e oro, originariamente destinato alla Christ Church di Oxford, fu invece installato qui, mentre il dossale del XVIII secolo fu scolpito da Grinling Gibbons.

Anche le cucine in stile Tudor furono costruite al tempo di Enrico VIII, e sono anch'esse accessibili dall'ingresso di Anna Bolena; in passato qui si potevano cucinare i pasti per tutta la corte, composta da circa 1200 persone. Le cucine sono state sistemate come potevano apparire all'epoca Tudor, quando i 'servitori' del palazzo giravano lo spiedo e preparavano le fagianelle con il ripieno. Da non perdere la Great Wine Cellar, che poteva contenere 300 barili di birra e altrettanti botti di vino:

il consumo annuale della corte a metà del XVI secolo.

Ritornando verso il Clock Court e passando sotto il colonnato di destra raggiungerete i **King's Apartments** (appartamenti del re), costruiti da Wren per Guglielmo III verso la fine del Seicento. Nel 1986 questi appartamenti sono stati gravemente danneggiati da un incendio, ma oggi sono stati in gran parte restaurati.

La visita guidata degli appartamenti vi condurrà lungo il sontuoso King's Staircase (scalone del re) dipinto da Antonio Verrio verso il 1700, che celebra il sovrano paragonandolo ad Alessandro Magno. Si entra poi nella King's Guard Chamber (camera delle guardie del re), adorna di armi da fuoco, baionette e spade, e di qui nella King's Presence Chamber, sulla quale dominano l'imponente trono a baldacchino con tendaggi scarlatti e un ritratto equestre di Guglielmo III, opera di Godfrey Kneller.

Successivamente si visita la King's Eating Room (sala da pranzo del re), dove talvolta Guglielmo III consumava i suoi pasti in pubblico, oltre la quale si apre la King's Privy Chamber (camera privata del sovrano), dove venivano ricevuti gli ambasciatori; il lampadario a diversi bracci e il baldacchino del trono sono stati accuratamente restaurati dopo i gravi danni subiti a causa dell'incendio del 1986. Oltre quest'ultima sala si trovano la King's Withdrawing Room, un altro salottino privato dove si svolgevano gli incontri più intimi, e la King's Great Bedchamber, splendida camera da letto del re con un letto sormontato da piume di struzzo dove ogni mattina avveniva la cerimonia di vestizione del sovrano. Guglielmo III, in realtà, dormiva nella Little Bedchamber (piccola camera da letto), poco più avanti.

La scala secondaria che si trova oltre il King's Closet (studiolo del re) conduce ad altre tre piccole stanze rivestite di pannelli di legno e ornate da dipinti e sculture di Grinling Gibbons. Dopo l'aranceto si trovano la King's Private Drawing Room (salotto privato del re) e la Dining Room (sala da pranzo), con i ritratti delle Hampton Court Beauties (belle dame di Hampton Court) dipinti da Kneller.

La moglie di Guglielmo, Maria II, aveva i propri appartamenti privati, i **Queen's Apartments**, ai quali si accede dal Queen's Staircase (scalone della regina), decorato da William Kent. Alla morte di Maria, nel 1694, le stanze del suo appartamento non erano ancora finite: saranno portate a termine durante il regno di Giorgio II. Queste sale appaiono oggi come quando vi abitò la regina Carolina, tra il 1716 e il 1737.

In confronto agli appartamenti del re, le stanze della regina sembrano piuttosto austere, anche se la Queen's Audience Chamber ha un trono imponente quanto quello del re. Attraversando la Queen's Drawing Room si arriva alla State Bedchamber (camera da letto) dove la regina, anziché dormire, concedeva le udienze del mattino. Nella Queen's Gallery si trovano diversi arazzi del XVIII secolo che illustrano le vicende di Alessandro Magno.

Sempre al piano superiore, disposte attorno all'elegante Fountain Court, ci sono le **Georgian Rooms**, usate da Giorgio II e dalla regina Carolina durante la loro ultima visita a palazzo, nel 1737. Le prime sale furono progettate per ospitarvi il secondo figlio di Giorgio, duca di Cumberland, il cui letto è davvero minuscolo per le sontuose dimensioni dell'ambiente. Nel 1888 il Wolsey Closet (studiolo di Wolsey) fu restaurato e rivestito di nuovi pannelli in legno, per dare l'idea di come apparisse al tempo dei Tudor una delle più piccole sale del palazzo. La Communications Gallery fu costruita per Guglielmo III e accoglie i ritratti eseguiti da Peter Lely delle Windsor Beauties, ovvero le più belle dame della corte di Carlo II. Segue la Cartoon Gallery, che prende il nome dai celebri cartoni di Raffaello (poi trasferiti nel Victoria & Albert Museum, dove si trovano tuttora; p132); quelle che vedete esposte nella sala sono copie del tardo Seicento.

Oltre la Cartoon Gallery si trovano le stanze private della regina, le Queen's Private Rooms, ovvero il salotto e la camera da letto dove dormiva con il re. Particolarmente interessanti sono la Queen's Bathroom, con la vasca da bagno posata su un tessuto che doveva assorbire gli spruzzi d'acqua, e l'Oratory, un oratorio con un tappeto persiano del XVI secolo.

Terminata la visita delle sale del palazzo, vi restano ancora da vedere gli splendidi giardini, dove si può andare in carrozza al costo di £9 per 20 minuti. La **Real Tennis Court**, un campo da tennis coperto, fu costruito verso il 1620 per il 'real tennis', una versione del gioco piuttosto diversa da quella oggi praticata. Gli spettacolari Riverside Gardens sono stati restaurati e occupano una superficie di 24 ettari; qui troverete la **Great Vine** (grande vite), piantata nel 1768, che produce ancora circa 300 kg di uva all'anno: pur essendo molto antica, non è certamente la più vecchia del mondo come affermano alcune guide. La **Lower Orangery** dei giardini ospita nove dipinti di Andrea Mantegna con i *Trionfi di Cesare*, acquistati da Carlo I nel 1629; la Banqueting House fu invece progettata per Guglielmo III e dipinta da Antonio

Verrio. Ammirate anche la cancellata in ferro battuto, opera di Jean Tijou.

Naturalmente, non potrete lasciare Hampton Court senza perdervi nel famoso labirinto lungo 800 m, fatto di carpini e tassi che furono piantati nel 1690. In media, i visitatori impiegano ben 20 minuti per raggiungere il centro del labirinto.

Dalla stazione di Waterloo partono treni per Hampton Court ogni mezz'ora. Il palazzo si raggiunge anche dal Westminster Pier nel centro di Londra, prendendo uno dei tre battelli gestiti dalla **Westminster Passenger Services Association** (☎ 7930 4721; www.wpsa.co.uk) da aprile a settembre, con corse ridotte in ottobre. Per informazioni dettagliate v. p386.

ISLEWORTH

OSTERLEY PARK & HOUSE Cartina p434

☎ 8232 5050; www.nationaltrust.org.uk; Osterley Park, a pochi passi da Jersey Rd; casa adulti/bambini età 5-15/famiglie £4,30/2,15/10,50, parco gratuito; 🕙 casa 13-16.30 da mercoledì a domenica da aprile a ottobre, parco 9-tramonto tutto l'anno; metro Osterley Situata in un parco con fattoria di 120 ettari, la Osterley House fu costruita nel 1575 come residenza di campagna di Thomas Gresham, ideatore della Royal Exchange, ma poi in gran parte ricostruita a metà del Settecento da Robert Adam. Vi si conservano splendidi dipinti, stucchi e mobili, ma molti visitatori sostengono che la cucina al pianterreno e le Tudor Grand Stables (scuderie) siano ancora più interessanti.

Per raggiungere il palazzo dalla stazione della metropolitana di Osterley incamminatevi in direzione est lungo Great West Rd e girate a sinistra in Thornbury Rd, raggiungendo Jersey Rd e l'ingresso del parco. L'edificio si trova 500 m più a nord.

PITSHANGER MANOR Cartina p434

☎ 8567 1227; www.ealing.gov.uk/pitshanger; Walpole Park, Mattock Lane W5; ingresso libero; 🕙 10-17 da martedì a sabato; metro/treno Ealing Broadway Questa villa padronale fu acquistata dall'architetto John Soane nel 1800 e ricostruita in stile Regency. Alcune sale ospitano una collezione di ceramiche create dai fratelli Martin di Southall alla fine del XIX secolo, le cui forme grottesche sono indubbiamente divertenti. Nell'adiacente galleria d'arte si allestiscono mostre temporanee.

Itinerari a piedi

Itinerari a piedi

Non c'è modo migliore per visitare Londra che muoversi a piedi. I londinesi frequentano il centro cittadino soprattutto nei weekend, per godersi gli edifici storici, i parchi pubblici e le passeggiate lungo il fiume. Poiché i musei di Londra sono quasi tutti gratuiti, potrete anche solo entrare per farvi un'idea di che cosa offrono, anche se non desiderate ammirare tutta la collezione. A piedi riuscirete ad apprezzare meglio la città e i suoi molti pub, in cui potrete gustare un buon drink alla fine della vostra passeggiata.

SOHO

Le sue strade bohémien e caotiche, nel cuore della moderna Londra, sono forse il luogo migliore per andare a spasso senza una meta precisa. Famose in tutto il mondo, sono racchiuse fra le arterie di Oxford St, Regent St, Shaftsbury Ave e Charing Cross Rd e rappresentano ognuna un mondo diverso.

Iniziando da **Piccadilly Circus** (p88), procedete lungo Sherwood St e fermatevi al pub **Warwick** ❶ sulla sinistra; negli anni '50 e '60 del XX secolo questo locale era frequentato dalle bande giovanili di Soho, che si incontravano al piano superiore; oggi vi si possono gustare i piatti tipici da pub.

Svoltate a destra in Brewer St e proseguite verso Great Windmill St, oltrepassando i vari locali notturni. Vicino a questi si trovano alcuni ottimi negozi: l'**Anything Left Handed** ❷ (al n. 57) e il **Vintage Magazine Store** ❸ (al n. 39-43);

Il pub Coach & Horses (p257)

entrambi offrono una grande varietà di articoli da regalo, mentre **Arigato** ❹, un supermercato di alimentari giapponese (al n. 48-50), è l'ideale per comprare qualcosa di speciale.

Continuate lungo Brewer St, girate a sinistra fino a Lexington St e arriverete al pub **John Snow** ❺ che prende il nome dal medico locale che individuò nella pompa idraulica di Broadwick St l'origine dell'epidemia di colera che scoppiò a Soho nel 1854. Sul luogo dove si trovava la pompa originale ora ve ne è una riproduzione che intende ricordare le 5000 persone che morirono prima che Snow scoprisse l'origine dell'epidemia. Da Broadwick St svoltate a destra in Berwick St, con il suo vivace **mercato** ❻ (p328). All'angolo di Berwick St e Newburgh St c'è un eccellente banchetto di crêpes dove fermarsi per uno spuntino.

Continuate a camminare lungo Berwick St, dove oltre ai banchi del mercato vi sono eccellenti negozi di dischi dove si trovano, oltre ai CD, una vasta scelta di musica dance e underground su vinile. Avvicinandosi al termine di Berwick St, la concentrazione di sexy shop raggiunge improvvisamente il culmine in **Walker's Ct**, che congiunge la fine di Berwick St con Brewer St. Percorrete Walker Ct per approfondire ulteriormente la conoscenza di Soho, poi fate una rapida svolta a destra in Brewer St e gustatevi uno spuntino presso la superba gastronomia italiana **Lina** ❼ (al n. 18). Tornate indietro in Walker Ct

In breve

Momento migliore Nelle mattine dei weekend, quando Soho ha il tipico aspetto del borgo

Inizio Dalla stazione della metropolitana di Piccadilly Circus

Fine Dalla stazione della metropolitana di Leicester Square

Spuntino A base di crêpes del banchetto all'angolo tra Berwick St e Newburgh St

Rinfresco Al pub Coach & Horses

Distanza 1 miglio (1,6 km)

Durata Circa un'ora

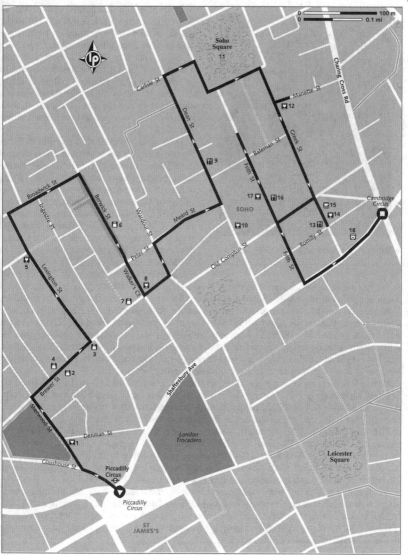

fino al famoso **Madame Jo Jo's** ❽ (p285), storico locale notturno tuttora sulla cresta dell'onda che offre spettacoli di cabaret e musica fino a notte fonda.

Alla fine di Brewer St girate a sinistra in Wardour St, una delle arterie più animate di Soho, quindi svoltate a destra in Meard St, una meravigliosa stradina con originali case georgiane perfettamente conservate e abitate ancora oggi. Arriverete così in Dean St dove, al n. 28, abitò Karl Marx a partire dal 1851, sopra quello che oggi è il bel ristorante **Quo Vadis** ❾ (p211). L'interno è ovviamente migliorato dal tempo di Marx, allorché un agente prussiano fece visita al filosofo e riferì di aver trovato l'abitazione in pessime condizioni, con mobilio rotto e impolverato e ovunque un disordine assoluto.

Il jazz club Ronnie Scott's (p298)

Dean St ospita due famosi club privati di Soho: il letterario Black's (al n. 67) e il **Groucho Club** ❿ (al n. 44), frequentato da personaggi celebri ogni sera della settimana. Dopo aver girato a sinistra in Dean St, proseguite sino a Carlisle St, poi girate a destra ed entrate in **Soho Square** ⓫, il grazioso polmone verde di Soho. In estate gli impiegati affollano i giardini per consumare all'aperto il loro pranzo, ma il resto dell'anno è di gran lunga più tranquillo.

Dopo aver attraversato i giardini di Soho Square e ammirato la curiosa copia di una casa Tudor situata al centro di essi, uscite dalla piazza imboccando Greek St, la cui sfilza di bar e ristoranti furono una volta familiari a Casanova. Passando sotto l'arcata alla vostra sinistra potete fare una deviazione in Manette St, dove il **Pillars of Hercules** ⓬, frequentato regolarmente da Francis Bacon, continua a essere sempre affollato.

Proseguendo per Greek St e dopo aver attraversato Old Compton St, il cuore della scena omosessuale londinese, a destra troverete la pizzeria **Kettner's** ⓭ (p210), un ampio locale fondato nel 1868 dallo chef di Napoleone III e frequentato un tempo da Oscar Wilde. Il locale è un po' deludente, non solo perché manca d'atmosfera, ma anche perché fa parte di una comune catena di pizzerie. Più interessante è il pub **Coach & Horses** ⓮ (p257) dall'altra parte della strada, dove Peter O'Toole, in veste di regista, produttore e protagonista, ha ambientato la sua versione televisiva della commedia teatrale *Jeffrey Bernard Is Unwell*. Accanto al Coach & Horses vi è la **Maison Bertaux** ⓯ (p211), molto amata dai bohémien che bevono tè tutto il giorno in questa piccola pasticceria.

Girate a sinistra nella tranquilla Old Compton St, poi svoltate a destra in Frith St e troverete il **Bar Italia** ⓰ (p211). Immortalato da Jarvis Cocker nell'omonima canzone dei Pulp, è il posto ideale per gustare un cappuccino dopo aver fatto tardi nei locali o in discoteca. Sopra il Bar Italia, nel 1926 John Logie Baird presentò il primo prototipo di televisore di fronte a un pubblico di 50 scienziati. Mozart visse nel palazzo accanto (al n. 20), mentre di fronte c'è il **Ronnie Scott's** ⓱ (al n. 47; p298), locale notturno famoso in tutto il mondo che fu inaugurato nel 1959 da Ronald Schatt e in cui si sono esibiti tutti i più grandi jazzisti. Il saggista William Hazlitt visse e morì al n. 6 ed è sepolto nel cimitero di St Anne in Lower Wardour St, dove il suo monumento funebre è stato restaurato nel 2003.

Per terminare la passeggiata, ripercorrete Frith St fino a Shaftesbury Ave. Risalite a sinistra lungo questa strada, superate lo splendido **Curzon Cinema** ⓲ (p282) e raggiungete Cambridge Circus, da dove potrete uscire da Soho per tuffarvi nuovamente nel trambusto del traffico. Chi vuole proseguire la passeggiata può imboccare Charing Cross Rd e curiosare nei suoi numerosi negozi di libri usati.

LA LONDRA MULTIETNICA

Questo lungo itinerario si snoda attraverso alcune delle aree meno visitate della capitale e buona parte di esso può essere anche percorsa in autobus. Il suo intento è farvi conoscere alcune comunità di minoranze etniche della zona est di Londra, dalla comunità bengalese di Shoreditch agli africani di Dalston, agli emigrati turchi di Stoke Newington, all'affascinante quartiere ebreo ortodosso di Stamford Hill.

Incamminandovi dalla stazione della metropolitana di Aldgate East, in Whitechapel High St prendete a sinistra per Osborn St e proseguite fino a quando diventa Brick Lane. Nel 1550 questa era soltanto una strada di campagna che conduceva ad alcune fabbriche di mattoni; nel Settecento fu pavimentata e ai lati sorsero case e villette abitate dai tessitori di Spitalfields. Oggi questa vivace strada è occupata quasi interamente da ristoranti di curry, ognuno dei quali offre piatti economici delle varie cucine del Sub-continente indiano. Durante le feste la strada è illuminata e decorata in modo suggestivo. Su entrambi i lati vi sono molti negozi interessanti, che propongono una vasta scelta di tessuti e vestiti, come pure di soprammobili e altri oggetti esotici bengalesi. Tutti i nomi delle strade sono sia in bengalese, sia in inglese (come Chinatown e Southall, questa è una delle zone bilingui di Londra).

A metà strada superate il **Vibe Bar** **①** (p262), un locale molto trendy, e la fabbrica di birra **Truman Brewery** **②** (p117). Alla metà del Settecento la Truman era una delle più grandi fabbriche di birra di Londra e la Director's House, situata a sinistra, risale al 1740. La **Vat House** **③** (p117), dell'inizio dell'Ottocento, ha un campanile esagonale e si trova dall'altra parte della strada. Accanto vi sono l'**Engineer's House** (p117), del 1830, e un vicolo con scuderie che risalgono a un'epoca precedente. La fabbrica di birra Truman chiuse nel 1989 e oggi è stata trasformata in una galleria che espone i lavori di giovani artisti promettenti. Non c'è da sorprendersi che il Vibe Bar sia un punto d'incontro per gli stessi artisti, come pure per gli aspiranti tali.

A Brick Lane, vicino alla stazione della metropolitana di Shoreditch, la domenica c'è un fornitissimo **mercato delle pulci** **④** (p328), dove si possono fare buoni affari, soprattutto per quanto riguarda l'arredamento.

Alla fine di Brick Lane, dove vivono alcune delle famiglie ebree che per prime s'insediarono nel quartiere, ci sono un paio di negozi di eccellenti bagel (panini a forma di frittella), la cui bontà è comprovata dalle code interminabili per acquistarli. Il **Brick Lane Beigel Bake** **⑤** (p222) è aperto 24 ore su 24 ed è il preferito dai frequentatori dei club di Shoreditch.

Da Brick Lane, di domenica, attraversate Bethnal Green Rd e percorrete Swanfield St fino a Columbia Rd, dove si trova il più pittoresco **mercato** **⑥** (p329) di Londra. Qui, fin dall'alba di ogni domenica, i londinesi si affollano intorno ai banchetti dove si vendono fiori freschi, piante e orchidee. Cercate di arrivare presto per visitare il mercato in tutto il suo splendore, poi mettetevi in fila davanti alle bancarelle degli alimentari che si trovano dietro a quelle dei fiori. Qui potrete gustare scampi reali

In breve

Momento migliore Sempre
Inizio Dalla stazione della metropolitana di Aldgate East
Fine Dalla stazione ferroviaria di Dalston Kingsland
Spuntino A base di scampi reali fritti con salsa chili dolce al Flower Market di Columbia Road
Rinfresco Al Birdcage Pub
Distanza 3 miglia (4,8 km)
Durata 3 ore

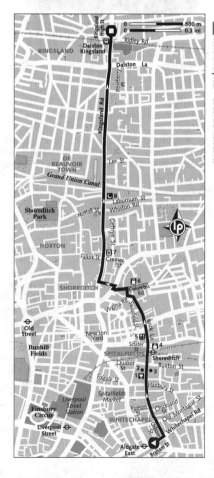

Itinerari a piedi – La Londra multietnica

Mercato dei fiori di Columbia Rd (p195)

fritti con salsa chili dolce: una perfetta prima colazione esotica di Londra.

Procedete verso est lungo Columbia Rd fino a raggiungere Hackney Rd, attraversatela e proseguite fino a Kingsland Rd. Questo tratto di strada, di gran moda, vanta numerosi bar, club e caffè; tutta la zona si sta rivalutando, come dimostrano la prevista costruzione della nuova stazione della metropolitana di Hoxton e l'opera di progressiva rinconversione in negozi dei magazzini in disuso.

Il **Geffrye Museum** ❼ (p115), sempre in Kingsland Rd, sulla destra, è un imponente complesso di ospizi di carità vittoriani che ora accoglie un interessante museo dell'arredamento inglese attraverso i secoli che può essere visitato in mezz'ora.

Dopo il Geffrye Museum potete proseguire a piedi fino a Dalston oppure prendere un autobus (tutti gli autobus sul lato opposto al museo si fermano a Dalston). Il tratto di strada fino a Dalston richiede circa 15 minuti e consente di visitare la notevole **Suleymaniye Mosque** ❽, al 212-216 di Kingsland Rd, e di vedere il Grand Union Canal che scorre sotto la strada verso nord.

A prima vista Dalston è poco interessante, con la sua serie di rosticcerie e gastronomie da asporto. Tuttavia, nei pressi della Dalston Junction vi troverete piacevolmente avvolti dai colori e dalla vivacità della comunità africana. Il traffico è sempre caotico, come sono del resto anche il Ridley Rd Market (p329) e Dalston. Kingsland Rd prosegue fino a Stoke Newington, dove la comunità africana è stata gradualmente sostituita dall'enorme gruppo di emigrati turchi che si sono stabiliti nel nord-est di Londra, da Haringey a Islington.

Se avete ancora voglia di camminare, proseguite fino all'affascinante Abney Park Cemetery (p171), poi concedetevi una meritata birra al Birdcage, a Stamford Hill.

LO 'SQUARE MILE'

Nessuna parte di Londra è così ricca di storia quanto lo 'Square Mile' (miglio quadrato) – la città antica di Londra che è ora il distretto finanziario della capitale britannica. Affollata di impiegati dalle 9 alle 17 dal lunedì al venerdì, è preferibile visitarla durante il weekend, per ammirarne la contrapposizione disordinata e casuale di grattacieli di acciaio e vetro con chiese medievali che offre una notevole panoramica sul passato e sul presente di Londra.

Cominciando la passeggiata dalla stazione della metropolitana di St Paul's, troverete uno dei punti di interesse più noti della città: **St Paul's Cathedral** ❶ (p104), di Sir Christopher Wren. Passeggiando per le strade vicine ripercorrerete i luoghi in cui si svolse, nel 1981, la parata nuziale del principe Carlo e di Lady Diana. Dall'ingresso della cattedrale seguite St Paul's Chyd fino a Cannon St; quando arrivate alla stazione della metropolitana di Mansion House imboccate Queen Victoria St fino a raggiungere il **Temple of Mithras** ❷ (p108), sulla destra. Incontrare le rovine di un antico tempio romano del 240 d.C., dedicato al dio persiano Mitra, in questa strada affollata su cui si affacciano edifici moderni fa davvero una strana impressione: ma è proprio questa la particolarità della City.

Proseguendo in Queen Victoria St si arriva al cuore dello Square Mile (p107), con le strutture imponenti della **Bank of England** ❸, il **Royal Exchange** e la **Mansion House**. Fermatevi ad ammirare quest'ultima, la residenza ufficiale del Lord Mayor of London, il sindaco della City, che si distingue per essere la sola residenza privata del paese ad avere tribunali e prigioni propri. È anche la sede del discorso annuale del cancelliere dello Scacchiere (ministro del Tesoro) alle personalità più importanti della City. La Bank of England vanta una storia affascinante e ospita un **museo** (p108) di grande interesse (ingresso libero; si entra da Bartholomew's Lane) che comprende una collezione di monete britanniche antiche e moderne.

Lasciando la Bank scendete lungo la signorile King William St fino a raggiungere la stazione della metropolitana di Monument. Attraversate la strada e raggiungete il **Monument ❹** (p109). Wren e Robert Hooke fecero erigere questa colonna dorica tra il 1671 e il 1677 per ricordare il Great Fire ('grande incendio') del 1666. La sua altezza di 66 m nel lontano Seicento era davvero incredibile;

oggi il suo impatto è limitato dalle costruzioni circostanti, ma la sua veduta sul fiume e i grattacieli della città ben meritano le £2 del biglietto d'ingresso, per quanto la salita fino in cima non sia consigliabile a chi soffre di vertigini.

Camminando verso nord dal Monument fino a Gracechurch St, una piccola deviazione in Leadenhall St vi permetterà di girovagare per l'affascinante **Leadenhall Market ❺** (p109), costruito nel XIV secolo e ora coperto da una bellissima volta dipinta. Esso offre ancora molti punti vendita insoliti – tra i quali negozi di saponette esclusive e profumerie – anche se nell'ultimo decennio sono stati via via rimpiazzati da grandi magazzini. Più avanti potrete ammirare l'affascinante struttura dei **Lloyds of London ❻** (p109) in Lime St, progettata da Richard Rogers.

Ritornate indietro lungo Leadenhall St e girate a destra in Bishopsgate, l'antica strada romana che porta direttamente a York. Superate l'importante stazione di Liverpool St e girate a destra in Folgate St, via fiancheggiata da belle case georgiane. In questa zona si insediarono verso la fine del Seicento i protestanti ugonotti, portando con sé la loro abilità di tessitori di seta. La loro presenza è tuttora testimoniata dai nomi delle strade, come Fleur-de-Lis e Nantes Passage.

Al n. 18 di Folgate St s'incontra la settecentesca **Dennis Severs' House ❼** (p115), così chiamata dal nome di un americano eccentrico, oggi scomparso, che la riportò al primitivo splendore. Se non avete paura del buio, partecipate alla 'Silent Night' (p115), la suggestiva visita della casa a lume di candela che si svolge nelle serate del lunedì.

Girate a destra (verso sud) lungo Commercial St e sulla destra troverete lo **Spitalfields Market ❽** (p115) parte del quale è stato preservato dalla speculazione edilizia. Sulla piazza, la domenica si svolge uno dei più interessanti mercati di Londra.

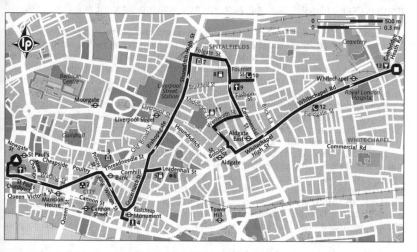

Negozio in Leadenhall Market (p329)

In Commercial St, praticamente di fronte al mercato, non si può non ammirare l'imponente facciata della **Christ Church, Spitalfields** ❾ (p116), un magnifico esempio di barocco inglese disegnato da Nicholas Hawksmoor e completato nel 1729 per i tessitori ugonotti che vivevano nella zona. Gli attuali lavori di restauro stanno per finire: nonostante l'orario d'apertura ridotto vale la pena visitarla.

Svoltate in Fournier St, alla sinistra della Christ Church, e osservate le case georgiane con le persiane di legno splendidamente restaurate. In gran parte furono costruite tra il 1718 e il 1728 per ricchi mercanti londinesi e poi occupate dai tessitori di seta e le loro famiglie.

All'angolo di Brick Lane con Fournier St sorge uno dei più interessanti edifici di Spitalfields, la New French Church, costruita per gli ugonotti nel 1743. Nel 1899 la chiesa divenne la Great Synagogue per i rifugiati ebrei dalla Russia e dall'Europa centrale. Nel 1975 divenne la **Great Mosque** ❿ (p116) della comunità bengalese.

Tornati in Commercial St, potete girare a destra e bere una birra al Golden Hart, un pub supertradizionale, con meravigliosi fish and chips e una gentile proprietaria – oppure svoltare a sinistra, in Wentworth St, dove incontrerete lunghe file di magazzini di vestiario all'ingrosso e negozi di tessuti. Arriverete così in Middlesex St, dove il bel **Petticoat Lane Market** ⓫ (p329) è aperto il venerdì e la domenica. A differenza delle bancarelle di alimentari biologici di moda a Spitalfields Market, Petticoat Lane è un vero mercato tradizionale dell'East End dove troverete vestiario, prodotti di bellezza e oggetti in pelle a prezzi economici.

Passando dietro il mercato si arriva in Aldgate, dove sorgeva la vecchia porta orientale di Londra. Camminate lungo Aldgate sino a Whitechapel High St e arriverete nei luoghi in cui colpì Jack lo Squartatore. L'identità del serial killer del XIX secolo rimane tuttora un mistero irrisolto; è certo che nel 1888 massacrò cinque prostitute nelle strade malfamate dell'East End vittoriano: Mary Anne Nichols morì in Bucks Row (attualmente Durward St), a nord di Whitechapel; Annie Chapman in Hanbury St vicino al pub Ten Bells di fronte alla Christ Church, Spitalfields; Elizabeth Stride in Berner St (ora Henriques St), a sud di Commercial Rd; Catherine Eddowes in Mitre Square vicino ad Aldgate; Mary Kelly in Miller's Court (oggi un parcheggio). Per ulteriori informazioni sui delitti e per i particolari sulle visite guidate nei luoghi dei delitti consultate la lettura Storie di squartamenti a p151.

Camminate lungo Whitechapel High St, che diventa Whitechapel Rd, e svoltate a destra in Fieldgate St, dove troverete qualche buon ristorante pakistano e la Fieldgate Great Synagogue, che ora fa parte della moderna **Whitechapel Mosque** ⓬. In alternativa, continuate verso est in Whitechapel Rd, e all'incrocio con Cambridge Heath Rd incontrerete il pub **Blind Beggar** ⓭ (p150) al n. 337, noto per essere il luogo dove nel 1966 Ronnie Kray uccise a colpi di pistola George Cornell, in un regolamento di conti fra bande per il controllo del crimine organizzato nell'East End. La stazione della metropolitana di Whitechapel è a poca distanza a ovest del pub.

LA SOUTH BANK

La riva sud del Tamigi è diventata un luogo sempre più interessante da visitare. Negli ultimi anni '90 si è assistito a un notevole aumento della popolarità di questa zona, dall'apertura della fantastica Tate Modern e dello Shakespeare's Globe all'inaugurazione del London Eye. Tutte queste strutture hanno reso la South Bank uno dei posti più frequentati nei weekend, dove i londinesi e i turisti possono passeggiare e rilassarsi, tra le varie visite ai musei.

Dalla modernissima **stazione della metropolitana di Westminster** ❶ attraversate il ponte di Westminster, che offre una vista spettacolare della House of Commons e del Big Ben. La **County Hall** ❷ (p140) – una volta sede del potere della cosiddetta 'estrema sinistra' del Greater London Council (GLC) sotto la leadership di 'Red' Ken Livingstone – è il maestoso edificio del 1922 che sorge alla fine del ponte e ora ospita uno splendido hotel, il **London Aquarium** (p141) e un piccolo museo dedicato a Salvador Dalí, il **Dalí Universe** (p141). Il tratto di lungofiume che si estende dal Westminster Bridge fino al **British Airways London Eye** ❸ (p140) è pieno di turisti e di banchetti spesso abusivi. Il London Eye offre una vista dall'alto davvero incomparabile; poiché all'entrata vi sono code sempre lunghe, è meglio prenotare prima.

Dove il Tamigi piega dolcemente verso Waterloo potrete attraversare il nuovo **ponte pedonale di Hungerford**, particolarmente splendido di notte, quando è illuminato. Seguendo il corso del Tamigi, vedrete sulla destra il complesso della South Bank. Nelle sue strutture di cemento si proiettano film, si rappresentano commedie, si allestiscono rassegne d'arte e si eseguono i concerti migliori che Londra possa offrire. I vari edifici ospitano il National Film Theatre (NFT; p282), che ha un eccellente programma di film nuovi e di repertorio, il National Theatre, che propone sempre produzioni nuove e stimolanti e la Royal Festival Hall, una delle sale da concerto più famose del mondo.

Nei weekend, al **mercatino di libri usati** ❹ (p329) di Riverside, sotto il Waterloo Bridge, si possono fare ottimi affari. Il caffè dell'NFT dispone di un delizioso dehors.

Continuando lungo il Tamigi si supera la **Oxo Tower** ❺ (p142), ristrutturata recentemente. Questa suggestiva struttura ospita molti negozi e gallerie d'arte, come pure l'omonimo ristorante al quinto piano (p229). Passato il Blackfriars Bridge si entra in Bankside, fino a oggi un quartiere piuttosto tranquillo che improvvisamente è diventato di gran moda presso i londinesi più facoltosi. Il fulcro del nuovo quartiere è la magnifica Bankside Power Station, progettata da Sir Giles Gilbert Scott che, come la centrale elettrica di Battersea, è stata ristrutturata per accogliere la **Tate Modern**

Mercatino di libri usati di Riverside (p329)

Itinerari a piedi – La South Bank

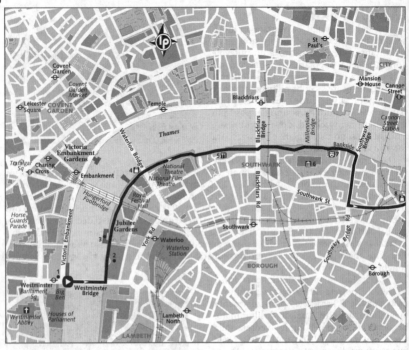

6 (p143). Approfittate dell'ingresso gratuito e aggiratevi per gli immensi spazi – anche solo per osservare il salone dell'enorme turbina dove si allestiscono mostre temporanee di notevole importanza. Le esposizioni permanenti sono ordinate per temi invece che in base al criterio cronologico. Dal ristorante e dalla sala riunioni, agli ultimi piani, si gode di una vista favolosa sulla città dall'altra parte del fiume.

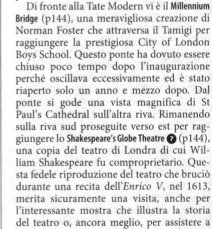

Borough Market (p328)

Di fronte alla Tate Modern vi è il **Millennium Bridge** (p144), una meravigliosa creazione di Norman Foster che attraversa il Tamigi per raggiungere la prestigiosa City of London Boys School. Questo ponte ha dovuto essere chiuso poco tempo dopo l'inaugurazione perché oscillava eccessivamente ed è stato riaperto solo un anno e mezzo dopo. Dal ponte si gode una vista magnifica di St Paul's Cathedral sull'altra riva. Rimanendo sulla riva sud proseguite verso est per raggiungere lo **Shakespeare's Globe Theatre 7** (p144), una copia del teatro di Londra di cui William Shakespeare fu comproprietario. Questa fedele riproduzione del teatro che bruciò durante una recita dell'*Enrico V*, nel 1613, merita sicuramente una visita, anche per l'interessante mostra che illustra la storia del teatro o, ancora meglio, per assistere a uno spettacolo pomeridiano.

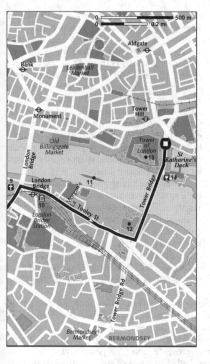

Da qui potete proseguire la vostra passeggiata lungo Bankside fino al Southwark Bridge. Percorrete Southwark Bridge Rd verso sud sino a Southwark St e girate a sinistra nell'elegante quartiere di Borough. In questa bellissima zona si ha la sensazione di trovarsi in un piccolo paese. Il suo centro è rappresentato dal fantastico **Borough Market** ❽ (p328), dove si vendono prodotti alimentari sin dal XIII secolo. Il venerdì e il sabato il mercato pullula di banchi di alimentari dove si può acquistare di tutto, dalle carni spagnole sotto sale alle torte di verdure biologiche, sino al branzino fresco: il posto ideale in cui procurarvi l'occorrente per un picnic, che potrete gustarvi nei giardini della **Southwark Cathedral** ❾ (p146) – dirigetevi lungo Borough High St verso il Tamigi e troverete la cattedrale sulla sinistra. Questo luogo favoloso riveste una notevole importanza storica: qui ebbe luogo il martirio dei protestanti sotto Maria Tudor.

Dal London Bridge imboccate Tooley St in direzione di Bermondsey. Lungo la strada incontrerete il **London Dungeon** ❿ (p147) e la nave **HMS Belfast** ⓫ (p147), alla fine di Morgan's Lane. Tooley St porta in Tower Bridge Rd e offre una meravigliosa vista del Tower Bridge. Il vicino **Greater London Authority Building** ⓬ è interessante, ma non abbastanza da competere con il più famoso ponte di Londra.

Attraversando il **Tower Bridge** (p114) fermatevi ad ammirare la Tower of London. Potete anche salire sul tetto del ponte: la vista che si gode dall'alto è imperdibile, assai più della storia, poco interessante, dei meccanismi del ponte. Una volta a nord del fiume, i camminatori più allenati potranno affrontare la visita della **Tower of London** ⓭ (p110); gli altri potranno gustare una bibita al **Tower Thistle Hotel** ⓮ o in uno dei vari eleganti bar del vicino St Katharine's Dock.

HIGHGATE E HAMPSTEAD

I verdi agglomerati urbani di Highgate e Hampstead (p168) sono tra le più belle zone di Londra: i turisti rimangono letteralmente incantati da queste deliziose colline, abitate dai londinesi più abbienti. Iniziate la vostra visita a piedi da Highgate, passando per il suo cimitero monumentale, famoso in tutto il mondo, poi attraversate il lussureggiante Hampstead Heath fino al vecchio borgo di Hampstead.

Dalla stazione della metropolitana di Archway dirigetevi verso nord-ovest fino ad **Highgate Hill**. Qui, secondo la leggenda, Dick Whittington sentì le Bow Bells (le campane della chiesa di St Mary-le-Bow, nell'East End) che gli dicevano di non lasciare Londra perché ne sarebbe diventato sindaco, il che effettivamente avvenne per ben quattro volte. Anche se sentire le Bow Bells ad Highgate Hill è praticamente impossibile, nel

In breve

Momento migliore Nei mesi estivi
Inizio Dalla stazione della metropolitana di Archway
Fine Dalla stazione della metropolitana di Hampstead
Spuntino In un elegante caffè o ristorante di Hampstead High St
Rinfresco Al pub Hollybush
Distanza 3 miglia (4,8 km)
Durata 3 ore

Hampstead Heath (p169)

luogo è stata posta una lapide, la **Whittington Stone ❶** (p73) per ricordare la vicenda.

Proseguendo per Highgate Hill, girate a sinistra in Dartmouth Park subito dopo aver superato la **St Joseph's Church ❷** alla vostra sinistra. L'ingresso al suggestivo **Waterlow Park** si trova un po' oltre, sulla destra. Waterlow Park è un posto tranquillo, con laghetti e colline. Fu donato alla città di Londra alla fine dell'Ottocento da Sir Sydney Waterlow, e conduce nella verde Swain's Lane. Il vicino **Holly Village**, un insieme di residenze private che risalgono al 1865, si trova alla vostra sinistra oltre Swain's Lane.

Proseguendo lungo Swain's Lane, invece, sulla sinistra troverete il luogo più famoso di Highgate, il **cimitero ❸** (p168). La parte ovest di questa vasta area può essere visitata solo con una guida (orientarsi è molto difficile); la parte est è meno interessante. Il più famoso di tutti i grandi personaggi qui sepolti è Karl Marx. L'atmosfera di questa zona del cimitero, con le sue catacombe e i sentieri fiancheggiati da elaborate tombe di famiglia è davvero magica.

Seguite la leggera curva di Swain's Lane sulla destra e arriverete direttamente a **Hampstead Heath** (p169) e a **Parliament Hill**, con le sue splendide vedute del centro di Londra. Hampstead Heath offre una quantità pressoché illimitata di svaghi: è possibile nuotare in numerosi laghetti, mentre presso il bellissimo **Parliament Hill Lido ❹** (p295) potrete giocare al pallone, andare in bicicletta, sui pattini a rotelle o semplicemente godervi il panorama.

Se siete stanchi potete semplicemente dirigervi alla **Keats House ❺** (p170): attraversate Parliament Hill, raggiungete Hampstead Ponds, quindi a Southend Rd lasciate la brughiera e procedete sino a Keats Grove per vedere la casa dove ha vissuto il poeta per due anni, fino al 1820. Dalla Keats House imboccate South End Rd verso la brughiera, poi East Heath Rd.

Gli appassionati di modernismo saranno forse interessati all'insolito edificio al **n. 2 Willow Rd ❻** (p170), situato sulla sinistra subito dopo Downshire Hill. Lo stile modernista ebbe come pioniere Ernö Goldfinger, e questo esempio unico è ora tutelato dal National Trust.

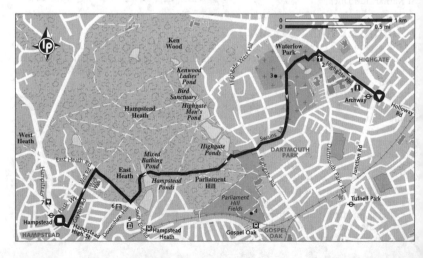

Proseguendo in East Heath Rd, visitate gli incredibili vicoli di Well Rd e di Well Walk, dove bellissimi piccoli cottage rivestiti di edera sono uno più bello dell'altro. Well Walk vi porterà in Gayton Rd e in **Hampstead High St**. Questo è il centro del paese di Hampstead, un luogo splendido per fermarsi a consumare uno spuntino e una meritata bevanda. Provate una delle taverne più amate, l'**Hollybush** **❼** (p269) in Holly Mount.

La taverna Hollybush (p269)

FLEET STREET E LO STRAND

Fleet St e lo Strand sono le strade che per secoli hanno unito i due mondi opposti di Londra: quello degli affari della City e quello politico di Westminster.

Da Ludgate Circus procedete verso ovest lungo Fleet St, dove un tempo avevano la loro sede i giornali nazionali britannici. La maggior parte degli uffici si è oggi trasferita a est, nelle Docklands, in cerca di spazi più ampi e di affitti più economici, ma esistono ancora molte testimonianze di quello che un tempo era il cuore della stampa londinese. Gli uffici della Reuters – la sola agenzia di stampa ancora rimasta – si trovano al n.

85 di Fleet St. Sul lato nord della strada, al n. 135, troverete **Peterborough Court** **❶** (p63), l'ex edificio del *Daily Telegraph*, costruito nel 1928 e variamente descritto come 'jazz modern' e 'neo-Greek'. Accanto, al n. 129, c'è **Salisbury Court** **❷**, la sede Art Deco del *Daily Express*, una delle strutture più eleganti e ricche d'atmosfera della prima metà del Novecento. I bar e i pub di Fleet St si riempiono ancora di giornalisti giorno e notte.

Più avanti, sul lato nord, c'è uno stretto vicolo chiamato Wine Office Court (sede dell'ufficio del dazio fino al 1665), che porta allo **Ye Olde Cheshire Cheese** **❸** (p260), locale amato dal dottor Samuel Johnson, l'uomo che compilò il primo dizionario inglese. In questo pub pieno d'atmosfera, dalle piccole stanze dotate di graziosi caminetti, vale la pena bere una birra a qualsiasi ora del giorno. Tra i numerosi avventori famosi di questo storico locale ricordiamo Charles Dickens e Mark Twain.

Tornate in Fleet St e continuate in direzione ovest lungo lo stesso lato. Al n. 154 passerete di fronte alla **Bouverie House** **❹**, che un tempo ospitò il *Sun*. Girate a destra nella stretta Johnson's Court che porta a Gough Square e visitate la **Dr Johnson's House** **❺** (p76); la sedia di legno sulla quale il professore usava sedersi mentre beveva allo **Ye Olde Cock Tavern** **❻** è conservata al primo piano. Questa taverna, la più vecchia di Fleet St, si trova a breve distanza a ovest sull'altro lato della strada (al n. 22), ed era la preferita dal poeta T.S. Eliot. La colorita insegna del gallo sulla facciata del pub si dice sia stata disegnata da Grinling Gibbons, i cui lavori adornano molte chiese di Londra, inclusa St Paul's Cathedral. Come lo Ye Olde Cheshire Cheese, questo locale fu frequentato da personaggi storici come Pepys, il dottor Johnson, Goldsmith e Charles Dickens.

Dirimpetto al Cock sorge **St Dunstan-in-the-West** **❼**, costruita da John Shaw nel 1832, che

Itinerari a piedi – Fleet Street e lo Strand

In breve

Momento migliore Sempre

Inizio Dalla stazione della metropolitana di Blackfriars

Fine Dalla stazione della metropolitana di Temple

Spuntino Un sandwich al Somerset House Café con vista sul Tamigi

Rinfresco Un drink al Ye Olde Cheshire Cheese

Distanza 1 miglio (1,6 km)

Durata Un'ora circa

sfoggia sul campanile una spettacolare lanterna ottagonale. Sulla facciata si trova l'immagine di Elisabetta I, la sola statua della 'regina vergine' posta all'esterno, che si trovava a Ludgate fino alla sua demolizione nel 1760. Osservate Gog e Magog nella nicchia sopra l'orologio esterno: allo scoccare dell'ora i due personaggi allegorici girano su se stessi e battono le campane poste dietro di loro.

Più a ovest, al n. 17, vi è la **Prince Henry's Room** ⑧, uno dei pochi edifici sopravvissuti sia al 'grande incendio' di Londra, sia ai bombardamenti tedeschi, per quanto la facciata sia stata ricostruita dopo la guerra. Da qui Enrico, figlio di Giacomo I, governò il suo ducato di Cornovaglia prima di morire di tifo all'età di 18 anni, senza neppure salire al trono. Dietro l'edificio, un'arcata porta alla **Temple Church** ⑨ (p97) nell'Inner Temple.

Al centro di Fleet St vi è la statua di un grifone a cavalcioni di un piedistallo finemente scolpito che segna il sito dell'originario **Temple Bar** ⑩, dove la City of Westminster diventa la City of London. Il piedistallo è decorato con le statue della regina Vittoria e di suo marito, il principe Alberto, insieme con i simboli dell'Arte e della Scienza, della Guerra e della Pace.

Il **Wig & Pen Club** ⑪ (p95), al n. 229-230 dello Strand, risale al 1625 ed è l'unico edificio dello Strand a essere sopravvissuto al 'grande incendio' del 1666; ora ospita un ristorante. L'esterno è decorato da fregi in gesso che rappresentano parrucche (wigs) e penne (pen).

Poco oltre, a ovest del Wig & Pen, al n. 222-225 vi è una filiale della **Lloyd's Bank** ⑫ in stile Art Deco, con pesci intagliati intorno alle finestre circolari ed elaborate piastrelle che ornano la rientranza in cui si trovano i bancomat. Un po' più avanti, sullo stesso lato al n. 216, s'incontra **Twinings** ⑬ (p95), un negozio di tè aperto da Thomas Twining nel 1706 che è probabilmente la più vecchia azienda di Londra ancora attiva nello stesso luogo e di proprietà della stessa famiglia. Sul lato nord dello Strand sorge lo straordinario complesso neogotico delle **Royal Courts of Justice** ⑭ (p96) che contiene più di 1000 camere e tre miglia di corridoi. La strada antistante è spesso occupata da folle di giornalisti e di curiosi quando si discutono processi o casi famosi; come nel 2003, quando Catherine Zeta-Jones e Michael Douglas hanno vinto una causa per danni contro la rivista *Hello!*

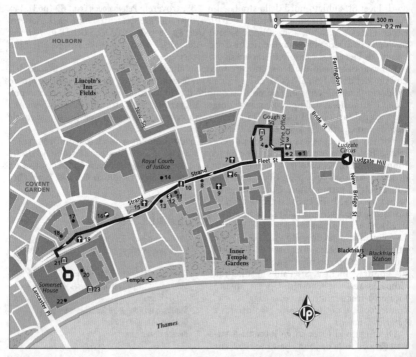

La chiesa al centro della strada è **St Clement Danes** ⑮ (☎ 7242 8282; ☷ 8.30-16.30 da lunedì a venerdì, 9-15.30 sabato, 9-12.30 domenica; p98). La chiesa originale fu progettata da Sir Christopher Wren nel 1682, e il campanile aggiunto da James Gibbs nel 1719; soltanto i muri e il campanile sopravvissero ai bombardamenti del 1941. Nel 1958 la chiesa fu ricostruita in onore dei caduti della Royal Air Force; 800 e più insegne in ardesia dei diversi squadroni e unità della RAF trovano posto sul pavimento della navata. La statua di fronte alla chiesa raffigura il discusso Sir Arthur 'Bomber' Harris, comandante della Royal Air Force, che guidò i bombardamenti sulla Germania durante la seconda guerra mondiale – incluso quello alla città di Dresda, in cui morirono 10.000 civili.

Continuate verso ovest lungo lo Strand e troverete alla vostra destra la **Australia House** ⑯, progettata da Marshall Mackenzie tra il 1912 e il 1918, e la stupenda modernista **Bush House** ⑰, costruita nel 1920. Quest'ultima ospita il BBC World Service, che trasmette giornalmente a un pubblico di oltre 350 milioni di ascoltatori in 43 lingue diverse. Il World Service, definito da Kofi Annan, segretario generale delle Nazioni Unite, come 'il più grande regalo dell'Inghilterra al mondo', cominciò a trasmettere all'estero fin dal 1932, quando era conosciuto con il nome di Empire Service. Da allora si è talmente ingrandito che, per ospitarlo, sono attualmente in costruzione nuovi edifici vicino alla Broadcasting House, in Oxford Circus. L'altrettanto imponente **India House** ⑱, accanto al BBC World Service, risale al 1930 e all'interno è decorata con splendidi affreschi di artisti bengalesi. Vi è pure un busto di Nehru, primo premier dell'India, nel piccolo passaggio che unisce lo Strand ad Aldwych.

Al centro della strada sorge **St Mary-le-Strand** ⑲, realizzata da James Gibbs tra il 1715 e il 1724 e chiesa del Women's Royal Naval Service. Per St Mary non era previsto un campanile, ma una colonna che sorreggesse la statua della regina Anna. L'idea fu abbandonata con la morte della regina Anna, avvenuta nel 1714; fu invece costruito un imponente campanile. Un tempo, sul prato dove oggi sorge la chiesa si trovava un alto palo intorno al quale si danzava durante le feste di calendimaggio. Bruciato nel 1644 dai puritani, esso fu rimpiazzato dopo la

Somerset House (p96)

Restaurazione, e in seguito acquistato da Sir Isaac Newton che lo utilizzò come sostegno per un telescopio!

Di fronte alla Bush House, sull'altro lato della strada, si nota l'enorme facciata del campus del King's College Strand, che nasconde uno dei più antichi college di Londra, fondato da re Giorgio IV nel 1829. Passeggiando nel cortile vale la pena vedere la facciata georgiana, spesso usata dalle troupe cinematografiche per girarvi film in costume.

Poco distante sorge la suggestiva **Somerset House** ❷⓪ (p96), progettata da Sir William Chambers nel 1774 e completata nel 1835. Il maestoso cortile accoglie fontane con giochi d'acqua in estate e una pista da pattinaggio in inverno. Se lasciate il palazzo dalla porta opposta a quella d'ingresso potete affacciarvi sul Tamigi e fare uno spuntino sulla terrazza del caffè. La Somerset House ospita attualmente tre musei notevoli: la **Courtauld Gallery** ❷❶ (p96), le **Hermitage Rooms** ❷❷ (p96) e la **Gilbert Collection of Decorative Arts** ❷❸ (p96). Continuando lungo lo Strand, sulla sinistra potrete ammirare il Savoy Hotel, con il famoso Savoy Grill (dove Churchill pranzò spesso al tavolo 4, che alla sua morte rimase vuoto per un anno, in sua memoria), e Savoy Street, uno stretto vicolo che conduce dallo Strand all'albergo, famoso per essere l'unica via in Inghilterra dove la guida è a destra, per lasciare lo spazio necessario a far manovra con la macchina dallo Strand all'ingresso del cortile dell'albergo e viceversa.

La passeggiata finisce nel punto in cui nello Strand compaiono i primi negozi eleganti e si entra in Trafalgar Square. Da qui potete dirigervi verso sud, a Whitehall, a ovest verso Buckingham Palace o a nord in direzione di Soho, per fare un po' di shopping.

Pasti

Pasti

Mangiare fuori a Londra è diventata una vera e propria moda negli ultimi dieci anni (p14), e non c'è mai stato momento migliore di quello attuale per esplorare la cucina locale. Nel presente capitolo vi indirizziamo verso i migliori ristoranti e caffè che si distinguono per l'ubicazione, la singolarità, l'originalità dell'ambiente, il rapporto qualità-prezzo e, naturalmente, la particolarità del cibo. I locali elencati di seguito spaziano dai caffè per la prima colazione agli scintillanti ristoranti di lusso, degni delle occasioni più speciali.

Qualche anno fa i 'gastropub' erano assai popolari nella capitale; oggi, molti dei posti segnalati nel capitolo Locali servono pasti più che dignitosi.

Goddards Pie House, Greenwich (p236)

Mance

La mancia è diventata un argomento alquanto controverso negli ultimi anni. La maggior parte dei ristoranti, ormai, aggiunge automaticamente al conto una percentuale 'consigliata' per il servizio pari al 12,5% e lascia un *ulteriore* spazio per la mancia sullo scontrino della carta di credito. C'è da chiedersi se la percentuale per il servizio venga effettivamente corrisposta ai camerieri, in ogni caso sta a voi decidere se lasciare o no qualcosa in più. Se il servizio non è stato all'altezza, rifiutatevi di pagare la percentuale richiesta.

Orari dei pasti

I londinesi seguono orari abbastanza liberi per i pasti ma, a differenza dei popoli dell'Europa continentale, amano cenare presto, generalmente tra le 19 e le 21.30. Quasi tutti i ristoranti servono il pranzo tra mezzogiorno e le 14.30 e la cena tra le 19 e le 22, anche se molti restano aperti tutto il giorno. Gli orari possono cambiare da un locale all'altro, per esempio molti ristoranti di Soho chiudono la domenica e quelli della City per tutto il weekend; per ogni singolo ristorante li abbiamo messi in evidenza, qualora diversi dalla norma. Tuttavia, se avete scelto di mangiare in un posto fuori mano, è consigliabile telefonare e informarsi sugli orari prima di muovervi.

Prenotare un tavolo

Prenotare un tavolo è diventato ormai quasi d'obbligo per tutti i ristoranti del centro dal giovedì al sabato e per quelli più alla moda tutti i giorni della settimana. Un buon servizio di prenotazioni online è www.toptable.co.uk, che è affidabile e spesso offre notevoli sconti. Molti dei locali di categoria più alta – quelli che hanno i prezzi più elevati – applicano un sistema di prenotazione dei posti secondo fasce orarie: si può scegliere di mangiare per esempio tra le 19 e le 21, oppure tra le 21 e le 23. Forse è meglio optare per la seconda fascia oraria, in modo da poter consumare il vostro pasto in tutta calma.

Fumo

La maggior parte dei ristoranti – quanto meno quelli di media e alta categoria – ha una zona non fumatori; non sempre, però, vi sarà concesso questo privilegio e può accadere che i fumatori del tavolo accanto non esitino ad accendersi una sigaretta anche se siete ancora intenti ad assaporare il vostro piatto. Un numero sempre crescente di locali sta imponendo il divieto di fumare, ma se il fumo per voi costituisce un vero problema, fatelo ben presente al momento della prenotazione.

Costi

Forse il motivo principale per scorrere questo capitolo e scegliere con cura un ristorante sta nel fatto che mangiare fuori a Londra è incredibilmente costoso se paragonato all'America, all'Australia e a gran parte dell'Europa. Inoltre, è raro trovare un locale con una cucina che possa essere considerata all'altezza dei prezzi. Se in un ristorante di classe prendete un aperitivo al bar e ordinate tre portate alla carta accompagnandole con un vino rosso europeo di qualità discreta sarete fortunati se, in due, ve la caverete con £250. Tuttavia, potreste avere un ottimo pasto per la metà di questa cifra evitando di scegliere i ristoranti *du jour*, ma è improbabile che conserverete il ricordo di un pasto consumato a Londra per meno di £50. Le zone più costose dove andare a mangiare sono il West End e il centro-sud.

Dove fare la spesa

Oltre a scoprire il piacere di mangiare fuori, i londinesi stanno dimostrando una maggiore sensibilità per il cibo in generale, e se desiderate preparare da soli i vostri pasti, troverete un gran numero di mercati con bancarelle di frutta e verdura biologiche, gastronomie del continente europeo e negozi di prodotti etnici sparsi in tutta la città.

Ristoranti vegetariani

La cucina vegetariana è da tempo considerata parte integrante del panorama della ristorazione di Londra – non da ultimo per i timori legati alla sicurezza alimentare della carne inglese – e la stragrande maggioranza dei locali riportati di seguito offre una vasta scelta di piatti saporiti per chi non mangia carne. Tra i ristoranti specializzati in cucina vegetariana figurano: Food for Thought (p213), Gate (p245), Mildred's (p210), Oshobasho Café (p241), Place Below (p223), Rasa (p241), Raw Deal (p240), Red Veg (p216) e Woodlands (p238).

IL WEST END

Molti dei ristoranti più eclettici, più eleganti e spesso più costosi di Londra sono sparsi intorno all'elettrizzante West End. I locali per la ristorazione si concentrano soprattutto lungo le vie più battute dai turisti, anche se i posti migliori si trovano spesso nelle strade secondarie, mentre quelli più in evidenza sono generalmente di scarsa qualità. Ogni settimana aprono nuovi locali: se riscuotono successo, difficilmente si riesce a entrarvi senza aver prima prenotato. Chinatown, come potrete immaginare, è un luogo ideale dove assaporare la cucina cinese o giapponese spendendo poco. Trovate alcuni rinomati ristoranti vegetariani nella bella Neal's Yard, anche se negli ultimi anni è aumentato il divario tra la qualità offerta e i prezzi di alcuni locali, che sono stati quindi eliminati dalla nostra guida.

SOHO

BACK TO BASICS

Cartina pp446-47 *Pesce*
☎ 7436 2181; 2a Foley St W1; portate principali £12,95-14,95; ☺ chiuso sabato e domenica; metro Oxford Circus

Sul menu troverete diversi piatti, ma la specialità di questo splendido ristorante è il pesce. Il locale è molto raccolto e vivace, anche se a volte un po' rumoroso. Ogni giorno, su una lavagna, vengono indicati una dozzina di varietà di pesce freschissimo e altrettanti modi in cui viene cucinato; ma non sempre la lista comprende l'ottima coda di rospo con un gustoso cuscus di gamberetti all'aglio.

CRITERION

Cartina p448 *Cucina francese*
☎ 7930 0488; 224 Piccadilly W1; portate principali £12-20; ☺ chiuso domenica; metro Piccadilly Circus

Questo bel ristorante di Marco Pierre White è ricco di lampadari, specchi, marmi e mosaici

Pasti – Il West End

scintillanti, ma la sua caratteristica più saliente è la cucina francese moderna, che spazia dalla delicata zuppa di cozze e zafferano alla squisita e sostanziosa bistecca alla tartara. Purtroppo questo è uno di quei locali in cui le cene sono suddivise in due fasce orarie; cercate di arrivare per la seconda, così non vi sarà messa alcuna fretta. I vegetariani non vi troveranno nulla di loro gradimento.

GARLIC & SHOTS

Cartina p448 *Novità*

☎ 7734 9505; 14 Frith St W1; portate principali £9-13; ⏰ aperto a cena fino all'1 da giovedì a sabato; metro Tottenham Court Road

Dal vostro grado di tolleranza per l'aglio – e dai vostri programmi per il resto della serata – dipenderà la misura in cui apprezzerete questo nuovo locale. La predilezione di questo ristorante per l'aglio non ha proprio confini: lo troverete in tutti i suoi piatti, persino nella torta di formaggio. L'altro tratto saliente del locale è la vodka in diversi gusti (provate quella rossa). Ci sono anche tavolini all'aperto e un rumorosissimo bar al pianterreno.

GAY HUSSAR

Cartina p448 *Cucina ungherese*

☎ 7437 0973; 2 Greek St W1; portate principali £12-18; metro Tottenham Court Road

Elegante ma non troppo, Il Gay Hussar fa rivivere l'atmosfera misteriosa della Soho degli anni '50 del XX secolo. La cena è servita in una sala rivestita di pannelli di legno, con broccato e stampe a nero di seppia alle pareti. Il menu è ricco e comprende piatti di autentica cucina ungherese a base di carne, serviti in porzioni abbondanti. Il 'piatto pronto alla zingara', con medaglioni di maiale, cipolle e peperoni verdi, è una vera delizia.

KETTNERS

Cartina p448 *Pizza*

☎ 7734 6112; 29 Romilly St W1; piatti £7-11; metro Leicester Square

Anche se fa parte della catena Pizza Express, il Kettners è un po' più costoso rispetto alle altre filiali, ma la qualità del cibo e l'atmosfera valgono più del doppio. Gli incantevoli arredi di questo vecchio albergo di Soho fondato nel 1867 e il menu giornaliero a base di pizze e hamburger creano un affascinante contrasto. Ascoltando la piacevole musica di un pianoforte in sottofondo potrete scegliere tra 50 tipi di champagne.

I top five del West End

- J Sheekey (p213)
- Lindsay House (sotto)
- Mildred's (sotto)
- Sketch (p212)
- Zipangu (p214)

LINDSAY HOUSE

Cartina p448 *Cucina irlandese*

☎ 7439 0450; 21 Romilly St W1; pranzo/cena con menu a prezzo fisso £23/48; metro Leicester Square

Richard Corrigan è lo chef irlandese e la figura che sta dietro questo superbo ristorante, dove sarete letteralmente conquistati dalla 'nuova cucina irlandese', che è veramente qualcosa di memorabile. I piatti sono semplici e sostanziosi, ma preparati a regola d'arte (come il *ballotine* di branzino con cavolo sottaceto e ostriche). Il ristorante conserva l'atmosfera della villa settecentesca in cui è ospitato e tutti gli arredi sono realizzati con materiali e colori naturali. I camerieri hanno un atteggiamento gentile e sincero, come è caratteristico dell'ospitalità irlandese.

MEZZO

Cartina p448 *Cucina europea moderna*

☎ 7314 4000; 100 Wardour St W1; portate principali £14-18; metro Piccadilly Circus

L'ennesima iniziativa imprenditoriale del guru della ristorazione londinese Terence Conran attira folle di giornalisti londinesi ed è così grande che ci si può quasi perdere. Il ristorante principale, al piano inferiore, è vivace e rumoroso; sia il cibo, sia il servizio sono eccellenti, in rapporto ai prezzi. Il Mezzonine, al piano terra, è meno formale e più economico.

MILDRED'S

Cartina p448 *Cucina vegetariana*

☎ 7494 1634; 45 Lexington St W1; portate principali £5-7; metro Tottenham Court Road

È il miglior ristorante vegetariano del centro di Londra, ma offre piatti gustosi anche per chi di solito preferisce la carne. Di recente è stato spostato in una struttura più grande, ma alle ore dei pasti è comunque affollato. Se non siete restii a condividere il tavolo con altri, potrete gustarvi un sano pasto vegetariano squisito, economico e abbondante, a partire dalle insalate e verdure saltate in padella, fino agli hamburger di soia e a un memorabile pasticcio alla birra. Le bevande includono

I top five dei caffè di Soho

Soho vanta una sofisticata cultura del caffè, quasi degna di quella che caratterizza i paesi dell'Europa continentale. In questa zona, ci si ritrova per sorseggiare una bevanda calda, fumare o chiacchierare sin da quando in epoca vittoriana vi aprirono i primi caffè. A questo proposito, Soho raggiunse il suo massimo splendore con i locali mod degli anni '60, e oggi i posti tra cui scegliere sono talmente tanti che soddisferanno i gusti e le inclinazioni di tutti. I cinque caffè che riportiamo di seguito vi serviranno come punto di partenza.

BAR ITALIA Cartina p448
☎ 7437 4520; 22 Frith St W1; panini £3,50-5; 🕐 24 ore su 24; metro Leicester Square
In qualsiasi ora del giorno e della notte questo famoso locale di Soho dai suggestivi arredi anni '50 è frequentato assiduamente dalle celebrità londinesi. Sempre affollato e rumoroso, solitamente vi si riesce a trovare posto a sedere dopo l'una di notte.

MAISON BERTAUX Cartina p448
☎ 7437 6007; 28 Greek St W1; dolci circa £3; metro Tottenham Court Road
Bertaux vanta squisiti pasticcini, un servizio rilassato, un'atmosfera francese bohémien e ben 130 anni di storia.

MONMOUTH COFFEE COMPANY Cartina p450
☎ 7836 5272; 27 Monmouth St WC2; metro Tottenham Court Road/Leicester Square
Essenzialmente è un negozio che vende caffè in grani da tutto il mondo; ma è anche un locale ricco d'atmosfera, che comprende alcuni padiglioni in legno sul retro, dove si possono gustare miscele provenienti da paesi come il Nicaragua, il Guatemala, il Kenya e l'Etiopia. La filosofia del locale è in completa antitesi con quella delle grandi catene di negozi che vendono caffè.

PÂTISSERIE VALERIE Cartina p448
☎ 7437 3466; 44 Old Compton St W1; tramezzini £3,50-5,95; metro Tottenham Court Road/Leicester Square
Questa pasticceria, fondata nel 1926, è una vera istituzione a Soho e offre deliziose paste, tramezzini ricercati e croissant ripieni; è rigorosamente proibito usare il cellulare al suo interno. Sparse per la città ci sono altre quattro succursali, in ognuna delle quali sarete fortunati se riuscirete a trovare un posto a sedere.

STAR CAFÉ Cartina p448
☎ 7437 8778; 22 Great Chapel St W1; portate principali £5-8; metro Tottenham Court Road
In armonia con Soho, questo caffè dall'atmosfera magica sfoggia pubblicità d'epoca e arredi in stile continentale che fanno pensare che il tempo non sia passato da quando è stato aperto, negli anni '30 del XX secolo. È rinomato soprattutto per le prime colazioni, specialmente quella dal curioso nome di 'Tim Mellor Special', a base di salmone affumicato e uova strapazzate. Ottimo l'agnello arrosto con patate novelle, servito a pranzo; il servizio è efficiente e cordiale a qualsiasi ora del giorno.

Pasti – Il West End

succhi di frutta, caffè, birra e vino biologico, e il personale è gentile e disponibile.

PIZZA EXPRESS
Cartina p448 *Pizza*
☎ 7439 8722; 10 Dean St W1; pizze £5-8; metro Tottenham Court Road
Questa grande catena di pizzerie è ancora molto amata dai londinesi e conta una cinquantina di succursali sparse in tutta la città, dove viene servita la solita pizza di discreto livello in un ambiente accogliente dall'atmosfera familiare. Questa filiale, in particolare, è famosa tanto per le pizze quanto per le serate di jazz nel seminterrato.

QUO VADIS
Cartina p448 *Cucina italiana*
☎ 7437 9585; 26-29 Dean St W1; portate principali £14-32; metro Tottenham Court Road

Un tè... con contorno

Uscire a bere un 'tè pomeridiano' è un vero rito per molti inglesi, per i quali una gita nel centro di Londra non sarebbe completa senza una visita a una delle sue affascinanti sale da tè. Secondo la tradizione, in questi locali vengono serviti deliziosi tramezzini (al cetriolo o al salmone affumicato), focaccine calde con crema e marmellata e una moltitudine di pasticcini assortiti da accompagnare a fiumi di tè: il tutto al costo di circa £25 a persona. I posti migliori per abbandonarsi a tali delizie sono il Ritz (p342), il Brown's Hotel (p340), il Claridges (p341) e il celebre grande magazzino di Fortnum & Mason.

Un tempo il locale gestito dallo chef Marco Pierre White era anche arricchito dalle opere dell'artista Damien Hirst. Dopo un litigio fra i due, nel 1999, lo chef si è sbarazzato di tutte le opere di Damien che ornavano le pareti e per un certo periodo le ha sostituite con imitazioni di scarsa qualità. Oggi il locale ha riacquistato il suo stile ricercato, elegante e intimo nello stesso tempo. La cucina è eccellente (provate il risotto ai funghi o la razza con i capperi); i camerieri sono cordiali e molto ben organizzati.

SAIGON

Cartina p448 *Cucina vietnamita*

☎ 7437 7109; 45 Frith St W1; pasti £11; metro Tottenham Court Road

Questo ristorante è una tappa d'obbligo per tutti coloro che amano la cucina asiatica. Anche se Londra scarseggia di buoni ristoranti di cucina vietnamita – e la *mu tac* (mostarda) di Saigon probabilmente non è la migliore che si possa trovare – questo locale riesce a soddisfare il corpo e l'anima con l'autenticità dei sapori e degli arredi.

SKETCH

Cartina p448 *Cucina europea moderna*

☎ 0870 777 4488; 9 Conduit St W1; portate principali nella Lecture Room £50-75; portate principali nella Gallery a partire da £10; metro Oxford Circus

Realizzazione del sogno più strano di un appassionato di architettura, Sketch è il posto più alla moda di Londra – per lo meno al momento della stesura della presente guida –, dove si tengono le feste più movimentate. Scintillanti sale bianche, sedie firmate Tulip, gabinetti a forma di uova bianche e immagini video proiettate sulle pareti: questa galleria d'arte al piano terra diventa un animato ed economico ristorante la sera e un eccentrico club dopo la mezzanotte. Il cibo, servito in piccole porzioni, dà un'idea di quello che si può assaporare al piano superiore nella Lecture Room, il ristorante più caro di Londra, dove per un antipasto si possono spendere £65. Il menu offre scelte per lui e per lei (accanto alle

quali non sempre sono indicati i prezzi), ma la caratteristica più saliente di questo ristorante – a parte i gabinetti incrostati di cristalli – sono le eccezionali specialità dello chef Pierre Gagnaire, che ha vinto tre stelle Michelin per il suo ristorante di Parigi.

SPIGA

Cartina p448 *Cucina italiana*

☎ 7734 3444; 84-86 Wardour St W1; pizze e piatti di pasta £6-9, portate principali £12,50-14; metro Tottenham Court Road

Questa piccola succursale di un'elegante catena è l'ideale per chi vuole gustare una cucina italiana moderna, servita in un piacevole ambiente informale, senza spendere troppo. Pizze ricercate, saporiti piatti di pasta, squisiti antipasti vegetariani e raffinati piatti di formaggi fanno di questo ristorante del West End una scelta eccezionale a prezzi convenienti.

SUGAR CLUB

Cartina p448 *Cucina fusion*

☎ 7437 7776; 22 Warwick St W1; portate principali £13,80-25; metro Oxford Circus

La cucina di questo ristorante molto frequentato si basa sui piatti tipici dei paesi dell'Oceano Pacifico – come scaloppine alla griglia con salsa dolce di peperoncino rosso o arrosto d'anatra su un letto di fagioli neri saltati – che mescolano sapientemente le tradizioni culinarie dell'Oriente e dell'Occidente. Il pianoterra è un po' caotico e forse troppo rumoroso per le coppie, che preferiranno l'atmosfera più discreta del seminterrato.

COVENT GARDEN E LEICESTER SQUARE

1997

Cartina p448 *Cucina cinese*

☎ 7734 2868; 19 Wardour St W1; portate principali £6,50-9; ☺ aperto fino alle 4; metro Leicester Square

Questo ristorante, che prende il nome dall'anno in cui Hong Hong è tornata a fare parte della Cina, serve una saporita anatra alla pechinese e una piacevolissima pasta in brodo. Alle pareti del locale, tra i ritratti di noti esponenti del comunismo cinese vi è anche quello della principessa Diana. Il fatto che il locale sia pieno di studenti cinesi è un chiaro segno del suo successo.

ATLANTIC BAR & GRILL

Cartina p448 *Cucina britannica moderna*
☎ 7734 4888; 20 Glasshouse St W1; portate principali £12-20; metro Piccadilly Circus

Questo locale animato e ricco d'atmosfera è caratterizzato da soffitti alti, un'ampia zona ristorante in stile Art Deco, due bar e un menu a base di ottimi piatti di pasta, carne e pesce, oltre a una quantità eccezionale di vini e cocktail.

CALABASH

Cartina p450 *Cucina africana*
☎ 7836 1973; Africa Centre, 38 King St WC2; portate principali £5-8; metro Covent Garden

Situata nell'Africa Centre, questa semplice trattoria dall'atmosfera tranquilla propone i sapori di ogni parte del continente africano e offre un menu dettagliato, in grado di guidare anche coloro che non si intendono di questo tipo di cucina in un viaggio gastronomico dall'*egusi* (stufato di carne nigeriano) allo *yassa* (pollo senegalese).

CHUEN CHENG KU

Cartina p448 *Cucina cinese*
☎ 7437 1398; 17 Wardour St W1; dim sum £2, portate principali £6-12; metro Leicester Square

È un posto ideale per coloro che non hanno mai provato questo tipo di cucina, perché tutti i piatti – gnocchi, spaghetti, gamberi al cartoccio e altro – vengono presentati (a volte fin troppo di corsa) su dei carrelli e non si deve fare altro che scegliere ciò che ci ispira maggiormente. Gli antipasti a base di dim sum sono spesso eccessivamente pepati, ma le portate principali sono un tripudio di sapori. Ci sono numerosi piatti vegetariani e di pesce; alcuni sono un po' costosi, come la polpa di granchio con tofu.

FOOD FOR THOUGHT

Cartina p450 *Cucina vegetariana*
☎ 7836 0239; 31 Neal St WC2; portate principali £3-6,50; metro Covent Garden

Questo apprezzato locale vegetariano si distingue per la ricchezza dell'atmosfera e dei sapori e la convenienza dei prezzi. I piatti comprendono zuppe, insalate, patate fritte e i tradizionali *thali* (piatti misti) indiani. È un locale rustico e senza troppe pretese, solitamente affollato.

IVY

Cartina p450 *Cucina britannica moderna*
☎ 7836 4751; 1 West St WC2; portate principali £10-25; metro Leicester Square

Con il suo portiere in livrea e le celebrità che annovera tra la sua clientela, riuscire ad accaparrarsi un tavolo in questo locale è una vera impresa. Una volta dentro, però, riceverete un servizio cortese e per nulla pretenzioso e assaporerete squisite versioni di tipici piatti inglesi, come lo *shepherd's pie*, il pasticcio di carne ricoperto di purè (senza dubbio il migliore della città e quindi probabilmente anche del mondo), la bistecca alla tartara e il *kedgeree*.

J SHEEKEY

Cartina p450 *Pesce*
☎ 7240 2565; 28-32 St Martin's Crt WC2; portate principali £10-25; metro Leicester Square

Gioiello del panorama gastronomico locale, questo bellissimo ristorante vanta quattro eleganti, discrete e spaziose sale rivestite in legno, in cui potrete assaporare le ricchezze del mare cucinate in modo semplice e squisito. I camerieri sono distinti, mentre il menu è breve ma selezionato; non rimarrete sicuramente delusi dall'haddock con patate, uova fritte e pancetta croccante.

ORSO

Cartina p450 *Cucina italiana*
☎ 7240 5269; 27 Wellington St WC2; portate principali £13-16; metro Covent Garden

Questo elegante e raffinato ristorante italiano è in attività da diverso tempo e di giorno è frequentato soprattutto da persone che lavorano nel campo dei media (forse attirati dal Bloody Mary gratuito con il menu a prezzo fisso del pranzo), mentre di sera prevalgono i turisti, che vi si fermano prima di andare a teatro. Il cibo non è niente di speciale, ma i camerieri sono cordiali.

OSIA

Cartina p448 *Cucina asiatica/australiana*
☎ 7976 1313; 11 Haymarket SW1; portate principali £12-20; metro Piccadilly Circus

Tra i ristoranti specializzati in carne alla griglia e le catene di bar di Haymarket, Osia si distingue per il suo fascino sofisticato. Chiamato così probabilmente per le sue influenze australiane e asiatiche, il locale vanta una magnifica sala ristorante, in cui potrete gustare una delle cucine più squisite della capitale, e un attraente bar sul retro, dove bere deliziosi cocktail. Tra i piatti più prelibati ricordiamo l'halibut con porro, zucca e pastinaca e un elaborato *pavlova* (un contributo australiano alla tavola internazionale, anche se forse proviene dalla Nuova Zelanda). Il personale è allegro, disinvolto e loquace.

LA PERLA

Cartina p450   *Cucina messicana*
☎ 7240 7400; 28 Maiden Lane WC2; portate principali £8,95-12,50; metro Covent Garden
Nonostante la minuscola cucina e il fatto che i suoi clienti sembrano essere più interessati a bere tequila che a mangiare, questo 'bar' colpisce favorevolmente per le abbondanti porzioni di pollo con *fajitas* saltati in padella e gli ottimi tacos.

ROCK & SOLE PLAICE

Cartina p450   *Pesce*
☎ 7836 3785; 47 Endell St WC2; portate principali £6-13; metro Covent Garden
Fondato nel 1871, è forse il più vecchio locale che propone fish & chips a Londra. A Covent Garden è un vero e proprio punto di riferimento, anche per il suo servizio di piatti da asporto. Oltre al tradizionale – e sempre più raro – merluzzo, serve sogliola di Dover, salmone scozzese e filetto di tonno in una croccante pastella, con abbondanti porzioni di patatine dorate.

RULES

Cartina p450   *Cucina tradizionale britannica*
☎ 7836 5314; 35 Maiden Lane WC2; portate principali £18-24; metro Covent Garden
Aperto fin dal 1798, questo locale molto britannico ed elegante è il ristorante più vecchio di Londra ed è specializzato in piatti classici a base di selvaggina. Nonostante la sua veneranda età, è un locale molto vivace, che attira sia la gente del luogo, sia le masse di turisti.

TOKYO DINER

Cartina p450   *Cucina giapponese*
☎ 7287 8777; 2 Newport Pl WC2; pasti con menu a prezzo fisso £5,90-8,50; metro Leicester Square
Questo locale offre cucina giapponese a prezzi abbordabili. Tutti i camerieri sono giapponesi,

discreti, gentili e preparati. Il miso è mediocre, ma i curry giapponesi sono davvero eccellenti. È un ottimo posto dove consumare uno spuntino veloce, magari a base di sushi, anche se a volte è troppo affollato.

WONG KEI

Cartina p448   *Cucina cinese*
☎ 7437 3071; 41-43 Wardour St W1; portate principali £4,50-7,50, menu fissi a partire da £6; metro Leicester Square
Questo posto è famoso per la villania dei camerieri, che in realtà non sono così sgarbati perché il loro atteggiamento è poco più di una sorta di pantomima. Il cibo cantonese è economico e un po' pesante, e viene servito in piatti di plastica. Spesso bisogna condividere il proprio tavolo con altre persone, ma questo potrebbe essere anche un buon modo per fare nuove amicizie.

ZIPANGU

Cartina p450   *Cucina giapponese*
☎ 7437 5042; 8 Little Newport St WC2; cena con menu a prezzo fisso £10-14; metro Leicester Square
Anche se manca del tutto d'atmosfera, questo ristorante su tre piani serve cibo straordinariamente saporito, sempre fresco e incredibilmente buono, e vanta camerieri molto gentili. Stile a parte, è un locale assolutamente consigliato, sia per i prezzi, sia per la cordialità.

HOLBORN E LO STRAND

ADMIRALTY

Cartina p450   *Cucina francese*
☎ 7845 4646; Somerset House, Strand WC2; pranzo con menu a prezzo fisso £25; metro Embankment
Questo ristorante è il fiore all'occhiello della zona ristrutturata di Somerset House e ha un interno in stile tradizionale e una cucina francese moderna. All'esterno c'è una graziosa terrazza che dà sul Tamigi e i menu di degustazione (tra cui uno vegetariano) sono sublimi.

SIMPSON'S-IN-THE-STRAND

Cartina p450   *Cucina tradizionale britannica*
☎ 7836 9112; 100 Strand WC2; portate principali £15; metro Covent Garden
Se avete voglia di un arrosto tradizionale inglese e di carne in genere, questo storico locale, in attività fin dal 1848, fa al caso vostro. Le pietanze a base di carne vengono servite in una bella sala da pranzo con pannelli di legno.

BLOOMSBURY E FITZROVIA

ABENO

Cartina p450 *Cucina giapponese*

☎ 7405 3211; 47 Museum St WC1; portate principali £5-25; metro Tottenham Court Road

Questo piccolo ristorante poco noto è specializzato in *okonomiyaki*, una sorta di gustosa frittella giapponese servita con ingredienti a scelta (tra cui oltre 20 varianti, da carne e verdure affettate a uova, pasta e formaggio) e cucinata davanti ai vostri occhi su una piastra rovente che occupa gran parte del tavolo. A volte gli inservienti esagerano un po' con le salse, ma il cibo è buono e rappresenta un'interessante e diversa esperienza gastronomica.

BAM-BOU

Cartina p448 *Cucina vietnamita*

☎ 7323 9130; 1 Percy St W1; portate principali £10-14; metro Goodge Street

Questa casa georgiana di notevole interesse storico attira gente da ogni parte di Fitzrovia grazie alla sua cucina coloniale franco-vietnamita. Potrebbe sembrare un posto un po' esclusivo e in alcuni casi il personale è tutt'altro che cordiale, ma i suoi piatti di cucina vietnamita prevalentemente moderna (come i gamberetti al sesamo o l'anatra in padella) riscuotono un gran successo.

HAKKASAN

Cartina p448 *Cucina cinese*

☎ 7907 1888; 8 Hanway Pl W1; portate principali £6-30; metro Tottenham Court Road

Questo ristorante – nascosto in fondo a un vicolo, come spesso succede per i locali più alla moda – è un luogo di ritrovo per celebrità, che vanta uno splendido arredamento di design, invitanti cocktail e una cucina cinese incredibilmente sofisticata. È stato il primo ristorante cinese a ottenere una stella Michelin. L'illuminazione soffusa, simile a quella di un locale notturno, lo rende particolarmente

indicato per a[...] grande bar lucc[...] rare un Belvedere B[...] di vodka Belvedere e [...] locale appositamente per [...] Kate Moss. L'atmosfera è un [...] consentito scattare foto al suo [...] infastidire i clienti più famosi. Ne[...] mata Ling Ling si può cenare in un [...] più informale.

HAN KANG

Cartina p448 *Cucina coreana*

☎ 7637 1985; 16 Hanway St W1; portate principali intorno a £12; metro Tottenham Court Road

Nonostante si trovi nella poco rinomata zona di Hanway St, questo ristorante è una vera rivelazione. Forse non offre una grande scelta, ma il cibo è eccezionale, dal *kimchi* (cavolo in salamoia condito con spezie piccanti) al *bulgogi* (letteralmente 'carne di fuoco', ossia fettine di manzo marinate). I non fumatori potrebbero non trovarsi a proprio agio.

NORTH SEA FISH RESTAURANT

Cartina pp440-41 *Pesce*

☎ 7387 5892; 7-8 Leigh St WC1; portate principali £8-17; metro Russell Square

Offre una cucina caratterizzata esclusivamente da pesce fresco e patate: un'ambizione senza pretese, ma realizzata con pieno successo. Vi consigliamo uno degli abbondanti piatti di halibut o platessa fritti o alla griglia, accompagnati da una montagna di patatine. L'ambiente non è molto affascinante, ma il personale è davvero gentile.

PIED A TERRE

Cartina pp446-47 *Cucina francese*

☎ 7636 1178; 34 Charlotte St W1; pranzo/cena di 3 portate con menu a prezzo fisso £24/47; metro Goodge Street/Tottenham Court Road

Dopo aver perso una delle sue due stelle Michelin qualche anno fa, il locale ha assunto un nuovo chef, che ha rivisto il menu eliminando alcuni piatti e proponendone altri più semplici e al passo con i gusti del momento; il Pied ha così meritatamente recuperato la sua stella. La zuppa fredda di sedano rapa insaporita con il pesto è uno dei piatti più richiesti in estate, ma trattandosi di un ristorante francese le portate principali sono solitamente a base di carne, dalle lumache al vitello. La sorprendente lista dei vini suggerisce anche alcune ottimali combinazioni di cibi e bevande.

I top five dei ristoranti progettati da grandi architetti

- Baltic (p230)
- E&O (p242)
- Hakkasan (sopra)
- Nobu (p227)
- Sketch (p212)

puntamenti galanti, mentre il
...ante è l'ideale per assapo-
...eauty, un aperitivo a base
...chi ideato da questo
...la famosa top model
...po' seriosa: non è
...terno per non
...la sala chia-
...tmosfera

...liana
...ali

...na a
...onale
...rtate
...asti-
...urry
...atiz-

CAFE IN THE CRYPT

Cartina p450   *Caffè*
☎ 7839 4342; St Martin-in-the-Fields, Duncannon St WC2; portate principali £3,95-6,50; metro Charing Cross/Embankment

È ospitato in una suggestiva cripta, offre piatti eccellenti, dalle zuppe ai cibi cotti in casseruola (con un gran numero di scelte vegetariane). All'ora di pranzo è sempre sovraffollato.

FRANX SNACK BAR

Cartina p450   *Caffè*
☎ 7836 7989; 192 Shaftesbury Ave WC2; pasti £3; metro Tottenham Court Road

Si tratta di un autentico 'caffè' londinese proprio come tutti quelli di questa zona; vi verranno offerte uova e pancetta e altre specialità servite in un unico piatto.

IKKYU

Cartina p450   *Cucina giapponese*
☎ 7439 3554; 7-9 Newport Pl WC2; sushi £1,50-2,50, piatti di pasta £5-8; metro Leicester Square

Questo ristorante, con un proprietario cinese ma cuochi giapponesi, serve sushi, sashimi e piatti di pasta *à la carte*; ma la cosa più interessante, per i viaggiatori con un budget limitato, sono i quattro diversi pranzi con menu a prezzo fisso e il buffet giapponese 'all you can eat' servito a partire dalle 17.

KULU KULU

Cartina p448   *Cucina giapponese*
☎ 7734 7316; 76 Brewer St W1; sushi £1,20-3; metro Piccadilly Circus

Un po' disadorno ma sempre movimentato, è il migliore ristorante della città, in questa categoria, e serve sushi a prezzi convenienti presentando le portate su un nastro trasportatore. Non ci sono menu: servitevi dei piatti che più vi aggradano mentre vi passano davanti sul nastro trasportatore. Le porzioni sono un po' scarse.

POLLO

Cartina p448   *Cucina italiana*
☎ 7734 5917; 20 Old Compton St W1; portate principali £4-8; metro Leicester Square

Questo famoso ristorante a prezzi bassi attira una tranquilla clientela abituale e offre discreti piatti di pasta, risotto e pizza. A dispetto del nome, non vi si serve pollo.

RED VEG

Cartina p448   *Fast food vegetariano*
☎ 7437 3109; 95 Dean St W1; portate principali £3-5; metro Tottenham Court Road

Verdure di tutti i tipi e ingredienti naturali sono due caratteristiche tipiche di questo ristorante vegetariano unico nel suo genere, che si abbandona a un sentimentalismo d'impronta comunista negli arredi e propone un fast food vegetariano che spazia dalla pasta orientale al falafel.

SOBA

Cartina p448   *Cucina giapponese*
☎ 7734 6400; 38 Poland St W1; piatti di pasta e riso intorno a £6; metro Oxford Circus

Secondo alcuni serve cibo giapponese di scarsa qualità, ma è un posto ideale per un succo di frutta o una birra Asahi da accompagnare a un veloce spuntino a base di spaghetti giapponesi (provate lo *yaki-soba* con carne e verdure).

IL CENTRO-EST

Solo cinque anni fa, dal punto di vista gastronomico si poteva tracciare un netto confine tra la City, con i suoi locali convenzionati con le aziende, e il quartiere all'ultima moda di Hoxton. Oggi la linea di demarcazione tra il carattere 'aziendale' e quello 'elegante' dei locali è meno netta. Se il posto più singolare di Shoreditch è lo sfavillante e lussuoso Les Trois Garçons, a Clerkenwell sta aprendo un gruppetto di ristoranti degni di nota: dal raffinato Club Gascon all'ottimo St John's, passando per i sapori esotici del Moro e gli aromi speziati del Souvlaki & Bar. Per contro, Islington, un tempo cuore del panorama gastronomico della capitale, è rimasto un po' indietro.

LA CITY

Nonostante vi abbiano aperto alcuni locali degni di nota, i ristoranti della City sono ancora in buona parte orientati a soddisfare la clientela dei dirigenti e degli impiegati. Ciò significa che nei weekend sono pochi i locali aperti, anche se ci sono alcune eccezioni.

1 LOMBARD STREET

Cartina pp452-53   *Cucina francese*

☎ 7929 611; 1 Lombard St EC3; ☺ **prima colazione, pranzo e cena da lunedì a venerdì 7.30-15 e 18-22; portate principali £28-30; metro Bank**

Questo ristorante spazioso ed elegante, frequentato dai personaggi politici più in vista e premiato dalla stella Michelin (grazie al suo chef Herbert Berger), serve un'ottima combinazione di frutti di mare, carne e pollame. Il menu comprende filetto d'agnello, manzo, carne di cervo e filetto di rombo arrosto, nonché prelibatezze come l'aragosta caramellata con risotto thailandese o aragosta e noce di cocco velouté. Il ristorante è indicato per le cene d'affari; il bar è frequentato da impiegati e dirigenti durante la settimana, e di tanto in tanto vi si tengono feste di personaggi famosi. I pranzi con menu a prezzo fisso costano da £32 a £38, le cene £34.

BONDS

Cartina pp452-53   *Cucina dell'Europa centrale*

☎ 7657 8088; 5 Threadneedle St EC2; ☺ **pranzo e cena da lunedì a venerdì; portate principali £18-22; metro Bank**

Questo elegantissimo ristorante è rinomato per la maestosa lobby circolare del Threadneedles Hotel, l'albergo di cui fa parte, e per il cibo. Lo chef ama mescolare ricette tradizionali e insolite, proponendo piatti come il brasato di guance di maiale con chorizo, aglio e prezzemolo tritati, o i tortellini con merluzzo affumicato accompagnati da sanguinaccio e porro al burro. Il pranzo con menu a prezzo fisso costa £24.

CAFÉ SPICE NAMASTE

Cartina pp452-53   *Cucina indiana*

☎ 7488 9242; 16 Prescot St E1; ☺ **pranzo e cena, chiuso a pranzo sabato e domenica; portate principali £9,50-15; metro Tower Hill**

Frequentato quasi esclusivamente dai clienti delle aziende della City, questo ristorante merita davvero una visita. Per essere sinceri, è un po' fuori mano, ma si impiegano soltanto 10 minuti a piedi da Tower Hill. Lo chef parsi Cyrus

I top five del centro-est

- Bonds (sopra)
- Café Spice Namaste (sopra)
- Club Gascon (p219)
- Les Trois Garçons (p218)
- Real Greek (p218)

Todiwala ha completamente trasformato questo ex palazzo di giustizia abbellendolo con festosi colori orientali. Il menu, che offre specialità parsi e di Goa, è famoso per il suo eccellente *Dhansaak* (tradizionalmente stufato di agnello, ma ora anche vegetale, con riso, lenticchie e verdure); ma ci sono molte altre piacevoli sorprese, come il *papeta na pattice*, polpette di patate ripiene di piselli, farina di cocco, noci tritate e spezie.

GRAND CAFÉ & BAR

Cartina pp452-53   *Cucina europea moderna*

☎ 7618 2480; Royal Exchange, Threadneedle St EC2; ☺ **prima colazione, pranzo e cena da lunedì a venerdì; piatti £5,50-14,50; metro Bank**

Questo locale relativamente nuovo di Conran è un elegantissimo caffè ospitato in un seminterrato; la sua ottima posizione nel cuore del meraviglioso palazzo della Royal Exchange lo rende ideale per un incontro informale di lavoro. Il menu comprende panini (ciabattine alla piastra con polpa di granchio, prosciutto arrosto aromatizzato al miele, aragosta ecc.) e piatti caldi come la tartara con lenticchie e fontina e gli scampi con maionese.

PRISM

Cartina pp452-53   *Cucina europea moderna*

☎ 7256 3888; 147 Leadenhall St EC3; ☺ **pranzo e cena, chiuso a pranzo sabato e domenica; portate principali £6-13; metro Bank**

Appartenente alla catena dei grandi magazzini Harvey Nichols, è un posto più accogliente di molti altri nella City, anche se in genere è frequentato da impiegati. La sala, grande e luminosa, presenta opere di arte moderna alle pareti; il menu offre soprattutto frutti di mare.

SWEETING'S

Cartina pp452-53   *Frutti di mare*

☎ 7248 3062; 39 Queen Victoria St EC4; ☺ **pranzo da lunedì a venerdì; portate principali £10-22; metro Bank, treno Cannon Street**

In attività da più di 50 anni, questo locale vecchio stile rappresenta ormai un'istituzione

Pasti – Il centro-est

nella City. Conserva ancora un fascino storico grazie alla sua piccola zona ristorante con tavolini, ai pavimenti a mosaico e agli stretti banconi, dietro cui lavorano camerieri in grembiule bianco. Tra i piatti offerti figurano salmone affumicato, ostriche (in stagione, da settembre ad aprile) e persino anguilla.

HOXTON, SHOREDITCH E SPITALFIELDS

ARKANSAS CAFÉ

Cartina pp452-53   *Cucina nordamericana*
☎ 7377 6999; Unit 12, Spitalfields Market, 107b Commercial St E1; ✆ pranzo, chiuso il sabato; portate principali £4-12,50; metro: Liverpool Street/ Aldgate East

Questo locale stile 'old America', situato ai margini del mercato di Spitalfields, serve i piatti tipici della cucina 'country'. Le costolette, la carne di pollo proveniente da allevamenti biologici o le bistecche sono di qualità eccellente e vengono servite con una gran quantità di patate, *coleslaw* (insalata di cavolo tritato, carote e cipolle, condita con maionese) e altri gustosi contorni. Questo locale è apprezzato dagli amanti della carne che lavorano nella City.

EYRE BROTHERS

Cartina pp440-41   *Cucina spagnola/africana*
☎ 7613 5346; 70 Leonard St EC2; ✆ pranzo e cena, chiuso a pranzo sabato e domenica; portate principali £16-25; metro Old Street

Situato geograficamente a Shoreditch, ma in piena City dal punto di vista dello stile, questo locale rivestito in legno scuro e dai soffitti alti si distingue per la sua interessante scelta di piatti spagnoli, portoghesi e del Mozambico. Il menu lascia poco spazio alle scelte vegetariane e comprende merluzzo salato fatto in casa, frutti di mare con *jamón serrano* (prosciutto crudo spagnolo), gamberetti del Mozambico alla griglia con salsa *piri-piri*, e agnello marinato con acciughe, aglio e rosmarino. Vi sono menu a prezzo fisso per £5,50 (antipasti) e £13,50 (portate principali). I fratelli Eyre, che avevano fondato il primo gastropub di Londra, l'Eagle, si dimostrano tuttora ristoratori di qualità.

FIFTEEN

Cartina pp440-41   *Cucina britannica/italiana*
☎ 7251 1515, 9.30-17.30 da lunedì a venerdì; 15 Westland Pl N1; ✆ pranzo e cena, chiuso a pranzo sabato e domenica; portate principali £11-26; metro Old Street

Il famoso chef Jamie Oliver ha creato questo locale appositamente per offrire un lavoro a 15 giovani in gravi difficoltà economiche. Questa iniziativa ha riscosso consensi ma anche molte critiche, forse un po' affrettate e superficiali. In ogni caso, la gente viene volentieri in questo posto luminoso e originale, anche solo per dire di esserci stati. Non avrete difficoltà a entrare nel bar gastronomico (dalle 8 alle 23 da lunedì a venerdì, dalle 8 alle 17 la domenica), mentre dovrete prenotare con tre mesi di anticipo per il ristorante (che si serve di un sistema di prenotazione un po' antipatico).

GREAT EASTERN DINING ROOM

Cartina pp440-41   *Cucina asiatica moderna*
☎ 7613 4545, 54-56 Great Eastern St EC2; ✆ pranzo e cena, chiuso a pranzo sabato e domenica; portate principali £9-12; metro Old Street

Il laminato di legno scuro, i lampadari a forma di dente di leone nella sala ristorante e le sedie rosse nel bar danno a questo locale uno stile da 'nuova classe dirigente'. È frequentato in buona parte da impiegati nel campo dei media e dell'abbigliamento; la cucina, da italiana, è diventata asiatica moderna.

LES TROIS GARÇONS

Cartina pp440-41   *Cucina francese*
☎ 7613 1924; 1 Club Row E1; ✆ a cena da lunedì a sabato; portate principali £17-22; metro Liverpool Street

I trofei di caccia (antilopi, una tigre e persino una giraffa) addobbati con diademi di diamanti e collane, i lunghi lampadari quadrati pendenti dal soffitto, l'alligatore con scettro e corona e le borsette che pendono al centro rendono l'aspetto di questo pub un po' pacchiano. Il cibo, prevalentemente francese ma con un tocco moderno, è però molto buono. Anche se a volte il servizio è così attento da diventare quasi assillante, questo è un posto ideale per una serata indimenticabile.

REAL GREEK

Cartina pp440-41   *Cucina greca*
☎ 7739 8212; 15 Hoxton Market N1; ✆ pranzo e cena, chiuso domenica; portate principali £15-17; metro Old Street

L'originale menu di questo ristorante sicuramente non si avvicina all'idea che si ha di solito dell'autentica cucina greca (quella di Cipro), ma è davvero delizioso. Tra le portate principali figurano i *giouvarlakia* (gnocchi con carne) e l'arrosto di maiale cucinato in pentola con cavolo sottaceto, servito con pasta greca e formaggio di capra dell'isola di Creta. Assolutamente squisite le porzioni più piccole di *fagaki* e *mezedes* misti (intorno a £8), che comprendono il polipo in casseruola, il pasticcio con rucola, porro e capperi. Nell'attiguo caffè Mezedopolio, caratterizzato da un'atmosfera più informale, potrete assaggiare le varie delizie della cucina ordinando un piatto di assaggini a un prezzo compreso tra £2 e £6.

CLERKENWELL

CLERKENWELL DINING ROOM
Cartina pp446-47 *Cucina internazionale moderna*
☎ 7253 9000; 69-73 St John St EC1; ☼ pranzo e cena, chiuso a pranzo sabato e domenica; portate principali £13-15; metro Farringdon

Parlando dei migliori ristoranti di Clerkenwell, il Dining Room si trova allo stesso livello del Club Gascon e del St John, ma è un po' meno formale e meno costoso. Andrew Thompson, lo chef, una volta lavorava presso il rinomato ristorante L'Escargot, dove la sua cucina si è meritata una stella Michelin. Qui il suo menu, seppur sempre diverso, predilige le combinazioni classiche, con piatti come salmone con salsa di acetosa e agnello con succo di rosmarino. C'è anche un pranzo con menu a prezzo fisso e un pasto di due/tre portate servito la sera presto a £12,50/15,50.

CLUB GASCON
Cartina pp446-47 *Cucina francese*
☎ 7796 0600; 57 West Smithfield EC1; ☼ pranzo e cena, chiuso a pranzo sabato e domenica; tapas £5-25; metro Farringdon/Barbican

Miglior ristorante incontrastato di Clerkenwell da quando gli è stata assegnata una stella Michelin nel 2002, il Club Gascon offre cucina d'alta classe presentata in maniera alternativa, con una vasta scelta di piatti serviti tipo tapas. Troverete anatra, calamari, *cassoulet* e un'intera parte del menu dedicata al *foie gras*. Un pasto con menu a prezzo fisso costa £35, ma se ordinate piatti un po' diversi dal solito è più realistica una cifra di £50 a testa.

CICADA
Cartina pp440-41 *Cucina asiatica moderna*
☎ 7608 1550; 132-136 St John St EC1; ☼ pranzo e cena, chiuso a pranzo sabato e domenica; portate principali £8-11; metro Farringdon

Moderno bar-ristorante sprovvisto di pareti divisorie e con un gran numero di tavolini all'esterno, il Cicada offre un menu panasiatico, che spazia dai tempura giapponesi alle insalate thailandesi. Il ristorante, che può essere affiancato all'E&O di Notting Hill e al Great Eastern Dining Room di Hoxton, è spesso affollato, quindi prenotate con anticipo per assicurarvi uno dei posti divisi dai séparé di pelle marrone.

EAGLE
Cartina pp440-41 *Cucina mediterranea*
☎ 7837 1353; 159 Farringdon Rd EC1; ☼ pranzo e cena, chiuso a cena la domenica; portate principali £4,50-14; metro Farringdon

È stato il primo gastropub di Londra e continua a riscuotere molto successo. Anche se i primi proprietari e molti dei suoi cuochi se ne sono andati, i clienti continuano a venirci, a pranzo o dopo il lavoro, per assaporare la sua cucina d'influenza mediterranea. Non essendo più un'attrazione di per sé, l'atmosfera è piacevolmente rilassata.

GAUDÍ
Cartina pp446-47 *Cucina spagnola*
☎ 7608 3220; 63 Clerkenwell Rd EC1; ☼ pranzo e cena, chiuso a pranzo sabato e domenica; portate principali £12-22; metro Farringdon

Ospitato all'interno dell'edificio del Turnmills club, questo ristorante si è ispirato alla genialità dell'architetto catalano Gaudí per creare lo sfondo a una cucina che è stata chiamata la 'nuova cucina spagnola'. Il pesce qui è predominante, ma non mancano i piatti a base di carne di cervo, agnello, maiale e anatra. C'è anche una buona lista di vini spagnoli. Un pranzo di due portate con menu a prezzo fisso costa £15.

LE CAFÉ DU MARCHÉ
Cartina pp446-47 *Cucina franxcese*
☎ 7608 1609; 22 Charterhouse Sq, Charterhouse Mews EC1; ☼ pranzo e cena, chiuso a pranzo sabato e domenica; menu a prezzo fisso di 3 portate £26; metro Farringdon

Questo caratteristico bistro in autentico stile francese potrebbe perdere un po' del suo carattere 'esclusivo' a causa del nuovo albergo Malmaison (p340) costruito dall'altra parte di Charterhouse Sq. Tuttavia, 'tradizione' è una parola d'ordine in questo ristorante ricavato da un magazzino con mattoni a vista: dalle succulente bistecche, agli aromi d'aglio e rosmarino e al pianoforte che suona musica jazz al piano superiore. Il ristorante serve solo pasti con menu a prezzo fisso.

MORO

Cartina pp440-41 *Cucina nordafricana/spagnola*

☎ 7833 8336; 34-36 Exmouth Market N1; portate principali £11-15,50; metro Farringdon

Prima ancora del ristorante in sé viene la sua ottima reputazione, specialmente dopo che è stato pubblicato un libro che ne illustra la fusione di sapori spagnoli, portoghesi e nord-africani. Ed è proprio per le grandi aspettative sul suo conto che i giudizi sono così contrastanti. Alcuni clienti lo amano, mentre altri ne criticano gli strani condimenti e le porzioni troppo piccole. La soluzione migliore è provarlo di persona. Il menu, sempre diverso, include *brik* di granchio, un pasticcio fritto accompagnato da *harissa* piccante, triglia arrostita nel forno a legna con arance aspre di Siviglia e agnello alla griglia con carciofi.

QUALITY CHOP HOUSE

Cartina pp440-41 *Cucina britannica*

☎ 7837 5093; 92-94 Farringdon Rd EC1; ⏰ pranzo e cena, chiuso a pranzo il sabato; portate principali £6,75-24; metro Farringdon

Autodefinendosi 'un ristorante della classe operaia progressista', risulta un po' presuntuoso, ma il cibo è buono. Un tempo era un caffè frequentato da operai, con pavimento in piastrelle bianche e nere e panche di legno, mentre ora serve piatti di cucina britannica vecchio stile a una clientela prevalentemente della classe media. Tra gli antipasti c'è l'anguilla, mentre tra le portate principali citiamo le salsicce di Tolosa con purè di patate, carne rossa di vario tipo e le ottime crocchette di salmone.

ST JOHN

Cartina pp446-47 *Cucina britannica*

☎ 7251 0848; 26 St John St EC1; ⏰ pranzo e cena, chiuso a pranzo sabato e domenica; portate principali £15-18; metro Farringdon

Questo locale non è assolutamente consigliato ai vegetariani, perché Fergus Henderson, lo chef, usa parti di animali che altri cuochi non usano in cucina. Effettivamente, questo ristorante molto acclamato si rivolge proprio agli amanti della carne che provano volentieri piatti strani, in questo caso provenienti dalla cucina della vecchia Inghilterra. Il 'piatto d'autore' è l'insalata a base di midollo, e il menu, che cambia ogni giorno, comprende piatti come fegato di vitello, lingua di bue e milza di maiale. Ma ci sono anche portate più tradizionali, tra cui anatra, pesce e persino lenticchie

(uno dei pochi piatti completamente vegetariani). Il St John, con la sua sala ristorante bianca in stile minimalista e il suo personale cortese, è un'esperienza irresistibile.

SMITHS OF SMITHFIELD

Cartina pp446-47 *Cucina britannica moderna*

☎ 7236 6666; 67-77 Charterhouse St EC1; ⏰ prima colazione, pranzo e cena da lunedì a venerdì, cena il sabato; portate principali £3,50-29; metro Farringdon

Oltre al chiassoso e ampio bar-caffè del pianoterra, dove si possono consumare prime colazioni e pranzi (le prime servite a qualsiasi ora del giorno a prezzi compresi tra £3,50 e £6,50), ci sono due posti più tranquilli dove cenare: la brasserie del secondo piano (tutte le portate principali a £10,50) e la sala ristorante dell'ultimo piano (portate principali tra £19 e £29), da cui si gode una splendida vista su St Paul's Cathedral. Il ristorante offre carne inglese di ottima qualità e molti prodotti biologici.

SOUVLAKI AND BAR

Cartina pp440-41 *Cucina greca*

☎ 7253 7234; 142 St John St EC1; ⏰ 10-23 da lunedì a sabato; tapas £2,80-5,50, piatti alla griglia £6-12, souvlaki £3,75-9,25; metro Farringdon

I tapas alla greca sono tanto gustosi quanto quelli del Real Greek (p218), e offrono un miglior rapporto qualità-prezzo rispetto ai piatti alla griglia. I souvlaki sono di carne di maiale o di agnello, a seconda della stagione. Tuttavia, questo locale piacevole, elegante e informale è indicato più per un pranzo o uno spuntino leggero da accompagnare a una bevanda (*metaxa*, ouzo e cocktail a base di vodka o vino greco sorprendentemente buono) che per un pasto completo.

ISLINGTON

ALMEIDA

Cartina pp440-41 *Cucina francese*

☎ 7354 4777; 30 Almeida St N1; portate principali £11-20; metro Angel

Questo caratteristico ristorante è uno dei migliori tra quelli progettati da Terence Conran e ha riscosso un gran successo tra la gente del luogo. In una sala ristorante di medie dimensioni sfilano carrelli ricolmi di pâtés e *terrines* per gli antipasti e di torte per i dessert; le classiche portate principali francesi sono sempre buone, anche se potreste aver bisogno dell'aiuto del personale per tradurre il menu scritto per la maggior parte in francese.

DUKE OF CAMBRIDGE

Cartina pp440-41 *Gastropub*

☎ 7359 9450; 30 St Peter's St N1; ☺ pranzo e cena, chiuso a pranzo lunedì; portate principali £6,50-15; metro Angel

Con le sue panche di legno, i tavoli e i divani, ha una tipica atmosfera da gastropub londinese; ma il Duke of Cambridge è qualcosa di più. Qui ogni prodotto è biologico, persino la birra chiara, il che lo rende il primo locale del suo genere nel Regno Unito. Il menu, d'influenza italiana, francese e spagnola, non offre sempre il massimo della qualità, tutto sommato notevole anche solo per il suo carattere innovativo.

FREDERICK'S

Cartina pp440-41 *Cucina internazionale moderna*

☎ 7359 2888; Camden Passage; ☺ pranzo e cena, chiuso a pranzo sabato e domenica; portate principali £9,50-19; metro Angel

Forse il più importante ristorante d'alta classe di Islington, è frequentato da impiegati e ha più un carattere aziendale che d'avanguardia. La sala principale è coperta da una volta di vetro e il locale dà su un giardino, a conferirgli un aspetto simile a una serra. Tra le varie scelte del suo eclettico menu, consigliamo in particolar modo l'arrosto d'anatra al pepe, ma troverete anche molti piatti a base di pesce, carne di manzo o agnello. Il pranzo con menu a prezzo fisso, o la cena servita nelle prime ore della serata, sempre con menu a prezzo fisso, costano £12,50/15,50 per due/tre portate.

GIRAFFE

Cartina pp440-41 *Cucina internazionale*

☎ 7359 5999; 29-31 Essex Rd N1; ☺ prima colazione, pranzo e cena; portate principali £8-13; metro Angel

Fa parte di una catena di ristoranti ed è sempre pieno di giovani famiglie della media borghesia. In ogni caso, è un locale da apprezzare per il suo cibo. Gli ottimi triangolini di patate non sono troppo grassi, gli involtini di carta di riso sono favolosamente freschi e i curry piccanti. È difficile rimanere delusi dai piatti del menu di questo grazioso ristorantino. I prezzi riportati

I top five per i bambini

- Banners (p241)
- Giraffe (sopra)
- New Cultural Revolution (p240)
- Pizza Organic (p228)
- Tootsies Grill (p248)

sopra si riferiscono alla cena; i pranzi e i brunch sono leggermente più convenienti.

HOUSE

Cartina pp440-41 *Gastropub*

☎ 7704 7410; 63-69 Canonbury Road N1; ☺ pranzo e cena, chiuso tutto il giorno domenica e a pranzo lunedì; portate principali £9,50-17; metro Highbury & Islington, treno Essex Rd

L'House è la combinazione di uno stravagante bar con un ristorante dall'atmosfera informale. Il menu presenta molti piatti a base di pesce, come risotto di calamari con mascarpone e merluzzo salato *mariniere*, ma offre anche una vasta scelta di insalate per l'antipasto, come quella con filetto di manzo al pepe, formaggio piccante e cipolle rosse.

LOLA'S

Cartina pp440-41 *Cucina internazionale moderna*

☎ 7359 1932; The Mall, Camden Passage, 359 Upper St N1; ☺ pranzo da lunedì a sabato, tutti i giorni a cena; portate principali £15-20; metro Angel

Di recente questo ristorante di categoria alta è stato più volte criticato per i lunghi tempi di attesa prima di essere serviti. Quando ci siamo stati noi, comunque, il servizio nella sua sala elegante e ariosa non avrebbe potuto essere più disponibile e attento. Ciò che invece non ci ha convinto è il cibo. Ci è sembrato fin troppo elaborato, nonostante gli eccezionali dessert. Lola's continua a essere uno dei principali ristoranti frequentati da imprenditori e personaggi dell'alta finanza; offre un pranzo di due/tre portate con menu a prezzo fisso e una cena, anch'essa a prezzo fisso, che costano £15/18.

METROGUSTO

Cartina pp440-41 *Cucina italiana*

☎ 7226 9400; 11-13 Theberton St N1; ☺ cena da lunedì a sabato, pranzo da venerdì a domenica; portate principali £13-16; metro Angel

La succursale di Islington è di qualità ottima quanto il ristorante originale di Battersea (p250). La grande attenzione dello chef per i dettagli e la moderna cucina italiana di tipo progressista attirano una clientela mista di buongustai entusiasti.

PASHA

Cartina pp440-41 *Cucina turca*

☎ 7226 1454; 301 Upper St N1; portate principali £6,95-14; metro Highbury & Islington/Angel

Le pitture murali ottomane, la fontana e le alcove piene di cuscini sono gli arredi di

Pasti – Il centro-est

222

questo ristorante turco d'alta classe, che non vi deluderà. Ottimo il *meze*, anche se servito in porzioni un po' piccole. Le portate principali offrono l'intera gamma di tajine ai frutti di mare, cuscus di agnello e pilaf di melanzane.

THE SOCIAL

Cartina pp440-41 *Gastropub*
☎ 7354 5809; Arlington Sq N1; ☼ cena da lunedì a sabato; pranzo sabato e domenica; portate principali £9-13; metro Angel, treno Essex Rd

Questo vasto locale, che attira una clientela intorno alla trentina e alcune stravaganti celebrità di 'seconda o terza classe', serve un'ottima cucina da pub. Al venerdì, sabato (spesso) o domenica (sempre), potrete gustarvi un piatto di croccante pancetta di maiale arrostita, costole di manzo alla griglia, salmone arrosto con scaglie di polenta o tortina di riso

Viaggio gastronomico nel sud

Anche se la via è ancora pervasa dagli aromi di *turmeric*, cumino e *garam masala*, non è più eccitante come una volta andare a Brick Lane per gustare un curry: infatti, la qualità della cucina è peggiorata nel corso degli anni. Oggi è Tooting la nuova Brick Lane.

Se avete tempo per una gita nei sobborghi di SW17, dirigetevi alle stazioni della metro di Tooting Broadway o Tooting Bec: troverete una lunga via, simile a Brick Lane, costellata da una serie di locali che offrono curry. A differenza di Brick Lane, dove i ristoranti sono prevalentemente bengalesi, a Tooting troverete una vasta scelta di cucine subcontinentali, da nord a sud, dal Bangladesh allo Sri Lanka. Inoltre, l'eccellente cucina di questi locali è in genere anche abbastanza economica. Ecco alcuni dei posti migliori tra cui scegliere:

Jaffna House (☎ 8672 7786; 90 Tooting High St SW17) In questo ristorante, i piatti dello Sri Lanka e dell'India del sud sono delicati e ideali per i vegetariani.

Kastoori (☎ 8767 7027; 188 Upper Tooting Rd SW17) Squisita cucina gujerati, offre specialità della gastronomia africana.

Lahore Karahi (☎ 8767 2477; 1 Tooting High St SW17) È un caffè pakistano estremamente economico.

Masaledar (☎ 8767 7676; 121 Upper Tooting Rd SW17) Locale che offre piatti di *tandoori* con specialità dell'Africa orientale.

Radha Krishna Bhavan (☎ 8767 3462; 86 Tooting High St SW17) Serve un'eccellente cucina del Kerala.

alle noci, mentre in un angolo il DJ propone musica rilassante. L'insegna all'ingresso riporta il nome di un vecchio pub, l'Hanbury Arms.

RISTORANTI ECONOMICI

AFGHAN KITCHEN

Cartina pp440-41 *Cucina afghana*
☎ 7359 8019; 35 Islington Green N1; ☼ pranzo e cena da martedì a sabato; portate principali £5,50-6; metro Angel

Questa piccolo ristorante serve delizie afghane come il *dogh*, un preparato di yogurt e menta, e agnello in pentola con spinaci.

BRICK LANE BEIGEL BAKE

Cartina pp440-41 *Panetteria*
☎ 7729 0616; 159 Brick Lane E2; ☼ 24 ore su 24; bagel 12p-£1,70; metro Old St

Rinomata panetteria che sforna a qualsiasi ora del giorno e della notte i bagel più gustosi e morbidi della capitale, attira una folta clientela sia di giorno, sia dopo la chiusura dei locali notturni.

GALLIPOLI

Cartina pp440-41 *Cucina turca*
☎ 7359 0630; 102 Upper St N1; portate principali £4-10; metro Angel/Highbury & Islington

Locale sempre affollato, presenta originali decorazioni turche e una buona cucina, che spazia dal *meze* al gustoso moussaka vegetariano. C'è un altro affollatissimo ristorante, chiamato Gallipoli Again, al 120 Upper St.

LE MERCURY

Cartina pp440-41 *Cucina francese*
☎ 7354 4088; 140a Upper St N1; portate principali £5,95; metro Angel/Highbury & Islington

I prezzi sono bassi e il cibo più che soddisfacente; inoltre, questo economico ristorante francese usa posate d'argento e tovaglie di lino su arredi in stile rustico. Vengono offerti alcuni piatti speciali, nonché pasti con menu a prezzo fisso (£5,45/6 per due/tre portate).

LITTLE BAY

Cartina pp440-41 *Cucina internazionale moderna*
☎ 7278 1234; 171 Farringdon Rd EC1; ☼ 8.30-24; portate principali prima/dopo le 19 £5,45/£7,95; metro Farringdon

L'ambiente leggermente kitsch del Little Bay è caratterizzato da doccioni, reti appese, lampadari con fili elettrici scoperti e marmi. I prezzi, considerando la qualità del cibo, sono assolutamente contenuti.

PLACE BELOW

Cartina pp452-53 *Cucina vegetariana*
☎ 7329 0789; St Mary-le-Bow Church, Cheapside EC2; ☺ pranzo da lunedì a venerdì; metro Bank

Ospitato nella cripta di una chiesa, questo ristorante vegetariano serve piatti tradizionali come torte salate di spinaci e funghi, gratin di sedano rapa e formaggio tipo gorgonzola, e infine pomodori secchi e insalata di riso.

PREEM

Cartina pp440-41 *Cucina indiana*
☎ 7247 0397; 120 Brick Lane E1; ☺ 12-2; portate principali £6,50-8,50; metro Liverpool Street/Aldgate East

La sua cucina è meno unta rispetto a quella di altri ristoranti indiani, il che rende lo rende uno dei migliori di Brick Lane. Gli abbondanti pasti con menu a prezzo fisso costano £10.

RAVI SHANKAR

Cartina pp440-41 *Cucina indiana*
☎ 7833 5849; 422 St John St EC1; portate principali £4-7,50; metro Angel

Serve deliziosi piatti vegetariani, anche se abbastanza piccanti, di cucina indiana. Provate il *bhel poori* o il *dahi vada* come antipasti, oppure il *thalis* per un pasto completo. Un'altra succursale di questo ristorante si trova vicino alla stazione di Euston (☎ 7388 6458, 133-5 Drummond St).

SÔNG QUÊ

Cartina pp440-41 *Cucina vietnamita*
☎ 7613 3222; 134 Kingsland Rd E2; portate principali £3,50-8,50 metro Old Street, poi autobus n. 55 o n. 243

Gli intenditori di cucina esotica hanno ragione: si tratta del miglior ristorante vietnamita di Londra. Tuttavia, questo primato è in parte dovuto alla concorrenza decisamente limitata da parte di ristoranti non propriamente vietnamiti, ma cinesi.

TINSELTOWN

Cartina pp446-47 *Cucina americana*
☎ 7689 2424; 44-46 St John St EC1; ☺ 24 ore su 24; portate principali £5-10; metro Farringdon

Tinseltown è un ristorante in stile americano, ospitato in un seminterrato e aperto tutti i giorni della settimana 24 ore su 24. Serve discreti piatti di pasta, hamburger e grigliate. È molto amato dai frequentatori dei locali notturni, che preferiscono bervi un semplice frullato all'uscita delle discoteche che assaporare una cucina da buongustai.

WAGAMAMA

Cartina pp452-53 *Cucina giapponese*
☎ 7256 9992; 22 Old Broad St EC2; ☺ pranzo e cena da lunedì a venerdì; portate principali £6-9,50; metro Bank/Liverpool St

Locale relativamente nuovo della City, è una succursale della tradizionale catena di ristoranti giapponesi e da alcuni è considerato il migliore. Situato accanto NatWest Tower 42, sfoggia pareti interamente in vetro.

IL CENTRO-SUD

Poiché la qualità si concentra per lo più nelle zone più ricche, alcuni dei migliori locali di Londra si trovano nei lussuosi alberghi e negli eleganti quartieri come Mayfair e a Chelsea. Il re di tutti questi locali è il Gordon Ramsay, che sfoggia tre stelle Michelin ed è situato a Chelsea. Molti dei più invitanti ristoranti della capitale sono sorti intorno a Mayfair, mentre l'elegante e cosmopolita zona di South Kensington è sempre stata il punto di riferimento per i locali che propongono cucina europea. I ristoranti più economici sono pochi e lontani fra loro, quasi tutti su King's Rd, a Chelsea.

MAYFAIR E ST JAMES'S

BENARES

Cartina pp446-47 *Cucina indiana*
☎ 7629 8886; 12 Berkeley Sq W1; portate principali £8-14; metro Green Park

Questo bellissimo ristorante, che gode di una splendida posizione a Mayfair, è il frutto del primo progetto interamente realizzato da Atul Kochar, che qualche anno fa è stato il secondo chef indiano in tutto il mondo a ricevere una stella Michelin (presso il Tamarind; p224). L'interno è caratterizzato da legno scuro, tappezzeria marrone chiaro e pareti color crema, mentre il menu, esiguo ma vario, combina le cucine di ogni parte dell'India con un tocco di modernità. Kochar è un vero esperto quando si tratta di sapori, mentre avrebbe bisogno di un aiuto nella scelta dei camerieri, in verità un po' sbadati.

GORDON RAMSAY AT CLARIDGES

Cartina pp446-47 *Cucina britannica moderna*

☎ 7499 0099; 53 Brook St W1; menu a prezzo fisso £50; 🕑 prima colazione, pranzo e cena; metro Bond Street

Lo chef più rinomato di Londra è al servizio del più grande albergo della capitale. Un pasto in questo ristorante in stile Art Deco è infatti degno di un'occasione speciale; i piatti di Ramsay sono eccezionali, dal velouté di cavolo rapa con fricassea di funghi, carciofi e rucola fino alla scelta dei formaggi, che comprendono specialità francesi, britanniche o irlandesi.

LOCANDA LOCATELLI

Cartina pp442-43 *Cucina italiana*

☎ 7935 9088; 8 Seymour St W1; piatti di pasta £10, portate principali £18-27; metro Marble Arch

I camerieri di questo locale premiato con una stella Michelin sono un po' lenti, ma servono una deliziosa cucina italiana casalinga. Le tagliatelle con sardine e uva sultanina sono eccezionali. L'interno, con illuminazione soffusa, è di un elegante color crema e presenta grandi specchi a occhio di pesce. Al proprietario, Giorgio Locatelli, si deve l'apertura di molti dei migliori ristoranti italiani della capitale.

MENU AT THE CONNAUGHT

Cartina pp446-47 *Cucina britannica*

☎ 7592 1222; The Connaught Hotel, 16 Carlos Pl W1; pranzo/cena con menu a prezzo fisso £25/45; metro Bond Street

Da poco tempo questo baluardo della buona tavola è gestito da un brillante e nuovo staff di esperti, che per fortuna ne ha mantenuto lo stile. Angela Hartnett, pupilla di Gordon Ramsay, e l'architetto Nina Campbell hanno donato a questo ristorante e al suo menu una sottile eleganza del XXI secolo, che attira una clientela di tutte le età. Il menu unisce la cucina italiana a un gusto d'altri tempi, come nei gamberetti dolci e nelle tenere scaloppine su un letto di purè di carciofi. Le regole sull'abbigliamento sono diventate meno rigide, ma si continua a 'preferire' la giacca.

I top five del centro-sud

- Daquise (p226)
- Gordon Ramsay (p225)
- Ken Lo's Memories of China (p225)
- Nahm (p226)
- Tom Aikens (p227)

MOMO

Cartina p448 *Cucina nordafricana*

☎ 7434 4040; 25 Heddon St W1; portate principali £10-20; metro Piccadilly Circus

Il souk è arrivato nel West End grazie a questo ristorante nord-africano meravigliosamente ricco d'atmosfera e arredato in stile massimalista, pieno di cuscini e lampade tra cui i camerieri si muovono a ritmo di danza e tamburelli. È un locale storico, in grado di accontentare tutti i clienti, dalle coppie ai chiassosi party aziendali. Il servizio è gentile e i piatti sono davvero gustosi: evitate la tradizionale e comune tajine e provate la squisita specialità marocchina a base di noce moscata e pasticcio di colombo. Vi si serve anche un eccellente *mojito*.

QUAGLINO'S

Cartina p448 *Cucina europea moderna*

☎ 7930 6767; 16 Bury St SW1; portate principali £11-16,50; metro Green Park/Piccadilly Circus

Questo incantevole ristorante, progettato dal famosissimo designer Terence Conran e ospitato in una ex sala da ballo, è stato uno dei primi di Londra. La nascita di nuovi locali l'ha messo un po' in secondo piano, ma è ancora un'ottimo posto per degustare crostacei di ogni tipo.

SARTORIA

Cartina p448 *Cucina italiana*

☎ 7534 7000; 20 Savile Row W1; portate principali £14-16,50, pranzo del sabato con menu a prezzo fisso £23; metro Piccadilly Circus

Tranquillo e raccolto, elegante e sofisticato, discreto e spazioso, questo ristorante di Conran ricavato da una sartoria inglese offre un perfetto intreccio di cibo italiano, semplice e delizioso, e ospitalità inglese. Il menu varia tutti i giorni, ma comprende sempre tipici piatti italiani ed è semplice da consultare.

TAMARIND

Cartina p448 *Cucina indiana*

☎ 7629 3561; 20 Queen St W1; portate principali £10-30; metro Green Park

Prima di riuscire finalmente a sedersi (sotto lampade a forma di grandi candele rovesciate), si passa accanto a un'infinita serie di piatti di ogni tipo. La clientela, di età un po' avanzata, è di un'eleganza affettata, in armonia con la raffinatezza del ristorante e del quartiere; il cibo – una sfilata di piatti classici indiani – è divino.

WESTMINSTER E WHITEHALL
CINNAMON CLUB
Cartina pp446-47 *Cucina indiana*

☎ 7222 2555; Old Westminster Library, 30 Great Smith St W1; portate principali £10-18; metro St James's Park

Lucernari a cupola, soffitti alti, pavimenti di parquet e mezzanini fiancheggiati da librerie creano un'atmosfera che ricorda i tempi in cui questo posto era la biblioteca di Westminster. Camerieri dalla voce sommessa, seriamente impegnati nel servire, volteggiano nella sala come domestici in livrea. La cucina indiana è di altissima qualità e degna di un rajah.

VICTORIA E PIMLICO
KEN LO'S MEMORIES OF CHINA
Cartina pp460-61 *Cucina cinese*

☎ 7773 7734; 67-69 Ebury St SW1; portate principali £5-29; metro Victoria

Con questo ristorante, quando si chiamava Ken Lo, la buona cucina cinese ha fatto la sua comparsa a Londra. Con il suo cibo ottimo e l'atmosfera vivace, questo rimane ancora il miglior ristorante cinese della capitale. Ha un interno elegante, in stile orientale-minimalista, e non è mai troppo affollato, come spesso accade nei ristoranti più lussuosi della capitale. Vi sono diversi menu a prezzo fisso – tra cui uno vegetariano – e tutti i piatti, dalle porzioni adeguate, si presentano meravigliosamente leggeri ma ricchi di sapore.

Bibendum, South Kensington (sotto)

OLIVO
Cartina pp460-61 *Cucina italiana*

☎ 7730 2505; 21 Eccleston St SW1; portate principali £9-15; metro Victoria/Sloane Square

Questo pittoresco ristorante è specializzato in cucina e vini della Sardegna e della Sicilia e richiama una distinta clientela di gente sofisticata. Questo locale è davvero speciale: ordinate vini siciliani e piatti sardi, soprattutto i famosi spaghetti alla bottarga (una prelibatezza a base di uova di muggine servite con olio, aglio, prezzemolo e pepe rosso in grani).

CHELSEA E BELGRAVIA
GORDON RAMSAY
Cartina pp456-57 *Cucina europea moderna*

☎ 7352 4441; 68-69 Royal Hospital Rd SW3; pranzo/cena/degustazione con menu a prezzo fisso £35/65/80; metro Sloane Square

È uno dei più bei ristoranti della Gran Bretagna e l'unico della capitale a essere stato insignito di tre stelle Michelin. Si tratta di una creazione dello chef del momento, Gordon Ramsay. Il suo menu, quasi perfetto, è una vera gioia per il palato, dagli antipasti ai tartufi. L'unico neo sta nel fatto che non si ha quasi il tempo di gustare le specialità con calma: le prenotazioni, infatti, vengono effettuate in base al sistema delle fasce orarie.

LA POULE AU POT
Cartina pp460-61 *Cucina francese*

☎ 7730 7763; 231 Ebury St SW1; portate principali £14-19; metro Sloane Square

Alcuni londinesi sostengono che questo locale, il cui nome significa 'pollo in pentola', sia il miglior ristorante di cucina francese rustica della città, anche se potremmo nominare almeno cinque posti che offrono un miglior rapporto qualità-prezzo. La caratteristica principale di questo locale è l'atmosfera romantica, a lume di candela.

KNIGHTSBRIDGE, SOUTH KENSINGTON E HYDE PARK
BIBENDUM
Cartina pp456-57 *Cucina europea moderna*

☎ 7581 5817; 81 Fulham Rd SW3; portate principali £16-27; metro South Kensington

Questo ristorante è ospitato nella straordinaria Michelin House (1911), un palazzo in stile Art Nouveau tra i più belli di Londra. I pasti vengono serviti al piano superiore, in una sala grande e luminosa con vetrate istoriate. Qui potrete assaporare una cucina favolosa e creativa, cercando magari di chiudere un occhio sul servizio alquanto mediocre. Al piano inferiore, nel Bibendum Oyster Bar, proverete l'ebbrezza di trovarvi nel cuore dello splendido edificio e potrete gustare favolose ostriche coltivate o di scoglio.

BOXWOOD CAFÉ

Cartina pp442-43 *Cucina europea moderna*

☎ 7235 1010; Berkeley Hotel, Wilton Pl SW1; portate principali £13-16; metro Knightsbridge

Il famoso chef Gordon Ramsay ha di recente acquisito questo caffè in stile neworkese, che rappresenta il suo tentativo più riuscito di attirare una clientela più giovane rendendo il clima di questo ristorante raffinato un po' meno serioso. Vi si può consumare anche solo una singola portata o un bicchiere di vino, e se i suoi spazi sono un po' scarni, il cibo è generalmente di prima classe. I semplici antipasti, come ostriche fritte, finocchio e limone sono spesso più gustosi delle più elaborate portate principali.

COLLECTION

Cartina pp456-57 *Cucina europa moderna*

☎ 7225 1212; 264 Brompton Rd SW3; portate principali £11-25; metro South Kensington

Alcune fiaccole ardenti vi accoglieranno all'ingresso di questo magazzino ristrutturato che prima fungeva da galleria d'arte (una scelta architettonica non troppo convincente), la cui sala principale, ora destinata a ristorante, è situata su una balconata che si affaccia su un bar molto animato. La combinazione di piatti che offre questo posto è tutto sommato buona – per esempio il salmone arrosto con asparagi cucinati al vapore – e i cocktail sono gradevoli.

DAPHNE'S

Cartina pp456-57 *Cucina italiana*

☎ 7589 4257; 112 Draycott Ave SW3; portate principali £10-22; metro South Kensington

Da lungo tempo frequentato da una clientela elegante, questo bel ristorante è vivace senza essere eccessivo, e raccolto senza essere opprimente. Il menu offre piatti di diverse regioni italiane e non delude mai, anche se probabilmente è apprezzato più per la fama del locale e le celebrità che lo frequentano che per il cibo in sé.

DAQUISE

Cartina pp456-57 *Cucina polacca*

☎ 7589 6117; 20 Thurloe St SW7; portate principali £5,50-12,50; metro South Kensington

Questo bel ristorantino demodé è autentico e affascinante quanto ci si aspetterebbe da un locale del centro di Londra al giorno d'oggi. Il personale è gentile e accogliente e il menu comprende numerose scelte, sia vegetariane, sia di carne. Particolarmente degni di nota il *borscht* (zuppa di barbabietole rosse e piselli) e, come dessert, il delizioso *pancake à la Daquise* (con gelato alla vaniglia, caramello aromatizzato all'arancia e scaglie di mandorle), sufficiente per due persone.

FIFTH FLOOR CAFÉ

Cartina pp442-43 *Cucina europea moderna*

☎ 7823 1839; Harvey Nichols, 109-125 Knightsbridge SW1; portate principali £19,50-24; metro Knightsbridge

Situato allo stesso piano della sala ristorante, del sushi bar e dello sfarzoso locale progettato da un designer, questo caffè era in passato uno dei posti più eleganti e uno degli ambienti più alla moda. Oggi vi regna un'atmosfera meno affettata ed è uno dei posti migliori per consumare uno spuntino dopo aver fatto shopping. Potrete assaporare piatti leggeri e innovativi della cucina mediterranea sotto uno stupefacente tetto a volta in vetro e metallo, oppure sulla terrazza, se il tempo è bello.

HARD ROCK CAFÉ

Cartina pp446-47 *Cucina americana*

☎ 7629 0382; 150 Old Park Lane W1; piatti £8-15; metro Hyde Park Corner

L'originale Hard Rock Café è qui dal 1971 ed è frequentato da pochi londinesi perché i turisti sono i soli ad avere il tempo di mettersi in coda. Il menu si basa su hamburger di notevoli dimensioni; gli arredi sono carichi di impressionanti cimeli del rock e l'atmosfera generale è alquanto rumorosa.

NAHM

Cartina pp446-47 *Cucina thailandese*

☎ 7333 1234; Halkin Hotel, Halkin St SW1; portate principali £25-30; metro angolo di Hyde Park

Il cuoco australiano David Thompson è una delle autorità a livello mondiale per quel che riguarda la cucina thailandese ed è l'artefice dei piatti straordinariamente gustosi di questo ristorante ospitato in un albergo, l'unico locale thailandese all'estero ad avere una stella Michelin. Mangiare in questo posto è come intraprendere un emozionante viaggio gastronomico attraverso la Thailandia: il menu comprende piatti classici di questo paese come il *jungle curry*, a base di coda di rospo, ma anche portate più esotiche come granchio e pompelmo con noce di cocco arrostita e caramello. Il personale è cordiale e gentile, l'ambiente forse un po' asettico.

NOBU

Cartina pp446-47   *Cucina giapponese*
☎ 7447 4747; Metropolitan Hotel, 19 Old Park Lane W1; portate principali £5-28; metro Hyde Park Corner

Progettato da un architetto londinese, questo ristorante giapponese è giustamente candidato al titolo di miglior ristorante asiatico della città. Ha piacevoli arredi minimalisti, un servizio efficiente e per nulla invadente e prepara e presenta il sushi e il sashimi in modo sublime. Il merluzzo carbonaro è davvero buono. Le coppie in cerca di romanticismo possono gustare insieme il *bento* al cioccolato, un dolce a forma di conchiglia ripieno di dolcissima crema.

RACINE

Cartina pp456-57   *Cucina francese*
☎ 7584 4477; 239 Brompton Rd SW3; portate principali £11-15; metro Knightsbridge

La chiave del successo di questo splendido locale nato nel 2003 è la cucina francese regionale e un attento servizio al cliente. Le specialità sono la crema di carciofi di Gerusalemme, gamberetti di Morecambe Bay e anatra affumicata. Essendo un ristorante francese, le portate potrebbero risultare pesanti per alcuni, ma le salse, che sono la base de 'la cuisine', sono fatte a regola d'arte.

TOM AIKENS

Cartina pp456-57   *Cucina europea moderna*
☎ 7584 2003; 43 Elystan St SW3; pranzo con menu a prezzo fisso £25, à la carte £75; metro South Kensington

Lo chef da cui prende il nome questo locale è diventato famoso guadagnandosi due stelle Michelin, presso il Pied a Terre, quando aveva soltanto 26 anni. Poi è scomparso dalla scena per un paio d'anni e verso la metà del 2003 ha aperto questo ottimo ristorante. Il cibo è favoloso e gli antipasti a base di pancetta e tartufo sono i migliori della città. Tra le portate principali spicca il *confit* di coniglio e le zampe di rana. Fay Maschler, dell'*Evening Standard*, ha conferito ben tre stelle a questo ristorante, onorificenza assai rara.

ZAFFERANO

Cartina pp460-61   *Cucina italiana*
☎ 7235 5800; 15-16 Lowndes St SW1; pranzo/cena con menu a prezzo fisso di 3 portate £25/42; metro Knightsbridge

Questo incantevole posto, frequentato da clienti facoltosi e perennemente abbronzati, serve un'ottima cucina di stagione e piatti d'influenza italiana che si rivelano sempre un successo. Va anche detto, però, che i camerieri sono altezzosi e potrebbero tentare di sistemarvi in un tavolo di second'ordine.

ZUMA

Cartina pp442-43   *Cucina giapponese*
☎ 7584 1010; 5 Raphael St SW7; pasto tipico senza bevande £35; metro Knightsbridge

Gli arredi minimalisti di questo allegro ristorante giapponese sono in vetro, acciaio, tek e parti di granito. Il locale è molto apprezzato dalle celebrità, che vi vengono per un boccone veloce o per un tranquillo cocktail. Il menu, incredibilmente lungo, è eccezionale da cima a fondo; tutti i piatti sono un tripudio di sapori, soprattutto quelli alla piastra (come alette di pollo, spiedini di maiale e gamberetti tigre). Si può mangiare al bancone con la gente comune oppure al tavolo dello chef, ma il piacere più grande per gli occhi sono i piatti esposti intorno al bar rettangolare. Purtroppo, il bar è a corto di personale e i camerieri non brillano quanto a gentilezza.

RISTORANTI ECONOMICI

Nella vecchia zona ricca di Londra, 'economico' va inteso in senso relativo.

CHELSEA KITCHEN

Cartina pp456-57   *Cucina europea*
☎ 7589 1330; 98 King's Rd SW3; portate principali £3-6; metro Sloane Square

Questo locale molto semplice – facente parte della grande catena Stockpot, con filiali in tutta

I top five dei ristoranti frequentati da celebrità

- Bar Italia (p211)
- Gordon Ramsay (p225)
- Nobu (sopra)
- River Café (p245)
- Sketch (p212)

Pasti – Il centro-sud

Londra – è uno dei posti più economici della capitale. Fra i suoi piatti, dalle porzioni abbondanti, ricordiamo la zuppa francese di cipolle, gli spaghetti alla bolognese, le lasagne e la bistecca.

HENRY J BEAN'S

Cartina pp456-57 *Cucina americana*
☎ 7352 9255; 195 King's Rd SW3; portate principali £6-8; metro Sloane Square/South Kensington

Si tratta essenzialmente di un pub vivace e rumoroso con interni e cibo in stile americano (hamburger, bistecche ecc.), leggermente al di sopra della media. La sua attrazione principale, tuttavia, è costituita dalla grande birreria all'aperto e dalla bella gioventù che accoglie in estate. Ciò nonostante rimane un pub, e non vale assolutamente la pena di aspettare per avere un tavolo.

JAKOB'S

Cartina pp456-57 *Cucina armena*
☎ 7581 9292; 20 Gloucester Rd SW7; portate principali £5-8; metro Gloucester Road

Se preferite spendere i vostri soldi per lo shopping piuttosto che per un ristorante, questo locale armeno è una vera rivelazione. Serve piatti deliziosi e sani di insalate, falafel e kebab, che sono una gioia per il palato e un sollievo per il portafoglio.

JENNY LO'S TEA HOUSE

Cartina pp460-61 *Cucina cinese*
☎ 7259 0399; 14 Eccleston St SW1; portate principali £5-7,50; metro Victoria

Questo semplice locale di Westminster – fondato dalla figlia dell'ex capo supremo della scena dei ristoranti cinesi, Ken Lo – offre un ottimo rapporto qualità-prezzo in questa zona. Serve anche zuppe e riso, anche se la sua specialità sono gli spaghetti.

PIZZA ORGANIC

Cartina pp456-57 *Pizza*
☎ 7589 9613; 20 Old Brompton Rd SW7; pizze £5-8; metro South Kensington

È un ristorante che accoglie volentieri le famiglie e si trova in un movimentato angolo di South Kensington. I camerieri sono sempre pronti a soddisfare le esigenze del cliente. Le pizze sono una via di mezzo tra quelle romane, con la crosta sottile, e quelle napoletane, con la crosta più spessa e meno croccante.

SHEPHERD CAFÉ BAR

Cartina pp446-47 *Cucina italiana*
☎ 7495 5509; 7 Shepherd Market W1; metro Green Park

Lo Shepherd Café Bar è un accogliente locale con tavolini all'aperto, che offre una vasta scelta di piatti di pasta. I pasti costano intorno a £4.

LUNGO LA SOUTH BANK

Alcuni dei ristoranti di questa parte di Londra offrono suggestive vedute della città. Il panorama (di St Paul's Cathedral e della City) che si gode dall'Oxo Tower Restaurant è uno dei più memorabili di Londra; forse meno suggestiva, ma altrettanto famosa è la vista che si gode dal People's Palace, sulla South Bank. Dopo l'apertura della galleria d'arte Tate Modern (dotata di un proprio caffè, p143), lungo le vie poco distanti dal fiume sono sorti diversi locali in palazzi di un certo valore architettonico, come per esempio il Baltic. Verso la zona del Borough Market, invece, ci sono ancora semplici caffè e qualche locale che propone torte salate e purè di patate.

SOUTH BANK CENTRE E WATERLOO

BAR + KITCHEN

Cartina pp446-47 *Cucina internazionale moderna*
☎ 7928 5086; 131 Waterloo Rd SE1; ✆ pranzo e cena, chiuso sabato e domenica; portate principali a pranzo £7-10, cena £10-13; metro Southwark/Waterloo

Genuina e senza pretese, proprio come suggerisce il suo stesso nome, questa trattoria piccola e tranquilla propone un menu che comprende un'intera gamma di piatti, dal filetto di tonno Niçoise alla griglia e spiedini di verdure con mozzarella fusa, alle salsicce d'agnello e al pasticcio di manzo e rognone. I suoi tavoli di legno ben si combinano con le opere di arte moderna alle pareti.

CUBANA

Cartina pp446-47 *Cucina spagnola/caraibica*
☎ 7928 8778; 48 Lower Marsh SE1; tapas £3,45-4,45, portate principali £6,95-10,95; metro Waterloo

Le tapas alla cubana – con aggiunte di banana, fagioli neri e salsina di mango – non sono così speciali come potrebbe sembrare, ma i vivaci arredi e i cocktail a base di rum fanno di questo locale un posto piacevole. I vegetariani vi troveranno una buona scelta di piatti. Il venerdì e il sabato sera vi si suona musica salsa dal vivo, e la domenica ci sono lezioni di ballo gratuite dalle 17 alle 18. I pranzi con menu a prezzo fisso costano £5,95/7,95 per due/tre portate.

LIVEBAIT

Cartina pp446-47 *Frutti di mare*
☎ 7928 7211; 43 The Cut SE1; portate principali £8-17; metro Southwark/Waterloo

Locale dal passato glorioso e ora piuttosto sottotono, ha un menu prevalentemente di pesce. Il Livebait non attira la clientela numerosa ed eterogenea degli altri due locali vicini, il Tas e il Méson Don Felipe, e il prezzo di £14 per il suo piatto di merluzzo e patatine è un po' esagerato; ma questo posto continua ad avere i suoi clienti affezionati. L'interno, in piastrelle verdi e bianche, ricorda quello dei locali di più basso livello, che offrono torte salate e purè di patate. I menu a prezzo fisso costano £13/16 per due/tre portate.

MESÓN DON FELIPE

Cartina pp446-47 *Cucina spagnola*
☎ 7928 3237; 53 The Cut SE1; tapas £3,95-4,95; ☾ pranzo e cena, chiuso domenica; metro Southwark/Waterloo

Questo bar che serve tapas appartiene a un inglese, eppure offre sapori (e, grazie al suo personale di origine spagnola, anche un'atmosfera) autenticamente iberici. Siccome il bar occupa gran parte della zona centrale della sala, il locale è sempre un po' affollato; vale la pena, però, affrontare la ressa per assaporare uno dei migliori piatti di *patatas bravas* della città.

OXO TOWER RESTAURANT & BRASSERIE

Cartina pp446-47 *Cucina internazionale moderna*
☎ 7803 3888; 8° piano, Barge House St SE1; portate principali £16-27; ☾ pranzo e cena, chiuso domenica a pranzo; metro Waterloo

L'Oxo Tower è un ristorante da grandi occasioni, anche se il cibo non è sempre all'altezza. Spettacolari vedute sul Tamigi, con al centro St Paul's Cathedral, garantiscono una serata indimenticabile in questo moderno locale; il menu di cucina francese, che denota un tocco orientaleggiante, in genere è meno soddisfacente, nonostante sia stato rinnovato. Il nostro

consiglio è di ordinare un piatto di pesce o di frutti di mare. C'è una scelta abbastanza ampia di vini da tutto il mondo, e un pranzo di tre portate con menu a prezzo fisso costa £29.

PEOPLE'S PALACE

Cartina pp446-47 *Cucina internazionale moderna*
☎ 7928 9999; Level 3, Royal Festival Hall, South Bank SE1; portate principali £14-18; metro Waterloo

Non immaginatevi niente di proletario, come lascerebbe intendere il nome: il People's Palace è davvero un ristorante d'alta classe. La luminosa sala stile anni '50, con poltrone rosse e blu e sedie del primo periodo conraniano, è di dimensioni notevoli, con soffitti alti e finestre panoramiche che offrono una bella vista sul Tamigi. La cucina è britannica moderna con influenze mediterranee e spazia dal culaccio d'agnello al pagello con purè di granchio e al pasticcio di fagioli toscani.

RIVER WALK RESTAURANT

Cartina pp446-47 *Cucina internazionale moderna*
☎ 7928 2884; 2° piano, Barge House St SE1; portate principali £6,50-13; ☾ pranzo e cena, chiuso a pranzo sabato e domenica; metro Waterloo

Il River Walk Restaurant ha comode sedie color vinaccia e un menu panasiatico con numerose scelte vegetariane. Oltre a questo, il tenero petto d'anatra, il croccante tofu e l'estratto di Earl Grey sono tutti molto invitanti, come anche il curry di molluschi agli agrumi. Tuttavia, la vista da questo piano non è niente a paragone di quella di cui si gode dall'Oxo Tower Restaurant dell'ottavo. Per il pranzo c'è anche un menu a prezzo fisso (£13/20 per due/tre portate).

RSJ

Cartina pp446-47 *Cucina francese*
☎ 7928 4554; 13A Coin St SE1; portate principali £11-17; ☾ pranzo e cena, chiuso a pranzo sabato e domenica; metro Waterloo, treno Waterloo East

Con i suoi tappeti verde pallido, le dozzinali riproduzioni delle sedie di Arne Jacobsen e un

Pasti – Lungo la South Bank

I top five della South Bank

- Baltic (p230)
- Delfina (p231)
- Le Pont de la Tour (p232)
- Oxo Tower (sopra)
- People's Palace (sopra)

paio di vecchie travi a vista, l'RSJ non è molto gradevole a vedersi. Per fortuna è più soddisfacente per il palato, offrendo una cucina prevalentemente francese che comprende piatti come petto d'anatra *magret* o supreme di pollo in *vinaigrette* di erba morella. Quanto al suo strano nome, si tratta di un termine industriale che sta per 'rolled steel joist' (trave di acciaio a forma di I) – presumibilmente riferito alle condutture in metallo che scorrono lungo le travi a vista. I menu a prezzo fisso costano £16/17 per due/tre portate.

TAS
Map pp446-47   *Cucina turca*
☎ 7928 1444, 7928 2111; 33 The Cut SE1; portate principali £6,55-£15; metro Southwark/Waterloo

Il proprietario lo definisce anatolico, ma alla fin fine è un ristorante turco con qualche variante, che offre ottimi piatti di *hummus*, *tabouli*, squisite olive aromatizzate e carne alla griglia, accanto ai pasticci alle erbe, al cuscus e ai piatti di pesce. È un locale ideale per i vegetariani, con un ambiente moderno che invita a rilassarsi e godersi il proprio pasto in tutta tranquillità.

BANKSIDE

BALTIC
Cartina pp446-47   *Cucina dell'Europea orientale*
☎ 7928 1111; 74 Blackfriars Rd SE1; portate principali £9,50-14; ☽ pranzo e cena, chiuso domenica a pranzo; metro Southwark

A prima vista il moderno Baltic sembra un po' surrealista, se non fantascientifico; proseguendo, però, lungo l'immacolato bar in

Ristorante Baltic (sopra)

acciaio, pieno di bottiglie di vodka, fino ad arrivare alla zona ristorante, il locale comincia ad assumere un aspetto un po' più ordinario, anche se l'alto soffitto presenta travi a vista a forma di V rovesciata e il grande lampadario è fatto di pezzi d'ambra. La cucina è tipica dell'Europa orientale: tra gli antipasti figurano *blini*, aringhe, *pierogi* e caviale, ma non mancano il sanguinaccio della Polonia, l'anguilla affumicata, la lingua di bue seccata e i gamberi con la vodka. Tra le portate principali segnaliamo lo *shashlik* d'agnello della Georgia e la carne di maiale e crauti.

FISH!
Cartina pp452-53   *Frutti di mare*
☎ 7407 3803; Cathedral St SE1; portate principali £8,95-17; metro London Bridge

Situato in un padiglione vittoriano completamente in vetro che si affaccia sul Borough Market e su Southwark Cathedral, questo ristorante serve frutti di mare preparati in maniera semplice ma gustosa e pesce freschissimo: pesce spada, merluzzo, razza (o qualsiasi altra cosa segnalata sulla vostra tovaglietta) alla griglia o al vapore accompagnati da cinque salse a scelta.

BOROUGH E BERMONDSEY

In questa zona le scelte spaziano dai caffè frequentati dagli operai alle gastronomie che propongono torte salate e purè di patate fino ai ristoranti più esotici (e costosi). Particolarmente degni di nota per la loro cucina sono i ristoranti di Terence Conran, in Shad Thames.

BERMONDSEY KITCHEN
Cartina pp452-53 *Cucina internazionale moderna*
☎ 7407 5719; 194 Bermondsey St SE1; portate principali £9-12; ☽ pranzo e cena, chiuso domenica a cena; metro London Bridge

A pochi passi dal Fashion and Textile Museum, il Bermondsey Kitchen è un ristorante elegante ma dall'atmosfera rilassata, con una griglia scoperta, tavoli e sedie rustici, comodi divanetti e splendidi paralumi stile anni '60 sopra il bar. Ruth Quinlan, che in passato ha lavorato all'Eagle, il primo gastropub di Londra, serve un menu ridotto ma sempre diverso, che a volte comprende sogliola al limone, arrosto di maiale alla Gloucester Old Spot e kofta d'agnello. I brunch a base di uova vengono serviti con il Bloody Mary, ed è un vero peccato che ci sia soltanto pane bianco.

BLUE PRINT CAFÉ

Cartina pp452-53 *Cucina internazionale*

☎ 7378 7031; Design Museum, Butler's Wharf SE1; portate principali £13-19; ☺ pranzo e cena, chiuso domenica a cena; metro Tower Hill

Considerando tutti i locali riportati di seguito, noterete che Terence Conran svolge un ruolo determinante nel panorama gastronomico di Butler's Wharf. Realizzato in armonia con il Design Museum in cui si trova, questo caffè è una delle sue creazioni di media importanza, in stile minimalista e con una cucina internazionale moderna sempre diversa, che può comprendere piatti alla griglia, lingua di bue o razza con rafano ed erba cipollina. Il ristorante esalta la freschezza dei prodotti, ma il suo principale vanto rimane la vista sul Tamigi e sul Tower Bridge. Grazie ai binocoli di cui sono provvisti tutti i tavoli, i clienti li possono ammirare dalla finestra, come in un film spagnolo surrealista.

BUTLER'S WHARF CHOP HOUSE

Cartina pp452-53 *Cucina britannica moderna*

☎ 7403 3403; Butler's Wharf Bldg, 36E Shad Thames SE1; portate principali £13,50-17; ☺ pranzo e cena, brunch sabato e domenica, chiuso domenica a cena; metro Tower Hill

Elegante rivisitazione di un caffè inglese della classe operaia, il Chop House è opera di Conran e si trova in una zona molto turistica. Il menu, fatto di piatti abbondanti e gustosi come le braciole di maiale con purè a base d'aglio o l'anguilla affumicata piccante con rafano e pancetta, e pezzi forti come la bistecca e il pasticcio di manzo, rognone e ostriche, è un ottimo esempio di cucina britannica moderna. Il bar offre un menu più limitato e ci sono anche pasti economici con menu a prezzo fisso.

CANTINA DEL PONTE

Cartina pp452-53 *Cucina italiana*

☎ 7403 5403; Butler's Wharf Bldg, 36C Shad Thames SE1; portate principali £5,50-15; ☺ pranzo e cena, brunch sabato e domenica, chiuso domenica a pranzo; metro Tower Hill

È generalmente riconosciuto come il locale più abbordabile di Conran a Butler's Wharf, ma è anche il più deludente. La mancanza di cura nei contorni può a volte rovinare un'insalata o un piatto di pasta; altre volte le ricette di carne o di pesce sono poco riuscite. Le pizze (a partire da £5,50), invece, sono solitamente buone. I pasti con menu a prezzo fisso costano £11/13,50 per due/tre portate.

Blue Print Café (sopra)

DELFINA

Cartina pp452-53 *Cucina internazionale*

☎ 7357 0244; 50 Bermondsey St SE1; portate principali £9,95-14; ☺ pranzo da lunedì a venerdì; metro London Bridge

Non è certo l'unica mensa aziendale del mondo a essere stata realizzata da un artista, ma è senz'altro la più elegante, con grandi fotografie e dipinti appesi alle pareti, lucenti pavimenti di legno, tavoli verdi e una cucina internazionale moderna. Il menu cambia ogni due settimane e può comprendere stinco di agnello arrosto, coda di rospo con polenta insaporita al rafano o arrosto di zucca al rosmarino con fagioli americani. Caffè e dolci vengono serviti dalle 10 alle 12 e dalle 15 alle 17.

FINA ESTAMPA

Cartina pp452-53 *Cucina peruviana*

☎ 7403 1342; 150 Tooley St SE1; portate principali £12-16; ☺ pranzo e cena, chiuso sabato e domenica a pranzo; metro London Bridge

Non è più l'unico ristorante peruviano di Londra, ma il suo ambiente ordinato e romantico continua ad attirare una numerosa clientela. Sforna abbondanti porzioni di *cebiche* (pesce bianco marinato in succo di limone), *seco* (agnello o pollo in salsa di coriandolo) e *carapulcra* (patate peruviane essiccate servite con carne di maiale, di pollo e *yucca*). Si servono anche cocktail *pisco* (£3,50).

GARRISON

Cartina pp452-53 *Gastropub*

☎ 7089 9355; 99 Bermondsey St SE1; portate principali £6-13; ☺ pranzo e cena, brunch sabato e domenica; metro London Bridge

Sorto sulle ceneri di un vecchio locale di forte richiamo, il Garrison è un nuovo gastropub situato dove una volta si trovava l'Honest Cabbage. L'ambiente ricorda quello di una

Pasti – Lungo la South Bank

I top five dei ristoranti con vista

- Blue Print Café (p231)
- Oxo Tower (p229)
- People's Palace (p229)
- Smiths of Smithfield (p220)
- Ubon (p235)

locanda francese, ma la cucina è britannica moderna. Trovandosi di fronte al Fashion and Textile Museum, è inevitabilmente affollato all'ora di pranzo.

LAUGHING GRAVY

Cartina pp446-47 *Cucina internazionale moderna*
☎ 7721 7055; 154 Blackfriars Rd; portate principali £9-14; ☯ chiuso a pranzo sabato e domenica; metro Southwark

Questo pub informale prende il nome dalla comica di Stanlio e Ollio intitolata *Non c'è niente da ridere*. Il menu è incredibilmente ambizioso e comprende piatti anche molto ricercati, come le scaloppine di carne di cinghiale essiccata con frutti tropicali e composta di coriandolo. I dipinti, le piante, il pianoforte e la ricca esposizione di bottiglie di alcolici conferiscono al posto una calda atmosfera rilassata.

LE PONT DE LA TOUR

Cartina pp452-53 *Cucina francese*
☎ 7403 8403; Butler's Wharf Bldg, 36d Shad Thames SE1; portate principali £18-27; ☯ pranzo e cena, chiuso sabato a pranzo; metro Tower Hill

Questo ristorante, in cui una volta si sono incontrati Clinton e Blair, continua a servire deliziosi piatti da consumarsi ammirando il Tower Bridge. Vi è un'ottima scelta di frutti di mare e succulenti piatti di carne, come lo chateaubriand, tutti serviti da un personale gentile ed efficiente. Formale senza essere eccessivo, il ristorante vanta anche una lunga lista di vini. Viene servito un pranzo di tre portate con menu a prezzo fisso per £29,50; anche il bar ha un buon menu, se pure più limitato.

TAS

Cartina pp452-53 *Cucina turca*
☎ ristorante 7403 7090, caffè 7403 8557; 72 Borough High St; portate principali al ristorante £6,55-£15, spuntini al caffè £1,75-4,50; ☯ prima colazione, pranzo e cena; metro London Bridge

Il Tas propone la stessa cucina dell'Anatolia/Turchia che trovate nella succursale di The Cut (p230). In più, questo ristorante ha un caffè annesso che serve panini turchi alla piastra (con formaggio a volontà e salsicce *suchuk*), *meze*, involtini, insalate e un *baklava* molto sciropposo, oltre ad altri dolci.

RISTORANTI ECONOMICI

BOROUGH MARKET CAFÉ

Cartina pp452-53 *Cucina inglese*
☎ 7407 5048; Borough Market; portate principali £2-5; ☯ pranzo da giovedì a sabato; metro London Bridge

Erede del Borough Café (un locale di Jamie Oliver), offre la stessa varietà di prime colazioni (a base di pancetta, uova, pomodori, cavoli e patate), nonché altri sostanziosi pasti; la clientela è costituita principalmente dai clienti del mercato.

EL VERGEL

Cartina pp452-53 *Cucina latino-americana*
☎ 7357 0057; 8 Lant St SE1; portate principali £4,50-6,50; ☯ 8.30-15 da lunedì a venerdì; metro Borough

Questo piccolo caffè è noto soprattutto per le sue prime colazioni a base di pane fritto cileno e pancetta, ma serve anche specialità come *empanadas*, *tacos* e panini preparati con pane piatto peruviano, tutto a prezzi ridottissimi.

KONDITOR & COOK

Cartina pp446-47 *Cucina internazionale*
☎ 7620 2700; 66 The Cut SE1; portate principali £6,25-7, 95; ☯ per i pasti 8.30-19.30 da lunedì a venerdì, 10.30-19.30 sabato; metro Southwark/Waterloo

Offre squisite torte di cioccolato (£2,85) in stile viennese, ma anche dolci a base di whisky e arance, crostata alle mandorle e altri *küchen*. La clientela di artisti, uomini d'affari del quartiere e frequentatori dei teatri gradisce anche i piatti di salsicce e purè, insalata mista e tortine di patate.

MANZE'S

Cartina pp436-37 *Cucina inglese*
☎ 7407 2985, 87 Tower Bridge Rd SE1; portate principali intorno a £3 ; ☯ pranzo, chiuso sabato; metro Borough/Bermondsey

Non è il più antico, ma uno dei migliori posti di Londra per le torte salate, in piena attività da più di un secolo e in posizione comoda per il Bermondsey Market. All'interno del suo bel locale piastrellato vi verranno servite anguille in gelatina, torte salate con purè di patate e liquori.

L'EAST END

Mentre Brick Lane è diventata un susseguirsi di ristoranti non proprio di qualità, i veri amanti del curry si sono spostati a Whitechapel; ma il famoso multiculturalismo dell'East End propone anche ristoranti turchi, latino-americani e persino russi e georgiani.

BETHNAL GREEN E HACKNEY

ARMADILLO
Cartina pp436-37   *Cucina latino-americana*
☎ 7249 3633; 41 Broadway Market E8; portate principali £10-15; ☽ cena; treno London Fields, autobus: nn. 106, 253, 26, 48, 55

L'Armadillo è il fiore all'occhiello dei ristoranti sempre più belli di Broadway Market e richiama clienti da ogni parte di Londra. Ha un menu sempre diverso, che unisce ottimi piatti di cucina argentina, brasiliana e peruviana, un'atmosfera amichevole e arredi di gusto sudamericano un po' kitsch (tende ornate di perle con immagini di Gesù e Frida Kahlo, contenitori per i rotoli di carta igienica a forma di lucertola...). Tra i piatti tipici vi sono il chorizo argentino con crocchette e peperoni piccanti, l'anatra peruviana *seco* e cassava fritta o frittelle con il *dulce de leche* (una sorta di latte condensato più dolce e denso).

CROWN ORGANIC
Cartina pp436-37   *Gastropub*
☎ 8981 9998; 223 Grove Rd E3; portate principali £7,50-15; metro Mile End, autobus: nn. 8 o 277

La qualità della cucina è un po' più variabile in questa succursale del Duke of Cambridge di Islington (p221), ma con la sua elegante sala al piano superiore e il suo bel balcone, questo posto riesce comunque a impreziosire la scena dei ristoranti della zona.

LITTLE GEORGIA
Cartina pp436-37   *Cucina georgiana*
☎ 7249 9070; 2 Broadway Market E8; portate principali £12-15; ☽ cena da martedì a sabato; treno London Fields, autobus n. 106, 253, 26, 48, 55

Dopo un periodo iniziale come semplice caffè, al momento delle nostre ricerche il Little Georgia si stava organizzando per diventare un ristorante a pieno titolo, ma è meglio telefonare prima per esserne sicuri. Il menu dovrebbe prevedere piatti come *blini*, *borscht*, pollo *satsivi* in salsa di noci, agnello agli aromi con melanzane e altre specialità greche e turche. I gestori hanno anche intenzione di ripristinare lo stile degli arredi, tradizionalmente georgiano.

RISTORANTI ECONOMICI

LAHORE KEBAB HOUSE
Cartina pp452-53   *Cucina indiana*
☎ 7488 2551; 2 Umberston St E1; portate principali £5-6; metro Whitechapel/Aldgate East

Il punto forte di questo fumoso ristorante dalle pareti in vetro non è sicuramente l'estetica; inoltre, il livello della cucina negli ultimi tempi sembra essere un po' calato. Tuttavia, continua a essere una discreta soluzione per un pasto veloce e sostanzioso a base di curry o kebab di agnello.

LAHORE ONE
Cartina pp452-53   *Cucina indiana*
☎ 7791 0112; 218 Commercial Rd E1; portate principali £2,95-4,95; metro Whitechapel

Trovare un tavolo libero in questo minuscolo posto, che comunque serve anche cibo per asporto, è davvero un'impresa. I proprietari sostengono con orgoglio che i piatti sono preparati senza l'aggiunta di salse confezionate o aromi artificiali e sono cotti in forni a carbone; il risultato è infatti soddisfacente. Uno degli antipasti più richiesti sono i kebab piccanti di carne di agnello (60p l'uno), mentre tra le portate principali prevalgono i *biryanis* di carne o verdure e i piatti preparati nel wok detti *karahai*.

LMNT
Cartina pp436-37   *Cucina internazionale*
☎ 724 9 6727; 316 Queensbridge Rd E8; portate principali prima/dopo le 19 £5,45/7,95; treno London Fields

L'elaborato interno in stile egiziano, con posti a sedere ricavati in padiglioni rialzati agli angoli del locale, sul bar o all'interno di un grande vaso dorato, è decisamente originale. Il menu, in questo locale che ricorda Les Trois Garçons

---

I top five dell'East End

- Armadillo (sopra)
- LMNT (sotto)
- Mangal (p234)
- New Tayyab (p234)
- Whitechapel Art Gallery Café (p234)

(p218) per clienti meno facoltosi, è buono e abbondante.

MANGAL

Cartina pp440-41   *Cucina turca*

☎ 7275 8981; 10 Arcola St E8; portate principali £6,50-8,50; treno Dalston Kingsland

Il Mangal serve piatti come *meze* turco, braciole di agnello alla griglia, colombo e insalate tra i migliori della parte settentrionale di Londra. Pare che Gilbert e George, *enfants terribles* dell'arte britannica, vi vengano ogni giorno.

NEW TAYYAB

Cartina pp452-53   *Cucina indiana*

☎ 7247 9543; 83 Fieldgate St E1; portate principali £3-10; ۞ cena; metro Whitechapel

Dall'invitante aroma che si sente entrando, si capisce che questo vivace ristorante di cucina del Punjab non è come gli altri ristoranti in-

diani della vicina Brick Lane, bensì appartiene a una categoria superiore. I kebab *seekh*, il pesce *masala* e gli altri antipasti serviti su piatti sfrigolanti sono deliziosi, come pure i contorni di *naan*, *raita* e *lassi* di mango. Il punto forte di questo locale, però, sono senza dubbio le portate principali a base di carne. Invece il piatto vegetariano *karahi*, cucinato nel wok, è gustoso ma stranamente grasso.

WHITECHAPEL ART GALLERY CAFÉ

Cartina pp452-53   *Cucina mediterranea*

☎ 7522 7888; 80-82 Whitechapel High St E1; portate principali £5,10-6; ۞ pranzo da martedì a domenica; metro Aldgate East

Situato al piano superiore della galleria, è un ottimo posto dove fare una pausa durante la visita alle opere d'arte, assaporando piatti come prosciutto crudo, torta di funghi, spinaci, pollo e la *tarte tatin* vegetariana.

DOWN RIVER: A EST DEL TOWER BRIDGE

Sarebbe semplicistico pensare alle Docklands come a una zona di locali che servono soltanto pasti agli impiegati delle banche dalle 9 alle 17: il quartiere, infatti, si sta rapidamente popolando, il che ha contribuito ad arricchirne l'offerta gastronomica. A Greenwich, tuttavia, molti ristoranti si rivolgono soprattutto al flusso di turisti di passaggio, ma basta fare una passeggiata di una decina di minuti per scoprire alcune 'chicche'.

DOCKLANDS

LIGHTSHIP TEN

Cartina pp452-53   *Cucina danese*

☎ 7481 3123; 5a St Katherine's Way, St Katherine's Docks E1; ۞ pranzo da martedì a venerdì, cena da martedì a sabato; portate principali £12-15; metro Tower Hill

È un ristorante indimenticabile, a bordo della più vecchia nave faro del mondo, che serve nuova cucina danese. Potete pranzare a base di *frikadeller* di granchio e salmone o di polpette alla Copenhagen nella sala verniciata di rosso del ponte intermedio, oppure ritirarvi per una cena ancor più romantica nel primo ponte. Tra gli antipasti ricordiamo il *gravalax* su *knaekbrot* (pane croccante) con semi di papavero; tra i dessert la gelatina di fiori di sambuco e bacche fresche con gelato al lieve sapore di liquirizia.

ROYAL CHINA

Cartina p455   *Cucina cinese*

☎ 7719 0888; 30 Westferry Circus E14; dim sum £1,90-3,80, pasti di 4 portate con menu a prezzo fisso £25; metro Canary Wharf, DLR Westferry

Fa parte della catena di dim sum più importante della città, ma questa succursale di Westferry è considerata da alcuni clienti abituali un po' al di sopra delle altre. Di certo, la vista sul Tamigi è magnifica; inoltre, nei weekend

Ristorante Royal China (sopra)

Le nuove catene di ristoranti

Fino a poco tempo fa, il termine 'catena' era un dispregiativo nel contesto gastronomico, che faceva pensare subito a posti come McDonald's e Sturbucks; ma negli ultimi anni sulla scena di Londra si è affacciato qualcosa di completamente diverso. Si tratta di locali che si rivolgono a una clientela con buone disponibilità economiche ma poco tempo a disposizione, che affermano chiaramente un proprio stile sia nel cibo, sia nell'ambientazione. Nessuno dei piatti che propongono è particolarmente stuzzicante, ma se avete bisogno di mangiare velocemente, senza per forza optare per un panino, questi posti non vi deluderanno.

Presso l'elegante e 'tremendamente inglese' **Brown's** (portate principali intorno a £13) troverete piatti tipicamente britannici come le *bangers and mash* (salsicce servite con purè di patate e salsa) e lo *steak and kidney pie* (pasticcio di manzo e rognone), da consumarsi in un luminoso ambiente in stile coloniale. Frequentata soprattutto a pranzo da uomini d'affari, **Chez Gerard** (portate principali £9-16) è un'elegante catena di brasserie che serve cucina francese e bistecche. **Giraffe** (portate principali £7-10) riesce a essere al tempo stesso non convenzionale e adatto per le famiglie, e offre una cucina internazionale che spazia dal curry agli hamburger. **Jamies** (portate principali £8-12) è il nome di un gruppo di eleganti enoteche che servono fantasiosi piatti di ogni parte del mondo. **Pizza Express** (pizze £5-8) riesce a non farsi mai sfuggire edifici interessanti dal punto di visto architettonico, che riempie con arredi in metallo lucido. **Stockpot** (portate principali £4-6) è un'istituzione a Londra, nonché uno dei pochi posti in cui potrete avere un pasto di tre portate (pasta o carne con due contorni) per meno di £10. **Wagamama** (portate principali £5,50-9) serve piatti abbondanti di pasta giapponese e attira una folta clientela; vi capiterà quindi di dover dividere il tavolo con altri clienti. **Yo! Sushi** (sushi £2-4) è un posto altamente tecnologico in cui il cibo è servito per mezzo di nastri trasportatori, ma spicca più per le sue offerte promozionali che per il sushi, che a volte è un po' troppo molle.

questo locale è più tranquillo della famosa filiale di Queensway; durante la settimana, invece, all'ora di pranzo è meglio prenotare. Oltre al classico dim sum, ci sono piatti più fantasiosi come i gamberetti cucinati a vapore e gli gnocchetti di granturco.

UBON

Cartina p455   *Cucina giapponese*
☎ 7719 7800; 34 Westferry Circus E14; ☽ pranzo da lunedì a venerdì, cena da lunedì a sabato; portate principali £5-30; metro Canary Wharf, DLR Westferr
Meno appariscente del 'fratello maggiore' Nobu (p227), ma con i prezzi altrettanto elevati e una cucina all'altezza, l'Ubon ha in più una vista mozzafiato sul Tamigi. Sul menu non manca ovviamente il piatto classico del Nobu, ossia il merluzzo con miso.

WAPPING FOOD

Cartina pp452-53   *Cucina mediterranea*
☎ 7680 2080; Wapping Wall E1; ☽ pranzo e cena, brunch sabato e domenica, chiuso domenica a cena; portate principali £11-18, brunch £4-8; metro Wapping
Questo moderno ristorante mediterraneo non è la solita struttura industriale riattata: al Wapping Food, infatti, le originarie attrezzature idrauliche sono state lasciate al loro posto, e si cena tra turbine e ruote giganti. Il personale è molto piacevole, la lista dei vini interamente australiana e gli ingredienti freschi.

GREENWICH

INSIDE

Cartina p455   *Cucina europea moderna*
☎ 8265 5060; 19 Greenwich South St SE10; portate principali £12-17; ☽ brunch sabato e domenica, pranzo da mercoledì a domenica, cena da lunedì a sabato; DLR Cutty Sark
Il design impeccabile e originale si combina con una cucina altrettanto perfetta e varia. Il ristorante è affollato per il brunch nei giorni di mercato, ma le sue pareti nei colori bianco e melanzana, le opere di arte moderna e le tovaglie di lino lo rendono indicato anche per un pasto relativamente formale. Il menu cambia in continuazione, ma solitamente comprende piatti dal sapore fresco come zuppa di piselli o tartufo e risotto di funghi misti, e dessert come torta di cioccolato nero con gelato di cioccolato bianco. Ci sono menu a prezzo fisso (£15/18 per due/tre portate) a pranzo e a cena (presto) quasi tutti i giorni infrasettimanali.

I top five di Down River

- Inside (sopra)
- Lightship Ten (p234)
- Royal China (p234)
- Ubon (sopra)
- Wapping Food (sopra)

TRAFALGAR TAVERN

Cartina p455   *Cucina britannica/mediterranea*

☎ 8858 2437; Park Row SE10; portate principali £8,30-13; DLR Cutty Sark

Insieme all'Inside (p235) è una valida alternativa ai molti ristoranti costosi delle immediate vicinanze dei Cutty Sark Gardens. Rimodernato di recente, vi potrete assaporare i bianchetti fritti o uno dei tanti piatti di pesce godendovi una meravigliosa vista sul fiume. Il menu comprende anche il tipico piatto inglese di salsicce con purè di patate, cipolle rosse e sugo di carne.

RISTORANTI ECONOMICI

GODDARDS PIE HOUSE

Cartina p455   *Cucina tradizionale inglese*

☎ 8293 9313; 45 Greenwich Church St SE10; torte salate 95p-£2,70; ⏱ 10-18 da lunedì a giovedì, 10-20 venerdì e sabato; DLR Cutty Sark

Sia i vegetariani, sia gli amanti della carne avranno di che scegliere tra i piatti della tradizionale cucina inglese del Goddards, il locale in cui si servono torte salate e purè fin dal 1890. Ovviamente, l'introduzione nel menu del 'Banks', la torta salata di soia, e dei sughi vegetali già pronti è relativamente recente. I piatti più tipici di questo locale sono infatti il pasticcio di manzo e rognone, il pasticcio di carne ricoperto di purè e i piselli con anguille in gelatina. Anche se non offre una cucina per buongustai, il Goddards è l'ideale per consumare un pasto in tutta tranquillità.

PETER DE WIT'S

Cartina p455   *Cucina britannica*

☎ 8305 0048; 21 Greenwich Church St; spuntini £2,50-5; ⏱ 10-18 da lunedì a giovedì, 10-20 venerdì e sabato; DLR Cutty Sark

Questo piccolo caffè senza troppe pretese attira una clientela di studenti e artisti grazie alle sue gustose zuppe, ai panini e ai tè con la panna (£5). Nei weekend ci sono concerti di musica jazz, mentre sul retro c'è una piccola zona con tavolini all'aperto dove i clienti possono starsene a prendere il sole nei mesi più caldi.

IL CENTRO-NORD

In questa zona, Marylebone e Camden sono senza dubbio i quartieri più importanti dal punto di vista gastronomico, ma troverete alcuni locali interessanti anche in altre zone. Marylebone è il quartiere più alla moda e Camden è un po' in discesa, ma per quel che riguarda la ristorazione c'è ancora l'imbarazzo della scelta.

MARYLEBONE E REGENT'S PARK

GOLDEN HIND

Cartina pp446-47   *Fish & chips*

☎ 7486 3644; 73 Marylebone Lane W1; portate principali £5-10; metro Bond Street

Questo locale, che ha ben 90 anni, arredi classici, pesanti tavoli di legno e una clientela di imprenditori edili e uomini d'affari, cucina forse il miglior merluzzo fritto con patatine di Londra. Il servizio è attento e il pesce fresco cucinato bene. Le pareti sono piene di foto autografate di persone famose.

LA FROMAGERIE CAFÉ

Cartina pp446-47   *Caffè*

☎ 7935 0341; 2-4 Moxon St W1; portate principali £6,50-9,50; metro Baker Street/Bond Street

Entrare in questo nuovo e bellissimo caffè/negozio è come mettere piede nella cucina privata di Patricia Michelson, rinomata autrice di libri di cucina e proprietaria di questo locale. Sul lungo tavolo in comune, infatti, troverete deliziose insalate, antipasti, peperoni e fagioli accanto a grosse fette di pane e un paradisiaco profumo di formaggio. Il cibo è sensazionale, il personale sorridente e i prezzi ragionevoli.

ORRERY

Cartina pp446-47   *Cucina europea moderna*

☎ 7616 8000; 55 Marylebone High St W1; portate principali £15-30; metro Baker Street/Regent's Park

Degno della sua stella Michelin, questo gioiello di Conran offre forse il miglior servizio di tutti

---

I top five del centro-nord

- La Fromagerie Café (sopra)
- Ozer (p237)
- Orrery (sopra)
- Providores (p237)
- Raw Deal (p240)

I mercati al dettaglio di prodotti alimentari freschi

Se volete acquistare frutta, verdura, latticini e altri prodotti alimentari che hanno il buon sapore di una volta, recatevi nei weekend in uno dei sempre più numerosi mercati al dettaglio che stanno sorgendo in città. In questi mercati i produttori vendono direttamente la propria merce al consumatore, l'atmosfera è piacevole e la freschezza dei prodotti garantita. Tutti i mercati sono elencati nel sito www.lfm.org.uk; qui di seguito ne citiamo alcuni fra i migliori e più vicini al centro:

- **Blackheath** (parcheggio della stazione; ☺ 10-14 la domenica; treno Blackheath)
- **Islington** (Cartina pp440-41; Essex Rd, di fronte a Islington Green; ☺ 10-14 la domenica; metro Angel).
- **Marylebone** (Cartina pp446-47; parcheggio di Cramer St; ☺ 10-14 la domenica; metro Baker Street/Bond Street)
- **Notting Hill** (Cartina pp442-43; Kensington Pl, parcheggio dietro Waterstone's; ☺ 9-13 il sabato; metro Notting Hill Gate)
- **Palmer's Green** (parcheggio della stazione; ☺ 10-14 la domenica; treno Palmer's Green)
- **Peckham** (Peckham Sq, Peckham High St; ☺ 9.30-13.30 la domenica; treno Peckham Rye)
- **Pimlico Road** (Cartina pp460-61; Orange Sq, angolo tra Pimlico Rd e Ebury St; ☺ 9-13 il sabato; metro Sloane Square)
- **Swiss Cottage** (Cartina pp438-39; vicino alla biblioteca di Camden; ☺ 10-16 il mercoledì; metro Finchley Road)
- **Wimbledon** (Havana Rd; ☺ 9-13 il sabato; metro Wimbledon Park)

i ristoranti d'alta classe di Londra: efficiente, mai soffocante e sempre disponibile. Notevole anche la cucina, che denota un'influenza francese, con piatti come le capesante con pancetta e cavolfiore ricoperto di caviale: una vera delizia. La specialità che ha però fatto vincere all'Orrery la stella Michelin sono i suoi circa 40 tipi di formaggi, davvero memorabili.

OZER

Cartina pp446-47 *Cucina turca*
☎ 7323 0505; 5 Langham Pl W1; ☺ pranzo e cena da lunedì a sabato ; portate principali £7,50-13; metro Oxford Circus

La sua cucina è più leggera e raffinata della normale cucina turca. Il suo ristorante gemellato di Ankara è considerato uno dei migliori in Turchia. Le porzioni sono 'eleganti' (che, a dire il vero, significa piccole), ma le portate principali, come l'arrosto di spalla d'agnello con marmellata di *kumquat*, sono formidabili. È un ristorante di classe e di grande atmosfera.

PROVIDORES

Cartina pp446-47 *Cucina spagnola e fusion*
☎ 7935 6175; 109 Marylebone High St W1; tapas £2-10, portate principali £10-15; metro Baker Street/ Bond Street

Gli chef di questo vivace locale dall'atmosfera amichevole, che combina cucine diverse, sono due neozelandesi. Il ristorante è su due piani: al pianterreno si possono assaporare le tapas, mentre nell'elegante sala del piano superiore vengono serviti pasti completi preparati combinando la cucina spagnola con influenze gastronomiche di vario tipo.

QUIET REVOLUTION

Cartina pp446-47 *Caffè*
☎ 7487 5683; 28 Marylebone High St W1 (dietro l'Aveda); ☺ chiude alle 18; portate principali £5-9; metro Baker Street/Bond Street

Questo locale serve prodotti completamente biologici ed è l'ideale per rilassarsi e gustare i suoi energetici succhi di frutta misti, i suoi piatti creativi ma allo stesso tempo semplici, come le frittate alle erbe, le insalate e le squisite torte salate servite a pranzo. Il conto viene presentato accompagnato da un campione gratuito di prodotti di bellezza Aveda.

SPIGHETTA

Cartina pp446-47 *Cucina italiana*
☎ 7486 7340; 43 Blandford St W1; portate principali intorno a £10; metro Baker Street

Non si tratta di un errore della guida: è davvero 'spighetta' e non 'spaghetti'; infatti, questo animato locale ospitato in un vasto seminterrato serve non solo spaghetti ma ogni tipo di piatto italiano, dalla pizza alla pasta, ai dolci, tutti ottimi. Belle tovaglie, personale gentile e un'atmosfera distinta che però piace anche alla gente più semplice. Lungo questa via c'è un gruppetto di buoni ristoranti.

VILLANDRY

Cartina pp446-47 *Cucina europea moderna*
☎ 7631 3131; 170 Great Portland St W1; portate principali £10-20; metro Great Portland Street

Per raggiungere questo ristorante bisogna passare attraverso un negozio da cui è difficile andarsene a mani vuote. Sulle mensole, infatti, sono esposti gli stessi ingredienti con cui sono stati creati i gustosi piatti assaporati nella semplice ma elegante sala ristorante. Merita senz'altro provare lo stufato di fagioli campagnoli bianchi con scaglie di tartufo nero, ed è consigliabile concludere il pasto con il celebre piatto di formaggi.

WOODLANDS

Cartina pp446-47   *Cucina vegetariana/indiana*
☎ 7486 3862; 77 Marylebone Lane W1; portate principali £5-13; metro Bond Street

In India, 'Voodies' è una catena abbastanza buona, ma qui è davvero formidabile. Gli squisiti *thalis* (piatti misti tipo 'all-you-can-eat') e *dosas* sono le due portate migliori, ma il menu di cucina dell'India meridionale del Woodlands non delude mai.

PADDINGTON E BAYSWATER
COUSCOUS CAFÉ

Cartina pp442-43   *Cucina marocchina*
☎ 7727 6597; 7 Porchester Gardens W2; portate principali £8-15; metro Bayswater

Se vi piace la cucina del Marocco, andate in questo posto vivacemente decorato, che serve un'ottima varietà dei più tradizionali piatti del Nord Africa, ma si distingue soprattutto per le sue piccanti tajine, la pasticceria e il servizio.

MANDARIN KITCHEN

Cartina pp442-43   *Cucina cinese*
☎ 7727 9468; 14-16 Queensway W2; portate principali £5,95-25; metro Bayswater/Queensway

Questo ristorante cantonese dalla popolarità intramontabile è specializzato in frutti di

Ristorante Trojka, Camden (p239)

mare. I tempi di attesa per un tavolo sono piuttosto lunghi, ma il menu, che comprende piatti cinesi a base di pesce, è forse tra i migliori della città. La pasta all'aragosta con zenzero e cipolline è semplicemente sublime.

SATAY HOUSE

Cartina pp442-43   *Cucina malese*
☎ 7723 6763; 13 Sale Pl W2; portate principali £4,50-9,50; metro Edgware Road/Paddington

Abbiamo scoperto la Satay House quando ci siamo avventurati fino a Paddington per prendere l'espresso per Heathrow. Locale bello e senza pretese, serve una cucina malese autentica e deliziosa, con un curry di pollo Malay davvero ottimo.

KING'S CROSS ED EUSTON
DIWANA BHEL POORI HOUSE

Cartina pp438-39   *Cucina indiana*
☎ 7387 5556; 121 Drummond St; portate principali £3-6,50; metro King's Cross

Primo ristorante indiano – e, secondo molti, ancora il migliore in questa trafficata strada – il Diwana è specializzato in *behl poori* alla Bombay (uno spuntino 'misto' un po' dolce e un po' agro, un po' tenero e un po' croccante) e *dosas* (frittelle ripiene). A pranzo c'è un buffet 'all-you-can-eat' per £6.

EL PARADOR

Cartina pp438-39   *Cucina spagnola*
☎ 7387 2789; 245 Eversholt St NW1; tapas £4-5,50; metro Mornington Crescent

Questo ristorante spagnolo dall'atmosfera rilassata ha una vasta scelta di tapas – comprese molte prelibatezze vegetariane – di ogni parte della Spagna. C'è anche un giardino recintato per prendere il sole gustando un *rioja*. L'unico neo è lo strano sistema di prenotazioni, che non accetta meno di tre persone.

CAMDEN
BAR GANSA

Cartina pp438-39   *Cucina spagnola*
☎ 7267 8909; 2 Inverness St NW1; tapas £2,50-4, portate principali £12; metro Camden Town

Questo posto ricorda proprio un tradizionale locale spagnolo per la degustazione di tapas: è fumoso, rumoroso e affollato. Potrete scegliere gustosi antipasti e sostanziose portate principali. Il locale è un punto di riferimento per l'intera Camden, ha la licenza per tenere aperto fino a tardi e riscuote un successo strepitoso.

CAFÉ CORFU

Cartina pp438-39   *Cucina greca*

☎ 7269 8088; 7-9 Pratt St NW1; portate principali £8-12; metro Camden Town

Il Corfu è uno dei migliori ristoranti greci della zona. Gli arredi sono puliti e semplici, il delizioso cibo è leggero ma sazia, e non c'è soltanto *retsina* per placare la vostra sete. Nei weekend la cena è accompagnata da una danzatrice del ventre.

CAFÉ DELANCEY

Cartina pp438-39   *Cucina francese*

☎ 7387 1985; 3 Delancey St NW1; portate principali £7-15; metro Camden Town

Capostipite delle brasserie in stile francese di Londra, il Delancey offre la possibilità di consumare una tazza di caffè accompagnata da uno spuntino o un pasto completo in un tranquillo ambiente europeo con tanto di giornali. Gli arredamenti e la voce di Aznavour in sottofondo conferiscono al locale uno stile parigino.

COTTONS RHUM SHOP, BAR & RESTAURANT

Cartina pp438-39   *Cucina caraibica*

☎ 7482 1096; 55 Chalk Farm Rd NW1; portate principali £10-15; metro Chalk Farm

Il Cottons è uno dei ristoranti caraibici più autentici della città, e offre specialità delle isole come pollo essiccato o carne di capra al curry, nonché cocktail a base di rum da capogiro e un'atmosfera accogliente in un ambiente grazioso.

ENGINEER

Cartina pp438-39   *Gastropub*

☎ 7722 0950; 65 Gloucester Ave NW1; portate principali £10-15; metro Chalk Farm

Uno dei primi e migliori gastropub della città, l'Engineer serve una cucina internazionale

sempre buona – dai gamberetti tempura alle costolette d'agnello – ed è molto frequentato dagli abitanti della parte settentrionale di Londra. Il pub ha tende in velluto rosso e lampadari color oro che pendono dagli alti soffitti al piano superiore, ma il suo vero vanto è il meraviglioso giardino recintato.

LEMONGRASS

Cartina pp438-39   *Cucina thailandese*

☎ 7284 1116; 243 Royal College St; portate principali £5-8; metro Camden Town

Se avete voglia di cenare fuori in un ambiente rilassante, questo locale fa per voi. Potrete scegliere tra una varietà di autentici piatti thailandesi (con influenze cambogiane), freschi e gustosi e un menu vegetariano. Nel locale non si può fumare e il personale è simpatico.

MANGO ROOM

Cartina pp438-39   *Cucina caraibica*

☎ 7482 5065; 10 Kentish Town Rd NW1; portate principali £9-12; metro Camden Town

Il Mango Room è un locale caraibico dall'atmosfera rilassata, frequentato da una clientela molto varia e di ogni età. Le specialità sono le portate a base di pesce e mango, il formaggio di capra alla griglia con mango e pesto, e il barracuda alla griglia con zucchine e salsa a base di cocco. Favolosa la colonna sonora di vecchia musica giamaicana ska/jazz.

TROJKA

Cartina pp438-39   *Cucina dell'Europa orientale*

☎ 7483 3765; 101 Regent's Park Rd NW1; portate principali £6-9; metro Chalk Farm

Questo ristorante di Primrose Village serve piatti di cucina russa e dell'Europa orientale con un buon rapporto qualità-prezzo: per esempio aringhe con salsa di aneto e insalata russa, il polacco *bigosz* (uno stufato di cavolo con pezzi di carne mista) e bresaola, in una bella sala luminosissima, molto frequentata da una clientela di europei dell'Est residenti nella zona. Evitate il vino della casa.

Pasti – Il centro-nord

RISTORANTI ECONOMICI

ADDIS

Cartina pp440-41   *Cucina africana*

☎ 7278 0679; 42 Caledonian Rd N1; portate principali £4,50-8,50; metro King's Cross

Con i suoi colori dorati, il personale gentile e l'atmosfera molto rilassata l'Addis è davvero piacevole. È solitamente pieno di clienti abituali etiopi e sudanesi e serve una serie di piatti esotici eccezionali, come il *ful masakh*, un'insalata con feta e falafel piccante.

ALI BABA

Cartina pp438-39   *Cucina egiziana*

☎ 7723 7474; 32 Ivor Pl NW1; portate principali £3; metro Baker Street

Questo piccolo ristorante egiziano, piuttosto nascosto tra le case a schiera della zona residenziale di Marylebone, offre *hummus*, falafel e kebab davvero buoni (anche per i prezzi). Potete ordinare cibi da asporto, oppure mangiare nella piccola sala del ristorante guardando alla TV qualche programma televisivo arabo.

ASAKUSA

Cartina pp438-39   *Cucina giapponese*

☎ 7388 8533; 265 Eversholt St NW1; portate principali £5-10; metro Mornington Crescent

Questo posto, semplice ma pulito, vende sushi economici a £1 o £2, oltre a menu più elaborati a prezzi fissi (ragionevoli).

CASTLE'S

Cartina pp438-39   *Cucina tradizionale britannica*

☎ 7485 2196; 229 Royal College St NW1; piatti £2-4; metro Camden Town

Il Castle's è un tradizionale caffè che serve torte salate e purè, ma anche pasticci con sugo e patate, anguille in gelatina e l'intera gamma di piatti della Londra di un tempo. L'arredo è semplicissimo, con tavoli in formica e sedie di plastica.

NEW CULTURAL REVOLUTION

Cartina pp456-57   *Cucina asiatica*

☎ 7352 9281; 305 King's Rd SW3; portate principali £6; metro Sloane Square

Questo bar molto frequentato serve gnocchi e pasta, ha una scelta sempre diversa di specialità vegetariane e un personale pronto e disponibile.

RAW DEAL

Cartina pp442-43   *Cucina vegetariana*

☎ 7262 4841; 65 York St W1; una portata principale e due insalate £6,50; metro Baker Street

Originale e accattivante, il Raw Deal è un locale dalle pareti in vetro situato all'angolo di una strada secondaria di Marylebone e sembra il caffè di una stazione ferroviaria vittoriana. È gestito da sudamericani simpatici e gentilissimi, che mettono in tavola insalate ricche e abbondanti, oltre a piatti caldi già pronti che non lasciano mai insoddisfatti.

TERRA BRASIL

Cartina pp438-39   *Cucina brasiliana*

☎ 7388 6554; 36-38 Chalton St NW1; buffet a prezzo fisso £5; metro Euston

Non sottovalutate il Terra solo per il minuscolo posto in cui si trova: si tratta del miglior locale di tutta Euston. È un posto particolarmente caldo e accogliente, dove si servono cocktail potenti, come la caipirinha, e gustose specialità brasiliane, come il *feijoada* (un piatto assortito di carne tagliata sottile e accompagnata da fagioli neri, riso e fette di agrumi).

LA ZONA NORD

Nessuno di questi ristoranti è un'attrazione turistica di per sé, ma vi consigliamo di visitarne almeno uno. Alcuni di questi locali si trovano nei parchi, mentre la maggior parte si concentra lungo le vie principali di ogni quartiere, come Stoke Newington Church St, Crouch End Broadway e Muswell Hill Broadway.

HAMPSTEAD E HIGHGATE

JIN KICHI

Cartina p435   *Cucina giapponese*

☎ 7794 6158; 73 Heath St NW3; portate principali £5,50-13; metro Hampstead

La stragrande maggioranza dei giapponesi residenti a Londra vive in Hampstead e mangia

I top five della zona nord

- Blue Legume (p241)
- Café on the Hill (p241)
- Jin Kichi (sopra)
- Rasa (p241)
- Toff's (p241)

I top five dei locali che servono fish & chips

- Costa's Fish Restaurant (p243)
- Geales (p242)
- Golden Hind (p236)
- Rock & Sole Plaice (p214)
- Toff's (sotto)

in questo piccolo locale, considerato uno dei migliori ristoranti giapponesi della parte settentrionale di Londra. Molto buoni i piatti di carne alla griglia e altri piatti giapponesi un po' diversi dal solito. Si consiglia di prenotare.

LAUDERDALE HOUSE

Cartina p435 *Caffè*

☎ 8348 8716; Waterlow Park, Highgate Hill N6; portate principali £6; metro Archway

La Lauderdale House, una bella casa signorile del XVI secolo, funge anche da circolo artistico. Nei weekend soleggiati, i tavoli disposti nel grande giardino che conduce al parco sono presi d'assalto dai clienti. Tra i piatti tradizionali figurano crocchette di pesce, patatine, insalate e lasagne, ma si può scegliere anche tra specialità esotiche come l'avocado ripieno. Il caffè è molto buono.

OSHOBASHO CAFÉ

Cartina p435 *Caffè/Cucina vegetariana*

☎ 8444 1505; Highgate Wood, Muswell Hill Rd N10; non serve cibo il lunedì; portate principali £5; metro Highgate

Questo grazioso caffè è un trionfo di sapori nel cuore di Highgate Wood; situato in un padiglione, all'esterno ha una grande terrazza circondata da alberi ed è ideale per un pomeriggio di sole. Serve principalmente paste, dolci e caffè, ma ci sono anche piatti caldi come pasta al forno, *tortilla* e curry alle verdure.

MUSWELL HILL

CAFÉ ON THE HILL *Cucina europea moderna*

☎ 8444 4957; 46 Fortis Green Rd N10; portate principali £8-14; metro Highgate, poi autobus n. 134

Anche se propone perlopiù prodotti biologici e piatti quasi sempre a base di verdure, è un locale molto hippy; offre menu stagionali, prime colazioni a ogni ora del giorno, un buon caffè, pranzi leggeri, tè pomeridiani, cene sostanziose, giornali e un'atmosfera accogliente.

TOFF'S *Fish & chips*

☎ 8883 8656; 38 Muswell Hill Broadway N10; chiude alle 19; portate principali £9-17; metro Highgate, poi autobus n. 134

Questo famoso locale molto britannico che serve fish & chips ha un banco per la vendita di cibi per asporto sul davanti e una sala ristorante sul retro. Il personale è molto gentile e il Toff's è rinomato per le sue abbondanti porzioni di frittura di pesce fresco, avvolto in una pastella squisita.

STOKE NEWINGTON E FINSBURY PARK

BANNERS *Cucina europea moderna*

☎ 8348 2930; 21 Park Rd N8; portate principali £8-11; metro Finsbury Park, poi autobus n. W7

Questo caffè sempre rumoroso ha un incredibile successo. I piatti caldi sono buoni (soprattutto le salsicce alle verdure e il purè), le prime colazioni un po' carenti; i frullati sono ottimi e il personale è amichevole con la gente del luogo e gentile con gli stranieri.

BLUE LEGUME *Cucina vegetariana*

☎ 7923 1303; 101 Stoke Newington Church St N16; portate principali £5-8; treno Stoke Newington, autobus n. 73

Locale familiare, dall'atmosfera vivace ma allo stesso tempo rilassata, ha tavoli decorati a mosaico e arredi un po' stravaganti (come un grande sole in gesso che pende dal soffitto). Le prime colazioni sono abbondanti e servite fino a tardi, i frullati sono ottimi. Durante il giorno vengono proposti spuntini vegetariani e specialità calde, come l'hamburger di zucchine, nonché vassoi di paste squisite.

RASA *Cucina indiana/vegetariana*

Cartina p434

☎ 7249 0344; 55 Stoke Newington Church St N16; portate principali £4-6; treno Stoke Newington, autobus n. 73

Non perdetevi questo ottimo ristorante vegetariano dell'India del Sud (che con la sua facciata rosa shocking, non passa inosservato), che offre un servizio cortese, un'atmosfera tranquilla, prezzi ragionevoli e una fantastica cucina dello stato indiano del Kerala. Non preoccupatevi troppo del menu, e ordinate il pranzo di tre portate. Il Rasa Travancore, sul lato opposto della strada, è un locale molto simile, ma con piatti di carne e pesce.

IL NORD-OVEST

Notting Hill è l'epicentro di questa zona e offre una meravigliosa scelta di ristoranti adatti a ogni esigenza del palato e del portafoglio, dagli amati locali di fish & chips (pesce e patatine fritte) ai ristoranti di classe.

ST JOHN'S WOOD E MAIDA VALE

GREEN OLIVE

Cartina pp442-43 *Cucina italiana*

☎ 7289 2469; 5 Warwick Pl W9; pranzo/cena di 3 portate con menu a prezzo fisso £15/45; metro Warwick Avenue

I frequentatori abituali di Maida Vale nutrono una profonda stima nei confronti di questo ristorante italiano. I piatti, creativi e gustosi, sono però serviti a guisa di assaggini. La semplice muratura in mattoni e il personale allegro conferiscono al posto un'atmosfera rustica e al contempo raffinata.

JASON'S

Cartina pp442-43 *Pesce*

☎ 7286 6752; Jason's Wharf, di fronte a 60 Blomfield Rd W9; portate principali £12-20; metro Warwick Avenue

Locale ideale in cui pranzare nelle giornate di sole, il Jason's è situato lungo un canale e ha bei tavoli disposti all'esterno; la sua sala ristorante, ricavata in una rimessa per barche dai soffitti in legno, offre la possibilità di mangiare praticamente all'aperto. Potrete assaporare squisiti piatti di pesce e frutti di mare con influenze di cucina francese, creola e delle isole Mauritius.

NOTTING HILL E WESTBOURNE GROVE

ASSAGI

Cartina pp442-43 *Cucina italiana*

☎ 7792 5501; 39 Chepstow Pl W2; portate principali £16-20; metro Notting Hill Gate

Anche se è ancora frequentato da alcuni personaggi del mondo dello spettacolo, questo locale situato sopra un bel pub di Chepstow non è più l'elegante ritrovo delle celebrità. Oggi rivela l'atmosfera più rilassata di un locale di quartiere elegante e raffinato, con una cucina irresistibilmente buona che si focalizza su ingredienti di qualità preparati in maniera semplice (come l'agnello arrosto e il branzino).

E&O

Cartina pp442-43 *Cucina asiatica*

☎ 7229 5454; 14 Blenheim Cres W11; portate principali £6-20; metro Notting Hill Gate/Ladbroke Grove

Locale assai animato di Notting Hill, è forse il migliore – sicuramente quello più alla moda – di questa considerevole zona. L'Eastern & Oriental presenta una combinazione di cucine su base solitamente asiatica con tocchi che ricordano i piatti della costa pacifica, per esempio il curry di zucca rossa, melanzane e litchi. Gli arredi sono essenziali e minimalisti, ma fareste meglio a venirci per pranzo perché la sera è molto affollato. Al bar potete ordinare dim sum.

GEALES

Cartina pp442-43 *Fish & chips*

☎ 7727 7528; 2 Farmer St W8; fish & chips £10; metro Notting Hill Gate

Fondato nel 1939, il Geales è un posto dall'atmosfera conviviale, amato tanto dalla gente del luogo quanto dai turisti per quella sua suggestiva atmosfera marinara. Tutti i prezzi dipendono dal peso del pesce e dalla stagione, e nonostante sia più costoso dei soliti locali che vendono fish & chips, è di qualità decisamente migliore e i piatti valgono ogni singolo penny del loro prezzo.

MANDOLA

Cartina pp438-39 *Cucina africana*

☎ 7229 4734; 139-141 Westbourne Grove W2; portate principali £5-7; metro Bayswater

Questo luminoso e gioviale ristorante sudanese offre piatti come *tamia* (una specie di falafel), *fifilia* (un curry di verdure) e piatti a base di carne quali l'insolito *shorba fule* (una zuppa di carne e arachidi). I proprietari sono

> ## I top five del nord-ovest
>
> - E&O (sopra)
> - Geales (sopra)
> - Mandalay (p243)
> - Market Thai (p243)
> - Sausage & Mash Café (p243)

Sausage & Mash Café (sotto)

così rilassati che a volte non si scomodano neanche ad aprire il locale.

MARKET THAI

Cartina pp442-43   *Cucina thailandese*

☎ 7460 8320; The Market Bar, 240 Portobello Rd; portate principali £5-8; metro Ladbroke Grove

Romantiche candele bianche, archi scolpiti e sedie in ferro battuto caratterizzano l'interno di questo bellissimo ristorante, che occupa il primo piano del Market Bar, anche se la sua clientela non è di quella che frequenta il mercato. Il personale ospitale e la cucina thailandese fatta di ingredienti freschi e gustosi sono assolutamente degni della cifra che spenderete in questo posto.

TAWANA

Cartina pp442-43   *Cucina thailandese*

☎ 7229 3785; 3 Westbourne Grove W2; portate principali £6-18; metro Bayswater/Royal Oak

Provate il delizioso *satay* di pollo e i succulenti gamberoni di questo minuscolo locale thailandese, decorato con piante in vaso e sedie di malacca. I camerieri, estremamente gentili, vi aiuteranno a capire meglio il menu (che comprende una vasta scelta di piatti vegetariani), se ne avrete bisogno. Oppure potete semplicemente fidarvi di noi: questo posto è davvero raccomandabile.

RISTORANTI ECONOMICI

CHURRERÍA ESPAÑOLA

Cartina pp442-43   *Caffè*

☎ 7727 3444; 177 Queensway W2; portate principali £3-6; metro Bayswater

Questo bellissimo caffè serve una varietà di piatti economici che comprendono una prima colazione inglese e diverse portate spagnole, tra cui la paella e varie specialità vegetariane. Vi sono alcuni tavolini all'aperto.

COSTA'S FISH RESTAURANT

Cartina pp442-43   *Fish & chips*

☎ 7229 3794; 12-14 Hillgate St W8; portate principali £4-7; metro Notting Hill Gate

Questo locale molto amato aggiunge un tocco cipriota al tradizionale piatto di fish & chips, e ha una vasta scelta di piatti di pesce freschissimo a prezzi molto convenienti, che portano molti a preferirlo al vicino Geales, ristorante di più alto livello.

MANDALAY

Cartina pp442-43   *Cucina birmana*

☎ 7258 3696; 444 Edgware Rd W2; portate principali £4-7; metro Edgware Road

Ristorante con un ottimo rapporto qualità-prezzo, il Mandalay sembra un incrocio tra uno scalcinato studio legale e il salotto di una chiromante, ed è l'unico locale birmano di Londra. Provate la saporita zuppa *mokhingar*, che ricorda una sorta di pasta di gamberetti con sugo di pesce.

MANZARA

Cartina pp442-43   *Cucina turca*

☎ 7727 3062; 24 Pembridge Rd W11; portate principali £5-8; metro Notting Hill Gate

In questo modesto locale troverete piatti di cucina turca economici, freschi e ben preparati, tra cui ottimi *pides*, kebab, una specie di pizza e molte scelte vegetariane.

SAUSAGE & MASH CAFÉ

Cartina pp442-43   *Cucina tradizionale britannica*

☎ 8968 8898; 268 Portobello Rd W10; portate principali £5-7; metro Ladbroke Grove

Situato sotto la sopraelevata di Westway, questo locale esalta al massimo il piatto tradizionale britannico di salsicce con purè di patate e salsa. Potrete scegliere non soltanto tra vari tipi di salsicce, come nella maggior parte dei posti, ma anche tra diverse varianti di cremosi purè e persino di salse.

Pasti – Il nord-ovest

L'OVEST

L'enorme varietà offerta dal multiculturalismo della parte occidentale di Londra costituisce un ricco bottino per alcuni ristoranti davvero eccellenti. A Shepherd's Bush, in particolare, nascono continuamente locali nuovi, mentre quelli tradizionali di successo vengono rimodernati; Earl's Court offre una scelta di ristoranti più economici e alcuni luoghi ideali per fare ottimi spuntini. Hammersmith compensa la mancanza di belle vedute su Londra con l'unicità dei suoi locali, tra cui il Gate, magnifico ristorante vegetariano.

EARL'S COURT E WEST BROMPTON

TROUBADOUR

Cartina pp456-57   *Cucina casalinga*

☎ 7370 1434; 265 Old Brompton Rd SW5; portate principali £6-7; ☺ prima colazione, pranzo e cena; metro Earl's Court

In questo posto si sono esibiti Bob Dylan e John Lennon, e a distanza di decenni il Troubadour resta un locale bohémien dall'atmosfera meravigliosamente rilassata, ideale per un caffè o per un pasto genuino a prezzi ragionevoli. Ancora oggi propone musica dal vivo quasi tutte le sere e un bel giardino aperto in estate. È da provare per l'atmosfera e per il personale gentile, o anche per fare conoscenza con i personaggi bohémien della zona occidentale di Londra. L'omonima gastronomia situata accanto offre una vasta scelta di prodotti alimentari freschi.

LOU PESCADOU

Cartina pp456-57   *Pesce*

☎ 7370 1057; 241 Old Brompton Rd SW5; portate principali £14-15; ☺ cena; metro Earl's Court

Semplicità ed eleganza si fondono in questo splendido ristorante di pesce, che spicca tra i numerosi locali posti nelle sue vicinanze in Old Brompton Rd. Qualora doveste avere difficoltà a capire il menu, scritto in lingua francese, il personale sarà sinceramente lieto di aiutarvi, e ciò che si ordina in genere ripaga di ogni sforzo. Pur essendo particolarmente consigliato in estate, quando offre un menu semplice e leggero, Lou Pescadou è un piacere in qualsiasi periodo dell'anno.

BALANS WEST

Cartina pp456-57   *Brasserie*

☎ 7224 8838; 293 Old Brompton Rd SW5; portate principali £8-9; ☺ 8-13; metro Earl's Court

Più tranquillo del locale gemellato che si trova in Old Compton St, questo grill-bar, frequentato anche da clientela omosessuale, è grazioso ma troppo caro per quello che serve. I camerieri sono gentili, ed è un bel posto dove fare uno spuntino e rilassarsi osservando la gente che passa. Il menu comprende semplici panini e piatti più tipici di una brasserie, come insalate e grigliate, realizzati molto bene.

MR WING

Cartina pp456-57   *Cucina cinese*

☎ 7370 4450; 242-244 Old Brompton Rd SW5; portate principali £7-10; metro Earl's Court

Questo ristorante propone una splendida fusione di influenze asiatiche, con una cucina cinese che rivela alcuni tratti della tavola thailandese e di quella mongola. I suoi interni scuri e di gran lusso, la disponibilità del personale e il seminterrato dove si suona musica jazz lo rendono un posto davvero piacevole. Si tratta di uno dei più interessanti ristoranti cinesi di Londra, ma nonostante questo ha prezzi incredibilmente convenienti.

SHEPHERD'S BUSH E HAMMERSMITH

BRACKENBURY   *Cucina europea moderna*

☎ 8748 0107; 129-131 Brackenbury Rd W6; portate principali £9-15; ☺ pranzo e cena, chiuso la domenica a cena; metro Goldhawk Road/Hammersmith

Il Brackenbury ha proprio l'aria di un ristorante di quartiere, con un'atmosfera gioviale e rilassata. Il suo menu di cucina europea moderna è molto invitante e offre alcuni fantasiosi antipasti e una buona scelta di vini a prezzi ragionevoli, che gli assicurano un posto di rilievo tra i molti gastropub delle immediate vicinanze.

I top five dell'ovest

- Cotto (p245)
- Esarn Kheaw (p245)
- Gate (p245)
- Lou Pescadou (sopra)
- River Café (p245)

BUSH BAR
Cucina europea moderna

☎ 8746 2111; 45a Goldhawk Rd W12; portate principali £10-15; ☽ pranzo e cena, chiuso la domenica a cena; metro Goldhawk Road

Questo locale alla moda, frequentato dai giornalisti della BBC, non è facile da trovare perché si trova in fondo a una piccola stradina laterale di Goldhawk Rd, all'interno di un ex magazzino. È allegro e vivace e il suo buon ristorante propone ottimo cibo e deliziosi cocktail. Il menu è fantasioso e pone particolare accento sul pesce fresco e sulle insalate.

COTTO
Cucina europea moderna

☎ 7602 9333; 44 Blythe Rd W14; portate principali £13-17; ☽ pranzo da lunedì a venerdì, cena da lunedì a sabato; metro Goldhawk Road/Kensington Olympia

Questo elegantissimo ristorante della parte occidentale di Londra è considerato da molti il più lussuoso di Shepherd's Bush, e non è poco, considerata la qualità dei locali di questa zona. Semplicità e assenza di pretese sono i suoi tratti distintivi, dagli arredi essenziali alla cucina europea moderna. È l'antitesi dei ristoranti che dominavano la Londra degli anni '90 e merita senz'altro una visita.

DOVE
Cucina britannica

☎ 8748 5405; 19 Upper Mall W6; ☽ pranzo e cena, chiuso la domenica a cena; metro Hammersmith/ Ravenscourt Park

Questo pub del XVII secolo è un posto perfetto per fare una sosta e consumare un buon pranzo mentre state facendo una passeggiata lungo il fiume; ma è anche famoso per avere il bar più piccolo d'Inghilterra e per aver avuto, tra i suoi clienti abituali, Graham Greene. Gli interni di legno sono incantevoli, ma se il tempo è bello, cercate di ottenere un posto sulla terrazza e gustatevi un piatto di tradizionale cucina inglese ammirando il Tamigi.

ESARN KHEAW
Cucina thailandese

☎ 8743 8930; 314 Uxbridge Rd W12; ☽ pranzo da lunedì a venerdì, cena; portate principali £5-8,50; metro Shepherd's Bush

Gli interni verdi e un po' kitsch di questo ottimo ristorante thailandese, che negli ultimi sette anni ha riscosso un successo costante, vi riporteranno indietro negli anni '70. Gli antipasti a base di crocchette di pesce sono sublimi e il personale è estremamente gentile. Sul menu è tracciato il viaggio che il proprietario ha intrapreso dalla Thailandia all'Inghilterra, dove,

prima di aprire questo ristorante, ha lavorato in un albergo della Trusthouse Forte.

GATE
Cucina vegetariana

☎ 8748 6932; 51 Queen Caroline Rd W6; ☽ pranzo e cena da lunedì a venerdì, cena sabato; portate principali £8-11; metro Hammersmith

Considerato da molti uno dei migliori ristoranti vegetariani della città, il Gate ha un'inverosimile ubicazione in uno spazio affittato dalla chiesa che si trova accanto. Il personale eccezionalmente cordiale e l'atmosfera rilassata, nonostante il locale sia pieno quasi tutte le sere della settimana, contribuiscono all'unicità del posto. La torta di formaggio è la specialità più acclamata, ma le melanzane ripiene, gli antipasti, semplici ma geniali, e l'ottima lista dei vini non sono da meno. È il posto ideale per gli amanti della cucina vegetariana. Si consiglia di prenotare.

RIVER CAFÉ
Cartina pp436-37 *Cucina italiana*

☎ 7386 4200; Thames Wharf, Rainville Rd W6; ☽ pranzo e cena, chiuso la domenica a cena; portate principali £22-31; metro Hammersmith

Da questo ristorante provengono i libri di cucina famosi in tutto il mondo. Il River Café è un vero splendore, situato in una traversa di Fulham Palace Rd e con vista sul Barnes, al di là del fiume. La cucina, semplice e gustosa, vanta l'utilizzo di ingredienti di stagione selezionati con una cura quasi maniacale; in passato, però, il locale ha subito lamentele per la scortesia del personale. È fondamentale prenotare, perché questo è ancora uno dei posti più rinomati (come vi confermeranno la lista dei vini e i prezzi delle portate) della zona intorno a Fulham, ed è molto amato dell'élite del nuovo partito laburista.

RISTORANTI ECONOMICI

A. COOKE'S
Cucina tradizionale inglese

☎ 8743 7630; 48 Goldhawk Rd W12; ☽ pranzo; portate principali £3-5; metro Shepherd's Bush/ Goldhawk Road

Per avere un assaggio della vera Londra, il Cooke's è l'ideale: è un locale inglese senza troppi fronzoli, dove all'ora di pranzo si forma una coda, per gustare le torte salate e le anguille in gelatina, che arriva fino all'angolo della strada. Il cibo è delizioso ed economico, ma viene servito soltanto da asporto perché il locale non dispone di una sala ristorante.

BENJY'S

Cartina pp456-57   *Cucina tradizionale inglese*

☎ 7373 0245; 314 Earl's Court Rd SW5; ☺ prima colazione, pranzo e cena; ordinazione minima £3,30, portate principali £3-5; metro Earl's Court

Il Benjy's è l'ideale per un'abbondante prima colazione; si tratta di una trattoria molto apprezzata nei dintorni e di uno dei pochi locali di Londra ad avere adottato la tradizione nordamericana di offrire tè e caffè gratuitamente. Non è niente di straordinario, ma è economico e in grado di soddisfare i viaggiatori affamati.

BLAH BLAH
BLAH   *Cucina europea moderna*

☎ 8746 1337; 78 Goldhawk Rd W12; ☺ pranzo e cena, chiuso la domenica a pranzo; portate principali £8-10; metro Goldhawk Road

Questo ristorante vegetariano è un'istituzione che da diversi anni attira una folta clientela grazie alla sua cucina fantasiosa e ben realizzata e a una piacevole atmosfera informale. Escludendo le bevande, che si possono portare da fuori, il rapporto qualità-prezzo per una cena in questo locale è decisamente buono. Mentre aspettate che vi venga servito il vostro piatto, avrete a disposizione matite colorate per scarabocchiare sul tavolo.

KRUNGTAP

Cartina pp456-57   *Cucina thailandese*

☎ 7259 2314; 227 Old Brompton Rd SW10; portate principali £4-6; metro Earl's Court

Il nome di questo ristorante in thailandese significa Bangkok. In questo locale, che ha lo stile di un caffè e un'atmosfera animata e cordiale, si servono piatti thailandesi con un ottimo rapporto qualità-prezzo. Sappiate che da venerdì a domenica, dalle 19 fino a mezzanotte, c'è il karaoke.

IL SUD-OVEST

Anche se non molto conosciuta per la sua cucina, questa zona di Londra può rivendicare la presenza di un certo numero di buoni ristoranti, per alcuni dei quali vale assolutamente la pena di attraversare la città. Se vi trovate a Fulham, per una buona scelta di ristoranti scendete lungo Fulham Rd, proseguite su New King's Rd e infine imboccate Wandsworth Bridge Rd. Se siete a Putney, camminate lungo Putney High St o percorrete le strade che la intersecano.

FULHAM E PARSON'S GREEN
ATLAS

Cartina pp456-57   *Cucina mediterranea*

☎ 7385 9129; 16 Seagrove Rd SW6; portate principali £8-12; metro Fulham Broadway

Questo gastropub in stile vittoriano è un vero gioiellino, con un'atmosfera raccolta e rilassata cui contribuisce la disciplinata clientela del luogo (di un'età intorno ai 30 anni), che vi organizza tranquille cene tra amici. Il cibo è delizioso, anche se le descrizioni del menu possono sembrare un po' esagerate, e c'è anche un bel cortiletto.

BLUE ELEPHANT

Cartina pp456-57   *Cucina thailandese*

☎ 7385 6595; 4-6 Fulham Broadway SW6; portate principali £10-17; ☺ pranzo da lunedì a giovedì e domenica, cena da lunedì a giovedì, sabato e domenica; metro Fulham Broadway

La sontuosità dell'ambiente, l'attenzione del personale e l'ottima qualità del cibo rendono indimenticabile una cena al Blue Elephant. L'atmosfera è romantica, con tavoli a lume di candela, fontane e tante piante. Per la cena è meglio prenotare.

GHILLIES

Cartina pp456-57   *Pesce*

☎ 7371 0434; 271 New King's Rd SW6; portate principali £8-12; ☺ prima colazione, pranzo e cena, chiuso la domenica a cena; metro Parson's Green

Il Ghillies è un posto ideale dove trascorrere il tempo in una grigia giornata londinese. Si tratta di un piccolo locale tranquillo e accogliente, con molti clienti abituali e un personale affabile che vi farà sentire i benvenuti. Tuffatevi in un piatto di scampi e patatine fritte guardando la partita di calcio il sabato pomeriggio, oppure gustate ostriche e champagne il venerdì sera.

IL PAGLIACCIO

Cartina pp456-57   *Cucina italiana*

☎ 7371 5253; 184 Wandsworth Bridge Rd SW6; portate principali £6-12; metro Fulham Broadway

Se venite al Pagliaccio dovete essere pronti a entrare nello spirito giusto – nel vero senso della parola – durante le serate di tequila. Si tratta di un locale perfetto per organizzarvi feste di compleanno o di addio al celibato e può diventare molto movimentato: è il posto giusto per fare amicizia con la gente del luogo. Tra l'altro, anche il cibo è piuttosto buono.

JOE'S BRASSERIE
Cartina pp456-57   *Brasserie*
☎ 7731 7835; 130 Wandsworth Bridge Rd SW6; portate principali £10-14; metro Fulham Broadway
Il menu del Joe's comprende tutti i più tradizionali piatti da brasserie (crocchette di pesce, insalata d'anatra, panini con la bistecca), ma essendo tutti molto buoni, lo si può perdonare per il fatto di non offrire un menu fantasioso. L'atmosfera da locale continentale e la gentilezza dei camerieri rendono ideale una cena in questo posto.

MIRAGGIO CLUB
Cartina pp456-57   *Cucina italiana*
☎ 7384 3142; 510 Fulham Rd SW6; portate principali £8-12; ☽ cena, pranzo sabato e domenica; metro Fulham Broadway
Questo delizioso localino, gemellato con un ristorante di Roma e uno di Fregene, è genuinamente italiano. Il cibo è preparato con ingredienti freschi e offre un ottimo rapporto qualità-prezzo. Gli arredi in stile rustico contribuiscono ulteriormente al fascino di questo ristorante di successo.

MISSION
Cartina pp456-57   *Cucina europea moderna*
☎ 7736 3322; 116 Wandsworth Bridge Rd SW6; portate principali £7-9; ☽ cena da lunedì a sabato; metro Fulham Broadway/Parson's Green
Per cenare al lussuoso Mission vi conviene indossare il vostro abito più elegante, perché questo è il locale più 'in' per una cena e qualche drink a Fulham. Pur essendo così di classe, questo posto non intimidisce; non lasciatevi scappare l'occasione di gustare i suoi dessert: divini!

I top five del sud-ovest
- Atlas (p246)
- Enoteca Turi (p248)
- Ghillies (p246)
- Ma Goa (p248)
- Putney Bridge (p248)

NAPULÉ
Cartina pp456-57   *Cucina italiana*
☎ 7381 1122; 585 Fulham Rd SW6; portate principali £5-10; ☽ cena, pranzo sabato e domenica; metro Fulham Broadway
Questo vivace ristorantino è pieno di italiani che ne apprezzano gli antipasti e le pizze cotte in forno a legna. La sera si consiglia di prenotare.

NAYAAB
Cartina pp456-57   *Cucina indiana*
☎ 7731 6993; 309 New King's Rd SW6; portate principali £6-12; metro Putney Bridge
Il Nayaab è un bel ristorante che offre dell'ottimo curry a prezzo conveniente: merita una visita.

SALISBURY TAVERN
Cartina pp456-57   *Cucina britannica moderna*
☎ 7381 4005; 21 Sherbrooke Rd SW6; metro Fulham Broadway
In questo pub-ristorante il cibo ben si distacca dal genere di cucina tipica dei consueti pub, che offrono, per esempio, lasagne cotte al microonde. Qui i piatti sono di ottima qualità e il personale è altamente professionale. Vi è anche una bellissima atmosfera, perché la Salisbury Tavern conserva comunque il carattere vivace di un pub. È assolutamente necessario prenotare.

RISTORANTI ECONOMICI
209 CAFÉ
Cartina pp456-57   *Cucina thailandese*
☎ 7385 3625; 209 Munster Rd SW6; ☽ cena; portate principali £4-7; metro Fulham Broadway/Parson's Green
Questo minuscolo ristorante thailandese è ideale per un buon pasto a prezzi convenienti; è molto conosciuto, quindi vi conviene andarci sul presto, se non volete stare ad aspettare che si liberi un tavolo.

CASBAH CAFÉ
Cartina pp456-57   *Cucina tradizionale inglese*
☎ 7385 2865; 101 Farm Lane SW6; ☽ prima colazione e pranzo; portate principali £3; metro Fulham Broadway
Lontano dalla via principale, il Casbah Café non è facile da trovare perché è nascosto in una piccola stradina secondaria. Il suo menu è imbattibile quanto a panini a prezzo conveniente o abbondanti piatti di uova fritte, salsicce e patatine.

Pasti – Il sud-ovest

TOOTSIES GRILL

Cartina pp456-57   *Cucina americana*

☎ 7736 4023; 177 New King's Rd SW6; ☺ brunch, pranzo e cena; portate principali £6-10; metro Parson's Green

Se siete reduci da un sabato sera di stravizi, vi consigliamo di gustare il brunch della domenica al Tootsies Grill, come fanno d'altronde molti londinesi: un veloce spuntino con contorno dovrebbe rimettervi in sesto.

PUTNEY E BARNES
DEL BUONGUSTAIO

Cartina pp436-37   *Cucina italiana*

☎ 8780 9361; 283-285 Putney Bridge Rd SW15; portate principali £5,90-16,90, pranzo di 3 portate £12,75; metro Putney Bridge

Alcuni abitanti della zona sostengono che il livello di questo popolarissimo ristorante italiano si sia abbassato negli ultimi anni, ma sono ancora in molti, a Putney, a tesserne le lodi. Il suo segreto consiste nel servire un menu sempre diverso (una settimana c'è petto d'anatra con aceto balsamico alle fragole, quella dopo ravioli di faraona selvatica) in un ambiente vagamente rustico. Quasi tutti i weekend è pieno di clienti italiani, il che garantisce al locale un'atmosfera allegra e informale.

ENOTECA TURI   *Cucina italiana*

☎ 8785 4449; 28 Putney High St SW15; ☺ pranzo da lunedì a venerdì, cena da lunedì a sabato; portate principali £10; metro Putney Bridge

In questa piccola oasi di pace di High St l'atmosfera è tranquilla, il servizio incantevole e gli interni sono tutti di un'eleganza pacata (le tovaglie sono in lino). L'Enoteca Turi serba lo stesso tipo di attenzione sia al vino, sia al cibo, il che significa che per ogni piatto, che si tratti di tagliolini ai frutti di mare o di fegato di vitello, viene abbinato un particolare vino; se preferite scegliere da soli potete sbizzarrirvi con un menu che comprende ben 300 vini diversi.

LA MANCHA   *Cucina spagnola*

☎ 8780 1022; 32 Putney High St SW15; tapas £3,50-6,95, portate principali £8,25-12,95, pranzo di 2 portate con menu a prezzo fisso £7,50; metro Putney Bridge

La Mancha è il locale dove nei weekend gli abitanti di Putney amano andare a divertirsi. Il ristorante serve un vasto assortimento di tapas, dalle portate più tipiche, come le *patatas bra-*

vas, a piatti che è difficile trovare persino sulla Costa del Sol, come il polpo con olio d'oliva e peperoni.

MA GOA

Cartina pp436-37   *Cucina indiana*

☎ 8780 1767; 242-244 Upper Richmond Rd SW15; ☺ cena, chiuso lunedì; portate principali £6,50-9,50; metro Putney Bridge

Come dice il suo stesso nome, questo locale offre le specialità della cucina di Goa arricchite da influenze della cucina portoghese. Le portate sono servite in ciotole di terracotta da un personale cordiale e disponibile. Le salsicce non sono forse il primo piatto che viene in mente quando si pensa al Sub-continente indiano, ma lo spezzatino di maiale insaporito alla cannella vale di per sé la pena di prenotare. Con la sua vasta scelta di altre stuzzicanti portate, è facile comprendere perché il Ma Goa sia stato più volte definito il miglior ristorante indiano di Putney.

PUTNEY BRIDGE   *Cucina francese*

☎ 8780 1811; 2 Lower Richmond Rd SW15; portate principali £7,50-24,50, pranzo di 2 portate £15,50, menu di degustazione £49, menu della domenica a pranzo £22,50; metro Putney Bridge

Il Putney Bridge, un elegante locale a forma di nave costruito con un materiale simile al vetro, vanta, dalla sua apertura lungo questo tratto di fiume, un premio RIBA (Royal Institute of British Architects) per il suo valore architettonico e una stella Michelin. Ancora oggi è un ristorante d'alta classe, con un menu di cucina francese davvero sbalorditivo, ampie vedute sul fiume da ogni suo tavolo, un servizio raffinato e interni eleganti ma non eccessivi. Se siete indecisi sulla scelta del menu, limitato ma sempre diverso e originale, tenete presente che i piatti a base di selvaggina sono sempre particolarmente buoni.

RISTORANTI ECONOMICI
MOOMBA WORLD

CAFÉ   *Cucina di tutto il mondo*

☎ 8785 9151; 5 Lacy Rd SW15; portate principali £6,25-8,95; ☺ brunch, pranzo e cena

Il Moomba, che prende il nome da una parola aborigena che significa 'trovarsi in compagnia e divertirsi', è un posto davvero accogliente dove trascorrere qualche piacevole ora durante il weekend. I clienti abituali se ne stanno comodamente seduti sulle sedie all'aperto o si attardano all'interno ai tavoli in legno, interrompendo di tanto in tanto la conversazione per aiutare i propri figli a disegnare con le matite colorate o a completare i puzzle

messi a disposizione dal Moomba. Il brunch è, a nostro avviso, il punto forte di questo locale: provate le uova alla fiorentina o il tortino di risotto ai funghi.

IL SUD

La risposta migliore della Londra meridionale alle attrazioni della Londra del nord è proprio il suo meraviglioso panorama gastronomico. Merita venirci anche solo per provare alcuni dei ristoranti di Clapham e Wandsworth o il variegato insieme di specialità culinarie di diverse parti del mondo offerto da Brixton.

BRIXTON

BRIXTONIAN HAVANA CLUB
Cartina p459   *Cucina caraibica*
☎ 7924 9262; 11 Beehive Pl SW9; portate principali £14; metro Brixton

Alcuni londinesi vengono in questo locale la sera tardi per gustare la caipirinha, il ponce al rum e per ballare; altri vi giungono a ora di cena, per mangiare al ristorante del piano superiore. Se siete intenditori di cucina dei Caraibi, vale la pena optare per la seconda soluzione e assaggiare piatti come zuppa di zenzero e peperone arrosto, o prosciutto cotto al forno con salsa di acetosa dolce. Ogni mese viene dato rilievo alla cucina di un'isola diversa dei Caraibi.

BUG BAR
Cartina p459   *Cucina internazionale moderna*
☎ 7738 3366; St Matthew's Church SW2; portate principali £7,50-10,50; ☽ cena, pranzo la domenica; metro Brixton

Questo ristorante situato nella cripta della St Matthew's Church ha sedie di pelle rossa e archi, candele e specchi dorati che creano una sorta di atmosfera ecclesiastica. Offre piatti di verdure biologiche o di carne di animali provenienti da allevamenti selezionati. Il piatto forte di questo ristorante è l'anatra alla cantonese, ma il menu, sempre diverso, comprende anche piatti come filetto alla Wellington con noce moscata, pesce spada o pollo *satay*. Questo posto è una vera istituzione della scena locale.

FUJIYAMA
Cartina p459   *Cucina giapponese*
☎ 7737 2369; 5-7 Vining St SW9; portate principali £5-10; ☽ cena, pranzo sabato e domenica; metro Brixton

Il Fujiyama è decisamente quel tipo di ristorante in cui si entra stanchi e si esce rinvigoriti da un pasto delizioso. Questo è dovuto in parte all'ottimo cibo giapponese, ma anche all'atmosfera estremamente rilassante del locale, esaltata dall'arredamento tradizionale, che sfoggia interni rosso scuro, sedili in comune e numerosi *bento*, le scatole laccate che contengono il sushi. Oltre a una vasta scelta di *bento*, nel menu scritto sulla tovaglietta sottopiatto troverete spaghettini, tempura, gnocchi *gyoza*, zuppa di miso e ottimi succhi di frutta e verdura.

BATTERSEA E WANDSWORTH

Questa parte di Londra sud, con il suo bel parco e i vasti quartieri di case signorili, vanta più ristoranti d'alta classe di altre zone a est e a ovest.

BUCHAN'S
Cartina pp456-57   *Cucina scozzese moderna*
☎ 7228 0888; 62-64 Battersea Bridge Rd SW11; portate principali £11-17; metro Sloane Square, poi autobus nn. 19, 49, 239, 319 o 345

Questo ristorante-enoteca abbastanza formale è specializzato in cucina tradizionale scozzese, con piatti come l'*haggis* (£4,95/8,95 come antipasto/portata principale), a base di interiora di pecora, i soliti contorni e il salmone affumicato. La scelta di piatti scozzesi è comunque limitata e viene dato spazio anche alla tavola inglese moderna.

CHEZ BRUCE
Cartina p434   *Cucina francese*
☎ 8672 0114; 2 Bellevue Rd SW17; pranzo di 3 portate con menu a prezzo fisso durante la settimana/pranzo/cena nel fine settimana £21,50/25/30; ☽ pranzo, cena sabato e domenica; treno Wandsworth Common

Il Bruce che dà il nome a questo locale è il famoso chef Bruce Poole. A ragion veduta, molti londinesi attraversano tutta la città per visitare

Pasti – Il sud

questo ristorante premiato con una stella Michelin. La cucina è prevalentemente francese, con portate principali quali chateaubriand e brasato di coniglio intervallate da antipasti più internazionali come risotto e tonno, ma il menu cambia regolarmente. La rustica facciata del ristorante, situato nei pressi di Wandsworth Common, cela un interno moderno, dove i clienti vengono serviti con professionalità. Siccome i menu sono fissi, non c'è bisogno di fare economia sui dolci, mentre scegliere un raffinato vino francese da accompagnare al pasto può raddoppiare il conto.

LE GOTHIQUE

Cartina p434 *Cucina francese*

☎ 8870 6567; Royal Victoria Patriotic Bldg, Fitzhugh Grove, Trinity Rd SW18; ⏲ pranzo da lunedì a venerdì, cena da lunedì a sabato; treno Wandsworth Common/Clapham Junction

Questo ristorante serve piatti più che soddisfacenti, ma il motivo per cui è famoso è il fascino leggendario e l'atmosfera del gotico Royal Victoria Patriotic Building. C'è anche un cortile dove in estate si può cenare all'aperto.

METROGUSTO

Cartina pp460-61 *Cucina italiana*

☎ 7720 0204; 153 Battersea Park Rd SW11; portate principali £13-16; ⏲ pranzo e cena, chiuso la domenica; treno Battersea Park

È un ottimo ristorante italiano che continua ad attirare una fedele clientela anche dopo tanti anni. Il menu, però, non è più così all'avanguardia od originale come un tempo. Potete però sempre contare sulle gustose pizze e su portate principali come il piatto di carne del giorno o il pesce fresco, oltre che su piatti come petto d'anatra con aglio, estragone e passato di verdure o tagliatelle al ragù.

RANSOME'S DOCK

Cartina pp456-57 *Cucina europea moderna*

☎ 7223 1611; 35-7 Parkgate Rd SW11; portate principali £10-20; ⏲ pranzo e cena, chiuso la domenica; metro Sloane Square, poi autobus nn. 19, 49, 239, 319 o 345

Per cena, questo ristorante è sempre affollato, non solo per la suggestiva ubicazione su un isolotto del Tamigi, ma anche per la sua cucina britannica moderna preparata in maniera egregia, che offre anguilla affumicata del Norfolk con focacce di grano saraceno e crème fraîche, noisette di agnello inglese e fegato di vitello con pancetta italiana e prataioli.

CLAPHAM

La zona intorno a Clapham vanta un gruppo di ristoranti alla moda esiguo ma interessante.

BOMBAY BICYCLE CLUB

Cartina p434 *Cucina indiana*

☎ 8673 6217; 95 Nightingale Lane SW12; portate principali £6,50-12; ⏲ cena, chiuso la domenica; metro Clapham South

Del tutto dissimile dai tipici locali di cucina indiana a prezzi economici, con i loro arredi pacchiani e la musica di sitar in sottofondo, questo ristorante, che riscuote da lungo tempo molto successo nella zona, sfoggia alti vasi di fiori e palme che lo discostano completamente dalla tradizione indiana. Il piatto di pollo piccante *murgh mangalore* e il più delicato *pasanda khybari*, ossia l'agnello in salsa dolce e cremosa, sono davvero ottimi.

THE DRAWING ROOM

Cartina p434 *Cucina internazionale moderna*

☎ 7350 2564; 103 Lavender Hill SW11; portate principali £10-14; ⏲ pranzo sabato e domenica, cena da martedì a domenica; treno Clapham Junction

Questo strano ristorantino ha un aspetto così originale che fa venire immediatamente voglia di entrarci, anche se siete solo di passaggio. In passato era un negozio di antiquariato, ed è pieno di arazzi, orologi, candelabri e altri oggetti antichi. La cucina è buona e propone ogni giorno specialità che comprendono il formaggio di capra, il pollo e gli gnocchi con gli spinaci. Si può anche optare per un semplice caffè nel bar adiacente, appropriatamente chiamato Sofa Bar.

ECO

Cartina pp436-37 *Cucina italiana*

☎ 7978 1108; 162 Clapham High St SW4; portate principali £5,50-10,50; metro Clapham Common

L'Eco si è guadagnato una fama notevole grazie alle sue pizze, sicuramente tra le migliori della riva sud del fiume. Eppure, alcuni clienti si sono lamentati del servizio, mentre in molti non amano il suo design moderno ma non sufficientemente elegante, fatto tutto di legno chiaro e ferro battuto. Oltre alle pizze più elaborate, come quella al pollo piccante o alla fiorentina, che sono davvero saporite, si possono gustare le più semplici margherita o marinara. Sono disponibili anche antipasti, pasta, calzoni e insalate.

Pasti – Il sud

THYME

Cartina pp436-37 *Cucina francese*

☎ 7627 2468; 14 Clapham Park Rd SW4; ☾ cena; portate principali £6-10, cena a menu fisso £30, con vino £55; metro Clapham Common

Come al Club Gascon di Clerkenwell, anche qui i piatti sono delle dimensioni di antipasti e vengono serviti a mo' di tapas. Quindi, se siete piuttosto affamati, questo ristorante può risultare più costoso rispetto alla fascia dei prezzi bassi a cui appartiene. Merita comunque la spesa, perché i piatti in questo posto raffinato, assolutamente meritevole di onorificenze, sono innovativi, originali e divini. I giornalisti, come Jay Rayner dell'*Observer* e Terry Durack dell'*Independent on Sunday*, ne sono entusiasti. Si consiglia di prenotare.

TSUNAMI

Cartina pp436-37 *Cucina giapponese*

☎ 7978 1610; 5-7 Voltaire Rd SW4; ☾ cena da lunedì a sabato; portate principali £8-17, cena di cinque portate con menu a prezzo fisso £35; metro Clapham North

La cucina di questo ristorante, che raccoglie molti consensi tra gli amanti della cucina giapponese, rivela uno stile e un sapore all'altezza di un ex chef del Nobu, quale è Singi Nakamura. Oltre ai deliziosi sushi, sashimi e tempura, vi sono alcuni piatti più insoliti, come i gamberetti *ebi* avvolti in pastella greca e noci americane tritate, il gelato al tè verde e soprattutto l'anatra con tè alla menta accompagnata da miso di pera e miele dolce, che vi faranno letteralmente impazzire. Vi si giunge da una strada piuttosto buia, vicino a cui passa la ferrovia, il che contribuisce a esaltare l'impatto del suo interno minimalista, che si presenta con pareti bianche e panche in legno.

KENNINGTON, OVAL E STOCKWELL

CAFÉ PORTUGAL

Cartina p435 *Cucina portoghese*

☎ 7587 1962; 5a-6a Victoria House, South Lambeth Rd SW8; ☾ prima colazione, pranzo e cena; portate principali £6,50-13; metro Vauxhall/Stockwell

Questo famoso ristorante, considerato uno dei locali di più alta classe nel 'Little Portugal' (come viene chiamato il quartiere di Stockwell, abitato da molti immigrati portoghesi), serve i più amati piatti lusitani, come il *porco à Alentejana*, un saporito pasticcio di carne di maiale e molluschi, e l'*arroz de marisco* (risotto ai frutti di mare), con qualche tocco d'influenza spagnola.

RISTORANTI ECONOMICI

ASMARA

Cartina p459 *Cucina eritrea*

☎ 7737 4144; 386 Coldharbour Lane SW9; ☾ cena; portate principali £4-7,50; metro Brixton

L'Asmara e uno dei locali più inusuali nel panorama gastronomico di Brixton, con una cucina incentrata su piccanti piatti eritrei a base di carne o verdure che vanno consumati adoperando un pezzo di pane al lievito naturale, l'*injera*, per raccogliere meglio il cibo. Il ristorante rivela anche un'influenza dell'ex potenza coloniale, l'Italia, offrendo anche qualche piatto di pasta oltre a semplici dessert e a un meraviglioso caffè. Il personale indossa costumi tradizionali.

BAMBOULA

Cartina p459 *Cucina caraibica*

☎ 7274 8600; 12 Acre Lane SW9; portate principali £6-8,50; metro Brixton

Il Bamboula è un ristorante caraibico altamente quotato che serve anche cibo da asporto ed è economico e generalmente molto vivace. Persino i nomi di alcuni piatti fanno sorridere: *Satisfaction* (un quarto di pollo essiccato con riso, piselli e una sorta di banana usata come legume, accompagnato da una bibita); *Hungry Man* (lo stesso di prima, ma con metà pollo) o 'semplici' piatti di verdure e pollo. All'interno di questa grotta artificiale dalle pareti verdi troverete anche coda di bue e capra al curry, nonché l'ottimo pesce al sale cucinato con l'*ackee* (un frutto tropicale) e il dolce di pane corretto al rum. Dalle 17 alle 20, dal lunedì al giovedì, il Bamboula offre tutti gli antipasti e le portate principali più le bibite al prezzo speciale di £10.

GOURMET BURGER KITCHEN

Cartina p434 *Cucina internazionale*

☎ 7228 3309; 44 Northcote Rd SW11; hamburger £5-7; treno Clapham Junction

È difficile attribuire un primato a un determinato posto in una metropoli che si rinnova continuamente come Londra, ma se trovate hamburger migliori di questi fatecelo sapere. Enormi panini al sesamo farciti nei modi più diversi, insalate piene di colori... meglio di McDonald's!

Pasti – Il sud

PEPPER TREE
Cartina pp436-37   *Cucina thailandese*
☎ 7622 1758; 19 Clapham Common South Side SW4;
portate principali £4-5; metro Clapham Common
È un locale che offre pasta in porzioni abbondanti e dove ci si siede su panche in comune. Il menu thailandese è suddiviso per colore (rosso, giallo e verde) e per tipo (manzo, pollo, verdure ecc.).

I top five del sud
- Brixtonian Havana Club (p249)
- Chez Bruce (p249)
- Gourmet Burger Kitchen (p251)
- Thyme (p251)
- Tsunami (p251)

UP RIVER: DA CHISWICK A WIMBLEDON
In linea con l'alto tenore di vita della zona in cui si trovano, questi ristoranti si rivolgono prevalentemente a una clientela benestante e in genere sono ottimi, con menu e vini eccellenti a prezzi adeguati. Non perdetevi l'autentica cucina francese de La Trompette o della Glasshouse. Il Don Fernando, a Richmond, serve tapas freschissime e gustose.

CHISWICK
DUMELA
☎ 8742 3149; 42 Devonshire Rd W4; portate principali £10-24; cena da lunedì a sabato; metro Turnham Green   *Cucina sud-africana*

Situato in fondo alla stessa strada dell'ottimo ristorante La Trompette a Chiswick, il Dumela, precedentemente conosciuto come Springbok Grill, non è altrettanto notevole ma comunque molto popolare. In questo ristorante sud-africano si può provare ogni tipo di carne alla griglia, accompagnandola con un vino dell'Africa meridionale scelto dalla sua lunga lista.

LA TROMPETTE   *Cucina francese*
☎ 8747 1836; 5-7 Devonshire Rd W4; pranzo/cena di 3 portate con menu a prezzo fisso £19,50/£30; metro Turnham Green

Questo ristorante francese d'alta classe, situato in una strada laterale di High Rd a Chiswick, è forse uno dei pochi posti per cui valga la pena di visitare questo quartiere. Il suo elegante interno e la sua terrazza attirano in continuazione sia la gente del luogo, sia i turisti, che vi possono gustare il suo splendido menu di cucina tradizionale francese con tocchi creativi, nonché una stupefacente lista di vini. Nel

I top five di Up River
- Brula (p253)
- Canyon (sotto)
- Don Fernando's (p253)
- Glasshouse (p253)
- La Trompette (sopra)

2002, *Time Out's* gli ha conferito il premio di miglior ristorante della zona, e in effetti si tratta di una vera istituzione nel panorama culinario di questa parte di Londra.

RICHMOND
CANYON
Cartina p459   *Cucina americana*
☎ 8948 2944; The Tow Path, Richmond; portate principali £10-16; pranzo e cena, chiuso la domenica a pranzo; metro/treno Richmond

La meravigliosa posizione del Canyon sul fiume Tamigi è soltanto uno dei motivi per visitare questo ristorante, dove il cibo è eccellente senza essere troppo elaborato e il personale è gentile. Con il suo stile 'Arizona', vanta anche un giardino realizzato in modo da ricordare il paesaggio dell'America occidentale (per quanto sia possibile sul Tamigi). Questo posto è vivamente consigliato ai turisti, perché il menu, oltre alla cucina americana rivela un'influenza abbastanza rilevante da parte della cucina europea moderna, il che lo rende piacevolmente innovativo. L'unica stranezza è che il cameriere si è rifiutato di portarci il vino prima che il cibo ci venisse servito.

CHEZ LINDSAY
Cartina p459   *Cucina francese*
☎ 8948 7473; 11 Hill Rise, Richmond; pranzo/cena di 2/3 portate con menu a prezzo fisso £6/15; metro/treno Richmond

L'ubicazione di questo meraviglioso localino bretone è la chiave del suo successo: si trova infatti nelle immediate vicinanze di una strada in cui i londinesi vanno spesso a passeggiare e a rilassarsi nelle giornate di sole. Il cibo del

Chez Lindsay è però così buono che attira clienti indipendentemente dalle condizioni del tempo. Uno dei piatti forti della casa sono i frutti di mare, mentre la varietà di crêpes per dessert è davvero sorprendente.

DON FERNANDO'S

Cartina p459   *Cucina spagnola*

☎ 8948 6447; 27f The Quadrant, Richmond; tapas £3-6, portate principali £8-10; ☽ pranzo e cena, chiuso lunedì e martedì a pranzo; metro/treno Richmond

La stazione di Richmond è un posto strano per uno dei migliori locali che offrono tapas a Londra, ma la famiglia Izquierdo, originaria dell'Andalusia, serve splendidi piatti di questa regione della Spagna da ormai 13 anni e con notevole successo. Con il suo buon vino rosso della casa e una completa lista di specialità spagnole, questo è un posto ideale per un buon pranzo o una cena in tranquillità. Le sardine e i gamberoni sono meravigliosi e il personale molto gentile.

KOZACHOK

Cartina p459   *Cucina russa*

☎ 8948 2366; 10 Red Lion St; portate principali £9-12; ☽ cena da martedì a sabato; metro/treno Richmond

Pur trattandosi di un posto molto conosciuto a Richmond, la buona riuscita di una visita a questo ristorante russo è sempre affidata al caso, in quanto la qualità può variare da un giorno all'altro. Comunque, l'interno è affascinante ma un po' kitsch, la cucina autentica e la proprietaria di origine slava molto cordiale. Questo è uno dei pochi locali di Londra che serve birra *tri medvedi*, oltre a una vasta scelta di vodka.

KEW

GLASSHOUSE   *Cucina europea moderna*

☎ 8940 6777; 14 Station Pd W9; pranzo/cena di 3 portate con menu a prezzo fisso £17,50/30; ☽ pranzo e cena, chiuso la domenica a pranzo; metro Kew Gardens

Pare che non siano molti a conoscere questo ristorante davvero unico, situato vicino alla stazione della metropolitana di Kew Gardens. Da fuori può sembrare piuttosto lussuoso e costoso, ma la realtà dei fatti è molto diversa. Come il suo ristorante gemellato La Trompette, a Chiswick, il Glasshouse offre menu a prezzi fissi con la possibilità di scegliere tra

nove piatti per ogni portata. Il cibo, semplice ed elegante, unisce una base di cucina tradizionale inglese con tocchi innovativi della tavola europea moderna, e l'interno, grande e luminoso, è il degno coronamento di un pasto eccezionale.

NEWENS MAIDS

OF HONOUR   *Cucina tradizionale inglese*

☎ 8940 2752; 288 Kew Rd W9; tè con menu a prezzo fisso £5; ☽ 9.30-18 da martedì a domenica; metro Kew Gardens

Il nome di questa originale sala da tè di Kew deriva dal famoso dolce che vi viene servito e che probabilmente fu inventato da Anna Bolena, la sfortunata seconda moglie di Enrico VIII. È fatto di pasta sfoglia, limone, mandorle e ricotta, e chiunque venga in questo locale dovrebbe provarlo. La struttura che lo ospita sembrerebbe molto più consona a un paesino delle Cotswolds, e invece si trova a breve distanza da Victoria Gate, l'ingresso principale ai Kew Gardens.

TWICKENHAM

BRULA   *Cucina europea moderna*

☎ 8892 0602; 43 Crown Rd, Middlesex; portate principali £10-15; ☽ pranzo e cena, chiuso la domenica a cena; treno St Margaret's

Questo bel ristorante d'alta categoria situato vicino alla Marble Hill House è davvero un posto magnifico. Il servizio gli e gli eleganti arredi si sposano con un menu elaborato e meravigliosamente fresco di cucina francese moderna, mentre le vetrate istoriate donano al posto un'atmosfera unica che attira costantemente un notevole flusso di clienti.

McCLEMENTS   *Cucina europea moderna*

☎ 8744 9610; 2 Whitton Rd, Middlesex; pranzo/cena di 3 portate con menu a prezzo fisso £19/29; ☽ pranzo e cena, chiuso la domenica a cena; treno Twickenham/Whitton

Questo ristorante dal menu elaborato è l'ideale per festeggiare le occasioni speciali, in quanto offre un'invitante mescolanza di piatti europei preparati secondo la tradizione, dal granchio fresco al maialino da latte. I due menu, quello *traditionnel* e quello da buongustai, offrono la scelta tra quattro e otto portate (quattro sono comunque più che sufficienti). Piacevolissimo l'esterno in stile Art Nouveau, così come il buon servizio e il cibo, entrambi meritevoli di lode.

RISTORANTI ECONOMICI

TURNHAM

GREEN THAI *Cucina thailandese*

☎ 8994 3839; 57 Turnham Green Tce W4; portate principali £5; ☺ cena da martedì a sabato; metro Turnham Green

Questo locale ha l'aspetto tipico di una trattoria economica, ma la sera serve gustosi piatti thailandesi, come i tagliolini, che certo non somigliano agli interni del locale, piuttosto scialbi. La cucina, oltre a essere ottima, vanta anche un buon rapporto qualità-prezzo. La gentilezza del personale vi farà sentire a vostro agio e l'ambiente è molto intimo e raccolto, con solo 20 posti a sedere. Non si accettano carte di credito, solo pagamento in contanti ed è meglio prenotare.

Locali

Locali

Il pub rappresenta il cuore della vita sociale di Londra; è una sorta di grande livellatore in cui i ceti e le classi sociali passano in secondo piano, i gap generazionali vengono colmati, le inibizioni si indeboliscono e le lingue si sciolgono. Praticamente ogni londinese ha un suo determinato locale di riferimento e alcuni si basano sulla qualità dei pub della zona per decidere un punto di ritrovo in questa metropoli. Provare un certo numero di locali è, a discapito del nostro portafoglio, una delle ragioni principali di ogni visita a questa grande città. Dalle antiche taverne ricche d'atmosfera agli eleganti bar con

Cubana, Waterloo (p228)

musica offerta da DJ, Londra ha molto da offrire agli amanti del buon bere.

Insieme all'Irlanda, la Gran Bretagna è la culla della cultura dei pub e qui troverete alcuni dei più bei locali di tutto il mondo che portano avanti la loro attività ormai da secoli. Spesso le loro storie sono scritte sulle pareti e impresse nei volti dei clienti abituali che ne affollano i banconi.

Come gli altri aspetti della vita di Londra, il panorama dei locali ha subito una certa trasformazione negli ultimi decenni e oggi c'è una vasta scelta di posti strepitosi, che vogliate bere una birra, sorseggiare un cocktail o assaporare un vino. I DJ bar, in particolare, sono sorti ovunque e adesso molti sono diventati vere e proprie mete per trascorrere una serata (a differenza dei semplici bar dove si va a bere qualcosa prima di proseguire per un locale notturno).

Tuttavia, mentre per la ristorazione, ogni singolo cambiamento sulla scena dei ristoranti è equivalso a un miglioramento, i dettami della moda non sono stati sempre benevoli per quanto riguarda la cultura del bere. Alcune vecchie osterie tradizionali piene d'atmosfera sono state tristemente trasformate in parco giochi a tema alcolico, in bar eleganti specializzati in cocktail, in gastropub o in qualsiasi altra cosa sia stata di moda negli ultimi tempi. Poi c'è la miriade di pub appartenenti a grandi catene che hanno invaso le vie principali della città. Si tratta, naturalmente, di semplici attrazioni turistiche. Imparate a non fermarvi in posti che ricordano vagamente i pub e contengono nei loro nomi le parole 'slug' (goccio), 'lettuce' (lattuga), 'all' (tutto), 'bar', 'firkin' (barilotto), 'parrot' (pappagallo), 'O'Neills', 'Hog's' e 'Head': la vostra vacanza prenderà una piega sicuramente migliore.

Riconosciamo che sono i pub tradizionali a rendere così speciale la scena dei locali a Londra, ma in queste pagine abbiamo cercato di trovare un giusto equilibrio nell'indicare i posti intramontabili e quelli all'ultima moda. Troverete informazioni su molti di quelli che sono stati i nostri locali preferiti, ma non c'è criterio di scelta migliore della ricerca individuale.

Orari di apertura

Sicuramente avrete già sentito parlare delle leggi sull'alcol vigenti in Inghilterra: quasi tutti i pub (quelli senza una licenza speciale) chiudono alle 23 dal lunedì al sabato e alle 22.30 la domenica. Questi orari restrittivi furono introdotti durante la prima guerra mondiale per far sì che a una certa ora gli operai uscissero dai pub e ritornassero nelle fabbriche di munizioni e nonostante sia trascorso molto tempo sono ancora in vigore. Poco prima dell'orario di chiusura, in tutti i pub di Londra (e dell'intero paese) c'è una calca di clienti che ordinano affannosamente l'ultimo bicchiere prima di essere sollecitati a uscire in strada con un 'signore e signori, è ora, per favore!' solo qualche minuto più tardi. L'atmosfera può anche farsi un po' animata o addirittura aggressiva subito dopo la chiusura di quei pub in cui predomina una clientela giovane. Negli ultimi anni si è parlato spesso di prolungare l'orario di vendita degli alcolici, anche se fino ad oggi non è stata intrapresa quasi nessuna iniziativa concreta.

Nel presente capitolo abbiamo segnalato i pub che osservano orari più lunghi perché, anche se nella zona del centro non avrete alcuna difficoltà a spostarvi da un locale che chiude presto a un altro provvisto di licenza speciale, cambiare posto oppure dover pensare in anticipo a un programma può rovinare lo spirito della serata: potreste quindi preferire fermarvi in un solo locale che tenga aperto fino a tardi.

IL WEST END

Citando le parole di un abitante del luogo, 'solo i turisti e i pazzi vanno a bere qualcosa nel West End durante il weekend'. Giudizio forse un po' severo, ma di certo, se deciderete di uscire nei quartieri di Soho, Covent Garden o Leicester Square un venerdì o un sabato sera, preparatevi a vedere una moltitudine di gente. Cercate, inoltre, di essere già organizzati per il rientro, perché trovare un taxi qui è un incubo. L'atmosfera è molto più piacevole nelle zone più esterne di Bloomsbury, Fitzrovia e Holborn.

SOHO

AKA Cartina p450
☎ 7836 0110; 18 West Central St W1; ⌚ fino alle 3 da martedì a venerdì, fino alle 7 sabato, fino alle 4 domenica; metro Holborn
Situato in una delle zone meno vitali del West End, è invece uno dei locali più vivaci. DJ intraprendenti propongono una buona selezione di pezzi musicali, il cui ascolto viene esaltato dall'ottimo impianto sonoro di cui dispone il locale. In attività già da sei anni, gode di una buona reputazione ed è meta privilegiata di una clientela giovane, che degusta cocktail preparati a regola d'arte.

ALPHABET Cartina p448
☎ 7439 2190; 61-63 Beak St W1; metro Oxford Circus
Al di là del gruppetto di gente altolocata che sembra essere diventata parte integrante del suo bar, questo è un bellissimo locale di Soho, provvisto di due sale, arredato con divani in pelle e con un'enorme cartina di Londra sul pavimento che vi aiuterà a ritrovare la strada per tornare all'albergo (tranne che nei weekend, quando a malapena riuscirete a distinguerla fra tutte le scarpe all'ultima moda che la calpestano).

COACH & HORSES Cartina p448
☎ 7437 5920, 29 Greek St W1; metro Leicester Square
Famosa per essere stata spesso frequentata dal compianto Jeffrey Bernard, giornalista dello *Spectator*, questa piccola e caratteristica taverna sempre affollata e fortunatamente mai ristrutturata conserva quell'atmosfera bohémien tipica della Soho di un tempo e accoglie un insieme molto diversificato di clienti abituali: dagli amanti del buon bere, agli scrittori, ai giornalisti, ai turisti.

FRENCH HOUSE Cartina p448
☎ 7437 2799; 49 Dean St W1; metro Leicester Square
Questo bar (non serve pinte e quindi non può essere chiamato pub), dall'atmosfera decadente e affascinante, fu il locale abituale delle 'forze francesi libere' durante la seconda guerra mondiale e sembra che anche De Gaulle fosse un assiduo cliente. Pare, inoltre, che questo locale sia stato frequentato da per-

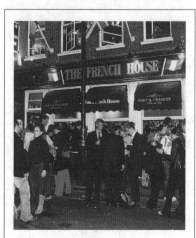

French House (sopra)

sonaggi famosi come Dylan Thomas, Brendan Behan e Peter O'Toole. Troverete vino rosso e una caratteristica clientela abituale.

INTREPID FOX Cartina p448

☎ 7494 0827; 99 Wardour St W1; metro Leicester Square/Piccadilly Circus

In contrapposizione con Soho, questo rumoroso pub 'rock'n'Goth' dall'atmosfera assolutamente familiare è riconoscibile dallo stravagante doccione sopra la porta, dai ragni e pipistrelli finti alle pareti e da una clientela mista di personaggi gotici, punk e metallari con la carnagione bianchissima e le mentalità più disparate. La musica è alta, i servizi igienici lasciano un po' a desiderare e la birra è economica.

SHAMPERS Cartina p448

☎ 7437 1692; 4 Kingly St W1; metro Oxford Circus/Piccadilly Circus

Si tratta di un'enoteca tradizionale, situata sul retro di un ristorante dallo stile più moderno. Dispone soltanto di posti in piedi e quasi ogni sera è affollatissima di clienti abituali che si fanno spazio tra le pareti verde scuro, lungo cui sono disposte le bottiglie, per degustare l'eccezionale lista dei vini, sempre diversa e ben dettagliata.

TWO FLOORS Cartina p448

☎ 7439 1007; 3 Kingly St W1; metro Oxford Circus/Piccadilly Circus

Irriconoscibile dall'esterno (per la necessità che hanno i bar di apparire tranquilli), il Two Floors attira una clientela di tipi bohémien e alla moda e propone ogni volta la musica che si predilige in quel determinato momento. Il personale è gentile, ma allo stesso tempo un po' invadente, gli interni sono eleganti anche se un po' trasandati, e le bevande vanno dalle semplici birre in bottiglia ai cocktail.

ZEBRANO Cartina p448

☎ 7287 5267; 14-16 Ganton St W1; metro Oxford Circus

Ospitato in un seminterrato e con le pareti coperte da stampe con motivi zebrati tinti di rosso, questo bar attira una clientela prevalentemente maschile di bell'aspetto, vestita in modo elegante. La gente ci viene per bere cocktail e chiacchierare, anche se il caffè al piano terra permette a chi desidera un po' di privacy di sorseggiare il proprio cocktail osservando la gente che passa in strada.

COVENT GARDEN E LEICESTER SQUARE

CORK & BOTTLE WINE BAR Cartina p450

☎ 7734 7807; 44-46 Cranbourn St WC2; metro Leicester Square

Il locale gestito da Kiwi Chairman Don è piuttosto famoso ed è meta privilegiata di tutti quei londinesi che negli ultimi anni hanno scoperto una vera e propria passione per il vino. In questa caratteristica cantina dal pavimento in pietra, situata in un seminterrato, potrete gustare a vostro piacimento un vino scelto tra le centinaia di varietà offerte, spiluccando al buffet di formaggi e carne, immersi in un'atmosfera di conviviale allegria.

FREEDOM BREWING CO Cartina p450

☎ 7240 0606; 41 Earlham St WC2; metro Covent Garden

Anche se il locale è stato ristrutturato recentemente e oggi la birra viene prodotta altrove, i punti di forza della più piccola e famosa fabbrica di birra di Londra sono rimasti inalterati nel tempo: birra buona (soprattutto la pale ale), graziosi e confortevoli interni, un'illuminazione pacata e un personale cortese e disponibile, impegnato a rispondere nel miglior modo possibile alle esigenze dei clienti.

FREUD Cartina p430

☎ 7240 9933; 198 Shaftesbury Ave WC2; metro Covent Garden

Sono molti i londinesi che cominciano qui le loro serate, sorseggiando una birra oppure bevendo un caffè. Si tratta infatti di un piccolo e caratteristico bar/caffè/galleria dalle pareti beige, decorate con quadri. Gli arredi sono eleganti anche se un po' trasandati, i cocktail costosi e di ottima qualità, mentre la birra è solo in bottiglia.

LAMB & FLAG Cartina p450

☎ 7497 9504; 33 Rose St WC2; metro Covent Garden

Situato in posizione molto centrale e facile da raggiungere, questo storico pub, il più antico tra quelli della zona, è il posto preferito da tutti a Covent Garden, e quindi è sempre esageratamente affollato. Venne costruito nel XVII secolo, quando fu chiamato 'the Bucket of Blood' (il secchio di sangue), ed è il locale in cui il poeta John Dryden fu assalito dopo aver scritto dei versi poco lusinghieri nei confronti dell'amante di Carlo II. Alcune parti di questo locale risalgono al 1623.

PUNCH & JUDY Cartina p450

☎ 7379 0923; 40 The Market WC2; metro Covent Garden

Situato proprio all'interno della sala centrale del mercato di Covent Garden, questo pub disposto su due piani è un altro locale molto frequentato; da una terrazza potrete ammirare St Paul's Cathedral e applaudire le esibizioni degli artisti di strada.

SHERLOCK HOLMES Cartina p450

☎ 7930 2644; 10 Northumberland St WC2; metro Charing Cross

Si dice che qui Sir Arthur Conan Doyle scrisse molti dei suoi racconti più famosi (al piano superiore c'è anche un museo con vetrine che espongono alcuni cimeli di Holmes). Possiede tutte le caratteristiche del classico pub inglese.

HOLBORN E LO STRAND

LAMB Cartina pp446-47

☎ 7405 0713; 94 Lamb's Conduit St WC1; metro Russell Square

Ci sono due pub davvero interessanti in questa via dal nome curioso. Il venerabile Lamb è un posto molto ricco d'atmosfera ed è caratterizzato da un bar in mogano al centro e pareti divisorie di vetro inciso; il cibo è davvero favoloso. Il più giovane e moderno Perseverance, invece, sfoggia un'interessante (e molto divertente) carta da parati ruvida color avorio e rubino; il piano superiore è sempre piuttosto affollato ed è difficile trovare un posto.

PRINCESS LOUISE Cartina p450

☎ 7405 8816; 208 High Holborn WC1; metro Holborn

Questa taverna vittoriana che risale al XIX secolo è semplicemente meravigliosa. Decorata in modo delizioso, con eleganti piastrelle, specchi incisi e stucchi, presenta, al centro, un bellissimo bar dalla caratteristica forma a ferro di cavallo. È frequentata soprattutto nelle ore immediatamente successive all'orario di lavoro; molti clienti spesso non trovano posto a sedere, ma non per questo rinunciano a un delizioso aperitivo.

BLOOMSBURY E FITZROVIA

BRADLEY'S SPANISH BAR Cartina p448

☎ 7636 0359; 42-44 Hanway St W1; metro Tottenham Court Road

Soffitti bassi, sale affollate, un arredamento vagamente spagnoleggiante, un vecchio juke-box con dischi in vinile e un'atmosfera conviviale sono le principali caratteristiche che contraddistinguono questa incantevole locanda, che gode di un'ottima reputazione ed è una tra le più frequentate nel West End. Nonostante si trovi in posizione piuttosto appartata, situata com'è in una via dietro Oxford St, è conosciuta da un notevole numero di clienti abituali. Vi consigliamo di concedervi un Cruzcampo.

MUSEUM TAVERN Cartina p450

☎ 7242 8987; 49 Great Russell St WC1; metro Tottenham Court Road

È qui che si rifugiava il grande pensatore Karl Marx per mangiare una zuppa calda dopo un faticoso giorno di lavoro nella sala di lettura del British Museum. È un pub tradizionale particolarmente ricco d'atmosfera.

QUEEN'S LARDER Cartina pp446-47

☎ 7837 5627; 1 Queen Sq WC1; metro Russell Square

Situato in un'incantevole piazza a sud di Russell Square, questo pub viene chiamato 'dispensa della regina' perché la regina Carlotta, moglie del re Giorgio III, detto 'il re pazzo', affittò parte della cantina di questo locale per poter conservare cibi particolari per il marito, che era in cura proprio da queste parti. Il pub dispone anche di panchine all'aperto per chi ama la bella stagione e di una buona sala ristorante al piano superiore.

Locali – Il centro-est

IL CENTRO-EST

Anche se lo splendido Fabric (p286) ha contribuito a fare di Clerkenwell una della zone più alla moda di Londra sulla scena della vita notturna, noi consigliamo – se non altro nei weekend – il quartiere leggermente più antiquato di Hoxton, dove è meno accentuata la tendenza da parte dei bar a far pagare un biglietto d'ingresso per ogni minimo pretesto (come per esempio per la presenza di un amico del proprietario che mette su qualche disco in un angolo del locale). Comunque, il centro-est rimane il polo principale della vita notturna della capitale (escludendo la City, naturalmente, dove anche i locali più alla moda, si riempiono perlopiù dal lunedì al venerdì).

LA CITY

JAMAICA WINE HOUSE Cartina pp452-53

☎ 7626 9496; 12 St Michael's Alley EC3; ☯ chiuso sabato e domenica; metro Bank

A dispetto del suo nome, il 'Jam Pot' non è un bar per la degustazione di vini ma uno storico pub vittoriano, ospitato in quella che fu la prima caffetteria di Londra (1652). Serve non tanto vino quanto birra.

NYLON Cartina pp452-53

☎ 7600 7771; 1 Addle St EC2; ☯ chiuso domenica; metro Moorgate

Questo maestoso bar dona alla City un po' dello stile degli interni di Shoreditch, con i suoi imponenti arredi arancione stile retrò, i rivestimenti in legno scuro, l'acquario e il grosso lampadario. Tuttavia, al di là dell'ingresso da VIP com'è tipico di Mayfair, troverete una clientela confacente ai canoni della City.

VERTIGO 42 Cartina pp452-53

☎ 7877 7842; 25 Old Broad St EC2; ☯ chiuso sabato e domenica; metro Bank

La vista stratosferica offerta da questo bar al 42° piano (il più elevato del Regno Unito) va di pari passo con i prezzi altrettanto stratosferici; per essere sicuri di trovare un posto, è assolutamente necessario prenotare. I tavoli sono disposti intorno a uno spazio circolare dalle pareti in vetro, dove potrete bere champagne godendovi un panorama indimenticabile.

YE OLDE CHESHIRE CHEESE

Cartina pp446-47

☎ 7353 6170; Wine Office Court, 145 Fleet St EC4; metro Blackfriars

Si entra in questo pub storico da un pittoresco vicolo. Varcando la soglia vi troverete in un ambiente con pannelli di legno (la trave più vecchia risale al XVII secolo) e segatura sul pavimento, suddiviso in diverse aree dove si può mangiare e bere.

HOXTON, SHOREDITCH E SPITALFIELDS

BAR KICK Cartina pp440-41

☎ 7739 8700; 127 Shoreditch High St E1; metro Old Street

Controparte più grande del Café Kick di Clerkenwell (p262), questo locale di Shoreditch è caratterizzato da un'atmosfera un po' più fredda, tipica di questa zona. Anche qui, comunque, c'è molto spazio libero, dovuto all'arredamento scarno, costituito da quattro tavolini bassi, divani in pelle e semplici tavoli con sedie. Vengono serviti anche i pasti.

BLUU Cartina pp440-41

☎ 7613 2793; 1 Hoxton Sq N1; metro Old Street

Di primo acchito il Bluu potrebbe sembrare freddo e poco accogliente, a causa di tutto quel cemento a vista. Ma abbandonatevi in una delle sue comode poltrone e ordinate un paio di cocktail, e capirete perché la gente del luogo lo considera amorevolmente un piacevole ritrovo abituale.

BRICKLAYERS ARMS Cartina pp440-41

☎ 7739 5245; 63 Charlotte Rd EC2; metro Old Street

Colonna incrollabile nel panorama dei locali di Hoxton, il Bricklayers Arms attira una clientela senza troppe pretese ma elegante, in genere di un'età compresa tra i 25 e i 30 anni. Questo pub, essenzialmente vecchio stile, funge spesso da solida base di partenza dove cominciare la serata prima di dirigersi altrove.

La rivoluzione dei cocktail

Non pensate a bombe molotov lanciate contro le finestre di orrende catene di pub, perché qui stiamo parlando della passione che hanno scoperto i londinesi per i martini, i manhattan e i mojito. Sono passati ormai da un pezzo i tempi in cui i clienti, in particolar modo le donne, finivano per ordinare controvoglia un semplice gin tonic perché non c'erano alternative più allettanti. Oggi i locali nuovi propongono baristi specializzati nella preparazione di cocktail, i lavoratori nel campo dei media si esaltano di fronte a nuovi intrugli, i clienti abituali sono abbastanza esperti da riconoscere uno Smirnoff da un Belvedere (il primo è un'ottima e poco conosciuta vodka, l'altro no) e nessuno sembra preoccuparsi minimamente del fatto di pagare £10 per un drink dal nome strepitoso, servito in un bicchiere da aperitivo guarnito con dell'uva spina. Se da un lato molti londinesi hanno tradizionalmente la fama di bere qualsiasi cosa che spenga la loro sete più che soddisfare il loro palato, dall'altro la nuova generazione, più sofisticata e cosmopolita, è formata da veri e propri intenditori.

CANTALOUPE Cartina pp440-41
☎ 7613 4411; 35-43 Charlotte Rd EC2; metro Old Street/Liverpool Street

Questo è uno dei primi bar di Hoxton della nuova generazione, nonché il bar che ha attirato su di sé l'attenzione dei media alla fine degli anni '90. In quel periodo vi si respirava un'atmosfera febbrile, ma oggi difficilmente ci si ritrova gomito a gomito come una volta con i membri del cast della serie per giovani *This Life*: ora il Cantaloupe non è altro che un piacevole gastropub mai fuori moda.

CARGO Cartina pp440-41
☎ 7729 6818; 83 Rivington St EC2; metro Old Street/ Liverpool Street

Situato sotto i tre archi della ferrovia, l'eccellente Cargo si propone come una felice combinazione di musica, cibo e bevande. Durante i giorni lavorativi potete accomodarvi su uno dei suoi divani sgangherati e gustarvi un drink in tutta tranquillità (oppure dirigervi verso il cortile e sistemarvi su una delle amache), ma nei weekend viene data precedenza al club.

CHARLIE WRIGHT'S INTERNATIONAL BAR Cartina pp440-41
☎ 7490 8345; 45 Pitfield St N1; metro Old Street

La principale attrazione di questo locale, una vera istituzione in questa zona, è la sua clientela, composta da un insieme eterogeneo di personaggi accomunati dall'unico desiderio di divertirsi.

DRAGON BAR Cartina pp440-41
☎ 7490 7110; 5 Leonard St N1; metro Old Street

Il Dragon è un posto assolutamente fantastico, in quella maniera un po' cupa e malinconica (a differenza di altri locali) che è tipica di Hoxton. È facile non notarlo, in quanto il nome è soltanto scritto in rilievo sulla scala d'ingresso, ma una volta dentro sarete circondati da oggetti in porcellana, lanterne cinesi, tende di velluto e, in perfetta sintonia con l'ambiente, uno di quei quadri di cascate illuminate che si comprano in Brick Lane. In questo locale vi sentirete a vostro agio indossando l'ultima proposta della streetwear, ma assolutamente non in abito da sera.

DREAMBAGSJAGUARSHOES Cartina pp440-41
☎ 7739 9550; 34-36 Kingsland Rd E2; metro Old Street

A parte il nome piuttosto strano, questo è un tipico esempio di quello stile bohémien che caratterizza Shoreditch: pavimenti in legno, pareti con mattoni o cemento a vista, divani in pelle o di tela recuperati a caso da qualche parte, ragazzi con i capelli arruffati che sembra si siano appena alzati dal letto, e ragazze dall'aspetto più elegante. Date un'occhiata ai disegni murali del piano di sotto.

FOUNDRY Cartina pp440-41
☎ 7739 6900; 84-86 Great Eastern St EC2; metro Old Street

L'eccentrico Foundry non dà assolutamente a vedere di essere un locale hippy, riuscendo così a essere incredibilmente alternativo e allo stesso tempo accogliente per ogni tipo di clientela. I mobili sgangherati e le interpretazioni al piano di quello che potremmo definire un David Bowie prima maniera conferiscono a questo posto l'aspetto tipico di un bar di un paese dell'Est europeo. Geniale.

GRAND CENTRAL Cartina pp440-41
☎ 7613 4228; 91-93 Great Eastern St EC2; metro Old Street

L'aggettivo 'grande' contenuto nel nome non si riferisce alle dimensioni di questo elegante locale, che infatti è piuttosto piccolo, ma al torreggiante muro di 6,5 m che si innalza alle sue spalle e ai fasci di luce bianchi, rossi, verdi, gialli e marroni proiettati davanti al bar. Invece, come dice il nome, il locale è davvero "centrale", proprio all'angolo di Great Eastern St, e attira una clientela mista di benestanti in abito elegante e all'ultima moda.

HOME Cartina pp440-41
☎ 7684 8618; 100-106 Leonard St EC2; metro Old Street/Liverpool Street

Altro veterano sulla scena dei locali di Londra, questo bar-ristorante situato al pianoterra non è più in cattivo stato come lo era un tempo. Le poltrone, infatti, sono nuove e comode, e se riuscite ad accaparrarvene una (cosa non sempre possibile), sono ideali per rilassarsi, gustarsi una birra o un cocktail e osservare la vita di Hoxton nel pieno fervore.

LOUNGELOVER Cartina pp440-41
☎ 7012 1234; 1 Whitby St E1; treno/metro Liverpool Street

L'ultramoderno Loungelover è un locale davvero incredibile e sbalorditivo. Avrete l'impressione di entrare in un altro mondo, dove lampadari, antichità, lanterne da strada e comode poltrone sembrano materializzarsi a soli due passi dalla via piuttosto malandata su cui si affaccia. Per apprezzarlo pienamente, dovrete venirvi più di una volta, per quanto i prezzi siano piuttosto alti.

MEDICINE BAR Cartina pp440-41

☎ 7739 7110; 89 Great Eastern St EC2; metro Old Street

Questa filiale più grande del bar di Islington (p264) ha ricevuto una buona accoglienza a Hoxton. Anche la sala del piano superiore è piacevole e richiama una bella clientela, ma l'attrazione principale è il bar con musica proposta da DJ che si trova al pianoterra. Tra i nomi più famosi che si sono esibiti in questo locale ricordiamo Norman Cook (Fatboy Slim), Norman Jay, Jon Carter (compagno del DJ Sara Cox di Radio 1), Sancho Panza e Ashley Beedle. Il venerdì e il sabato dopo le 21 si pagano £6 per entrare.

SHOREDITCH ELECTRICITY SHOWROOMS Cartina pp440-41

☎ 7739 6934; 39a Hoxton Sq N1; metro Old Street

Qualche tempo fa, nei weekend, la coda di persone che volevano entrare nel locale era davvero esagerata. Oggi, è un po' meno frequentato, ma i dipinti murali alle spalle del bar, che cambiano in continuazione e possono raffigurare i soggetti più vari, dagli elefanti alle Alpi, costituiscono ancora un punto focale.

SOSHO Cartina pp440-41

☎ 7920 0701; 2 Tabernacle St EC2; metro Old Street/Moorgate

Questo incantevole ex studio fotografico di Shoreditch (da qui il nome Sosho), considerato il migliore tra i bar della catena Match, serve ottimi cocktail a una clientela decisamente alla moda. Al pianterreno i DJ propongono musica di tendenza, prediligendo il genere house 'jazzato'. Il sabato si pagano £3 per entrare.

VIBE BAR Cartina pp452-53

☎ 7377 2899; The Truman Brewery, 91-95 Brick Lane E1; metro Old Street/ Aldgate East

Epicentro del panorama dei locali di Hoxton, il Vibe è in parte bar e in parte locale notturno. Nelle serate più tranquille i clienti possono tranquillamente bere qualcosa nello spazioso bar, arredato con divani in pelle consumata, passatempi da sala giochi e persino computer. Il cortile è il posto ideale per un pomeriggio di sole.

CLERKENWELL

CAFÉ KICK Cartina pp440-41

☎ 7837 8077; 43 Exmouth Market EC1; metro Farringdon

Questo piccolo bar in stile continentale è davvero un posto spoglio e spartano, ma quasi nessuno lo nota: tutti sono troppo impegnati

Vibe Bar (sopra)

a gustarsi una Nastro Peroni e altre buone birre. È anche un posto di ritrovo quando alla televisione vengono trasmesse le partite di calcio.

CHARTERHOUSE 38 Cartina pp446-47
☎ 7608 0858; 38 Charterhouse St EC1; metro Farringdon

Il Charterhouse 38 è uno strano locale a forma di cuneo, piccolo ma allegro, dove di solito bisogna farsi spazio tra la gente per potersi avvicinare al bancone del bar. L'ingresso è sempre gratuito, ma la musica è spesso troppo alta, in particolare nei weekend, il che penalizza decisamente la conversazione.

DUST Cartina pp446-47
☎ 7490 0537; 27 Clerkenwell Rd EC1; metro Farringdon

In questo locale, che non è più in voga come un tempo, si trova più facilmente un po' di tranquillità. Gli arredi sono una combinazione di pareti in mattoni, con il tipico stile metropolitano, comode poltrone, tavoli dalla superficie ricoperta di mosaici e alcune opere artistiche. Si paga l'ingresso (da £4 a £5) nei weekend, quando c'è musica con DJ.

FLUID Cartina pp446-47
☎ 7253 3444; 27 Charterhouse St EC1; metro Farringdon

Al di là della sua vistosa insegna al neon, questo bar stile giapponese emana un'atmosfera di profonda calma e tranquillità. Nel suo ambiente a luci soffuse alcuni clienti se ne stanno comodamente seduti ad assaporare il loro aperitivo giapponese al sapore di lampone, a gustare i fantasiosi sushi con i bastoncini o a sorseggiare una birra Asahi, mentre altri si divertono alle macchine da gioco o cercano di far funzionare il vetusto distributore di birre. Al pianoterra c'è un'area riservata ai DJ, caratterizzata da un fotomontaggio di Tokyo alla parete. Il sabato si paga l'ingresso (£5).

JERUSALEM TAVERN Cartina pp446-47
☎ 7490 4281; 55 Britton St EC1; metro Farringdon

È difficile dire che cosa piaccia di più a chi frequenta la piccola Jerusalem Tavern: l'interno settecentesco, dove le pareti intonacate presentano qua e là piastrelle a mosaico, oppure la varietà di bevande, tra cui amari preparati con ingredienti biologici, pastose birre scure dal sapore forte, birre al granoturco o alla frutta (buonissime).

SMITHS OF SMITHFIELD Cartina pp446-47
☎ 7236 6666; 67-77 Charterhouse St EC1; metro Farringdon

Durante i giorni lavorativi l'ampio pianterreno dello Smiths è un bar assolutamente grazioso e confortevole; di sabato, invece, dal momento che è uno dei pochi locali della zona a non far pagare l'ingresso, si riempie di giovani sulla ventina dallo sguardo annoiato. Ottime le birre, ma evitate i cocktail.

THREE KINGS OF CLERKENWELL
Cartina pp440-41
☎ 7253 0483; 7 Clerkenwell Close EC1; metro Farringdon

Questo accogliente pub situato nei pressi di Clerkenwell Green è decorato con modelli di cartapesta, inclusa una gigantesca testa di rinoceronte sopra il caminetto.

YE OLDE MITRE Cartina pp446-47
☎ 7405 4751; 1 Ely Ct, poco distante da Hatton Garden EC1; metro Chancery Lane/Farringdon

Delizioso pub storico dall'atmosfera accogliente, lo Ye Olde Mitre, che si affaccia su una stradina secondaria, fu costruito appositamente per i servitori della regina Elisabetta. Ancora oggi all'interno è conservato un oggetto in ricordo della regina, ossia un ceppo del ciliegio intorno a cui ella era solita ballare. Nel locale non c'è musica, quindi nelle sue salette raccolte sentirete soltanto l'eco di piacevoli chiacchierii.

ISLINGTON

ALBION Cartina pp440-41
☎ 7607 7450; 10 Thornhill Rd N1; metro Angel/Highbury & Islington

Famoso per la sua birreria all'aperto ricoperta di glicini, che lo fanno sembrare un vero pub di campagna, l'Albion è particolarmente indicato per sorseggiare un drink in un soleggiato pomeriggio di weekend. È una vera calamita per le giovani famiglie con bambini.

BAR FUSION Cartina pp440-41
☎ 7688 2882; 45 Essex Rd N1; metro Angel

Islington offre molti locali per omosessuali, ma molti di questi si rivolgono o a gay o a lesbiche. Il Bar Fusion può essere definito misto, anche se sul retro c'è una zona riservata solo alle donne. Dal punto di vista degli arredi non c'è nulla di particolare da segnalare, ma è accogliente e dispone di posti a sedere all'esterno.

Locali – Il centro-est

ELBOW ROOM Cartina pp440-41

☎ 7278 3244; 89-91 Chapel Market N1; metro Angel

Non lasciatevi ingannare dalle lunghe file di tavoli da biliardo: nei weekend il posto è pieno di clienti abituali interessati ai cocktail, alle birre, al cibo offerto dal bar e ai DJ. Semplice, dall'atmosfera rilassata, il locale è considerato da molti uomini un luogo ideale per fare incontri femminili. L'ingresso di sabato costa £5.

EMBASSY Cartina pp440-41

☎ 7359 7882; 119 Essex Rd N1; metro Angel, autobus nn. 38, 56 o 73

Dietro alle pareti scure e alle finestre annerite dal fumo dell'Embassy c'è un'interessante clientela che viene qui a bere birra seduta sui comodi divani, o ad ascoltare la musica selezionata dai DJ al bar del pianoterra e in quello più nuovo nel seminterrato. La fama di questo locale di tendenza della controcultura urbana si è ormai diffusa, e ora l'Embassy è uno dei più frequentati locali di Islington; nei weekend si pagano £3 per entrare. Andateci sul presto.

KING'S HEAD Cartina pp440-41

☎ 7288 2666; 115 Upper St N1; metro Angel

Anche se non assisterete a nessuna rappresentazione teatrale, come invece potrebbe lasciar intendere il suo nome, questo pub dall'aspetto alquanto spartano, composto da un'unica sala, è un bel posto dove andare a bersi una birra.

MEDICINE BAR Cartina pp440-41

☎ 7704 9536; 181 Upper St N1; metro Highbury & Islington

Il Medicine Bar, che rimane uno dei locali più belli di Upper St, attira non solo una clientela sulla trentina, ma anche ragazzi più giovani. Una delle ragioni per venire in questo ex pub dagli interni rosso scuro, con divanetti bassi e luce soffusa, è la sua musica, che spazia dal funky jazz all'hip-hop; un'altra attrazione è costituita dall'occasionale comparsa di celebrità minori: potreste vedere il vostro DJ preferito, modelle o una stella della TV (sempre che riusciate a individuarli tra la folla).

SOCIAL Cartina pp440-41

☎ 7837 7816; 418 Arlington Sq N1; metro Angel

Questo secondo pub della Heavenly Records ha un'atmosfera molto più rilassata del locale di Soho e caratteristiche più tipicamente locali. Pur essendo anche un gastropub (p222), il bancone piuttosto grande a forma di ferro di cavallo rappresenta un'attrazione già di per sé.

IL CENTRO-SUD

Anche se negli ultimi anni in questa zona hanno aperto alcuni bar nuovi di ottima qualità, i pub tradizionali sono così belli e pieni d'atmosfera che non possiamo toglierli dalla lista dei locali migliori.

MAYFAIR E ST JAMES'S

CHE Cartina pp446-47

☎ 7747 9380; 23 St James's St W1; metro Green Park

Questo accogliente bar, che vende anche sigari, prende il nome dall'eroe della guerriglia cubana ed è situato sotto un elegante ristorante alla moda. Possiede un'invidiabile collezione di rum, tequila e whisky stravecchi e uno speciale contenitore alto fino al soffitto in cui vengono conservati i sigari (ne contiene più di 70 tipi diversi); inoltre il bar offre una spettacolare lista di cocktail.

GUINEA Cartina pp446-47

☎ 7409 1728; 30 Bruton Pl W1; metro Green Park

Birre di ottima qualità (Young's), autografi di persone famose sulle pareti dei servizi igienici e odore di soldi caratterizzano questo tranquillo e insolito pub di Mayfair, uno dei quartieri più esclusivi di Londra. Vi sono pochissimi posti a sedere e talvolta questo locale sembra quasi una sala d'attesa per il ristorante sul retro (particolarmente rinomato per le sue torte salate).

KNIGHTSBRIDGE, SOUTH KENSINGTON E HYDE PARK

CHURCHILL ARMS Cartina pp442-43

☎ 7727 4242; 119 Kensington Church St W8; metro Notting Hill Gate

Questa graziosa taverna tradizionale è piena di cimeli di Winston Churchill e di cianfrusaglie di vario tipo. Anche se ricorda un museo, questo pub è molto popolare sia tra la gente del luogo, sia tra i turisti, attirati probabilmente dall'eccellente ristorante thailandese del piano superiore e dalla rilassante serra che si trova sul retro.

COOPERS ARMS Cartina pp456-57
☎ 7376 3120; 87 Flood St SW3; metro Sloane Square/
South Kensington

Questo classico pub di Chelsea, che si trova in una traversa di King's Rd, è decorato con animali impagliati e vecchie pubblicità delle ferrovie. L'ambiente è grande e luminoso e la clientela eterogenea.

CUBA Cartina pp442-43
☎ 7938 4137; 11-13 Kensington High St W8; metro High Street Kensington

Se vi piacciono i pub inglesi tradizionali, ma ne cercate uno che si distingua da quelli citati in queste pagine, potreste apprezzare la divertente alternativa offerta da questo bar d'influenza latino-americana, che propone una apprezzata combinazione di cocktail a base di rum, ballerine di samba molto sexy e giovani sudamericani dall'aria vissuta. Scegliete un abbigliamento leggero, si suda tanto.

GRENADIER Cartina pp446-47
☎ 7235 3074; 18 Wilton Row SW1; metro Knights-bridge

Situato in fondo a una stradina calma 'ed esclusiva, questo pub, visto da fuori, sembra proprio un quadretto; all'interno l'ambiente è accogliente (a parte le sciabole e le baionette appese alle pareti).

NAG'S HEAD Cartina pp446-47
☎ 7235 1135; 53 Kinnerton St SW1; metro Hyde Park Corner

Questo ottocentesco locale dall'aria distinta si affaccia su una tranquilla viuzza non lontana dal movimentato Knightsbridge ed è caratterizzato da arredi eccentrici; qui è vietato adoperare telefoni cellulari. Si tratta di una vera delizia: vi piacerà anche se non siete particolarmente amanti dei pub.

STAR TAVERN Cartina pp442-43
☎ 7235 3019; 6 Belgrave Mews West SW1; metro Knightsbridge/Sloane Square

Questo locale è noto soprattutto perché fonde il fascino del West End con l'atmosfera ambigua dell'East End; qui s'incontravano Christine Keeler e John Profumo (ricordate lo scandalo Profumo?). Si dice anche che la banda della 'grande rapina al treno' avesse organizzato qui il colpo. Oggi è solo un grazioso locale dove potete trovare buone birre Fuller's.

WINDOWS Cartina pp446-47
☎ 7493 8000; Hilton Hotel, 28th fl, Park Lane W1; metro Hyde Park Corner

Questo bar al 28° piano dell'Hilton Hotel è l'ideale per ammirare Londra. La vista della città da qui è mozzafiato, specie al crepuscolo, e per placare la sete troverete varie bevande, dalla birra ai cocktail e al cognac.

WINDSOR CASTLE Cartina pp442-43
☎ 7243 9551; 114 Campden Hill Rd W11; metro Notting Hill Gate

Questo stupendo pub ha pareti in legno di quercia che separano le diverse salette con porte così piccole che i clienti di alta statura potrebbero avere difficoltà a oltrepassarle. Il locale ha uno splendido giardino recintato (riscaldato da stufette in inverno).

WESTMINSTER E WHITEHALL
RED LION Cartina pp446-47
☎ 7930 5826; 48 Parliament St SW1; metro Westminster

Questo classico pub di fine secolo ha mobili in mogano levigato e vetri incisi; una TV, a volume basso, mostra i programmi del Parlamento nel caso in cui le sedute a palazzo riprendano e i deputati debbano tornarvi in fretta.

LUNGO LA SOUTH BANK
Quasi tutti i locali di questa zona sono belle e semplici osterie in attività da centinaia di anni. Mentre gli eleganti clienti del Baltic sono generalmente impegnati a scegliere tra un tipo di vodka e l'altro, quelli dei pub storici di solito brindano con una birra alla spina. Alla salute!

BANKSIDE
ANCHOR BANKSIDE Cartina pp452-53
☎ 7407 1577; 34 Park St SE1; metro London Bridge

Che ci sia il sole o la pioggia, questo pub del XVIII secolo fa sempre buoni affari. Se il tempo è brutto, potete rifugiarvi in una delle sue sovraffollate sale storiche, tra cui quella in cui Samuel Johnson (1709-84) scrisse parte del suo famoso dizionario; quando invece c'è bel tempo, la terrazza sulla riva del fiume è ovviamente piena di gente.

266

BOROUGH E BANKSIDE

BALTIC Cartina pp446-47

☎ 7928 1111; 74 Blackfriars Rd SE1; metro Southwark
Oggi a Londra ci sono numerosi bar per la vendita di vodka ma questo è decisamente uno dei più chic, con 28 o 29 varietà diverse (molte delle quali con indecifrabili etichette in cirillico), tutte allineate sopra il futuristico e scintillante bar color argento.

FAMOUS ANGEL Cartina pp452-53

☎ 7237 3608; 101 Bermondsey Wall East SE16; metro Bermondsey
Altro importante pub storico, questo locale del XVII secolo è famoso per essere stato il luogo in cui il capitano Cook preparò il suo viaggio per l'Australia.

MARKET PORTER Cartina pp452-53

☎ 7407 2495; 9 Stoney St SE1; ☙ 6.30-8.30 da lunedì a venerdì; metro London Bridge
Questo pub apre presto durante la settimana per accogliere i commercianti del mercato all'ingrosso di Borough. Ma è un buon posto anche nel normale orario di apertura, per la sua atmosfera conviviale e per le birre, chiare e scure.

GEORGE INN Cartina pp452-53

☎ 7407 2056; Talbot Yard, 77 Borough High St SE1; metro Borough/ London Bridge
Per descrivere in modo esauriente questo posto davvero eccezionale non basta dire che si tratta di una delle ultime locande di posta tuttora esistenti a Londra e che è uno dei pub del National Trust (ente che tutela gli edifici storici): bisogna assolutamente vedere con i propri occhi i suoi soffitti bassi e le sue sale con i pannelli in legno scuro. Il locale risale al

Famous Angel, Bermondsey (sopra)

1676 ed è stato citato da Charles Dickens in *La piccola Dorrit* (1857-58; Einaudi, Torino 2003).

ROYAL OAK Cartina pp452-53

☎ 7357 7173; 44 Tabard St SE1; metro Borough
Riportato al suo pieno splendore vittoriano con vetri incisi e panche in mogano, il Royal Oak è uno dei più bei pub storici di Londra; vi si può trovare buona birra spillata dai fusti.

L'EAST END

DOVE FREEHOUSE & KITCHEN

☎ 7275 7617; 24 Broadway Market; treno London Fields, autobus nn. 106, 253, 26, 48 o 55
È un bel posto dove venire una domenica sera d'inverno per gustare un buon arrosto. Certo, questo locale, composto da una serie di sale a struttura irregolare, è indicato in qualsiasi momento dell'anno per la sua vasta scelta di birra belga, ma è la sua caratteristica sala sul retro, illuminata da una luce fioca e con un fascino etnico stile bohémien, a renderlo un rifugio ideale dal freddo.

DOWN RIVER: A EST DEL TOWER BRIDGE

Se volete vedere pub che sembrano usciti dai romanzi di Charles Dickens, questa zona soddisferà il vostro desiderio, offrendovi per di più alcune meravigliose vedute panoramiche.

DOCKLANDS

GRAPES Cartina p455

☎ 7987 4396; 76 Narrow St E14; DLR Westferry

Rinomato pub storico di Limehouse (seguite le indicazioni a partire dalla DLR), il Grapes è un locale intimo e accogliente. A dire il vero è proprio minuscolo, così come la terrazza sul lungofiume che può accogliere comodamente solo dalle quattro alle sei persone, ma emana un fascino d'altri tempi.

MAYFLOWER Cartina pp452-53

☎ 7237 4088; 117 Rotherhithe St SE16; metro Rotherhithe

Questo pub quattrocentesco deriva il nome dalla nave che nel 1620 portò i padri pellegrini in America, in quanto il vascello salpò da Rotherhithe e forse proprio in questo locale il capitano pianificò il suo viaggio sorseggiando dello sherry. Ora c'è un lungo pontile dal quale si può ammirare il fiume.

PROSPECT OF WHITBY Cartina pp452-53

☎ 7481 1095; 57 Wapping Wall E1; metro Wapping

Anche se è un posto molto turistico, il Whitby risale al XVI secolo ed è ancora un grazioso pub antico ricco d'atmosfera, con luci soffuse, pavimenti in lastre di pietra e un bancone in peltro. Bisogna avere un po' di fortuna per riuscire ad accaparrarsi un tavolo vicino alle finestre con vista sul Tamigi, ma c'è, comunque, una terrazza sul fiume. È una delle più vecchie locande di Londra e ha anche un ristorante al piano superiore e camini accesi d'inverno.

WHITE SWAN Cartina pp436-37

☎ 7780 9870; 556 Commercial Rd E14; DLR Limehouse

Se siete interessati ai personaggi eccentrici con taglio di capelli da scossa elettrica, andate al pub/club per omosessuali più accogliente e divertente dell'East End (soprattutto quando ci sono i DJ del sabato sera, dalle 22 alle 3).

GREENWICH

NORTH POLE Cartina p455

☎ 8853 3020; 131 Greenwich High Rd SE10; DLR/ treno Greenwich

Questo stravagante bar di Greenwich attira una clientela ultramoderna. È distribuito su due piani: sopra ci sono divani con stampe di animali e una calda luce rossa, sotto, al South Pole, l'arredamento è improntato sul tema aeronautico. I DJ propongono un misto di rhythm'n'blues e garage.

TRAFALGAR TAVERN Cartina p455

☎ 8858 2437; Park Row SE10; DLR Cutty Sark, treno Maize Hill

Dickens una volta bevve in questo pub, citato nel romanzo *Il nostro comune amico* (1864-65; Einaudi, Torino 2002). I primi ministri Gladstone e Disraeli erano soliti pranzare qui a base di bianchetti. Oggi il locale conserva un'atmosfera storica, con rivestimenti in pannelli di legno scuro e finestre che si aprono sul Millennium Dome. Durante i trimestri accademici la vicina University of Greenwich porta qui un gran numero di studenti; d'estate, il pub è preso d'assalto dai turisti.

Locali– Il centro-nord

IL CENTRO-NORD

Marylebone e Camden Down (in ascesa il primo, in calo il secondo) sono i due quartieri con la maggior scelta di locali dove andare a bere qualcosa, ma potete trovare alcuni posti rinomati anche altrove.

MARYLEBONE E REGENT'S PARK

DUSK Cartina pp446-47

☎ 7486 5746; 79 Marylebone High St W1; metro Baker Street

Il nome 'dusk' (crepuscolo) rimanda a quell'ora in cui ogni cosa diventa più attraente, quando ci lasciamo alle spalle le fatiche della giornata e scivoliamo nella sensualità della notte. Ciò vale anche per questo nuovo bar (o meglio, rinnovato recentemente), che è frequentato da una clientela d'alta classe, ha pavimenti le-

vigati e serve birre di prima qualità e cocktail di vario tipo.

MASH Cartina p448

☎ 7637 5555; 19-21 Great Portland St W1; ⏰ fino alle 2 da lunedì a sabato; metro Oxford Circus

Con una piccolissima fabbrica di birra e un caffè annessi, il Mash è un locale adatto a ogni ora del giorno e a ogni giorno della settimana, anche se il suo spazio principale, costituito da un bar dai soffitti alti, è molto ampio ed è forse particolarmente indicato per il weekend. Si tratta di un bar futuristico ospitato in una vecchia showroom di automobili, i cui 'meccanici' preparano degli ottimi mojito.

O'CONNOR DAN Cartina pp446-47

☎ 7935 9311; 88 Marylebone Lane W1; metro Bond Street

Bellissimo e genuino pub irlandese, l'O'Connor Dan è un locale grande, piuttosto buio e bello, con servizio al tavolo, superfici in legno graffiato e cibo da bar e da ristorante di qualità decisamente superiore alla media dei pub.

EUSTON

HEAD OF STEAM Cartina pp438-39

☎ 7383 3359; 1 Eversholt St NW1; metro Euston

Probabilmente non andrete a Euston soltanto per bere un drink (a meno che non abbiate un po' di tempo libero a disposizione e nutriate una vera passione per i cimeli ferroviari), ma se per caso vi trovate nelle vicinanze o state aspettando un treno, questo è un posto davvero bello e dall'atmosfera conviviale; qui potrete degustare numerose varietà di birra alla spina.

CAMDEN

BARTOK Cartina pp438-39

☎ 7916 0595; 78-79 Chalk Farm Rd, Camden Town NW1; ☽ fino all'1 da lunedì a giovedì, fino alle 2 venerdì e sabato, fino alle 24 domenica; metro Chalk Farm/Camden Town

Se vi recate a Camden, culla della musica pop inglese, dovete assolutamente andare in questo bar, dove si può assaporare una pinta di birra ascoltando un piccolo concerto di musica classica. Battezzato così in onore del compositore e pianista ungherese, il Bartok ha comodi divani bassi, un'illuminazione soffusa e grandi drappi che creano l'atmosfera per bravissimi DJ, i quali propongono un misto di musica jazz, classica e world.

BAR VINYL Cartina pp438-39

☎ 7681 7898; 6 Inverness St NW1; metro Camden Town

Anche se profondamente tranquillo e fin troppo rilassato, il Bar Vinyl, uno dei primi locali con DJ, ha un'atmosfera molto accogliente e starsene seduti su una sedia del bar o abbandonarsi in una comoda poltrona stile retrò, cullati dal ritmo di musiche assolutamente meravigliose, è un vero piacere sia in

settimana, sia nel weekend, quando però è praticamente impossibile trovare posto.

CROWN & GOOSE Cartina pp438-39

☎ 7485 8008; 100 Arlington Rd NW1; metro Camden Town

Questo pub è uno dei nostri preferiti a Londra. Si tratta di un locale a pianta quadrata, con un bar in legno al centro e pareti verdi ornate di specchi con cornici in oro, e illuminato da finestre munite di persiane. Unisce una bella clientela a un'atmosfera tranquilla e conviviale; qui si può trovare cibo di ottima qualità e birra buona e conveniente.

PEMBROKE CASTLE Cartina pp438-39

☎ 7483 2927; 150 Gloucester Ave NW1; metro Chalk Farm

Questo accogliente locale è molto luminoso e allegro e presenta caratteristiche vetrate istoriate. L'atmosfera è intima e rilassata e vi sentirete a vostro agio sia sorseggiando un bicchiere di vino, sia bevendo una birra. Al piano superiore c'è una TV con un grande schermo per assistere in compagnia alle partite di calcio; il locale dispone anche di qualche tavolino all'aperto per quando fa bel tempo.

QUEEN'S Cartina pp438-39

☎ 7586 0408; 49 Regent's Park Rd NW1; metro Camden Town

Se la cantina di questo animato locale si dice sia abitata dallo spirito dell'attrice Lilly Langtree, il pub vero e proprio è frequentato da bellezze dei nostri tempi come Jude Law e altri personaggi di Primrose Hill. Il cibo e le bevande non vi deluderanno; inoltre può essere interessante fermarsi a osservare la clientela abituale del locale. Se questo ancora non vi bastasse, attraversate la strada fino a raggiungere la collina e potrete ammirare splendide vedute di Londra.

Le vie dei locali

Data la presenza di circa 4000 locali sparsi in tutta la città, non dovreste fare molta strada prima di trovare un posto dove placare la vostra sete. Tuttavia, se volete provare alcuni bei pub di diverso tipo senza dovervi muovere troppo, dovreste optare per vie come Upper St ed Essex Rd a Islington, o Westbourne Grove e Portobello Rd a Notting Hill. Tutte queste strade sono costellate di locali.

WORLD'S END Cartina pp438-39
☎ 7482 1932; 174 Camden High St NW1; metro Camden Town

'Ci vediamo alla fine del mondo, accanto alla stazione della metropolitana di Camden'. Sono queste le ultime parole famose pronun-ciate ogni giorno dai turisti prima di trovarsi al World's End (fine del mondo), un grande pub arredato in modo insolito, dall'atmosfera allegra e chiassosa, incredibilmente popolare, che sostiene di vendere un milione di pinte di birra al giorno.

LA ZONA NORD

Se desiderate vedere pub rimasti immutati nei secoli, celebrità bizzarre e una clientela abituale costituita dagli abitanti di questi quartieri dirigetevi verso le colline.

HIGHGATE E HAMPSTEAD

BOOGALOO Cartina p435
☎ 8340 2928; 312 Archway Rd N6; metro Highgate

Dopo essere stato un bellissimo locale frequentato da alcuni dei migliori attori e musicisti di Londra, negli ultimi anni il vecchio Boogaloo si è trasformato in un posto più tranquillo e semplice, sebbene sempre con buona musica. Il juke-box viene regolarmente aggiornato da famosi esperti nel campo musicale.

FLASK Cartina p435
☎ 8348 7346; 77 Highgate West Hill N6; metro Highgate

Forse il miglior pub di Highgate, il Flask è stato rimesso a nuovo ed è un posto molto popolare, con numerosi angolini appartati per romantici tête-à-tête. Non preoccupatevi se, per sbaglio, finite nell'omonimo pub di Hampstead, dall'altra parte della brughiera, in quanto è altrettanto buono. Se capitate a Highgate di sera e avete bisogno di trovare una sistemazione all'ultimo minuto, la troverete qui, sulla sinistra, scendendo un po' la collina.

HOLLYBUSH Cartina p435
☎ 7435 2892; 22 Holly Mount (sopra Heath St, seguite gli Holly Bush Steps) NW3; metro Hampstead

Bellissimo pub, l'Hollybush gode di un'incantevole posizione appartata su una collina; ha un interno antico in stile vittoriano, caminetti accesi in inverno e la capacità di farvi fermare a lungo in qualsiasi periodo dell'anno.

SPANIARD'S INN Cartina p435
☎ 8731 6571; Spaniards Rd NW3; metro Hampstead, poi autobus n. 21

Questa meravigliosa taverna risalente al 1585 è più suggestiva di un musical del West End. L'affascinante fuorilegge di nome Dick Turpin (o era forse Adam Ant?) era solito frequentare questo posto, del cui fascino godettero anche personaggi più illustri quali Dickens, Shelley, Keats e Byron. C'è anche un delizioso giardino e il cibo è davvero ottimo (la cucina è inglese in ogni caso).

WRESTLERS Cartina p435
☎ 8340 4397; 98 North Rd N6; metro Highgate

Si tratta di un altro stupendo locale dove l'ambiente, la birra, il cibo e gli arredi si uniscono per farvi sentire felici. Verrete certamente intrattenuti dalle chiacchiere del simpaticissimo proprietario irlandese.

STOKE NEWINGTON E FINSBURY PARK

AULD SHILLELAGH
☎ 7249 5951; 105 Stoke Newington Church St N16; autobus n. 73

L'Auld Shillelagh è uno dei migliori pub irlandesi di Londra. Com'è tipico per questo genere di locali, offre alternative per tutti i gusti, riuscendo a essere contemporaneamente locale movimentato e zona appartata, polo di forte attrazione e rifugio, sala per dibattiti e tranquillo luogo di contemplazione. Oltre a tutto questo, il personale è competente, la Guinness buona e gli spettacoli dal vivo frequenti e vari.

HARRINGAY ARMS
☎ 8340 4243; 153 Crouch Hill N8; metro Finsbury Park, poi autobus n. W7

Per quanto assai lontano dalla zona turistica di Londra, questo locale dall'atmosfera gioviale, carismatica e vagamente irlandese offre la grande opportunità di conoscere uno spaccato dell'autentica vita della capitale e della vera vita di un londinese. Lo spazio è piccolo ma perfettamente organizzato e il posto si riempie quasi tutte le sere di clienti sociévoli e allegri residenti in questa zona. Salutate da parte nostra Jim, Sheila e Liz.

Locali– La zona nord

IL NORD-OVEST

Saremo molto espliciti: nel quartiere di Notting Hill troverete sicuramente i più bei pub di tutta Londra.

ST JOHN'S WOOD E MAIDA VALE

WARRINGTON HOTEL Cartina pp442-43

☎ 7266 3134; 93 Warrington Cres W9; metro Warwick Avenue

Una volta era un albergo, ora è un pub in stile Art Nouveau, molto decorato e ricco d'atmosfera, con un ambiente rilassato e rilassante. La grande zona bar, dominata da un bancone a semicerchio con la superficie in marmo e la base in mogano intagliato, è il posto ideale per assaporare una vasta scelta di birre alla spina. Ci sono anche tavolini all'aperto per gli amanti della bella stagione e un buon ristorante thailandese al piano superiore.

Market Bar (p271)

WARWICK CASTLE Cartina pp442-43

☎ 7432 1331; 6 Warwick Pl W9; metro Warwick Avenue

Questo locale è molto grazioso e semplice e si affaccia su una tranquilla via nei pressi del canale. Fa parte di quell'insieme (sempre più esiguo) di pub londinesi che appartiene a privati e non a fabbriche di birra o società di capitali.

NOTTING HILL E WESTBOURNE GROVE

COW Cartina pp442-43

☎ 7221 5400; 89 Westbourne Park Rd W2; metro Westbourne Park/Royal Oak

Di proprietà di Tom Conran, figlio del grande restauratore Sir Terence, questo meraviglioso pub è stato trasformato dal decrepito vecchio locale che era un tempo in un fantastico gastropub, unico nel suo genere, con una cucina squisita e la tipica atmosfera gioviale da pub. I frutti di mare sono il suo punto di forza (come è facile prevedere, le ostriche fresche con la Guinness sono una specialità e i gamberetti con la maionese una vera delizia) e il personale è molto più gentile di quanto ci si potrebbe aspettare da un posto in voga come questo.

ELBOW ROOM Cartina pp442-43

☎ 7221 5211; 103 Westbourne Grove W2; metro Notting Hill Gate/Bayswater

Unire un'informale sala da biliardo a un cocktail bar e a un club potrebbe sembrare un progetto alquanto ambizioso, ma pare proprio che i proprietari dell'originale Elbow Room ci siano riusciti, creando un piacevole ambiente caratterizzato da arredi postindustriali, con un'atmosfera rilassata e i tavoli sempre tutti occupati.

LONDSDALE Cartina pp442-43

☎ 7228 1517; 44-48 Londsdale Rd W11; metro Notting Hill Gate/Westbourne Park

Il raffinatissimo Londsdale è caratterizzato da suggestive tonalità di colore nero lucente che sfumano gradualmente verso il rosso acceso, sotto uno splendido lucernario di forma ovale. I cocktail sono sempre i soliti, ma al bar vengono serviti anche bibite e ottimi spuntini, anche se un po' costosi. I clienti abituali sono tutti molto eleganti e il personale è davvero gentile.

MARKET BAR Cartina pp442-43

☎ 7229 6472; 240a Portobello Rd W11; metro Ladbroke Grove

Punto di riferimento non ufficiale del carnevale e del mercatino di Portobello, questo disgregato bar bohèmien è piuttosto tranquillo e durante il giorno registra un regolare afflusso di clienti della zona e di turisti che vengono qui per assaporare, rispettivamente, zuppe e caffè; invece il locale diventa molto affollato di sera, quando c'è la musica (con un DJ il venerdì e il sabato e con un gruppo jazz la domenica pomeriggio tardi). C'è anche un buon ristorante thailandese, più che discreto, al piano superiore (p243).

WESTBOURNE Cartina pp442-43

☎ 7221 1332; 101 Westbourne Park Villas W2; metro Royal Oak/Westbourne Park

Altro meraviglioso pub, il Westbourne è situato praticamente di fronte al Cow e, durante la stagione estiva, la folla che si riversa sulla strada da entrambi i locali a volte arriva

Campagna per la real ale

Nonostante i giovani londinesi si reputino intenditori di birra, molti di loro, se non quasi tutti, tendono a tranguggiare le insipide e anonime lager proposte durante tutto l'anno da massicce campagne pubblicitarie e dalle grosse fabbriche di birra. Il sapore di tali birre, che già di per sé non è molto buono, spesso viene ulteriormente peggiorato da una totale mancanza di cura e attenzione da parte dei gestori e del personale dei bar. Per fortuna, una tendenza già esistente da diversi anni in altre parti della Gran Bretagna ha cominciato a farsi sentire anche nella capitale. Nonostante non si possa ancora parlare di un atteggiamento generale, un numero sempre crescente di amanti della birra si sta ormai convertendo alla real ale, una birra alla spina dall'effervescenza naturale fatta secondo determinate ricette che, finalmente, ha un sapore. Se volete gustare le migliori real ale di Londra, fatevi guidare dai cartelli che indicano le fabbriche regionali di birra della Young's e della Fuller's (in quest'ordine).

a confondersi. Rispetto al Cow, il Westbourne dispone di un'area più vasta all'aperto, mentre all'interno il locale è più piccolo e più ricco più di atmosfera.

IL SUD

I clienti dei pub di Brixton arricciano il naso davanti all'atteggiamento pretenzioso che contraddistingue molti locali alla moda dei quartieri confinanti, ma, comunque, nel vicino Clapham possiamo segnalare qualche bar piuttosto carino.

BRIXTON

BRIXTONIAN HAVANA CLUB Cartina p459

☎ 7924 9262; 11 Beehive Pl SW9; metro Brixton

Pur essendo anche un ristorante (p249) e una sorta di club (con DJ), la maggior parte dei clienti di questo locale sembra prediligere i suoi cocktail, che aiutano a creare un'atmosfera molto amichevole. Potete scegliere tra mojito, caipirinha o ponce al rum, oppure optare semplicemente per la birra.

BUG BAR Cartina p459

☎ 7738 3366; St Matthew's Church SW2; metro Brixton

Questo sontuoso bar gotico ospitato nella cripta di una chiesa è un bel posto dove trovarsi con gli amici per un bicchiere di vino, per poi, eventualmente, trasferirsi al ristorante per consumare un pasto (p249).

DOGSTAR Cartina p459

☎ 7733 7515; 389 Coldharbour Lane SW9; metro Brixton

Al piano di sotto trovate quella che da tempo è una vera e propria istituzione in questa zona, un bar molto frequentato dai giovani, che costituiscono una clientela vivace e rumorosa. Al piano di sopra c'è una discoteca di musica house, aperta fino alle 3; il venerdì e il sabato, dopo le 21, si paga l'ingresso e c'è coda.

PLAN B Cartina p459

☎ 7733 0926; 418 Brixton Rd SW9; metro Brixton

Non deve essere necessariamente un piano B, può essere anche il piano A della vostra serata se cercate un bar semplice e accogliente con DJ dal giovedì alla domenica sera. Comunque, anche il martedì e il mercoledì gli ottimi cocktail rappresentano una buona ragione per venire in questo ampio locale in stile minimalista 'da strada', in cemento con mattoni a vista, panche e pareti divisorie di vetro smerigliato.

VAUXHALL TAVERN Cartina pp460-61
☎ 7582 0833; 372 Kennington Lane SE11; metro Vauxhall

Questo trasandato pub per omosessuali è aperto tutte le sere ed è conosciuto soprattutto per lo stravagante cabaret 'post-gay' e per le eclettiche note di Duckie, che riempiono il lungo programma del sabato sera (ingresso £5).

WANDSWORTH

SHIP Cartina pp436-37
☎ 8870 9667; 41 Jew's Row SW18; treno Wandsworth Town

Nonostante il locale si trovi proprio sul Tamigi, la vista non è spettacolare (a meno che non amiate particolarmente i piccoli parchi e i normalissimi ponti). Tuttavia, dispone di un'ampia zona all'aperto, i barbecue che vengono organizzati durante la stagione estiva sono davvero deliziosi e il vecchio bar tradizionale è divertente con qualsiasi tempo.

CLAPHAM

ARCH 635 Cartina pp436-37
☎ 7720 7343; 15-16 Lendel Tce SW4; metro Clapham North

Situato nella parte meno pretenziosa e più modesta di Clapham, questo bar in mattoni e acciaio inossidabile si trova proprio sotto le arcate della ferrovia ed è un bel posto sia per giocare a biliardo, sia per bere una birra ascoltando i treni che passano con un gran frastuono sopra la vostra testa.

BREAD & ROSES Cartina pp436-37
☎ 7498 1779; 68 Clapham Manor St SW4; metro Clapham Common/Clapham North

Questo luminoso e arioso pub è davvero delizioso ed è gestito dalla Worker's Beer Company, che organizza la ristorazione per tutti i più importanti restival musicali del Regno Unito, come quello di Glastonbury. Durante il giorno, è indicato per le famiglie, ma serve anche real ale e birre belghe e ceche per le quali vale la pena farvi visita una sera. Propone regolarmente una serata panafricana, ma anche spettacoli di teatro, poesia e musica, così come dibattiti e comizi.

SAND Cartina pp436-37
☎ 7622 3022; 156 Clapham Park Rd SW4; metro Clapham North

Il Sand è un posto bello ed elegante, con pareti color sabbia, divisori in stile islamico, pouf in pelle, tavolini bassi e tanti particolari interessanti, come salottini appartati, candele, paraventi e una grandissima clessidra. L'atmosfera è intima e rilassata nei giorni feriali, ma diventa caotica nei weekend, quando ci sono i DJ (ingresso £5 dopo le 21).

SO.UK Cartina pp436-37
☎ 7622 4004; 165 Clapham High St SW4; metro Clapham Common

Di proprietà di due nomi noti (uno dei quali è Leslie Ash, diventata famosa grazie a *Men Behaving Badly*), il So.uk è un elegante bar di tipo marocchino luminoso e arieggiato, che serve cocktail insoliti come quelli a base di *harissa* (una salsa piccante e aromatica). È molto frequentato e offre la possibilità di vedere volti conosciuti. Il giornale *Independent* lo ha definito un posto di richiamo per i veri conoscitori di Clapham.

L'OVEST

Lontano dagli 'sfavillanti' locali di Notting Hill e Fulham, i bar e i pub dei quartieri meno alla moda della zona ovest di Londra sono davvero rigeneranti. La zona di Shepherd's Bush è particolarmente animata, ma anche Earls' Court richiama molti giovani turisti provenienti da ogni parte del mondo.

EARL'S COURT

COLEHERNE Cartina pp456-57
☎ 7244 5951; 261 Old Brompton Rd SW5; metro Earl's Court

Questo è il più importante locale per omosessuali di Earl's Court e si presenta come uno spazio aperto e accogliente: un posto decisamente tranquillo, dove andare a bere qualcosa in mezzo alla piccola folla di clienti abituali, durante il giorno, ma piuttosto animato la sera. Assolutamente geniali le luci da discoteca che si trovano proprio sopra il tavolo da biliardo.

COURTFIELD Cartina pp456-57

☎ 7370 2626; 187 Earl's Court Rd SW5; metro Earl's Court

Il Courtfield è un posto divertente per un drink in una bella atmosfera e con una compagnia piacevole, e in questo senso si distingue dai molti pub squallidi e cupi dei dintorni. Il servizio è buono e la clientela è una gradevole mescolanza di gente della zona e avventori di passaggio.

PRINCE OF TECK Cartina pp456-57

☎ 7373 3107; 161 Earl's Court Rd SW5; metro Earl's Court

Principale polo di attrazione di Earl's Court, il Prince of Teck è quasi sempre pieno di turisti e l'arredamento comprende anche 'oggetti australiani' (insomma, canguri imbalsamati). È un locale comodo e spazioso e su entrambi i piani ci sono grandi schermi che proiettano incontri sportivi.

SHEPHERD'S BUSH E HAMMERSMITH

ALBERTINE

☎ 8743 9593; 1 Wood Lane W12; portate principali £6-9; metro Shepherd's Bush

Questa graziosa enoteca si trova vicino a Shepherd's Bush Green, ha un'ottima lista dei vini ed è un posto rilassante per un drink o un pasto da consumarsi in mezzo alle conversazioni a bassa voce delle persone giunte qui per bere qualcosa dopo il lavoro. La sala al piano superiore è ancora più tranquilla e di solito i gruppi di persone non troppo numerosi non hanno difficoltà a trovare posto. Il menu è prevalentemente francese, ma in diversi piatti denota influenze di altre cucine europee.

GINGLIK

☎ 8749 2310; www.ginglik.co.uk; 1 Shepherd's Bush Green W12; metro Shepherd's Bush

Il Ginglik, il cui ingresso è riservato ai soci, si trova al posto di un ex gabinetto pubblico vittoriano (ovviamente ristrutturato in modo radicale). È un locale frequentato dalla gente più alla moda del quartiere, pieno di individui eccentrici e con pretese artistiche. Per entrarci dovrete avere delle conoscenze, o farvi soci temporanei tramite il suo sito internet. A ogni modo, è un locale divertente e anticonformista; inoltre il bar ospita spesso DJ underground e proietta regolarmente film di culto.

HAMPSHIRE

☎ 8748 3391; 227 King St W6; metro Ravenscourt Park

Pub per eccellenza di Ravenscourt Park, l'Hampshire è un locale elegante ma senza troppe pretese, situato lungo la via principale che porta a Hammersmith. Ha una birreria all'aperto e un bar con un buon servizio. Non vale la pena di venirci apposta, ma se alloggiate in questa zona è ottimo per una pinta di birra.

HAVELOCK TAVERN

☎ 7603 5374; 57 Masbro Rd W14; metro Kensington Olympia

Forse il miglior gastropub della zona, l'Havelock è frequentato tutto il giorno da una numerosa clientela che viene sia per mangiare, sia per bere qualcosa. Il personale gentile e l'atmosfera rilassata fanno di questo posto un'ottima soluzione per il weekend.

WALKABOUT INN

☎ 8740 4339; 58 Shepherd's Bush Green W12; metro Shepherd's Bush

Questo grandioso locale fa parte della catena australiana Walkabout e può accogliere più di 1000 persone; oggi è senza dubbio il locale 'in' per gli stranieri residenti nella capitale che vogliono trascorrere una serata importante. Il lungo orario d'apertura è indice della notevole popolarità di questo posto, dove il divertimento è sempre garantito.

OLD SHIP

☎ 8748 2593; 25 Upper Mall W6; metro Hammersmith

Questo originale pub, situato su un'alzaia, nei weekend è pieno di famiglie e coppiette che si fermano a bere qualcosa durante la passeggiata lungo il Tamigi. La posizione privilegiata rende interessante l'Old Ship, che guarda a sud verso il punto in cui il fiume piega verso Putney. Questo posto è frequentato anche negli altri giorni della settimana: dispone di una zona ristorante all'aperto, una terrazza e un balcone al primo piano dove prendere il sole.

RIVERSIDE STUDIOS

☎ 8237 1000; Crisp Rd W6; metro Hammersmith

Ideale per prendersi una pausa da uno dei numerosi eventi culturali del Riverside, la vasta zona bar è il fulcro del complesso di sale. Tuttavia, non occorre avere visto un film o uno spettacolo per poter usufruire del bar, che con la sua meravigliosa terrazza con vista sul Tamigi e la piacevole atmosfera è uno dei pochi posti davvero belli di Hammersmith.

Locali – L'ovest

IL SUD-OVEST

A Fulhalm, trascorrere la serata fuori equivale a bere molto, ballare sui tavoli e comportarsi in modo sregolato. Se volete una serata di classe, non venite in questa parte della città. Putney e Barnes offrono alcune alternative complessivamente più pacate: pochi altri modi di trascorrere un pomeriggio di sole a Londra sono più piacevoli di qualche ora passata in un pub lungo il fiume.

FULHAM E PARSON'S GREEN

ECLIPSE Cartina pp456-57

☎ 7731 2142; 108-110 New King's Rd SW6;
🕑 dalle 12 fino a tardi; metro Parsons Green

Questo elegante ma confortevole cocktail bar si presenta davvero in grande stile, ma gli abitanti di Fulham riescono sempre a riscaldare l'atmosfera con la loro travolgente allegria. In questo posto nessuno vi guarderà con sufficienza, troverete soltanto socievoli abitanti del quartiere usciti per trascorrere una serata divertente.

FIESTA HAVANA Cartina pp456-57

☎ 7381 5005; 490 Fulham Rd SW6; 🕑 da lunedì a sabato 17-2, domenica 17-24; metro Fulham Broadway

Le serate all'Havana non sono particolarmente originali. Questo locale ha la fama di essere un luogo in cui si fa facilmente conoscenza; siate quindi preparati a respingere attenzioni indesiderate da parte di estranei.

MITRE Cartina pp456-57

☎ 7386 8877; 81 Dawes Rd; metro Fulham Broadway

Il Mitre è un buon pub con un imponente bar semicircolare e un cortile recintato sul retro; di sera e nei weekend si riempie soprattutto di signori eleganti, dal cui aspetto, però, non dovete farvi trarre in inganno: si tratta generalmente di persone molto alla mano.

WHITE HORSE Cartina pp456-57

☎ 7736 2115; 1-3 Parson's Green; metro Parsons Green

Circondato dal verde, il White Horse è un pub molto accogliente frequentato da una clientela decisamente eterogenea. Numerosi e vari sono i motivi per venirci: la buona e sostanziosa cucina, il barbecue durante la stagione estiva, l'atmosfera calda e confortevole e la vasta scelta di birre. La birra belga Trappist è squisita, come anche l'intero assortimento di birra alla spina. Ogni anno, in novembre, il White Horse ospita l'Old Ales Festival, in occasione del quale si possono assaporare birre tradizionali.

PUTNEY E BARNES

BIER REX

☎ 8394 5901; 22 Putney High St SW15; metro Putney Bridge

Proponendosi come un posto un po' trasandato, arredato com'è con séparé logori in similpelle, tavoli e sedie consumati e anche un tavolo da biliardo sul retro, il Bier Rex è un piccolo e buio locale frequentato da una

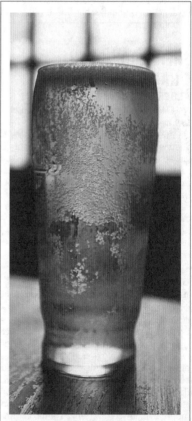

Un tipico boccale di birra inglese

clientela di età compresa tra i 20 e i 30 anni, che prende le distanze dall'atteggiamento indisponente ed eccentrico che caratterizza gli altri pub di Putney High St.

COAT & BADGE

☎ 8788 4900; 8 Lacey Rd SW15; metro Putney Bridge

Il Coat & Badge ha fatto il tentativo, ormai più volte sperimentato, di dare al suo ambiente un tocco elegante (grandi divani, libri di seconda mano riposti sugli scaffali, trasmissioni sportive alla televisione e arredi neutri) e sembra aver raccolto consensi tra i residenti della zona. Ha un menu esiguo ma eccellente (gli arrosti della domenica sono particolarmente buoni) e una fantastica terrazza sul davanti.

DUKE'S HEAD

☎ 8788 2552; 8 Lower Richmond Rd SW15; metro Putney Bridge

Il Duke's Head fa parte del gruppo di pub della Young's e si distingue per la sua ubicazione, in quanto sorge direttamente sul Tamigi. Nelle giornate di sole i clienti del locale si riversano sul lungofiume, creando un'atmosfera molto allegra. All'interno, il bar affacciato sull'acqua è davvero molto originale, caratterizzato com'è da soffitti alti, grandi finestre e un'incredibile quantità di lampade (provate a contarle).

GREEN MAN

☎ 8788 8096; Putney Heath; metro Putney Bridge, treno Putney, poi autobus nn. 14 o 85

Questo piccolissimo pub situato nella brughiera di Putney è il vero locale tipico della zona, con gli anziani seduti sugli sgabelli alti del bar pronti a scambiare due chiacchiere con chiunque si trovi nelle loro vicinanze. L'interno ha un aspetto decisamente trascurato, ma rivela ugualmente un certo fascino. Il giardino recintato, dove nei mesi estivi si fanno le grigliate, è davvero grande e bellissimo.

JOLLY GARDENERS

☎ 8780 8921; 61-63 Lacey Rd SW15; metro Putney Bridge, treno Putney

Vera antitesi di un arredamento dettato dalle regole, caratterizzato com'è dalla fusione di stili diversi, questo è indubbiamente uno dei pub più belli di Putney: tutto ciò considerando il fatto che non è nemmeno situato sul fiume. È stato arredato in modo splendido ed eclettico (i mobiletti vittoriani in legno di quercia si abbinano davvero bene con le lampade in stile Art Deco, e gli spessi tendoni si combinano perfettamente con i mattoni a vista e i pannelli di legno). Il Jolly Gardeners è frequentato da una piacevole clientela sulla trentina, ha una ridottissima lista dei vini e propone piatti di cucina innovativa. La sua ampia terrazza affacciata su una strada tranquilla compensa la mancanza della posizione sul fiume.

PUTNEY BRIDGE

☎ 8780 1811; Embankment SW15; metro Putney Bridge, treno Putney

Il ristorante (p248) situato sopra il bar è l'attrazione principale del Putney Bridge, ma questo posto è molto frequentato anche da eleganti giovani del quartiere in cerca di un locale con un tocco di classe dove trascorrere la serata. Il suo sorprendente bancone a forma di curva, che offre un vasto assortimento di cocktail e piccoli stuzzichini (noccioline, involtini primavera e Samosas, tutti presentati in modo molto raffinato), corre parallelo al Tamigi e attraversa quasi tutta la sala in lunghezza, ma l'attenzione di tutti è quasi sempre rivolta verso il fiume vero e proprio.

YE WHITE HART

☎ 8876 5177; The Terrace SW13; treno Barnes

Dei tre pub della Young's presenti a Barnes, questo è sicuramente il più bello. Ha una graziosa terrazza che si affaccia sul fiume, in parte rovinata dalla strada molto trafficata su cui sorge il locale e dalla vista della nave appoggio ancorata controcorrente, dalla quale probabilmente proviene la birra. Se siete già stati in un pub della Young's, saprete esattamente quale tipo di interni aspettarvi: tappeti con disegni fantasiosi, macchinette mangiasoldi e anziani che fumano B&H al bar.

UP RIVER: DA CHISWICK A WIMBLEDON

Più tranquilli e più tradizionali, i pub della riva nord del Tamigi sono veri punti di riferimento per gli abitanti delle zone circostanti, e in tal senso si differenziano dai più anonimi pub del centro di Londra, dove la temporaneità è la caratteristica principale tanto del personale, quanto dei clienti. Spesso secolari, molti dei migliori pub si affacciano sul fiume e sono un meraviglioso posto dove andare a bere qualcosa in qualsiasi momento della giornata.

CHISWICK

BOLLO PUB & DINING ROOM

☎ 8994 6037; 13 Bollo Lane W4; metro Chiswick Park

Fuori mano persino per i canoni di Chiswick, questo nuovo gastropub sta riscuotendo un enorme successo, gestito com'è da due ristoratori del luogo che hanno ricavato questo posto da un vecchio locale. Qui non incontrerete giovani maleducati e scontrosi (anche perché probabilmente sono tutti in collegio), ma una clientela più matura e benestante in cerca di un pub che faccia anche da ristorante.

PACKHORSE & TALBOT

☎ 8994 0360; 145 Chiswick High Rd W4; metro Turnham Green

Questo locale dal nome alquanto bizzarro è uno dei più famosi pub di Chiswick. In base alle preferenze espresse dagli amanti della birra al sito www.beerintheevening.com, il Packhorse & Talbot rientra tra i 20 migliori pub della Gran Bretagna. Situato nel centro di Chiswick, è piuttosto grande, con una bellissima birreria all'aperto, ed è gestito da un proprietario molto noto nella zona. Ci sono anche grandi schermi che proiettano incontri sportivi.

RICHMOND

DYSART Cartina p459

☎ 8940 8005; 135 Petersham Rd, Richmond; treno/metro Richmond

Ex Dysart Arms Hotel, il Dysart è stato ristrutturato di recente e ora è un meraviglioso pub a conduzione familiare, che guarda verso l'entrata di Petersham del Richmond Park. Escludendo l'interno in stile finto-gotico, che denota una certa mancanza di gusto, questo posto eccelle su tutti i fronti: le famiglie si sentono ben accolte, anche se i bambini non possono scatenarsi correndo in giro, il cibo è buono e la grande terrazza diventa affollatissima nei pomeriggi più caldi.

OLD SHIP Cartina p459

☎ 8940 3461; 3 King St, Richmond; metro/treno Richmond

Questo affascinante vecchio pub situato nel centro di Richmond attira una clientela semplice che sembra proprio non fare caso alle persone molto eleganti del quartiere. Qui viene data particolare enfasi allo sport, proiettato su diversi schermi di grandi dimensioni, ma anche ai piacevoli elementi tradizionali del

vecchio pub inglese. È sempre affollatissimo quando ci sono le partite, mentre negli altri giorni della settimana generalmente si riesce a trovare posto.

ORANGE TREE Cartina p459

☎ 8940 0944; 45 Kew Rd, Richmond; metro/treno Richmond

Situato accanto a uno dei migliori teatri di Londra al di fuori del West End (teatro da cui ha derivato il nome), l'Orange Tree è un buon pub con un vasto spazio sul davanti e arredato con mobili in legno. È l'ideale per venire a bere qualcosa a qualsiasi ora della giornata, anche se, quando ci sono partite di rugby, è completamente affollato e non troppo piacevole a causa della vicinanza alla stazione.

WHITE SWAN Cartina p459

☎ 89400959; Old Palace Lane, Richmond; metro/treno Richmond

Affacciato sul sito dove sorge il Richmond Palace, questo magnifico piccolo pub è annidato tra l'alzaia del Tamigi e Richmond Green. La sua facciata storica cela un interno moderno e arioso, molto accogliente e confortevole. Vengono serviti buoni piatti di cucina thailandese e c'è anche un bel giardino.

TWICKENHAM

BARMY ARMS

☎ 8892 0863; The Embankment, Twickenham; treno Twickenham

Situato molto vicino all'Eel Pie Island, un simpatico luogo di ritrovo che attira ancora gruppi di alternativi, anche se i suoi tempi d'oro sono ormai passati da lungo tempo, questo pub di quartiere è molto frequentato e diventa affollatissimo quando ci sono partite di squadre internazionali. La buona cucina da pub e un'incantevole birreria all'aperto lo rendono un posto raccomandabile.

WHITE SWAN

☎ 8892 2166; Riverside, Twickenham; treno Twickenham

Tipico pub di Londra, affacciato sull'Eel Pie Island, il White Swan gode di una posizione privilegiata, situato com'è proprio sul fiume. Offre un'ottima scelta di birre e ha una fedele clientela di abitanti del quartiere. Se alloggiate a Twickenham, è un locale da non perdere, e in ogni caso, se non vi trovate troppo lontano, merita fare una piccola deviazione.

WIMBLEDON

BAR SIA

☎ 8540 8339; 105-109 The Broadway SW19; metro Wimbledon

Questo è uno dei bar meglio progettati e più belli di Londra e la sua ubicazione sopra un bagno turco, che in passato veniva utilizzato dagli attori del Wimbledon Theatre, situato lì vicino, è assolutamente unica. I due banconi, la pista da ballo, i divani in pelle e i rivestimenti di piastrelle bianche con le eleganti decorazioni verdi lo distinguono notevolmente dalla maggior parte degli altri locali dove si va a bere qualcosa. Il tavolo migliore è senz'altro quello sul fondo della piscina, naturalmente vuota, che si trova nel locale.

FOX AND GRAPES

☎ 8946 5599; 9 Camp Rd SW19; metro Wimbledon

Questa tradizionale locanda di Wimbledon iniziò la sua attività nel 1787 e ancora oggi è uno dei locali più popolari della zona. Il bar con il soffitto basso è riservato ai non fumatori, mentre quello più grande (ricavato dalle scuderie) ha meravigliose travi poste in alto e trabocca di atmosfera tradizionale. Merita anche dare un'occhiata al menu, incentrato sulla cucina della costa del Pacifico.

Divertimenti

Divertimenti

I turisti che vengono a Londra con il preciso intento di divertirsi non rimarranno sicuramente delusi, in quanto la città offre veramente molte opportunità in tal senso. Nonostante i pub chiudano alle 23 e la metropolitana non offra molti collegamenti dopo la mezzanotte, vi potrete comunque ritrovare nelle prime ore di una domenica mattina a godervi la nottata sulla vibrante pista da ballo del Fabric, ad ascoltare le selezioni di un famoso DJ all'incantevole club Pacha, o a ballare allegramente al 93 Feet East. Tutto questo può essere molto costoso, ma in cambio avrete ricordi indimenticabili, come vedere all'opera una star del momento come DJ Yoda, o addirittura assistere all'esibizione di un grande del *mainstream*, come Fatboy Slim, in un locale da 300 posti.

Shaftesbury Avenue, Soho

Attorno ai bellissimi quartieri di Hoxton e Shoreditch ci sono tantissimi bar all'ultima moda; inoltre, se volete semplicemente trascorrere una serata piacevole, Londra è in grado di farvi rivivere gli anni dell'adolescenza con la serata a tema *School Disco* o vi riporterà agli anni '70 con la mitica serata *Car Wash*. Anche Hoxton, Brixton, Notting Hill e Soho hanno una vita notturna piuttosto animata.

Per chi è interessato a passatempi un po' meno frenetici, la capitale è un centro culturale di grande importanza. Oltre a offrire buone probabilità di assistere alle esibizioni di alcune famose star di Hollywood, come Gwyneth Paltrow o Kevin Spacey, sui palcoscenici del West End, Londra propone spettacoli di parecchi talenti nazionali. Infatti, attori britannici che hanno raggiunto le vette del cinema internazionale, come Judi Dench, Ian McKellen, Ralph Fiennes e Rhys Ifans, continuano a calcare le scene londinesi. Inoltre, questi personaggi sono supportati da ottime compagnie e da registi intelligenti, che fanno del teatro londinese forse il migliore del mondo.

La Royal Shakespeare Company, la Royal Opera, il Royal Ballet e quattro importanti orchestre si rivolgono a un pubblico di intellettuali, mentre musical come *Chicago*, *Bollywood Dreams*, *Il Fantasma dell'Opera* e *Mamma mia!* conquistano intere folle. Londra eccelle anche nella messa in scena di opere geniali, sperimentali e sorprendenti. Recentemente, per esempio, ha prodotto il balletto di fama mondiale *Il lago dei cigni*, eseguito da una compagnia di ballo interamente maschile, e ha lanciato un genere completamente nuovo rielaborando la formula del talk show televisivo in *Jerry Springer – The Opera*.

La città offre l'esperienza unica di vedere Shakespeare messo in scena secondo i canoni elisabettiani, in una ricostruzione autentica del teatro dove lavorava il poeta. Il più riverito autore di teatro di lingua inglese è stato inoltre rivisitato dalla Reduced Shakespeare Company, che è riuscita a comprimere le sue opere in una performance di appena 90 minuti; altre compagnie, invece, hanno interpretato le sue commedie in chiave hip-hop.

Parlando di cinema, i turisti americani potrebbero rimanere delusi dai film in programmazione a Londra, avendoli già visti tutti con mesi di anticipo; chi cerca però qualcosa di diverso dai successi hollywoodiani troverà una sorprendente varietà. Film sperimentali francesi, film asiatici di arti marziali, drammi africani, commedie noir dell'est europeo e storie d'amore latino-americane rimangono tutti in programmazione per lungo tempo.

Infine, c'è la Londra del rock dal vivo e della musica pop, che è semplicemente imbattibile. Dal punto di vista creativo la città sta attraversando una fase di stallo, dal momento che i migliori gruppi e i migliori dischi vengono prodotti altrove, ma qualunque artista di un certo spessore viene prima o poi a suonare nella capitale inglese. Tra le centinaia di locali, quasi ogni sera troverete senz'altro uno spettacolo di vostro gradimento. Se New York si vanta di essere la metropoli che non dorme mai, Londra fa festa altrettanto intensamente, nonostante i suoi arcaici orari di vendita degli alcolici e il suo sonnolento sistema dei trasporti pubblici.

CINEMA

Sebbene la critica cinematografica inglese ancora si lamenti del fatto che in Inghilterra i film vengano messi in distribuzione più tardi rispetto ad altri paesi, Londra offre una scelta davvero incredibile di pellicole. Questo perché numerosi cinematografi indipendenti vecchio-stile continuano ad avere in repertorio film di tutto il mondo, nonostante l'inarrestabile avanzata dei multisala in stile americano.

Naturalmente, se non volete niente di più impegnativo dell'ultimo successo di Hollywood, in città ne troverete moltissimi. Potete controllare su quotidiani e riviste i programmi dei vari Warner Village, Odeon o UGC; preparatevi a pagare fino a £12 per un film di prima visione. Molte prime si tengono in Leicester Square, che è il tipo di posto dove potreste tranquillamente vedere Jennifer Lopez in posa per i fotografi o Tom Cruise parlare con i fan.

Se i vostri gusti sono più eclettici, potete provare alcuni dei cinema riportati di seguito. Non sono necessariamente più economici delle catene multisala, ma offrono senz'altro una scelta più ampia.

Di solito, sia nei cinema sperimentali, sia in quelli tradizionali, ci sono sconti per gli spettacoli del lunedì e per le rappresentazioni pomeridiane di gran parte della settimana.

Se siete a Londra in ottobre o in novembre, dovreste proprio tenere d'occhio il **Times' London Film Festival** (www.rlff.com), che con le sue numerose anteprime, dibattiti e conferenze è il più grande in Europa, nel suo genere.

BARBICAN Cartina pp452-53

☎ 7382 7000 per informazioni, 7638 8891 per prenotazioni; Silk St EC2; metro Moorgate/Barbican

Nonostante i cinema di questa zona si trovino in una posizione svantaggiata – il Barbican Centre è fuori mano e difficile da raggiungere – riescono comunque ad attirare un vasto pubblico con un programma innovativo e fuori dal comune, festival cinematografici che hanno luogo regolarmente e conferenze tenute da registi e stelle del cinema.

CINÉ LUMIÈRE Cartina pp456-57

☎ 7838 2144; 17 Queensberry Pl SW7; metro South Kensington

Se sentite l'esigenza di vedere un film francese sottotitolato in un qualsiasi giorno della settimana, il cinema del French Institute fa al caso vostro.

National Film Theatre, South Bank (p282)

CLAPHAM PICTURE HOUSE
Cartina pp436-37

☎ 7498 2242 per informazioni, 7498 3323 per prenotazioni; 76 Venn St SW4; metro Clapham Common

Uno dei migliori cinema della capitale, il Picture House ha quattro schermi e un caffè/bar in cui i londinesi si recano prima dell'inizio dello spettacolo per bere qualcosa. I programmi propongono dalla prima visione di un film di grande successo al cinema sperimentale cinese.

CURZON MAYFAIR Cartina pp446-47

☎ 7495 0501 per informazioni, 7495 0500 per prenotazioni; 38 Curzon St W1; metro Hyde Park Corner/Green Park

Nonostante sia più elegante e meno informale della sua 'gemella' di Soho (v. sotto), l'originale Curzon presenta comunque una vasta scelta, principalmente di nuovi film indipendenti e stranieri.

CURZON SOHO Cartina p450

☎ 7439 4805 per informazioni, 7734 2255 per prenotazioni; 93-107 Shaftesbury Ave W1; metro Leicester Square/Piccadilly Circus

Il Curzon è probabilmente la migliore di tutte le sale del West End, e questo non solo per la qualità e la tendenza sperimentale nella programmazione offerta. Al piano superiore vanta anche un bellissimo banco-caffè che serve persino tè e dolci, mentre a quello inferiore troverete il più bel bar annesso a un cinema di tutto il centro di Londra. Il tutto, infine, sarà

Cinema Ritzy, Brixton (p283)

ulteriormente migliorato nel corso degli attuali lavori di rinnovamento del cinema.

ELECTRIC CINEMA Cartina pp442-43

☎ 7908 9696 or 7229 8688; 191 Portobello Rd W1; metro Ladbroke Grove/Notting Hill Gate

Passare una serata all'Electric Cinema vale davvero la pena. In questo palazzo edoardiano, il più antico cinema del Regno Unito costruito su commissione è stato di recente ristrutturato in grande stile con poltrone in pelle, poggiapiedi, tavoli per bere e mangiare e un'elegante brasserie. Naturalmente tutto questo lusso ha prezzi piuttosto elevati: nelle serate a tariffa piena i posti costano £12,50, mentre un sofà per due persone costa £30.

EVERYMAN HAMPSTEAD Cartina p435

☎ 08700 664 777; 5 Holly Bush Vale NW3; metro Hampstead

Questo piccolo cinema alternativo dispone di due sale. Quella più nuova e più piccola del pianoterra ha 90 comode poltrone e propone film impegnati o stranieri non troppo recenti, mentre le principali produzioni cinematografiche vengono proiettate nella sala originale del piano superiore.

GATE Cartina pp442-43

☎ 7727 4043; 87 Notting Hill Gate W1; metro Notting Hill Gate

L'unica sala del Gate sfoggia uno dei più affascinanti interni di cinema in stile Art Deco di tutta Londra, anche se la zona bar è un po' piccola. Il suo più grande vanto, però, è la programmazione, che propone film nuovi di genere alternativo o indipendente.

ICA Cartina pp446-47

☎ 7930 3647; Nash House, The Mall SW1; metro Charing Cross/Piccadilly Circus

L'ICA ha due sale: una è estremamente raccolta (vale a dire piccola), l'altra è più ampia e offre più spazio ai sedili. Entrambe propongono film artistici piuttosto rari, come quelli del finlandese Aki Kaurismäki, dell'americano Harmony Korine o del surrealista ceco Jan Svankmajer.

NATIONAL FILM THEATRE Cartina pp446-47

☎ 7928 3232; South Bank SE1; metro Waterloo/Embankment

La grande sala che propone in prima visione i film della Gran Bretagna ospita spesso registi e attori – a volte anche alcune star di maggior successo di Hollywood – che presentano i loro film e ne discutono con il pubblico o i critici cinematografici. Il cinema propone sia le nuove produzioni, sia i grandi successi del passato. Vi sono inoltre altre due sale, una buona libreria e un piacevole bar-caffè.

OTHER CINEMA Cartina p448
☎ informazioni 7437 0757, prenotazioni 7734 1506; 11 Rupert St W1; metro Piccadilly Circus/Leicester Square

Ex Metro, l'Other Cinema ha voluto continuare la tradizione del predecessore offrendo una programmazione di originali film di cinema indipendente. Continua a ospitare il Latin American Festival e proietta film di registi nuovi, documentari e cortometraggi.

PRINCE CHARLES Cartina p448
☎ informazioni 0901 272 7007 (25p al minuto), prenotazioni 7494 3654; Leicester Place WC2; metro Leicester Square

Il cinema più economico del centro di Londra (in genere i biglietti costano da £2,50 a £3,50) non è per gli appassionati di film intellettuali ma per i veri fanatici del grande schermo. Qui potrete fare un'indigestione dei vari episodi di *Guerre stellari*, *Harry Potter* e *Il signore degli anelli*, rivedere classici cult come *Il meraviglioso mondo di Amélie* o rivisitare grandi registi come Steven Soderbergh, Paul Thomas Anderson e i fratelli Coen. Questo cinema è anche famoso perché propone musical e spettacoli dal vivo di grande richiamo, come il celeberrimo *Rocky Horror Picture Show* o *The Sound of Music*, in cui il pubblico partecipa attivamente cantando le canzoni, i cui testi scorrono sullo schermo (tipo karaoke), e vestendosi come i personaggi dello spettacolo (🕐 19.30 venerdì, ingresso £13,50).

RENOIR Cartina pp440-41
☎ 7837 8402; Brunswick Centre, Brunswick Sq WC1; metro Russell Square

Il Renoir propone raffinate produzioni principalmente francesi, ed è situato nel seminterrato dell'austero palazzo in cemento del Brunswick Centre. Nell'atrio del piano inferiore è in vendita una buona selezione di videocassette di film d'essay, mentre un ottimo bar serve caffè e dolci deliziosi. Oltre ai molti film francesi, avrete la possibilità di assistere a proiezioni di produzioni internazionali di ogni genere, dai drammi allegorici iraniani alle storie d'amore di Taiwan.

RIO Cartina pp436-37
☎ 7241 9410; 107 Kingsland High St E8; treno Dalston Kingsland

Il cinema Rio di Dalston è stato completamente rimodernato alla fine degli anni '90, ma alcune tracce della bella sala Art Deco che fu in passato sono ancora visibili. Propone un vasto repertorio di produzioni nuove, film alternativi e grandi classici; inoltre, qui hanno luogo i festival del cinema spagnolo, curdo e turco (rispettivamente in aprile, autunno e dicembre).

RITZY Cartina p459
☎ 7733 2229; Brixton Oval, Coldharbour Lane SW2; metro Brixton

Con il restauro, avvenuto verso la metà degli anni '90, questo affascinante edificio nel quartiere di Brixton, costruito nel 1911, è diventato un cinema multisala. La trasformazione del complesso (che in tutto comprende cinque sale), ha mantenuto però intatti la grande sala originale e l'arcoscenico. La struttura comprende anche un bel bar e un caffè.

RIVERSIDE STUDIOS Cartina p434
☎ 8237 1111; Crisp Rd W6; metro Hammersmith

Un tempo studio cinematografico e televisivo dove negli anni '60-'70 furono girati famosi programmi televisivi come *Dr Who* e *Hancock's Half-Hour*, oggi i Riverside Studios proiettano classici film d'essay e produzioni cinematografiche di seconda visione. A volte vengono ospitati anche eventi di carattere differente, come i gran gala della pubblicità internazionale.

SCREEN ON BAKER ST Cartina pp442-43
☎ 7486 0036 informazioni, 7935 2772 prenotazioni; 96 Baker St NW1; metro Baker Street

Intimo ma allo stesso tempo un po' anonimo, questo piccolo cinema centrale offre la possibilità di vedere molte recenti produzioni del cinema indipendente o di assistere a film di seconda visione.

SCREEN ON THE GREEN Cartina pp440-41
☎ 7226 3520; 83 Upper St N1; metro Angel

Situato in una zona molto animata della vivace Islington, questo cinema è dotato di un'unica sala con un grande schermo e attira una clientela elegante e alla moda con una predilezione per i film alternativi (e il buon gelato proposto dal bar interno).

SCREEN ON THE HILL Cartina p435

☎ 7435 3366; 203 Haverstock Hill NW3; metro **Belsize Park**

Lo Screen on the Hill è stato pensato per i rumorosi abitanti di Hampstead e Belsize Park: si tratta di un cinema accogliente, che alterna la sua programmazione generalmente intellettuale con qualche grande successo hollywoodiano. Tra i titoli che hanno raccolto maggiori consensi ricordiamo *Il talento di Mr Ripley* e *Il pianista*. Anche Jane Austen fa parte delle proposte più apprezzate: il film tratto da *Orgoglio e pregiudizio* è stato uno dei più grandi successi in assoluto.

LOCALI NOTTURNI

Poiché i pub chiudono alle 23, i locali notturni rappresentano una delle attrazioni maggiori per gli amanti della notte, in quanto rimangono aperti fino alle prime ore del mattino. Il privilegio di poter stare fuori fino alle 4, alle 5 o alle 6, però, si paga. L'ingresso costa da £3 a £10 dalla domenica al giovedì, mentre il venerdì e il sabato il prezzo sale fino a £14-20.

Il tipo di abbigliamento richiesto varia notevolmente. Le descrizioni riportate di seguito dovrebbero darvi un'idea, ma telefonate se desiderate maggior sicurezza. Le scarpe da ginnastica andranno benissimo per posti come il Fabric o il 93 Feet East, ma non tanto per il Pacha. Molti dei locali notturni menzionati di seguito hanno cambiato sede diverse volte, quindi è sempre meglio controllare gli indirizzi aggiornati su *Time Out* o sull'*Evening Standard*.

IL WEST END

Essendo uno dei centri più importanti nel vivace panorama dei locali gay di Londra, Soho annovera una quantità superiore alla media di noti club per omosessuali.

ASTORIA Cartina p448

☎ 7434 9592, 7434 6963; 157 Charing Cross Rd WC2; 🕑 22.30-4 lunedì a giovedì, 23-4 venerdì, 22.30-5 sabato; metro Tottenham Court Road

In questo locale buio e poco arieggiato, ma ricco d'atmosfera, si trova la sede del G-A-Y ('Good As You': buono come te), il più grande club gay di Londra. La serata più importante è il sabato, che offre musica commerciale e feste. Ogni sera della settimana, però, si alternano diversi DJ: il lunedì la serata si chiama *Pink Pounder*, il giovedì *Music Factory* e il venerdì *Camp Attack*.

BAR RUMBA Cartina p448

☎ 7287 2715; 36 Shaftesbury Ave W1; 🕑 22.30-3 lunedì e mercoledì; 20.30-3 martedì, giovedì, venerdì; 21-5 sabato; 20-1.30 domenica; metro Piccadilly Circus

Piccolo locale notturno situato nel cuore di Soho, il Bar Rumba ha un nutrito seguito di clienti abituali ed è famoso soprattutto per il THIS ('That's How It Is': così è) del lunedì, in occasione del quale il celebre DJ Gilles Peterson e i suoi colleghi Ben Wilcox e Raw Deal accendono gli animi con un eclettico mix di drum'n'bass, jazz, hip-hop e musica da tutto il mondo.

END Cartina p450

☎ 7419 9199; 18 West Central St WC1; 🕑 22-3 lunedì e mercoledì, 22-4 giovedì, 22-5 venerdì, 21.30-6 sabato; metro Holborn

Situato in una strada secondaria del West End, l'End è un locale con interni minimalisti di tipo industriale. Il venerdì e il sabato sono dedicati a DJ ospiti, tra cui spiccano grossi nomi come Darren Emerson o LTJ Bukem. Assai popolare la serata *Swerve*, del mercoledì, con DJ Fabio; la domenica la serata *Riot* propone musica hardhouse, mentre il lunedì la serata *Trash* esplora i generi disco/glam/punk/anni '80.

GHETTO Cartina p448

☎ 7287 3726; 5-6 Falconberg Ct W1; 🕑 22-3 lunedì-giovedì, a partire dalle 22.30 mercoledì, 22.30-4.30 venerdì e sabato; metro Tottenham Court Rd

Questo noto club per omosessuali ha raccolto consensi da parte della rivista *Face* per le sue sedie rosse e le pareti bianche stile gelateria americana degli anni '50. La serata più popolare è il *Nag, Nag, Nag* (dove hanno fatto la loro comparsa anche Boy George e Yoko Ono), seguita dall'aggressiva *Cock* del venerdì. Il giovedì c'è la musica indie con la serata *Miss-shapes*, mentre il sabato è il giorno della musica commerciale di *Wig Out*.

HEAVEN Cartina p450

☎ 7930 2020; sotto le arcate, Villiers St WC2; 🕑 22.30-3 lunedì e mercoledì, 22-3 venerdì, 22-5 sabato; metro Embankment/Charing Cross

I top five delle serate

- **Fabric Live** (Fabric; ☾ venerdì; www.fabriclondon.com) Dimostrando di essere uno dei pochi tra i cosiddetti 'super-club' all'altezza del proprio nome, il Fabric continua a sbalordire per la sua programmazione all'avanguardia e la bella clientela che lo frequenta. Da nessun'altra parte sentirete musica come quella proposta nella serata del Fabric Live: davvero il meglio che si possa trovare nella scena dei club londinesi.

- **Nag Nag Nag** (Ghetto; ☾ mercoledì) Frequentato dal fior fiore degli appassionati di locali notturni, questo appuntamento settimanale mescola musica elettronica con musica punk e modelle con pop-star. Veniteci sul presto e preparatevi a mettervi in coda per entrare, se non avete il privilegio di figurare nella lista degli ospiti. Kate Moss e Björk sono due clienti abituali, e qui l'immagine gioca un ruolo molto forte.

- **Progression Sessions** (The End; ☾ il secondo venerdì del mese; www.glo.uk.com) È la miglior serata di drum'n'bass e musica alternativa. Gestito dalla Good Looking Organisation e con grossi nomi tra i suoi DJ, The End è il locale dalla fama più duratura di tutta Londra.

- **Club Type** (Cross; ☾ il secondo sabato del mese; www.clubtype.com) In questa serata si organizzano feste sullo stile delle isole Baleari con la supervisione della star Seb Fontaine, famosissimo DJ che prima di diventare un personaggio celebre ha fatto molta gavetta. Il Cross è uno dei club più belli di Londra, con una zona all'aperto in cui poter prendere una boccata d'aria e tre piste da ballo. La clientela è solitamente simpatica e alla mano.

- **School Disco** (☾ venerdì all'Heaven, sabato all'Hammersmith Palais; www.schooldisco.com) Questa serata estremamente emozionante coinvolge una clientela mista, che ha però l'obbligo di presentarsi abbigliata in uniforme scolastica. Può entrare solo chi indossa un'autentica divisa da college inglese. Dal 1999, quando è stato inventato in un piccolo ristorante londinese, questo spettacolo itinerante continua a riscuotere parecchio successo.

In attività da diverso tempo, questo intramontabile club per omosessuali ha sempre proposto serate a tema misto, e lo dimostra il fatto che l'assai eterogenea *School Disco* (dove la divisa scolastica è di rigore) ha scelto questo locale per i suoi intrattenimenti del venerdì. La serata gay per eccellenza è sempre il sabato, quando viene prediletto un tipo di musica house molto commerciale.

ICA Cartina pp446-47
☎ 7930 3647; The Mall SW1; ☾ biglietteria 12-21.30; metro Embankment/Charing Cross

Questa moderna galleria d'arte con cinema annesso ospita anche gruppi musicali e a volte diventa un locale notturno. Un evento speciale cui vale la pena di assistere è la serata brasiliana Batmacumba, con DJ Cliffy, che viene riproposta a intervalli di uno o due mesi.

MADAME JO JO'S Cartina p448
☎ 7734 3040; 8 Brewer St W1; ☾ 22.30-3 mercoledì-venerdì, a partire dalle 21.30 giovedì, cabaret 19-22 e club 22-3 sabato; metro Leicester Square/Piccadilly Circus

Questo rinomato locale, con quel suo divertente ed equivoco stile kitsch, di sabato fa da sfondo per serate di intensa musica house e nu-jazz. Altrettanto leggendaria è l'autentica musica funk offerta il venerdì da Keb Darge, che attira un'interessante clientela di ballerini

jazz o break-dance e di gente che ha semplicemente voglia di divertirsi.

PACHA Cartina pp460-61
☎ 7834 4440; Terminus Pl SW1; ☾ 22-6 venerdì e sabato; metro/treno Victoria

Avamposto londinese del famoso club 'Ibeefa', il Pacha è uno dei più lussuosi locali di Londra e rifiuta il look 'industriale', predominante sulla scena dei locali londinesi, in favore di pannelli di legno, séparé tappezzati e meravigliosi soffitti con vetrate istoriate, che richiamano lo stile di un club per gentiluomini degli anni '20 del XX secolo. Clienti eleganti si accalcano per l'*Urbandeluxe* del venerdì, che propone un mix di lap-dance, musica soul, funky disco, boogie e hip-hop. Il programma sempre diverso del sabato sera include, una volta al mese, la serata *Kinky Malinki*.

IL CENTRO-EST

333 Cartina pp440-41
☎ 7739 5949; 333 Old St EC1; ☾ 22-5 venerdì, 22-4 sabato, 22-4 domenica; metro Old Street

Vero veterano di Hoxton, il 333 è disposto su 3 piani che offrono musica break, techno e funk; tuttavia conserva un tono decisamente modesto. Situato a poca distanza da Hoxton Square, è uno dei club meno pretenziosi della zona. Al piano superiore c'è il piacevolissimo

Divertimenti – Locali notturni

bar Mother (☼ 20-2), che spesso costituisce un'attrazione di per sé.

93 FEET EAST Cartina pp452-53

☎ 7247 3293; 150 Brick Lane E2; ☼ bar 11-23pm, 11-2 venerdì e sabato, club giovedì-sabato 20-2; metro Liverpool Street/Aldgate East

Forse il club più popolare di Hoxton, il 93 Feet East offre alcune serate di musica d'alto livello, specialmente *Way Out East* e *Lovebox*, la serata di grande successo che si svolge una volta al mese a cura dei Groove Armada. Incantevole anche il locale in sé: vi sono un cortile, tre sale piuttosto grandi, sempre piene zeppe di bella gente della zona, e una terrazza. Tutti quei buttafuori che si aggirano nel locale con aria minacciosa sono un po' esagerati.

AQUARIUM Cartina pp440-41

☎ 7251 6136, 0870 246 1966; 256-260 Old St EC1; ☼ 22-3 sabato, 22-4 domenica; metro Old Street

La serata anni '70 del sabato *Carwash* e l'ambiente di questa ex palestra sembrano essere una combinazione perfetta: gli ospiti del club, vestiti in stile un po' retrò (sull'abbigliamento all'Aquarium sono intransigenti, e non accettano stravaganti look da discoteca), ballano intorno alla grande piscina o conversano fra loro o nell'elegante bar. Domenica, invece, è la volta dell'*Absolutely Sunday*, che privilegia musiche house, garage e rythm'n'blues.

BRIDGE & TUNNEL Cartina pp440-41

☎ 7729 6533; 4 Calvert Ave E2; ☼ 19-24, 19-2 venerdì e sabato; metro Liverpool Street/Old Street

Questo club appartiene ai proprietari della casa discografica Nuphonic, che avevano anche in gestione il vecchio Blue Note di Hoxton. Si tratta di un locale con il tipico look industriale frequentato da un'elegante clientela di Shoreditch. La musica è sempre buona, ma la domenica si distingue in modo particolare per i Goldie's Metalheadz e la loro serata di drum'n'bass.

CARGO Cartina pp440-41

☎ 7739 3440; 83 Rivington St EC2; ☼ 12-1 da lunedì a giovedì, 12-3 venerdì, 18-3 sabato, 12-24 domenica; metro Old Street

Il Cargo, uno dei migliori club della zona, ha tre aree distinte situate sotto le arcate della ferrovia. Il tipo di musica che propone è alquanto innovativo, con un programma vario di latin house, nu-jazz, funk, groove, soul, DJ set, gruppi provenienti da tutto il mondo (soprat-

I top five delle serate per omosessuali

- **The Cock** (Ghetto; ☼ venerdì) Offre variazioni di musica pop/electro innovative, assolutamente stravaganti e del tutto piacevoli, con DJ nuovi ogni settimana e una clientela fatta di punk, transessuali, ragazzi palestrati e fanatici della moda. Il Ghetto è, al momento, il locale gay per eccellenza.

- **DTPM** (Fabric; ☼ sabato) Sembra che il nome stia per 'Drug Taken Per Minute' (droga presa al minuto), il che non suona tanto strano, se si osservano i clienti che vi vengono la domenica sera, nessuno dei quali sembra aver chiuso occhio dal giovedì precedente. Tuttavia, c'è un'incredibile atmosfera, la musica è eccellente e il locale non è da meno.

- **Popcorn** (Heaven; ☼ lunedì) L'Heaven è il club gay più economico e con meno pretese di Londra; infatti, è molto frequentato da studenti. Con £10 potrete bere a volontà e godervi tutto il repertorio della serata del lunedì, che offre musica indie, house e rhythm'n'blues.

- **Fiction** (Cross; ☼ venerdì) Questa serata è una delle migliori sulla scena dei locali gay e vanta una folta clientela affezionata. Veniteci sul presto, perché la coda per entrare può diventare davvero molto lunga. Godetevi l'ottima varietà di generi musicali sulle tre piccole piste da ballo di questa bellissima struttura riadattata vicina alla zona di King's Cross.

- **Popstarz** (Scala; ☼ venerdì) Si tratta di una delle primissime serate alternative per omosessuali e, anche se oggi non è più così in voga, continua a essere piuttosto divertente. Sulle tre piste dello Scala viene suonata musica indie/rock, pop degli anni '80 e '90 e rhythm'n'blues. Prima delle 23 l'entrata è libera, il che rende questa serata ancora più interessante, specialmente nel weekend.

tutto dal Sud America), complessi emergenti e sonorità rare.

FABRIC Cartina pp446-47

☎ 7336 8898 o 7490 0444; 77A Charterhouse St EC1; ☼ 21.30-5 venerdì e domenica, 22-7 sabato; metro Farringdon

Questo bel super-club è ancora uno dei migliori in città, come testimoniano le lunghe code che si formano soprattutto tra le 21 e le 23. Si tratta di un luogo fumoso e sovraffollato con tre piste da ballo, tre bar e molte salette;

inoltre c'è una pista con un pavimento che vibra al ritmo della musica. La clientela è alla moda ma abbastanza informale, mentre la musica è prevalentemente electro, techno e breakbeat. James Lavelle e Ali B, i DJ fissi del venerdì sera, sono sempre affiancati da grossi nomi quali Chemical Brothers, Andrew Weatherall e altri ancora.

HERBAL Cartina pp440-41
☎ 7613 4462; 10-14 Kingsland Rd E2; ☾ 21-2 mercoledì, giovedì e domenica; 21-3 venerdì; 22-3 sabato; metro Old Street

L'Herbal è riconoscibile per l'erba finta sulla facciata. All'interno ospita un bar su due piani e un piccolo club. Al piano superiore c'è un sottotetto dall'atmosfera tranquilla con una piccola pista da ballo, una zona dove sedersi e una finestra che dà su Shoreditch. Il piano di sotto è più minimalista e può diventare molto affollato. La musica offerta è un miscuglio di drum'n'bass, house, funk house e hip-hop, alternata da alcuni spettacoli dal vivo.

PLASTIC PEOPLE Cartina pp440-41
☎ 7739 6471; 147-149 Curtain Rd EC2; ☾ 22-2 giovedì, 22-3 venerdì e sabato; metro Old Street

Il programma offerto da questo piccolo club situato in un seminterrato comprende musica afro, jazz dance, future dance e garage; il sabato c'è la serata *Balance*. Il venerdì, alla serata *And Did We Mention Our Disco?*, si può ascoltare un miscuglio ancora più eclettico di musica punk, funk, acid disco e sleazy electro.

TURNMILLS Cartina pp446-47
☎ 7250 3409; 63 Clerkenwell Rd EC1; ☾ 18-24 martedì, 22.30-7.30 venerdì, 21-5 sabato; metro Farringdon

Questa istituzione della musica house svolge la sua attività da molto tempo e continua tuttavia ad attirare DJ molto famosi, quali Judge Jules, Sister Bliss e Roger Sanchez, con il suo kickin' beat.

LUNGO LA SOUTH BANK
MINISTRY OF SOUND Cartina pp452-53
☎ 7378 6528; 103 Gaunt St SE1; ☾ 22.30-6 venerdì, 24-9 sabato; metro Elephant & Castle

Il Ministry of Sound non è più un semplice club ma un grande marchio internazionale; in tal senso, non ha più tutto il fascino che possedeva un tempo. Tuttavia c'è stato il tentativo di recuperare parte del suo carat-

tere d'avanguardia attraverso una notevole opera di restyling avvenuta nel 2003, che ha portato a una completa trasformazione della sala principale e alla costruzione di nuovi bar e lussuosi servizi igienici, nonché all'aggiunta di una scatola in vetro di colore verde che sembra fluttuare nell'aria. Per entrare dovrete mettervi in coda.

IL CENTRO-NORD
CAMDEN PALACE Cartina pp438-39
☎ 7387 0428; 1A Camden High St NW1; ☾ 22-2.30 martedì, 22-6 venerdì e sabato; metro Mornington Crescent

Con la sua grandissima pista da ballo su cui si affacciano balconi disposti su quattro o cinque livelli, il Camden Palace è una sorta di club per i più giovani, e annovera una clientela tendenzialmente di poco più di 20 anni o anche meno (tanto che gli over 26 potrebbero sentirsi vecchi). L'appuntamento più importante è il *Peach* del venerdì sera, quando i ragazzi si muovono al ritmo di un'assordante musica trance e house. Il sabato offre un programma vario, mentre il martedì è dedicato alla musica indie.

CROSS Cartina pp440-41
☎ 7837 0828; Goods Way Depot, York Way N1; ☾ 22.30-5 venerdì e sabato, 22.30-16 domenica; metro King's Cross/St Pancras

Nascosto sotto i portici non lontano da York Way e con una terrazza all'esterno, questo è uno dei locali più conosciuti di Londra. Il venerdì c'è la serata *Fiction*, per una clientela mista/gay, con musica soul, funk e garage. Domenica è invece la volta di *Vertigo*, un tipo di intrattenimento per locali notturni di carattere continentale, con molti DJ ospiti provenienti dall'Italia.

EGG Cartina pp440-41
☎ 7428 7574; 5-13 Vale Royal, vicino a York Way N1; ☾ 22-4 venerdì, 22-5 sabato; metro King's Cross

L'Egg, che accoglie una clientela con ogni tipo di inclinazione sessuale, è uno dei locali più nuovi ed eccitanti di Londra ed è stato paragonato ad alcuni locali notturni di New York, per le sue pareti spoglie e il cemento a vista. Vi sono tre piste da ballo, due terrazze sul tetto e un cortile esterno. Il venerdì c'è la serata *Zerox* (electro punk, funk e musica elettronica) che coinvolge una clientela mista. Nei weekend, dopo le 23, un autobus navetta presta servizio gratuito ogni 30 minuti, portando da King's Cross al locale.

SCALA Cartina pp440-41

☎ 7833 2022; 275 Pentonville Rd N1; ◉ 22-5 **venerdì e sabato; metro King's Cross**
Il venerdì questo ex cinema a più piani ospita il *Popstarz*, un miscuglio di musica indie, alternativa e trash per una tranquilla clientela omosessuale e mista. Sabato è serata di garage inglese con il *Cookies and Cream*. Di tanto in tanto, durante la settimana, vi si svolgono serate promozionali.

L'OVEST

CHERRY JAM Cartina pp442-43

☎ 7727 9950; 58 Porchester Rd W2; ◉ 18-tardi da **lunedì a sabato, 16-23 domenica; metro Royal Oak**
Il Cherry Jam è piccolo, spesso affollato e super elegante. Ben Watt (proprietario anche del Notting Hill Arts Club – v. sotto – e un tempo facente parte del celebre duo pop Everything but the Girl) è uno dei bravissimi DJ che si esibiscono il sabato sera. Da mercoledì a domenica ci sono serate diverse, che includono il famoso *Yo-Yo* del giovedì. I gruppi musicali suonano il martedì, mentre la serata del lunedì è dedicata alle letture e ad altri eventi di carattere artistico.

NEIGHBOURHOOD Cartina pp442-43

☎ 7524 7979; 2 Acklam Rd W10; ◉ 18-tardi da **giovedì a domenica; metro Ladbroke Grove**
Dove in passato c'è stato per lungo tempo il Subterania, Ben Watt, proprietario del Cherry Jam e del Notting Hill Arts Club, ha deciso di aprire un altro locale indubbiamente di ottima qualità.

NOTTING HILL ARTS CLUB Cartina pp442-43

☎ 7460 4459; 21 Notting Hill Gate W11; ◉ 18-1 **da martedì a sabato, 18-2 venerdì e sabato, 16-23 domenica; metro Notting Hill Gate**
Questo tranquillo club ospitato in un seminterrato attira una clientela eclettica. Tra le sue pareti bianche, infatti, si vedono studenti con i dreadlock ma anche qualche celebrità. La leggendaria *Lazy Dog* della domenica è stata sostituita dalla serata house *Underdog*, con il risultato che l'attenzione si è spostata sulla *Death Disco* del mercoledì, una serata di rock'n'roll, musica indie e punk offerta da Alan McGee, fondatore della Creation Records, che

ha richiamato personaggi famosi come Courtney Love.

PO NA NA HAMMERSMITH Cartina p434

☎ 8600 2300; 242 Shepherd's Bush Rd W6; ◉ 22-3 **sabato; metro Hammersmith**
Se non dovesse bastarvi la serata in divisa da college come la *School Disco* dell'Heaven il venerdì (p284), potrete bissare il giorno dopo al Po Na Na Hammersmith. Dovrete per forza indossare una divisa scolastica, altrimenti non potrete entrare.

IL SUD

CRASH Cartina pp436-37

☎ 7820 1500; 66 Goding St SE11; ◉ 22.30-6 **sabato; metro Vauxhall**
Se il Vauxhall, in generale, è una delle zone in cui si ritrovano gli omosessuali, il Crash, in particolare, è il paradiso dei gay. Vi sono due piste da ballo che propongono musica hard beat, quattro bar e persino alcuni ballerini sexy e scatenati.

DOGSTAR Cartina p459

☎ 7733 7515; 389 Coldharbour Lane SW9; 21-3 **venerdì e sabato; metro Brixton**
Per raggiungere la pista da ballo al piano superiore di questo ex pub che propone prevalentemente musica house, bisogna farsi strada attraverso il grande bar del piano di sotto, come fanno d'altronde i moltissimi 'nightclubbers' di questa parte di Londra.

THE FRIDGE Cartina p459

☎ 7326 5100; 1 Town Hall Pde SW2; ◉ 21-2.30 da **lunedì a giovedì e domenica, 22-6 venerdì e sabato; metro Brixton**
È uno dei locali di più vecchia data di Londra, eppure riscuote ancora un gran successo. Il Fridge è un ottimo bar e club allo stesso tempo, né troppo grande né troppo piccolo. Propone un vasto repertorio di serate e musica dal vivo, dall'African Gospel alla salsa cubana al reggae e al punk. Nei weekend, tuttavia, la musica è generalmente un miscuglio di trance e hard house.

MASS Cartina p459

☎ 7737 1016; St Matthew's Church SW2; ◉ 22-6 **venerdì e sabato; metro Brixton**
'Mass' significa messa ed è un nome proprio adatto per questo locale situato all'interno della ex chiesa di St Matthew's Church, con i

suoi soffitti a volta, le panche e gli affreschi. Il venerdì c'è la *Fetish Night*, mentre sabato è la volta della serata *Dekefex*, uno splendido mix di drum'n'bass e hip-hop.

SUBSTATION SOUTH Cartina p459
☎ 7737 2095; 9 Brighton Tce SW9; ⏲ 22-tardi; metro Brixton

L'approccio diretto che hanno i clienti di questo locale per omosessuali in cerca di compagnia è particolarmente vivace nei giorni infrasettimanali, specialmente durante la serata *Y Front* del lunedì (quando la gente indossa soltanto biancheria intima), durante la serata *Boot Camp* del mercoledì e durante il *Dirty Dishes* del venerdì. L'attenzione si sposta invece maggiormente sulla musica e il ballo con la serata house del sabato, chiamata *Queer Nation*, e con quella indie della domenica, detta *Marvellous*.

SPETTACOLI COMICI

Il panorama londinese del varietà è uno dei più vasti al mondo. Nella capitale vi sono più di 20 club di forte richiamo che ospitano regolarmente spettacoli e personaggi famosi in tournée, accanto a innumerevoli altri locali, come i pub, che cercano di inserirsi sulla scena offrendo almeno uno spettacolo alla settimana. Alcuni degli attori comici più famosi del mondo provengono da Londra o si sono fatti un nome sulla scena londinese. Per darvi un'idea, citiamo alcuni nomi noti degli ultimi decenni, come Peter Sellers, Peter Cook, Spike Milligan, Dudley Moore, Tommy Cooper, Dawn French, Lenny Henry, Ben Elton, Alexei Sayle, Harry Enfield, Victoria Wood, Julian Clary, Rowan Atkinson, Reeves & Mortimer, Eddie Izzard e Ali G.

Fino all'inizio degli anni '80 del XX secolo gli spettacoli di varietà si limitavano alle esibizioni dei cabarettisti nei club frequentati dalla classe operaia, che solitamente raccontavano barzellette a sfondo sessuale o razzista, e agli spettacoli di varietà realizzati da giovani del ceto medio provenienti dai college (come i Monty Python e gli Young Ones), dalla comicità intellettuale e surreale.

L'inizio degli anni '80 fu invece il periodo della cosiddetta 'commedia alternativa' – una definizione che suona un po' strana al giorno d'oggi –, in cui un'ondata di comici innovativi e politicamente schierati giunse a sfidare la morale, la censura e il clima di austerità che regnava in Gran Bretagna all'epoca della Thatcher. La fama di questi spettacoli si diffuse a dismisura, i media etichettarono questo genere come il 'rock'n'roll del varietà' e questa nuova generazione di comici finì per fornire l'ispirazione all'epoca d'oro nella commedia televisiva britannica.

Anche se oggi la commedia inglese è un po' in declino, Londra vanta un insieme eterogeneo di comici provenienti da tutti i paesi del mondo. Se da una parte i mostri sacri dell'umorismo continuano a proporre gli stessi copioni ormai da diversi anni, dall'altra Londra continua a essere in prima linea in questo settore e la sua commedia d'avanguardia è spesso la migliore a livello internazionale. Non troverete posto migliore se volete assistere a uno spettacolo divertente, intelligente e stimolante allo stesso tempo. A questo proposito, non perdetevi la performance di Rich Hall, attore comico di origine americana ma residente a Londra, che è probabilmente il più grande cabarettista del momento. Anche Ross Noble, con il suo personaggio Geordie, è dotato di un talento unico: i suoi numeri di varietà, improntati su monologhi interiori, vi rinfrancheranno veramente lo spirito; invece John Hegley, musicista, poeta e abitante di Luton, è di fatto il re della musica sulla scena dei varietà di Londra. Altri comici che vi regaleranno momenti indimenticabili sono Mark Thomas, Richard Herring, Bill Bailey, Daniel Kitson e Simon Munnery.

Comedy Café, Hoxton (p290)

Il più delle volte bisogna recarsi nei teatri o nelle strutture più grandi per poter assistere agli spettacoli degli attori di maggior rilievo, che tuttavia ogni tanto si mescolano ai nuovi talenti emergenti che si esibiscono nei club. Se vi trovate in città in giugno o in luglio, vi potrebbe capitare di assistere a spettacoli di personaggi celebri in piccoli locali: si tratta di 'prove generali' che questi attori mettono in scena per mettere a punto i loro spettacoli in vista del festival del teatro comico di Edimburgo, che si tiene in agosto, quando il numero degli spettacoli di varietà della capitale inglese diminuisce sensibilmente. Se infine credete di avere la stoffa per apparire sulla scena e dare il vostro contributo a questo genere teatrale difficile, in cui Londra riveste un ruolo di importanza internazionale, i locali notturni e i pub organizzano sempre serate di prova per i dilettanti. Su *Time Out* trovate la lista completa di tutti questi posti.

AMUSED MOOSE

☎ 8341 1341; Barcode Below, 3 Archer St; ☺ domenica e lunedì, mercoledì e giovedì; ingresso £6-11; metro Piccadilly Circus

L'Amused Moose, piccolo locale tra i migliori della città, è molto apprezzato tanto dal pubblico quanto dagli attori, forse anche per il fatto che qui non è assolutamente consentito interrompere le esibizioni e tutti i numeri vi si svolgono in un'atmosfera di reciproco rispetto tra il pubblico e gli attori, che difficilmente prendono di mira con le loro battute le prime file di spettatori.

BANANA CABARET

☎ 8673 8904; Bedford Arms, 77 Bedford Hill SW12; ☺ venerdì e sabato; ingresso £10-13; metro Balham

Reclamizzato come il miglior pub con spettacoli di varietà della zona sud di Londra, questo locale a forma circolare è in attività da vari decenni e propone sempre numeri di avanspettacolo di buona qualità, anche se è improbabile che diventi il trampolino di lancio di nuove stelle del cabaret. Alla fine degli spettacoli c'è un DJ che mette musica ininterrottamente fino alle 2 di notte.

BOUND & GAGGED

☎ 8450 4100; The Fox, 413 Green Lanes N13; ☺ venerdì e sabato; ingresso £10; treno Palmers Green

Con la sua sala da 200 posti, è da lungo tempo uno dei più bei locali londinesi ed è stato ancora migliorato dal restauro del 2003. Qui potrete vedere alcuni degli spettacoli di varietà più in voga del momento.

CANAL CAFÉ Cartina pp442-43

☎ 7289 6054; Bridge House, 13 Westbourne Terrace Rd W2; ☺ da giovedì a domenica; ingresso £5-10; metro Warwick Avenue

Sebbene sia poco noto, questo locale d'avanguardia, in attività da 25 anni, continua la tradizione satirica di alcuni dei migliori club della Gran Bretagna; sul suo piccolo palcoscenico di Little Venice potrete ammirare grandissimi talenti.

CHUCKLE CLUB Cartina pp446-47

☎ 7476 1672; Three Tuns Bar, London School of Economics (LSE), Houghton St; ☺ sabato; ingresso circa £10; metro Holborn

È il locale preferito dai comici, e deve la sua grande atmosfera al suo ospite fisso Eugene Cheese, ritenuto da tutti una vera e propria colonna del varietà umoristico, che dà il via a ogni serata intonando la canzone 'sigla' del Chuckle Club.

COMEDY CAFÉ

☎ 7739 5706; 66-68 Rivington St EC2; ☺ da mercoledì a sabato; ingresso libero mercoledì, sabato fino a £14; metro Old Street

Questo club di Hoxton, costruito esclusivamente per il varietà, è forse un po' troppo d'avanguardia e stravagante; inoltre, la combinazione 'pasto e spettacolo' che esso propone può non piacere a tutti. Tuttavia, vi si esibiscono alcuni bravi attori e gli spettacoli per dilettanti del mercoledì sera sono incredibilmente divertenti.

COMEDY STORE Cartina p448

☎ 7344 4444; Haymarket House, 1A Oxendon St SW1; ☺ da martedì a domenica; ingresso £13/8; metro Piccadilly Circus

Questo è stato uno dei primi locali di cabaret di tutta Londra (ed è tuttora uno dei migliori). Fu aperto a Soho nel 1979, proprio nell'anno in cui Margaret Thatcher andò al potere. Sebbene offra spettacoli un po' commerciali, il locale ospita alcuni degli artisti più importanti nonché il, mercoledì e la domenica, la Comedy Store Players, la più famosa compagnia d'improvvisazione della città.

DOWNSTAIRS AT THE KING'S HEAD

Cartina pp440-41

☎ 8340 1028; 2 Crouch End Hill N8; ☻ sabato
e domenica; ingresso £7; metro Finsbury Park, poi
autobus n. W7

Il Downstairs, che deve la sua fama agli sforzi
dell'appassionato direttore, è un locale raccolto e sempre pieno di gente, con un'atmosfera stimolante e spettacoli di prima qualità.

HEADLINERS

☎ 8566 4067; The George IV, 185 Chiswick High
Rd W4; ☻ venerdì e sabato; ingresso £10; metro
Turnham Green

Primo locale della parte occidentale di Londra
costruito appositamente per il varietà, l'Head-
liners è confortevole e organizzato in modo
tradizionale: ogni numero è introdotto da un
presentatore, le esibizioni dei dilettanti aprono
la serata mentre il meglio viene riservato per
il gran finale.

JONGLEURS Cartina pp438-39

☎ 0870 78 70707; Dingwalls, 11 East Yard, Camden
Lock NW1; ☻ venerdì e sabato; ingresso a partire da
£15; metro Camden Town

Questa catena internazionale di locali offre la
possibilità di mangiare, bere e ridere ed è così
popolare che probabilmente per il venerdì e
il sabato sera dovrete prenotare (ha anche
altre filiali a Battersea e a Bow). La locandina
propone sempre comici formidabili e qualche
spettacolo di funamboli.

LEE HURST'S BACKYARD COMEDY
CLUB Cartina pp436-37

☎ 7739 3122; 231-237 Cambridge Heath Rd E2;
☻ venerdì e sabato; ingresso £10-13; metro Bethnal
Green

Fondato e diretto dal simpatico attore nonché
appassionato organizzatore di spettacoli che
dà il nome al locale, questo posto beneficia
del fatto di essere uno dei locali preferiti dagli
attori comici.

RED ROSE CLUB

☎ 7281 3051; 129 Seven Sisters Rd N7; ☻ sabato;
ingresso £7/5; metro Finsbury Park

Questo club è assolutamente tradizionale; ciò
significa che non vi si possono consumare
pasti, né vi sono DJ set tra uno spettacolo e
l'altro. Il Red Rose si trova sul retro di un circolo
operaio, in una zona piuttosto dimessa della
città, ma garantisce spettacoli di massimo
livello.

UP THE CREEK Cartina p455

☎ 8858 4581; 302 Creek Rd SE10; ☻ venerdì e
sabato; ingresso £10-14; treno Greenwich

Qualche volta i disturbatori tra il pubblico sono
più divertenti degli spettacoli in programma
in questo grande club, che è gestito e talvolta
ancora presentato dal leggendario Malcolm
Hardee, l'*enfant terrible* della commedia
inglese che rubò a Freddie Mercury la torta
del suo 40° compleanno per farne dono agli
anziani della casa di riposo della zona.

DANZA

A Londra hanno sede cinque importanti compagnie di danza e una miriade di gruppi
minori e sperimentali. Il Royal Ballet è la migliore compagnia di danza classica del paese e
ha sede presso la Royal Opera House, a Convent Garden; un altro teatro per il balletto è il
London Coliseum, che presenta spettacoli a Natale e in estate.

L'appuntamento annuale londinese per la danza contemporanea si chiama Dance Umbrella (p10). Per maggiori informazioni sulla danza nella capitale, visitate il sito internet
del London Dance Network all'indirizzo www.londondance.com.

Altri luoghi che saltuariamente offrono spettacoli di danza sono, per esempio, i Riverside
Studios e l'ICA (p122) nonché il London Coliseum, sede dell'English National Opera. Per
ulteriori informazioni riguardo la danza a Londra v. p54.

BARBICAN Cartina pp452-53

☎ 7638 8891; www.barbican.org.uk; Silk St EC2;
ingresso £6,50-30, (studenti e over 60 nei giorni di
spettacolo £6,50-9); metro Moorgate/Barbican

Il Barbican ospita un numero sempre crescente di spettacoli di danza, in particolare
attraverso il suo festival multidisciplinare BITE

(Barbican International Theatre Events), che si
svolge tutto l'anno.

LABAN Cartina p455

☎ 8691 8600; www.laban.org; Creekside SE8;
ingresso £1-15; metro Deptford/DLR Greenwich

È una scuola indipendente per la formazione

di ballerini professionisti, ma presenta anche esibizioni di allievi, gare di danza e spettacoli prodotti regolarmente dalla Transitions, la sua compagnia stabile, nonché altre rappresentazioni varie di musica, danza e corpo libero. La sua sede da 22 milioni di sterline è stata progettata dagli architetti della Tate Modern Herzog e de Meuron.

PEACOCK THEATRE Cartina p450

☎ 7863 8222; www.sadlers-wells.com;
Portugal St WC2; ingresso £10-37; metro Holborn

Questo piccolo teatro del West End fa parte del complesso del Sadler's Wells (v. sotto). Il suo programma comprende parodie di danza moderna e spettacoli di compagnie meno famose.

THE PLACE Cartina pp438-39

☎ 7387 0031; www.theplace.org.uk;
17 Duke's Rd WC1; ingresso £5-15;
metro Euston

Culla della danza moderna inglese (una scuola sullo stile di Martha Graham fu fondata qui nel 1969), The Place offre soprattutto impegnative coreografie di danza contemporanea e sperimentale con un immancabile tocco di influenze asiatiche e teatro della danza. Dietro la sua facciata tardo-vittoriana troverete un teatro da 300 posti rinnovato di recente, un'atmosfera artistico-creativa da caffè e sei sale prova.

ROYAL BALLET Cartina p450

☎ 7304 4000; www.royalballet.co.uk;
Royal Opera House, Bow St WC2; ingresso £4-80;
metro Covent Garden

Sebbene abbia rinnovato un po' il suo programma, il balletto classico rimane, come ha scritto un giornalista, 'il filone principale dell'identità del Royal Ballet'. Perciò se desiderate assistere a balletti tradizionali come Giselle o Romeo e Giulietta interpretati da stelle della danza come Darcey Bussell (appena si sarà ristabilita dal suo infortunio alla caviglia), Sylvie Guillem, Irek Mukhamedov o Tamara Rojo, questo è il posto che fa per voi. I biglietti per i posti in piedi costano da £4 a £5. A partire dalle ore 10, potrete trovare i biglietti per lo spettacolo del giorno a un prezzo compreso tra £8 e £40 a persona, e biglietti in stand-by a metà prezzo.

SADLER'S WELLS Cartina pp440-41

☎ 7863 8000; www.sadlers-wells.com;
Rosebery Ave EC1; ingresso £10-40;
metro Angel

Il Sadler's Wells ha una lunga e onorata storia. Il teatro risale al 1683, ma di recente gli è stato attribuito il merito di aver fondato una nuova corrente della danza moderna mettendo in scena il rivoluzionario Lago dei cigni interpretato da soli uomini e diretto dal coreografo Matthew Bourne (il cui corpo di ballo, chiamato New Adventures, ci serberà senz'altro ulteriori sorprese). Riaperto nel 1998 dopo sostanziali opere di restauro, questo splendido teatro moderno richiama rinomati ballerini di fama internazionale. La Rambert Dance Company vi si esibisce regolarmente e vale la pena di assistere a un suo spettacolo. Il più piccolo Lilian Baylis Theatre mette in scena produzioni più sperimentali.

SOUTH BANK CENTRE Cartina pp446-47

☎ 7960 4242; www.rfh.org.uk; Belvedere Rd SE1;
ingresso £6-60; metro Waterloo

Ogni anno in agosto, in occasione della Summer on the South Bank, vi si svolge un importante festival di danza. Il Royal Festival Hall, il Queen Elizabeth Hall e il Purcell Room sono invece i teatri che ospitano il Dance Umbrella, festival che coinvolge l'intera città.

PRESENTAZIONI E LETTURE

Essendo Londra uno degli epicentri della lingua inglese, i suoi abitanti tendono a considerare i propri letterati scrittori di fama mondiale e la capitale offre numerosissime occasioni di ascoltare conferenze di autori che presentano le proprie opere. Oltre ai grandi talenti nazionali, quali Monica Ali, Louis de Bernieres, Patrick Neate, Zadie Smith, Tony Parsons, Will Self o persino, di tanto in tanto, JK Rowling, anche scrittori internazionali della fama di Bill Bryson, Douglas Coupland o Aleksandar Hemon vi organizzano le loro tournée promozionali.

Poiché queste presentazioni generalmente si basano sulla disponibilità degli autori, molte di esse vengono organizzate in locali ad hoc, quindi se siete interessati vi consigliamo di consultare gli elenchi degli appuntamenti che trovate su Time Out o nel supplemento del giovedì dell'*Evening Standard Metro Life.* Nelle più grandi catene di librerie, soprattutto Waterstone's e Books Etc, ci sono spesso presentazioni e letture di testi letterari, e oggi alcuni autori di spicco fanno la loro comparsa anche al South Bank Centre (p140). Nel frattempo anche alcuni club, come il Cargo (ultima domenica del mese, p286), il Cherry Jam (un lunedì al mese, p288) e il Vibe Bar (p262) ospitano scrittori che presentano i propri libri, nonché dibattiti, recitazione di poesie e altri eventi simili.

I locali che elenchiamo di seguito sono quelli che più di frequente ospitano presentazioni e letture di testi letterari.

ENTERPRISE Cartina pp438-39

☎ 7485 2659; 2 Haverstock Hill NW3; metro Chalk Farm

In questo locale, ogni mercoledì, si svolge una serata dedicata alla letteratura. Questi incontri sono cominciati su scala ridotta nel 1996, ma da allora la serata *Express Excess* è riuscita a richiamare autori di primo piano della letteratura britannica. John Cooper Clarke, John Hegley, Will Self e Murray Lachlan Young hanno fatto tutti la loro comparsa nella piccola sala del piano superiore di questo tipico pub di Camden.

ICA Cartina pp446-47

☎ 7930 3647; Nash House, The Mall SW1; metro Charing Cross/Piccadilly Circus

Vi si svolgono letture e presentazioni di autori di film, libri e di tutto ciò che riguarda la comunicazione di massa. Autori conosciuti, dai più innovativi a quelli prettamente accademici, vengono all'ICA per leggere alcuni passi e discutere le proprie opere con il pubblico e gli addetti ai lavori. Le presentazioni più interessanti si tengono al piano superiore, sotto l'alto soffitto della meravigliosa Nash Room.

POETRY CAFÉ Cartina p450

☎ 7420 9888; 22 Betterton St WC2; metro Covent Garden

Con le sue letture tenute da poeti famosi e la serata del sabato dedicata alla poesia e al jazz, non c'è da meravigliarsi che questo locale sia il luogo di ritrovo prediletto dagli amanti della letteratura. Chiunque può inoltre prendere parte ai seminari di scrittura o esporre le proprie tesi e opinioni durante la serata di dibattito del martedì, detta *Poetry Unplugged.*

SALUTE E FITNESS

In una città così famosa per i suoi locali e per la vita notturna, ci si aspetterebbe che i suoi abitanti snobbino passatempi come lo sport e la palestra, in favore di uno sfrenato e molto meno sano divertimento. In realtà, molti londinesi si dedicano a entrambe le cose, e in tutta la città vi sono numerose piscine o strutture per lo sport. Va detto che il numero di iscrizioni nelle palestre di Londra non è mai stato molto alto, tranne forse nelle grandi catene di palestre che spesso stanno aperte fino a sera tardi per venire incontro alle esigenze dei lavoratori. Come per molti altri divertimenti, a Londra restare in forma può risultare costoso, soprattutto se si sceglie di frequentare impianti sportivi di un certo livello o che sono molto in voga.

Le palestre possono essere comunali, con prezzi più bassi, o private, più attrezzate ma molto più costose. Queste ultime fanno spesso parte di grandi catene. Le palestre con piscina annessa possono avere tariffe elevatissime, anche se non è sempre detto.

In ogni caso, gli orari di apertura variano notevolmente anche all'interno di uno stesso centro sportivo, dove alcune strutture aprono o chiudono prima di altre. Generalmente, quasi tutte le palestre rimangono aperte fino almeno alle 21; tuttavia è meglio telefonare per accertarsi.

CATENE DI PALESTRE

FITNESS FIRST

☎ 01202 845000; www.fitnessfirst.co.uk

Sul suo sito internet si legge che 'alla Fitness First non ci sono persone estranee ma solo amici che non hai ancora conosciuto'. Questa catena, diffusa in tutta Londra, gode di una buona reputazione tra le palestre di medio livello. La comodità è che si può utilizzare qualsiasi filiale, non solo quella in cui è stata fatta l'iscrizione. Disponendo di palestre in tutta la capitale, questa catena è la più frequentata da chi soggiorna a Londra per brevi periodi.

HOLMES PLACE
☎ 7795 4100; www.holmesplace.co.uk
Le sedi di questa catena si trovano nei quartieri più raffinati di Londra e offrono strutture di ottima qualità per chi ha buone disponibilità economiche. Ha filiali sparse in diverse parti della città, come le Docklands, Notting Hill, Putney e tutti i quartieri periferici di Londra. I prezzi variano da posto a posto e bisogna pagare un supplemento di £80 per poter entrare in un'altra filiale della catena.

LA FITNESS
☎ 7366 8080, www.lafitness.co.uk
Con oltre 20 palestre sparse in tutte le zone di Londra, da Victoria alla City, LA Fitness è un altro grande nome nel panorama del fitness. Le sue strutture sono moderne e ben attrezzate e i clienti possono scegliere tra diversi tipi di abbonamenti.

PALESTRE

CENTRAL YMCA Cartina p448
☎ 7343 1700; 112 Great Russell St WC1; £15/42,50 al giorno/alla settimana; metro Tottenham Court Rd
La palestra presso l'YMCA di Londra è tuttora un posto molto popolare e sempre affollato. I soci possono anche fare uso della piscina. L'YMCA si distingue tra le molte palestre più prestigiose e costose della capitale ed è naturalmente molto accogliente. Ricordatevi, però, che questo non è un ostello della gioventù!

EQVVS PERSONAL TRAINING
Cartina pp456-57
☎ 7838 1138; 43A Cheval Place SW7; metro Knightsbridge
Questo centro fitness con programmi personalizzati offre attrezzature di massima qualità e si rivolge esclusivamente a modelle, attori e coloro che possono permettersi di pagare i servizi esclusivi del noto personal trainer Marco Bellagamba. Il centro offre anche terapie alternative, dalla yoga alla riflessologia. I prezzi sono elevati e variano in base al servizio richiesto.

QUEEN MOTHER SPORTS CENTRE
Cartina pp460-61
☎ 7630 5522; 223 Vauxhall Bridge Rd SW1; £7,10 al giorno; metro Victoria
Si tratta di un'altra ottima palestra del centro di Londra, dotata di tre piscine e strutture per tutti i tipi di attività sportive.

SEYMOUR LEISURE CENTRE
Cartina pp442-43
☎ 7723 8019; Seymour Pl W1; £7,15 al giorno; metro Marble Arch
Il centro Seymour non è molto stiloso ma è ben attrezzato, accogliente e perfettamente funzionale. Il suo più grande vantaggio è costituito dalla sua posizione centrale; inoltre i prezzi sono ragionevoli, per cui la palestra è quasi sempre affollata.

THIRD SPACE Cartina p448
☎ 7439 6333; 13 Sherwood St W1; £250 al mese; metro Piccadilly Circus
Questa struttura dal nome altisonante situata in Piccadilly Circus è davvero il massimo in quanto a eleganza. Il sontuoso complesso offre tutto ciò di cui potrebbe aver bisogno l'alta classe dirigente di Soho per rilassarsi o fare ginnastica; il tutto naturalmente a prezzi considerevoli. Il tempo minimo richiesto per un'iscrizione è di un mese.

PISCINE

A Londra ci sono moltissime piscine; qui di seguito ne indichiamo alcune tra le migliori. Gli stabilimenti balneari stile Art Deco, risalenti ai primi tre decenni del XX secolo, sono particolarmente interessanti. Trattandosi di piscine all'aperto, queste strutture sono più indicate per i mesi estivi, anche se la maggior parte di esse rimane aperta tutto l'anno per i più temerari. Spesso per potere accedere a questi stabilimenti è necessario essere già soci di una piscina di quartiere. I prezzi indicati sotto si intendono interi/ridotti.

BROCKWELL PARK LIDO Cartina pp436-37
☎ 7274 3088; Dulwich Rd SE24; ☉ 6.45-19 da metà giugno ad agosto, negli altri mesi orari dipendenti dal tempo; prima/dopo le10 £3/4; treno Herne Hill
Meraviglioso stabilimento progettato negli anni '30 del XX secolo, il Brockwell è assai frequentato durante i mesi estivi e di recente è stato completamente restaurato grazie ai finanziamenti della Evian, che attualmente è lo sponsor della piscina.

IRONMONGER BATHS Cartina pp440-41
☎ 7253 4011; Ironmonger Row EC1; £2,90/1,30; metro Old Street
Questo complesso comunale, comprendente palestra e piscina, pur essendo molto popolare

non è mai troppo affollato; ha una bellissima vasca e un'atmosfera accogliente.

OASIS Cartina p450

☎ 7831 1804; 32 Endell St WC2; £3/1,10; metro Tottenham Court Road/Covent Garden

Questa piscina dalla struttura un po' bizzarra ha il vantaggio di trovarsi nel cuore di Londra. È spesso affollata, ma vale la pena mettersi in coda per provare l'esperienza di nuotare all'aperto, nella piscina sul tetto. Per le giornate più freddine, tipiche del clima londinese, c'è anche una vasca al coperto.

PARLIAMENT HILL LIDO Cartina p435

☎ 7485 3873; Hampstead Heath, Gordon House Rd NW5; 7-9 ingresso libero, 10-18 £3,60/1,80; treno Gospel Oak

Questo classico stabilimento balneare di Hampstead Heath nei mesi estivi è il posto ideale per una tonificante nuotata mattutina gratuita. Vanta un simpatico e nutrito gruppo di clienti abituali e comprende anche una vasca per bambini e una zona per prendere il sole.

SERPENTINE LIDO Cartina pp442-43

☎ 7298 2100; Hyde Park W2; metro Hyde Park Corner/Knightsbridge

Il favoloso Serpentine Lido, probabilmente il non plus ultra delle piscine di Londra, di solito è aperto tutte le estati, in luglio e in agosto. Prezzi e orari sono sempre soggetti a cambiamenti, quindi si consiglia di telefonare.

TOOTING BEC LIDO

☎ 8871 7198; Tooting Bec Rd SW17; ☺ maggio-settembre; interi/ridotti/bambini sotto i 5 anni £3,65/£2,50/libero; metro Tooting Bec

Primo stabilimento balneare pubblico di Londra, il Tooting Bec fu costruito nel 1906 e con i suoi 90 m per 36 m rimane uno dei più grandi

d'Europa. È stato ristrutturato nel 2002 e ora offre anche vasche idromassaggio e saune.

TERME

ELEMIS DAY SPA Cartina pp446-47

☎ 8909 5060; 2-3 Lancashire Ct; metro Bond Street

Questo incredibile complesso termale di Mayfair ha vinto di recente il titolo di stazione termale dell'anno e non è difficile capire il perché. Le diverse sale sono curate fin nei minimi particolari e vi sono anche alcune suite a tema: Bali, Marocco, la sala porpora e quella smeraldo. Lussuoso e con una vasta gamma di servizi, è un posto meraviglioso dove sottoporsi a trattamenti termali. Non dimenticatevi di prenotare.

K SPA

☎ 7674 1000; Richmond Way W12; giornaliero normale/di lusso £25/£35; metro Shepherd's Bush

Il K Spa fa parte del K West Hotel e ha un vasto assortimento di attrezzature: una vasca idromassaggio, una stanza per bagni turchi con vapori di eucalipto e due palestre. Inoltre, si può scegliere tra un'ampia gamma di trattamenti esotici con le pietre calde e un'intera serie di massaggi e trattamenti del corpo e del viso. Si tratta di uno dei migliori complessi termali della parte occidentale di Londra.

PORCHESTER BATHS Cartina pp442-43

☎ 7792 2919; Porchester Centre, Queensway W2; giornaliero £18,95; metro Bayswater

Il Porchester Centre comprende una struttura termale, una piscina e una palestra ed è uno degli stabilimenti termali più economici. Come si può notare dai soffitti scrostati i suoi tempi migliori sono passati, ma il centro è spesso quasi vuoto, il che rende le nuotate molto piacevoli.

MUSICA
POP

La musica pop inglese è in una fase di così grave declino che John Harris, ex redattore della rivista *Select*, ne ha celebrato la fine in un libro intitolato *The Last Party*. Tuttavia sarebbe un errore pensare che senza i Blur, gli Oasis e i Pulp il panorama musicale di Londra si sia del tutto esaurito. Una recente ondata di gruppi americani new wave e punk ha infatti trovato un felice riscontro nella capitale inglese, e vi si reca volentieri in concerto e artisti di grande successo continuano a considerare Londra una tappa importante delle loro tournée. Inoltre, la città vanta sempre un nucleo di promettenti band cittadine e sono persino tornate in auge alcune superstar degli anni '80 e '90 (da Dave Gahan a Steve Strange). Questi musicisti e queste band fanno sì che i numerosi locali rock e pop (da quelli

Borderline (p297)

enormi come l'Earl's Court o il Wembley Arena ai minuscoli Borderline o Barfly) continuino a essere pieni di vita e di gente. Per una panoramica più dettagliata della scena musicale di Londra v. p44.

Se vi è possibile, è meglio acquistare i biglietti al botteghino e risparmiare così i costi di prevendita. Tuttavia, a Londra i biglietti per i concerti si esauriscono con una velocità sbalorditiva, mentre le agenzie di solito ne hanno ancora di disponibili dopo che il locale li ha venduti tutti. **Ticketmaster** (☎ 7344 4444; www.ticketmaster.co.uk), **Stargreen** (☎ 7734 8932; www.stargreen.co.uk) e **Ticketweb** (☎ 7771 2000; www.ticketweb.co.uk) hanno un servizio di prenotazioni telefonico e online operativo 24 ore su 24. Diffidate dei bagarini vicino agli ingressi la sera del concerto, anche se desiderate entrare a tutti i costi: il prezzo richiesto è esorbitante e a volte capita che il biglietto sia contraffatto.

ASTORIA Cartina p448
☎ 7434 0044; www.meanfiddler.com; 157 Charing Cross Rd WC2; metro Tottenham Court Road
Locale estremamente popolare, anche se non particolarmente bello, l'Astoria ospita artisti del calibro di Kylie Minogue e Thin Lizzy. Al momento delle nostre ricerche stava lottando per mantenere la licenza, quindi si consi-

glia di controllare i programmi settimanali. L'attiguo Mean Fiddler, al n. 165, è un posto effettivamente migliore, ma non altrettanto frequentato.

BRIXTON ACADEMY Cartina p459
☎ 7771 2000; www.brixton-academy.co.uk; 211 Stockwell Rd SW9; metro Brixton
Alla Brixton Academy difficilmente trascorrerete una brutta serata, anche se tornerete in albergo piuttosto stanchi, in quanto questo grande ex teatro (4000 posti) offre sempre concerti di gruppi di prima qualità. Il pavimento è appositamente pendente per consentire di vedere bene e ci sono numerosi bar. Qui si può assistere agli show di star internazionali del calibro di Madonna (più in passato che ora), ma è più probabile assistere ai concerti di gruppi o artisti come Beck, i Queens of the Stone Age o i Dandy Warhols.

EARL'S COURT EXHIBITION CENTRE
Cartina pp456-57
☎ 7385 1200 o 0870 903 9033; Warwick Rd SW5; metro Earl's Court
Nonostante sia un locale eccessivamente grande e privo d'atmosfera, poco amato dai puristi della musica, contrari al rock da stadio, l'Earl's Court è riuscito a conquistare un buon successo di pubblico negli ultimi anni, ospitando il concorso annuale di musica pop britannica. Lo show ha ospitato artisti come Justin Timberlake e Kylie Minogue.

FORUM Cartina p435
☎ 7344 0044; www.meanfiddler.com; 9-17 Highgate Rd NW5; metro Kentish Town
Un tempo era il famoso Town and Country Club, ma ancora oggi questo locale di media grandezza, con tanto di poltrone di platea e una prima balconata, rimane uno dei posti migliori della città dove ascoltare le star del momento: ecco il motivo della forte concentrazione di bagarini intorno alla stazione della metropolitana di Kentish Town.

GARAGE Cartina pp440-41
☎ 7607 1818; www.meanfiddler.com; 20-22 Highbury Corner N5; metro Highbury & Islington
Da quando le chitarre elettriche di gruppi come gli Strokes e i Vines hanno annunciato il ritorno del rock, la vena indie di questo locale ha registrato un certo calo di attenzione, anche se in realtà non è mai stata accantonata. La sala più piccola, situata al piano superiore,

è un po' meno soffocante e affollata di quella principale.

HACKNEY OCEAN Cartina pp436-37
☎ 8533 0111; www.ocean.org.uk; 270 Mare St E8; metro Bethnal Green/treno Hackney Central

Questa ex biblioteca rimodernata offre ottime strutture disposte nelle sue tre sale, però l'ambiente non è particolarmente attraente: ricorda un po' una sala da bingo o un centro ricreativo per il tempo libero. È comunque un buon locale dove ascoltare ogni genere musicale, dal two-step alla world music, dal garage inglese al rythm'n'blues (alternati a qualche revival degli anni '80).

LONDON ARENA Cartina p455
☎ 7538 1212; www.londonarena.co.uk; Limeharbour, Isle of Dogs E14; DLR Crossharbour & London Arena

In una città di fanatici del calcio come Londra, l'Arena si vanta di essere la sede della squadra di hockey su ghiaccio dei London Knights, il che riflette il carattere innovativo di questo locale, che però è forse un po' troppo grande, privo d'atmosfera e certamente non molto comodo da raggiungere.

UNION CHAPEL Cartina pp440-41
☎ 0870 120 1349; www.unionchapel.org.uk; Compton Tce N1; metro Highbury & Islington

La Union Chapel, che ospita anche spettacoli e ricevimenti, merita d'essere visitata anche solo per l'atmosfera che vi regna. L'acustica non è delle migliori, ma la sala a pianta ottagonale con le panche da chiesa e le balaustre incise è semplicemente mozzafiato. È l'ideale per concerti tranquilli di genere folk; negli ultimi anni vi hanno suonato Cerys Matthews (ex Catatonia) e Rufus Wainwright.

SHEPHERD'S BUSH EMPIRE
Cartina pp436-37
☎ 7771 2000; www.shepherds-bush-empire.co.uk; Shepherd's Bush Green W12; metro Shepherd's Bush

L'Empire è un locale di medie dimensioni ed è senz'altro una delle sale più pulite e meglio organizzate della città. È frequentato da una clientela di trentenni e quarantenni, tranquilla ma pur sempre al passo con i tempi, che viene ad assistere a show di band come Interpol, The Handsome Family, Nitin Sawhney o alle rentrée di artisti come Evan Dando e Dave Gahan. Un appunto: il pavimento non è in pendenza, quindi se non siete alti almeno 1,80 m sarà un po' difficile riuscire a vedere qualcosa dai posti in fondo.

WEMBLEY ARENA Cartina pp434
☎ 8902 0902; Empire Way, Wembley; metro Wembley Park

Questo enorme ex capannone industriale, capace di accogliere più di 10.000 persone, si trova un po' fuori mano; vale la pena andarci soltanto nel caso in cui si esibisca il vostro gruppo preferito.

Fra i piccoli locali con una maggiore atmosfera da pub che vale la pena di provare se si desidera vedere lo show di qualche gruppo musicale emergente includiamo:

BARFLY @ THE MONARCH
Cartina pp438-39
☎ 7691 4244, 7691 4245; www.barflyclub.com; Monarch, 49 Chalk Farm Rd NW1; metro Chalk Farm/Camden Town

In perfetta sintonia con le atmosfere dell'omonimo romanzo di Charles Bukowski, il Barfly è un tipico locale di Camden un po' sgangherato, ma non sgradevole, pieno di artisti alle loro prime armi che tentano di farsi conoscere. Vi organizzano regolarmente concerti la stazione radio Xfm, che offre musica alternativa, e il settimanale di musica *NME*.

BORDERLINE Cartina p448
☎ 7734 2095; www.borderline.co.uk; Orange Yard, vicino a Manette St W1; metro Tottenham Court Road

Oltre l'entrata texano-messicana e in fondo al seminterrato troverete un affollato locale da 275 posti che sembra letteralmente scoppiare di gente. Sulle pareti sono scritti i nomi degli artisti che si sono esibiti in questo posto (è davvero una lista interminabile): Crowded House, REM, Blur, Counting Crows, PJ Harvey, Lenny Kravitz, Debbie Harry... oltre a molti altri gruppi indie meno famosi. La clientela è altrettanto varia, e a essa si mescolano molti giornalisti di riviste musicali e talent scout della casa discografica A&R in cerca di nuove star da lanciare sul mercato.

BULL & GATE Cartina p435
☎ 7485 5358; 389 Kentish Town Rd NW5; metro Kentish Town

Tipico locale rock, anche dopo le recenti opere di rimodernamento il leggendario Bull & Gate continua a richiamare una nutrita clientela che viene ad ascoltare chitarristi e band in cerca di successo.

CARGO Cartina pp440-41

☎ 7739 3440; 83 Rivington St EC2; metro Old Street

Il club del Cargo (p261), dove si esibiscono molti talenti, condisce le sue serate con concerti di gruppi emergenti o di band cult in visita da oltreoceano.

DINGWALLS Cartina pp438-39

☎ 7267 1577; 11 East Yard, Camden Lock Pl NW1; metro Camden Town

Maggiormente adatto agli spettacoli di varietà (p289), il Dingwalls ospita anche spettacoli indie nelle serate più tranquille, quelle da domenica a giovedì.

DUBLIN CASTLE Cartina pp438-39

☎ 7485 1773; 94 Parkway NW1; metro Camden Town

In questo famoso pub si sono fatti le ossa prima di diventare famosi molti gruppi di successo della musica indipendente, come i Madness, negli anni '80, e più di recente i Blur e gli Ash.

HALF MOON

☎ 8780 9383; www.halfmoon.co.uk; 93 Lower Richmond Rd SW15; metro Putney Bridge

Per essere un locale leggendario di Londra si trova in una posizione scomodissima; sul suo palcoscenico si sono esibiti artisti come i Rolling Stones, gli U2 ed Elvis Costello. Al giorno d'oggi è più probabile che scritturino tribute band, ma controllate la pagina web per il programma dettagliato (di recente vi hanno suonato Hamster e My Vitriol).

SPITZ Cartina pp452-53

☎ 7392 9032; 109 Commercial St E1; metro Aldgate East/Liverpool Street

Situato tra la serie di edifici che fiancheggiano il mercato di Spitalfields, lo Spitz è un ristorante, un caffè e un locale con musica dal vivo. È un posto molto tranquillo sia per l'atmosfera, sia per il tipo di musica proposta, che spazia dal jazz alla fusion alla musica sperimentale islandese.

UNDERWORLD Cartina pp438-39

☎ 7482 1932; 174 Camden High St NW1; metro Camden Town

Affollatissimo locale situato nel seminterrato del pub World's End (p269), non molto ampio ma dotato di moltissimi angoli in cui appar-

tarsi, l'Underworld propone gruppi indie e rock e, quando non vi sono concerti, serate con selezioni musicali dello stesso genere.

JAZZ

Londra ha sempre avuto una scena jazz molto vivace; con la recente rinascita del genere, in parte attribuibile al successo dell'acid jazz, dell'hip-hop, del funk e dello swing, offre un panorama di locali specializzati più ricco che mai.

100 CLUB Cartina p448

☎ 7636 0933; 100 Oxford St W1; metro Oxford Circus

Questo leggendario locale di Londra offre soprattutto jazz, anche se una volta vi si esibirono i Rolling Stones e si trovò al centro della rivoluzione punk. Vi sono ancora jazz session gratuite il venerdì all'ora di pranzo, dalle 12 alle 15.

JAZZ CAFÉ Cartina pp438-39

☎ 7916 6060; 5 Parkway NW1; metro Camden Town

Questo ristorante molto alla moda, che ha contribuito notevolmente all'incontro del jazz mainstream con il crossover, ha uno stile 'industriale' e accosta il jazz ad altri generi musicali quali afro, funk, hip, rythm'n'blues e soul.

PIZZA EXPRESS JAZZ CLUB Cartina p448

☎ 7439 8722; 10 Dean St W1; metro Tottenham Court Road

Nonostante sia situato nel piccolo seminterrato dell'omonimo ristorante, sembra riscuotere parecchio successo. I clienti vengono in questo club per dedicarsi a un attento ascolto di modern jazz.

RONNIE SCOTT'S Cartina p448

☎ 7439 0747; 47 Frith St W1; metro Leicester Square

Uno dei più famosi jazz club di tutto il mondo, il Ronnie Scott è sopravvissuto alla scomparsa, nel 1996, del suo proprietario, a cui il locale deve il nome. Ora Pete King, socio d'affari del defunto Scott, presenta i concerti e intrattiene il pubblico con qualche barzelletta, donando al posto una po' di atmosfera.

VORTEX Cartina p434

☎ 7254 6516; 139-141 Stoke Newington Church St N16; autobus nn. 73, 76, 106, 243

Si tratta di un locale piacevole e tranquillo, dove ogni sera si esibiscono musicisti jazz della Gran Bretagna.

MUSICA FOLK E WORLD MUSIC

AFRICA CENTRE Cartina p450

☎ 7836 1973; 38 King St WC2; metro Covent Garden

Questo locale presenta concerti di musica africana quasi tutti i venerdì; negli altri giorni, propone ogni sera un gruppo emergente.

CECIL SHARP HOUSE Cartina pp438-39

☎ 7485 2206; 2 Regent's Park Rd NW1; metro Camden Town

Quartier generale dell'English Folk Dance and Song Society, è il locale per eccellenza della musica folk inglese. Il martedì alle 20 vi si riunisce il folk club.

MUSICA CLASSICA

Londra è una città importante per la musica classica, con quattro orchestre sinfoniche di fama mondiale, due compagnie di teatro dell'opera, molte piccole orchestre, locali di qualità, prezzi ragionevoli e un ottimo livello delle esecuzioni.

In questo genere musicale offre così tanto che avrete l'imbarazzo della scelta. In ogni sera dell'anno potrete spaziare dagli affollati concerti più tradizionali alla musica contemporanea e ai compositori 'difficili'. L'opera è ovviamente più costosa e, nonostante alcuni momenti di difficoltà attraversati di recente dall'English National Opera, il suo livello è generalmente alto.

BARBICAN Cartina pp452-53

☎ 7638 8891; www.barbican.org.uk; Silk St EC2; ingresso £6,50-30, studenti e over 60 il giorno dello spettacolo £6,50-9; metro Moorgate/Barbican

Il Barbican Centre ha molto da offrire agli appassionati di musica classica: è la sede della meravigliosa London Symphony Orchestra, ma vi si esibiscono ogni anno anche musicisti internazionali di grande successo. Ospita regolarmente anche le meno conosciute BBC Symphony Orchestra, la City of London Symphonia e l'English Chamber Orchestra. In seguito a restauri effettuati qualche anno addietro, l'acustica delle sale è stata notevolmente migliorata.

KENWOOD HOUSE Cartina p435

☎ 7413 1443; www.ticketmaster.co.uk, Hampstead Lane NW3; ingresso £16,50-24,50; metro Archway/Golders Green, poi autobus n. 210

In un soleggiato giorno d'estate vi consigliamo di recarvi ad assistere a uno dei concerti all'aperto che si tengono alla Kenwood House di Hampstead, ossia ai 'Proms on the Heath'. Nelle serate di alcuni weekend di luglio e

Divertimenti – Musica

La musica in chiesa

Molte chiese ospitano concerti serali o recital all'ora di pranzo durante tutto l'anno o nei mesi estivi. Talvolta sono gratuiti (con un invito a fare un'offerta), altre volte sono a pagamento. Alcune delle tante chiese della capitale sono oggi usate come sale da concerto.

St James's Piccadilly (Cartina p448; ☎ 7734 4511; 197 Piccadilly W1; £7,50-17; metro Piccadilly Circus) Concerti alle 13.10 lunedì, mercoledì e venerdì; è richiesta un'offerta. Concerti serali alle 19.30 (in giorni diversi).

St John's, Smith Square (Cartina pp460-61; ☎ 7222 1061; Smith Square SW1; £6; metro Westminster) Concerti lunedì alle 13.

St Martin-in-the-Fields (Cartina p450; ☎ 7839 8362; Trafalgar Sq WC2; offerte richieste all'ora di pranzo/la sera £6-20; metro Charing Cross) Concerti alle 13.05 lunedì, martedì e venerdì. Concerti serali a lume di candela da giovedì a sabato alle 19.30.

St Paul's Cathedral (Cartina pp452-53; ☎ 7236 4128; New Change EC4; concerti d'organo £6; metro St Paul's) Concerti d'organo domenica alle 17. Vespri da lunedì a sabato alle 17, domenica alle 15.15, salvo eventi speciali.

Southwark Cathedral (Cartina pp452-53; ☎ 7367 6700; Montague Close SE1; metro London Bridge) Concerti d'organo lunedì alle 13.10, altri concerti martedì alla stessa ora. Vespri nei giorni feriali alle 17.30 (eccetto lunedì e mercoledì), sabato alle 16 e domenica alle 15.

Westminster Abbey (Cartina pp446-47; ☎ 7222 5152; www.westminster-abbey.org; Dean's Yard SW1; biglietti solitamente £5-18; metro Westminster) Concerti d'organo gratuiti ogni domenica alle 17.45. Vespri nei giorni feriali alle 17 (eccetto mercoledì), sabato e domenica alle 15. Telefonate o controllate la pagina web per informazioni sul festival di musica d'organo che si tiene in primavera-estate, in un periodo compreso tra maggio e agosto.

agosto la gente si siede sull'erba o su sedie a sdraio, mangia fragole, beve vino bianco fresco e ascolta musica classica e lirica (e rimane poi per ammirare i fuochi d'artificio).

ROYAL ALBERT HALL Cartina pp442-43

☎ 7589 8212; www.royalalberthall.com; Kensington Gore SW7; ingresso £5-150, ingresso ai 'Proms' £4-75; metro South Kensington

Questa splendida sala da concerti in stile vittoriano ospita molti spettacoli di musica classica, rock e altre rappresentazioni, ma è famosa soprattutto per i Proms (Promenade Concerts), concerti sponsorizzati dalla BBC (v. p10) a cui si può assistere anche in piedi: si tratta di uno dei più grandi festival di musica classica del mondo, che con orgoglio patriottico conclude l'ultima serata con l'intonazione dell'inno britannico. È possibile prenotare i biglietti, ma da metà luglio a metà settembre molti fanno la coda anche per i posti in piedi, venduti a £4 un'ora prima dell'inizio di ogni concerto. Tuttavia, se questa soluzione non vi piace, il botteghino e lo sportello dei biglietti prepagati si trovano oltre l'ingresso n. 12 sul lato sud del teatro, che dà verso Prince Consort Road.

SOUTH BANK CENTRE Cartina pp446-47

☎ 7960 4242; www.rfh.org.uk; Belvedere Rd SE1; ingresso £6-60; metro Waterloo

La Royal Festival Hall è meritatamente una delle più importanti sale da concerto per la sua ottima acustica. Sede della Philarmonia Orchestra e della London Philarmonic, è anche il teatro che accoglie le più importanti orchestre sinfoniche in tournée a Londra (insieme al Barbican Centre). Le più piccole Queen Elizabeth Hall e Purcell Room offrono musica da camera o concerti di solisti. A volte, in occasione di alcuni festival, il South Bank Centre può ospitare persino gruppi come i Fun Lovin' Criminals o gli Asian Dub Foundation. Per alcuni spettacoli sono disponibili biglietti stand-by (da £6 a £10).

WIGMORE HALL Cartina pp446-47

☎ 7935 2141; www.wigmore-hall.org.uk; 36 Wigmore St W1; ingresso £6-35; metro Bond Street

Questa sala in stile Art Nouveau ha forse un'acustica ancora migliore della Royal Festival Hall e, con la sua atmosfera tradizionale e le squisite decorazioni Art Deco, è una delle migliori sale da concerti di Londra. Offre una grande varietà di concerti e recital. I recital domenicali delle 11.30 (£10) sono particolarmente interessanti. I concerti diurni si svolgono ogni lunedì alle 13 (adulti/anziani £8/6).

OPERA

ROYAL OPERA Cartina p450

☎ 7304 4000; www.royaloperahouse.org; Royal Opera House, Bow St WC2; ingresso £6-150, matinée infrasettimanali £6,50-50; metro Covent Garden

Dopo un restauro costato 210 milioni di sterline avvenuto poco prima del 2000, la Royal Opera House ha abbandonato il suo stile formale di un tempo e ora attira anche un pubblico più giovane, offrendo un programma diversificato che comprende anche opere come il *Woyczek*. La restaurata Flora Hall è ora aperta al pubblico durante il giorno, con concerti gratuiti il lunedì alle 13, mostre e visite guidate.

ENGLISH NATIONAL OPERA Cartina p450

☎ 7632 8300; www.eno.org; Coliseum, St Martin's Lane WC1; ingresso £3-65; metro Leicester Square/ Charing Cross

Generalmente conosciuta per la sua capacità di rendere l'opera lirica uno spettacolo moderno e d'attualità, l'English National Opera ha dovuto far fronte di recente ad alcune situazioni sfavorevoli: recensioni negative, problemi dello staff, difficoltà finanziarie e critiche da parte dei media. Dopo un periodo di transizione al Barbican, a febbraio 2004 ritornerà al Coliseum, attualmente in restauro, dove probabilmente ritroverà la sua vena

Wigmore Hall (sopra)

artistica. I biglietti per lo spettacolo del giorno (£3) sono attualmente molto convenienti, ma i prezzi potrebbero aumentare.

OPERA HOLLAND PARK Cartina pp442-43
☎ 0845 230 9769; www.operahollandpark.com; Holland Park, off Kensington High St W8; ingresso £25-40; metro Kensington High Street

Ogni estate, nel centro di Holland Park, viene temporaneamente allestita (per nove settimane) una costruzione a volta in grado di ospitare più di 800 persone. In questo contesto è davvero piacevole assistere all'opera: l'atmosfera è rilassata, l'ambiente stimolante e si può attendere l'inizio dello spettacolo facendo addirittura un bel picnic. Il programma, che propone grandi successi popolari come *Tosca* o *Fidelio* accanto a opere meno note come *L'Arlesiana*, richiama un pubblico di tutte le età.

SPORT

Essendo la capitale di un paese appassionato di calcio e di sport in generale come la Gran Bretagna, Londra offre una miriade di eventi sportivi durante tutto l'anno. Come sempre, il settimanale *Time Out* è la migliore fonte d'informazione riguardo le partite, gli orari, le strutture e i prezzi dei biglietti.

CALCIO

Il Wembley Stadium, nella parte nord-occidentale di Londra, è lo stadio più importante del paese dal 1923, anno in cui fu costruito. È qui che, tradizionalmente, la nazionale di calcio inglese disputa gli incontri internazionali e sempre in questo stadio, a fine maggio, si gioca la finale della Coppa d'Inghilterra. Il suo più grande momento fu quando Bobby Moore, capitano della nazionale, innalzò vittorioso il trofeo della Coppa del Mondo nel 1966. Ma nel 2001 il grande stadio e le sue torri furono demolite, con il dispiacere di molti tifosi e anche numerose critiche; attualmente si sta lavorando alla costruzione, sullo stesso posto, di un altro modernissimo complesso con 80.000 posti a sedere, che dovrebbe essere terminato nel 2005. Sarà usato per gli incontri di calcio, di rugby e per l'atletica, ma fino a quando non sarà pronto gli incontri internazionali si giocheranno in vari complessi sparsi in tutto il paese, e la finale della Coppa d'Inghilterra si terrà al Millennium Stadium di Cardiff.

A Londra ci sono una dozzina di squadre di calcio (di solito cinque o sei di queste giocano nella Premier League), il che significa che durante il campionato, da agosto a metà maggio, ogni weekend il buon calcio è a portata di metropolitana o di treno (sempre che riusciate ad accaparrarvi un biglietto). Se avete davvero voglia di vedere una partita, potreste accontentarvi di una delle serie cadette, per le quali è più facile trovare i biglietti anche il giorno stesso dell'incontro.

CRICKET

Se siete stanchi di visitare le attrazioni turistiche di Londra, una buona alternativa è organizzare un picnic e trascorrere una giornata a guardare un incontro di cricket, immergendovi nell'atmosfera del più inglese di tutti gli sport. Nonostante il gioco sia stato inventato in questo paese, negli ultimi anni la nazionale inglese è stata messa a dura prova da squadre di altre nazioni, anche se ultimamente ci sono stati promettenti segnali di ripresa.

L'**English Cricket Board** (☎ 08705 338833; www.ecb.co.uk) fornisce informazioni dettagliate su orari e biglietti, che costano tra £20 e £50 e sono piuttosto difficili da trovare. Gli incontri internazionali generalmente si giocano nei campi gloriosi di Lord's e Oval (quest'ultimo famoso per i suoi caratteristici gasometri). I biglietti (£5-10) sono molto più facili da reperire per le partite delle squadre di contea: queste ultime giocano i loro incontri di durata variabile (fino a quattro giorni!) tra aprile e settembre.

LORD'S Cartina pp438-39
☎ 7616 8585 per le visite guidate, 7616 8500 centralino; www.lords.org; St John's Wood Rd NW8; metro St John's Wood

Sede della squadra di contea del Middlesex.

OVAL Cartina pp460-61
☎ 7582 7764; www.surreycricket.com; Kennington Oval SE11; metro Oval

Qui gioca la squadra di contea del Surrey.

Divertimenti – Sport

RUGBY UNION E RUGBY LEAGUE

Tra gennaio e marzo Inghilterra, Scozia, Galles, Irlanda, Francia e Italia disputano il Torneo delle Sei Nazioni, di cui tre incontri vengono giocati al Twickenham Stadium.

TWICKENHAM RUGBY STADIUM

☎ 8892 2000; www.rfu.com; Rugby Rd, Twickenham; metro Hounslow East poi autobus n. 281, o treno Twickenham

Tempio del rugby inglese. Si possono visitare lo stadio e il suo museo.

LONDON BRONCOS Cartina p434

☎ 8853 8001; www.londonbroncos.co.uk; The Valley, Floyd Rd SE7; treno Charlton

Unico posto dell'Inghilterra meridionale in cui è possibile assistere a incontri della Rugby League.

Per gli amanti della Rugby Union, la zona più adatta è quella a sud-ovest di Londra, dove ottime squadre come gli Harlequins e i Wasps giocano da agosto a maggio. Altre due squadre importanti di questa serie sono i London Irish e i Saracens. Le partite si giocano il sabato e la domenica pomeriggio.

HARLEQUINS

☎ 8410 6000; www.quins.co.uk; Stoop Memorial Ground, Langhorn Dr, Twickenham; ingresso £12-25; treno Twickenham

LONDON IRISH

☎ 01932 783034; www.london-irish.com; Bennet Rd, Reading; ingresso £7-16; treno Reading

WASPS

☎ 8740 2545; www.wasps.co.uk; Twyford Avenue Sports Ground, Twyford Ave, Acton W3; ingresso £7-18; metro Ealing Common

---

Squadre di calcio londinesi

Il calcio rappresenta una parte importante della vita britannica e andare a vedere una partita, per un turista in visita a Londra, può essere davvero emozionante. Che vi interessi il prestigio della Premier League o l'entusiasmo d'altri tempi di cui sono impregnate le altre serie, vi sono molte opportunità di assistere a una partita e unirsi alla folla esultante. Al momento delle nostre ricerche, Arsenal, Charlton, Chelsea, Fulham e Tottenham Hotspur erano tutte nella Premier League, e altre sette squadre erano in lotta per entrarci. Per ulteriori informazioni sul calcio a Londra v. p18.

Arsenal (☎ 7413 3366; www.arsenal.com, Avenell Rd N5; ingresso £25-45; metro Arsenal)

Charlton Athletic (☎ 8333 4010; www.cafc.co.uk; The Valley, Floyd Rd SE7; ingresso £15-40; treno Charlton)

Chelsea (☎ 7385 5545, biglietti 7386 7799; www.chelseafc.co.uk; Stamford Bridge Stadium, Fulham Rd SW6; ingresso £11-40; metro Fulham Broadway)

Crystal Palace (☎ 8771 8841; www.cpfc.co.uk; Selhurst Park, Whitehorse Lane SE25; ingresso £20-26; treno Selhurst)

Fulham (☎ 7893 8383, biglietti 7384 4710; www.fulhamfc.co.uk; Craven Cottage, Stevenage Rd SW6; ingresso £25-40; metro Putney Bridge)

Leyton Orient (☎ 8926 1111; www.leytonorient.com; Matchroom Stadium, Brisbane Rd E10; ingresso £12-16; metro Leyton)

Millwall (☎ 7231 9999; www.millwallfc.co.uk; The Den, Zampa Rd SE16; ingresso £16-25; treno South Bermondsey)

Queens Park Rangers (QPR; ☎ 8740 2575; www.qpr.co.uk; Loftus Rd W12; ingresso £14-20; metro White City)

Tottenham Hotspur (☎ 8365 5000, biglietti 08700 112222; www.spurs.co.uk; White Hart Lane N17; ingresso £12-55; treno White Hart Lane)

Watford (☎ 01923 496010; www.watfordfc.com; Vicarage Rd, Watford; ingresso £10-25; treno Watford Junction)

West Ham United (☎ 8365 5000, biglietti 8548 2700; www.westhamunited.co.uk; Boleyn Ground, Green St E13; ingresso £22-39; metro Upton Park)

Wimbledon (☎ 8771 8841; www.wimbledon-fc.co.uk; Selhurst Park, Whitehorse Lane SE25; ingresso £18-27; treno Selhurst) Di recente si è parlato di un trasferimento di questa squadra dalla sua sede attuale di Londra sud alla città satellite di Milton Keynes; quindi, se volete unirvi ai molti tifosi che vanno a vedere le sue partite vi consigliamo di telefonare prima.

SARACENS

☎ 01923 496200; www.saracens.com; Vicarage Rd, Watford; ingresso £12-35; treno Watford High Street

TENNIS

Tennis e Wimbledon, nella parte sud-ovest di Londra, sono quasi sinonimi.

WIMBLEDON

☎ 8944 1066, 8946 2244; www.wimbledon.org; Church Rd SW19; metro Southfields/Wimbledon Park

Dal 1877 vi si disputa l'All England Lawn Tennis Championship alla fine di giugno/inizio luglio. Quasi tutti i biglietti per il campo centrale e il campo numero n. 1 sono assegnati per estrazione, per la quale bisogna inoltrare domanda un anno prima. Tentate la sorte inviando una busta affrancata con il vostro indirizzo ad **All England Lawn Tennis Club** (☎ 8944 1066, informazioni 88946 2244; www.wimbledon.org; PO Box 98, Church Rd, Wimbledon SW19 5AE). Un numero limitato di biglietti viene messo in vendita il giorno stesso degli incontri, ma le code da fare sono terribilmente lunghe. Più ci si avvicina alle finali, più si alzano i prezzi; un biglietto per il campo centrale che costa £25 una settimana prima, raddoppierà per la finale. I biglietti per i campi laterali costano meno di £10 e il prezzo diminuisce ancora dopo le 17. È più semplice assistere al torneo maschile di riscaldamento che si tiene al **Queen's Club** (☎ 7385 3421; www.queensclub.co.uk; Palliser Rd, Hammersmith W14; ingresso per un giorno £12; metro Barons Court) e ha luogo un paio di settimane prima di Wimbledon.

Corse dei cani

Se volete trascorrere una serata economica ed emozionante, prendete in considerazione l'idea di andare al cinodromo. La corsa dei levrieri, in cui 6-8 cani inseguono una finta lepre, costa soltanto da £1,50 a £5 per una serie di 12 corse ed è il secondo sport più popolare d'Inghilterra dopo il calcio. Qualche piccola scommessa vi garantirà il divertimento e inoltre conoscerete un altro aspetto di Londra.

Catford Stadium (☎ 8690 8000; Adenmore Rd SE6; treno Catford Bridge)

Walthamstow Stadium (☎ 8531 4255; Chingford Rd E4; treno Highams Park)

Wimbledon Stadium (☎ 8946 8000; Plough Lane SW17; metro Wimbledon Park)

ATLETICA

L'Inghilterra, e Londra in p. una lunga storia nel campo d continua a formare campioni di internazionale. All'interno della grande e vecchia struttura del Crystal Palace, nella zona sud-orientale di Londra, tutte le estati si tengono importanti appuntamenti sportivi. Essa è stata teatro di molti momenti magici negli ultimi anni e qui hanno gareggiato tutti i più importanti campioni internazionali di atletica.

CRYSTAL PALACE NATIONAL SPORTS CENTRE Cartina p434

☎ 8778 0131; www.crystalpalace.co.uk; Ledrington Rd SE19; treno Crystal Palace

Durante tutta l'estate in questo complesso si svolgono meeting di atletica e di nuoto che richiamano i migliori atleti nazionali e internazionali.

PALLACANESTRO

La pallacanestro sta riscuotendo sempre più successo nella capitale e due squadre locali – i **London Leopards** (☎ 01277 230231; Brentwood Leisure Centre, Doddinghurst Rd, Essex; treno Brentwood) e i **Kinder London Towers** (☎ 8776 7755; www.london-towers.co.uk; Crystal Palace National Sports Centre, Ledrington Rd SE19; treno Crystal Palace) – fanno parte della British Basketball League. I biglietti costano circa £8.

IPPICA

Vi sono numerosi ippodromi a due passi da Londra per chi ama fare scommesse. Le corse al galoppo si tengono da aprile a settembre, quelle a ostacoli da ottobre ad aprile.

ASCOT

☎ 01344 622211; Berkshire; ingresso a partire da £6; treno Ascot

Questo ippodromo è famoso in tutto il mondo per il Royal Ascot, che si tiene in giugno.

EPSOM

☎ 01372 470047; Epsom, Surrey; ingresso a partire da £5; treno Epsom Downs

Quanto alle corse di cavalli, l'Epsom ha molte più credenziali di quello di Ascot. L'attrazione

... è il Derby Day, ...ri appuntamenti

...es Rd East, Sunbury-on-
...gresso a partire da £6; treno

A Ke... ...sono corse durante tutto l'anno, ma ques... ...podromo si distingue soprattutto per le gare serali nei mesi estivi.

ROYAL WINDSOR RACECOURSE

☎ 01753 865234; Maidenhead Rd, Windsor, Berkshire; ingresso a partire da £6; treno Windsor
Situato accanto al castello, è un posto perfetto per trascorrere un pomeriggio alle corse.

SANDOWN PARK

☎ 01372 463072; Portsmouth Rd, Esher, Surrey; ingresso a partire da £12; treno Esher
È generalmente considerato l'ippodromo più bello del sud-est dell'Inghilterra.

TEATRO

Negli ultimi anni, Londra ha definitivamente strappato a New York il titolo di capitale mondiale del teatro (p41). Importanti star di Hollywood come Nicole Kidman, Madonna, Gwyneth Paltrow, Woody Harrelson e Matthew Perry si sono volontariamente allontanate dai palcoscenici di Broadway accettando di buon grado guadagni inferiori pur di provare la sensazione impagabile che dà il recitare in un teatro di Londra.

Di recente le tendenze rivoluzionarie e innovative, normalmente tipiche dei teatri di avanguardia, hanno conquistato ed entusiasmato il West End, riuscendo a coinvolgere completamente il pubblico. Al tempo stesso, se quello che cercate è puro divertimento, musical come *I Miserabili*, *Il Fantasma dell'Opera*, *Chicago* e *Mamma mia!* continuano ad andare in scena ogni sera.

Per una panoramica completa dei programmi teatrali, consultate l'*Official London Theatre Guide*, in distribuzione gratuita, o visitate il sito internet www.officiallondontheatre.co.uk.

Agenzie di prenotazione

A Londra, i biglietti per gli spettacoli si esauriscono in fretta, quindi si consiglia di prenotare il prima possibile. Potete rivolgervi direttamente alla biglietteria del teatro oppure, pagando la prevendita, alle agenzie **Ticketmaster** (☎ 7344 4444; www.ticketmaster.co.uk) o **First Call** (☎ 7420 0000, www.firstcalltickets.co.uk). Quasi tutte le biglietterie sono aperte dalle 10 alle 20 da lunedì a sabato, mentre quasi nessuna è aperta la domenica. Se i posti sono esauriti, dovreste essere in grado di procurarvi ugualmente un biglietto per il giorno stesso dello spettacolo mettendovi in coda per tempo: infatti, i biglietti per i quali è stata disdetta la prenotazione vengono rimessi in vendita.

Il giorno dello spettacolo si possono trovare i biglietti per i teatri del West End a prezzi scontati (a volte fino al 50%) presso il **Tkts Booth** (Cartina p450; ☻ 10-19 da lunedì a sabato, 12-15 domenica; metro Leicester Square), ospitato nella torre dell'orologio sul lato sud di Leicester Square. È gestito dall'organizzazione no-profit **Society of London Theatre** (SOLT; ☎ 7836 0971) ma applica una tassa sul servizio pari a £2,50 per biglietto e può vendere un massimo di quattro biglietti a persona. I pagamenti si possono effettuare in contanti, con bancomat o carta di credito (Visa, Mastercard, American Express, Switch).

Diffidate delle altre agenzie che vendono i biglietti nei pressi, soprattutto di quelle lungo Cranbourn St, che pubblicizzano spettacoli a metà prezzo senza menzionare la pesante commissione sulla vendita. A volte sono disponibili anche biglietti stand-by per studenti, previa presentazione della carta di identità, un'ora prima della messa in scena. Chiamate la Student Theatre Line ☎ 7379 8900 per maggiori informazioni.

ROYAL NATIONAL THEATRE

Cartina pp446-47

☎ 7452 3000; www.nationaltheatre.org.uk; South Bank SE1; ingresso Olivier e Lyttleton £10-34, Cottesloe £10-25; metro Waterloo
Il teatro più importante del paese mette in scena opere classiche e contemporanee interpretate da compagnie eccellenti. Dispone di tre sale: la **Olivier**, la **Lyttleton** e la più piccola **Cottesloe**. Per attirare più pubblico il nuovo diret-

tore artistico Nicholas Hynter sta proponendo spettacoli e rappresentazioni entusiasmanti, e ha anche abbassato i prezzi dei biglietti. Per sei mesi, infatti, durante la sua prima stagione come direttore, i tre quarti dei posti nella sala Olivier sono stati venduti a £10. Non si sa ancora se questo tipo di promozione continuerà, in ogni caso si possono acquistare biglietti per lo stesso giorno al prezzo di £10. A volte i biglietti stand-by (solitamente a £17) sono messi a disposizione due ore prima dello spettacolo, ma spesso gli studenti e i disoccupati devono aspettare fino a 45 minuti prima che si alzi il sipario per poter acquistare biglietti stand-by al prezzo speciale di circa £9. I disabili hanno diritto a sconti per tutte le rappresentazioni.

Si possono fare visite guidate dietro le quinte (£5) alle 10.15, 12.15 (o 12.30) e 17.15 (o 17.30) dal lunedì al sabato. In teoria bisognerebbe telefonare al ☎ 7452 3400 o al 7452 3333 per avere maggiori informazioni, ma a noi non ha risposto nessuno: provate quindi con il numero di telefono principale indicato in alto o prenotate personalmente.

BARBICAN Cartina pp452-53

☎ 7638 8891; www.barbican.org.uk; Silk St EC2; ingresso Theatre/Pit £5-30/£15; metro Moorgate/Barbican

Da quando la Royal Shakespeare Company ha lasciato la sua sede stabile al Barbican, il centro sta lavorando assiduamente per riempire i suoi due auditori: il Theatre e il più piccolo Pit. I risultati ottenuti fin'ora sono più che soddisfacenti, soprattutto con il programma del BITE (Barbican International Theatre Event). Oltre a spettacoli di musica e danza, il Barbican ospita compagnie teatrali internazionali e il teatro d'avanguardia. Studenti, anziani e disoccupati possono comprare biglietti stand-by il giorno dello spettacolo per circa £12.

ROYAL COURT Cartina pp456-57

☎ 7565 5000; www.royalcourttheatre.com; Jerwood Theatre, Sloane Sq SW1; ingresso martedì-domenica/lunedì 10p-£26/£7.50; metro Sloane Square

Da sempre associato a Look Back in Anger di John Osborne e ad altri drammi simili del dopoguerra, il Royal Court continua a porre l'accento esclusivamente su opere nuove e sorprendenti.

Il Jerwood, sede della compagnia, è stato sottoposto a restauro intorno alla metà degli anni '90 e ora sfoggia due moderni e comodi

auditorium, uno al piano superiore e uno al piano inferiore. Il lunedì tutti i biglietti costano £7,50; negli altri giorni c'è una tariffa speciale di £9,50 per studenti, ragazzi con meno di 21 anni, anziani e disoccupati; i posti in piedi per gruppi di otto persone sono venduti a 10p poco prima dell'inizio dello spettacolo nel teatro del piano di sotto. I biglietti stand-by sono disponibili un'ora prima della messa in scena, ma a prezzo pieno.

SHAKESPEARE'S GLOBE Cartina pp452-53

☎ 7401 9919; www.shakespeares-globe.org; poltrone/posti in piedi £13-29/£5; 21 New Globe Walk SE1; metro London Bridge

Il Globe è la sede dell'autentico teatro shakespeariano, non solo in quanto riproduzione pressoché perfetta del teatro in cui lo stesso Shakespeare lavorò tra il 1598 e il 1611, ma anche perché segue in buona misura i canoni di realizzazione scenica elisabettiani. Il complesso, costruito in legno, presenta una forma a 'O' e manca di un tetto vero e proprio sopra il palco centrale. Benché ci siano delle panche in legno intorno al palco, molti preferiscono emulare gli 'spettatori di platea' del XVII secolo che stavano in piedi davanti al palcoscenico, urlando e commentando a loro piacimento.

Siccome il teatro è piuttosto esposto alle intemperie, è meglio coprirsi bene. Non sono ammessi ombrelli, ma si vendono impermeabili a poco prezzo. La stagione teatrale dura da maggio a settembre e comprende opere di Shakespeare e dei suoi contemporanei, come Christopher Marlowe, ma anche almeno un'opera nuova all'anno.

Un'avvertenza: i due pilastri sul proscenio (detto 'Heavens') oscurano gran parte della visuale della sezione D; sarebbe quasi meglio stare in piedi. In inverno le opere vengono messe in scena nel nuovo **Inigo Jones Theatre**, una moderna struttura al chiuso che riproduce un teatro dell'epoca di Giacomo I.

TEATRI FUORI DAL WEST END E D'AVANGUARDIA

Le tendenze più decisamente provocatorie e di più forte richiamo nel mondo del teatro sono spesso quelle proposte dalle produzioni dei molti teatri fuori dal West End e dalle compagnie d'avanguardia. Alcuni teatri che propongono spettacoli sorprendenti, coinvolgenti e fortemente rivoluzionari sono:

Divertimenti – Teatro

ALMEIDA THEATRE Cartina pp440-41
☎ 020 7359 4404; www.almeida.co.uk; Almeida St N1; metro Angel

Nonostante la recente ristrutturazione della platea e il nuovo direttore Michael Attenborough, il piccolissimo Almeida conserva la sua atmosfera di sempre. In passato, tra le sue produzioni hanno figurato una messinscena di Ibsen con la star di prima grandezza Natasha Richardson, una prima rappresentazione assoluta di una commedia di Neil LaBute (regista cinematografico di *Nella società degli uomini* e *Nurse Betty*) e diverse versioni del noto dramma di Franz Wedekind sull'irresistibile seduttrice *Lulu*.

BATTERSEA ARTS CENTRE
Cartina pp436-37
BAC; ☎ 7223 2223; www.bac.org.uk; Lavender Hill SW11; metro Clapham Common, treno Clapham Junction, autobus nn. 77, 77A o 345

Si tratta di un semplice e accogliente teatro di quartiere dove il personale si intrattiene con gli spettatori e nel bar gli attori si mescolano al pubblico alla fine dello spettacolo. Anche il suo taglio innovativo ha ricevuto parecchi elogi. Tra i suoi successi del passato ricordiamo *Taylor's Dummies* della compagnia Gecko, un'opera vincente del teatro fisico, e *Jerry Springer – The Opera*, che si è traferito al National Theatre.

BUSH THEATRE Cartina pp436-37
☎ 7610 4224; www.bushtheatre.co.uk; Shepherd's Bush Green W12; metro Shepherd's Bush

Per essere essenzialmente un pub, il Bush è davvero un ottimo teatro. Il suo successo è legato a nomi di autori importanti, quali Tina Brown, Jonathan Harvey, Conor McPherson e Stephen Poliakoff, ma la struttura richiama anche attori di massimo livello. I posti a sedere sono stati rinnovati, lasciando maggiore spazio tra i sedili. Nel 2005 potrebbe cambiare sede, quindi telefonate per avere informazioni aggiornate.

DONMAR WAREHOUSE Cartina p450
☎ 7369 1732; www.donmar-warehouse.com; 41 Earlham St WC2; metro Covent Garden

Quando Sam Mendes era il direttore artistico e Nicole Kidman si esibiva ogni sera in striptease interpretando *The Blue Room*, il Donmar era veramente il teatro più piccante della città. Ora, sotto la direzione di Michael Grandage, dei Sheffield Theatres, sembra stia acquisendo un

tocco europeo. La fama di questo teatro è ben superiore alle sue piccole dimensioni, quindi si consiglia di prenotare.

HACKNEY EMPIRE Cartina pp436-37
☎ 8985 2424; 291 Mare St E8; treno Hackney Central

L'Empire, occasionalmente usato per ospitare opere teatrali, è stato restaurato di recente e mette in scena un gran numero di varietà e spettacoli comici, recite di beneficenza e concerti di musica da tutto il mondo.

HAMPSTEAD THEATRE Cartina pp438-39
☎ 7722 9301; www.hampsteadtheatre.com; 98 Avenue Rd NW3; metro Swiss Cottage

L'Hampstead Theatre è conosciuto e apprezzato perché da sempre mette in scena le opere di nuovi drammaturghi emergenti, tra cui, negli anni '60 del XX secolo, alcune nuove sceneggiature di Harold Pinter. Occasionalmente propone anche volti noti, come l'attore Ewan McGregor. Oggi è ospitato in un bell'edificio nuovo dotato di due auditorium, uno da 80 e uno da 325 posti.

KING'S HEAD Cartina pp440-41
☎ 7226 1916; 115 Upper St N1; metro Highbury & Islington

La sua atmosfera piuttosto informale rende questo posto non particolarmente adatto a rappresentazione di opere teatrali, mentre è indicato per il cabaret e altri spettacoli di questo genere.

LYRIC HAMMERSMITH Cartina p434
☎ 08700 500 511; www.lyric.co.uk; King St W6; metro Hammersmith

Un moderno ingresso in vetro conduce a un elegante teatro storico di colore rosso da 550 posti e a un teatro-studio più piccolo da 180 posti. Qui potrete assistere a rielaborazioni in chiave moderna di opere storiche, come *Pericle*, e a spettacoli misti con proiezioni di film, musica e danza. Il teatro-studio si rivolge a un pubblico sotto i 20 anni.

OLD VIC Cartina pp446-47
☎ 7928 7616; Waterloo Rd SE1; metro Waterloo

L'Old Vic è ancora in condizioni piuttosto malandate, ma si sta lavorando per rimetterlo in sesto. Il nuovo direttore artistico Kevin Spacey nel 2003 ha cominciato a cercare nuovi finanziamenti e ha ridestato l'interesse del pubblico promettendo di recitare in questo teatro almeno due volte all'anno.

I teatri del West End

Ogni estate i teatri del West End mettono in scena un repertorio sempre nuovo di commedie e musical, e alcuni spettacoli rimangono in programma davvero a lungo. Di seguito, riportiamo gli indirizzi dei teatri e i numeri di telefono delle rispettive biglietterie. Abbiamo evidenziato i casi in cui gli spettacoli sono ospitati da diverso tempo in un determinato teatro. Dove non trovate alcuna segnalazione, per sapere che cosa c'è in programma consultate *Time Out*.

Adelphi (Cartina p450; ☎ 7344 0055; Strand WC2; metro Charing Cross) Teatro del musical *Chicago*.

Albery (Cartina p450; ☎ 7369 1740; 85 St Martin's Lane WC2; metro Leicester Square)

Aldwych (Cartina p450; ☎ 0870 400 0805; 49 Aldwych WC2; metro Holborn) *Fame – Il musical*. Famosissimo.

Apollo (Cartina p448; ☎ 7494 5070; 39 Shaftesbury Ave W1; metro Piccadilly Circus) I fan di Bollywood vengono in questo teatro per abbandonarsi ai *Bombay Dreams*.

Cambridge (Cartina p450; ☎ 7494 5080; Earlham St WC2; metro Covent Garden)

Comedy (Cartina p448; ☎ 7369 1731; Panton St SW1; metro Piccadilly Circus)

Criterion (Cartina p448; ☎ 7413 1437; Piccadilly Circus W1; metro Piccadilly Circus) La Reduced Shakespeare Company mette in scena in questo teatro tutte le opere del poeta in una divertente performance di 90 minuti.

Dominion (Cartina p448; ☎ 0870 607 7400; 268-269 Tottenham Court Rd W1; metro Tottenham Court Rd) I più grandi successi dei Queen vengono rivisitati da Ben Elton in *We Will Rock You*.

Duke of York's Theatre (Cartina p450; ☎ 7836 4615; St Martin's Lane WC2; metro Leicester Square)

Fortune (Cartina p450; ☎ 7836 2238; Russell St WC2; metro Covent Garden) *The Woman in Black* continua a dare i brividi.

Garrick (Cartina p450; ☎ 7494 5085; 2 Charing Cross Rd WC2; metro Charing Cross)

Gielgud (Cartina p448; ☎ 7494 5065; 33 Shaftesbury Ave W1; metro Piccadilly Circus)

Her Majesty's (Cartina p448; ☎ 7494 5400; Haymarket SW1; metro Piccadilly Circus) Qui va in scena regolarmente *Il Fantasma dell'Opera*.

London Palladium (Cartina p448; ☎ 7494 5020; 8 Argyll St W1; metro Oxford Circus) *Chitty Chitty Bang Bang* – molto amato dai bambini.

Lyceum (Cartina p450; ☎ 7420 8100; 21 Wellington St WC2; metro Covent Garden)

Lyric (Cartina p448; ☎ 7494 5045; Shaftesbury Ave W1; metro Piccadilly Circus)

New Ambassadors (Cartina p450; ☎ 7369 1761; West St WC2; metro Leicester Square) *Stones in his Pocket*, che narra le vicende di una troupe di Hollywood che sta girando un film in Irlanda, è davvero molto comico.

New London (Cartina p450; ☎ 7405 0072; Drury Lane WC2; metro Holborn)

Palace (Cartina p450; ☎ 7434 0909; Shaftesbury Ave W1; metro Leicester Square) Con *I Miserabili* si mette in scena la storia dell'Europa postnapoleonica.

Phoenix (Cartina p450; ☎ 7369 1733; 110 Charing Cross Rd WC2; metro Tottenham Court Road) *Blood Brothers (Fratelli di sangue)*, di Willy Russell, è ambientato a Liverpool.

Piccadilly (Cartina p448; ☎ 7478 8800; Denman St W1; metro Piccadilly Circus)

Prince Edward (Cartina p448; ☎ 7447 5400; 30 Old Compton St W1; metro Leicester Square) *Mamma mia!* nel vero senso della parola: questa esclamazione degli Abba continua ad avere successo in questo intramontabile musical.

Prince of Wales (Cartina p448; ☎ 7839 5987; 31 Coventry St W1; metro Piccadilly Circus)

Queen's (Cartina p448; ☎ 7494 5040; Shaftesbury Ave W1; metro Piccadilly Circus)

St Martin's (Cartina p450; ☎ 7836 1443; West St WC2; metro Leicester Square) *Trappola per topi*, di Agatha Christie, non sembra voler chiudere i battenti, neanche dopo più di 50 anni.

Shaftesbury (Cartina p450; ☎ 7379 5399; 210 Shaftesbury Ave WC2; metro Tottenham Court Rd/Holborn)

Savoy (Cartina p450; ☎ 7836 8888; Savoy Court, Strand WC2; metro Charing Cross)

Strand (Cartina p450; ☎ 7836 4144; Aldwych WC2; metro Covent Garden)

Theatre Royal Drury Lane (Cartina p450; ☎ 7494 5060; Catherine St WC2; metro Covent Garden) Con un pizzico di fortuna potreste ancora trovare in cartellone *My Fair Lady*.

Theatre Royal Haymarket (Cartina p448; ☎ 0870 901 3356; Haymarket SW1; metro Piccadilly Circus)

Whitehall (Cartina p450; ☎ 7321 5400; 14 Whitehall SW1; metro Charing Cross)

Wyndham's (Cartina p450; ☎ 7369 1736; Charing Cross Rd WC2; metro Leicester Square)

Divertimenti – Teatro

OPEN AIR THEATRE Cartina pp438-39

☎ 7486 2431; www.openairtheatre.org; Inner Circle, Regent's Park NW1; ingresso £10-26; metro Baker Street

Da giugno a inizio settembre vedere un musical o un'opera di Shakespeare rappresentati in questo teatro all'aperto è davvero suggestivo.

SOUTHWARK PLAYHOUSE Cartina pp452-53

☎ 7620 3494; 62 Southwark Bridge Rd SE1; metro Southwark

Il Southwark Playhouse, un teatro da 70 posti relativamente nuovo, ha ricevuto recensioni entusiastiche per l'interessante lavoro condotto sotto la supervisione del giovane direttore artistico Thea Sharrock. Uno dei suoi più grandi successi fino ad oggi è stato *Through the Leaves* con Simon Callow, che successivamente si è trasferito nel West End.

TRICYCLE THEATRE Cartina pp436-37

☎ 7328 1000; www.tricycle.co.uk; 269 Kilburn High Rd NW6; metro Kilburn

Il Tricycle è un teatro che conosce bene il suo pubblico e porta alla ribalta produzioni di eccellente qualità sulle vicende irlandesi o di gente di colore, per lo più con un forte taglio politico. Offre anche un bel cinema e un bar.

YOUNG VIC Cartina pp446-47

☎ 7928 6363; 66 The Cut SE1; metro Waterloo

Il direttore associato Rufus Norris è stato definito uno dei direttori più audaci del nuovo teatro britannico ed è alla base di molti grandi successi tipici dello Young Vic, come il rifacimento de *La bella addormentata* e la commedia spagnola *Peribáñez*. Il pubblico siede molto vicino agli attori, il che dona a questo splendido teatro un'atmosfera molto intima.

Shopping

Shopping

Se per caso vi è capitato che qualche amico o parente di ritorno da Londra vi abbia portato in regalo una semplice maglietta, sappiate che una T-shirt è davvero un souvenir poco significativo in una mecca dello shopping di fama mondiale come Londra. In questa città, infatti, si possono trascorrere ore e ore di infinito divertimento passando in rassegna i paradisi del consumismo presenti a ogni angolo del centro, sia che cerchiate da Harrods il tè inglese per la prima colazione, sia che vi interessino le novità di Vivienne Westwood nel campo della moda.

Non è del tutto corretto dire che se non riuscite a trovare qualcosa a Londra probabilmente non riuscirete a trovarlo altrove, ma quasi. Ci sono negozi di antiquariato e di abbigliamento lungo tutto il mercato di Portobello Rd, una dozzina di librerie grandi

Camden Canal Market (p328)

come biblioteche in Charing Cross Rd, e poi negozi di grandi firme, mobilifici e grandi magazzini di fama mondiale come Fortnum & Mason e Harvey Nichols; per non parlare del mercato di Camden, considerato una delle cinque attrazioni principali della città. Quindi, in poche parole, se lo shopping è una terapia, Londra è il posto ideale per curarsi (a pagamento, naturalmente).

Certo, la capitale offre raramente quel rapporto qualità-prezzo che si trova a New York, e gli stessi londinesi si recano spesso oltreoceano per fare scorta di jeans a prezzi bassi. Tuttavia, seppure costosa, la città offre una grande scelta di negozi. Prendete la moda – a parte i jeans – come esempio. In questo settore Londra vanta alcuni marchi molto conosciuti in tutto il mondo che propongono collezioni classiche ma sempre reinventate, come Burberry, sarti esclusivi a Savile Row, giovani ed esperti stilisti, da Antoni Berardi e Alexander McQueen a Stella McCartney e Julien Macdonald; ma soprattutto molti negozi di streetwear all'ultimo grido: li vedrete ovunque, quasi in ogni via, anche se ultimamente i templi della moda sembrano essere i negozi di Hoxton, comprese le boutique intorno a Brick Lane e Spitalfields.

Persino lungo la turistica **Oxford St** (Cartina p448) troverete numerosi negozi di abbigliamento: in realtà si tratta di catene, ma sono talmente tante che è ormai difficile rendersene conto. Bond St è un susseguirsi di marche internazionali, mentre High St Kensington è una combinazione di stili eleganti e di tendenza. Lo stesso Covent Garden non ha solo pregevoli negozi di souvenir; molti bei negozi si possono trovare inoltre in Floral St, Monmouth Gardens, Shorts Gardens, Neal St e Neal's Yard.

Moda a parte, altre strade si distinguono per i loro negozi specializzati. Gli amanti di gioielli troveranno a Clerkenwell un vero e proprio paradiso, i collezionisti di dischi scopriranno il fulcro dei negozi di seconda mano in Hanway St e a Notting Hill. Tottenham Court Rd è la via dei negozi di computer e di mobili. Chelsea (in particolare l'Antiquarius Antiques Centre), Islington e Kensington sono le zone migliori per le antichità.

Come forse saprete, alcuni grandi magazzini di Londra sono vere e proprie attrazioni turistiche di per sé. Harrods è solitamente il primo della lista, ma quasi tutti conoscono anche 'Harvey Nicks' (Harvey Nichols). I clienti più anziani tendono a preferire il più classico Fortnum & Mason, mentre quelli più giovani sono generalmente più attratti da Selfridges. Per i più piccini invece, il negozio di giocattoli Hamleys è il più grande spettacolo della città.

Per ulteriori informazioni, consultate l'almanacco annuale *Time Out Shop* (£8,99), che contiene informazioni dettagliate su centinaia di negozi della cap

Orari di apertura

Il bello di Londra è che in quasi tutti i quartieri si può andare a fare shopping tutti i giorni della settimana.

Di solito, i negozi sono aperti dalle 9 o dalle 10 fino alle 18 o alle 18.30 dal lunedì al sabato. Quelli del West End (Oxford St, Soho e Covent Garden) rimangono aperti più a lungo (in genere fino alle 20) il giovedì, quelli di Chelsea, Knightsbridge e Kensington il mercoledì.

Nel West End e a Chelsea, Knightsbridge e Kensington, molti negozi sono aperti anche la domenica, solitamente da mezzogiorno alle 18, ma a volte anche dalle 10 alle 16. La domenica sono aperti anche molti negozi a Greenwich, a Hampstead e lungo Edgeware Rd e Tottenham Court Rd.

Invece, alcuni negozi dello 'Square Mile' (la City) sono aperti solo dal lunedì al venerdì. Le boutique più piccole, inoltre, tendono a osservare gli orari che fanno comodo ai proprietari, aprendo più tardi la mattina e spesso rimanendo chiuse il lunedì o il martedì, per restare invece aperte nei weekend. In questi posti è sempre meglio telefonare, perché spesso l'orario cambia all'ultimo momento.

Le zone più adatte per lo shopping

La famosa Oxford St potrebbe lasciarvi un po' delusi, mettendo alla prova la vostra pazienza mentre cercate di farvi strada a gomitate tra la folla. Allo stesso modo, la zona piena di gente (e di rifiuti) di Camden è forse meno favolosa di quanto lasci immaginare la sua reputazione. Carnaby St era il cuore dei febbrili anni '60 ma, malgrado i film di Austin Powers, stiamo parlando di molto tempo fa. Invece, i posti migliori dove andare muniti di portafoglio o carta di credito sono:

Charing Cross Rd È stata immortalata dalla televisione e dal cinema e, anche se la strada più famosa di Londra per le sue librerie oggi presenta una concentrazione di grandi catene (Books Etc, Borders, Waterstones), queste si mescolano ai negozi che già esistevano, garantendo quindi sia la quantità, sia la qualità. Se cercate librerie specializzate, provate Murder One (gialli), Sports Pages (tutti gli sport immaginabili) e Zwemmer's (arte, architettura, fotografia).

Covent Garden Lontani dal vecchio mercato coperto troverete una serie di splendidi negozi di moda, come Ted Baker, Camper e Paul Smith (in Floral St e dintorni), Koh Samui e Poste Mistress (Monmouth Gardens), il negozio di abbigliamento maschile all'ultima moda Duffer of St George (Shorts Gardens), Diesel e anche Mambo, la marca australiana di accessori per il surf (Neal St e Earlham St). Il raffinato negozio di prodotti di bellezza Space NK si trova anch'esso in Earlham St, mentre il centro commerciale Dr Marten, disposto su quattro piani, è più vicino al mercato, in King St.

High St Kensington Alternativa meno affollata e più apprezzabile rispetto a Oxford St, offre tutte le più famose catene di negozi, da BHS, Boots, French Connection, H&M e Jigsaw a Kookai, Marks & Spencer, Warehouse e Zara. Qui trovate anche alcuni negozi più alla moda, come Diesel (al n. 38a) e Urban Outfitters (al n. 36), mentre nei pressi di Church St avrete anche l'opportunità di acquistare qualche pezzo d'antiquariato.

Hoxton, Shoreditch e Spitalfields Questa zona, che la domenica ospita il vivace mercato di Spitalfields, sta diventando sempre più importante sulla scena dei negozi di Londra. Atelier di giovani stilisti, gioiellerie all'ultima moda e negozi di arredamento si mescolano a una gran quantità di rivendite di mobili d'epoca. È il luogo ideale per i fanatici dello shopping che amano andare alla scoperta di qualcosa di unico, elegante e originale.

King's Rd Anche se ormai molto distante dall'epoca d'oro dei mod degli anni '60, King's Rd vanta ancora diversi negozi di articoli d'arredamento, come Designer's Guild (al n. 269), Habitat (al n. 206) e Heal's (al n. 234). Vengono soddisfatte pure le esigenze dei più piccini: Daisy & Tom (al n. 181) e Trotters (al n. 34) mettono a disposizione giostre (il primo) e trenini (il secondo) in strutture che comprendono grandi marche di abbigliamento per bambini, negozi di giocattoli e parrucchieri.

Knightsbridge Harrods è un'istituzione nazionale e anche gli scettici dovrebbero vedere per lo meno il reparto alimentare e l'Egyptian Hall per gli articoli da regalo. Harvey Nichols si trova a breve distanza, inoltre vi sono numerosi negozi nelle vicinanze che soddisferanno anche i clienti più esigenti. Il negozio di borsette Mulberry (Brompton Rd) e quello di biancheria intima Rigby and Peller (Hans Rd), dove si fornisce la regina, propongono marche inglesi, mentre la moda italiana trova spazio all'Emporio Armani (Brompton Rd).

e un determinato giorno c'è un mercato di forte richiamo – per esempio il Flower Market di Columbia Road della domenica mattina – è probabile che i negozi della zona aprano i battenti.

Duty-free

In certi casi, i turisti hanno il diritto di chiedere il rimborso dell'IVA, pari al 17,5%, che hanno pagato comprando determinati prodotti. Il rimborso può essere richiesto solo acquistando nei negozi che espongono il cartello 'tax free' (esente da imposta) – ve ne sono molti lungo Bond St – e per ottenerlo i visitatori devono rimanere nel Regno Unito per meno di 365 giorni negli ultimi due anni precedenti l'acquisto, lasciare l'UE entro tre mesi dallo stesso e soggiornare fuori dall'Unione per un periodo non inferiore a un anno.

IL WEST END

Questo è il cuore dello shopping di Londra, dove troverete la più forte concentrazione di negozi di ogni tipo e livello. Se c'è una marca di tendenza, la trovate tra il West End e il centro-sud. I vari posti dove fare acquisti sono ben distribuiti, ma alcune strade sono rinomate per i loro negozi specializzati. I grandi appassionati di moda sapranno già che la zona intorno a Covent Garden offre i migliori negozi di abbigliamento tradizionale e streetwear (merita dare un'occhiata soprattutto in Newburgh St, Floral St e Carnaby St) e, anche se Oxford St resta la via dei negozi per eccellenza, i dintorni di Sloane Square sono il luogo giusto dove andare se vi interessa l'alta moda. A Covent Garden, i negozietti e le bancarelle all'interno dell'edificio che ospitava il vecchio mercato tendono a essere costosi e pensati apposta per i turisti, ma le strade della zona circostante sono il luogo ideale se cercate articoli di biancheria intima, libri, musica, utensili domestici o formaggio.

GRANDI MAGAZZINI

SELFRIDGES Cartina pp446-47

☎ 7629 1234; 400 Oxford St W1; metro Bond Street
È il più straordinario e affollato tra i grandi magazzini di Londra, dove il settore dell'abbigliamento spazia dalla moda streetwear agli abiti tradizionali, il reparto alimentari non conosce eguali e quello dei cosmetici è il più grande di tutta Europa.

MODA E GRANDI FIRME

ANYA HINDMARCH Cartina pp442-43

☎ 7838 9177; www.anyahindmarch.com; 15 Pont St; metro Sloane Square
Borsette colorate, eleganti e divertenti sono ciò che contraddistingue il marchio Hindmarch, diventato ormai un'icona degli appassionati di moda. Hindmarch produce anche accessori più tradizionali, e di recente ha cominciato a proporre pure scarpe con gli stessi motivi.

BLACKOUT II Cartina p450

☎ 7240 5006; 51 Endell St WC2; metro Covent Garden
È distribuito su due piani, ricchi di negozi di stilisti che propongono moda retrò per uomo e donna, dagli anni '50 agli anni '80.

DUFFER OF ST GEORGE Cartina p450

☎ 7836 3722; 29 Shorts Gardens, Covent Garden WC2; metro Covent Garden
Maestro della moda maschile di Londra, Duffer ha due negozi, a pochi passi di distanza uno dall'altro, che forniscono capi di abbigliamento tradizionale, come camicie e vestiti di moda classica italiana fatti a mano, accanto a maglie, borse e accessori vari.

EMMA HOPE'S SHOES Cartina pp442-43

☎ 7259 9566; www.emmahope.co.uk; 53 Sloane Sq SW1; metro Sloane Square
La stilista Emma Hope è rinomata per le sue splendide scarpe da ragazze, meravigliosamente curate nei dettagli e fatte di bellissimi materiali come seta e pelle scamosciata. Adesso la stilista propone i suoi meravigliosi articoli anche nel campo dell'abbigliamento.

FRENCH CONNECTION UK Cartina pp446-47

☎ 7629 7766; 396 Oxford St W1; metro Oxford Circus
Principe della moda (e dei prezzi) nella Londra dei negozi, il FCUK è una catena 'aggressiva' con un reparto per rampanti pierre che offre un'elegante moda streetwear, dalle magliette per ogni giorno ai vestiti sexy e aderenti per i party.

HIGH JINKS Cartina p450

☎ 7240 5580; Thomas Neal Centre, Earlham St WC2; metro Covent Garden

Tempio della moda streetwear, questo negozio presenta capi di famose marche d'abbigliamento per ragazzi e proposte di giovani stilisti emergenti, più che mai desiderosi di vendere i loro fantasiosi abiti, come per esempio i pantaloni a vita bassa.

MANOLO BLAHNIK Cartina pp456-57

☎ 7352 3863; 49-51 Old Church St SW3; metro Sloane Square

Gli appassionati di scarpe dovrebbero affrettarsi ad andare in questo meraviglioso posto che sembra più una galleria che un semplice negozio. In vetrina potranno ammirare quel tipo di scarpe che Madonna ha definito 'migliori del sesso' e di cui vanno matte le ragazze di *Sex & the City*.

PAUL SMITH Cartina p450

☎ 7379 7133; 40-44 Floral St WC2; metro Covent Garden

Ideale per fare un giro anche se non intendete acquistare, Paul Smith rappresenta il meglio della moda classica inglese con qualche tocco innovativo. Offre splendidi capi di vestiario e begli accessori per uomo, donna e bambino.

PHILIP TREACY Cartina pp460-61

☎ 7824 8787; www.philiptreacy.co.uk; 69 Elizabeth St SW1; metro Sloane Square

Questo eccezionale stilista irlandese di cappelli veste alcune delle teste più esclusive del mondo, ma offre anche una scelta abbordabile di copricapi preconfezionati, tra cui il suo famoso berretto 'bisex'.

POSTE Cartina pp446-47

☎ 7499 8002; 10 South Molton St; metro Bond Street

Situato in una delle vie più alla moda di Londra, questo favoloso negozio si rivolge ai ragazzi che amano le belle scarpe ed è provvisto di tutto ciò che va dalle migliori marche di moda streetwear a un abbigliamento impeccabile d'importazione italiana. Il personale è molto gentile e di bell'aspetto.

TOP SHOP Cartina p448

☎ 7636 7700; www.topshop.co.uk; 36-38 Great Castle St W1; metro Oxford Circus

Questo inimitabile negozio, chiamato familiarmente 'Toppers', è un'icona dello shopping e fa parte di un'importante catena inglese di negozi che offre capi di abbigliamento per giovani, alla moda ma a prezzi abbordabili. È un posto per tutti, e propone una versione bella ed economica dei vestiti di alta moda che li rende accessibili a tutte le tasche. Lascia spazio ai giovani stilisti emergenti ed è facile trovarvi sempre qualcosa di conveniente, qualunque siano i vostri gusti, lo stile e la disponibilità finanziaria. Di sabato il Topman diventa freneticamente affollato.

ZARA Cartina p448

☎ 7534 9500; 118 Regent St W1; metro Piccadilly Circus/Oxford Street

Questa famosa marca spagnola, sinonimo di capi di vestiario d'alta classe per uomo e per donna, offre un tipo di moda con un taglio commerciale attentamente studiato che, nonostante la qualità, non ha fortunatamente costi spropositati.

Taglie e misure

Le misure sottoindicate si avvicinano molto, ma è sempre meglio provare prima di acquistare

Abbigliamento donna

Australia/UK	8	10	12	14	16	18
Europa	36	38	40	42	44	46
Giappone	5	7	9	11	13	15
USA	6	8	10	12	14	16

Scarpe da donna

Australia/USA	5	6	7	8	9	10
Europa	35	36	37	38	39	40
Francia	35	36	38	39	40	42
Giappone	22	23	24	25	26	27
UK	3½	4½	5½	6½	7½	8½

Abbigliamento uomo

Australia	92	96	100	104	108	112
Europa	46	48	50	52	54	56
Giappone	S		M	M		L
UK/USA	35	36	37	38	39	40

Camicie da uomo (misura del collo)

Australia/Giappone	38	39	40	41	42	43
Europa	38	39	40	41	42	43
UK/USA	15	15½	16	16½	17	17½

Scarpe da uomo

Australia/UK	7	8	9	10	11	12
Europa	41	42	43	44½	46	47
Giappone	26	27	27½	28	29	30
USA	7½	8½	9½	10½	11½	12½

Shopping – Il West End

CIBO E BEVANDE

ALGERIAN COFFEE STORES Cartina p448

☎ 7437 2480; 52 Old Compton St W1; metro Leicester Square

Questo è il negozio dove comprare ogni tipo di tè e caffè, compreso il Maragogype (alias Elephant Bean), che ha i chicchi più grossi del mondo.

ANGELUCCI COFFEE MERCHANTS
Cartina p448

☎ 7437 5889; 23b Frith St W1; metro Tottenham Court Rd

Questo negozio accogliente e pieno d'atmosfera è uno degli esercizi commerciali più vecchi di Soho ed è gestito da una famiglia italiana che svolge quest'attività dagli anni '20 del XX secolo. Eccellente il Mokital, la miscela della casa.

GERRY'S Cartina p448

☎ 7734 4215; 74 Old Compton Rd W1; metro Leicester Square

Il Gerry's propone un assortimento davvero incredibile di liquori provenienti dagli angoli più remoti del mondo. Andateci se non potete fare a meno di una bottiglia di pisco peruviano, di zubrowka polacco, di Stoli Razberi o di assenzio 70%.

MILROY'S OF SOHO Cartina p448

☎ 7437 9311; 3 Greek St W1; metro Tottenham Court Road

Vanta una scelta di oltre 500 tipi diversi di whisky, tra cui 350 di malto e 30 irlandesi.

NEAL'S YARD DAIRY Cartina p450

☎ 7240 5700; 17 Shorts Gardens WC2; metro Covent Garden

Uno dei migliori negozi di formaggi di Londra, è il luogo dove andare per gustare le specialità casearie provenienti dalle fattorie di tutto il Regno Unito, oltre a vari tipi di condimenti, sottaceti, conserve e salse a base di frutta e spezie.

PAXTON & WHITFIELD Cartina p448

☎ 7930 0259; 93 Jermyn St SW1; metro Piccadilly Circus

È il più vecchio negozio di formaggi della capitale e si è assicurato una clientela numerosa e fedele, attirata dal forte odore di formaggi che esce dalle sue porte, sin dal 1797, quando ha iniziato la sua attività

THE TEA HOUSE Cartina p450

☎ 7240 7539; 15a Neal St WC2; metro Covent Garden

Si tratta di un negozio caratteristico e pittoresco, con una vasta scelta di tè, tisane e teiere, belle anche se poco maneggevoli.

ARREDAMENTO E ARTICOLI PER LA CASA

HABITAT Cartina pp446-47

☎ 7631 3880; 196 Tottenham Court Rd W1; metro Goodge Street

Catena di negozi che ha portato il design nelle case inglesi, vende mobili di tutti i generi e ottimi articoli casalinghi. A Londra ne troverete molte filiali.

HEAL'S Cartina pp446-47

☎ 7636 1666; 196 Tottenham Court Rd W1; metro Goodge Street

Questo negozio di arredamento e articoli per la casa è in attività da diverso tempo ed è un po' come il fratello maggiore di Habitat, offrendo un design più pratico ed elegante in senso tradizionale e un ottimo reparto di accessori per la cucina.

KITSCHEN SYNC Cartina p450

☎ 7497 5129; 7 Earlham St WC2; metro Covent Garden

Specializzato in 'tutto ciò che è appariscente e di qualità scadente per la casa', questo posto è così di cattivo gusto da diventare divertente. Vi troverete uno splendido assortimento di accessori per la cucina in stile retrò, come bollitori per il tè rosa shocking, sedie a forma di cuore e sedili del water con i colori della bandiera britannica.

ROYAL DOULTON Cartina p448

☎ 7734 3184; 154 Regent St W1; metro Piccadilly Circus

Visitatelo per la classica porcellana fine inglese e gli articoli di cristalleria.

GIOIELLERIE

JESS JAMES Cartina p448

☎ 7437 0199; www.jessjames.com; metro Oxford Circus

Questa grande gioielleria espone le realizzazioni varie ed eleganti di moltissimi orafi inglesi, nonché della stessa Jess.

MAPPIN & WEBB Cartina p448

☎ 7734 3801; www.mappin-and-webb.co.uk; 170 Regent St W1; metro Oxford Circus/Piccadilly Circus

Questa tradizionale oreficeria è in attività dal 1774 e oggi produce gioielli in stile sia contemporaneo, sia classico tra cui, recentemente, preziosi orologi firmati. Offre anche un servizio di riparazione orologi.

NEGOZI SPECIALIZZATI

AGENT PROVOCATEUR

Cartina p448   *Lingerie*

☎ 7439 0229; 6 Broadwick St W1; metro Oxford Circus

Se cercate lingerie mozzafiato, fermatevi in questo meraviglioso negozio, fornito di corsetti sexy ed eleganti, reggiseni e camicie da notte di ogni foggia e misura. Le vetrine sono favolose.

ANN SUMMERS

Cartina p448   *Lingerie*

☎ 7434 2475; 79 Wardour St W1; metro Piccadilly Circus

Qui troverete biancheria di pizzo, manette leopardate, reggiseni imbottiti, perizoma, fruste di cuoio e costumi da infermiera. Gran parte degli articoli di biancheria intima sono finalizzati più al divertimento che al senso pratico, ma sono comunque piuttosto seducenti.

JAMES SMITH & SONS

Cartina p450   *Accessori*

☎ 7836 4731; 53 New Oxford St WC1; metro Tottenham Court Road

Nessun altro posto vanta ombrelli e bastoni da passeggio così eleganti come quelli proposti

da questo negozio, caratterizzato da un meraviglioso esterno.

LONDON SILVER VAULTS

Cartina pp446-47   *Argenteria*

☎ 7242 3844; Chancery House, 53-63 Chancery Lane WC2, entrata dai Southampton Bldgs; ☖ il sabato chiude alle 13; metro Chancery Lane

I 40 negozi del seminterrato di questo complesso costituiscono la più grande collezione al mondo di argenteria. Qui troverete ogni sorta di oggetto in argento: gioielli, cornici, candelabri e servizi da tè.

GIOCATTOLI

BENJAMIN POLLOCK'S TOY SHOP

Cartina p450

☎ 7379 7866; 1° piano, 44 The Market, Covent Garden WC2; metro Covent Garden

Se vi piacciono i giocattoli tradizionali – dai teatrini vittoriani alle bambole fatte a mano – non troverete di meglio da nessun'altra parte (v. anche il Pollock's Toy Museum a p101).

HAMLEYS

☎ 7494 2000; 188-96 Regent St W1; metro Oxford Circus

È un vero paradiso dei giochi, con un personale gentile, disponibile e paziente. C'e sempre qualche tipo di attività in programma.

KITE STORE Cartina p450

☎ 7836 1666; 48 Neal St WC2; metro Covent Garden

Se avete voglia di spiegare le vostre vele al vento, qui troverete centinaia di diversi tipi di aquiloni, da quelli tradizionali ai più bizzarri.

Shopping – Il centro-est

IL CENTRO-EST

La City è ancora una sorta di deserto per quanto riguarda i negozi al dettaglio, presentando soprattutto filiali di grandi catene, ma i vicini distretti di Hoxton e Clerkenwell compensano largamente questa mancanza.

Hoxton, in particolare, è la zona dove si concentrano i negozi che presentano le ultime novità della tanto acclamata moda streetwear di Londra. Il mercato di Spitalfields (p115) diventa ogni domenica il luogo d'incontro per venditori creativi che propongono in continuazione articoli nuovi e unici e per chi è interessato ad acquistare la loro merce. Inoltre ogni anno, in giugno e novembre, all'Atlantis Gallery della Truman Brewery ha luogo una grande esposizione delle novità nel campo dell'abbigliamento, della gioielleria e dell'arte. Solitamente questa galleria espone opere significative, frutto di grande ispirazione, ed è un luogo indicato per individuare i talenti emergenti nel campo del design. Per ulteriori informazioni potete consultare il sito www.eastlondondesignshow.co.uk.

Non molto lontano, Clerkenwell è un'altra miniera di negozi di abbigliamento alla moda e di articoli per la casa. Ma questa zona è famosa soprattutto per le sue gioiellerie: se cercate qualcosa di classico o una gemma non montata, visitate **Hatton Garden** (Cartina pp446-47; metro Chancery Lane). Invece le oreficerie più moderne e meno convenzionali si trovano per lo più dalla parte opposta, cioè sull'altra sponda dei binari della ferrovia. La **Clerkenwell Green Association** (all'angolo tra Clerkenwell Green e Clerkenwell Rd; www.cga.org.uk) è un ottimo punto di partenza.

LA CITY

MOLTON BROWN Cartina pp452-53

☎ 7621 0021; www.moltonbrown.co.uk; 27 Royal Exchange, Threadneedle St EC2; ☽ 9-19 da lunedì a venerdì; metro Bank

Molto amati dagli alberghi di gran lusso, i prodotti di bellezza e cura della pelle di questa marca inglese accontentano ogni esigenza, sia degli uomini sia delle donne. Ci sono altre filiali a Chelsea, Mayfair, Notting Hill e Covent Garden ma, nel deserto dello shopping della City, questa si trova nell'oasi migliore: all'interno del palazzo del Royal Exchange.

HOXTON, SHOREDITCH E SPITALFIELDS
Abbigliamento

HOXTON BOUTIQUE Cartina pp440-41

☎ 7684 2083; www.hoxtonboutique.co.uk; 2 Hoxton St; ☽ 10-18 da lunedì a venerdì, 11-17 sabato, 12-17 domenica; metro Old Street

Questo posto rivela una certa tendenza, non sempre convincente, a proporre le ultimissime novità nella moda streetwear femminile, anche se a volte si tratta, diciamo, di un vero e proprio ritorno degli anni '80. Due statue di gnomi vi accoglieranno in un ambiente minimalista, dove troverete marche come Future Classics, Tatty Devine e Sophie Malig, e potreste spendere £90 o £100 per un paio di pantaloni militari.

JUNKY STYLING Cartina pp452-53

☎ 7247 1883; www.junkystyling.co.uk; 12 Dray Walk, Old Truman Brewery, 91 Brick Lane E1; ☽ 11-17.30 da lunedì a venerdì, 10.30-18 sabato e domenica; metro Liverpool Street/Aldgate East

Junky offre a molti un'interpretazione alternativa dei vestiti di seconda mano. Alle svendite all'ingrosso per cessazione di attività acquista abiti disegnati da nuovi stilisti e li trasforma completamente, facendo per esempio della giacca di un completo da uomo un top per donna da allacciare sul collo. Effettuerà lo stesso tipo di lavoro anche sui vestiti che gli porterete voi.

LADEN SHOWROOMS Cartin pp452-53

☎ 7247 2431; www.laden.co.uk; 103 Brick Lane E1; ☽ 12-18 da lunedì a venerdì, 10.30-18 sabato e domenica; metro Liverpool Street/Aldgate East

Qui troverete le ultime novità della moda di Hoxton, come strani berretti, scarpe a punta e pantaloni militari con gale in raso. Laden propone capi per donna a prezzi ragionevoli e abbigliamento maschile ideato da giovani stilisti. Molti di questi vendono anche la domenica al mercato di Spitalfields, ma qui gli articoli sono in vendita tutta la settimana.

TIMOTHY EVEREST Cartina pp452-53

☎ 7377 5770; 32 Elder St E1; ☽ solo su appuntamento 9-17.30 da lunedì a venerdì, 9-15.30 sabato; metro Liverpool Street

Una delle sartorie di più grande successo di Londra, a parte Savile Row, l'Everest annovera tra i suoi clienti David Beckham, Jarvis Cocker e Tom Cruise. Un vestito realizzato su misura costa almeno £1500, ma è possibile comprare anche camicie preconfezionate a £100. La sua sala da esposizione sembra quasi una casa privata, e per evitare affollamenti si consiglia di fissare un appuntamento.

Arredamento e articoli per la casa

EAT MY HANDBAG BITCH Cartina pp452-53

☎ 7375 3100; www.eatmyhandbagbitch.co.uk; 6 Dray Walk, Old Truman Brewery, 91 Brick Lane E1; ☽ 11-18 tutti i giorni, ma chiuso a domeniche alterne; metro/treno Liverpool Street

Il nome attira l'attenzione, ma non troverete nessuna borsetta in questo negozio. Troverete invece un vasto assortimento di mobili retrò e classici d'autore del XX secolo, accanto ad alcune riproduzioni particolarmente raffinate di vasi 'anni '70'. Tutti articoli piuttosto cari. Telefonate prima, se ci andate di domenica.

LASSCO ST MICHAEL'S Cartina pp440-41

☎ 7749 9944; www.lassco.co.uk; St Michael's Church, Mark St EC2, entrata in Leonard St; ☽ 9.30-17.30 da lunedì a venerdì, 10-17 sabato; metro Old Street

Lassco sta per London Architectural Salvage

and Supply Co (società di recupero e fornitura di materiali architettonici di Londra) ed è un sogno nel campo del riciclaggio. In vendita si trovano articoli unici e originali, da tegole d'ardesia e assi in legno di quercia a grandiosi caminetti di marmo e costruzioni bizzarre per giardini, il tutto recuperato da edifici storici in demolizione.

MATHMOS Cartina pp440-41

☎ 7549 2700; www.mathmos.co.uk; 22-24 Old St EC1; ⏰ 9.30-18 da lunedì a venerdì; metro Old Street/Barbican

Distributore dell'originale Lava Lamp (lampada di lava) sin dagli anni '60, Mathmos è ritornato alla ribalta negli ultimi anni. Si tratta di un grande salone dalle pareti bianche che espone lampade di ogni forma e grandezza, da quelle originali di lava a quelle a forma di razzo, fino alle luci per esterno a forma di fagioli aduki. Ogni singolo articolo è così incantevole da rendere difficile la scelta.

CLERKENWELL
Abbigliamento

ANTONI & ALISON Cartina pp440-41

☎ 7833 2002; www.antoniandalison.co.uk; 34 Roseberry Ave EC1; ⏰ 10.30-18.30 da lunedì a venerdì, 12-16 sabato; metro Farringdon

L'attrazione principale di questo negozio è costituita dalle tantissime immagini esposte che potrete farvi stampare su una maglietta. Prendete una T-shirt (da uomo o da donna) e scegliete un determinato motivo: al piano di sotto verrà riportato sulla vostra maglietta. Calcolate di spendere tra £40 e £50. Una bella linea di prodotti secondaria è rappresentata dalle borsette con disegni dei cartoni animati.

Arredamento e articoli per la casa

INFLATE Cartin pp440-41

☎ 7713 9096; www.inflate.co.uk; 28 Exmouth Market St EC1; ⏰ 9.30-18 da lunedì a venerdì; metro Farringdon

Questo negozio unico nel suo genere vende un'intera gamma di strani oggetti gonfiabili: dai contenitori per le uova alla coque alle cartoline, dalle abat-jour ai portafrutta. Ci sono anche articoli in plastica molle tra cui zaini, salvadanai, portapepe e portasale e apribottiglie. Geniale, davvero unico.

Gioiellerie

EC ONE Cartin pp440-41

☎ 7713 6185; www.econe.co.uk; 41 Exmouth Market St EC1; ⏰ 10-18 da lunedì a venerdì, 10.30-18 sabato; metro Farringdon

L'orafo Joe Skeates rende le pietre molto appariscenti, specie se montate su collane e anelli, ma sono i suoi braccialetti ad aver attirato in particolar modo l'attenzione, da quando la star del cinema Cameron Diaz ne ha acquistati moltissimi. Esegue anche lavori su commissione.

LESLEY CRAZE GALLERY Cartina pp440-41

☎ 7608 0393; www.lesleycrazegallery.co.uk; 33-35a Clerkenwell Green EC1; ⏰ 10-17.30 da lunedì a sabato; metro Farringdon

È considerato uno dei più importanti centri di arte orafa contemporanea a livello europeo ed è sicuramente il migliore di Clerkenwell. Gran parte della collezione è incentrata su splendide lavorazioni in miniatura, piuttosto costose. C'è anche una collezione mista (a destra dell'entrata principale), più piccola, che comprende gioielli più alla portata di tutti, con prezzi a partire da £15.

ISLINGTON
Abbigliamento

COMFORT AND JOY Cartina pp440-41

☎ 7359 3898; 109 Essex Rd N1; ⏰ 10-18 da lunedì a sabato; metro Angel

In questo incantevole negozio, piccolo ma disposto molto bene, mentre proverete una delle meravigliose camicette retrò in tessuto stampato di buon taglio, o magari uno dei graziosi top a motivi floreali, vedrete con quanta cura e attenzione vengono realizzati i modelli. C'è anche un reparto uomo.

Arredamento e articoli per la casa

ARIA Cartina pp440-41

☎ 7704 1999; 295-6 Upper St N1; ⏰ 10-19 da lunedì a venerdì, 10-18.30 sabato, 12-17 domenica; metro Angel

Qui troverete un gran numero di begli oggetti per la casa, quali tazze, tostapane, articoli per la cucina della marca Alessi e via dicendo. Nel negozio gemellato posto sull'altro lato della strada (al n. 133) potete persino acquistare stoviglie con la stampa del volto di alcuni giocatori della squadra locale di calcio, l'Arsenal.

GET STUFFED Cartina pp440-41
☎ 7226 1364; 105 Essex Rd N1; ☼ 13-17 da lunedì a venerdì, 13.30-15.30 sabato; metro Angel
Questo negozio di tassidermia va sicuramente visto, anche se non siete interessati a farvi acquisti. Lo distingue il fatto che tutti gli animali impagliati sono morti per cause naturali. Telefonate prima di andarci, perché l'orario di apertura a volte cambia.

PAST CARING Cartin pp440-41
76 Essex Rd, N1; ☼ 12-18 da lunedì a sabato; metro Angel
Pieno di anticaglie di seconda mano, da portaceneri a stoffa per tende, questo negozio

è stato molto apprezzato da Jarvis Cocker. I prezzi sono piuttosto buoni, come anche i prodotti in vendita. Il Past Caring non ha un numero di telefono, non si sa per quale motivo.

Giocattoli

CHEEKY MONKEYS Cartina pp440-41
☎ 7288 1948; 38 Cross St N1; ☼ 9.30-17.30 da lunedì a venerdì, 10-17 sabato, 11-17 domenica; metro Angel
In Cross St e dintorni troverete alcuni negozi per bambini, compresi quelli di abbigliamento. Questo, in particolare, propone un buon assortimento di giocattoli, pupazzi e magliette; inoltre, ci sono molti giochi da esterni ed anche tavolini da picnic e annaffiatoi.

IL CENTRO-SUD

Le catene e i grandi magazzini di Regent St conservano un'impronta e uno stile tradizionali. Kensington High St ha una bella varietà di catene e boutique; South Molton St è la via degli eleganti negozi di moda con modelli creati da stilisti britannici e internazionali; King's Rd, a Chelsea, è famosa per la sua raffinatezza e ha negozi di classe; infine Bond St è la zona dell'alta moda per eccellenza, con negozi di grandi firme e gioiellerie esclusive. Naturalmente, è risaputo che un abito realizzato su misura veste meglio se proviene da Savile Row, padre della sartoria inglese. Knightsbridge attira folle di clienti con i suoi grandi magazzini di stampo prettamente inglese e le boutique di gran classe. In questa zona troverete sparsi un po' ovunque bellissimi negozi pieni d'atmosfera, che da secoli mirano a soddisfare i capricci e le vanità della gente raffinata che vive nel quartiere.

GRANDI MAGAZZINI

FORTNUM & MASON Cartina p448
☎ 7734 8040; www.fortnumandmason.co.uk; 181 Piccadilly W1; metro Piccadilly Circus
Da sempre sinonimo di qualità e servizio, Fortnum & Mason vanta quasi 300 anni di tradizione ed è particolarmente noto per il suo reparto alimentari 'vecchio stile' che si trova al pianterreno, dove l'élite inglese va a fare la spesa. Nel seminterrato troverete splendidi cesti regalo (o da picnic). Questi grandi magazzini sono famosi anche per l'incredibile assortimento di tè e per il reparto di abbigliamento. È qui che Scott ha fatto rifornimento prima di partire per l'Antartide.

HARRODS Cartina pp442-43
☎ 7730 1234; www.harrods.com; 87 Brompton Rd SW1; metro Knightsbridge
Questo grande magazzino è davvero unico ed è ormai diventato un'attrazione turistica per gli amanti dei grandi negozi inglesi. Nonostante

vi sia un regolamento piuttosto rigido, è sempre pieno di visitatori, che vi rimangono per moltissimo tempo. D'altronde, anche solo il reparto alimentari vi farà impazzire (e difficilmente non troverete quello che state cercando), e perfino i servizi igienici vi lasceranno a bocca aperta.

HARVEY NICHOLS Cartina pp442-43
☎ 7235 5000; www.harveynichols.com; 109-25 Knightsbridge SW1; metro Knightsbridge
È il cuore dell'alta moda di Londra e comprende le firme di maggior rilievo sulla scena locale e internazionale. Ci sono anche un vasto reparto alimentari e un caffè al quinto piano, un settore con luci soffuse dedicato alla biancheria intima, un lussuoso reparto riservato ai profumi e una splendida gioielleria.

LIBERTY Cartina p448
☎ 7734 1234; www.liberty-of-london.com; 210-20 Regent St W1; metro Oxford Circus

Irresistibile fusione di stili contemporanei in un'atmosfera vecchio stile che riprende alcuni tratti Tudor, Liberty vanta un grandissimo reparto cosmetici rinnovato di recente, oltre a un nuovissimo settore dedicato alla biancheria intima al primo piano: non potete andar via da Londra senza qualche esemplare di 'Liberty Florals' (stoffe stampate).

PETER JONES
☎ 7730 3434; Sloane Square SW1; metro Sloane Square

Peter Jones e John Lewis, quest'ultimo in Oxford St, sono una versione molto inglese e leggermente più raffinata di Ikea, dove si viene più per necessità di arredamento che per trovare un design all'ultima moda.

MODA E GRANDI FIRME

AMANDA WAKELEY Cartina pp456-57
☎ 7590 9105; www.amandawakeley.com; 80 Fulham Rd SW3; metro South Kensington

Idee semplici realizzate con convinzione sono ciò che contraddistingue questo negozio, che espone le creazioni di una delle più brave stiliste della Gran Bretagna. Amanda è molto rinomata anche per la sua collezione internazionale di abiti da sposa prêt-à-porter.

AQUASCUTUM Cartina p448
☎ 7675 8200; 100 Regent St W1; metro Piccadilly Circus

Quando comincia a piovere e a fare freddo, precipitatevi da Aquascutum per acquistare raffinati capi da pioggia, specialmente soprabiti e impermeabili d'influenza retrò.

BETTY JACKSON Cartina pp456-57
☎ 7589 7884; 311 Brompton Rd SW3; metro South Kensington

Tra i nomi più conosciuti da oltre vent'anni, questa stilista inglese vanta forte seguito tra la clientela femminile della città grazie alle sue collezioni semplici ma eleganti, soprattutto di capi in lino, pelle scamosciata e maglina.

BURBERRY Cartina pp446-47
☎ 7839 5222; 21-23 New Bond St SW1; metro Bond Street/Oxford Circus

Elegante e casual al tempo stesso, Burberry è diventato quasi una vittima del suo stesso successo, con i famosi plaid firmati che sembrano aver invaso tutto il mondo. Adesso si è un po' ridimensionato e il famoso motivo scozzese

viene adoperato con più parsimonia. Un capo di vestiario tipicamente londinese è proprio l'impermeabile scozzese di Burberry.

NICOLE FARHI Cartina pp446-47
☎ 7499 8368; 158 New Bond St W1; metro Bond Street

Questa stilista algerina, nata in Francia e stabilitasi a Londra, è rinomata per le sue collezioni pulite, classiche e sensuali. Tra le sue creazioni più famose vi sono gli indumenti in lana grossa molto amati dall'attrice Nicole Kidman e gli abiti di tweed che sono prediletti da Ewan McGregor. Nel negozio, c'è anche un ristorante, in caso abbiate bisogno di una sosta nel bel mezzo dei vostri acquisti.

PRINGLE Cartina pp446-47
☎ 0800 360 200; 112 New Bond St W1; metro Bond Street

Seppur difficile da credersi, quel tipo di pullover che persino i giocatori di golf molto tempo fa avevano giudicato antiquato è improvvisamente tornato di moda e Pringle è diventata una delle marche più richieste negli ultimi tempi grazie a un marketing basato sul rischio, a una sponsorizzazione ben studiata e a un nuovo e fresco look (anche se non siamo ancora del tutto convinti del fatto che la sua linea di articoli color rosa costituirà la nuova tendenza).

STELLA McCARTNEY
☎ 7518 3100; 30 Bruton St W1; metro Green Park

La stilista delle celebrità Stella McCartney (figlia del cantante dei Beatles) ha debuttato a Londra nel 2003 con l'apertura di questo negozio e sta riscuotendo un grande successo, sia per le sue collezioni – che comprendono anche biancheria intima e calzature – sia per la sua cerchia di clienti e amici famosi. La novità apportata da questo negozio è rappresentata dalla sartoria annessa, per uomini e donne, e l'ambiente è di per sé stupefacente, con lampadari Art Deco e perfino una serra.

VIVIENNE WESTWOOD Cartina pp446-47
☎ 7629 3757; 6 Davies St W1; metro Bond Street

La donna che ha vestito la generazione dei punk continua a proporre vestiti audaci, innovativi e provocatori come sempre. Dopo aver ricevuto un OBE dalla regina a Buckingham Palace, la sfrontata Vivienne ha fatto una piroetta davanti alle telecamere rivelando così di essere senza mutande.

Libri

Chiunque abbia letto il libro o visto il film *84 Charing Cross Road*, saprà qual è la via dove andare per comprare libri. Anche se la sua reputazione è minacciata dalla crescente presenza di librerie specializzate gestite da proprietari avidi di successo, Charing Cross Rd – insieme alle sue traverse – è ancora il posto dove andare per acquistare libri nuovi o usati. Come è tristemente tipico di questi tempi, 84 Charing Cross Rd, il miglior indirizzo che ci possa essere per una libreria, è invece il nome di un'anonima catena. Di seguito trovate i riferimenti di alcune tra le migliori librerie.

Al-Hoda (Cartina p450; ☎ 7240 8381; 76-78 Charing Cross Rd WC2; metro Leicester Square) La più grande libreria di opere arabe e musulmane nel centro di Londra.

Blackwell's (Cartina p450; ☎ 7292 5100; www.bookshop.blackwell.co.uk; 100 Charing Cross Rd WC2; metro Tottenham Court Road) Questo negozio vende soprattutto testi universitari, ma è fornito anche di libri di carattere generale.

Books for Cooks (Cartina pp442-43; ☎ 7221 1992; www.booksforcooks.com; 4 Blenheim Cres W11; metro Ladbroke Grove) Troverete una quantità enorme di libri da cucina. C'è anche un caffè dove potrete assaggiare alcune delle ricette riportate sui testi.

Borders (Cartina p430; ☎ 7379 8877; www.bordersstores.com; 120 Charing Cross Rd WC2; metro Tottenham Court Road) Questa filiale della catena americana offre una buona scelta di libri di vario genere e di testi universitari. La filiale di Oxford St è più grande ed è distribuita su quattro piani, con libri, riviste e giornali da tutto il mondo, oltre a CD, cassette e DVD.

Daunt Books (Cartina pp446-47; ☎ 7224 2295; 83-84 Marylebone High St W1; metro Baker Street) Ospitata in un locale luminoso e antico, offre un vasto assortimento di libri.

Forbidden Planet (Cartina p448; ☎ 78364179; www.forbiddenplanet.com; 71-75 New Oxford St WC1) Un vero tesoro di fumetti, video e riviste.

Foyle's (Cartina p450; ☎ 7437 5660; www.foyles.co.uk; 113-119 Charing Cross Rd WC2; metro Tottenham Court Road) È una delle più vaste – e di gran lunga la più disordinata e disorientante – libreria di Londra, ma spesso ha libri che non è facile trovare da altre parti, inoltre, di recente, ha allestito all'interno della stessa struttura una filiale della libreria Silver Moon Women.

French Bookshop (Cartina pp456-57; ☎ 7584 2840; www.frenchbookshop.com; 28 Bute St SW7; metro South Kensington) Vi troverete libri in francese e sulla Francia.

Garden Books (Cartina pp442-43; ☎ 7792 0777; 11 Blenheim Cres W11; metro Ladbroke Grove) Posto ideale per chi ha il pollice verde e ama consultare libri di giardinaggio.

Gay's the Word (Cartina pp440-41; ☎ 7278 7654; www.gaystheword.co.uk; 66 Marchmont St WC1; metro Russell Square) Questo negozio è provvisto di guide e libri per, di e sugli omosessuali.

Gosh! (Cartina p450; ☎ 7636 1011; 39 Great Russell St WC1; metro Tottenham Court Road) Da andarci se cercate fumetti, cartoni animati e carte da gioco. Nel seminterrato c'è la London Cartoon Gallery, dove troverete libri sull'arte dei cartoni animati (*cartoons*).

Grant & Cutler (Cartina p448; ☎ 7734 2012; www.grantandcutler.com; 55-57 Great Marlborough St W1; metro Oxford Circus) È la migliore libreria londinese specializzata in libri in lingua straniera.

Helter Skelter (Cartina p450; ☎ 7836 1151; www.skelter.demon.co.uk; 4 Denmark St WC2; metro Tottenham Court Road) Situata in una traversa di Charing Cross Rd, questa ottima libreria ha un personale molto disponibile ed è specializzata in libri sulla musica popolare.

Housmans (Cartina pp440-41; ☎ 7837 4473; 5 Caledonian Rd N1; metro King's Cross) Libreria favolosa, fornita di libri che non troverete da nessun'altra parte. Ha anche un buon reparto cancelleria.

Magma (Cartina pp446-47; ☎ 7242 9503; 117-119 Clerkenwell Rd EC1; 🕑 10-19 da lunedì a venerdì; metro Farringdon) È piena di libri e riviste specializzate - come volumi di tipografia del Büro Destruct e ritratti del vignettista londinese Julian Opie (che disegnò la copertina dell'album *The best of Blur*) – ed è fornitissima di libri di disegni e cartoni animati giapponesi. Vende anche magliette, giocattoli di Jimmy Corrigan e svariati altri articoli come le rubriche *Mr Lunch*. Trovate una filiale di questa libreria anche a Covent Garden (☎ 7240 8498; 8 Earlham St).

Motor Books (Cartina p450; ☎ 7836 5376; www.motorbooks.co.uk; 33 St Martin's Court WC2; metro Leicester Square) Costituisce un sogno divenuto realtà per gli appassionati dei motori, per i collezionisti di trenini o per chiunque nutra un certo interesse nel settore dei trasporti e della meccanica.

Murder One (Cartina p450, ☎ 7734 3485; 71-73 Charing Cross Rd WC2; metro Leicester Square) Andate al Murder One se vi piacciono i gialli, i libri di fantascienza e i romanzi cavallereschi medievali.

Shipley (Cartina p450; ☎ 7836 4872; www.artbook.co.uk; 72 Charing Cross Rd; metro Leicester Square) Questo negozio molto accogliente e pieno d'atmosfera è specializzato in libri (anche fuori catalogo) sulle belle arti, l'architettura e il design.

Sportspages (Cartina p450; ☎ 7240 9604; www.sportspages.co.uk; 94-96 Charing Cross Rd; metro Leicester Square) Vende fanzine, biografie autografate e ogni altro genere di libri relativi a numerosissime discipline sportive. Troverete anche video sui vari sport.

Spread Eagle Bookshop (Cartina p455; ☎ 8305 1666; 8 Nevada St SE10; ☾ 10.30-17.30 tutti i giorni; DLR Cutty Sark) In questo paradiso per gli appassionati di libri e giochi antichi scoprirete gli annuari di 'Boy's Own' o le classiche copie di *Picture Post* e *Life*. Nel seminterrato c'è una collezione di oggetti d'epoca.

Stanford's (Cartina p450; ☎ 7836 1321; www.stanfords.co.uk; 12-14 Long Acre WC2; metro Covent Garden) Dispone di una delle più ampie e migliori scelte di cartine, guide e letteratura di viaggi del mondo.

Travel Bookshop (Cartina pp442-43; ☎ 7229 5260; www.travelbookshop.co.uk; 13 Blenheim Cres W11; metro Ladbroke Grove) Migliore libreria 'boutique' della città quanto all'argomento viaggi, è fornita di tutte le guide più recenti, di testi fuori commercio e di libri antichi.

Waterstone's (Cartina p448; ☎ 7851 2400; www.waterstones.co.uk; 203-206 Piccadilly W1; metro Piccadilly Circus) Questa mega-filiale dell'omonima catena è il negozio di libri più grande d'Europa e ha un personale esperto, scaffali disposti in maniera organizzata e un ambiente tranquillo.

Zwemmer Design & Architecture (Cartina p450; ☎ 7240 1559; www.zwemmer.com; 72 Charing Cross Rd WC2; metro Leicester Square) Ciascuna filiale di Zwemmer è specializzata in un determinato settore. Al numero 80 della stessa strada si trova quella incentrata sui media, con pile di ottimi libri sugli argomenti più svariati, dall'arte alla moda, dal cinema alla fotografia.

GIOIELLERIE

GARRARD Cartina pp446-47
☎ 7758 8520; www.garrard.com; 24 Albemarle St W1; metro Bond Street

Lavorando sodo nell'intento di dare un taglio più moderno al suo stile tradizionale, questa classica gioielleria ha ampliato la propria produzione includendo pezzi molto più originali e al passo con i tempi; al piano superiore vengono venduti articoli da regalo e capi di abbigliamento tempestati di gioielli.

TIFFANY & CO Cartina p448
☎ 7409 2790; 25 Old Bond St W1; metro Green Park

Quintessenza delle meraviglie inglesi, Tiffany è specializzato in gioielli semplici, eleganti e raffinati, che a vederli si direbbe valgano milioni di dollari. È il posto giusto dove cercare gemme o pezzi sfarzosi per fare un bellissimo regalo.

WRIGHT & TEAGUE Cartina pp446-47
☎ 7629 2777; www.wrightandteague.com; 1A Grafton St, Mayfair; metro Green Park

I due orafi in questione si sono conosciuti più di 20 anni fa quando studiavano alla St Martins School of Art e da allora hanno sempre lavo-

rato, vissuto e realizzato gioielli insieme. I loro pezzi, incantevoli, originali ed eleganti, sono principalmente in oro e argento.

NEGOZI SPECIALIZZATI

DAISY & TOM
Cartina pp456-57   *Grande emporio per bambini*
☎ 7352 5000; 181-183 Sloane St SW3; tube Sloane Square

Questo meraviglioso grande magazzino per bambini comprende un teatrino delle marionette, giostre, cavalli a dondolo, aree destinate al gioco, giocattoli tradizionali e moderni e una grande sala per la lettura dove i bambini possono sfogliare, tra gli altri, gli ultimi libri di Harry Potter. Al piano superiore ci sono negozi di abbigliamento con capi ideali per vestire i vostri piccoli.

DAVIDOFF OF LONDON
Cartina pp446-47   *Sigari*
☎ 7930 3079; 35 St James's St SW1; metro Green Park

Questo lussuoso negozio è il migliore per pipe e accessori e ha un vasto assortimento di sigari, tra cui quelli con il suo stesso nome provenienti dalla Repubblica Dominicana.

DR HARRIS
Cartina pp446-47   *Profumeria/Erboristeria*
☎ 7930 3915; 29 St James's St SW1; metro Green Park
In attività come farmacia e profumeria sin dal 1790, questo negozio offre prodotti molto originali quali, per esempio, cera per baffi e pettinini da barba, oltre al DR Harris Crystal Eye Drops, un collirio che nasconde gli effetti di notti brave, levatacce e fusi orari. Inoltre, il negozio vende un prodotto che aiuta a superare i postumi di una sbornia: un preparato di erbe dal sapore intenso chiamato DR Harris Pick-Me-Up.

JANE ASHER PARTY CAKES
Cartina pp456-57   *Dolci*
☎ 7584 6177; 22-24 Cale St SW3; metro South Kensington/ Sloane Street
Jane Asher, attrice e autrice di libri di cucina, ma meglio conosciuta per il rapporto che negli anni '60 la univa a Paul McCartney, ex cantante dei Beatles, si è accaparrata il mercato della decorazione dei dolci a Londra. Offre migliaia di motivi tra cui scegliere e, con un preavviso di 10 giorni, realizza anche decorazioni personalizzate. Il resto del negozio è occupato da Sugarcraft, un emporio di utensili per la preparazione di dolci e libri di cucina.

RIGBY & PELLER
Cartina pp456-57   *Biancheria intima*
☎ 7589 9293; 2 Hans Rd SW3; metro Knightsbridge
Questo negozio vecchio stile è famoso soprattutto per essere il fornitore di reggiseni della regina. Vende reggiseni confezionati o su misura, bustini e costumi da bagno, ma esegue anche riparazioni e modifiche.

ROCOCO
Cartina pp456-57   *Cioccolatini*
☎ 7352 5857; 321 King's Rd SW3; metro Sloane Square
Gli amanti del cioccolato penseranno di essere finiti in un sogno quando vedranno e assaggeranno i prodotti di questo tempio dei dolci. Non mancano varianti vegetali e biologiche.

TAYLOR OF OLD BOND ST
Cartina p448   *Prodotti da toilette per uomo*
☎ 7930 5321; www.tayloroldbondst.co.uk; 74 Jermyn St SW1; metro Green Park
Questo negozio, che esercita la propria attività dalla metà del XIX secolo, ha contribuito più di ogni altro a creare lo stile del tipico gentiluomo londinese. Vende ogni genere immaginabile di rasoi, pennelli e saponi da barba profumati.

LUNGO LA SOUTH BANK
Da quando le gallerie d'arte Tate Modern, London Eye e Saatchi hanno riportato l'attenzione su questa zona, nuove librerie hanno aperto i battenti invitando la folla a entrare. I negozi, tuttavia, tendono a concentrarsi in due aree: lungo Lower Marsh e presso l'Oxo Tower, quest'ultima vera punta di diamante dello shopping nella South Bank.

LA SOUTH BANK E WATERLOO
Abbigliamento
WHAT THE BUTLER WORE Cartina pp446-47
☎ 7261 1353; 131 Lower Marsh SE1; ☉ 11-18 da lunedì a sabato; metro Waterloo
È uno dei tanti negozi di moda retrò lungo Lower Marsh, pieno di capi degli anni '60 e '70, tra cui anche borsette, scarpe e occhiali da sole esageratamente grandi.

Prodotti alimentari
KONDITOR & COOK Cartina pp446-47
☎ 7261 0456; 22 Cornwall St SE1; ☉ 7.30-18.30 da lunedì a venerdì; 8-14.30 sabato; metro Waterloo
Tra le migliori panetterie specializzate di Londra, vende ottimi dolci stile tedesco/austriaco.

Konditor & Cook (sopra)

BANKSIDE

Nell'edificio dell'Oxo Tower ci sono due piani di raffinati negozietti inglesi, che vendono vestiti, gioielli, mobili e altri prodotti. Di seguito ne riportiamo tre dei più noti.

Arredamento e articoli per la casa

BLACK + BLUM Cartina pp446-47

☎ 7633 0022; www.black-blum.com; Unit 2:07 (2° piano), Oxo Tower Wharf, Bargehouse St SE1; 🕙 9-17 da lunedì a venerdì, 11-16 sabato e domenica; metro Southwark/London Bridge

Questa società anglo-svizzera propone articoli divertenti a prezzi abbordabili, dallo zerbino a forma di uomo chiamato 'James the Doorman' (James il portinaio) agli appendiabiti antropomorfici detti 'Mr and Mrs Hang-Up' (Il signore e la signora Appendino). Molto graziose le lampade, tra cui 'Reading light' (lampada che legge), una lampadina elettrica con braccia e gambe che 'legge' il proprio paralume a forma di giornale, e 'Bag of light' (borsa di luce), una lampada da appoggiare sul pavimento che si porta come una borsetta.

BODO SPERLEIN Cartina pp446-47

☎ 7633 9413; www.bodosperlein.com; Unit 1:05 (1° piano), Oxo Tower Wharf, Bargehouse St SE1; 🕙 10-18 da lunedì a venerdì, 13-17 sabato e domenica; metro Southwark/London Bridge

La porcellana fine bianca di Bodo, con i suoi design moderni e raffinati, ha procurato a questo negozio elogi a livello internazionale, dal *New York Times* alla rivista tedesca *Vogue*.

JOSEPH JOSEPH Cartina pp446-47

☎ 7261 1800; Unit 1:21 (1° piano), Oxo Tower Wharf, Bargehouse St SE1; 🕙 9-18 da lunedì a sabato; metro Southwark/London Bridge

Qui potrete trovare un meraviglioso assortimento di piatti di vetro Snack, Tokyo Snack e Optic Snack, con cartoni animati o disegni giapponesi: quando li vedrete, li riconoscerete

Le case d'asta di Londra

Volete fare dello shopping di qualità senza la seccatura dei cartellini con i prezzi fissi o senza dover per forza acquistare? Allora visitate una delle case d'asta riportate di seguito e vedrete dipinti, cimeli storici, manoscritti e altro ancora passare di mano in mano per migliaia di sterline o più. State però attenti ai movimenti che fate, altrimenti potreste ritrovarvi a comprare qualcosa di molto costoso!

- **Bonhams** (Cartina pp442-43; ☎ 7393 3900; www.bonhams.com; Montpelier St SW7; metro Knightsbridge)
- **Christie's** (Cartina pp446-47; ☎ 7839 9060; www.christies.com; 8 King St SW1; metro Green Park/Piccadilly Circus)
- **Criterion** (Cartina pp440-41; ☎ 7359 5707; www.criterion-auctioneers.co.uk; 53 Essex Rd N1; metro Angel)
- **Phillips** (Cartina pp446-47; ☎ 7629 6602; www.phillipsauctions.com; 101 New Bond St W1; metro Bond Street)
- **Sotheby's** (Cartina pp446-47; ☎ 7293 5000; www.sothebys.com; 34-35 New Bond St W1; metro Bond Street)

L'EAST END

Abbigliamento

BURBERRY FACTORY SHOP

Cartina pp436-37

☎ 8985 3344 or 8328 4320; 29-53 Chatham Place E9; 🕙 11-18 da lunedì a venerdì, 10-17 sabato, 11-17 domenica; metro Bethnal Green, poi autobus n. 106 o n. 256 fino a Hackney Town Hall

Vi renderete conto che la qualità offerta da questo spaccio simile a un magazzino è molto variabile, a seconda degli stock di cui dispone. A volte si trovano articoli con piccoli difetti e modelli dell'anno corrente, altre volte, invece, si tratta di capi d'abbigliamento della stagione passata. Soltanto se si scelgono capi classici, come per esempio impermeabili, si va sul sicuro. I prezzi possono essere dal 50% al 70% inferiori rispetto a quelli del West End, e gli accessori offrono senza dubbio il miglior rapporto qualità-prezzo.

DOWN RIVER: A EST DEL TOWER BRIDGE

In questa zona, dedicata soprattutto al lavoro, le Docklands hanno pochi negozi oltre alle grandi catene. Greenwich, d'altro canto, è la capitale degli articoli retrò e di seconda mano, specie per quanto riguarda mobili e accessori per la casa o vestiti stile Austin Powers.

Musica

Gli abitanti del Regno Unito comprano musica più degli abitanti di qualsiasi altra nazione, e una percentuale spro-
porzionata di questa spesa viene fatta proprio a Londra, dove si trovano i meravigliosi negozi che indichiamo qui di
seguito.

Blackmarket (Cartina p448; ☎ 7437 0478; www.blackmarket.co.uk; 25 D'Arblay St W1; metro Oxford Circus)
Piccolo e senza spazio per muoversi, offre una splendida scelta di musica dance, impianti per l'ascolto e il miglior
assortimento di musica internazionale.

Daddy Kool (Cartina p448; ☎ 7437 3535; www.daddykoolrecords.com; 12 Berwick St W1; metro Oxford Circus)
Miglior negozio nel centro di Londra per ogni genere di black music, soprattutto reggae, original ska e classic dub.

Haggle Vinyl (Cartina pp440-41; ☎ 7354 4666; www.haggle.freeserve.co.uk; 114 Essex Rd N1; ☽ 9-19 da lunedì
a sabato, 10-17.30 domenica; metro Angel) Qui troverete un'ottima scelta di dischi in vinile più o meno rari, con
i prezzi che partono da £2 per i dischi negli scatoloni sistemati sul pavimento. I generi vanno dalle canzoni sentimen-
tali degli anni '50 al primo hip-hop.

Harold Moores (Cartina p448; ☎ 7437 1576; www.hmrecords.co.uk; 2 Great Marlborough St W1; metro Oxford
Circus) È il negozio di musica classica più raffinato di Londra; offre un vasta scelta di dischi, CD, videocassette e DVD.

Honest Jon's (Cartina pp442-43; ☎ 8969 9822; 276-278 Portobello Rd W10; metro Ladbroke Grove) Si tratta di due
negozi adiacenti che propongono musica jazz, soul e reggae.

HMV (Cartina p448; ☎ 7631 3423; www.hmv.co.uk; 150 Oxford St W1; metro Oxford Circus) Tre piani di musica per
tutti i gusti.

Music & Video Exchange (Cartina pp442-43; ☎ 7243 8573; 38 Notting Hill Gate W11; metro Notting Hill Gate) È il
principale negozio di dischi usati.

Mole Jazz (Cartina pp440-41; ☎ 7278 8623; 311 Gray's Inn Rd WC1; metro King's Cross) Bellissimo negozio per
musica jazz tradizionale e CD di seconda mano.

DOCKLANDS
Abbigliamento
FROCKBROKERS Cartina p455

☎ 7538 0370; Port East Bldg, West India Quay E14;
☽ 11-19 da lunedì a venerdì, fino alle 20 di giovedì,
11-17.30 sabato, 12-18.30 domenica; DLR West India
Quay
Merita senz'altro dare un'occhiata a questa
boutique per ragazze che offre articoli in liqui-
dazione di marche come Adolfo Dominguez,
BRZ e Shelley Fox a prezzi molto scontati. Vi
troverete anche una collezione di borsette
ornate di perle e pizzi, sandali con cinghiette
facilissimi da indossare e una buona scelta di
abiti per incontri formali.

GREENWICH
Abbigliamento
EMPORIUM Cartina p455

☎ 8305 1670; 332 Creek Rd SE10; ☽ 10.30-18 da
mercoledì a sabato; DLR Cutty Sark
Incantevole negozio d'alta classe (per uomo e
per donna), con armadietti in vetro contenenti
gioielli di strass e vecchie boccette di profumo
(sotto una lampada reclamizzante la Shell),
cappelli di paglia e giacche di vario tipo.

THE OBSERVATORY Cartina p455

☎ 8305 1998; 20 Greenwich Church St; ☽ 10.30-18
da lunedì a domenica; DLR Cutty Sark
All'ingresso di questo lungo e stretto negozio
troverete una piccola collezione di abiti nuovi,
ma sempre di moda retrò. Oltre quest'area e al
piano di sopra si lascia decisamente spazio al
vero abbigliamento classico e tradizionale, sia
per uomo che per donna.

Articoli da regalo
COMPENDIA Cartina p455

☎ 8293 6616; www.compendia.co.uk; Shop 10,
Greenwich Market; ☽ 12-17.30 da lunedì a venerdì,
10.30-17.30 sabato e domenica; DLR Cutty Sark
Quando troverete questo negozio potete stare
certi che non vi annoierete, pieno com'è di giochi da tavolo e altri passatempi provenienti da
ogni parte del mondo. Vi sono il backgammon,
gli scacchi, lo scarabeo, i solitari e il carrom (la
versione indiana del biliardo da tavolo).

On the Beat (Cartina p448; ☎ 7637 8934; 22 Hanway St W1; metro Tottenham Court Road) Ha soprattutto musica degli anni '60 e '70 e un personale molto disponibile.

Ray's Jazz Shop (Cartina p450; ☎ 7440 3205; www.foyles.co.uk; 1° piano, Foyles, 113-119 Charing Cross Rd WC2; metro Tottenham Court Road) Con la sua atmosfera tranquilla e serena e il personale gentile e disponibile, è uno dei migliori negozi di musica jazz di Londra.

Reckless Records (Cartina p448; ☎ 7437 4271; www.reckless.co.uk; 26 & 30 Berwick St W1; metro Oxford Circus) In questi due grandi negozi troverete una vastissima scelta di musica, dall'indie alla dance, dal soul al metal.

Tower Records (Cartina p448; ☎ 7439 2500; www.towerrecords.co.uk; 1 Piccadilly Circus W1; ☺ fino alle 24 da martedì a venerdì; metro Piccadilly Circus) In questo immenso negozio c'è un po' di tutto, ma i reparti dedicati al jazz e alla musica folk sono quelli più grandi.

Rough Trade (Cartina pp442-43; ☎ 7229 8541; 130 Talbot Rd W11; metro Ladbroke Grove/Notting Hill Gate) È un posto famoso ed è stato all'avanguardia nel periodo della rivoluzione punk degli anni '70; ancora oggi qui si possono trovare dischi particolari di musica underground, dischi rari e qualsiasi tipo di musica di etichette indipendenti o alternative.

Sister Ray (Cartina p448; ☎ 7287 8385; www.sisterray.co.uk; 94 Berwick St; metro Oxford Circus) Soluzione fantastica se cercate musica sperimentale e innovativa di qualsiasi genere.

Smallfish Records (Cartina pp440-41; ☎ 7739 2252, 372 Old St E1; www.smallfish.co.uk; ☺ 11-20 da martedì a sabato, 12-17 domenica, 15-20 lunedì; metro Old Street) Qui troverete dischi di elettronica, funk, hip-hop e house, oltre a molti CD, venduti da un personale che se ne intende davvero. Il negozio offre anche un ottimo servizio di pulitura e manutenzione dei dischi (£1 per eliminare i saltini e i fruscii); inoltre qui è disponibile la nota fanzine per amatori *Shoreditch Twat*, gratuita.

Virgin Megastore (Cartina p448; ☎ 7631 1234; www.virgin.com; 14-30 Oxford St W1; ☺ fino alle 22 da lunedì a sabato; metro Tottenham Court Road) Il più importante tra i grandi magazzini di musica è distribuito su quattro piani e ha grandissimi schermi che proiettano le classifiche dei top 40.

Arredamento e articoli per la casa

DECOMANIA Cartina p455
☎ 8858 8189; 9 College Approach SE10; ☺ 10.30-17 da mercoledì a domenica; DLR Cutty Sark

Collezione impeccabile di mobili restaurati con gusto e *objets d'art*, questo negozio rappresenta il sogno di ogni amante dello stile Art Deco. È piuttosto costoso, per cui forse è meglio lasciar perdere sedie, lampade e credenze e concedersi, invece, uno dei vecchi contenitori di profumo decorati oppure un fermacarte a forma di aeroplano. Telefonate prima di andarci, perché l'orario può essere soggetto a variazioni.

FLYING DUCK ENTERPRISES Cartina p455
☎ 8858 1964; 320-322 Creek Rd SE10; ☺ 11-18 da martedì a venerdì, 10.30-18 sabato e domenica; DLR Cutty Sark

Negozietto che vende oggetti kitsch, si compone di due piccole stanze illuminate soprattutto da lampade stile retrò e piene zeppe di ogni sorta di articolo: palle di vetro che, capovolte, riproducono l'effetto della neve,

sottobicchieri 'a spirale' e telefoni di bachelite, nonché dipinti di Tretchikoff raffiguranti donne esotiche, servizi da cocktail degli anni '60 e '70 e vasellame Homemaker degli anni '50 con disegni in bianco e nero. Troverete anche novità, come accessori con serigrafie di Elvis, e annate complete di fumetti d'epoca.

NAUTICALIA Cartina p455
☎ 8858 1066; www.nauticalia.com; 25 Nelson Rd SE10; ☺ 10-18 da lunedì a venerdì; DLR Cutty Sark

Il Nauticalia si vanta di essere il 'primo negozio del mondo' per il fatto di trovarsi a una longitudine pari quasi allo zero. Questo emporio di articoli marinari offre una buona scelta di camicie a righe della Bretong e berretti da marinaio, ma anche orologi, campane, barometri e ogni sorta di accessori per la barca. L'acquisto più affascinante che si possa fare qui, tuttavia, sono gli oggetti originali di porcellana recuperati dal relitto del *Tek Sing*: il costo varia da £50 a £180 al pezzo. Il *Tek Sing* affondò dopo essere salpato dalla Cina nel 1822 ed è diventato famoso dopo il suo ritrovamento nel 1999; viene considerato la versione orientale del *Titanic*.

L'OVEST

Oltrepassati i quartieri di Notting Hill e Knightsbridge, che si distinguono per bellezza ed eleganza, il resto della zona ovest di Londra perde d'importanza per quanto riguarda lo shopping. Tra le attrazioni più originali ricordiamo i negozi multietnici di Goldhawk Rd a Shepherd's Bush dove, tra il cuscus marocchino e le vodke polacche, si trova una grande varietà di prodotti strani e interessanti, e il fantastico **Shepherd's Bush Market** (☺ 9.30-17 da lunedì a sabato, 9.30-13 giovedì), situato sotto la linea della metropolitana Hammersmith & City tra le stazioni di Goldhawk Road e Shepherd's Bush. Questo mercato è un polo di forte attrazione per i numerosi gruppi etnici presenti nella zona: qui potrete acquistare ogni genere di merce, dai prodotti alimentari dell'Africa occidentale alle prelibatezze asiatiche.

Earl's Court offre una scelta piuttosto limitata di negozi – costituiti per la maggio parte da piccole botteghe o filiali di grandi catene – ma vanta l'eccellente **Troubadour Delicatessen** (☎ 7341 6341; 267 Old Brompton Rd SW5; metro Earl's Court), accanto al famoso ristorante omonimo, molto rinomato in questa zona. Qui troverete un'incredibile scelta di prelibatezze provenienti soprattutto dall'Italia, ideali per preparare un picnic da buongustai.

Hammersmith è dominata da filiali delle grandi catene e offre poche cose davvero originali, anche se King St presenta una buona varietà di negozi di abbigliamento e calzature.

IL SUD-OVEST

Non è qui che viene di solito il londinese medio per fare acquisti, ma la zona offre comunque alcuni negozietti carini.

FULHAM E PARSON'S GREEN

I negozi di Fulham e Parson's Green sono poco attraenti, se si escludono quelli di mobili d'autore e abiti firmati lungo Fulham Rd, Wandsworth Bridge Rd e l'estremità occidentale di King's Rd. Uno dei migliori è **Mufti** (☎ 7610 9123; 789 Fulham Rd SW6; ☺ 10-18.30 da lunedì a sabato; metro Parson's Green), che vende mobili realizzati a mano e articoli per la casa fatti di materiali grezzi al naturale. Si possono anche commissionare pezzi su misura. Se cercate oggetti d'antiquariato, dirigetevi verso l'estremità settentrionale di Munster Rd, dove c'è un gruppo di piccoli negozi con articoli che spaziano dai divani in pelle usati ai vecchi dischi in vinile.

Per fare la spesa andate al **North End Road Market** (☺ 9-17 da lunedì a sabato), che vende frutta, verdura, abiti a prezzi bassi e articoli casalinghi. C'è anche un centro commerciale, aperto da poco, vicino alla fermata della metropolitana di Fulham

Broadway – occupato in gran parte da un cinema a nove sale – al cui pianterreno si trovano il supermercato Sainsbury, la farmacia Boots, la libreria Books Etc. e un Virgin Megastore.

PUTNEY E BARNES

Saltate Putney (pieno di brutte catene) e andate a Barnes, in Church Rd e High St. Tra i negozi che fiancheggiano queste due strade adiacenti segnaliamo: **Blue Door** (74 Church Rd), con splendidi tessuti svedesi e mobili per la casa; **Question Air** (86 Church Rd), che offre capi d'abbigliamento firmati ma informali; **The White Room** (55 Barnes High St) e **Tom Foolery** (100 Church Rd), che vendono gioielleria moderna. Per soddisfare i desideri dei vostri bambini, potete portarli nei negozi di giocattoli **The Farmyard** (63 Barnes High St); **Bradford** (53 Barnes High St); **Bug Circus** (153 Church Rd). A **Brush & Bisque It** (77 Church Rd) c'è anche un laboratorio in cui è possibile dipingere le proprie ceramiche.

IL SUD

UP RIVER: DA CHISWICK A WIMBLEDON

Richmond è una zona per lo shopping molto rinomata tra i ricchi abitanti del

quartiere, ma difficilmente riuscirà a entusiasmare i turisti. La Richmond High St consiste principalmente di catene di negozi di abbigliamento, che si possono trovare in più larga misura nel centro di Londra, ma se date un'occhiata alle traverse delle vie principali e camminate un po' riuscirete a scovare anche alcuni posti interessanti. Tra gli eccentrici negozi di libri usati segnaliamo in particolare il **WA Houben Booksellers** (☎ 8940 1055; 2 Church Court; metro/ treno Richmond), che offre un interessante assortimento di volumi vecchi e nuovi.

La vivace Richmond Hill è il luogo giusto dove cercare oggetti d'antiquariato, nonché costosi abiti firmati. Tuttavia è probabile che qui vi limiterete a guardare le vetrine, perché questi negozi in genere non offrono grandi occasioni.

Anche Chiswick High Rd vi deluderà dal punto di vista dello shopping. Pur avendo tutte le condizioni necessarie per offrire negozi brillanti e inusuali, la maggior parte di questi non sono altro che filiali di catene nazionali o rivendite di mobili. Un'alternativa piuttosto divertente nel campo degli acquisti è rappresentata invece dal **Chiswick Farmer's and Fine Foods Market** (Masonian Bowls Hall, Duke's Meadow W4; ☽ 10-14 domenica; treno Chiswick, metro Turnham Green). Qui potrete trattare direttamente con i contadini, molti dei quali fanno uso di metodi di coltivazione e allevamento biologici e offrono quel tipo di prodotti raffinati che giustamente vi aspettereste di trovare in vendita a Chiswick: da formaggi prelibati a miele e olive freschissimi.

Per ragioni di spazio possiamo soltanto accennare allo splendido panorama dei negozi della zona sud di Londra, ma la gente del posto assicura che non avrete bisogno di spostarvi verso nord per trovare alcune buone offerte. Il principale polo d'attrazione di questa zona è costituito, ovviamente, dal mercato di Brixton (p328).

Abbigliamento

JOY Cartina p459

☎ 7787 9616; 432 Coldharbour Lane SW11; ☽ 10-19.30 da lunedì a sabato, 13-19 domenica; metro Brixton

La rivista *Elle* ha chiamato questo negozio 'Biba del XXI secolo', ma la sua offerta non si limita certo al campo dell'abbigliamento. Accanto a un assortimento di originali capi di vestiario, da eleganti impermeabili rossi a magliette per uomo e per donna, troverete una vasta gamma di accessori, libri e oggetti per la casa.

Prodotti alimentari

THE HIVE Cartina p434

☎ 7924 6233; 93 Northcote Rd SW11; ☽ 10-17 da lunedì a venerdì, fino alle 18 il sabato; metro Clapham South

Questo negozio vanta un'incredibile scelta di miele comprendente più di 40 varietà diverse e ha in esposizione la sezione di un vero alveare che permette di vedere le api che ronzano. Vende anche pappa reale, candele di cera d'api e altri prodotti derivati dall'apicoltura.

Articoli da regalo

OLIVER BONAS Cartina pp436-37

☎ 7720 8272; www.oliverbonas.com; 23 The Pavement SW4; ☽ 10-18.30 da lunedì a venerdì, fino alle 18 sabato, 12-18 domenica; metro Clapham Common

Oliver Bonas offre un'intera gamma di articoli di vario genere, come cuscini in pelle scamosciata marrone, tavoli cromati, gioielli, coltelli dell'esercito svizzero e cartoline illustrate. Il negozio fa parte di una catena e ha una filiale anche nella City, nei pressi di St Paul's Cathedral (☎ 7329 3939; Ludgate Broadway).

Shopping – Il sud

Mercati

I mercati di Londra sono una miniera di cianfrusaglie, vestiti, prodotti alimentari e ogni genere di cose effimere un po' mistiche e di articoli più mondani; essi rappresentano inoltre un piacevole aspetto della vita della città. Anche se non riuscirete a procurarvi le antichità che desideravate a Portobello Rd o ad accaparrarvi un capo all'ultima moda a un prezzo imbattibile al Camden Market perché siete già impegnati a trattare con i venditori eccentrici del mercato di Bermondsey o di Borough, o vi sentirete storditi dal profumo di fiori che inonda Columbia Rd, vivrete un'esperienza indimenticabile.

Camden

Questo **mercato** (Cartina pp438-39; www.camdenlock.net/markets; metro Camden Town) è una delle principali attrazioni turistiche di Londra. Diventa particolarmente affollato nei weekend, soprattutto la domenica, quando la gente si fa largo a gomitate lungo tutto l'area che dalla stazione della metropolitana di Camden Town si apre in direzione nord fino a Chalk Farm Rd. È composto di diversi mercati indipendenti, che si fondono un po' l'uno nell'altro.

Camden Market (All'angolo tra Camden High St e Buck St NW1; 9-17.30 da giovedì a domenica) Questo mercato coperto ospita bancarelle di moda, abbigliamento, gioielleria e oggetti per turisti.

Camden Canal Market (All'angolo tra Chalk Farm Rd e Castlehaven Rd NW1; 10-18 sabato e domenica) Situato un po' più a nord, poco oltre il ponte sul canale, vende cianfrusaglie provenienti da ogni parte del mondo. Se non disponete di molto tempo, questa è la parte da scartare.

Camden Lock Market (Camden Lock Pl NW1; 10-18 sabato e domenica, bancarelle al coperto 10-18 tutti i giorni) Quest'area, proprio accanto alla chiusa del canale, offre vari tipi di prodotti alimentari, ceramiche, mobili, tappeti orientali, strumenti musicali, vestiti di marca e così via.

The Stables (Chalk Farm Rd, di fronte a Hartland Rd NW1; 8-18 sabato e domenica) Alla fine dei Railway Arches si trova la parte migliore del mercato, The Stables, dove è possibile procurarsi oggetti antichi, manufatti dell'Asia, tappeti di vario tipo, mobili in legno di pino e abiti anni '50 e '60.

Covent Garden

I negozi della **Covent Garden Piazza** (Cartina p450; metro Covent Garden/Leicester Square/Charing Cross) sono aperti tutta la settimana; in questa zona ci sono anche diversi mercati.

Apple Market (Cartina p450; Covent Garden Piazza, North Hall WC2; 9-17 tutti i giorni) È un mercato per turisti che vende prodotti d'artigianato e curiosi oggetti artistici.

Jubilee Market (Cartina p450; Jubilee Hall, angolo tra Covent Garden e Southampton St WC2; 9-15 lunedì, 9-17 da martedì a domenica) Il lunedì è dedicato alle antichità e agli articoli da collezione, dal martedì al venerdì vengono proposte cianfrusaglie di vario genere, mentre il sabato e la domenica sono i giorni dell'artigianato di qualità.

Altri mercati

Bermondsey (Cartina pp452-53; Bermondsey Square; 5-13 venerdì; metro Borough/Bermondsey) Questo mercato di oggetti artistici è una specie di leggenda, in quanto si dice che in questo luogo si vendano oggetti rubati prima dello spuntare del giorno – motivo che forse (ma solo forse) spiega l'attività particolarmente febbrile che ferve qui prima delle 8 di mattina. Gli oggetti esposti comprendono palle da bowling, spilloni per capelli, bigiotteria, porcellana e una scelta di buona argenteria. Nei magazzini che si trovano nelle vicinanze troverete mobili e articoli più delicati.

Berwick St (Berwick St W1; 8-18 da lunedì a sabato; metro Piccadilly Circus/Oxford Street) Situato a sud di Oxford St e parallelo a Wardour St, questo mercato ortofrutticolo è riuscito a mantenere la stessa ubicazione dal 1830 ed è un ottimo posto per acquistare quanto serve per un picnic o per farsi da mangiare, ma è anche il luogo giusto dove sentire l'accento dialettale londinese (cockney).

Borough Market (Cartina pp452-53; all'angolo tra Borough High St e Stoney St SE1; 9-18 venerdì, 9-16 sabato; metro London Bridge) La cosiddetta 'dispensa di Londra' continua ad avere la sede qui sin dal XIII secolo e negli ultimi tempi è stata meravigliosamente rinnovata grazie alla radicale ristrutturazione di Jamie Oliver. È un bellissimo mercato alimentare, dove troverete ogni genere di prodotto, dal falafel biologico alla testa di cinghiale.

Brick Lane (Cartina pp452-53; Brick Lane E2; 8-13 domenica; metro Aldgate East) Negli ultimi anni questo mercato è letteralmente raddoppiato. La merce è più costosa lungo la via principale, ma sotto le arcate e nelle vie traverse si possono ancora trovare delle buone occasioni. I prodotti in vendita comprendono vestiti, frutta e verdura, articoli per la casa, dipinti e anticaglie.

Brixton (Cartina p459; Reliance Arcade, Market Row, Electric Lane ed Electric Ave SW9; 8-18 da lunedì a sabato, 8-15 mercoledì; metro Brixton) Questo mercato è caratterizzato da un ambiente cosmopolita che mette insieme un po' di tutto, dal Body Shop e dalla musica reggae ai predicatori musulmani, dai macellai sudamericani e dalla frutta esotica all'odore penetrante dell'incenso. In Electric Ave e nella Granville Arcade, al coperto, potete comprare parrucche, cibi insoliti quali il pesce tilapia e le 'uova del Ghana' (che in realtà sono un tipo di verdura), spezie strane, medicamenti omeopatici a base di radici e zucchero di canna.

Camden Passage (Cartina pp440-41; Camden Passage N1; 7-14 mercoledì, 8-16 sabato; metro Angel) Da non confondersi con il Camden Market (p168), questo insieme di quattro arcate dove si vendono oggetti antichi e artistici è situato in Islington, all'incrocio tra Upper St ed Essex Rd. I venditori conoscono il valore della loro merce, quindi è difficile ottenere grandi sconti. Il mercoledì è il giorno più frequentato, ma merita venirci anche la domenica per l'Islington Farmers Market, che ha luogo tra le 10 e le 14.

Columbia Rd Flower Market (Cartina pp440-41; Columbia Rd E2; 7-13 domenica; metro Bethnal Green/treno Cambridge Heath/autobus n. 26, 48 o 55) Non dovreste perdervi il mercato più profumato di tutta Londra. Tra Gosset St e il pub Royal Oak è una continua distesa di fiori, dai gerani comuni a quelli più rari.

Greenwich (Cartina p455; College Approach SE10; 9-17 giovedì, 9.30-17.30 sabato e domenica; DLR Cutty Sark) Il mercato di Greenwich è un luogo ideale dove trascorrere un paio di ore tranquille rovistando tra articoli casalinghi di seconda mano, oggetti in vetro, tappeti con motivi stampati e giocattoli di legno. C'è anche una zona ristorante in cui potrete fare una breve pausa assaporando qualche specialità. Il giovedì è il giorno delle antichità, mentre il mercato normale è aperto nei weekend; tuttavia potreste trovare delle bancarelle aperte anche il mercoledì e il venerdì. I negozi intorno al mercato sono aperti tutti i giorni, ma il weekend è il momento migliore per visitarli.

Leadenhall Market (Cartina pp452-53; Whittington Ave, vicino a Gracechurch St EC1; 7-16 da lunedì a venerdì; metro Bank) Oltre a essere un'attrazione di per sé, ospitato com'è nella struttura vittoriana progettata da Horace Jones nel 1881, questo mercato comprende negozi di abbigliamento e di oggetti artistici, ma anche bar, ristoranti, una pescheria, una macelleria e un negozio di formaggi. Poiché il mercato si rivolge principalmente alla clientela della City, i prezzi tendono a essere alti.

Leather Lane (Cartina pp446-47; Leather Lane EC1; h10.30-14 da lunedì a venerdì; metro Chancery Lane/Farringdon) Questo mercato, che si tiene a sud di Clerkenwell Rd, parallelamente a Hatton Garden, attira la gente che lavora nei dintorni con le sue videocassette, audiocassette, CD, articoli per la casa e vestiti, il tutto a prezzi incredibilmente stracciati; i prodotti sono venduti da tipici commercianti 'cockney'.

Petticoat Lane (Cartina pp452-53; Middlesex ST e Wentworth St E1; 8-14 domenica, Wentworth St solo 9-14 da lunedì a venerdì; metro Aldgate/Aldgate East/Liverpool Street) È un peccato che questa famosa strada sia stata ribattezzata Middlesex St. Il suo mercato, tuttavia, continua a chiamarsi con il vecchio nome e vende prodotti di consumo e vestiti non solo per gli abitanti dell'East End, ma anche per i turisti.

Portobello Rd (Cartina pp442-43; Portobello Rd W10; 8-18 da lunedì a mercoledì, 9-13 giovedì, 7-19 venerdì e sabato, 9-16 domenica; metro Notting Hill Gate/Ladbroke Grove) Dopo quello di Camden, questo è il più famoso mercato di Londra. Gli oggetti antichi, i gioielli, i dipinti e i prodotti etnici si concentrano al fondo di Notting Hill Gate, in corrispondenza di Portobello Rd. La qualità della merce scende man mano che vi spostate verso nord. Sotto la Westway una grande tenda ricopre altre bancarelle con abiti, scarpe e CD economici, mentre alla Portobello Green Arcade si trovano capi d'abbigliamento e gioielli disegnati da stilisti all'avanguardia. I negozi e le bancarelle sono aperti tutta la settimana, ma i giorni più affollati sono venerdì, sabato e domenica. Il sabato c'è un mercato di oggetti antichi, mentre la domenica mattina a Portobello Green si tiene un mercato delle pulci. Frutta e verdura sono in vendita tutta la settimana nella zona di Ladbroke Grove, con prodotti biologici il giovedì.

Ridley Rd Market (Cartina pp436-37; Ridley Rd E8; 8.30-18 da lunedì a sabato; treno Dalston) Variopinto ed eterogeneo come la comunità afro-caraibica a cui si rivolge, questo mercato offre la solita varietà di articoli e utensili per la casa, ma si distingue per la vasta scelta di frutta e verdura esotiche, sottaceti e frattaglie di carne, come la coda di maiale.

Riverside Walk (Cartina pp446-47; fuori del National Film Theatre, Riverside Walk SE1; 10-17 sabato e domenica; metro Waterloo/Embankment) Posto ideale dove trovare a prezzi economici libri usati fuori commercio da lungo tempo, questo mercatino dei libri si tiene all'aperto, indipendentemente dalle condizioni atmosferiche, a sud del fiume sotto le arcate del Waterloo Bridge. In estate contribuisce a dare l'impressione che la riva sud del Tamigi sia un po' come la Rive Gauche della Senna, a Parigi. A volte, alcuni venditori allestiscono le bancarelle anche in settimana.

Smithfield (Cartina pp446-47; West Smithfield EC1; 4-12 da lunedì a venerdì; metro Farringdon) Pur essendo l'ultimo mercato della carne ancora esistente nella capitale (nel XIV secolo gli animali vi venivano macellati davanti ai clienti), di recente è stato rimesso a nuovo in base a un progetto da 70 milioni di sterline e ora è il più moderno d'Europa. Oggi difficilmente potreste vedere una sola goccia di sangue.

Spitalfields (Cartina pp440-41; Commercial St, tra Brushfield St e Lamb St, E1; 9.30-17.30 domenica; metro Liverpool Street) Forse non è tanto famoso come quello di Camden o Portobello, ma attualmente il mercato di Spitalfields è il primo di Londra per chi se ne intende. È qui che i giovani stilisti nel campo della moda espongono i loro prodotti ed è qui che troverete ogni genere di articoli, dalle candele ai mobili stile retrò, dall'erba medica a originalissime magliette, dalle noci di cocco alla biancheria intima chic. Il venerdì c'è un mercato di prodotti biologici.

Village Market Antiques Centre (Cartina p455; angolo tra Stockwell St e Greenwich High Rd SE10; 10-17 venerdì e sabato, 10-18 domenica). Mercato di vestiti usati, gioielli, piante e oggettistica varia.

Shopping – Il sud

Pernottamento

Pernottamento

Non importa quanti soldi abbiate da spendere: la scelta della vostra sistemazione a Londra porterà via senza dubbio un'enorme fetta del vostro budget di viaggio. È improbabile che riusciate a trovare un giusto rapporto qualità-prezzo perché qualsiasi sistemazione a Londra è più costosa che in tutte le altre città europee. Tuttavia, dopo aver fatto un po' di conti, sappiate che qualunque posto scegliate per trascorrere il vostro soggiorno arricchirà immensamente la vostra visita. Ricordate, però, di prenotare in anticipo. Anche negli ultimi anni, quando il turismo era in calo, la domanda superava spesso l'offerta, soprattutto nella fascia economica del mercato. Arrivare a Londra in estate (tra giugno e agosto) senza aver prenotato in anticipo la vostra sistemazione sarebbe da pazzi. Vi sarà richiesto di versare

The Rookery, Clerkenwell (p340)

un acconto pari al 10% e, una volta arrivati, è probabile che vi chiedano di saldare subito il conto. Se viaggiate da soli, ricordate che le camere singole sono relativamente poche e molti alberghi, anche nei periodi tranquilli, sono riluttanti ad affittare una doppia a una persona sola senza applicare un pesante supplemento o addirittura raddoppiare il prezzo.

QUALE LONDRA?

La zona in cui trascorrerete il vostro soggiorno avrà senza dubbio una grande influenza sull'impressione che avrete della città, perciò, quando scegliete la vostra sistemazione, oltre alle considerazioni sul livello di comfort e la spesa da affrontare, tenete conto delle caratteristiche dei diversi quartieri della città e scegliete quella che più vi si addice. Se vi sistemerete nel West End vi ritrovere subito nel cuore pulsante di Londra. Se amate il teatro, cercate di alloggiare nei pressi di Covent Garden, anche se dovrete competere con gli amanti dello shopping. Se desiderate immergervi nel multiculturalismo più ardito, soggiornate nei pressi di Brixton o nell'East End; se invece preferite qualcosa di più raffinato, scegliete Notting Hill o South Kensington. Hoxton, Clerkenwell e Shoreditch sono diventati in questi anni quartieri all'ultima moda, e qui ci sono poche occasioni di trovare una buona sistemazione. Se la ragione della vostra visita è l'interesse per la casa reale, rimanete vicini a Windsor soggiornando nei pressi di St James. Per scoprire la Londra tradizionale e sentire il sapore dei tempi passati, stabilite la vostra residenza a Knightsbridge o a Mayfair. A Chelsea trionfano la ricchezza e la moda, mentre i benestanti risiedono a Maida Vale e Primrose Hill. Se desiderate sapere in prima persona come vive la maggioranza dei londinesi, potete ritirarvi a Camden o nella zona nord; potete anche trascorrere qualche giorno con il circo itinerante, a Earl's Court o in qualche punto di Victoria. Se volete risparmiare, oggi potete trovare i prezzi migliori e allo stesso tempo farvi un'idea globale di Londra dalle parti di Marylebone.

TIPI DI ALLOGGIO

Se state cercando il lusso, Londra possiede un'ampia gamma di alberghi deluxe (da £300) e potrete scegliere tra i numerosi alberghi vecchio stile che uniscono la migliore atmosfera tradizionale e i comfort più moderni. C'è anche una vasta scelta di alberghi appartenenti alla fascia immediatamente inferiore (tra £150 e £300), che offrono comfort di prima qualità senza possedere lo stesso prestigio dei precedenti. In questa fascia troverete anche molti degli alberghi di lusso che sono sorti nell'ultimo decennio e che vantano una clientela di vip. Dopo questa categoria la qualità e la scelta delle strutture alberghiere cala parecchio. Naturalmente, ci sono posti dignitosi dove riposarsi senza provocare un salasso al vostro portafoglio; il problema è che non ce ne sono abbastanza. Se avete messo in conto di spendere per la vostra camera meno di £100 per notte, avrete la televisione e il telefono ma la vostra sistemazione non sarà certo il ricordo più gradito del vostro viaggio. I migliori Bed & Breakfast si aggirano intorno a questo prezzo e, benché alcuni siano accoglienti e di buona qualità, la maggior parte occupa edifici che in passato erano abitazioni private e di conseguenza le stanze sono solitamente piccole. Le opzioni economiche (indicate in questo capitolo ai paragrafi Prezzi economici) si limitano a ostelli e ad alloggi universitari, che offrono solo i servizi fondamentali e sono indicati soprattutto per chi viaggia con zaino in spalla e per chi è seriamente intenzionato a risparmiare.

Ogni anno l'ufficio turistico di Londra, il **London Tourist Board & Convention Bureau** (☎ 7932 2000; www.londontouristboard.com), pubblica *Where to Stay & What to Do in London* (£4.99), che fornisce elenchi di alberghi, Bed & Breakfast, guesthouse e appartamenti privati riconosciuti e approvati. Inoltre, potete visitare i siti internet: www.frontdesk.co.uk, www.hotelsoflondon.co.uk e www.londonlodging.co.uk.

Appartamenti accessoriati

Se vi tratterrete in città per diverse settimane o alcuni mesi, il modo migliore per farvi un'idea di come si vive a Londra è alloggiare in un appartamento accessoriato, anche se gli affitti per i brevi periodi possono costare in qualsiasi zona £700 la settimana o anche più. Ci sono alcune agenzie specializzate che vi potranno aiutare nella ricerca, tra cui la **Aston's Apartments** (☎ 7590 6000; www.astons-apartments.com; 31 Rosary Gardens SW7; metro Gloucester Road), che propone una vasta gamma di appartamenti, da quelli base a quelli più eleganti, e la **Vancouver Studios** (☎ 7243 1270; www.vienna-group.co.uk; 30 Princes Square W2; metro Bayswater), che possiede 45 appartamenti accessoriati di buona qualità in un complesso che offe le stesse comodità di un albergo.

Lunghi soggiorni

Gli affitti mensili dipendono molto dalla zona, ma in media troverete i prezzi di locazione piuttosto cari. Ai livelli più bassi del mercato, troviamo le camere singole ammobiliate (da £300 a £500), in genere con bagno e cucina in comune con altri ospiti, che sono sempre di pessima qualità. Di poco migliori sono i monolocali (da £500), di solito dotati di bagno e cucina privati. Non troverete appartamenti con due camere a meno di £900. Le case e gli appartamenti con più posti letto sono quelli che hanno probabilmente il miglior rapporto qualità-prezzo e si aggirano intorno a £300 o più. Quasi tutti i padroni di casa richiedono una cauzione (normalmente pari a una mensilità), oltre a un mese di affitto anticipato.

Per farsi un'idea dei prezzi attuali, il modo migliore è quello di sfogliare i giornali di annunci, come *Loot*, *TNT*, *Time Out* e *Homes & Property*, il supplemento del mercoledì dell'*Evening Standard*. *Capital Flat Share* è un servizio gratuito offerto da **Capital Radio** (☎ 7484 8000), che raccoglie gli annunci (da presentare entro le 18 del lunedì) di coloro che vogliono dividere l'affitto con qualcuno e li pubblica in *The Guide*, una rivista che si occupa di spettacoli in edicola ogni sabato con il *Guardian*. Se preferite rivolgervi a un'agenzia, assicuratevi che non esiga una percentuale dal locatario; la **Jenny Jones Agency** (☎ 7493 4801; 40 South Molton St W1; metro Bond Street), per esempio, chiede la percentuale solo al proprietario.

UFFICI PRENOTAZIONI E ALTRE INFORMAZIONI

Il **London Tourist Board** (☎ 7932 2020; www.visitlondon.com; ☺ 9-17.30 da lunedì a venerdì, 10-14 sabato) offre un efficiente servizio di prenotazioni per il quale si pagano £5. Il **British Hotel Reservation Centre** (☎ 0800 282888, attivo 24 ore su 24; www.bhrconline.com; ☺ 6-23.30) dispone di un ufficio prenotazioni nell'atrio centrale di Victoria Station. Inoltre, è in funzione un chiosco per le prenotazioni al piano rialzato del Britain Visitor Centre, nelle stazioni ferroviarie di Euston, King's Cross e Victoria, nella stazione della metropolitana di South Kensington e all'aeroporto di Gatwick.

Se volete pernottare in Bed & Breakfast o in case private, le prenotazioni per un minimo di tre notti possono essere fatte attraverso la **London Homestead Services** (☎ 8949 4455; www.lhslondon.com) o la **London Bed & Breakfast Agency** (☎ 7586 2768; www.londonbb.com), entrambe agenzie molto affidabili che richiedono un contributo pari al 5%.

La **YHA** (Youth Hostel Association) gestisce un **sistema di prenotazioni centralizzato** (☎ 0870 8818; lonres@yha.org.uk). Anche se poi pagherete direttamente all'ostello dove soggiornerete, il personale addetto a questa linea saprà indicarvi quali posti sono disponibili, quanti e dove.

IL WEST END

La zona intorno a Soho e Covent Garden costituisce l'epicentro della vita londinese: pagherete caro per soggiornare in questa posizione privilegiata. In zone un po' meno centrali, come Fitzrovia, si possono fare invece buoni affari in Gower St e North Gower St, mentre a Bloomsbury troverete numerosi Bed & Breakfast e guesthouse.

BLOOMSBURY E FITZROVIA

ACADEMY HOTEL

Cartina pp446-47 *Albergo*

☎ 7631 4115; www.etontownhouse.com; 21 Gower St WC1; doppie a partire da £150; metro Goodge Street

Tremendamente inglese, l'Academy, rinnovato da poco, dispone di 49 camere spaziose, ognuna con un arredamento diverso, disposte in cinque eleganti residenze in stile georgiano. Sul retro c'è un piacevole giardino in cui rilassarsi dopo una faticosa visita al British Museum.

ALHAMBRA HOTEL

Cartina pp440-41 *Albergo*

☎ 7837 9575; www.alhambrahotel.com; 17-19 Argyle St WC1; doppie base £45, con bagno privato £60; metro King's Cross St Pancras

Tra le alternative più convenienti in zona, l'Alhambra dispone di 52 camere semplici e pulite e di personale cordiale e disponibile che parla sia inglese, sia francese. Si trova in ottima posizione, vicino a due stazioni ferroviarie importanti.

ARRAN HOUSE HOTEL

Cartina pp446-47 *Albergo*

☎ 7636 2186; arran@dircon.co.uk; 77-9 Gower St WC1; camerate £13.50- 21, doppie con bagno privato £85; metro Goodge Street

Questo accogliente albergo si trova nel cuore della Bloomsbury 'letteraria' e, considerata la zona, offre un ottimo rapporto qualità-prezzo. Mette a disposizione un'ampia gamma di sistemazioni, da quella, molto essenziale, in stile camerata, fino alle doppie con bagno, luminose, comode e ben arredate, benché l'atmosfera rimanga sempre quella di un albergo piccolo e accogliente. In estate, il roseto è una piacevole sorpresa.

BLOOMS TOWNHOUSE HOTEL

Cartina pp446-47 *Albergo*

☎ 7323 1717; www.bloomshotel.com; 7 Montague Street WC1; doppie £145, suite a partire da £180

Questa elegante e ariosa residenza del XVIII secolo offre la suggestiva atmosfera di una casa di campagna pur trovandosi proprio nel cuore di Londra (in quelli che una volta erano i terreni di proprietà del British Museum). Stampe floreali, musica classica, un delizioso giardino e personale di una gentilezza squisita sono le principali caratteristiche di questo piacevole albergo.

CHARLOTTE STREET HOTEL

Cartina p448 *Albergo*

☎ 7806 2000; www.firmdale.com; 15 Charlotte St W1; doppie standard £220, suite a partire da £340; metro Tottenham Court Road

Luogo straordinario appartenente alla catena alberghiera di Firmdale, si distingue per il piacevole arredamento in stile inglese moderno. Per la sua posizione molto centrale, vicina ai maggiori teatri e locali di Soho, è uno dei posti più frequentati dai visitatori stranieri che lavorano nel mondo della televisione e dei giornali. La sera il bar è un po' troppo affollato, mentre il ristorante Oscar è un posto delizioso in ogni momento della giornata, ma in particolare all'ora del tè.

CRESCENT HOTEL

Cartina pp438-39 *Albergo*

☎ 7387 1515; www.crescenthoteloflondon.com; 49-50 Cartwright Gardens WC1; singole a partire da £46, doppie con bagno privato £89; metro Russell Square

Nel bel mezzo della Londra accademica, questo accogliente albergo a conduzione familiare fu costruito nel 1810 e si affaccia su un cortile privato circondato da alloggi riservati agli studenti. Le camere a disposizione sono di diverso tipo, dalle singole piuttosto anguste e prive di servizi alle doppie con bagno relativamente spaziose, ma sono tutte confortevoli e il personale è davvero molto cordiale.

HARLINGFORD HOTEL

Cartina pp438-39 *Albergo*

☎ 7387 1551; www.harlingfordhotel.com; 61 Cartwright Gardens WC1; doppie a partire da £75, familiari (con tre letti o più) £110; metro Russell Square

Ospitato in tre residenze del XIX secolo e dotato di un'affascinante serie di sale e scalinate, l'Harlingford è un ottimo albergo che svetta su una piacevole fila di case in stile georgiano fiancheggiata da abitazioni meno vistose. Più scalini si salgono (non c'è l'ascensore), più le stanze sono ampie e luminose, ma i bagni sono tutti piccoli.

HOTEL CAVENDISH

Cartina pp446-47 *Albergo*

☎ 7636 9079; www.hotelcavendish.com; 75 Gower St WC1; doppie base £48, con bagno privato £66; metro Goodge Street

Gestito con cura da un'affabile famiglia, questo albergo offre graziose camere in tonalità porpora e borgogna, oltre a un piacevole giardino recintato e una prima colazione preparata, giustamente, all'inglese (compresa nel prezzo). Se il Cavendish è al completo, potete rivolgervi al vicino Jesmond, che pratica le stesse tariffe e fornisce gli stessi servizi.

JENKINS HOTEL

Cartina pp438-39 *Albergo*

☎ 7387 2067; www.jenkinshotel.demon.co.uk; 45 Cartwright Gardens WC1; singole a partire da £52, doppie £85; metro Russell Square

Vicino al British Museum, questo albergo per non fumatori dispone di camere graziose dotate di lavandino, TV, telefono e frigorifero. Le stanze sono piccole ma l'accoglienza è straordinaria. Tutti i prezzi comprendono un'abbondante prima colazione, che gli ospiti possono poi smaltire sui campi da tennis dall'altra parte della strada.

MORGAN HOTEL

Cartina p450 *Albergo*

☎ 7636 3735; 24 & 40 Bloomsbury St WC1; doppie a partire da £90, suite £125; metro Tottenham Court Road

Questa struttura, che sorge in una fila di case in stile georgiano risalenti al XVIII secolo e si trova accanto al British Museum, è uno dei migliori alberghi di categoria media di Londra. Qui il calore e l'ospitalità compensano le camere leggermente anguste. Recentemente le stanze sono state rimodernate: le singole e doppie standard sono un po' pacchiane, mentre le suite sono arredate con maggiore gusto e vale la pena pagare i pochi scellini di differenza.

RIDGEMOUNT HOTEL

Cartina pp442-43 *Albergo*

☎ 7636 1141; www.ridgemounthotel.co.uk; 65-67 Gower St WC1; doppie base £50, con bagno privato £65; metro Goodge Street

Questo albergo vecchio stile offre ai suoi ospiti un calore e una cortesia che di questi tempi non sono facili da trovare in città. Dispone di 30 camere molto funzionali, metà delle quali dotate di bagno privato. Le tariffe comprendono anche una buona prima colazione. È disponibile un servizio di lavanderia.

ST MARGARET'S HOTEL

Cartina pp446-47 *Albergo*

☎ 7636 4277; www.stmargaretshotel.co.uk; 26 Bedford Pl WC1; doppie base £63, con bagno privato £95; metro Russell Square/Holborn

Giovani e meno giovani sono ben accolti in questo enorme albergo a conduzione familiare che occupa una classica residenza in stile georgiano e dispone di 60 camere, tutte luminose e confortevoli. A disposizione degli ospiti ci sono inoltre un rilassante salotto e un piacevole giardino sul retro.

Pernottamento – Il West End

I top five degli alberghi d'autore

- Great Eastern Hotel (p339)
- Hazlitt's (p336)
- Number 5 Maddox Street (p341)
- The Rookery (p340)
- Sanderson (p336)

SANDERSON

Cartina p448   *Albergo*

☎ 7300 1400; www.ianschragerhotels.com;
50 Berners St W1; doppie standard a partire da £205,
suite nell'attico £500; metro Oxford Circus

Nascosta dietro la poco invitante facciata di
vetro e alluminio di un palazzo aziendale, questa 'stazione termale urbana', ideata dal prolifico duo di architetti Ian Schrager e Philippe
Starck, presenta un lussureggiante giardino di
canne di bambù, opere d'arte e installazioni,
scenografie teatrali del XVIII secolo, lenzuola
con una trama a 450 fili e mobili di qualità.
Il posto risulta un po' bizzarro, quasi surreale
e piuttosto sfarzoso. Al ristorante Spoon il supercuoco parigino Alain Ducasse prepara piatti
che ben si addicono al contesto.

Prezzi economici

AROSFA

Cartina pp446-47   *Albergo*

☎ 7636 2115; 83 Gower St WC1; doppie base £50, con
bagno privato £75; metro Euston Square/Goodge Street

Il minuscolo Arosfa (che in gallese significa
'posto dove stare') è uno dei pochi alberghi
economici in cui è vietato fumare. Le 16
camere offrono i servizi essenziali e chi ha il
sonno leggero farebbe bene a chiedere una
camera sul retro.

ASHLEE HOUSE

Cartina pp440-41   *Ostello*

☎ 7833 9400; www.ashleehouse.co.uk; 261-5 Gray's
Inn Rd WC1; camerate a partire da £13, singole £34;
metro King's Cross St Pancras; 🖴

Questo accogliente ostello, pulito e ben tenuto, offre 180 posti letto disposti su tre piani
e si trova vicino alla stazione di King's Cross. Le
camerate (la maggior parte delle quali con letti
a castello) possono essere un po' anguste, ma
le finestre hanno i doppi vetri e a disposizione
degli ospiti ci sono una lavanderia, una cucina
di dimensioni accettabili, una stanza per il deposito bagagli gratuito e l'accesso a internet.

GENERATOR

Cartina pp440-41   *Albergo*

☎ 7388 7655; www.the-generator.co.uk; Compton
Place, 37 Tavistock Place WC1; camerate £12.50-17,
singole £37; metro Russell Square; 🖴

Una delle più vivaci sistemazioni economiche
nel centro di Londra, il Generator è decorato in
stile industriale e sembra il set rimodernato del
film *Brazil* di Terry Gilliam. Oltre alle 207 camere

(830 posti letto), ha personale simpatico e un
bar che rimane aperto fino alle due di notte. Ci
sono anche tavoli da biliardo, accesso a internet, cassette di sicurezza e un ampio refettorio,
ma non c'è la cucina. Le tariffe comprendono
la prima colazione.

SOHO

HAZLITT'S

Cartina p448   *Albergo*

☎ 7434 1771; www.hazlittshotel.com; 6 Frith St W1;
doppie standard £205, suite del barone Willoughby
£300; metro Tottenham Court Road

Una delle dimore più caratteristiche di Londra,
questo albergo straordinariamente elegante
nel bel mezzo di Soho è composto da tre case
a schiera risalenti al XVIII secolo, in una delle
quali visse il grande saggista William Hazlitt. 23
camere prendono il nome da ex residenti o da
ospiti della casa e vantano un'abbondanza di
dettagli affascinanti, fra cui letti a baldacchino
in legno di mogano, vasche da bagno con
zampe d'uccello in stile vittoriano, tessuti
lussuosi e ovunque un gusto impeccabile.
Ricordate che questo è un edificio antico, dichiarato sito d'interesse architettonico, perciò
non c'è l'ascensore. Alcune camere non sono
grandi, ma la qualità è incomparabile.

WEST STREET

Cartina p450   *Albergo*

☎ 7010 8600; www.weststreet.co.uk; 13-15 West St
WC2; camere £350-630; metro Leicester Square

Nel cuore della zona dei teatri, questo albergo
super elegante, riservato ai soci, possiede tre
suite straordinarie ed estremamente personalizzate, al di sopra del bar e del ristorante vetrato. I suoi vanti sono la White Room (camera
bianca) e la Stone Room (camera di pietra), con
la sua splendida terrazza, abbastanza grande
da poter ospitare un cocktail party; il Loft (l'attico) occupa tutto il quarto piano. Ogni camera
è arredata con oggetti di design e il personale
è gentilissimo.

Prezzi economici

OXFORD ST YHA

Cartina p448   *Ostello*

☎ 7734 1618; oxfordst@yha.org.uk; terzo piano,
14 Noel St W1; camerate £18/22; metro Oxford Circus/
Tottenham Court Road

Il più centrale degli ostelli londinesi è essenziale, pulito, accogliente e originale. C'è
un'ampia cucina, che però non serve pasti, a

parte una prima colazione al sacco. La maggior parte dei 75 letti sono gemelli.

COVENT GARDEN, LEICESTER SQUARE E HOLBORN

COVENT GARDEN HOTEL

Cartina p450 *Albergo*

☎ 7806 1000; www.firmdale.com; 10 Monmouth St WC2; doppie standard £245, suite nell'attico £795; metro Covent Garden/Tottenham Court Road

Questo incantevole albergo di lusso, che unisce un magnifico design, tessuti di origine asiatica e un calore tipicamente britannico, era in passato un ospedale, mentre oggi è indiscutibilmente uno dei posti più raffinati dove soggiornare a Londra. È un'altra perla creata da Tim e Kit Kemp, della catena di piccoli alberghi Firmdale, entrambi abili albergatori e arredatori d'interni di talento, che da soli, negli ultimi anni, hanno arricchito Londra di strutture alberghiere di qualità. Ci sono anche due splendidi e deliziosi ristoranti e non mancano lo stile, i comfort e il servizio che contraddistinguono la catena Firmdale.

FIELDING HOTEL

Cartina p450 *Albergo*

☎ 7836 8305; www.the-fielding-hotel.co.uk; 4 Broad Court, Bow St WC2; doppie standard £110; metro Covent Garden

In questo albergo, che sorge in un'isola pedonale nel cuore di Covent Garden, si può quasi avvertire la vita pulsante del West End. Deve il suo nome al romanziere Henry Fielding (1707-54) che viveva in questa strada. Lo spazio a disposizione non è molto e gli arredi sono piuttosto modesti, ma non c'è posto migliore dove soggiornare se desiderate vedere il più possibile di Londra in pochi giorni.

KINGSWAY HALL

Cartina p450 *Albergo*

☎ 7309 0909; www.kingswayhall.co.uk; Great Queen St WC2; doppie standard giorni infrasettimanali/ weekend £240/165; metro Holborn

Pur rivolgendosi a una clientela di uomini d'affari, il Kingsway riesce a offrire una sistemazione elegante, comoda e assolutamente centrale anche a chi è in città per divertirsi. L'atmosfera è più rilassata nel weekend, quando le tariffe sono sensibilmente più basse e la palestra interna non è affollata come al solito.

ONE ALDWYCH

Cartina p450 *Albergo*

☎ 7300 1000; www.onealdwych.co.uk; 1 Aldwych WC2; doppie standard £315, suite deluxe con 2 camere da letto £1045; metro Covent Garden/Charing Cross

Sfarzoso e alla moda, questo albergo dispone di camere spaziose ed eleganti, arricchite da tendaggi di seta e opere d'arte moderna, oltre a vasche da bagno così grandi da poter fare il bagno in due. Durante la settimana, l'eccellente bar ristorante Axis ospita concerti jazz ed è un posto assolutamente da non perdere. All'interno c'è anche un eccezionale health club provvisto di palestra.

REGENT PALACE HOTEL

Cartina p448 *Albergo*

☎ 0870 400 8703; fax 7734 6435; Piccadilly Circus, all'angolo con Glasshouse St W1; singole con bagno in comune a partire da £50, doppie con bagno privato a partire da £80; metro Piccadilly

La posizione è allo stesso tempo il punto di forza e il punto debole di questo imponente albergo: essendo così centrale è ottimo per visitare la città, ma è forse troppo frenetico per l'idea di vacanza che ha la maggior parte delle persone. Disponendo di quasi 1000 camere, la lobby dell'albergo è sempre molto affollata e tutta la struttura ha un'aria impersonale. Se però state cercando solo un posto in cui dormire, è senza dubbio centrale ed economico.

ST MARTIN'S LANE

Cartina p450 *Albergo*

☎ 7300 5500, numero verde ☎ 0800 634 5500; www.ianschragerhotels.com; 45 St Martin's Lane; doppie standard £195, camere con giardino £270; suite a partire da £300; metro Covent Garden/Leicester Square

Lo sforzo congiunto dell'albergatore di fama internazionale Ian Schrager e del designer francese Philippe Starck ha dato risultati straordinari. Le camere hanno finestre a tutta altezza e offrono una vista irresistibile sul West End, le sale comuni sono animati punti d'incontro e persino i clienti sono speciali. Indiscutibilmente è il luogo migliore per incontrare una top model.

SAVOY

Cartina p450 *Albergo*

☎ 7836 4343; www.savoy-group.co.uk; Strand WC2; singole/doppie/suite a partire da £149/159/319; metro Charing Cross

Ancora oggi uno dei luoghi più eleganti di Londra, il Savoy sorge sulle ceneri del vecchio palazzo Savoy, distrutto da un incendio durante la rivolta dei contadini del 1381. Molte camere offrono una spettacolare vista sul Tamigi: Monet ne fu così colpito che la dipinse dalla sua camera. La via nel cortile antistante è l'unica, in tutta la Gran Bretagna, in cui gli automobilisti guidano a destra per poter entrare e uscire dallo stretto cortile.

WALDORF MERIDIEN

Cartina p450 *Albergo*

☎ 0870 400 8484; www.lemeridien-hotels.com; Aldwych WC2; camere £140-330; metro Temple/Covent Garden/Charing Cross

Il Waldolf, che ora fa parte della catena Le Meridien, è un altro glorioso palazzo d'epoca, il cui splendore edoardiano è rappresentato dalla meravigliosa Palm Court, una magnifica sala da tè famosa per le feste danzanti che vi si tengono ogni weekend. Questi eventi fanno rivivere il tradizionale rito del tè, celebrato a suon di musica dei tempi passati. Per immaginarne l'atmosfera, basta pensare alle scene nella sala da ballo del film *Titanic*, che furono infatti girate proprio qui. Nelle sale comuni ci sono pavimenti di marmo levigato e grossi lampadari, ma alcune delle stanze riservate agli ospiti sono un po' anguste e, al confronto, possono sembrare piuttosto squallide.

IL CENTRO-EST

Per tradizione area riservata agli uomini d'affari in viaggio giunti in città per portare a termine i loro incarichi nella City, questa zona, in particolare i quartieri moderni e alla moda di Hoxton e Clerkenwell, ha assistito negli ultimi anni al sorgere di numerosi alberghi, alcuni molto lussuosi e costosi altri decisamente più abbordabili. Nei weekend può sembrare una zona molto tranquilla, soprattutto nel cuore della City, ma se non altro offre una tregua dal trambusto del West End.

LA CITY

CITADINES APART'HOTEL BARBICAN

Cartina pp452-53 *Residence*

☎ 7566 8000, servizio di prenotazione centralizzato

☎ 0800 376 3898; www.citadines.com; 7-21 Goswell Rd EC1; monolocali/appartamenti £110/165; metro Barbican

Questo residence (che fa parte di una catena di diffusione mondiale) è indicato per i lunghi soggiorni, in quanto la tariffa a notte viene ridotta dopo la prima settimana di permanenza (monolocali £100, appartamenti £145). In queste camere ragionevolmente confortevoli, anche se non nuove, potete prepararvi i pasti. Nei monolocali, però, l'unico letto a disposizione è il divano del soggiorno.

GRANGE CITY HOTEL

Cartina pp452-53 *Albergo*

☎ 7233 7888; www.grangehotels.co.uk; 10 Coopers Row EC3; camere a partire da £260; metro Tower Hill

Se avete intenzione di fermarvi a Londra solo per un weekend, il Grange City è l'ideale. È un nuovo albergo a cinque stelle di alta categoria e qualità. Molte camere offrono una vista sul Tower Bridge e sulla Tower of London per sole £90 a notte (se trascorrete qui tre notti, dal venerdì alla domenica). Le camere sono di un rosso intenso o in calde tonalità dòrate. Durante la settimana le tariffe sono quelle elencate sopra. La catena possiede altri alberghi – la maggior parte a quattro stelle – con offerte simili durante il weekend. Chiamate il servizio di prenotazione centralizzato al numero indicato.

THISTLE TOWER

Cartina pp452-53 *Albergo*

☎ 7481 2575, servizio di prenotazione centralizzato

☎ 0800 181 716; www.thistlehotels.com; St Katharine's Way E1; singole a partire da £250, doppie £270; metro Tower Hill

Il complesso del South Bank Centre comprende diversi alberghi che dispongono tutti insieme di circa 800 camere, il che rende molto facile trovarvi una sistemazione. Molte delle camere di queste strutture offrono una splendida vista sul fiume e sul Tower Bridge. Nonostante il posto non sia all'altezza del Grange City, anche qui si praticano ottime tariffe durante il weekend. Da giovedì a domenica una singola/doppia costa appena £65/90.

THREADNEEDLES

Cartina pp452-53 *Albergo*

☎ 7657 8080; www.thetoncollection.com; 5 Threadneedle St EC2; camere a partire da £270; metro Bank

Il fulcro di questo elegante albergo in posizione appartata è la sua grandiosa lobby circolare, arredata in uno stile vagamente Art

Deco e coperta da una cupola vetrata dipinta a mano, risalente al XIX secolo. Le camere di questa ex banca sono altrettanto lussuose. Le coperte dai colori intensi e le trapunte e cuscini con il monogramma dell'albergo fanno da complemento ai luminosi bagni dalle tonalità sabbia, alle televisioni dallo schermo piatto e alle fotografie artistiche appese alle pareti. Le tariffe infrasettimanali non comprendono la prima colazione, a differenza di quelle del weekend, che partono da £140.

Prezzi economici
CITY OF LONDON YHA
Cartina pp446-47 *Ostello*
☎ 7236 4965; city@yha.org.uk; 36 Carter Lane EC4; camerate da 3-15 letti £15-26; singole £24-30, camere da 2-6 letti £55-£140; metro St Paul's
Pulito, tranquillo e molto vicino alla St Paul's Cathedral, questo ostello con 193 posti letto, peraltro impeccabile, possiede un'unica caratteristica bizzarra: alcuni letti a castello sono disposti ad angolo retto uno sull'altro quindi, a volte, con i piedi coperti, sembra di dormire in un cassetto mezzo aperto.

BARBICAN YMCA
Cartina pp452-53 *Ostello*
☎ 7628 0697; www.barbicanymca.com; 2 Fann St EC2; singole/doppie con due letti £27/50; metro Barbican
Nel cuore di una giungla di cemento, questo grande ostello YMCA dispone di camere dignitose, anche se i pavimenti dei bagni comuni sono un po' crepati e scoloriti. Portatevi un paio di ciabatte per fare la doccia.

Great Eastern Hotel, Hoxton (sotto)

LONDON CITY YMCA
Cartina pp440-41 *Ostello*
☎ 7628 8832; www.londoncityY.org; 8 Errol St EC1; singole con bagni in comune £33, doppie con bagno privato £60; metro Barbican
Più bello del Barbican suo omologo, questo ostello YMCA dispone di bagni migliori e di camere più moderne, dotate di TV e telefoni abilitati alle chiamate esterne. È molto comodo per le zone di Shoreditch e Hoxton, ma dovete prenotare con un mese d'anticipo.

HOXTON, SHOREDITCH E SPITALFIELDS
GREAT EASTERN HOTEL
Cartina pp452-53 *Albergo*
☎ 7618 5010; www.great-eastern-hotel.co.uk; Liverpool St EC1; singole/doppie a partire da £225/265; metro/treno Liverpool Street
Con il suo giusto mix di moderno e classico il Great Eastern è uno degli alberghi più eleganti di Londra. La strana insegna al neon che campeggia sul banco della reception con su scritto 'mi fai battere il cuore', può essere fuorviante, ma basta passare una notte sui suoi letti ultraconfortevoli per rimanere soddisfatti del Great Eastern Hotel. Le camere ai piani inferiori di questo albergo di Conran hanno un tono più deciso, per l'utilizzo di legni scuri e tonalità rossicce, mentre quelle al quinto e al sesto piano si rifanno a un tema vagamente marittimo, con legni chiari, toni solari e finestre a oblò. La tariffa base del weekend (solo per le doppie, senza colazione e tasse incluse) è di £140.

EXPRESS BY HOLIDAY INN
Cartina pp440-41 *Albergo*
☎ 7300 4300; www.holidayinn.co.uk; 275 Old St EC1; singole e doppie £110, triple £140; metro Old Street
Unico albergo nel cuore dei quartieri alla moda di Hoxton e Shoreditch, questa struttura a buon prezzo, appartenente alla catena Holiday Inn, è a un livello più alto del Travel Inn e sembra meno impersonale. Le camere sono arredate con legni chiari e decorate nei toni del blu e del giallo. Lo spazio dove viene servita la prima colazione e la sala di ritrovo sono molto simili, con qualche poltrona colorata e qualche tavolino di vetro in più nella secona. Ci sono una decina di alberghi Holiday Inn Express a Londra, tra cui uno a Southwark, dietro la Tate Modern (☎ 7401 2525).

Pernottamento – Il centro-est

TRAVELODGE

Cartina pp452-53 *Albergo*

☎ 0870 191 1689, servizio di prenotazione centralizzato ☎ 08700 850 950; www.travelodge.co.uk; 1 Harrow Place E1; camere a partire da £80; metro Liverpool Street

Ennesimo albergo a buon mercato vicino ai numerosi bar e locali notturni di Hoxditch, il Travelodge sorge in una strada tranquilla vicinissima a Petticoat Lane, a pochi minuti dalla stazione di Liverpool Street. La caratteristica principale di questa struttura è la funzionalità: la reception è infatti molto piccola e non ci sono saloni. Le camere, però, sono arredate con discreta eleganza e al caffè dove viene servita la prima colazione è possibile ordinare un pasto continentale o il piatto del giorno. Ci sono all'incirca altri cinque Travelodge a Londra, che si possono contattare al numero del servizio di prenotazione centralizzato indicato sopra.

CLERKENWELL

MALMAISON CLERKENWELL

Cartina pp446-47 *Albergo*

☎ 7012 3700; Charterhouse Sq EC1; camere a partire da £165; metro Farringdon

Benché si trovi ad appena cinque minuti dal trambusto di Charterhouse Street (vicino al mercato della carne di Smithfields), è come se questo nuovo albergo elegante si trovasse in un altro mondo; sorge infatti in una piazza ricca di alberi ed è circondato da edifici storici. All'interno, le camere sono arredate in maniera personalizzata, in uno stile contemporaneo e alla moda. Le tariffe del weekend dovrebbero partire da £100, ma al momento della stesura di questa guida l'albergo non era ancora ufficialmente aperto, perciò vi consigliamo di telefonare per essere sicuri che sia in grado di ospitarvi.

THE ROOKERY

Cartina pp446-47 *Albergo*

☎ 7336 0931; www.rookeryhotel.com; Peter's Lane, Cowcross St EC1; singole/doppie a partire da £215/245; metro Farringdon

Nascosto in un angolo di Clerkenwell, questo insieme disordinato di 33 camere d'epoca è ricco di fascino e storia. Ogni camera è arredata in maniera personalizzata e, poiché l'albergo è costituito da un insieme di residenze in stile georgiano del XVIII secolo, ogni camera ha una pianta e una forma diverse. Le principali attrazioni del Rookery sono la suite a due piani battezzata Rook's Nest (nido del corvo), e la torretta situata in cima all'albergo. Anche i bagni in stile vittoriano e il piccolo giardino sono molto gradevoli. Le tariffe del weekend, applicate da venerdì al domenica, si aggirano intorno a £145 per una doppia.

IL CENTRO-SUD

In questa zona si trovano le più straordinarie camere deluxe di tutta Londra e gli alberghi sono grandiosi al punto tale che molti vengono giustamente considerati attrazioni turistiche. Se non avete grandi disponibilità economiche, troverete qualcosa più alla portata del vostro portafoglio nelle zone di Victoria e Pimlico.

MAYFAIR E ST JAMES

41

Cartina pp460-61 *Albergo*

☎ 7300 0041; www.redcarnationhotels.com; 41 Buckingham Palace Rd SW1; doppie standard £160, suite su due livelli a partire da £300

Questo albergo di gran classe vicino a Buckingham Palace offre ai suoi ospiti un trattamento quasi regale; infatti, mette a disposizione dei clienti 20 camere dal design classico in bianco e nero, due maggiordomi in servizio giorno e notte, buffet caldi e freddi 24 ore su 24, nonché tutti ciò di cui possono aver bisogno gli uomini d'affari che solitamente frequentano questa struttura.

BROWN'S

Cartina p448 *Albergo*

☎ 7493 6020; www.brownshotel.com; 30 Albemarle St W1; doppie/suite a partire da £160/315; metro Green Park

Questo meraviglioso albergo a cinque stelle fu creato nel 1837 da un ex domestico di Lord Byron, che ben conosceva le esigenze dei gentiluomini più eleganti e che, per allestire questa struttura, rimodernò una dozzina di residenze private. Fu la prima casa con camere in affitto a Londra dotata di ascensore e oggi è l'albergo deluxe che da più tempo opera nella capitale. L'arredamento e l'atmosfera evocano i tempi passati, anche se i comfort a disposizione degli ospiti sono estremamente moderni.

CHESTERFIELD

Cartina pp446-47 *Albergo*

☎ 7491 2622; www.redcarnationhotels.com; 35 Charles St W1; doppie standard/suite a partire da £100/165; metro Green Park

Ad appena un isolato da Berkeley Square, il Chesterfield offre cinque piani di lusso e ricercatezza, ben nascosti dietro la facciata piuttosto comune di una residenza in stile georgiano. Vanta soffitti dalle ricche modanature, pavimenti in marmo e mobili antichi di gran classe, proprio come ci si aspetterebbe da uno dei grandi alberghi della capitale. Inoltre, qui potrete trovare il lussuoso ristorante Conservatory, le suite a tema (come quella dedicata alla musica, dove sono conservati strumenti musicali e altri oggetti raffinati), pasti per cani e un ottimo rapporto qualità-prezzo.

CLARIDGES

Cartina pp446-47 *Albergo*

☎ 7629 8860; www.the-savoy-group.com; Brook St W1; doppie a partire da £179, suite a partire da £319; metro Bond Street

Testimonianza di un'epoca ormai lontana, il Claridges è uno dei migliori alberghi a cinque stelle di Londra. Molti dei particolari Art Deco delle sale comuni e delle suite risalgono alla fine degli anni '20 e molti dei mobili anni '30 impreziosirono i saloni di gala del transatlantico *Normandie*, ora in disarmo. Recentemente, lo chef Gordon Ramsay ha assunto il comando della cucina (p224), mentre il bar è il posto giusto dove sorseggiare un Martini, anche se non siete ospiti dell'albergo.

CONNAUGHT

Cartina pp446-47 *Albergo*

☎ 7499 7070; www.the-savoy-group.com; Carlos Place W1; doppie/suite a partire da £179/319; metro Green Park

Il Connaught si è sempre rifiutato di adeguarsi alle mode concentrandosi sulle formule sperimentate del passato, offrendo ai propri ospiti ogni genere di comodità e una leggendaria ospitalità. L'arredo è molto classico: cristalli, lampadari lussuosi, pezzi d'antiquariato, cornici dorate, rivestimenti a pannelli di mogano, ceramiche Wedgwood.

DORCHESTER

Cartina pp446-47 *Albergo*

☎ 7629 8888; www.dorchesterhotel.com; Park Lane W1; doppie a partire da £330, suite £500; metro Hyde Park Corner

Il Dorchester vanta il più stravagante atrio d'albergo di tutta Londra. Monumentali composizioni floreali e colonne di finto marmo dominano le sale comuni, mentre nella maggior parte delle camere campeggiano enormi letti a baldacchino pieni di cuscini, insieme a diversi accessori e raffinatezze in grado di soddisfare anche gli ospiti più esigenti.

METROPOLITAN

Cartina pp446-47 *Albergo*

☎ 7447 1000; www.metropolitan.co.uk; 19 Old Park Lane W1; doppie a partire da £275, suite £585; metro Hyde Park Corner

Situato nello stesso edificio dell'Halkin, il Metropolitan, con le sue 155 camere, è un albergo in stile minimalista arredato e decorato in tonalità écru; attrae una clientela facoltosa e all'ultima moda, fatta più di rockstar che di aristocratici. Il ristorante giapponese dell'albergo, il Nobu, è ottimo (p227). L'epoca in cui il Met Bar era il punto di ritrovo notturno delle grandi personalità del mondo della cultura è ormai finita, ma ancora oggi è quasi impossibile entrarvi se non si è conosciuti nell'ambiente.

NUMBER 5 MADDOX STREET

Cartina p448 *Albergo*

☎ 7647 0200; 5 Maddox St W1; suite £230-575; metro Victoria

Questo albergo è riuscito con grande determinazione a diventare un punto di riferimento attuale, ricco di stile e vivacità. Il personale ti fa sentire come se stessi soggiornando in un elegantissimo appartamento in affitto e non in un albergo. Qui troverete arredi in stile orientale, tonalità naturali e un gusto straordinario per i particolari, oltre a tutti i comfort moderni di cui il viaggiatore di oggi potrebbe aver bisogno, tra cui una connessione gratuita a banda larga a internet in ogni camera.

PARK LANE SHERATON HOTEL

Cartina pp446-47 *Albergo*

☎ 7499 6321; Piccadilly W1; doppie a partire da £140, suite £430; metro Green Park

Sebbene verso la fine degli anni '90 sia stato rilevato e rimodernato dall'americana Sheraton Corporation, questo grande albergo londinese conserva il suo carattere tipicamente britannico, con camere interamente rinnovate che vantano i comfort più moderni, pur mantenendo un'atmosfera vecchio stile. L'albergo è stato utilizzato per alcune riprese del più inglese degli sceneggiati televisivi, *Ritorno a Brideshead*.

Pernottamento – Il centro-sud

THE RITZ

Cartina pp446-47 *Albergo*

☎ 7493 8181; www.theritzlondon.com; 150 Piccadilly W1; doppie/suite a partire da £320/600; metro Green Park

Considerando la fama mondiale del più lussuoso degli alberghi, ci si aspetterebbe che riposasse sugli allori, ma non è così. Essendo ancora la residenza della famiglia reale quando è lontana da casa, il Ritz è di una bellezza tale che persino la nuova generazione dell'élite culturale lo apprezza. Le camere sono prevedibilmente lussuose, mentre il ristorante è arredato come un *boudoir* rococò.

TRAFALGAR HILTON

Cartina p450 *Albergo*

☎ 7870 2900; www.thetrafalgar.hilton.com; 2 Spring Gdns SW1; doppie standard/suite a partire da £179/390; metro Charing Cross/Embankment

Da quando ha aperto i battenti, nel 2001, proponendosi come il più stiloso della catena Hilton, questo albergo ha riscosso grande successo. Con il suo carattere finemente minimalista (al di là della sua facciata ottocentesca tradizionale), continua ad attrarre una clientela

The Ritz, St James (sopra)

giovane, moderna e alla moda. Ampie finestre offrono alcune delle viste più straordinarie sulla piazza e sulla città, mentre il tranquillo e spazioso bar Rockwell serve più di 80 diverse marche di whisky.

KNIGHTSBRIDGE, KENSINGTON E SOUTH KENSINGTON

BASIL ST HOTEL

Cartina pp442-43 *Albergo*

☎ 7581 3311; www.thebasil.com; Basil St SW3; singole/doppie a partire da £145/205; metro Knightsbridge

Questo albergo a conduzione familiare si prende cura degli ospiti da quasi un secolo. È un piacevole rifugio, pieno di antichità, nel cuore di Knightsbridge, in una posizione perfetta per tornare carichi di pacchi da Harrods, Harvey Nicks o Sloane St. Non è certo all'avanguardia della tecnologia – vasche da bagno anziché docce, niente ascensore ecc. – ma offre una deliziosa prospettiva della 'piccola Inghilterra' nella grande Londra.

BLAKES

Cartina pp456-57 *Albergo*

☎ 7370 6701; www.blakeshotels.com; 33 Roland Gdns SW7; doppie/suite a partire da £140/235; metro Gloucester Road

Per creare questo originale albergo di lusso, aperto dalla designer Anoushka Hempel negli anni '70, sono state unite fra loro cinque case vittoriane. Le camere sono arredate con eleganza e impreziosite da letti a baldacchino, ricchi tessuti e antichità. Sono eccellenti, ma a volte poco pratiche (per esempio, i letti sono rivolti dalla parte opposta della TV). È molto apprezzato dalle star che vogliono tenere lontani i paparazzi, ma è forse meno attento alle esigenze dei clienti più anonimi.

FIVE SUMNER PLACE

Cartina pp456-57 *Albergo*

☎ 7584 7586; www.sumnerplace.com; 5 Sumner Pl SW7; doppie £130; metro South Kensington

Situato in una tranquilla strada alberata non lontana dalla stazione della metropolitana di South Kensington, questo albergo è rilassante, raffinato ed elegante. Dispone di 13 camere ben accessoriate (ogni camera è anche dotata di un mobiletto dei liquori), una piacevole serra e un minuscolo giardino interno. Solo due camere sono dotate di vasca da bagno, le altre hanno docce molto piccole. Inoltre, ricordate di chiedere un letto matrimoniale, altrimenti potreste trovarvi una camera con due letti singoli uniti.

THE GORE

Cartina pp442-43 *Albergo*

☎ 7584 6601; www.gorehotel.co.uk; 189 Queen's Gate SW7; doppie a partire da £190, Tudor Room £295; metro Gloucester Road

Decisamente stravagante, leggermente logoro e irresistibilmente romantico, questo albergo con 54 camere è un vero e proprio palazzo, fatto di mogano lucido, tappeti turchi, statue di bronzo, bagni vecchio stile, aspidistre, migliaia di ritratti e stampe e un magnifico bar. La Tudor Room, rivestita di pannelli scuri, con una vetrata istoriata e il letto a baldacchino, è davvero magnifica. L'annesso Bistrot 190 è un posto straordinario in cui pranzare.

THE HALKIN

Cartina pp446-47 *Albergo*

☎ 7333 1000; www.halkin.co.uk, 5 Halkin St SW1; doppie/suite a partire da £305/475; metro Hyde Park Corner

L'Halkin, con le sue 41 camere, ben si addice a chi viaggia per affari e preferisce lo stile minimalista: abbondanza di legno, marmo e finiture in vetro. Le camere da letto a pannelli di legno sono elegantemente sobrie e il personale sfoggia divise firmate Armani.

HOTEL 167

Cartina pp456-57 *Albergo*

☎ 7373 0672; www.hotel167.com; 167 Old Brompton Rd SW5; doppie a partire da £90; metro Gloucester Road

Questo albergo presenta una bella facciata restaurata ma un interno un po' logoro. Si tratta comunque di un albergo tranquillo e piacevole, con un servizio estremamente cordiale e camere arredate in maniera insolitamente sobria. Non c'è l'ascensore, ma la camera più alta, e più bella, è al terzo piano.

KNIGHTSBRIDGE HOTEL

Cartina pp456-57 *Albergo*

☎ 7584 6300; 10 Beaufort Gdns SW3; www.firmdale.com; doppie/suite a partire da £175/335; metro Knightsbridge

Questo albergo, un altro capolavoro creato da Tim e Kit Kemp della Firmdale, occupa un edificio costruito duecento anni fa, vicinissimo

ad Harrods, e vanta interni belli ed eleganti arredati in uno stile inglese sontuoso, raffinato e moderno. Alcune camere, pur essendo arredate in modo magnifico, sono troppo piccole per il prezzo richiesto, perciò informatevi bene quando prenotate. C'è un bar self-service all'interno di un piacevole locale e il personale è giovane, di bell'aspetto, cordiale ed efficiente.

LANESBOROUGH

Albergo

☎ 7259 5599; www.lanesborough.com; Hyde Park Corner; doppie a partire da £310; metro Hyde Park Corner

Le dive in visita in città si fermano in questo bell'albergo che unisce l'opulenza del Regency alla tecnologia più all'avanguardia. La suite reale, la camera più costosa in città, è abbinata a una Bentley con autista e costa £6213. Il servizio, come ci si potrebbe aspettare, è impeccabile.

NUMBER SIXTEEN

Cartina pp456-57 *Albergo*

☎ 7589 5232; www.numbersixteenhotel.co.uk; 16 Sumner Place SW7; doppie a partire da £165; metro South Kensington

Anche se tutte le strutture della catena Firmdale vantano standard piuttosto elevati, questo albergo, rinnovato di recente, ha davvero qualcosa di straordinario. Decorato nei toni freddi del grigio e in tonalità tenui, arredato con raffinata lucidità e impreziosito ovunque da oggetti d'arte di prima qualità, il Number Sixteen è un posto magnifico dove soggiornare, anche perché offre la possibilità di passeggiare in un idilliaco giardino sul retro, che si estende intorno a un laghetto pieno di pesci ed è suddiviso da intimi séparé, o di far colazione nella serra, o, ancora, di leggere il giornale davanti al caminetto del salone.

SWISS HOUSE HOTEL

Cartina pp456-57 *Albergo*

☎ 7373 2769; www.swiss-hh.demon.co.uk; 171 Old Brompton Rd SW5; doppie a partire da £89; metro Gloucester Road

Questo tranquillo albergo, che sorge all'interno di una casa a schiera d'epoca vittoriana decorata da file di fiori, è una struttura davvero conveniente, per le tariffe che applica. Il personale è cortese e ospitale e le camere, tutte molto spaziose, sono intime ed eleganti, anche se forse un po' logore. Le camere sul retro si affacciano su un grazioso giardino e non sono disturbate dai rumori della strada.

Prezzi economici

HOLLAND HOUSE YHA HOSTEL

Cartina pp442-43   *Ostello*

☎ 0870 770 5866; hollandhouse@yha.org.uk; Holland Walk W8; camerate £22; metro High Street Kensington

Questo ostello ha 201 posti letto e si trova in un'ala della Holland House che si affaccia su Holland Park. È grande e molto affollato, ma è in una posizione imbattibile. C'è anche un caffè e la prima colazione è compresa nel prezzo.

CHELSEA E BELGRAVIA

ANNANDALE HOUSE HOTEL

Cartina pp456-57   *Albergo*

☎ 7730 5051; Sloane Gdns SW1; metro Sloane Square

Questo albergo tradizionale si trova poco distante da Sloane Square, in direzione sud, ed è una sistemazione ottima per la sua tranquillità. Tutte le stanze sono dotate di TV e telefono.

TOPHAMS BELGRAVIA

Cartina pp460-61   *Albergo*

☎ 7730 8147; www.tophams.co.uk; 28 Ebury St SW1; doppie/con letto a baldacchino a partire da £130/150; metro Victoria

Intimo e tranquillo, il Tophams è gestito dalla stessa famiglia da quando è stato aperto nel 1937 e, benché nel corso degli anni '90 abbia subito una significativa opera di rimodernamento, gli arredi evocano ancora i tempi passati. È costituito da cinque piccole case unite fra loro, che gli conferiscono un'aria deliziosamente disordinata.

VICTORIA E PIMLICO

CHESHAM HOUSE HOTEL

Cartina pp460-61   *Bed & Breakfast*

☎ 7730 8513; 64-66 Edbury St SW1; doppie base £55, con bagno privato £70; metro Victoria

Situato in un'incantevole strada nell'elegante quartiere di Belgravia, questo bel B&B ha una straordinaria coppia di fanali di una vecchia carrozza accanto alla porta d'ingresso. All'interno, gli ambienti sono curati, con servizi e lavanderia a ogni piano e bagni in ottimo stato.

HAMILTON HOUSE HOTEL

Cartina pp460-61   *Albergo*

☎ 7821 7113; www.hamiltonhousehotel.com; 60 Warwick Way SW1; doppie base £65, con bagno privato £90; metro Victoria

Questo semplice albergo è vicino ai trasporti della zona di Victoria e, considerati i servizi che mette a disposizione degli ospiti, offre un ottimo rapporto qualità-prezzo. Molte delle 40 camere sono un po' piccole, ma luminose e allegre, e all'interno c'è anche un buon ristorante.

LUNA & SIMONE HOTEL

Cartina pp460-61   *Albergo*

☎ 7834 5897; www.lunasimonehotel.com; 47-9 Belgrave Rd SW1; doppie con bagno privato £80; metro Victoria

Centrale, pulito e confortevole, il Luna & Simone è la sistemazione migliore su questa strada trafficata. La prima colazione all'inglese è compresa nel prezzo e c'è inoltre un servizio gratuito di deposito bagagli di cui potete usufruire mentre siete in viaggio. Se tutti gli alberghi economici di Londra fossero come questo, forse ci si fermerebbe più a lungo in città.

MORGAN HOUSE

Cartina pp460-61   *Albergo*

☎ 7730 2384; www.morganhouse.co.uk; 120 Ebury St SW1; doppie base £66, doppie con bagno privato £86, familiari (con tre letti o più) £122; metro Victoria

I proprietari di questo albergo sono gli stessi che gestiscono la Woodville House: qui al Morgan le camere sono più luminose e intime.

VICARAGE HOTEL

Cartina pp442-43   *Bed & Breakfast*

☎ 7229 4030; www.londonvicaragehotel.com; 10 Vicarage Gate W8; doppie base £78, con bagno privato £102; metro High Street Kensington

Uno dei più apprezzati B&B londinesi, il Vicarage è ottimo anche se comincia a perdere un po' del suo lustro. Ha un fascino tipicamente inglese tutto sommato accessibile, un piacevole salone per gli ospiti, prime colazioni abbondanti (con aringhe affumicate, se vi piacciono) e una splendida posizione; le uniche note negative sono il vago odore di chiuso e l'assoluta mancanza di bagni privati.

WINDERMERE HOTEL

Cartina pp460-61   *Albergo*

☎ 7834 5163; www.windermere-hotel.co.uk; 142-4 Warwick Way SW1; doppie a partire da £84; metro Victoria

Il pluripremiato Windermere dispone di 22 camere immacolate, ognuna caratterizzata da un proprio design, e si trova all'interno di una casa d'epoca vittoriana tutta bianca, che conferisce carattere e calore a una zona che non è certo nota per queste caratteristiche. Sul posto c'è anche un ristorante degno di fiducia, con prezzi ragionevoli. L'edificio vittoriano che ospita l'albergo sorge in quella che un tempo era Abbot's Lane, una strada di grande traffico che collegava Westminster Abbey alla residenza dell'abate, lungo la quale, in epoca medievale, passavano abati e sovrani.

Prezzi economici

VICTORIA HOTEL
Albergo

☎ 7834 3077; www.astorhostels.com; 71 Belgrave Rd SW1; camerate £16; metro Pimlico

Questo ostello, recentemente rimodernato con un tocco di stravaganza e originalità, di-

spone di 60 posti letto, perciò è movimentato senza essere troppo impersonale. Lo staff è composto da giovani di passaggio a Londra, è disponibile l'accesso a internet, la reception è aperta 24 ore su 24 e si trova a breve distanza dalla Tate Britain e da Westminster Abbey.

WELLINGTON HALL
Cartina pp460-61   *Alloggi universitari*

☎ 7834 4740; 71 Vincent Sq SW1; singole base/doppie base con due letti £28/42; metro Victoria

A pochi minuti a piedi dalle stazioni di Westminster e Victoria, questo residence per studenti, asettico ma pulito, dispone di 125 letti in camere singole e doppie. Può sicuramente diventare la base ideale per il vostro soggiorno londinese.

LUNGO LA SOUTH BANK

Una decina d'anni fa, lungo la South Bank non c'era praticamente nessuna sistemazione per i turisti. Ultimamente gli alberghi continuano a sorgere quasi da un giorno all'altro per soddisfare le richieste di coloro che desiderano soggiornare nei pressi della Tate Modern, del London Eye o della stazione ferroviaria di Waterloo International.

SOUTH BANK CENTRE E WATERLOO

COUNTY HALL TRAVEL INN CAPITAL
Cartina pp446-47   *Albergo*

☎ 0870 238 3300; www.travelinn.co.uk; Belvedere Rd SE1; camere fino a due adulti e due bambini £85; metro Waterloo

Alle spalle della County Hall, questo Travel Inn è in un'ottima posizione, vicino al London Eye e alla Saatchi Gallery, ma non ha vista sul fiume. Ha all'incirca lo stesso stile di un fast-food, con un'abbondanza di vernice viola, pavimenti di vinile, menu plastificati e grossi distributori automatici; se volete soggiornarvi dovrete prenotare con ampio anticipo. A quanto pare, le camere dal 10 al 20 su ogni piano sono le più tranquille. Se non riuscite a trovare posto in questo albergo, ci sono circa una dozzina

di Travel Inn in tutta la capitale, tra cui uno al Tower Bridge (☎ 0870 238 3303). Per ulteriori informazioni visitate il sito internet.

LONDON MARRIOTT HOTEL COUNTY HALL
Cartina pp446-47   *Albergo*

☎ 7928 5200, 0870 400 7200; www.marriott.co.uk/lonch; Westminster Bridge Rd SE1; singole/doppie a partire da £210, con vista sul fiume £230; metro Westminster

Questo albergo elegante e lussuoso è noto per la favolosa vista sul Tamigi e sulla House of Parliament. In passato, questa era la sede del Greater London Council (GLC), il che è testimoniato ancora dalle camere tradizionali, arricchite da decorazioni floreali. Questa struttura non è perciò molto adatta a chi preferisce uno stile più casual. L'ampio e tortuoso viale d'accesso separa l'albergo dal trambusto del Westminster Bridge.

WELLINGTON AT WATERLOO HOTEL
Cartina pp446-47   *Albergo*

☎ 7928 6083, wellington@regents-inn.plc.uk; 81-3 Waterloo Rd SE1; singole/doppie/familiari (con tre letti o più) £70/80/90; metro Waterloo

Questo albergo ha una suggestiva facciata tradizionale e dispone di camere piacevol-

---

I top five degli alberghi tradizionali

- Dorchester (p341)
- Lanesborough (p343)
- The Ritz (p342)
- Savoy (p337)
- Waldorf Meridiene (p338)

Pernottamento – Lungo la South Bank

mente confortevoli e moderne, anche se un po' piccole. Purtroppo, però, si trova in una strada molto trafficata ed è vicino a una linea ferroviaria, perciò non è proprio l'ideale per gli ospiti particolarmente sensibili ai rumori. I bar al piano inferiore sono stati recentemente rimodernati, ma conservano un formidabile murale che illustra la battaglia di Waterloo.

Prezzi economici
STAMFORD STREET APARTMENTS
Cartina pp446-47   *Alloggi universitari*

☎ 7848 2960; www.kcl.ac.uk/kcvb; 127 Stamford St SE1; singole con bagno privato £34; metro Waterloo

Moderno e centrale residence per studenti con 543 posti letto. Le sue camere sono a disposizione dalla fine di giugno a metà settembre. Applica tariffe particolari per studenti, gruppi e per chi si trattiene per lunghi periodi.

BANKSIDE
NOVOTEL CITY SOUTH
Cartina pp452-53   *Albergo*

☎ 7089 0400; www.novotel.com; 51-61 Southwark Bridge Rd SW1; singole/doppie £140/160; metro Southwark/London Bridge

Fiore all'occhiello delle recenti acquisizioni all'ultima moda della Novotel, questo albergo dispone di camere moderne ed eleganti, anche se leggermente piccole, con piumini a due colori, cuscini dalle tonalità brillanti, vetri verdi nel bagno e legni chiari. Le camere sono dotate di tutti i comfort, dall'asse da stiro all'asciugacapelli, fino al minibar. Le tariffe indicate sopra non comprendono la prima colazione, a differenza di quelle praticate nel weekend (£100).

MAD HATTER
Cartina pp446-47   *Albergo*

☎ 7401 9222; www.madhatterhotel.com; 3-7 Stamford St SE1; camere £100; metro Southwark

Le camere di questo albergo sono in realtà piuttosto anonime ma, grazie allo stile tradizionale della reception e al pub adiacente, il Mad Hatter sembra un po' più intimo di molti alberghi che fanno parte di grandi catene. Offre un discreto livello di comfort e, benché sorga su un importante snodo stradale, non sembra troppo rumoroso. In alcune camere è possibile sistemare tre persone con un supplemento di £12 a notte. Nel weekend la tariffa per singole/doppie è di £80.

SOUTHWARK ROSE HOTEL
Cartina pp452-53   *Albergo*

☎ 7015 1480; www.southwarkrosehotel.co.uk; 43-47 Southwark Bridge Rd SW1; camere £105; metro Southwark/London Bridge

Il Southwark Rose, che rivendica il fatto di essere il primo albergo elegante a prezzi economici a Londra, è infatti abbastanza buono. La lobby al piano terra ha pareti completamente bianche, poltrone rosa, tappeti grigi, paralumi dalle cupole rosa e argento e fotografie sexy giapponesi. Le camere sono arredate in modo elegante, con piumini grandi e soffici e ampie testiere del letto rivestite di tessuto. Purtroppo, però, sono piuttosto piccole. Le tariffe non comprendono la prima colazione (£4.50/8 per la colazione continentale/inglese). Nel weekend si può avere una camera a £95.

Prezzi economici
BANKSIDE HOUSE   *Alloggi universitari*

☎ 7633 9877; www.lse.ac.uk/collections/vacations; 24 Sumner St SE1; singole con bagni in comune £31, con bagno privato £45, triple/quadruple £60/80; metro Blackfriars

Questa residenza per studenti con 800 posti letto è la più grande tra quelle della London School of Economics. Le camere sono disponibili dai primi di luglio fino a metà settembre.

BOROUGH E BERMONDSEY
Prezzi economici
DOVER CASTLE HOSTEL
Cartina pp452-53   *Ostello*

☎ 7403 7773; www.dovercastlehostel.co.uk; 6a Great Dover St SE1; camerate 3-12 letti £10-15; metro Borough

Questo ostello con 55 posti letto occupa una casa a schiera d'epoca vittoriana di quattro piani. A disposizione degli ospiti ci sono un bar a tema caraibico, al piano inferiore, un salone dotato di TV, cucine, deposito bagagli e accesso a internet.

ST CHRISTOPHER'S INN
Cartina pp452-53   *Ostello*

☎ 7407 1856; www.st-christophers.co.uk; 163 Borough High St SE1; camerate 4-12 letti £15-19, doppie con due letti £45; metro Borough/London Bridge

Il St Christopher's Inn, con i suoi 164 posti letto, è il fiore all'occhiello di una straordinaria catena di ostelli che offre sistemazioni essenziali, ma pulite ed economiche, e un servizio cordiale.

Sul tetto c'è un giardino con sauna, solarium, piscina calda e vista sul Tamigi. Tra gli ostelli della stessa catena in questa zona (per i quali potete chiamare lo stesso numero), potete trovare il **St Christopher's Inn** (121 Borough High St SE1), con 48 posti letto, un pub al piano terra, un piccolo portico e un salotto, e l'**Orient Espresso** (59-61 Borough High St SE1), con 36 posti letto, una lavanderia e un caffè. I prezzi sono un po' inferiori in inverno e sul sito internet, a volte, si trovano offerte davvero vantaggiose.

159 GREAT DOVER ST
Cartina pp452-53 _Alloggi universitari_
☎ 7403 1932; www.kcl.ac.uk/kcvb; 159 Great Dover St SE1; singole/doppie con due letti £29/49; metro Borough

Questa moderna casa dello studente ha 280 camere disponibili dalla fine di luglio a metà settembre. Chiamate per sapere le tariffe riservate a studenti, comitive e per lunghi soggiorni.

BUTLER'S WHARF RESIDENCE
Cartina pp452-53 _Alloggi universitari_
☎ 7407 7164; butlers.wharf@lse.ac.uk; 11 Gainsford St SE1; singole/doppie con due letti £23/40; metro Tower Hill/London Bridge

Le camere di questa grande residenza per studenti, che vanta ben 281 posti letto, non dispongono purtroppo di bagni privati. La struttura è accessibile ai turisti dalla prima settimana di luglio alla terza settimana di settembre.

L'EAST END

Nell'East End è difficile trovare buone sistemazioni, ma c'è qualche possibilità se desiderate semplicemente soggiornare vicino a Brick Lane o al mercato di Spitalfields.

CITY HOTEL
Cartina pp452-53 _Albergo_
☎ 7247 3313; www.cityhotellondon.co.uk; 12 Osborn St E1; singole/doppie a partire da £140/150, familiari (con tre letti o più) £190; metro Aldgate East

Gli spazi comuni di questo albergo hanno un po' più di carattere delle camere: spesso, infatti, i letti sono disposti come in una caserma. Altre volte, tuttavia, la disposizione della camera è soddisfacente, e comunque potete essere sicuri che il posto è pulito e confortevole. La strada in cui si trova l'albergo è abbastanza trafficata, perciò chiedete una camera sul retro.

DOWN RIVER: A EST DEL TOWER BRIDGE

La risposta londinese a La Defense di Parigi, la zona delle Docklands è quasi un mondo a sé, tanto che senza un'automobile muoversi può essere disagevole, soprattutto la sera. Anche Greenwich è difficile da raggiungere dopo una certa ora, ma vi sono diversi alberghi e Bed & Breakfast tipicamente inglesi che offrono una buona sistemazione a prezzi ragionevoli.

DOCKLANDS
FOUR SEASONS CANARY WHARF
Cartina p455 _Albergo_
☎ 7510 1999; www.fourseasons.com; Westferry Circus, Canary Wharf E14; singole/doppie a partire da £280; metro Canary Wharf

Questo albergo ospita molti dei grandi della finanza che gravitano intorno a Canary Wharf e ha un'eccezionale esposizione sul fiume, anche se forse è un po' troppo lussuoso per le Docklands. Tuttavia, è perfetto se dovete/ volete soggiornare in zona. L'esterno, opera di Philippe Starck, ricorda un'enorme casa di bambola, con file e file di finestre quadrate, ampi pannelli di legno su entrambi i lati del portone, la forma leggermente svasata e il particolare decorativo verde. Anche l'interno è moderno, ma un po' meno vistoso. Come in tutti gli alberghi Four Seasons, il servizio è superbo.

GREENWICH
GREENWICH PARKHOUSE HOTEL
Cartina p455 _Albergo_
☎ 8305 1478; www.greenwich-parkhouse-hotel.co.uk; 1 & 2 Nevada St SE10; singole/doppie £33/ 40, doppie con bagno privato a partire da £45, triple con bagno nel corridoio £55; metro DLR Cutty Sark

Questo piccolo B&B a conduzione familiare non è molto appariscente e ha camere vecchio stile dotate di TV e di un angolo in cui prepararsi un tè, ma prive di telefono. Comunque, le tariffe e la posizione presentano indubbi vantaggi (è vicino a Greenwich Park). Prenotate con ampio anticipo perché ci sono solo otto camere e si privilegiano le prenotazioni per tre notti o più. Non si accettano carte di credito.

HAMILTON HOUSE HOTEL

Cartina p455 *Albergo*

☎ 8694 9899; www.hamiltonhousehotel.co.uk; 14 West Grove SE10; singole/doppie a partire da £100/120; metro DLR Cutty Sark

A circa cinque minuti dal Royal Observatory e da Greenwich Park, questo albergo occupa una straordinaria casa in stile georgiano sulla cima di una collina, che, grazie a un attento intervento di restauro, è tornata all'antica eleganza. In passato residenza di due sindaci di Londra, oggi dispone di nove camere d'albergo, alcune delle quali si affacciano su Canary Wharf, altre su Blackheath. A disposizione degli ospiti ci sono anche un piacevole giardino e quattro stanze con letto a baldacchino (£150 a notte). Con queste caratteristiche l'albergo è molto richiesto per le feste nuziali, perciò vi consigliamo di prenotare in anticipo.

MITRE

Cartina p455 *Bed & Breakfast*

☎ 8355 6760; fax 8355 6761; 291 Greenwich High Rd SE10; singole/doppie/familiari (con tre letti o più) £60/80/100; metro DLR Cutty Sark

Un altro B&B a gestione familiare, un po' più grande e più confortevole del Greenwich Parkhouse Hotel, ma anche più esposto al rumore. Le camere hanno un aspetto piuttosto antiquato, in stile dell'immediato dopoguerra, ma con bagni e comodità moderne come telefono a linea diretta, TV e bollitore. Tutto questo contribuisce a rendere questa struttura assai affascinante, anche perché in realtà le camere sono state rimodernate e sono molto pulite. Sotto l'albergo c'è un bar tradizionale inglese (raggiungibile con un ascensore) e l'edificio si trova su una strada molto trafficata, perciò è facile immaginare che si possa godere di un po' di tranquillità solo molto dopo la mezzanotte.

Prezzi economici

ROTHERHITHE YHA

Cartina pp452-53 *Ostello*

☎ 7232 2114; www.yha.org.uk; 20 Salter Rd SE16; camerate 4-10 letti £15-24, doppie con due letti/quadruple £55/145; metro Rotherhithe

Questo grande ostello, fiore all'occhiello della YHA, è molto confortevole anche se si trova un po' fuori mano. Ci sono un bar, un ristorante, una cucina, una lavanderia e quattro stanze attrezzate per ospitare disabili. Tutte le camere hanno il bagno annesso.

ST CHRISTOPHER'S INN

Cartina p455 *Ostello*

☎ 7407 1856; www.st-christophers.co.uk; 189 Greenwich High Rd SE10; camerate 4-12 letti £15-19, doppie con due letti £45; metro DLR Cutty Sark

È la sede di Greenwich dell'omonima rispettabile catena di ostelli.

IL CENTRO-NORD E LA ZONA NORD

Il quartiere di Marylebone è un'ottima zona in cui soggiornare: è in posizione centrale ed è comodo per fare shopping e per godersi la vita notturna del West End; allo stesso tempo, ha un'atmosfera molto londinese e prezzi adeguati. Se volete visitare la Londra urbana di giorno e ritornare nella 'piccola Inghilterra' di notte, ci sono alcune buone sistemazioni intorno a Hampstead e Highgate, mentre la zona di Camden è un'ottima base se vi interessa la musica dal vivo o volete visitare il mercato che vi si svolge tutti i weekend.

66 CAMDEN SQUARE

Cartina pp438-39 *Bed & Breakfast*

☎ 7485 4622; 66 Camden Sq NW1; posto letto e prima colazione £90; metro Camden Town

Questo B&B di vetro e tek offre spazio, luce e comfort in una tranquilla piazza della zona nord di Londra, non lontana da Camden Town e Regent's Park. I proprietari amano molto gli oggetti giapponesi e tutta la casa è piacevolmente minimalista.

30 KING HENRY'S ROAD

Bed & Breakfast

☎ 7483 2871; 30 King Henry's Rd; posto letto e prima colazione £100; metro Chalk Farm

Quest'ampia residenza di epoca vittoriana dispone di camere intime e spaziose e sorge in una splendida posizione, a metà strada tra la rumorosa e vivace Camden e la romantica e irreale Primrose Hill. Una sana e deliziosa colazione continentale (con macedonia e yogurt)

viene servita in una cucina accogliente che si affaccia su un giardino ben curato.

BRYANSTON COURT HOTEL

Cartina pp442-43   *Albergo*

☎ 7262 3141; www.bryanstonhotel.com; 56-60 Great Cumberland Pl W1; doppie standard £120; metro Marble Arch

Caminetti, poltrone di pelle, pavimenti che scricchiolano e dipinti a olio conferiscono a questo albergo una tranquilla atmosfera tradizionale inglese. Ci sono 60 camere arredate in modo gradevole, ma quelle sul retro dell'edificio sono più luminose e tranquille.

CAMDEN LOCK HOTEL

Cartina pp438-39   *Albergo*

☎ 7267 3912; www.camdenlockhotel.co.uk; 89 Chalk Farm Rd; doppie a partire da £70; metro Chalk Farm

Come edificio non è un granché, ma se desiderate trovarvi nel cuore di Camden o almeno nei pressi, questo albergo, frequentato in genere da lavoratori, fa al caso vostro. Gli arredi richiamano l'atmosfera dei sobborghi di periferia, ma le camere sono relativamente spaziose e il personale è molto cordiale.

DURRANTS HOTEL

Cartina pp446-47   *Albergo*

☎ 7935 8131; www.durrantshotel.co.uk; George St W1; doppie standard £145, suite £285; metro Bond Street

Questo bell'albergo in stile decisamente inglese è di proprietà della stessa famiglia fin dal 1921 e il personale in divisa, in servizio qui da molti anni (i portieri di notte addirittura da 40), arricchisce il luogo di un'atmosfera unica. L'albergo è enorme e lussuoso, di stampo tradizionale, e comunica un senso di tranquillità, mentre le camere sono piacevolmente arredate vecchio stile. Si trova immediatamente alle spalle della splendida Wallace Collection e vicinissimo a Oxford Street.

DORSET SQUARE HOTEL

Cartina pp446-47   *Albergo*

☎ 7723 78743; www.dorsetsquare.co.uk; 9-40 Dorset Sq NW1; doppie £160, camere con letto a baldacchino £240; metro Baker Street

Due residenze eleganti risalenti al periodo Regency (1810-20) ospitano questo incantevole albergo che si affaccia sulla piazza ricca di verde conosciuta come Dorset Square, il luogo in cui fu creato nel 1814 il primo campo da cricket (questo spiega gli oggetti legati al mondo del cricket appesi alle pareti). Purtroppo le camere sono piccole, ma sempre arredate in maniera squisita, unendo sapientemente pezzi d'antiquariato, tessuti sontuosi, letti a baldacchino e bagni di marmo e mogano.

EDWARD LEAR HOTEL

Cartina pp442-43   *Albergo*

☎ 7402 5401; www.edlear.com; 28-30 Seymour St W1; doppie base £70, doppie con bagno privato £89; metro Marble Arch

Le migliori caratteristiche di questo albergo, un tempo residenza del famoso pittore e poeta vittoriano Edward Lear, sono la sua posizione, a due passi dall'Hyde Park Corner, e le sue colazioni all'inglese, durante le quali viene servita la carne acquistata dal macellaio di fiducia della casa reale. Le camere e gli arredi sono un po' logori e ci sono quattro piani senza ascensore.

LA GAFFE

Cartina p435   *Albergo*

☎ 7435 8965; www.lagaffe.co.uk; 107-11 Heath St NW3; doppie £90, camera per la luna di miele £125; metro Hampstead

Nei pressi di Hampstead Heath, La Gaffe possiede alcuni appartamenti originali e confortevoli in una villetta di inizio XVIII secolo, sopra un noto ristorante italiano che porta lo stesso nome. Le camere dell'albergo sono arredate con un'eleganza vecchio stile, e c'è una bella camera riservata alle coppie in luna di miele, dotata di Jacuzzi e letto a baldacchino.

HAMPSTEAD VILLAGE GUEST HOUSE

                    Guesthouse

☎ 7439 8679; www.hampsteadguesthouse.com; 2 Kemplay Rd NW3; doppie base £72, doppie con bagno £82; metro Hampstead

A soli 20 minuti di metropolitana dal centro di Londra, l'Hampstead Village è un posto piacevole, con uno stile molto personale, mobili e arredi rustici e antichi, letti confortevoli e un delizioso giardino sul retro in cui è possibile farsi servire la colazione (se si paga il supplemento di £7). C'è anche un monolocale che può ospitare fino a cinque persone.

HOUSE HOTEL

Cartina p435   *Albergo*

☎ 7431 3873; 2 Rosslyn Hill NW3; doppie a partire da £110; metro Belsize Park; [P]

Questo albergo ai piedi di Rosslyn Hill dispone di 23 camere solitamente spaziose e arredate con eleganza, con bagni in marmo. Inoltre, offre la rara possibilità di parcheggiare l'automobile nelle vicinanze.

SANDRINGHAM HOTEL *Albergo*

☎ 7435 1569; 3 Holford Rd NW3; doppie a partire da £100; metro Hampstead

Questo albergo di Hampstead occupa una casa d'epoca e propone camere arredate in stile tipicamente inglese.

WIGMORE COURT HOTEL

Cartina pp442-43 *Albergo*

☎ 7935 0928; www.wigmore-court-hotel.co.uk; 23 Gloucester Pl W1; doppie a partire da £80; metro Marble Arch

Un tempo residenza dell'ex primo ministro William Pitt, questo albergo ha la caratteristica di essere allo stesso tempo un po' cupo ma originale: è infatti una struttura vittoriana ricca di arredi e decorazioni in colore rosa. È ben organizzato e gli ospiti hanno libero accesso alla cucina e alla lavanderia fai-da-te. Però non c'è l'ascensore, nonostante i quattro piani, e spesso manca il personale alla reception.

Prezzi economici

ST CHRISTOPHER'S INN CAMDEN

Cartina pp438-39 *Ostello*

☎ 7388 1012; www.st-christophers.co.uk; 48-50 Camden High St NW1; camerate a partire da £14

Questa struttura con 54 posti letto, appartenente alla omonima catena di ostelli, si trova a cinque minuti da Camden High St, sopra il frequentatissimo bar Belushi's, che rimane aperto fino alle due di notte. Il personale è molto cordiale, si può rientrare a qualsiasi ora e le camerate sono graziose e pulite, anche se alcune delle camere private sono molto piccole.

ST PANCRAS INTERNATIONAL YHA

Cartina pp438-39 *Ostello*

☎ 0870 770 6044; stpancras@yha.org.uk; 79-81 Euston Rd NW1; camerate £24, doppia privata con due letti a partire da £50; metro King's Cross St Pancras/ Euston

La zona in cui sorge non è un granché, ma l'ostello, con i suoi 152 posti letto, è moderno e dispone di cucina, ristorante, armadietti, zona per le biciclette e salone. Inoltre, si trova al centro della rete di trasporti di Londra.

IL NORD-OVEST

A Notting Hill troverete numerose sistemazioni eccentriche e alla moda, anche se le possibilità più economiche si trovano nei quartieri meno eleganti di Paddington o Bayswater.

BALMORAL HOUSE HOTEL

Cartina pp442-43 *Albergo*

☎ 7723 7445; www.balmoralhousehotel.co.uk; 156 & 157 Sussex Gardens W2; doppie base £48, con bagno privato £68; metro Paddington

Questo ottimo albergo occupa due edifici che si trovano l'uno di fronte all'altro in una strada molto trafficata su cui si affacciano numerosi piccoli alberghi. I doppi vetri possono proteggere gli ospiti con il sonno leggero, ma gli arredi sono forse un po' troppo sgargianti.

COLONNADE TOWN HOUSE

Cartina pp442-43 *Albergo*

☎ 7286 1052; www.etontownhouse.com; 2 Warrington Crescent W9; doppie a partire da £118, camere con letto a baldacchino £143; metro Warwick Avenue

Un posto d'incanto nella bellissima Little Venice, il Colonnade è lo splendido edificio d'epoca vittoriana in cui si rifugiò Sigmund Freud dopo essere fuggito da Vienna. A parte le due camere nel seminterrato, le altre sono tutte luminose, spaziose e rilassanti. Una simpatica particolarità: agli ospiti vengono fornite pantofole e camicie da notte.

GATE HOTEL

Cartina pp442-43 *Albergo*

☎ 7221 0707; www.gatehotel.com; 6 Portobello W11; doppie a partire da £65; metro Notting Hill Gate

Molte delle camere sono piccolissime, le colazioni continentali non valgono un granché, il personale è spesso sgarbato e non si può effettuare la registrazione prima delle 14; nonostante ciò, questo albergo dà la possibilità di soggiornare su Portobello Rd a prezzi economici, ed è un piacere ammirare le belle fioriere sui davanzali quando si rientra in albergo.

HEMPEL

Cartina pp442-43 *Albergo*

☎ 7298 9000; www.the-hempel.co.uk; 31-35 Craven Hill Gdns W2; doppie a partire da £210, studio £360; metro Lancaster Gate/Queensway

Opera della designer Anouska Hempel, è uno dei più begli alberghi di Londra. Negli spazi comuni, nelle camere riservate agli ospiti e nei bagni unisce proporzioni rinascimentali e filosofia Zen. Le tonalità monocromatiche, le finiture bianco su bianco e i tessuti crespi possono non incontrare i gusti di tutti, ma senza dubbio sono molto apprezzati dagli uomini d'affari che frequentano questo albergo. L'eccellente ristorante thailandese all'interno continua il tema minimalista.

INVERNESS COURT HOTEL

Cartina pp442-43   *Albergo*

☎ 7229 1444; www.cghotels.com; Inverness Tce W2; doppie a partire da £190; metro Queensway

Questa struttura fu commissionata da Edoardo VII per la sua 'confidente' Lillie Langtry, e comprendeva anche un teatro privato che oggi è stato trasformato in un cocktail bar. Le pareti rivestite di pannelli, le vetrate istoriate e gli enormi caminetti creano un'atmosfera gotica, ma le camere, alcune delle quali con vista su Hyde Park, sono perlopiù moderne e piuttosto ordinarie.

MANOR COURT HOTEL

Cartina pp442-43   *Albergo*

☎ 7792 3361, ☎ 7727 5407; fax 7229 2875; 7 Clanricarde Gdns W2; doppie base £50, con bagno privato £65; metro Notting Hill Gate

Non è sicuramente un posto eccezionale, ma questo albergo (e i dintorni) offre comunque una buona sistemazione a prezzi convenienti e non è lontano dalle luci e dalla vita di Notting Hill. Alcune camere sono migliori delle altre perciò chiedete di poter scegliere. Fuori stagione potete ottenere uno sconto di £5 sulle tariffe indicate sopra.

MILLER'S RESIDENCE

Cartina pp442-43   *Albergo*

☎ 7243 1024; www.millersuk.com; 111a Westbourne Grove, entrata da Hereford Rd W2; camere a partire da £150; metro Bayswater/Notting Hill Gate

Più un B&B a cinque stelle che un albergo, questa 'locanda del XVIII secolo' è ricca di oggetti curiosi e arredi d'antiquariato e trabocca letteralmente di personalità. Tutte le pareti sono ornate di opere d'arte, mentre il salotto in stile vittoriano è di una bellezza notevole (soprattutto a lume di candela). Le camere sono di tutte le forme e le dimensioni e presentano diverse sfumature di lusso e antichità, ma offrono tutte un ottimo rapporto qualità-prezzo e ampie opportunità di trascorrere a Londra un romantico soggiorno.

OXFORD HOTEL

Cartina pp442-43   *Albergo*

☎ 7402 6860; www.oxfordhotellondon.co.uk; 13-14 Craven Tce W2; doppie £66, familiari (con tre letti o più) £83; metro Lancaster Gate

Benché sia arredato senza il minimo gusto, con tremendi copriletti e tende a fiori, questo albergo offre uno straordinario rapporto tra comfort e prezzo, in particolare alle famiglie, e c'è un'atmosfera accogliente, favorita dalla cordialità della famiglia che lo gestisce, da simpatici e socievoli animali di compagnia e da un piacevole salone per gli ospiti.

PAVILION HOTEL

Cartina pp442-43   *Albergo*

☎ 7262 0905; www.msi.com.mt/pavilion; 34-6 Sussex Gdns W2; doppie a partire da £100; metro Paddington

Il suo vero nome è 'Pavilion Fashion Rock'n'Roll Hotel', e infatti è frequentato da modelle e da star del rock. Dispone di 30 camere tutte arredate in maniera differente (la 'Honky Tonky Afro' è in stile afro, la 'Casablanca' si ispira ai mitici anni '70). I suoi arredi sono quindi originali e divertenti e inoltre c'è un buon rapporto qualità prezzo, anche se il servizio è un po' dozzinale.

PEMBRIDGE COURT

Cartina pp442-43   *Albergo*

☎ 7229 9977; 34 Pembridge Gdns W2; doppie a partire da £185; metro Notting Hill Gate

Dietro un'elegante facciata neoclassica a Notting Hill si nasconde questo piacevole e rilassante albergo, che potrebbe aspirare al riconoscimento di miglior alberghetto di Londra. All'arrivo sarete accolti in maniera vivace e disinvolta, ma probabilmente ciò che ricorderete meglio del vostro soggiorno qui saranno i tendaggi a fiori, le finiture vittoriane e i sontuosi arredi. Le camere migliori sono al piano superiore e le piccole singole sono *molto* piccole.

PORTOBELLO HOTEL

Cartina pp442-43   *Albergo*

☎ 7727 2777; www.portobello-hotel.co.uk; 22 Stanley Gdns W11; doppie a partire da £160; metro Notting Hill Gate

Questo famoso albergo è stato frequentato nel corso degli anni da numerose star del rock, come Alice Cooper, Van Morrison e Tina Turner, e del cinema. Le camere e l'arredamento sono straordinariamente eccentrici, mentre il bar, aperto 24 ore su 24, propone ai celebri ospiti meravigliosi cocktail. La camera più ambita è la numero 16, con il suo letto rotondo: pochi anni fa vi hanno soggiornato il celebre attore Johnny Depp e la sua fidanzata di allora, la modella Kate Moss. Corre voce che il romantico attore riempì di champagne la vasca in stile vittoriano perché la bella Kate vi facesse il bagno, ma che la fanciulla non gradì il gesto e tolse il tappo.

ST DAVID'S HOTEL

Cartina pp442-43   *Albergo*

☎ 7723 4963; www.stdavidshotels.com; 16-20 Norfolk Sq W2; doppie base £59, con bagno privato £69; metro Paddington

Il quartiere di Paddington, vicino all'omonima stazione ferroviaria, è piuttosto squallido: se il St David sorgesse in una zona più elegante, gli ospiti pagherebbero probabilmente un 20% in più per i comfort che offre (TV, telefono, prima colazione). L'albergo, a conduzione familiare, è composto da quattro casette a schiera, organizzate in modo un po' raffazzonato; l'arredamento delle camere, decisamente piccole, è piacevolmente semplice; l'accoglienza è genuina.

WESTBOURNE HOTEL

Cartina pp442-43   *Albergo*

☎ 7243 6008; 65 Westbourne Grove W11; doppie a partire da £180; metro Notting Hill Gate

Questa fantastica ed elegante locanda urbana è l'ideale per chi è appassionato di moda e desidera soggiornare nei pressi della sempre trendy Notting Hill. Moderno e intimo, il Westbourne unisce oggetti d'arte assolutamente moderni e mobili retro ottenendo un effetto meraviglioso.

Prezzi economici

LEINSTER INN

Cartina pp442-43   *Ostello*

☎ 7229 9641; www.astorhostels.com; 7-12 Leinster Square W2; camerate a partire da £17; metro Bayswater

Situato in una grande casa d'epoca a nord-ovest della stazione della metropolitana di Bayswater, vicino al mercato di Portobello Rd, questo ostello con ben 372 posti letto è il più grande degli ostelli Astor. Ha un caffè, una sala dove è possibile connettersi a internet, una lavanderia e un bar che rimane aperto fino alle quattro di notte e organizza ogni mese feste a tema.

L'OVEST

Fin dagli anni '40 del XX secolo, l'Earl's Court è sempre stato un paradiso per molti viaggiatori. Nel dopoguerra, molti degli emigrati giunti dall'altra parte del mondo cercarono di costruire una propria comunità nella zona ovest di Londra e tuttora l'Earl's Court rimane la logica destinazione di australiani, neozelandesi e sudafricani in visita a Londra. Earl's Court offre sistemazioni in abbondanza, da quelle più essenziali ai confortevoli alberghi a tre stelle, ma è bene raccogliere informazioni tra i viaggiatori, perché vi può essere parecchia differenza da una struttura all'altra. Per esempio, ci sono molte locande che non sono assolutamente consigliabili, e che sono elencate in una sezione a parte. Di solito, dando un'occhiata alla hall d'ingresso si coglie al volo l'atmosfera generale e il grado di pulizia e sicurezza di un albergo: in particolare a Earl's Court, è bene fidarsi del proprio istinto. Dovunque in quest'area di Londra sono disponibili piccole sistemazioni, anche se Shepherd's Bush sta diventando rapidamente un'altra delle zone preferite dai giovani che viaggiano con lo zaino in spalla, perché è ben servita dai mezzi pubblici e offre un ambiente vivace.

EARL'S COURT

Le strade principali in cui potrete trovare strutture alberghiere e ostelli si trovano tutte a poca distanza dalla centrale Earl's Court Road. In particolare segnaliamo Penywern Road, per chi cerca una sistemazione economica, e gli splendidi Barkston Gardens, per chi invece è disposto a pagare un prezzo medio.

BARMY BADGER BACKPACKERS

Cartina pp456-57   *Ostello*

☎ 7370 5213; barmybadger@hotmail.com; 17 Longridge Rd SW5; camerate di 2-/4-/8-letti £17/16/15; metro Earl's Court

Il Badger è un piacevole ostello a conduzione familiare che offre un ottimo trattamento per chi desidera una sistemazione economica, per esempio un letto in una doppia a sole £95 la settimana. Prenotate in anticipo, perché in estate è sempre pieno. È anche disponibile un servizio di lavanderia molto conveniente.

BEAVER HOTEL

Cartina pp456-57 *Albergo*

☎ 7373 4553; fax 7373 4555; 57-9 Philbeach Gardens, SW5; singole/doppie/triple £60/85/99; metro Earl's Court

Questo albergo è nascosto all'estremità dei Philbeach Gardens, verso Cromwell Rd. Quando l'abbiamo visitato era eccezionalmente tranquillo, l'addetta alla reception è stata molto disponibile e le camere sono semplici ma pulite. Per i suoi standard, il Beaver offre buoni prezzi per le triple.

BOKA HOTEL

Cartina pp456-57 *Albergo*

☎ 7370 1388; www.bokahotel.activehotels.com; 33-5 Eardley Crs SW5; singole/doppie £36/48; metro Earl's Court

Questo alberghetto poco appariscente si trova in una zona tranquilla di Earl's Court e ha prezzi molto ragionevoli. Gli ospiti hanno accesso alla cucina e alla sala TV, e l'atmosfera generale è rilassata. Le triple e le camerate sono un vero affare e le tariffe settimanali sono davvero competitive.

BURNS HOTEL

Cartina pp456-57 *Albergo*

☎ 7373 3151; www.vienna-group.co.uk; 18-26 Barkston Gdns SW5; singole/doppie £115/160; metro Earl's Court

Questo palazzo signorile ristrutturato era una volta la residenza dell'attrice Ellen Terry, e oggi ospita l'altrettanto splendido Burns Hotel, con le sue camere ben arredate in tradizionale stile inglese, il piacevole giardino e il ristorante riservato agli ospiti.

EARL'S COURT YHA

Cartina pp456-57 *Ostello*

☎ 7373 7083; earlscourt@yha.org.uk; 38 Bolton Gdns SW5; camerate adulti/under 18 £19/16.75; singole £52, camere a 4 letti £76; metro Earl's Court; 💻

Nell'ostello della gioventù di Earl's Court troverete una splendida atmosfera e un personale cordiale. La cucina è appena stata rinnovata e, in generale, il posto è vivace, ma essenziale: la maggior parte delle sistemazioni è in camerate o in camere a quattro posti con letti a castello piccole ma pulite. C'è un piacevole giardino

sul retro e nei saloni è disponibile l'accesso a internet. Prenotate in anticipo.

HENLEY HOUSE HOTEL

Cartina pp456-57 *Albergo*

☎ 7370 4111; www.henleyhousehotel.com; 30 Barkston Gardens SW5; singole/doppie £69/89; metro Earl's Court

L'Henley House, che sorge su una fila di eleganti alberghi a prezzo medio e si affaccia su un'incantevole piazza dominata da un giardino, è un vero e poprio angolo d'Inghilterra più che di Londra. Se apprezzerete l'abbondanza di chintz dell'arredamento, il vostro soggiorno in questo albergo sarà ancora più piacevole. L'Henley House è infatti pulito e rifinito con gusto e il personale è molto disponibile.

HOTEL EARL'S COURT

Cartina pp456-57 *Albergo*

☎ 7373 7079; www.hotelearlscourt.com; 28 Warwick Rd, SW5; singole £28-45, doppie £45-60; metro Earl's Court

Nonostante l'aspetto non proprio florido, l'Earl's Court è giudicato positivamente dai visitatori, che ne apprezzano l'ottima posizione e lo considerano migliore della maggior parte degli alberghi sulla stessa strada. La colazione è compresa nel prezzo.

LONDON TOWN HOTEL

Cartina pp456-57 *Albergo*

☎ 7370 4356; www.londontownhotel.com; 15 Penywern Rd, SW5; singole/doppie/triple/quadruple £49/69/118/138; metro Earls Court

Le camere sono piccole ma pulite, e i gestori offrono il 10% di sconto a chi si ferma per più di tre notti. È un'ottima scelta per chi viaggia in gruppo e ha a disposizione un budget limitato, perché dispone di numerose triple e quadruple.

MERLYN COURT HOTEL

Cartina pp456-57 *Albergo*

☎ 7370 4986; london@merlyncourt.demon.co.uk; 2 Barkston Gdns, SW5; singole/doppie £45/75; metro Earl's Court

In quanto a prezzo è forse il migliore tra i numerosi alberghi eleganti che si affacciano sui Barkston Gardens. Non è lussuoso e tipicamente inglese come i suoi vicini, ma è una buona scelta se si desidera soggiornare in una camera pulita e ben arredata senza dover pagare un prezzo esorbitante.

MOWBRAY COURT HOTEL

Cartina pp456-57 *Albergo*

☎ 7373 8285; mowbraycrthot@hotmail.com; 28/32 Penywern Road; singole/doppie con prima colazione £52/67; metro Earl's Court

Dalla sua brochure sembra un ostello un po' scalcinato, ma sfortunatamente i prezzi delle camere non sono quelli di un ostello. Il Mowbray Court è un po' squallido, ma fuori stagione offre ottimi sconti, perciò potrebbe valere la pena di soggiornarvi se desiderate una sistemazione economica.

PARAGON HOTEL

Cartina pp456-57 *Albergo*

☎ 7385 1255; www.paragonhotel.co.uk; 47 Lillie Rd, SW6; singole/doppie £150/175; metro West Brompton; Ⓟ

Il Paragon Hotel è molto ben arredato, ma è un tipico albergo per uomini d'affari, privo di personalità. Non si trova in posizione centrale, ma in un angolo tranquillo, lungo la strada che conduce nel rumoroso West Brompton. È frequentato da comitive, per le quali sono previsti sconti.

PHILBEACH HOTEL

Cartina pp456-57 *Albergo*

☎ 7373 1244; www.philbeachhotel.freeserve.co.uk; 30/31 Philbeach Gardens, SW5; singole/doppie con bagno privato e prima colazione £65/90; metro Earl's Court

Il Philbeach Hotel spicca tra i numerosi alberghi della zona perché è un posto piacevole e ricco di personalità situato in una tranquilla strada residenziale, lontana da Warwick Rd. Questo è uno dei pochi alberghi di Londra per omosessuali e i suoi interni sono adeguatamente eleganti e singolari. Il giardino ristorante, Wilde About Oscar, e il bar Jimmy's, al piano terra, sono entrambi frequentati da gay e lesbiche londinesi.

WINDSOR HOUSE

Cartina pp456-57 *Albergo*

☎ 7373 9087; www.windsor-house-hotel.com; 12 Penywern Rd, SW5; doppie £25.80; metro Earl's Court

La Windsor House è piuttosto dimessa, anche se non può essere definita peggiore degli altri alberghi che si trovano sulla stessa strada, e il servizio è cordiale, anche se essenziale. La struttura offre ottimi sconti a chi prenota in anticipo; inoltre, dispone di una cucina di cui gli ospiti si possono servire per prepararsi i pasti.

YORK HOUSE HOTEL

Cartina pp456-57 *Albergo*

☎ 7373 7519; yorkhh@aol.com; 28 Philbeach Gardens, SW5; singole/doppie £34/54, con bagno privato £47/73; metro Earl's Court

Questo piccolo albergo, che sorge su una fila di case semplici e graziose nella zona di Earl's Court, ha visto giorni migliori, ma offre un buon rapporto qualità-prezzo, soprattutto se non vi dispiace utilizzare i bagni in comune con gli altri ospiti. Il personale è cordiale e caloroso e la posizione tranquilla.

SHEPHERD'S BUSH

ST CHRISTOPHER'S *Ostello*

☎ 7407 1856; www.st-christophers.co.uk/bush/htm; 13-15 Shepherd's Bush Green; camerate 2-/3-/4-/8-letti £23/29/18.50/15; metro Shepherd's Bush

Uno dei numerosi ostelli del Regno Unito diretto dalla St Christopher's, quello di Shepherd's Bush offre alcuni dei prezzi migliori della zona. La sistemazione è piuttosto angusta, ma con le offerte speciali si può ottenere un posto dove dormire a meno di £10 a notte. Non c'è coprifuoco e ha accanto un pub australiano nonché la stazione della metropolitana: è il posto giusto per gli amanti del divertimento in cerca di una base da cui partire per le loro scorribande.

HILTON LONDON KENSINGTON *Albergo*

☎ 7603 3355; www.kensington-hilton.com; 177-199 Holland Park Ave; singole/doppie £105/£155; metro Shepherd's Bush; Ⓟ

L'Hilton Group dovrebbe ricevere un premio per le sue doti di marketing: l'Hilton London Kensington non si trova a Kensington, ma è sulla rotonda di Shepherd's Bush; eppure, merita il nome di una delle zone più eleganti di Londra anche solo per lo stile e il lusso che lo contraddistinguono. È infatti un albergo particolarmente di classe, persino per lo standard Hilton, con il personale in livrea, più di 600 camere, tutte sontuose e arredate con gusto, e tre ristoranti. La colazione non è compresa nel prezzo.

K WEST *Albergo*

☎ 7674 1000; www.k-west.co.uk; Richmond Way, W14; singole/doppie £109/121; metro Shepherd's Bush; Ⓟ

Ex Kensington Hotel, il K West è un albergo bello ed elegante, arredato in maniera minimalista, che si trova a poca distanza dal Shepherd's Bush Green. Alla reception sarete accolti da una vera folla di personale in servizio, e tutti sono ben disposti e gentili. I prezzi delle camere sono molto ragionevoli, considerata la clientela a cui logicamente l'albergo aspira: infatti molti vengono qui per approfittare della annessa stazione termale. I prezzi comprendono solo la sistemazione, ma tutti gli ospiti posso accedere liberamente all'ampia e attrezzata stazione termale, alle saune, alle Jacuzzi e godersi i magici e meravigliosi trattamenti naturali. Questo è il posto giusto se volete prendervi cura del vostro corpo sorseggiando amabilmente un delizioso cocktail da £10.

HAMMERSMITH

EXPRESS BY HOLIDAY INN
LONDON   *Albergo*
☎ 8746 5100; www.hiexpress.co.uk 124 King Street, W6; camere £99.95; metro Hammersmith

Gli alberghi Holiday Inn non sono eccezionali, ma spesso offrono ottimi sconti; visitate il sito internet per conoscere la disponibilità negli alberghi Holiday Inn di Londra. L'Hammersmith Holiday Inn è simile agli altri della catena, e sebbene la sua posizione non sia proprio ideale – a circa 600m dalla stazione della metropolitana di Hammersmith – è funzionale e si trova sulla principale area commerciale di King Street.

IL SUD-OVEST

Ci sono numerosi Bed & Breakfast sparsi per Fulham e Parson's Green, i migliori dei quali sono elencati di seguito. Le zone residenziali di Putney e Barnes offrono meno, per quanto riguarda l'accoglienza turistica, e se avete poco tempo a disposizione non sono l'ideale perché per raggiungere il centro dovrete farvi una bella camminata. Tuttavia, se vi attrae l'idea di soggiornare nelle vicinanze del fiume, vi proponiamo un paio di occasioni interessanti.

FULHAM E PARSON'S GREEN

CHELSEA VILLAGE HOTEL   *Albergo*
☎ 7565 1400; Fulham Road SW6; www.chelseavillage.com; singole/doppie con prima colazione a partire da £65/79; metro Fulham Broadway

Situato a un'estremità dello stadio di Stamford Bridge, con alcune stanze che si affacciano direttamente sul campo, il Chelsea Village Hotel è un albergo elegante, pensato essenzialmente per gli uomini d'affari in viaggio. Se il calcio, e il Chelsea in particolare, è la vostra passione, allora questo è certamente l'albergo che fa per voi. Le camere possono costare fino a £180 per una doppia, ma fuori stagione potete anche ottenere qualche favoloso sconto.

FULHAM GUESTHOUSE   *Bed & Breakfast*
☎ 7731 1662; 55 Wandsworth Bridge Rd; www.fulhamguesthouse.com; singole/doppie £42/65 con prima colazione; metro Fulham Broadway/Parson's Green

La Fulham Guesthouse si trova all'interno di una residenza d'epoca vittoriana ristrutturata. Nessuna camera dispone di bagno privato, ma sono tutte pulite e funzionali.

LUXURY IN LONDON   *Bed & Breakfast*
☎ 7736 7284; 3 Bradbourne St; www.luxuryinlondon.co.uk; singole/doppie con bagno privato e prima colazione £55/80; metro Parson's Green

Il Luxury in London è un B&B molto confortevole e arredato splendidamente. Con sole tre camere a disposizione degli ospiti, il posto ha un'atmosfera molto intima e d'estate la colazione viene servita nel delizioso giardino.

PUTNEY E BARNES

LODGE HOTEL PUTNEY   *Albergo*
☎ 8874 1598; 52-54 Upper Richmond Rd SW15; www.thelodgehotellondon.com; singole £89-99, doppie £108-128, triple/quadruple £138/144, prima colazione £6

Questo albergo dallo stile prevedibile appartiene alla catena Best Western e dispone di 65 camere con bagno, funzionali e confortevoli, un bar e un ristorante. Fate attenzione perché le camere 'di rappresentanza' sono ben lontane dall'essere tali, anche se sono state recentemente rinnovate e sono leggermente meno impersonali delle camere standard.

SELECT HOMES
IN LONDON   *Bed & Breakfast*
8412 9402; 1a Terrace Gardens SW13; www.users.waitrose.com/~selecthomes/home.htm; singole £32-57, doppie £59-94, appartamento con uso della cucina a partire da £500

Questa agenzia di prenotazioni offre un'ampia selezione di Bed & Breakfast a conduzione familiare nella zona sud-ovest di Londra, tra cui dieci nel quartiere di Barnes e quattro in quello di Putney. Scoprirete che gli standard delle diverse sistemazioni possono variare ab-bastanza, benché l'agenzia garantisca sempre una qualità medio-alta e offra soluzioni tutto sommato convenienti, in grado di soddisfare esigenze diverse.

UP RIVER: DA CHISWICK A WIMBLEDON

La periferia della zona occidentale di Londra non è una buona soluzione se desiderate visitare la città: arrivare fino in centro è molto faticoso, inoltre quest'area è notevolmente più costosa di altre parti dei sobborghi e certo non è famosa per offrire sistemazioni economiche ai turisti. Tuttavia, in questa zona tranquilla e raffinata di Londra può essere molto piacevole soggiornare, anche perché le strutture alberghiere sono confortevoli, solitamente immerse nel verde e vicine al fiume.

CHISWICK
CHISWICK HOTEL   *Albergo*
☎ 8994 1712; www.chiswick-hotel.co.uk; 73 High Rd, W4; singole/doppie £82/110; metro Turnham Green; P

Non fatevi ingannare dalla sua terribile facciata rosa: questo albergo si trova comunque in una buona posizione, è confortevole ed è a due passi dal Tamigi e dai vivaci bar di Chiswick High Rd. A disposizione degli ospiti ci sono, tra l'altro, il servizio di baby-sitter e il servizio in camera 24 ore su 24. Le stanze sono tutte arredate in maniera diversa e, per fortuna, non sono tutte rosa. Il personale è particolarmente cordiale e ospitale.

RICHMOND
RICHMOND PARK HOTEL   *Albergo*
☎ 8948 4666; fax 8940 7376; 3 Petersham Road, Richmond, Surrey; singole/doppie £79/89; metro/treno Richmond

Questo albergo con 22 camere al fondo di Richmond Hill è un posto piacevole a prezzi medi ed è adatto a chiunque voglia soggior-nare nel centro di Richmond. Tutte le camere dispongono di bagni privati e sono arredate in maniera confortevole, con TV e telefono. Benché la prima colazione continentale sia compresa nel prezzo, per un piccolo sup-plemento i proprietari vi prepareranno una prima colazione all'inglese completa e molto calorica. Nel weekend l'albergo propone tariffe ridotte.

RICHMOND GATE HOTEL   *Albergo*
☎ 8940 0061; www.corushotels.co.uk/richmondgate; Richmond Hill, Surrey; singole/doppie £160/170; metro/treno Richmond

Il punto di forza di questo grande complesso alberghiero è la sua superba posizione sulla sponda del Tamigi a soli due passi dagli spazi aperti del Richmond Park. L'albergo è composto da diverse case signorili d'epoca georgiana che sono state annesse gradual-mente; sia i servizi a disposizioni degli ospiti, sia l'arredamento sono straordinari. Le camere sono spaziose, luminose e confortevoli e ci sono una piscina e una palestra. È un posto magnifico in cui rilassarsi durante la vostra visita a Londra.

Escursioni

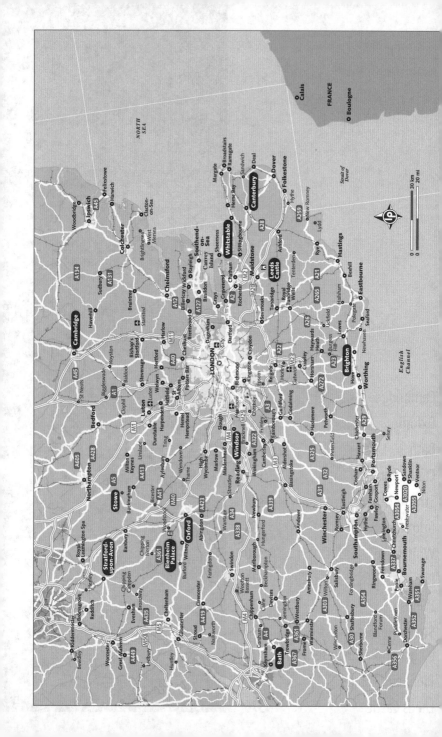

Escursioni

Lasciandosi alle spalle l'incredibile diversità etnica, religiosa, architettonica e sociale di Londra, ecco emergere dal caos la vera Inghilterra, con le sue pittoresche cittadine medievali, le piazze del mercato, i villini di campagna dal tetto di stoppie, e quel paesaggio verde e gradevole che rende la campagna inglese così speciale. L'itinerario della vostra vacanza dipende da voi, ma sappiate che chiunque voglia vedere l'Inghilterra – così diversa dalla sua capitale, che in tal senso proprio non la rappresenta – può farlo senza particolari problemi. Con una semplice gita di un giorno da Londra si possono ammirare un'infinità di interessanti località storiche, splendidi panorami di campagna e dimore incredibilmente sontuose. Treni e autobus, nonostante tutte le lamentele che sentirete sui trasporti pubblici della capitale, sono tuttora mezzi validi e affidabili per spostarsi fuori della capitale, e buona parte delle attrattive dei dintorni si trovano a breve distanza in treno dal centro di Londra.

CITTADINE E VILLAGGI STORICI

Da dove iniziare una visita in Inghilterra? Potete partire con un'escursione a **Cambridge** (sotto) e **Oxford** (p361), entrambe situate a poco più di un'ora da Londra e rimaste quasi immutate dopo otto secoli di cultura e tradizioni. Oppure potete scegliere la georgiana **Bath**, forse la cittadina più attraente di tutta l'Inghilterra (p364), che è una splendida località della West Country arroccata tra fantastici panorami, ma anche un antico insediamento antecedente di due millenni alla colonizzazione romana della Britannia. La sensazionale **Canterbury Cathedral** (p365) saprà anch'essa catturare la vostra fantasia, ma pochi posti vantano le reminescenze letterarie di **Stratford-upon-Avon** (p367), dove visse William Shakespeare.

LOCALITÀ DI MARE

Nonostante le condizioni meteorologiche britanniche non siano costanti, le località balneari ce la mettono tutta a dare il meglio di sé. Dal porto allo shopping e ai locali notturni, **Brighton** (p368) è in grado di offrirvi parecchie attrattive, e in estate si può fare il bagno o prendere il sole sulla sua deliziosa spiaggia di rocce. Meno noto, il villaggio di pescatori di **Whitstable** (p370) offre un fascino più discreto – qui non c'è molto da fare, in effetti, ma proprio questo è il bello. E poi c'è sempre **Rye** (p371), quintessenza della cittadina inglese.

CASTELLI, PALAZZI E CASE SIGNORILI

Come a voler dimostrare il celebre detto che la casa di un gentiluomo inglese è il suo castello, i re, regine, principi, duchi e baroni che si sono succeduti nella storia inglese hanno fatto a gara per diversi secoli nel costruire alcune delle residenze di campagna tra le più suggestive che esistano. **Windsor** (p372), residenza ufficiale della regina, è il più antico castello abitato del mondo, mentre **Stowe** (p374) e **Blenheim** (p375) possono entrambi vantare fantastici giardini all'inglese e raffinate case georgiane. Il **Leeds Castle** (p376) nel Kent, d'altro canto, vanta il meritato soprannome di 'più incantevole castello del mondo': quando vedrete il suo fossato e le sue torricelle da favola non potrete fare a meno di condividere questa definizione.

CAMBRIDGE

☎ 01223

L'università di Cambridge è stata fondata nel XIII secolo, diversi decenni dopo quella di Oxford; tra le due città e i due atenei c'è una forte rivalità e un eterno dibattito su quale sia la migliore e più importante. Una cosa, però, è certa: Cambridge è di gran lunga la più ricca, con un bilancio annuale di oltre 1,2 miliardi di sterline contro gli 800 milioni di Oxford, secondo una ricerca condotta nel 2001 dal *Times of London*.

Se avete tempo, dovreste visitare tutte e due le città, ma se siete obbligati a sceglierne una, allora vi consigliamo Cambridge. Oxford è molto più turistica e a volte sembra una cittadina di provincia alla quale è toccata in sorte un'università. Cambridge, vero scrigno di tesori architettonici, è invece sempre consapevole del suo importante ruolo culturale.

Il centro di Cambridge sorge in un'ampia ansa del fiume Cam. Il tratto più noto del lungofiume è il Backs, lungo un miglio, dove al panorama ricco di vegetazione si accompagnano superbe vedute di alcuni college (ben 25 sono sparsi in tutta la città).

Iniziando l'itinerario a nord dal Magdalene Great Bridge, incamminatevi in direzione sud-est lungo Bridge St fino alla **Round Church** (chiesa rotonda), costruita nel 1130 per commemorare l'omonimo edificio di culto di Gerusalemme. Girate a destra in St John's St e raggiungete il **St John's College**. Sull'altro lato del corpo di guardia (1510) si trovano tre splendidi cortili, il secondo e il terzo dei quali risalgono al XVII secolo. Dal terzo cortile si vede il pittoresco **Bridge of Sighs** (ponte dei sospiri), che prende il nome dal celebre ponte veneziano: salitevi a osservare le barche di passaggio.

Immediatamente a sud di St John's, il **Trinity College** è uno dei college più grandi e affascinanti della cittadina. Ricco d'arte e di storia, fu fondato nel 1546 da Enrico VIII, la cui statua si trova in una nicchia in cima al grande portale d'ingresso (il sovrano ha in mano la gamba di una sedia anziché lo scettro reale per via di una burla studentesca). La **Great Court**, che è la struttura più vasta di Cambridge e Oxford, include alcuni graziosi edifici del XV secolo; oltre si trovano i portici della Nevile's Court e la solenne **Wren Library**, la biblioteca costruita da Sir Christopher Wren intorno al 1680.

Seguono il **Gonville and Caius College** e il **King's College** con la sua cappella, che è uno degli edifici più belli d'Europa. La costruzione della **cappella** fu avviata nel 1446 da Enrico VI e portata a termine verso il 1516. I successori di Enrico VI, e soprattutto Enrico VIII, aggiunsero al complesso la vasta volta a ventaglio e le elaborate sculture in legno e pietra che si trovano all'interno. La cappella è particolarmente suggestiva quando c'è il coro che canta, durante le messe di fine quadrimestre e in luglio.

Proseguite a sud in quella che è oggi King's Parade (che diventa Trumpington St) e raggiungete il **Fitzwilliam Museum**, dove sono esposti antichi sarcofagi egizi e opere d'arte greca e romana nelle gallerie inferiori e un vasto assortimento di dipinti ai piani superiori.

Andare in barca (in *punt*, per la precisione, che è una sorta di chiatta sospinta da un lungo remo) sul Backs è molto divertente, ma può trasformarsi in un'esperienza un po' movimentata, soprattutto nei weekend di grande affollamento. Il segreto per far muovere queste imbarcazioni è spingere dolcemente con la pertica e poi usare la stessa pertica come timone per mantenere la rotta. Le imbarcazioni più economiche sono quelle offerte dalla **Trinity Punt Hire**, che organizza anche visite guidate con barcaiolo. Un'altra ditta di noleggio, la **Scudamore's**, propone le stesse escursioni.

Trasporti

Distanza da Londra 54 miglia (87 km)

Direzione Nord

Tempi di percorrenza 2 ore in autobus, 55 minuti in treno

Automobile La M11 collega la London Orbital Motorway (M25) a Cambridge. Prendete l'uscita 13 per la A1303 (Madingley Rd) e seguite questa strada fino in centro

Autobus National Express ha autobus navetta ogni ora (£8 andata e ritorno in giornata)

Treno Ci sono treni ogni 30 minuti in partenza dalle stazioni londinesi di King's Cross e Liverpool Street (£14,50 andata e ritorno in giornata)

CHE COSA VEDERE E DOVE CHIEDERE INFORMAZIONI

TIC (Tourist Information Centre; ☎ 322640; www.cambridge.gov.uk; Wheeler St; ⌚ 10-18 da lunedì a venerdì, 10-17 sabato, 11-16 domenica da aprile a settembre, 10-17.30 da lunedì a sabato da ottobre a marzo) Immediatamente a sud di Market Square, il personale del TIC può trovarvi alloggio in città al prezzo di £3, e organizza visite guidate a piedi (adulti/bambini £6/4 o £7/4 compreso il King's College) che hanno inizio alle 13.30 tutto l'anno (in estate le visite sono più frequenti).

Geoff's Bike Hire (☎ 365629; 65 Devonshire Rd; ☒ 9-18 da aprile a settembre, 9-17.30 da lunedì a sabato da ottobre a marzo; biciclette £8/15 al giorno/settimana, cauzione £25)

Round Church (Church of the Holy Sepulchre; ☎ 518218; all'incrocio tra Round Church St e Bridge St; ☒ 10-17 d'estate, 13-16 in inverno)

St John's College (☎ 338676; St John St; ☒ 10-17)

Trinity College (☎ 332500; www.trin.cam.ac.uk; Trinity Lane; adulti/anziani, studenti e ragazzi età 12-17 £2/1; ☒ 10-17)

Wren Library (☒ 12-14 da lunedì a venerdì, 10.30-12.30 domenica)

King's College & Chapel (☎ 331100; King's Parade; adulti/anziani e bambini età 12-17 £3,50/2,50; ☒ 9.30-16) Vespri alle 17.30 da lunedì a sabato (coro solo maschile il mercoledì), e 15.30 domenica. C'è anche una funzione con coro alle 9.30 della domenica.

Fitzwilliam Museum (☎ 332923; www.fitzmuseum .cam.ac.uk; Trumpington St; ingresso libero; ☒ 10-17 da martedì a sabato, 14.15-17 domenica) Le visite guidate al museo, alle 14.45 della domenica, costano £3.

Trinity Punt Hire (☎ 338483; Garret Hostel Lane; £6 all'ora più £25 di cauzione) Visite guidate in barca da £6 a £8 a persona.

Scudamore's (☎ 359750; Grant Pl; £12 all'ora più £60 di cauzione) Visite guidate in barca £10/a persona. Da aprile a ottobre si possono noleggiare le imbarcazioni per due giorni a £60 (più £60 di cauzione).

PASTI

Oltre ai locali citati di seguito, all'incrocio di Lensfield Rd con Regent St (verso la stazione ferroviaria) troverete numerosi ristorantini economici indiani e cinesi.

Browns (☎ 461655; 23 Trumpington St; piatti di pasta e insalate £6,85-8,95, portate principali £7,35-13,95, pranzo a prezzo fisso £5,95 12-16 da lunedì a venerdì) Questo delizioso ristorante, ex ambulatorio di un ospedale costruito nel 1914, è ricco di luce e piante e propone ottime torte.

The Eagle (☎ 505020; Bene't St; pranzo £6) A pochi passi dal TIC, questo locale è adatto per un pranzo da pub. Gli aviatori americani hanno lasciato le loro firme sul soffitto del bar nel retro durante la seconda guerra mondiale.

Loch Fyne Oyster Bar (☎ 362433; The Little Rose, Trumpington St; portate principali £6,95-34,95) Localino intimo che serve ogni genere di piatti di pesce: le ostriche sono la sua specialità (da £5,95 a £7,45 per mezza dozzina).

Nadia's (☎ 568336; 11 St John's St o ☎ 568335; 16 Silver St; grandi panini e bagel imbottiti £1,85-2,35) Piccola catena locale di eccellenti panetterie con cibi da asporto, che propone panini e torte.

Rainbow (☎ 321551; 9A King's Parade; minestre £2,75, insalate £4,25, portate principali £6,75) Il Rainbow si trova dalla parte opposta della via rispetto al King's College e lungo uno stretto passaggio pedonale, ed è un ristorante vegetariano e senza glutine che serve piatti come il curry thailandese vegetariano e il crumble (sformato di pasta friabile) con funghi e noci.

OXFORD

☎ 01865

Oxford nacque da un antico insediamento alla confluenza dell'Isis (un affluente del Tamigi) con il Cherwell, nel punto in cui i pastori facevano attraversare le loro mandrie. Da piccolo villaggio sassone si è gradualmente trasformata nella prima città universitaria d'Inghilterra. Gli studenti del più antico college della città, fondato all'inizio del XII secolo (più precisamente nel 1249), avrebbero probabilmente qualche difficoltà a riconoscere la Oxford odierna, con le sue vie affollate e piene di negozi, il traffico intenso e le folle di turisti nei mesi estivi. Va però detto che la cittadina è riuscita a conservare intatto il suo fascino, nonostante il trascorrere del tempo. Il poeta Matthew Arnold la descrisse come 'la dolce città con le sue guglie sognanti' ed effettivamente l'atmosfera è ancora oggi da sogno. Gli splendidi edifici e l'originale ambiente dei college, dei cortili e dei giardini sono tuttora la principale attrattiva di Oxford.

Christ Church Cathedral, Oxford

Escursioni – Oxford

I 36 college di Oxford e le cinque 'hall' sono disseminati in tutta la città, ma i più belli e importanti si trovano in centro. La **Carfax Tower**, che fa parte della ormai demolita Church of St Martin (una chiesa di epoca medievale), è un utile punto di riferimento centrale e dalla sua cima (99 gradini) si gode di un bellissimo panorama.

Proseguite a sud dalla torre lungo St Aldate's, e superate il **Museum of Oxford**, che offre una divertente introduzione alla lunga storia della città, e la **Christ Church**, il più sontuoso dei college, fondato nel 1525. L'ingresso principale alla Christ Church si trova sotto la Tom Tower, la cui parte superiore fu progettata da Sir Christopher Wren nel 1682. L'ingresso dei visitatori, però, è situato più oltre in St Aldate's, tra i cancelli di ferro battuto dei Memorial Gardens e attraversata Broad Walk, su cui si affaccia il Christ Church Meadow. La cappella del college, detta **Christ Church Cathedral**, è la più piccola cattedrale del paese, nonché un meraviglioso edificio di architettura tardo-normanna.

Dalla Broad Walk proseguite verso est, poi svoltate a sinistra (nord) in Merton Grove per raggiungere Merton St. Alla vostra destra si trova il **Merton College**, fondato nel 1264. Nella trecentesca **Mob Quad** del college si trova la più antica biblioteca medievale del Regno Unito ancora aperta al pubblico. Il **Corpus Christi College** è situato invece a sinistra, in Merton St.

Proseguendo in direzione nord per Magpie Lane fino ad High St, proprio di fronte a voi, all'incrocio tra High St e Catte St, vedrete la **University Church of St Mary the Virgin**, la cui torre del XIV secolo offre un bellissimo panorama delle guglie della città. Da St Mary's continuate a est in High St, con il suo affascinante miscuglio di vari stili architettonici, fino al **Magdalen College** sul fiume Cherwell. Il Magdalen è uno dei college più ricchi del paese e si trova in un complesso gigantesco, comprendente anche una riserva per i cervi e diversi stupefacenti chiostri i cui strani doccioni e figure scolpite hanno ispirato le statue in pietra descritte da C.S. Lewis ne *Le Cronache di Narnia* (1956; Oscar Mondadori, Milano 2001).

Ritornando sui vostri passi e proseguendo a nord in Catte St, arriverete a un pregevole edificio circolare in stile palladiano che ospita la **Radcliffe Camera** (1749), sala di lettura della **Bodleian Library** situata immediatamente a nord dall'altra parte del cortile (vi si accede dal Great Gate di Catte St).

Ancora a nord in Catte St, superato il **Bridge of Sighs** (copia del 1914 del celebre ponte veneziano) che scavalca la New College Lane, arriverete in Broad St e di qui potrete scegliere tra due itinerari diversi. Potrete infatti proseguire in direzione nord lungo Parks Rd per circa 500 m fino all'**Oxford University Museum of Natural History**, noto per i fossili di dinosauri e dronti, e al ristrutturato **Pitt Rivers Museum**, ricco di ogni genere di reperti, dalle imbarcazioni a vela alla collezione di teste rimpicciolite del Sud America.

Oppure potrete andare a ovest in Broad St, superando a sinistra la prima opera importante progettata da Sir Christopher Wren (1667), lo **Sheldonian Theatre**, dove si svolgono le cerimonie più importanti come la consegna dei diplomi. A destra si trova invece il **Trinity College**, fondato nel 1555, e vicino a quest'ultimo, all'incrocio con Magdalen St, il **Balliol College**. Le porte in legno che si aprono tra le corti quadrangolari interna ed esterna dell'edificio recano ancora le tracce dei roghi che si allestivano a metà del Cinquecento, quando i martiri protestanti venivano bruciati come eretici. Di fronte al college, nel centro multimediale **Oxford Story** potrete vedere un filmato di 40 minuti, dedicato alla storia di Oxford.

Pochi passi in direzione nord lungo Magdalen St, fino a St Giles, si trova l'**Ashmolean Museum**. Aperto al pubblico nel 1683, è il più antico museo del paese e ospita una vasta collezione di arte europea e mediorientale.

Il modo migliore per immergersi nell'atmosfera di Oxford è prendere un *punt* e fare una gita sul fiume. **Magdalen Bridge Boathouse** noleggia questo tipo di imbarcazioni, ma se non volete arrangiarvi da soli potete chiedere la barca con accompagnatore (fino a 5 persone).

CHE COSA VEDERE E DOVE CHIEDERE INFORMAZIONI

TIC (☎ 726871, www.visitoxford.org; 15-16 Broad St; ☽ 9.30-17 da lunedì a sabato, 10-13 e 15.30-17.30 domenica da aprile a settembre) Questo ufficio prenota gli alberghi facendo pagare una commissione di £2,50 (oltre al 10% di cauzione); le visite guidate a piedi dei college durano due ore (adulti/bambini £6,50/3) e partono dal TIC alle 11 e 14.

Carfax Tower (☎ 792653; Queen St e Cornmarket St; adulti/bambini età 6-16 £1,20/60p; ☽ 10-17.30 da aprile a ottobre, 10-15.30 da novembre a marzo)

Trasporti

Distanza da Londra 57 miglia (92 km)

Direzione Nord-ovest

Tempi di percorrenza Un'ora e mezzo in autobus, un'ora-un'ora e mezzo in treno

Automobile La M40 consente un rapido accesso da Londra, ma Oxford ha seri problemi di traffico e grosse difficoltà di parcheggio, perciò vi consigliamo vivamente di utilizzare il sistema Park & Ride: arrivando in città seguite le indicazioni per i quattro parcheggi cittadini

Bus La Oxford Tube gestisce corse in partenza da Victoria Coach Station ogni 10-20 minuti 6-22.30 e ogni 30-60 minuti di notte (adulti/anziani/studenti e bambini £10/5/7,50 andata e ritorno), e Oxford Express ha partenze quasi altrettanto frequenti (adulti/anziani/studenti e bambini £10/5/7,50 andata e ritorno)

Treno Frequenti treni fanno servizio dalla stazione londinese di Paddington (£30 adulti per l'andata e ritorno in giornata)

Museum of Oxford (☎ 815559; St Aldate's; adulti/anziani e studenti/bambini/famiglie £2/1,50/50p/£5; ☺ 10-16 da martedì a venerdì, 10-17 sabato, 12-16 domenica)

Christ Church (☎ 276150; adulti/bambini £4/3; ☺ 9-17 da lunedì a sabato, 13-17.30 domenica)

Merton College (☎ 276310; ingresso libero ☺ 14-16 da lunedì a venerdì, 10-16 sabato e domenica)

University Church of St Mary the Virgin (☎ 279112; www.university-church.ox.ac.uk; ingresso alla torre adulti/bambini £1,60/80p; ☺ 9-19 luglio e agosto, 9-17 da settembre a giugno)

Magdalen College (☎ 276000; adulti/bambini £2/1 da aprile a settembre, ingresso libero da ottobre a marzo; ☺ 12-18 da metà giugno a settembre, 14-tramonto negli altri periodi dell'anno)

Balliol College (☎ 01865 277777; web.balliol.ox.ac.uk; Balliol College, Oxford)

Bodleian Library e Divinity School (☎ 277000; ☺ 9-17 da lunedì a venerdì, 9-12.30 sabato)

Bodleian Exhibition Room (☺ 9.30-16.45 da lunedì a venerdì, 9.30-12.30 sabato; visite guidate (☎ 277224; £3,50) 10.30, 11.30 (da marzo a ottobre) e 14 e 15 da lunedì a venerdì, 10.30 e 11.30 sabato) Le visite guidate devono essere prenotate almeno un'ora prima nei periodi di grande afflusso turistico.

Oxford University Museum of Natural History (☎ 272950; www.oum.ox.ac.uk/; Parks Rd; ingresso libero; ☺ 12-17)

Pitt Rivers Museum (☎ 270927; www.prm.ox.ac.uk/; Parks Rd; ingresso libero; ☺ 13-16.30 da lunedì a sabato, 14-16.30 domenica)

Sheldonian Theatre (☎ 798600; www.sheldon.ox.ac.uk/; adulti/bambini £1,50/1; ☺ 10-12.30 e 14-16.30 da lunedì a sabato)

Trinity College (☎ 01865 279900; www.trinity.ox.ac.uk; Broad St, Oxford)

Oxford Story (☎ 728822; www.oxfordstory.co.uk; 6 Broad St; adulti/bambini/anziani e studenti/famiglie £6,75/5,25/5,75/22; ☺ 9.30-17 luglio e agosto, 10-16.30 da lunedì a sabato, 11-16.30 domenica da settembre a giugno)

Ashmolean Museum (☎ 278000; www.ashmol.ox.ac.uk; Beaumont St; ingresso libero; ☺ 10-17 da martedì a sabato, 12-17 domenica)

Magdalen Bridge Boathouse (☎ 202643; Magdalen Bridge; punt £10/all'ora, cauzione £30; barca con conducente, massimo 5 persone £20; ☺ 10-tramonto da marzo a ottobre)

PASTI

Oltre ai locali indicati di seguito, troverete moltissimi ristoranti – indiani, giamaicani, libanesi... – in Cowley Rd, che si dirama da High St in direzione sud-est rispetto al Magdalen College.

Café Bohème (☎ 245858; 73 High St; portate principali £6,50-15) Questo caffè in stile parigino con personale veramente francese serve una discreta prima colazione e costosi panini (da £4,50 a £6) e insalate (da £4 a £8.50).

Café Coco (☎ 200232; 23 Cowley Rd; pizze £5,35-7,50, insalate £6,95-8,65) Da frequentare per la sua atmosfera vivace ma non turistica.

Chutneys (☎ 724241; New Inn Hall St; portate principali £4,10-6,45, buffet a pranzo £7,50) Questa brasserie propone soprattutto piatti vegetariani dell'India meridionale e richiama i clienti per il suo esterno dai vivaci colori, ma anche per i prezzi abbordabili e i piatti saporiti.

Grand Café (☎ 204463; 84 High St; panini £5,90-7,50, pranzo £4,95-8,75, tè £6,50-12,50) Fantastico caffè situato nell'edificio che ospitò la prima *coffee house* inglese (1650), è un locale splendido dove poter fare una sosta durante la visita di Oxford.

Quod Bar e Grill (☎ 202505; 92-4 High St; pizze £6,95-7,95, piatti di pasta £4,95-8,50, portate principali £7,35-12,95) Bar incredibilmente popolare tra la gente del posto per la sua raffinata cucina italiana e l'ambiente confortevole.

Escursioni – Oxford

BATH

☎ 01225

Roman Baths and Museum

Bath è probabilmente la città più sfarzosa e piacevole di tutta l'Inghilterra, ed è da sempre un'attrazione turistica per le classi più agiate. Pare, infatti, che i suoi marciapiedi incredibilmente larghi siano stati progettati per consentire il passaggio di due signore contemporaneamente, tenendo conto dei larghissimi vestiti in voga a quel tempo. Rilanciata nel XVIII secolo come località di villeggiatura termale grazie all'opera di Beau Nash, Bath vanta acque dalle proprietà curative già note in epoca romana, anche se il primo insediamento sorto nella zona era stato in realtà fondato dai celti. Un'escursione a Bath da Londra implica il pernottamento in loco, perché c'è moltissimo da vedere. Buona parte del fascino di questa città, tuttavia, risiede nella sua notevole bellezza: vi consigliamo quindi di esplorarla in tutta tranquillità, magari passeggiando senza meta.

Il più popolare richiamo turistico di Bath sono i **Roman Baths and Museum**, ovvero gli antichi bagni termali romani, che però possono essere molto affollati: vi consigliamo di visitarli sul presto. Percorrete la passerella fino al **Great Bath** (bagno grande), completo di pavimentazione romana e circondato da un portico ottocentesco. Una serie di camere riportate alla luce sotto il livello stradale durante alcuni scavi si dispongono in varie direzioni e consentono di osservare le rovine di altre terme più piccole e degli impianti di riscaldamento. Uno degli angoli più pittoreschi del complesso è il **King's Bath** (bagno del re) del XII secolo, costruito attorno alla sorgente sacra originale; attraverso la finestra si vede la piscina, rifornita ogni giorno da 1,5 milioni di litri d'acqua calda. È inoltre possibile visitare quando resta del **Sulis Temple of Minerva** sotto la **Pump Room** (camera delle pompe), mentre i recenti scavi degli **East Baths** hanno rivelato gli edifici del IV secolo.

La **Bath Abbey** ospitò la prima incoronazione dell'Inghilterra unita, quella di re Edgardo il Pacifico nel 973 d.C. L'edificio attuale fu invece costruito molto tempo dopo, tra il 1499 e il 1616, ed è l'ultima grande chiesa medievale sorta in Inghilterra. L'abbazia contiene 640 monumenti, e da questo punto di vista è seconda soltanto a Westminster Abbey: vi si trovano, tra l'altro, le tombe del reverendo Tommaso Malthus e del mecenate di Bath, Beau Nash.

Un'escursione a Bath non può dirsi completa senza una visita allo stupefacente **Royal Crescent**, costruito tra il 1767 e il 1771, che è una fila di case disposta a forma di mezzaluna in cima a un colle affacciato sulla città. La casa di gusto palladiano al **N. 1 Royal Crescent** vanta ambienti restaurati in modo da riprodurre fedelmente un'abitazione cittadina della metà del XVIII secolo, in cui le semplici stanze della servitù sono interessanti quanto i lussuosi appartamenti al piano superiore.

CHE COSA VEDERE E DOVE CHIEDERE INFORMAZIONI

Roman Baths Museum (☎ 477784; www.romanbaths.co.uk; Stall St; adulti/bambini £8/4,60; ⏰ 9-17 da marzo a giugno, settembre e ottobre, 9-21 luglio e agosto, 9.30-16.30 da novembre a febbraio)

Bath Abbey (☎ 422262; vicino all'ingresso dei Roman Baths; richiesta offerta £2; ⏰ 9-18 da lunedì a sabato da Pasqua a ottobre, 9-16.30 da novembre a Pasqua, domenica solo pomeriggio)

N. 1 Royal Crescent (☎ 428126; adulti/bambini £4/3,50; ⏰ 10.30-17 da martedì a domenica da marzo a ottobre, 10.30-16 da martedì a domenica in novembre)

PASTI

È abbastanza facile organizzare un pranzo al sacco o un ottimo picnic facendo acquisti al **Guildhall Market** di High St, vicino alla Guildhall, dove troverete crêpe e altri cibi da asporto. Per quanto riguarda invece la cena o un pranzo più sostanzioso, provate uno dei seguenti locali:

Bathtub Bistro (☎ 460593; 2 Grove St; portate principali £7,50-12; chiuso a pranzo lunedì) Intimo locale nei pressi di Pulteney Weir, propone buoni piatti internazionali, prelibatezze vegetariane, e menu speciali (come la bistecca di cinghiale o la supreme di pollo con panna) in un'atmosfera informale ma suggestiva.

Demuth's (☎ 446059; 2 North Parade Passage; portate principali £5,50-6,50) Serve curry vegetariani e veganiani, involtini e ottime tapas.

Le Beaujolais (☎ 423417; 5 Chapel Row; portate principali £12-16; ☺ chiuso domenica) Questo locale è molto popolare tra gli abitanti di Bath che amano la cucina regionale francese.

The Olive Tree (☎ 447928; Russell St; pranzo con 2/3 portate £13,50/15,50, cena con 3 portate £26) Situato al pianterreno del Queensbury Hotel, è un ristorante inglese molto chic e modernissimo, che figura tra i migliori di Bath.

PERNOTTAMENTO

La distanza tra Bath e Londra e le sue molte attrattive turistiche la rendono una località ideale per trascorrervi una notte. Ci sono moltissimi B&B e altre sistemazioni più costose; durante il weekend si consiglia la prenotazione, vista l'affluenza di visitatori.

Henry Guest House (☎ 424052; 6 Henry St; camere a persona £22) Questa sistemazione si trova nel centro di Bath. Non fatevi spaventare dal suo aspetto esteriore, perché l'interno è molto migliore. Il personale è simpatico e tutte le otto camere hanno il bagno in comune.

Koryu (☎ 337642; 7 Pulteney Gardens; singole/doppie inclusa prima colazione £28/48) Gestita da una coppia anglo-giapponese, è un'ottima sistemazione con camere luminose, accoglienti e moderne, quasi tutte dotate di bagno.

Old Boathouse (☎ 466407; Forester Rd; doppie con bagno £55-65, cottage da 4 posti £100) Deliziosa ex stazione nautica di epoca edoardiana, questa pensione vanta una posizione idilliaca sulle sponde dell'Avon, immediatamente a nord dei Sydney Gardens. Alcune camere hanno il balcone che si affaccia sul fiume.

Royal Crescent Hotel (☎ 823333; fax 339401; 16 Royal Crescent; doppie £230) Il migliore albergo di Bath si trova nella zona più esclusiva della città e ha la piscina e le terme, oltre alle camere arredate con mobilio d'epoca.

Trasporti

Distanza da Londra 106 miglia (170 km)

Direzione Sud-ovest

Tempi di percorrenza 3 ore e mezzo in autobus, un'ora e mezzo in treno

Autobus Gli autobus National Express fanno servizio dalla stazione Victoria (andata e ritorno £21, 10 corse giornaliere)

Treno Ci sono frequenti treni in partenza dalla stazione di Paddington (andata e ritorno £40)

CANTERBURY
☎ 01227

Canterbury, nel Kent, si raggiunge con un'escursione relativamente facile di un giorno dalla capitale britannica. Il suo gioiello è la magnifica **cattedrale**. Questa chiesa, che come molti altri grandi edifici di culto si è sviluppata attraverso i secoli inglobando diversi stili architettonici, è così suggestiva che rischierete di dimenticarvi di visitare il resto della città, per altro piena di vita e di atmosfera.

La cattedrale attuale è l'erede dell'edificio fatto costruire da sant'Agostino nel 597, nel corso della sua opera di conversione degli inglesi al cristianesimo; in seguito al martirio dell'arcivescovo Tommaso Becket nel 1170, divenne il fulcro dei più importanti pellegrinaggi d'Europa e fu immortalata da Geoffrey Chaucer nei *Racconti di Canterbury* (BUR, Milano 2001).

Solitamente, la cattedrale si raggiunge dalla stretta Mercery Lane, passando da Christ Church Gate. Una volta entrati, girate a destra e proseguite in direzione est per avere una visione d'insieme dell'edificio.

L'ingresso principale è nel **portico sud-occidentale**, costruito nel 1415 per commemorare la vittoria inglese ad Agincourt. Dal centro della navata mediana si gode un'imponente vista della parte orientale dell'edificio in tutta la sua lunghezza, mentre a ovest si ammira la **vetrata** del XII secolo. Sotto la **Bell Harry tower** (una torre campanaria con splendida volta a ventaglio) si vedono altri vetri a piombo, ancora più belli dei precedenti. Il tramezzo quattrocentesco raffigura sei sovrani e separa la navata dal coro.

Si pensa che Tommaso Becket sia stato assassinato nel transetto nord-occidentale, oggi indicato da un moderno **altare con sculture**. L'adiacente **Lady Chapel** ha una splendida volta perpendicolare a ventaglio. Scendendo una rampa di gradini si entra nella cripta romanica, principale parte superstite della cattedrale normanna.

La **Chapel of Our Lady** (cappella di Nostra Signora) situata all'estremità occidentale della cripta è ornata da alcune delle più belle sculture romaniche esistenti in Inghilterra. Tommaso Beckett riposò fino al 1220 nell'estremità orientale della cappella, in stile gotico del primo periodo; questo è anche il luogo dove Enrico II fece pubblica ammenda per aver istigato l'assassinio di Becket con le note parole: "Chi mi libererà di questo prete intrigante?"; si dice che in questo luogo siano accaduti numerosi miracoli. La **Chapel of St Gabriel** conserva alcuni dipinti del XII secolo, mentre la **Black Prince's Chantry** (cappella per le messe di suffragio del Principe Nero), del 1363, è uno splendido ambiente in stile gotico perpendicolare, dedicato al valoroso figlio primogenito di Edoardo III.

La **Chapel of St Michael** del transetto sud-occidentale accoglie numerose tombe, compresa quella dell'arcivescovo Stefano Langton, uno dei principali fautori della Magna Charta firmata dal re Giovanni nel 1215. Il superbo coro del XII secolo sale con i suoi stalli fino all'altare maggiore e alla Trinity Chapel: il tramezzo che lo racchiude fu costruito nel 1305 e tutti i giorni, da più di 800 anni, qui vengono cantati i vespri, la funzione corale della chiesa d'Inghilterra. La **St Augustine's Chair** (cattedra di sant'Agostino) risale al XIII secolo e viene usata per consacrare gli arcivescovi.

La vetrata istoriata della **Trinity Chapel** è in gran parte del Duecento e narra la vita di san Tommaso Becket. Sul lato opposto si trovano le tombe di Enrico IV, che riposa con la moglie Giovanna di Navarra, e del Principe Nero, con la celebre effigie che lo vede ritratto con scudo, guanti d'armatura e spada.

Di fronte alla **St Anselm's Chapel** c'è la **tomba dell'arcivescovo Sudbury** che, in qualità di cancelliere dello Scacchiere (ministro del Tesoro), nel XIV secolo fu ritenuto responsabile di un'odiosa imposta e decapitato a furor di popolo nel corso della rivolta contadina del 1381; il suo corpo riposa qui, ma la testa è conservata in una chiesa del Suffolk.

Girate attorno all'estremità orientale della cattedrale ed entrate nella Green Court, delimitata a est (destra) dal Deanery (decanato) e a nord (diritto) da una **fabbrica di birra** e da un **panificio** dell'inizio del Trecento. Nell'angolo nord-occidentale (estrema sinistra) si trova la famosissima **Norman Staircase** (scala normanna, del 1151).

Se riuscite a vedere la cattedrale in meno di un giorno e volete approfondire le vostre conoscenze storiche, visitate **The Canterbury Tales**, una ricostruzione storica fatta con automi dei celebri racconti di Chaucer.

Oppure potete vedere l'unica rimasta tra le antiche porte di accesso alla città, la **West Gate**. Risalente al XIV secolo, è giunta fino ai nostri giorni perché fu utilizzata come prigione; oggi ospita un piccolo museo con collezioni di armi e armature.

Per un'ultima lezione di storia prima di ritornare alle luci e all'animazione di Londra, vi consigliamo il **Canterbury Heritage Museum**. Sistemato in un edificio del Trecento ristrutturato, che fu un ospizio per sacerdoti indigenti e merita una visita anche solo per la sua bellezza, questo museo offre un'interessante, anche se un po' scarna, panoramica sulle vicende della città.

CHE COSA VEDERE E DOVE CHIEDERE INFORMAZIONI

TIC (☎ 766567, ☎ 767744; www.canterbury.co.uk; 34 St Margaret's St; ◷ 9.30-17.30 da lunedì a sabato, 10-16 domenica da aprile a ottobre, 9.30-17 da lunedì a sabato, 10-16 domenica in novembre e dicembre, 9.30-17 da lunedì a sabato da gennaio a marzo) Visite guidate di un'ora e mezzo (adulti/anziani, studenti e bambini/famiglie £3,50/3/8,50) in partenza dal TIC alle 14 da aprile a settembre, e inoltre alle 11.30 in luglio e agosto.

Canterbury Cathedral (☎ 762862; www.canterbury-cathedral.org; Sun St; adulti/bambini età 5-16 £3/2; ◷ 9-18.30 da lunedì a sabato, 12.30-14.30 e 16.30-17.30 domenica da Pasqua a settembre, 9-17 da lunedì a sabato, 12.30-14.30 e 16.30-17.30 domenica da ottobre a Pasqua)

Poiché i tesori della cattedrale sono ben nascosti ma hanno tutti una storia interessante, vi consigliamo la visita guidata di un'ora che costa per adulti/anziani e studenti/bambini/famiglie rispettivamente £3,50/2,50/1,50/6,50 e inizia alle 10.30, 12 e 14.30 da lunedì a sabato da Pasqua a settembre, e alle 10.30, 12 e 14 di ottobre a Pasqua. Potete anche prendere in prestito l'audioguida di 30 minuti che costa per adulti/bambini £2,95/1,95. Il vespro è cantato alle 17.30 da lunedì a venerdì e alle 15.15 sabato e domenica.

Canterbury Tales (☎ 454888, ☎ 479227; St Margaret's St; adulti/anziani, studenti e bambini/famiglie £6,50/5/20; ◷ 9.3017.30 da aprile a ottobre, 10-16.30 da novembre a marzo)

West Gate Museum (☎ 452747; St Peter's St; adulti/bambini £1/65p; ◷ 11-12.30 e 13.30-15.30 da lunedì a sabato)

Trasporti

Distanza da Londra 56 miglia (90 km)

Direzione Sud-est

Tempi di percorrenza Un'ora e 50 minuti in autobus, un'ora e 45 minuti in treno

Autobus National Express ha 16 corse navetta al giorno (£9 andata e ritorno in giornata)

Treno La stazione ferroviaria di Canterbury East è accessibile dalla stazione londinese di Victoria, mentre Canterbury West serve i treni per/da Charing Cross e Waterloo (£12,50/16 al giorno andata e ritorno da Canterbury East/Canterbury West)

Canterbury Heritage Museum (☎ 452747; Stour St; adulti/bambini £1,90/1,20; ☒ 10.30-17 da lunedì a sabato, 13.30-17 domenica da giugno a ottobre, 10.30-17 da lunedì a sabato da novembre a maggio)

PASTI

Flap Jacques (☎ 781000; 71 Castle St; crêpes £2,75-6,50) Questo piccolo bistrot francese serve frittelle dolci e salate in stile bretone.

Il Vaticano (☎ 765333; 33-5 St Margaret's St; piatti di pasta £4,50-8,50) Questo locale serve un menu con diversi piatti di pasta e ha delizioso giardino.

Thomas Becket (☎ 464384; Best Lane; pranzo £4-6) Se vi piacciono i tradizionali piatti da pub, questo è il posto giusto: non perdetevi l'arrosto della domenica.

STRATFORD-UPON-AVON

☎ 01789

Chi ha poco tempo ma nutre un grande interesse per William Shakespeare sarà disposto a fare lo sforzo di visitare la sua affascinante città natale. Pernottare a Stratford-upon-Avon è la soluzione migliore, perché in questo modo potrete assistere in serata allo spettacolo della Royal Shakespeare Company.

Stratford è una tranquilla cittadina mercantile normanna sorta sulle sponde del fiume Avon, ma la sua storia sarebbe stata assai diversa se nel 1564 non vi fosse nato William Shakespeare. Sebbene attorno al culto del più importante drammaturgo inglese si sia sviluppata una vera e propria industria turistica, questa cittadina offre comunque moltissime cose interessanti. Vi consigliamo però di evitare la zona di Sheep St, una zona per turisti piena di negozi di souvenir e di ristoranti carissimi.

Iniziate il vostro itinerario con il **Shakespeare's Birthplace**, in centro, la casa natale dello scrittore che conserva perfettamente l'atmosfera delle famiglie benestanti del XVI secolo (valorizzata da un recente restauro). L'adiacente **Shakespeare Exhibition**, compresa nel biglietto, fornisce tutte le informazioni possibili sulla vita di Shakespeare.

Tra le altre case in cui vissero Shakespeare e la sua famiglia meritano un cenno quel che resta di **New Place**, all'incrocio di Chapel St e Chapel Lane, e **Nash Place**, alla porta accanto, dove visse la nipote Elizabeth. New Place fu l'ultima residenza di Shakespeare, purtroppo demolita nel 1759: al suo posto oggi c'è un bel giardino. La casa di città in stile elisabettiano della figlia Susanna, **Hall's Croft**, si trova nei pressi della Holy Trinity Church e ospita un'affascinante mostra dedicata alla medicina nell'epoca di Shakespeare. Infine, l'**Anne Hathaway's Cottage** è un'attrattiva da non perdere: fu infatti l'abitazione della moglie di Shakespeare prima del matrimonio ed è situata a 1,5 km dal centro. Il villino ha una posizione fantastica, un tradizionale tetto in stoppie, un frutteto e lo **Shakespeare Tree Garden**, dove si ergono imponenti tutti gli alberi citati nelle opere del poeta. Shakespeare e la moglie riposano nella **Holy Trinity Church**, dove si trovano anche

Trasporti

Distanza da Londra 93 miglia (150 km)

Direzione Nord-ovest

Tempi di percorrenza 3 ore e mezzo in autobus, 2 ore in treno

Automobile Prendete la M40 North, uscendo al Junction 15, e poi la A46 South per Stratford-upon-Avon

Autobus Gli autobus National Express partono dalla Victoria Central Station tre volte al giorno (£16,50 andata e ritorno in giornata)

Treno Dalla stazione londinese di Paddington partono alcuni treni diretti (sola andata £23,30). È inoltre possibile partire dalla stazione di Marylebone – cambiando a Banbury o a Leamington Spa un busto del commediografo, eseguito sette anni dopo la sua morte, e varie testimonianze del suo battesimo e del suo funerale.

Stratford è sede della Royal Shakespeare Company (RSC) e dei tre teatri gestiti da questa associazione: **The Royal Shakespeare Theatre**, **The Swan** e **The Other Place**. Questi teatri completano degnamente la visita a Stratford-upon-Avon, perché non c'è modo migliore per apprezzare l'immortale opera del poeta che assistere a una delle rappresentazioni dell'RSC, generalmente di ottimo livello. Dovrete prenotare con molto anticipo per trovare posto, a meno di essere molto fortunati, ma si tratta comunque di un'occasione da non perdere.

CHE COSA VEDERE E DOVE CHIEDERE INFORMAZIONI

TIC (☎ 293127; www.shakespeare-country.co.uk; ☾ 9.30-17.30 da lunedì a sabato, 10.30-16.30 domenica da aprile a ottobre, 9.30-17 da lunedì a sabato, 10-15 domenica da novembre a marzo) Questo ufficio si trova vicino al fiume, sul Bridgefoot.

Shakespeare's Birthplace & Exhibition (☎ 01789 204016; Henley St)

Royal Shakespeare Company (☎ 403404; www.rsc.org.uk)

PASTI

Anche evitando Sheep St, avrete l'imbarazzo della scelta tra i numerosissimi locali sorti per accogliere il gran numero di visitatori.

Edward Moon'sn (☎ 267259; 9 Chapel St) Ristorante raffinato che propone un saporito menu con piatti da ogni parte del mondo, compresi superbi dessert.

Havilands (☎ 415477; 5 Meer St; tè con panna £3,95; ☾ 9-17 da lunedì a sabato) Localino intimo, adatto al pranzo o a uno spuntino con caffè e torte fatte in casa.

Lemon Tree (☎ 292997; 2 Union St; panini e baguettes £3,50; ☾ chiuso domenica) Locale allegro e arioso, adatto per il pranzo.

PERNOTTAMENTO

A Stratford si trovano moltissimi alberghi di ogni genere, spesso in belle case vittoriane. Tra le vie popolari per i B&B citiamo Evesham Pl, Grove Rd, Broad Walk e Alcester Rd. In estate, quando è più difficile trovare posto, il TIC fa pagare £3 per trovarvi una camera, oltre alla cauzione del 10%, perciò sarebbe meglio prenotare qualche settimana prima.

Arrandale (☎ 267112; 208 Evesham Rd, camere a persona £16-18) Questo B&B è uno dei più economici, e si trova ad appena 10 minuti a piedi dal centro.

Carlton Guest House (☎ 293548; 22 Evesham Pl; singole con bagni in comune £18-22, doppie con bagno £40-48) È una pensione con camere doppie e singole molto spaziose.

The Shakespeare (☎ 0870 400 8182; shakespeare@macdonald-hotels.co.uk; Chapel St; camere £57-115) Formato da alcuni splendidi edifici storici, The Shakespeare è un albergo a quattro stelle; alcune camere hanno persino il letto a baldacchino.

BRIGHTON

☎ 01273

Brighton, con il suo entusiasmante miscuglio di turismo e ricercatezza, è la località balneare preferita dai londinesi.

La città deve la sua tipica atmosfera agli anni '80 del XVIII secolo, quando il principe reggente (più tardi re con il nome di Giorgio IV), uomo libertino e amante della musica, si divertiva a soggiornare nella cittadina per dare sontuosi ricevimenti in riva al mare. Brighton vanta tuttora alcuni dei club e locali più animati fuori Londra, e ospita inoltre una vivace popolazione studentesca, bellissimi negozi, una fiorente vita artistica, locali per omosessuali, e innumerevoli ristoranti, pub e café.

Il **Royal Pavilion** – palazzo indiano all'esterno e lussuosissima cineseria all'interno – è uno straordinario capriccio della fantasia. Il primo edificio, risalente al 1787, era una villa in stile classico che assunse l'aspetto attuale solo all'inizio dell'Ottocento, con il diffondersi della moda orientaleggiante. Il progetto finale, ispirato all'architettura dei moghul, è opera di John Nash, autore anche del Regent's Park e degli edifici circostanti a forma di mezzaluna, e fu costruito tra il 1815 e il 1822. Si dice che il re Giorgio si sia addirittura commosso nel vedere per la prima volta la Music Room (sala della musica) con i suoi nove candelabri a forma di fiore di loto e i dipinti murali cinesi in vermiglio e oro. Il palazzo, gravemente danneggiato da un incendio doloso nel 1975 e da un violento temporale nel 1987, è stato in seguito magnificamente restaurato.

Tutto l'edificio è interessante da visitare, ma non perdetevi soprattutto la **Long Gallery** (galleria lunga), la **Banqueting Room** (sala dei banchetti, con il soffitto a cupola dipinto), la superba **Great Kitchen** (grande cucina) e la restaurata **Music Room** al pianterreno, nonché le **South Galleries** (gallerie sud) e i **Queen Victoria's Apartments** (gli appartamenti della regina Vittoria), al primo piano. Cercate anche il dipinto umoristico di Rex Whistler che raffigura *HRH The Prince Regent Awakening the Spirit of Brighton* (1944), ossia 'Sua Altezza Reale il principe reggente che risveglia lo spirito di Brighton', un po' in sovrappeso e completamente nudo, che con uno sguardo lascivo risveglia un'attraente 'Brighton' in forma di donna: il quadro si trova nell'Adelaide Corner al primo piano, appena prima dell'ingresso alla Queen Adelaide Tearoom.

Originariamente progettato come campo da tennis al coperto, il **Brighton Museum & Art Gallery** (☎ 290900; Church St; ingresso libero; ☺ 10-17 lunedì, martedì e da giovedì a sabato, 14-17 domenica), sottoposto a un restauro costato 10 milioni di sterline, ospita una curiosa collezione di mobili in stile Art Deco e Art Nouveau, reperti archeologici, dipinti surrealisti e abiti.

Nel **Palace Pier**, noto localmente come Brighton Pier e vero simbolo di Brighton, si trovano alcune giostre (tra cui l'helter skelter, uno scivolo a spirale), negozi di cibi da asporto e portici con negozi. Questo è anche il posto migliore dove acquistare i famosi bastoncini di zucchero candito chiamati Brighton Rock.

Il **West Pier**, costruito nel 1866 e chiuso al pubblico dal 1975 per motivi di sicurezza, ha infine cominciato a crollare in mare nel dicembre 2002: ma a questa storica struttura sarà risparmiata una fine così drammatica, perché è stato già approvato un piano di ristrutturazione del valore di 30 milioni di sterline, e si spera che entro il 2006 il West Pier riacquisti il passato splendore.

CHE COSA VEDERE E DOVE CHIEDERE INFORMAZIONI

Guide Friday (☎ 294466) Questa agenzia organizza visite guidate in autobus con partenze ogni 20 minuti dalle 10 alle 17.00 o 17.30 da metà giugno ad agosto e ogni mezz'ora fino alle 15.30 o 16.30 da settembre a metà giugno. Le visite guidate costano per adulti/anziani e studenti/bambini età 5-14/famiglie rispettivamente £6,50/5,50/2,50/15,50.

TIC (☎ 0906 711 2255; www.visitbrighton.com; 10 Bartholomew Sq; ☺ 9-17.30 da lunedì a venerdì, 10-17 sabato, 10-16 domenica da marzo a ottobre, 9-17 da lunedì a venerdì, 10-17 sabato da novembre a febbraio) Il TIC vende l'utile Brighton Town Centre Map & Visitor's Guide (£1).

Royal Pavilion (☎ 290900; Pavilion Parade; adulti/anziani e studenti/bambini età 5-15/famiglie £5,20/3,75/3,20/13,60; ☺ 10-18 da giugno a settembre, 10-17 da ottobre a maggio) Le visite guidate del Royal Pavilion (£1,25) si tengono alle 11.30 e 14.30, con visite supplementari alle 13 e 13.30 sabato e domenica d'estate. I concerti bandistici gratuiti si svolgono nei mesi estivi nei restaurati Pavilion Gardens alle 15 della domenica, dalla fine di giugno ai primi di settembre.

Palace Pier (www.brightonpier.co.uk; Madeira Dr; ingresso libero; ☺ tutti i giorni).

PASTI

Brighton è ricca di ristoranti di buona qualità. Per trovarli, basta gironzolare nelle Lanes, un intrico di viuzze affollate di negozi e ristoranti, situato immediatamente a nord del TIC, oppure raggiungere Preston St, che inizia dal lungomare nei pressi del

Trasporti

Distanza da Londra 51 miglia (82 km)

Direzione Sud

Tempi di percorrenza Un'ora e 50 minuti in autobus, 50 minuti in treno espresso

Automobile Chi arriva da Londra e da nord deve seguire la M23/A23 in direzione Brighton, che attraversa il centro della città

Autobus National Express ha un servizio di autobus navetta con corse almeno ogni ora da Londra (£8 andata e ritorno in giornata)

Treno Ci sono circa 40 treni espresso al giorno in partenza dalla stazione londinese di Victoria (£13 andata e ritorno in giornata) e alcuni collegamenti leggermente più lenti della Thameslink in partenza da Blackfriars, London Bridge e King's Cross

Royal Pavilion, Brighton (p368)

Regency Tavern (☎ 325652; 32 Russell Sq; pranzo £4,95) Questo locale apparentemente modesto all'esterno nasconde una sala simile a quelle del Royal Pavilion: tappezzeria a righe, ritratti, e palme d'ottone.

Terre à Terre (☎ 729051; 71 East St; portate principali £11,50) Ristorante vegetariano da buongustai che certamente non vi deluderà: in questo popolare luogo di ritrovo, abbiamo scoperto alcuni dei più originali piatti di verdure mai gustati.

PERNOTTAMENTO

Se volete soggiornare a Brighton nei weekend d'estate e durante il Brighton Festival di maggio dovrete prenotare con un certo anticipo.

Genevieve Hotel (☎ 681653; genevievehotel@aol.com; 18 Madeira Place; camere a persona £25-45) Albergo con camere pulite e confortevoli; nelle tariffe indicate sopra è inclusa la prima colazione continentale.

Oriental Hotel (☎ 205050; fax 821096; info@oriental hotel.co.uk; 9 Oriental Place; doppie da lunedì a venerdì/ sabato e domenica £55/90) Una vera perla tra i B&B, che offre camere in toni luminosi con mobili casalinghi e belle finiture.

Old Ship Hotel (☎ 329001; fax 820718; oldship@paramount-hotels.co.uk; Kings Rd; singole/doppie a partire da £70/80) Il decano degli alberghi di Brighton, è stato ristrutturato in stile ultra-moderno.

De Vere Grand Hotel (☎ 224300; fax 224321; reservations@grandbrighton.co.uk; King's Rd; camere a partire da £100) Nel 1983 il De Vere è finito sulle prime pagine dei giornali quando l'IRA ha cercato di assassinare Margaret Thatcher e alcuni membri del suo governo, facendo esplodere una potentissima bomba nell'albergo. Da allora l'edificio è stato riportato al primitivo splendore ed è tuttora l'albergo più lussuoso della città.

del molo di West Pier ed è anch'essa ben fornita di ristoranti.

Fishbowl (☎ 777505; 74 East St; portate principali £4,95-7,95) Piccolo ristorante alla moda, che serve ogni genere di piatti dal satay alla paella.

Gingerman (☎ 326688; 21a Norfolk Square; pranzo a prezzo fisso da 1/2/3 portate £9,95/12,95/14,95, cena a prezzo fisso da 2/3 portate £21/23,50) Ristorante piccolo ma raffinato, che serve piatti stagionali e innovativi: essendo uno dei più popolari di Brighton, vi consigliamo di prenotare.

The King & I (☎ 773390; 2 Ship St; portate principali £5,65-7,95) Questo ristorante sul lungomare serve discreti piatti thailandesi e menu speciali per pranzo a £4,95.

The Little Shop (☎ 325594; 48a Market St; panini £1,75-3,95) Panini eccezionali e baguette imbottite sono le proposte di questo 'negozietto'.

WHITSTABLE
☎ 01227

Questo grande villaggio di pescatori che si affaccia sulla Whitstable Bay è stato soprannominato la 'perla del Kent' ed è famoso per i piatti di pesce (soprattutto ostriche) e per il fascino discreto ed elegante. Nei vicoli che si diramano da High St, e che hanno nomi insoliti come Squeeze Gut Alley ('vicolo dello strizza-budella'), si affacciano alcuni villini con le pareti esterne ornate a graticcio. A est della cittadina ci sono invece le radure in cima alla scogliera di Tankerton Slopes, con i loro capanni da spiaggia multicolori e i perfetti panorami di The Street (la via), che è in realtà una stretta spiaggia di ciottoli che si protende per mezzo miglio nel mare ed è visibile soltanto con la bassa marea.

Whitstable non è una località nota per i musei o le chiese, e i turisti la frequentano per la sua bella atmosfera, per fare il bagno (nella bella stagione) e per riposarsi. È un posto piacevole soprattutto di sera, e in modo particolare se siete stanchi di Londra; di seguito abbiamo indicato alcune possibilità di alloggio. Se proprio volete visitare qualcosa, il **Whitstable Museum & Gallery** conserva una collezione abbastanza interessante relativa all'industria ittica di Whitstable, che dà grande risalto alla coltura delle ostriche. Negli ultimi anni Whitstable ha sviluppato anche una vivace scena artistica, con numerosissime **gallerie d'arte**: quasi tutte le migliori si trovano in Harbour St, sul lungomare.

Dal 2001 il **Whitstable Oyster Festival** ha luogo la terza settimana di luglio: si tratta di una stravagante manifestazione di arti e musica dove potrete gustare ostriche insieme a boccali di birra Guinness o a coppe di champagne. Il programma è molto vario e interessante, e spazia dai concerti jazz ai quartetti di musica classica, alle bancarelle di varie attività artigianali. Per informazioni dettagliate rivolgetevi al TIC.

CHE COSA VEDERE E DOVE CHIEDERE INFORMAZIONI

TIC (☎ 275482; 7 Oxford St; ✆ 10-17 da lunedì a sabato in luglio e agosto; 10-16 da lunedì a sabato da settembre a giugno) Questo ufficio fornisce un servizio gratuito di prenotazione degli alberghi.

Whitstable Museum e Gallery (☎ 276998; 8 Oxford St; ingresso libero; ✆ 10-16 da lunedì a sabato tutto l'anno e 13-16 domenica in luglio e agosto)

PASTI

Speriamo che vi piaccia il pesce…

Pearson's Crab e Oyster House (☎ 272005; The Horsebridge; vassoio di frutti di mare £15,95) È il più caratteristico dei ristoranti di Whitstable.

Royal Native Oyster Stores (☎ 276856; The Horsebridge; portate principali £8, vassoio di frutti di mare £13) Fantastico il vassoio di frutti di mare.

Trasporti

Distanza da Londra 44 miglia (73 km)

Direzione Est

Tempi di percorrenza 1-2 ore

Automobile Seguite la M2; all'indicazione Margate/Ramsgate proseguite nella Thanet Way

Autobus Cinque corse giornaliere (andata 10.30-20.30, ritorno 8.05-17.55); durata del viaggio 2 ore, £10,50 andata e ritorno in giornata

Treno Partenze ogni 30 minuti (andata 5.41-12.04, ritorno 12.56-22.27); durata un'ora e 15 minuti-2 ore; £15,60 andata e ritorno in giornata

Wheelers Oyster Bar (☎ 273311; www.whitstable-shellfish.co.uk/wheelers_oyster_bar.htm; 8 High St; portate principali £7-13; ✆ 10.30-21 lunedì, martedì, giovedì e venerdì; 10-22 sabato, 11-21 domenica) Non perdetevi le ostriche!

PERNOTTAMENTO

Hotel Continental (☎ 280280; fax 280257; 29 Beach Walk; doppie a partire da £55, casette dei pescatori a partire da £260) Questo edificio in stile Art Deco sul lungomare dispone di camere doppie elegantemente arredate e affitta anche deliziosi villini di pescatori sulla spiaggia.

Wavecrest B&B (☎ 770155; wavecrestbandb@aol.com; 2 Seaway Cottages; singole/doppie a partire da £45/55) Sistemazione meravigliosamente bohémien che si affaccia proprio sulla spiaggia.

The Windmill (☎ 265963; Miller's Crescent; singole/doppie £30/50) Gande mulino a vento completo di pale funzionanti: le camere all'ultimo piano hanno la vista panoramica sulla città.

Escursioni – Rye

RYE

☎ 01797

Rye è di una bellezza quasi incredibile. Questa pittoresca cittadina medievale si è conservata perfettamente, quasi come se uno scenografo di Hollywood si fosse divertito a realizzare la ricostruzione dettagliata di un vecchio villaggio inglese: le case a graticcio in stile Tudor, le tortuose viuzze acciottolate, i vasi di fiori ovunque e le numerose testimonianze del passato affascineranno anche il più smaliziato dei viaggiatori.

Una tale meraviglia è effettivamente una calamita per i turisti, ma la maggior parte dei visitatori passeggia per la cittadina ammirando silenziosamente la perfezione del paesaggio. Se volete visitare Rye (e dovete assolutamente farlo) evitate i weekend estivi. La cittadina si visita comodamente a piedi, e si può iniziare l'itinerario dal **Rye Town Model Sound & Light Show**, allestito dal TIC, che fornisce un'introduzione di mezz'ora, forse un po' artificiosa, alla storia della cittadina. In Strand Quay, appena superato l'angolo in cui si trova il TIC, troverete alcuni pregevoli **negozi di antiquariato** che vendono un vasto assortimento di oggetti antichi. Di qui proseguite a piedi nell'acciottolata **Mermaid St**, una delle vie più famose di tutta l'Inghilterra grazie soprattutto alle sue case a graticcio che datano dal XV secolo in poi.

Svoltate a destra all'incrocio a T per ammirare la georgiana **Lamb House**, in gran parte risalente al 1722, che fu la residenza dello scrittore americano Henry James dal 1898 al 1916, quando scrisse *Le ali della colomba* (1902; BEN, Roma 1998). Proseguite fino a Church Square, fantastica piazza circondata da diverse belle case tra cui la **Friars of the Sack**, sul lato sud al n. 40: oggi abitazione privata, un tempo fece parte di un convento di frati agostiniani fondato nel XIII secolo. La **Church of St Mary the Virgin** è un miscuglio di vari stili di architettura sacra: l'orologio della torre è il più antico d'Inghilterra (1561) e funziona tuttora con il suo originale meccanismo a pendolo. Dal **campanile** si gode di uno splendido panorama.

Rye festeggia il suo passato medievale con una festa di due giorni ad agosto, mentre a settembre si svolge il **Festival of Music and the Arts**, che dura due settimane.

Trasporti

Distanza da Londra 54 miglia (90 km)

Direzione Sud-est

Tempi di percorrenza 1-2 ore

Automobile Seguite la M2, la M20 e infine la A20

Treno Partenze da Charing Cross ogni 40 minuti (andata 7-21, ritorno 9.43-21.43) durata del viaggio 2 ore; £18,80 andata e ritorno in giornata

PASTI

Questa piccola cittadina inglese offre un assortimento sorprendentemente vario di ristoranti.

Flushing Inn (☎ 223292; 4 Market St; portate principali £8,80-13,50) L'Inn serve vini di produzione locale e un '1066 Maritime Menu' comprendente quasi esclusivamente piatti di pesce.

The Lemongrass (☎ 222327; 1 Tower St; curry £7) L'unico ristorante thailandese di Rye è abbastanza valido.

Mermaid Street Coffee House (☎ 224858; all'incrocio tra Mermaid St e West St) Vi consigliamo questa caffetteria per il grande assortimento di caffè e spuntini: per il caffè con una fetta di torta si spendono £3.

The Old Borough Arms (☎ /fax 222128; info@oldborou gharms.co.uk; The Strand) Questa ex locanda di contrabbandieri antica di tre secoli è veramente deliziosa e serve eccellente caffè, ottimi panini a £2,50 e tè con panna a £2,95.

Tudor Room Bar & Bistro (☎ 223065; Mermaid St) Questo minuscolo locale in legno e muratura e con i soffitti bassi fa parte del Mermaid Inn: provate il pasticcio di pesce locale al forno con formaggio affumicato, che costa £7,95.

CHE COSA VEDERE E DOVE CHIEDERE INFORMAZIONI

TIC (☎ 226696; fax 223460; www.rye-tourism.co.uk/ heritage; Strand Quay; ✆ 10-17 da lunedì a sabato da aprile a ottobre, 10-16 da lunedì a sabato da novembre a marzo) La visita guidata a piedi chiamata Rye Town Walk illustra dettagliatamente la storia degli edifici della città e costa £1; è inoltre disponibile un'audioguida a £2,50/1,50 per adulti/bambini. Per le visite guidate nei dintorni telefonate al ☎ 01424-882343 o ☎ 01424-882466.

Rye Town Model Sound & Light Show (edificio del TIC, Strand Quay; adulti/bambini £2,50/1)

Lamb House (☎ 224982; www.nationaltrust.org.uk; West St; adulti/bambini £2,60/1,30; ✆ 14-18 da martedì a sabato da aprile a ottobre)

Rye Hire (☎ 223033; Cyprus Place) Qui si possono noleggiare le biciclette a partire da £9 al giorno, oltre alla cauzione di £25. La cartina cicloturistica dell'East Sussex è distribuita dal TIC.

Church of St Mary the Virgin (vista dal campanile adulti/bambini £2/1; ✆ 9-16 d'inverno, 9-18 negli altri periodi dell'anno)

WINDSOR

☎ 01753

Windsor Castle (castello di Windsor) è una delle località turistiche principali del paese, ed essendo facilmente accessibile in treno e su strada, è sempre piena di turisti in tutte le stagioni. Se vi è possibile, evitate i weekend e i mesi di luglio e agosto. Sull'altra sponda del fiume, rispetto a Windsor, c'è Eton, famosa per il suo prestigioso college.

Il castello di Windsor si affaccia sul Tamigi, mentre la cittadina di Windsor si estende verso ovest. Eton, a sua volta, non è che un paesino collegato a Windsor da un ponte pedonale che scavalca il fiume.

Sorto su una collina calcarea e sede della famiglia reale britannica per più di 900 anni, il **Windsor Castle** è uno dei più importanti castelli medievali tuttora esistenti. Costruito a partire da un fortilizio di legno nel 1070, fu poi ricostruito in pietra nel 1165 e successivamente ampliato e rimaneggiato fino a tutto l'Ottocento. È un castello *motte-and-bailey*, ovvero un castello edificato su un terrapieno cinto di mura).

Gli **State Apartments** (appartamenti del re) sono formati da sale di rappresentanza e ambienti museali. Nel 1992 un incendio ha gravemente danneggiato la St George's Hall e l'adiacente Grand Reception Room, il cui restauro, costato 37 milioni di sterline, è stato portato a termine nel 1998.

Trasporti
Distanza da Londra 23 miglia (37 km)
Direzione Ovest
Tempi di percorrenza Un'ora in autobus, 55 minuti in treno
Autobus Gli autobus della Green Line partono dalla Victoria Coach Station dalle 5 alle 10 volte al giorno tra le 7.45 (a partire dalle 9 sabato, dalle 9.40 domenica) e fino alle 14 circa (adulti/bambini età 5-15 £7,50/4 andata e ritorno in giornata)
Treno I treni per Rye fanno servizio da Waterloo alla stazione Riverside con partenze ogni 30 minuti, ogni ora domenica (£6 andata e ritorno in giornata)

Dopo la **Waterloo Chamber**, costruita per commemorare la battaglia di Waterloo e tuttora utilizzata per i pranzi ufficiali, e la **Garter Throne Room** (sala del trono della giarrettiera), ci sono le **King's Rooms** (camere del re), che iniziano con la **King's Drawing Room** (salotto del re), chiamata anche 'Rubens Room' per i tre dipinti che la ornano. La **King's State Bedchamber** (camera da letto del re) conserva dipinti di Gainsborough e del Canaletto, ma in realtà Carlo II dormiva nella vicina **King's Dressing Room** (spogliatoio del re), dove si trovano alcuni dei migliori dipinti del palazzo, comprendenti opere di Holbein, Rembrandt, Rubens e Dürer. **The King's Closet** (salottino del re) fu usato da Carlo II come studio e contiene opere del Canaletto, di Reynolds e Hogarth.

Dalle King's Rooms si passa nelle **Queen's Rooms** (camere della regina). La **Queen's Ballroom** (sala da ballo della regina) ha una notevole collezione di dipinti di Van Dyck. Solo tre dei 13 soffitti affrescati dal Verrio ai tempi di Carlo II sono giunti fino a noi, e uno di essi si trova nella **Queen's Audience Chamber** (camera delle udienze della regina). Arazzi Gobelin e un altro soffitto del Verrio ornano invece la **Queen's Presence Chamber** (sala delle udienze).

La **Queen Mary's Doll's House** fu costruita dall'architetto Sir Edwin Lutyens nel 1923 ed è perfetta in ogni dettaglio, con persino l'acqua corrente nei bagni.

La **St George's Chapel** è uno degli esempi più belli di architettura in stile gotico inglese del primo periodo: la sua costruzione fu avviata da Edoardo IV nel 1475 ma portata a termine soltanto nel 1528. La navata mediana è invece un superbo esempio di stile perpendicolare, con le sue favolose arcate a ventaglio che s'innalzano dai pilastri. Nella cappella si trovano le **tombe reali**, tra cui quelle di Giorgio V e della regina Maria, di Giorgio VI ed Edoardo IV. I **Garter Stalls** (stalli dei cavalieri dell'ordine della giarrettiera) sono l'equivalente degli stalli del coro e risalgono alla fine del XV secolo: ciascuno di essi è sormontato da bandiera, elmo e cimiero con le insegne del cavaliere che lo occupa. Alcune targhe recano i nomi dei precedenti titolari, a partire dal Trecento.

Attraversate il Tamigi sul ponte pedonale Windsor Bridge e arriverete a un altro simbolo dell'alta società britannica: l'**Eton College**. In questa famosa public school (ovvero scuola privata) hanno studiato non meno di 18 primi ministri e i principi William ed Harry. Diversi edifici della scuola datano alla metà del XV secolo. Le visite guidate di un'ora costano £4/3 (adulti/bambini) e si svolgono alle 14.15 e alle 15.15. Se visitate Eton in periodo scolastico avrete modo di vedere gli allievi con le loro anacronistiche uniformi nere e le camicie bianche; questi ragazzi sono abituati alle folle di curiosi, perché negli anni scorsi molti turisti (e non) visitavano il college sperando di vedere William ed Harry, che ora, però, hanno entrambi terminato i loro studi superiori.

Situata in High St accanto a Castle Hill, la **Guildhall** di Windsor fu costruita tra il 1686 e il 1689, e portata a termine con la supervisione di Sir Christopher Wren. Le colonne centrali, in realtà, non sostengono affatto il primo piano, ma furono fermamente volute dal consiglio comunale nonostante Wren le ritenesse superflue. L'architetto lasciò uno spazio vuoto di qualche centimetro (tuttora visibile) tra la sommità delle colonne e il primo piano, per dimostrare che aveva ragione.

Alcuni degli edifici più antichi di Windsor sorgono lungo le vie in acciottolato alle spalle della Guildhall, come **Queen Charlotte St**, che è la via più corta della Gran Bretagna. La **Market Cross House** è una casa visibilmente pendente che si trova accanto alla Guildhall. Nell Gwyn, amante favorita di Carlo II, visse invece al n. 4 di Church St (dove oggi si trova un ristorante).

Il **Windsor Great Park** si estende su 1920 ettari, dalla parte posteriore del castello fin quasi ad Ascot; qui nel 1999 il consorte di Elisabetta II, il principe Filippo, ha fatto abbattere un viale di alberi secolari perché intralciavano il percorso del suo calesse.

CHE COSA VEDERE E DOVE CHIEDERE INFORMAZIONI

TIC (☎ 743900; www.windsor.gov.uk; 24 High St; ☾ 10-17 da lunedì a sabato, 10-16.30 domenica da aprile a giugno e da settembre a ottobre, 9.30-18 luglio e agosto, 10-16 da novembre a marzo)

Guide Friday (☎ 01789-294466; adulti/anziani e studenti/bambini età 5-14/famiglie £6,50/5,50/2,50/15,50) Quest'agenzia organizza visite guidate di Windsor in autobus a due piani con parte superiore scoperta.

French Brothers (☎ 851900; www.boat-trips.co.uk; Clewer Ct Rd; adulti/bambini/famiglie £4,40/2,20/12,10; ☾ ogni mezz'ora 11-17 da Pasqua a ottobre) Agenzia che propone escursioni in barca di 35 minuti da Windsor alla chiusa di Boveney.

Trasporti

Distanza da Londra 75 miglia (121 km)
Direzione Nord-ovest
Tempi di percorrenza Un'ora in treno, e poi 30 minuti in autobus e 10 minuti in taxi da Buckingham
Automobile Prendete la M40 da Londra fino al Junction 10, e poi la A43 in direzione di Northampton. Svoltate nella A422 con destinazione Buckingham e Stowe Landscape Gardens, e di qui seguite le indicazioni fino al castello. Arrivati a Windsor imboccate la via principale, poi proseguite nella medesima direzione fino a quando non arriverete al parcheggio del National Trust
Treno Prendete il treno da Euston a Milton Keynes (£13,40); dall'autostazione di quest'ultima località partono degli autobus ogni ora per Buckingham. Dall'autostazione di Buckingham la corsa in taxi per Stowe costa circa £6

Windsor Castle (☎ 869898, 831118; www.the-royal-collection.org.uk; adulti/anziani/bambini età 5-16/famiglie £11/9/5,50/27,50 o £5,50/4,50/2,70/13,70 quando gli State Apartments sono chiusi; aree pubbliche ☾ 9.45-17.15 da marzo a ottobre, 9.45-16.15 da novembre a febbraio, cambio della guardia 11 da lunedì a sabato in maggio e giugno (tempo permettendo), a giorni alterni da lunedì a sabato da luglio ad aprile)

Eton College (☎ 671177; www.etoncollege.com; Baldwins Shore; adulti/bambini £3/2; ☾ 14-16.30 in periodo scolastico, 10.30-16.30 a Pasqua e durante le vacanze estive)

Windsor Great Park (☎ 860222; ingresso libero; ☾ 8-tramonto)

PASTI

Peascod St e il suo prolungamento, St Leonard's Rd, sono la zona ideale per andare alla ricerca di ristoranti.

Crooked House (☎ 857534; 51 High St; panini £5-7) Situato nella minuscola Market Cross House, questo caffè propone ottimi panini e baguette.

Crosses Corner (☎ 862867; 73 Peascod St; pranzo £5,25-6) Questo pub è sempre affollato all'ora di pranzo.

Francesco's (☎ 863773; 53 Peascod St; pizze e piatti di pasta £5-15, pranzo da 3 portate £6,95) Locale molto popolare della cittadina.

Ha! Ha! Bar & Canteen (☎ 770111; Windsor Royal Station; spuntini £4-4,50, pasti £6,50-10) Questo locale fa parte di una catena londinese ed è situato nella vecchia stazione ferroviaria: è il ristorante più alla moda di Windsor.

The Viceroy (☎ 858 005; 49-51 St Leonard's Rd; portate principali £5,50-11,95, buffet della domenica adulti/bambini £8,50/4,99) Questo ristorante serve ottimi piatti indiani ma il servizio non è sempre all'altezza.

STOWE HOUSE E I GIARDINI ALL'INGLESE

Stowe si trova in una posizione alquanto isolata nella parte settentrionale del Buckinghamshire, per cui non è mai troppo assediata dai turisti. Un tempo fu la residenza di campagna della famiglia Temple che nel XVIII secolo, in un arco di tempo incredibilmente breve, passò dalla condizione di proprietari terrieri locali al prestigioso status di duchi di

Buckingham e Chandos. I duchi caddero in miseria nel 1848 e furono costretti a vendere gli arredi di questa casa nel corso di un'asta durata 40 giorni, nonostante nei due secoli precedenti fossero riusciti a realizzare il più stupefacente esempio di architettura del paesaggio e forse il più importante giardino settecentesco del paese.

Quest'ultimo è l'esatto contrario dei classici giardini con aiuole fiorite, perché nel XVIII secolo il suo ideatore Lancelot 'Capability' Brown sviluppò una concezione del giardino all'inglese (*landscaped garden*) in cui il naturalismo trionfava sul formalismo francese. In precedenza, invece, James Gibbs e St John Vanbrugh avevano disseminato il parco di tempietti e bizzarrie architettoniche di ogni genere, e costruito una fantastica residenza principale dove ha sede dal 1923 la Stowe School. È tuttora possibile visitare le camere più sontuose dell'appartamento di rapprsentanza della casa e, sebbene non sia rimasto alcun pezzo del mobilio originale, la collezione d'arte, i soffitti e il panorama rendono la visita interessante. Particolarmente degna di nota è la **Marble Hall** (sala dei marmi) con la sua incredibile cupola in vetro e le sculture che si ispirano alla vita quotidiana degli antichi romani. La **Music Room** e la **Library** (sala della musica e biblioteca) hanno un bell'arredo in stile georgiano, e la vista che si gode dal **South Front Portico** (portico meridionale) sul **lago ottagonale** e il **Corinthian Arch** (arco corinzio) è davvero mozzafiato. Il National Trust gestisce attualmente il parco (ma non la casa) e ha dedicato buona parte del decennio scorso a restaurarne i tempietti.

CHE COSA VEDERE E DOVE CHIEDERE INFORMAZIONI

Stowe (☎ casa 01280 822850, giardini 01280 818282; www.nationaltrust.org.uk; vicino a Buckingham, Buckinghamshire; casa adulti/bambini/famiglie £3/1,50/12,50, giardini adulti/bambini £5/2,50; ☼ 10-17.30 da mercoledì a domenica da marzo a ottobre, 10-16 da mercoledì a domenica in novembre e dicembre) Telefonate prima per chiedere conferma degli orari, soprattutto se volete visitare i giardini con un po' di tranquillità.

PASTI

Dietro il Temple of Concorde e Victory (tempio della concordia e della vittoria) c'è un piccolo caffè che serve panini e altri pasti leggeri tra £4 e £5 a persona, ed è aperto dalle 10 fino alla chiusura del parco.

BLENHEIM PALACE

Favolosa residenza nell'Oxfordshire dei duchi di Marlborough, **Blenheim Palace** è una delle creazioni di Vanbrugh e Brown ed è l'unica abitazione inglese non appartenente ai reali che venga definita 'palazzo'. Tuttavia è facile cadere nell'equivoco che si tratti effettivamente di una residenza reale, perché le sue sale lussuose e imponenti sono perfettamente conservate in tutto il loro splendore dall'attuale duca, che vi abita tuttora.

Blenheim è famosa soprattutto in quanto luogo natale di Winston Churchill, di cui si può vedere la camera da letto nel corso dell'interessante visita guidata del palazzo. Gli arazzi realizzati per il primo duca in seguito alla sua famosa vittoria contro i francesi a Blenheim sono una delle principali attrattive della residenza, e altrettanto appassionante è la passeggiata nei giardini all'inglese dove si trova un bellissimo labirinto di siepi (il più grande del Regno Unito). Blenheim è ovviamente un'ambitissima meta turistica, soprattutto per la sua vicinanza a Oxford, e in estate le folle di visitatori offuscano un po' la bellezza del luogo.

CHE COSA VEDERE E DOVE CHIEDERE INFORMAZIONI

Blenheim Palace (☎ 01993 811325; www.blenheim palace.com; vicino a Woodstock, Oxfordshire;

Blenheim Palace

palazzo, parco e giardini adulti/bambini/anziani e studenti £11,50/6,50/9,50, solo parco £10/automobili, pedoni adulti/bambini £3,50/2,50; ☉ palazzo e giardini 10.30-16.45 da metà marzo a ottobre, parco 9-16.45 tutto l'anno)

PASTI

Nella residenza c'è un caffè dove si possono gustare panini e spuntini spendendo da £3 a £4.

Trasporti

Distanza da Londra 60 miglia (97 km)
Direzione Nord-ovest
Tempi di percorrenza Un'ora in treno fino a Oxford, poi 30 minuti in autobus
Treno Prendete il treno per Oxford (p363), da dove, all'autostazione Gloucester Green, partono gli autobus di linea per Blenheim

LEEDS CASTLE

Questa magnifica residenza del Kent è stata soprannominata 'il più incantevole castello del mondo': come nelle favole, si erge su due isolotti in un lago circondato da dolci colline ammantate di boschi. L'edificio risale al IX secolo, ma Enrico VIII lo trasformò da fortezza a vero e proprio palazzo. Il suo curioso nome (Leeds, in realtà, si trova centinaia di miglia a nord di Maidstone) deriva da un villaggio vicino. Il castello era localmente noto come 'Ladies Castle' (castello delle dame), per aver ospitato nei secoli numerose regine, da Philippa di Hainult (moglie di Edoardo III) a Caterina di Valois, Caterina d'Aragona e persino Elisabetta I, che fu imprigionata qui prima di salire sul trono.

Visitando il castello potrete sfatare molte leggende sulla vita quotidiana in un antico maniero: infatti, anziché stanze umide infestate dai topi, troverete ambienti molto spaziosi, con caminetti accesi e pareti ornate da arazzi, che hanno un'aria molto confortevole e perfettamente consona al loro ruolo di residenza reale. Il parco è però la parte più interessante del castello, con il suo magnifico fossato e il labirinto di siepi.

CHE COSA VEDERE E DOVE CHIEDERE INFORMAZIONI

Leeds Castle (☎ 01622-765400, ☎ 0870 600 8880; www.leeds-castle.com; Maidstone, Kent; ingresso castello, parco e giardini adulti/bambini età 4-15 /anziani e studenti/famiglie £11/7,50/9,50/32; ☉ 10-19, ultimo ingresso 17, da marzo a ottobre, 10-17, ultimo ingresso 15, da novembre a febbraio)

Trasporti

Distanza da Londra 43 miglia (70 km)
Direzione Sud-est

Tempi di percorrenza Un'ora e 15 minuti in autobus, un'ora in treno

Automobile Il castello di Leeds si trova 7 miglia a est di Maidstone. Prendete la M20 da Londra, uscite al Junction 8 e seguite le indicazioni per Leeds Castle

Autobus National Express ha una corsa giornaliera diretta che parte alle 9 dalla Victoria Coach Station (adulti/anziani e studenti/bambini età 5-15 £10/8/5 oppure adulti/bambini £14/11 compreso l'ingresso al castello). Green Line offre un servizio simile con autobus che partono alle 9.35 da lunedì a venerdì (adulti/bambini £14/8)

Treno La stazione ferroviaria più comoda è quella di Bearsted. Acquistate il biglietto cumulativo per il treno, l'autobus e l'ingresso al castello alle stazioni ferroviarie Victoria o Charing Cross per viaggiare con Connex Rail (adulti/bambini £20,50/10,30)

Informazioni

Informazioni

TRASPORTI
AEREO
Aeroporti

Londra è servita da cinque grandi aeroporti: Heathrow (il più grande), Gatwick, Stansted, Luton e London City.

HEATHROW

Codice aeroportuale LHR; ☎ **0870 000 0123;**
www.baa.co.uk/heathrow

Heathrow, 24 km a ovest del centro di Londra, è l'aeroporto commerciale più trafficato del mondo. Attualmente ha quattro terminal più un quinto in fase di progettazione. Due stazioni della metropolitana della Piccadilly Line servono l'aeroporto: una per i Terminal 1, 2 e 3, l'altra per il Terminal 4. Ogni terminal dispone di sportelli di cambio, servizio informazioni e prenotazione alberghiera.

A Heathrow o nei dintorni ci sono 15 alberghi internazionali, nel caso in cui doveste partire in orari strani, molto presto o molto tardi. Per raggiungere gli alberghi dovete prendere l'autobus Heathrow-**Hotel Hoppa** (☎ 0870 574 7777; andata £2,50; ☺ 6-23), che effettua una corsa ogni 10-15 minuti dai primi tre terminal, e ogni 30 minuti dal Terminal 4.

Ci sono anche strutture per il deposito bagagli:

Terminal 1 ☎ 8745 5301; ☺ 5-23
Terminal 2 ☎ 8745 4599; ☺ 5.30-22.30
Terminal 3 ☎ 8759 3344; ☺ 24 ore su 24
Terminal 4 ☎ 8745 7460; ☺ 5-23

Il costo per ogni collo è di £3,50 per le prime 12 ore e di £4 fino a 24 ore. Tutti i depositi bagagli effettuano servizio di spedizione.

I collegamenti a vostra disposizione per/da Heathrow sono i seguenti:

Heathrow Express (☎ 0845 600 1515; www.heathrowe xpress.co.uk; andata/andata e ritorno £12/23, sconti se si prenota in anticipo; i treni partono ogni 15 minuti; durata del viaggio 15 minuti) Treno modernissimo che trasporta i passeggeri dalla stazione di Heathrow Central (che serve i Terminal 1, 2 e 3) e dalla stazione del Terminal 4 a quella di Paddington. Il treno da Heathrow Central è in funzione tra le 5.12 e le 23.32 dal lunedì al sabato

e tra le 5.08 e le 23.37 la domenica, mentre il treno dal Terminal 4 effettua servizio tra le 5.07 e le 23.32 dal lunedì al sabato e tra le 5.03 e le 23.37 la domenica. Il primo treno parte da Paddington alle 5.10, l'ultimo alle 23.40. Per molte compagnie aeree, tra cui la British Airways (BA) e la United Airlines, è possibile effettuare il check-in a Paddington.

Metropolitana (☎ 7222 1234; www.thetube.com; una corsa £3,70; treni ogni 2-8 minuti; durata del viaggio per/dal centro di Londra 1 ora) La metropolitana è ancora il mezzo più economico per raggiungere Heathrow, anche se il viaggio è molto più lungo e meno confortevole rispetto a quello che si fa con l'Heathrow Express. Effettua servizio tra le 5.30 e le 23.45. È consigliabile acquistare i biglietti per la metropolitana ai distributori automatici in funzione nella zona di consegna dei bagagli onde evitare code alla stazione.

Airbus A2 (☎ 0807 574 7777; www.nationalexpress.com; andata/andata e ritorno £5/£10; validità dei biglietti tre mesi; gli autobus partono ogni 30 minuti fino alle 13 poi ogni ora; durata del viaggio 1 ora e 15 minuti) L'Airbus effettua il collegamento tra la stazione di King's Cross e Heathrow circa 30 volte al giorno. Il primo autobus diretto a Londra parte dal Terminal 4 alle 5.30 e passa dai Terminal 3, 2 e 1; l'ultima partenza è alle 21.45. Il primo autobus da King's Cross parte alle 4, l'ultimo alle 20.

Taxi tradizionali Un viaggio per/dal centro di Londra (Oxford St) sui tradizionali taxi neri dotati di tassametro può costare circa £35.

GATWICK
Codice aeroportuale LGW; ☎ 0870 000 2468; www.baa.co.uk/gatwick

Gatwick è situato a circa 48 km a sud del centro di Londra, ed è più piccolo e meglio organizzato di Heathrow. Ci sono anche strutture per il deposito bagagli. I terminal North e South sono collegati da un efficiente servizio su monorotaia, la cui corsa dura circa due minuti:

North Terminal ☎ 01293-502013; ⏰ 6-22
South Terminal ☎ 01293-502014; 24 ore su 24

Il costo per ogni collo è di £3,50 per le prime 6 ore e di £4 per ogni collo fino a 24 ore.

I collegamenti a vostra disposizione per/da Gatwick sono i seguenti:

Gatwick Express (☎ 0870 530 1530; www.gatwicke xpress.co.uk; andata/andata e ritorno £10,50/20; i treni partono ogni 15 minuti dalle 5 alle 24, negli altri orari ogni ora; durata del viaggio 30 minuti) I treni Gatwick Express collegano la stazione che si trova vicino al South Terminal con Victoria Station. I passeggeri che viaggiano con la BA e l'American Airlines possono effettuare il check-in a Victoria Station.

Connex South Central (☎ 0845 748 4950; www.connex.co.uk; andata/andata e ritorno £4,10/8,20; i treni partono ogni 15/30 minuti, e ogni ora tra l'1 e le 4; durata del viaggio 45 minuti) I treni Connex South Central collegano Victoria Station a entrambi i terminal e impiegano più tempo di quelli della Gatwick Express.

Thameslink (☎ 0845 748 4950; www.thameslink.co.uk; andata/andata e ritorno £4,95/9,80) Questa linea collega Gatwick alle stazioni ferroviarie di King's Cross, Farringdon e London Bridge.

Airbus No 5 (☎ 0807 574 7777; www.national express.com; andata/andata e ritorno £8,50/10; validità dei biglietti tre mesi; durata del viaggio 90 minuti) Gli autobus effettuano il collegamento da Gatwick alla Victoria Coach Station 16 volte al giorno tra le 4.15 e le 21.15 (dalle 6 alle 23 da Victoria Station a Gatwick).

Taxi tradizionali Un viaggio per/dal centro di Londra sui tradizionali taxi neri dotati di tassametro può costare circa £70.

STANSTED
Codice aeroportuale STN; ☎ 0870 000 0303; www.baa.co.uk/stansted

Circa 56 km a nord-est del centro di Londra, Stansted è il terzo aeroporto internazionale più trafficato della capitale britannica. I collegamenti a vostra disposizione per/da Stansted sono i seguenti:

Stansted Express (☎ 0845 748 4950; www.stansted express.com; andata/andata e ritorno £13/21; i treni partono ogni 15-30 minuti; durata del viaggio 45 minuti) I treni della Stansted Express collegano l'aeroporto alla stazione di Liverpool Street. Dall'aeroporto, il primo treno parte alle 6, l'ultimo poco prima delle 24. I treni partono dalla stazione di Liverpool Street dalle 5 (4.45 al sabato) alle 23. Se dovete prendere la metropolitana, cambiate a Tottenham Hale per la Victoria Line o rimanete sul treno fino alla stazione di Liverpool Street per la Central Line.

Airbus A6 (☎ 0807 574 7777; www.nationalexpress .com; andata/andata e ritorno £7/10; validità dei biglietti tre mesi; durata del viaggio 1 ora e 30 minuti) Gli Airbus effettuano il collegamento da Stansted alla Victoria Coach Station circa 40 volte al giorno 24 ore su 24. Dall'aeroporto gli autobus partono ogni 30 minuti tra le 3.30 e le 23.30, negli altri orari ogni ora. Da Victoria Coach Station le partenze si effettuano ogni 30 minuti tra le 4.05 e le 23.35, nelle altre fasce orarie ogni ora.

Taxi tradizionali Un viaggio per/dal centro di Londra sui tradizionali taxi neri dotati di tassametro costa £70-80.

LONDON CITY Cartina p434
Codice aeroportuale LCY; ☎ 7646 0000; www.london cityairport.com

Il London City Airport, 10 km a est del centro di Londra, è situato nelle Docklands, nei pressi del Tamigi. Da questo aeroporto partono voli per 20 scali europei oltre che per otto destinazioni nelle Isole Britanniche (Aberdeen, Belfast, Dublino, Dundee, Edimburgo, Glasgow, Isola di Man e Jersey). I collegamenti a vostra disposizione per/dal London City Airport sono i seguenti:

Blue Shuttlebus (☎ 7646 0088; www.london cityairport.com/shuttlebus; andata/andata e ritorno dalla/ alla stazione ferroviaria di Liverpool St £6/12; gli autobus partono ogni 10 minuti dal lunedì al venerdì e ogni 15 minuti il sabato e la domenica; durata del viaggio 25 minuti) L'autobus navetta collega l'aeroporto con la stazione ferroviaria di Liverpool St via Canary Wharf tra le 6.50 (le 11 la domenica) e le 22 (l'1.15 il sabato). Il primo autobus lascia Liverpool St alle 6.15 (le 10.30 la domenica); l'ultimo parte alle 21 dal lunedì al venerdì (alle 0.45 il sabato).

Informazioni – Trasporti

Green Shuttlebus (☎ 7646 0088; www.londoncityairpor t.com/shuttlebus; adulti/bambini andata £2/1; gli autobus partono ogni 10 minuti; durata del viaggio 5 minuti) L'au- tobus navetta collega l'aeroporto alla stazione ferroviaria di Canning Town, che si trova sulla linee della metropolitana Jubilee, DLR e Silverlink, dalle 6 (dalle 10.05 la domenica) fino alle 22.20 (all'1.15 il sabato).

Taxi tradizionali Un viaggio per/dal centro di Londra sui tradizionali taxi neri dotati di tassametro costa circa £20.

LUTON

Codice aeroportuale LTN; ☎ 01582-405100; www.london-luton.co.uk

Piccolo aeroporto situato 56 km a nord di Londra, Luton è utilizzato soprattutto da voli charter economici, sebbene la EasyJet, compa- gnia aerea a buon mercato, pratichi voli a orari fissi con partenze da questo aeroporto.

I collegamenti a vostra disposizione per/da Luton sono i seguenti:

Thameslink (☎ 0845 748 4950; www.thameslink.co.uk; adulti/bambini andata £9,50/4,75; i treni partono ogni 5- 15 minuti tra le 7 e le 22; durata del viaggio 30-40 minuti) I treni Thameslink collegano la stazione ferroviaria di King's Cross e altre stazioni del centro di Londra alla Luton Airport Parkway Station, da dove un autobus navetta vi porterà all'aeroporto in otto minuti.

Autobus n. 757 della Green Line (☎ 0870 608 7261; www.greenline.co.uk; andata/andata e ritorno £8/13; durata del viaggio 55 minuti) Gli autobus diretti all'aeroporto di Luton partono da Buckingham Palace Rd, a sud di Victoria Station, ogni 30 minuti dalle 7.05 (dalle 7.35 il sabato e la domenica) alle 22, poi ogni ora fino alle 6.30. Partono da Luton ogni 30 minuti dalle 8 alle 20, poi ogni ora fino alle 7.30.

Taxi tradizionali Un viaggio per/dal centro di Londra sui tradizionali taxi neri dotati di tassametro può costare tra £70 e £80.

Compagnie aeree

Londra è servita da quasi tutte le compa- gnie aeree internazionali, la maggior parte delle quali ha un ufficio in città. Di seguito troverete i numeri delle principali compa- gnie aeree.

Aer Lingus ☎ 0845 084 4444; www.aerlingus.com
Aeroflot ☎ 7355 2233; www.aeroflot.com
Air Canada ☎ 0870 524 7226; www.aircanada.com
Air France ☎ 0845 084 5111; www.airfrance.com
Air New Zealand ☎ 8741 2299; www.airnz.com
Alitalia ☎ 0870 544 8259; www.alitalia.it
American Airlines ☎ 0845 778 9789; www.aa.com

British Airways ☎ 0845 773 3377; www.british- airways.com
British European ☎ 0870 567 6676; www.flybe.com
British Midland ☎ 0870 607 0555; www.flybmi.com
Cathay Pacific Airways ☎ 7747 8888; www.cathaypacific.com
Continental Airlines ☎ 0800 776 464; www.continental.com
Delta Air Lines ☎ 0800 414 767; www.delta.com
EasyJet ☎ 0870 600 0000; www.easyjet.com
El Al Israel Airlines ☎ 7957 4100; www.elal.com
Iberia ☎ 0845 601 2854; www.iberia.com
Icelandexpress ☎ 0870 850 0737; www.icelandexpress.com
KLM UK ☎ 0870 507 4074; www.klm.com
Lufthansa Airlines ☎ 0845 773 7747; www.lufthansa.com
Olympic Airways ☎ 0870 606 0460; www.olympicairways.com
Qantas Airways ☎ 0845 774 7767; www.qantas.com
Ryanair ☎ 0870 156 9569; www.ryanair.com
Scandinavian Airlines (SAS) ☎ 0845 607 2772; www.sas.se
Singapore Airlines ☎ 0870 608 8886; www.singaporeair.com
SN Brussels Airlines ☎ 0870 735 2345; www.flysn.com
South African Airways ☎ 7312 5000; www.flysaa.com
TAP Air Portugal ☎ 0845 601 0932; www.tap.pt
Thai Airways International ☎ 0870 606 0911; www.thaiair.com
Turkish Airlines ☎ 7766 9300; www.turkishairlines.com
United Airlines ☎ 0845 844 4777; www.ual.com
Virgin Atlantic ☎ 01293 747747; www.virgin- atlantic.com

Siti web

Oltre a quelli delle compagnie aeree (v. sopra), ci sono numerosi siti internet che vi consentiranno di acquistare online biglietti aerei a buon prezzo. Fra i molti siti che effettuano vendita online segna- liamo www.travelprice.it, www.infoair.it e www.travelonline.it. Troverete informa- zioni interessanti inoltre visitando www .ebookers.com, www.opodo.com e www .cheapflights.co.uk.

Glossario per i viaggi in aereo

Un'utile guida per districarsi tra le svariate sigle e i nu- merosi termini che si possono incontrare quando si af- fronta un viaggio in aereo è disponibile online sul sito EDT, all'indirizzo www.edt.it/lonelyplanet/aereo/.

Informazioni – Trasporti

Per/dall'Italia

Londra è facilmente raggiungibile in aereo da quasi tutti gli aeroporti italiani grazie ai numerosi voli di linea e, in alta stagione, agli ancora più numerosi voli charter. Le combinazioni sono davvero tante e riuscire a districarsi nella 'giungla' delle varie soluzioni possibili può non essere semplice; tenete presente anche le differenze dei costi per raggiungere la città dai vari aeroporti. Attualmente, Londra è raggiungibile con voli di linea diretti Alitalia (da Milano Linate/Malpensa 2000 e Roma su Gatwick e Heathrow), British Airways (da Bologna, Genova, Milano Linate/Malpensa 2000, Napoli, Pisa, Roma, Torino e Venezia su Gatwick e Heathrow), British Midland (da Milano Linate su Londra Heathrow), Meridiana (da Firenze su Gatwick), mentre i voli charter operano per lo più su Gatwick, Luton e Stansted. Oltre ai voli diretti, esistono poi molte soluzioni che utilizzano altre compagnie europee come per esempio Air France (via Parigi), KLM (via Amsterdam), Lufthansa (via Francoforte), Sabena (via Bruxelles) o Swiss (via Zurigo), con partenze da tutti i principali aeroporti italiani a prezzi a volte decisamente concorrenziali. Le tariffe incredibilmente più convenienti si ottengono comunque con le nuove compagnie a basso costo come Go, Ryanair o Virgin con acquisto del biglietto unicamente tramite internet e pagamento con carta di credito. Un'altra ottima alternativa è rappresentata, specie nel periodo estivo, dai voli charter, anche se spesso gli orari di partenza possono essere piuttosto 'elastici'.

Le tariffe sono spesso concorrenziali ed estremamente variabili a seconda della stagionalità o in occasione di particolari promozioni in bassa stagione. La tariffa Alitalia, per esempio, parte in bassa stagione da €129 (Milano)/€159 (Roma) per un biglietto con validità minima di tre giorni non modificabile, mentre per un biglietto a date fisse con validità massima di tre mesi il costo è di €552 (Milano)/€652 (Roma), fino a raggiungere un massimo di €934 (Milano)/€1108 (Roma) per un biglietto in Business Class con validità di un anno senza alcuna restrizione. Il consiglio migliore è, come sempre, di rivolgersi a un'agenzia di viaggi di fiducia prenotando possibilmente con un certo anticipo, specie in periodi di alta stagione.

Indirizzi utili

Alitalia (numero verde dall'Italia ☎ 8488 65643; www.alitalia.it) ha uffici a **Londra** (☎ 020 7486 8432; fax 020 7486 8431; 4 Portman Square London W1H 6 LD) e all'aeroporto di **Heathrow** (Terminal 2; ☎ 020-8745 8469; fax 020 8759 7983).

British Airways (☎ 199 712 266; www.britishairways.com) ha uffici a **Roma** (☎ 06 5249 2800; fax 06 5249 2891; Viale Città d'Europa 681) e all'aeroporto di **Fiumicino** (☎ 06 6501 1407); e a **Milano** (☎ 02 72 41 61; fax 02 7241 6001; Corso Italia 8), con un ufficio all'aeroporto della **Malpensa** (☎ 02 7486 6603).

Fra le agenzie di viaggi italiane presso le quali è possibile trovare biglietti a tariffe scontate segnaliamo: **CTS** (☎ 06 44 11 11; fax 06 4411 1400; www.cts.it; Via Andrea Vesalio 6, 00161 Roma), con sedi in tutta Italia; **Viaggi Wasteels** (☎ 02 6610 1090; fax 02 6610 1100; www.wasteels.it; Via Angelo Belloni 1, 20162 Milano); e **Passaggi** (☎ 06 4890 7088; fax 06 4898 6379; www.passaggi.it; Via Giolitti 34, 00185 Roma), che ha uffici nelle stazioni ferroviarie delle principali città italiane. Dal sito del CTS è possibile accedere a una pagina di vendita online di biglietti aerei per tutte le destinazioni.

ALTRI MODI PER RAGGIUNGERE LONDRA

La capitale britannica può essere raggiunta dall'Italia anche viaggiando via terra, per esempio con una combinazione di autobus e traghetto, oppure di autobus ed Eurotunnel. La compagnia Eurolines gestisce tutto l'anno diverse linee di autobus a lunga percorrenza che collegano Londra con le principali città italiane (costo indicativo di un biglietto di andata e ritorno Roma-Londra: €183). Per maggiori informazioni su collegamenti e tariffe rivolgetevi alla sede centrale di **Eurolines Italia** (☎ 055 35 71 10, fax 055 35 05 65; posta@eurolines.it; www.eurolines.it; Via G.S. Mercadante 2/b, 50144 Firenze).

Una valida alternativa è rappresentata dal treno. Londra si raggiunge via Parigi con un solo cambio di stazione. A titolo di esempio si viaggia con un TGV da Milano a Parigi e da qui si prosegue alla volta di Londra con un treno Eurostar, che

Informazioni – Trasporti

è in grado di coprire la distanza in circa tre ore di viaggio, passando per il Tunnel della Manica (€410 andata e ritorno). Per informazioni complete su orari e tariffe dei treni dall'Italia potete contattare **Trenitalia** (☎ 89 20 21, senza prefisso, unico da tutta Italia e attivo tutti i giorni dalle ore 7 alle ore 21; www.trenitalia.it). Ottimo anche il sito delle Ferrovie tedesche (http://bahn.hafas.de), consultabile anche in lingua italiana. Nello specifico, per informazioni e prenotazioni dall'Italia sulla linea Parigi-Londra e Bruxelles-Londra potete rivolgervi a anche a **Rail Europe Italia – Ferrovie Francesi e Britanniche** (☎ 02 7254 4350, fax 02 7200 4190; rail.pubblico@raileurope.it; www.raileurope.it; Galleria Sala dei Longobardi 2, 20121 Milano).

Infine potrete raggiungere Londra dall'Italia anche in automobile o in motocicletta; l'itinerario più diretto percorre la Svizzera e la Francia, da dove potrete attraversare lo stretto della Manica in traghetto servendovi della compagnia P&O Ferries. I costi del biglietto possono variare molto a seconda della stagione e delle frequenti offerte; indicativamente vanno da un massimo di €400 a un minimo di €130, sempre in riferimento a un viaggio di andata e ritorno. Per informazioni dettagliate e aggiornate potete contattare gli agenti generali della P&O Ferries in Italia: **Agamare** (☎ 02 673 9721, fax 02 6739 7299; agamare@tin.it; www.agamare.it; Viale Tunisia 38, 20124 Milano) e **Cristiano Viaggi** (☎ 02 8940 1307, fax 02 8940 4540; cristianoviaggi@cristianoviaggi.com; www.cristianoviaggi.com, Viale Tibaldi 64, 20136 Milano).

Sempre per chi viaggia in automobile o motocicletta un'alternativa è offerta dall'Eurotunnel (www.eurotunnel.com): ci s'imbarca su un treno navetta a un'estremità del tunnel per poi sbarcare a bordo del proprio automezzo all'estremità opposta. Per informazioni in Italia contattate l'agenzia **B&G Italy** (☎ 06 5224 8483, fax 06 5227 2595; eurotunnel-it@adsum.ws; Via Ildebrando Vivanti 4, 00144 Roma). Anche riguardo all'Eurotunnel i costi sono soggetti a molte variabili e, a titolo indicativo, vanno da un minimo di €200 a un massimo di €450. Vi consigliamo pertanto di informarvi con un certo anticipo presso le agenzie per poter usufruire di eventuali sconti.

AUTOBUS

Se non avete fretta, viaggiare per Londra su un autobus a due piani può essere più divertente che viaggiare in metropolitana. Anche se sono stati privatizzati nel 1994, i 5500 originali autobus di Londra dipendono ancora dalla Transport for London. Ogni giorno circa 3,5 milioni di persone viaggiano sugli autobus londinesi.

Informazioni

Esistono innumerevoli cartine (gratuite) riguardanti zone remote come Harrow, Romford e Hounslow. Tuttavia, per la maggioranza dei visitatori sarà sufficiente la cartina degli autobus relativa al centro cittadino, *Central London*, disponibile gratuitamente presso la maggior parte dei centri d'informazione turistica. Se non potete recarvi in uno di questi centri, telefonate al ☎ 7371 0247 per farvene spedire una o scrivete a London Buses (CDL), Freepost Lon7503, London SE16 4BR. Per informazioni generali sugli autobus londinesi chiamate il ☎ 7222 1234 (24 ore su 24). Per ottenere delucidazioni sul funzionamento del servizio, chiamate la Travelcheck al ☎ 7222 1200.

Gli autobus **Stationlink** (☎ 7941 4600) hanno un accesso facilitato per i disabili grazie a una rampa manovrata dall'autista e seguono un percorso analogo a quello della Circle Line (p387) della metropolitana, toccando tutte le stazioni principali della linea – da Paddington, Euston, St Pancras e King's Cross a Liverpool St, London Bridge, Waterloo e Victoria. Per chi ha problemi di mobilità o viaggia con bagaglio molto pesante può essere più comodo usare questi autobus che servirsi della metropolitana, anche se viene effettuata solo una corsa l'ora. Il servizio da Paddington in senso orario (SL1) è disponibile dalle 8.15 alle 19.15, quello in senso antiorario (SL2) dalle 8.40 alle 18.40.

Autobus notturni

Trafalgar Square è attraversata da circa due terzi degli oltre 60 autobus notturni (indicati con la lettera 'N') che entrano in servizio quando la metropolitana chiude e gli autobus diurni tornano al deposito; se non conoscete bene i percorsi, dirigetevi verso Trafalgar Square o controllate la tabella informativa che trovate a ogni fermata dell'autobus. Gli autobus notturni circolano da mezzanotte alle 7, ma non sono molto frequenti e fermano solo a richiesta, il che significa che dovrete fare chiari segnali all'autista perché si fermi.

Tariffe

Benché la rete di percorrenza degli autobus sia divisa in quattro zone, questo riguarda solo i possessori di tessere settimanali o di più lunga validità. I biglietti da una corsa per l'autobus costano £1 nella zona centrale di Londra (Zone 1) o per entrare a Londra da qualsiasi zona, e 70p per spostarsi da un punto all'altro di Londra; le tariffe degli autobus notturni sono uguali a quelle diurne. I ragazzi dai 5 ai 15 anni pagano 40p. Le tessere Travelcard (p387) sono valide anche sugli autobus. I biglietti degli autobus Stationlink costano 70/40p per adulti/bambini, ma anche su questi autobus sono valide le tessere Travelcard, comprese quelle della sola Zone 1. Inoltre, le Travelcard sono valide anche su tutti gli autobus notturni. I pass giornalieri per gli autobus sono validi

per tutta la rete. In generale, comunque, se vivete fuori della Zone 2, vi consigliamo di usare la metropolitana o la rete ferroviaria per raggiungere il centro di Londra, in quanto gli autobus sono molto lenti sui lunghi percorsi.

A partire dal 2003, nel tentativo di aumentare la velocità di percorrenza degli autobus, è stato stabilito che gli autisti non vendano più i biglietti. Potrete acquistarli prima di salire presso i distributori automatici in funzione vicino a ogni fermata. Purtroppo, queste macchinette, che vendono anche i pass giornalieri, non danno il resto, perciò dovrete avere i soldi contati. Tuttavia, sugli autobus su cui ci sono i bigliettai (cioè quelli in cui si sale dalla parte posteriore), potrete ancora acquistare il biglietto a bordo.

TESSERE E TARIFFE RIDOTTE

Il **Saver** (£3,90) è un carnet di sei biglietti, validi su tutti gli autobus, compresi quelli che circolano nel centro di Londra e quelli notturni. Non sono nominativi e valgono per un'unica corsa.

Linee utili

Uno dei modi migliori di visitare Londra è acquistare una Travelcard e saltare su un autobus, soprattutto se è un Routemaster a due piani con un bigliettaio a bordo e una piattaforma d'accesso sul retro che rende la salita e la discesa molto comode.

Ecco alcune delle linee più utili:

N. 24 Questo autobus è particolarmente utile per spostarsi da nord a sud (o viceversa). Partendo da South End Green a Hampstead Heath, passa per Camden e lungo Gower St fino ad arrivare a Tottenham Court Rd, quindi percorre Charing Cross Rd, passa per Leicester Square fino a Trafalgar Square, per poi proseguire lungo Whitehall e costeggiare Westminster Palace, Westminster Abbey e Westminster Cathedral. Poi raggiunge Victoria Station e continua per Pimlico, fermata comoda per raggiungere la Tate Britain.

N. 19 È un altro percorso nord-sud che merita di essere provato. Parte dalla stazione della metropolitana di Finsbury Park, viaggia lungo Upper St a Islington, attraversa Clerkenwell, Holborn e Bloomsbury e prosegue lungo New Oxford St e Charing Cross Rd. Percorre poi Shaftsbury Ave fino a Piccadilly e costeggia l'estremità settentrionale di Green Park fino a Hyde Park Corner, prima di proseguire lungo Sloane St e King's Rd. Se scendete all'estremità meridionale di Battersea Bridge, vi troverete nelle vicinanze del Battersea Park.

N. 8 Per un percorso da est a ovest, o viceversa, provate questo autobus della Routemaster. Arriva da Bow, nella zona orientale di Londra, percorre Bethnal Green Rd e passa accanto ai mercati di Spitalfields e Petticoat Lane, alla stazione di Liverpool Street, alla City, alla Guildhall e all'Old Bailey. Attraversa poi Holborn ed entra in Oxford St, superando Oxford Circus e percorrendo New Bond St fino a Piccadilly, Hyde Park Corner e Victoria.

N. 9 e 10 Anche questi autobus offrono bellissimi percorsi cittadini: partono da Hammersmith e attraversano Kensington e Knightsbridge, passando accanto all'Albert Memorial, alla Royal Albert Hall e ad Harrods, prima di raggiungere Hyde Park Corner. Il **N. 9** va poi lungo Piccadilly fino a Piccadilly Circus e Trafalgar Square prima di percorrere lo Strand fino al capolinea di Aldwych (ottimo per Covent Garden). Il **N. 10** si dirige a nord da Hyde Park Corner a Marble Arch, poi lungo Oxford St e Tottenham Court Rd raggiunge Euston, King's Cross e infine la stazione della metropolitana di Archway.

Se durante la vostra permanenza avete intenzione di usare solo gli autobus, potete acquistare un **biglietto giornaliero** valido per tutta Londra a £2/1 per adulti/bambini. A differenza delle Travelcard giornaliere, queste tessere sono valide anche prima delle 9.30. Sono disponibili tessere settimanali/mensili valide per tutte le zone a £9,50/36,50 per gli adulti e a £4/15,40 per i bambini.

AUTOMOBILE E MOTOCICLETTA

Non vi consigliamo di guidare a Londra: gli ingorghi sono all'ordine del giorno, i parcheggi sono rari e la nuova **tassa sul traffico** (v. di seguito) si aggiunge alle spese che gravano sui guidatori, tra cui il prezzo elevato della benzina. Gli addetti al controllo del traffico e all'applicazione dei ceppi bloccaruote sono molto efficienti e se al vostro veicolo vengono posti i bloccaruote dovrete spendere non meno di £100 per farlo liberare. Se trovate l'auto bloccata telefonate alla hotline della Clamping & Vehicle Section (☎ 7747 4747) in funzione 24 ore su 24.

Guidare
NORME DI CIRCOLAZIONE

Se avete intenzione di viaggiare in automobile per Londra, dovreste procurarvi l'*Highway Code*, il codice della strada, reperibile presso gli uffici della AA e del RAC, oltre che nelle librerie e nei centri d'informazione turistica (Tourist Information Centre, TIC). I cittadini italiani potranno guidare con la patente italiana e con la copertura assicurativa in corso di validità. Per informazioni più dettagliate chiamate l'**ACI** (sede nazionale ☎ 06 4477; informazioni per l'estero ☎ 06 49 11 15; documenti doganali ☎ 06 4998 2444; www.aci.it; Via Magenta 5, 00185 Roma). Per ragguagli circa documenti, norme sanitarie e di sicurezza potete anche visitare il sito curato dall'ACI in collaborazione con il Ministero degli Affari Esteri (www.viaggiar esicuri.mae.aci.it). Le patenti di guida rilasciate da paesi non UE sono valide in Gran Bretagna fino a 12 mesi a partire dall'ultimo ingresso nel paese.

Ricordate che il guidatore e i passeggeri devono indossare la cintura di sicurezza e i motociclisti devono avere il casco.

LA TASSA SUL TRAFFICO

Nel febbraio del 2003, Londra è stata la prima grande città al mondo a introdurre una tassa sul traffico per ridurre il flusso di veicoli nel centro cittadino dal lunedì al venerdì. Benché, a seguito di questo provvedimento, sia diminuito il numero di automobili che circola nella zona in cui è richiesto il pagamento della tassa, guidare a Londra è ancora un'impresa ardua.

Indicativamente, la zona su cui grava la tassa è quella compresa tra Euston Rd a nord, Commercial St a est, Kennington Lane a sud e Park Lane a ovest. Appena entrati in questa zona, vedrete una grossa lettera C in un cerchio rosso. Se entrate nella zona tra le 7 e le 18.30 dal lunedì al venerdì (escluse le festività nazionali), dovrete pagare la tassa di £5 il giorno stesso prima delle 22 (oppure £10 se pagate tra le 22 e mezzanotte, sempre nello stesso giorno) per evitare una multa di £80. Coloro che vivono nella zona a traffico limitato hanno uno sconto del 90% sulla tassa, ma per ottenere questo vantaggio è necessario essere residenti registrati. È possibile pagare online, nelle edicole, nelle stazioni di rifornimento e nei negozi che espongono il cartello con la lettera 'C', per telefono al numero ☎ 0845 900 1234 e anche tramite un SMS una volta che vi siete registrati online. Per maggiori informazioni consultate il sito www.cclondon.com.

Noleggio

Nonostante guidare a Londra sia costoso e gli spostamenti siano molto lenti, nel centro cittadino e nella Greater London non mancano le agenzie di noleggio. La concorrenza è feroce, e la easycar.com negli ultimi ha battuto sul prezzo molte altre compagnie del settore, costringendole ad abbassare le tariffe. Confrontate i prezzi, i modelli di auto e l'ubicazione delle diverse agenzie ai seguenti siti internet: www.easycar.com; www.hertz.com; www.avis.com.

BICICLETTA

Girare in bicicletta per Londra è un modo per ridurre le spese di trasporto, ma può essere assai spiacevole a causa del traffico e dei gas di scarico dell'automobili. La **London Cycling Campaign** (LCC; ☎ 7928 7220) sta lavorando per migliorare le condizioni attuali, promuovendo la creazione della London Cycle Network (rete di piste ciclabili), già esistente in alcune zone della South Bank e a Bankside. Inoltre, la LCC realizza la cartina *Central London Cycle Routes*. È consigliabile indossare il casco; molti londinesi usano anche la mascherina per difendersi dall'inquinamento.

Noleggio

I seguenti depositi noleggiano mountain bike e biciclette da strada in perfette condizioni. Tutti chiedono una cauzione compresa tra £100 e £200 (accettano carte di credito) indipendentemente dalla durata del noleggio.

BIKEPARK Cartine p450 e pp456-57
Covent Garden: ☎ 7430 0083; www.bikepark.co.uk; 11 Macklin St WC2; metro Holborn. **Chelsea:** ☎ 7731 7012; 63 New Kings Rd SW6; metro Fulham Broadway
La tariffa minima in entrambi i depositi Bikepark è di £12 per il primo giorno, £6 per il secondo e £4 per i giorni successivi. È possibile anche noleggiare una bicicletta per una settimana o più; la prima settimana costa £38, le successive £28.

LONDON BICYCLE TOUR COMPANY Cartina pp446-47
☎ 7928 6838; www.londonbicycle.com; 1a Gabriel's Wharf, 56 Upper Ground SE1; metro Blackfriars
Il costo di noleggio è di £2,50 all'ora, di £12 per il primo giorno, di £6 per i giorni successivi, di £36 per la prima settimana e di £30 per quelle successive. Inoltre, l'agenzia offre ogni giorno visite guidate di Londra in bicicletta della durata di tre ore (partenza ore 14 il sabato e la domenica); il prezzo è di £12 se noleggiate anche la bicicletta, di £9 se usate la vostra. Gli itinerari si trovano sul sito internet.

Biciclette su mezzi di trasporto pubblico

Si possono portare le biciclette soltanto sulle linee della metropolitana District, Circle, Hammersmith & City e Metropolitan al di fuori dell'orario di punta, cioè dalle 10 alle 16 e dopo le 19 dal lunedì al venerdì. Le biciclette pieghevoli, invece, possono essere trasportate su qualsiasi linea. Le biciclette possono poi viaggiare anche sui tratti in superficie di alcune altre linee della metropolitana e della Silverlink Line, ma non sono ammesse sulla DLR.

La possibilità di portare la bicicletta sui treni suburbani e sulle linee principali varia da una compagnia all'altra, perciò occorre informarsi presso il personale addetto prima di salire. Per maggiori informazioni chiamate il ☎ 0845 748 4950.

Taxi triciclo

Questi risciò a tre ruote che possono trasportare due o tre persone hanno fatto la loro comparsa a Soho nel 1998 e da allora hanno acquistato grande popolarità. La tariffa minima è di £2 circa a persona per un breve giro di Soho, quella massima è di £15 per una corsa a King's Cross. In realtà, i *pedicab* sono più una simpatica trovata per i turisti e i gitanti in visita di piacere che non un vero e proprio mezzo di trasporto. L'agenzia più conosciuta è la **Bugbugs** (☎ 8675 6577; www.bugbugs.co.uk; 19-2 da lunedì a venerdì, 19-5 sabato e domenica), un'organizzazione senza fini di lucro. Le visite di un giorno possono essere prenotate con anticipo.

IMBARCAZIONI

Negli ultimi anni, in seguito al nuovo impulso all'utilizzo del trasporto su acqua, sono sorte numerose compagnie che offrono viaggi sul Tamigi. I possessori della Travelcard (p387) potranno avvalersi di un notevole sconto (pari al 33%) sulle tariffe elencate di seguito. Gli operatori privati affollano i moli sul fiume e sono spesso in cerca di clienti: li troverete intorno a Embankment, Westminster e lungo il fiume fino a Richmond.

Per qualcosa di più romantico, non mancano le cene in crociera, che offrono agli ospiti danze, musica e ottimi cibi sullo sfondo della città di notte. Provate www.thames-dinner-cruises.co.uk (i prezzi partono da £16,50 a persona).

Lungo il Tamigi verso est
BATEAUX LONDON – CATAMARAN CRUISERS LTD
☎ 7987 1185 o 7925 2215; www.bateauxlondon.com; River Pass adulti/bambini £10,50-11,50/5,50-6,50; ☼ ogni 30 minuti 10-18

Offre un servizio simile a quello della City Cruises, collegando i moli di Embankment, Tower e Greenwich; i biglietti andata e ritorno hanno prezzi compresi tra £5,70 e £9 per gli adulti, e tra £3,50 e £5,50 per i bambini, in base al tragitto e al periodo dell'anno in cui si effettua la corsa. Il River Pass consente di utilizzare il servizio illimitatamente per tutta la giornata. Gli orari variano a seconda della stagione; in inverno sono previste sei o sette partenze giornaliere.

CIRCULAR CRUISE

☎ 7936 2033; www.crownriver.com; adulti/ragazzi di età compresa tra i 5 e i 15 anni/studenti e anziani/famiglie £6/3/5/15,80; ☯ ogni 30-40 minuti 11-19 da aprile a settembre, 11, 12.20, 13.40 e 15 da ottobre a maggio

Effettua servizio dal molo di Westminster fino al molo di St Katharine, a Wapping. I battelli fanno scalo al molo di London Bridge City e, nei weekend della stagione estiva, a quello di Festival sulla South Bank. Le tariffe sono inferiori per percorsi fra due soli scali (per esempio il viaggio Westminster Pier-London Bridge City Pier e viceversa costa £4,30/2,20/3,20/11).

CITY CRUISES

☎ 7740 0400; www.citycruises.com; biglietto giornaliero River Red Rover adulti/ragazzi di età compresa tra i 5 e i 16 anni/famiglie £7,50/3,75/19,50; ☯ ogni 20-40 minuti 10/10.30-17/18

Effettua servizio traghetti tutto l'anno tra i moli di Westminster e Tower, o tra quelli di Tower e Greenwich. Le tariffe di andata/andata e ritorno sono di £5/6 per gli adulti e di 2,50/3 per i ragazzi sotto i 16 anni; il biglietto di andata/andata e ritorno per la crociera tra i moli di Westminster e Greenwich costa £6/7,50 per gli adulti e £3/3,75 per i ragazzi. Il biglietto giornaliero River Red Rover consente di utilizzare il servizio illimitatamente per tutto il giorno. Gli orari variano a seconda del tragitto e della stagione: in estate (da giugno ad agosto) sono previste partenze fino a tardi, mentre in inverno si effettua un numero inferiore di corse.

TATE-TO-TATE

V. p143.

THAMES CLIPPERS

☎ 7977 6892; www.thamesclippers.com; adulti/bambini andata £2/1, andata e ritorno £3/1,50; ☯ 6.30-19, ogni 20 minuti prima delle 9, ogni ora dopo le 9

Utilizzate più dai pendolari che dai turisti, queste imbarcazioni in verità sono più veloci, costano meno e consentono di accedere a numerosi luoghi d'interesse turistico situati lungo il fiume. Effettuano servizio dal molo di Savoy a Embankment fino a Masthouse Terrace nelle Docklands, passando da Tower Bridge, Tate Modern, Shakespeare's Globe e Canary Wharf.

WESTMINSTER TO GREENWICH THAMES PASSENGER BOAT SERVICE

WGTPBS; ☎ 7930 4097; www.westminsterpier.co.uk; andata adulti/bambini/anziani/famiglie £6,50/3,25/5,25/17,50, andata e ritorno £8/4/6,50/21,50; ☯ ogni 30 minuti 10-16/17 alta stagione

Questi battelli da crociera collegano i moli di Westminster e Greenwich, passando dal Globe Theatre, facendo scalo alla Tower of London e proseguendo sotto il Tower Bridge fino a superare la zona portuale. Le ultime imbarcazioni fanno ritorno da Greenwich alle 17 circa (alle 18 in estate).

Lungo il Tamigi verso ovest
WESTMINSTER PASSENGER SERVICE ASSOCIATION

☎ 7930 4721; www.wpsa.co.uk; Royal Botanic Gardens andata adulti/bambini/anziani £7/3/6, andata e ritorno £11/5/9, durata del viaggio 1 ora e 30 minuti; Hampton Court andata adulti/bambini/anziani £10/4/8, andata e ritorno £14/7/11, durata del viaggio 3 ore e 30 minuti

Questi battelli risalgono il fiume partendo dal molo di Westminster e offrono una piacevole crociera, certamente molto più lunga anche se (forse) meno interessante del tragitto verso est descritto sopra. Le destinazioni principali sono i Royal Botanic Gardens, a Kew, ed Hampton Court Palace. In estate, a luglio e agosto, è possibile arrivare fino a Richmond. Nessun battello effettua servizio in questa direzione dalla fine di ottobre fino a metà marzo. I battelli che portano ai Royal Botanic Gardens di Kew via Putney salpano dal molo di Westminster fino a cinque volte al giorno dalle 10.15 alle 14 dalla fine di marzo alla fine di settembre, mentre nel mese di ottobre effettuano un numero inferiore di corse. I battelli diretti ad Hampton Court salpano dal molo di Westminster alle 10.30, alle 11.15 e alle 12 da aprile a settembre/ottobre. Per maggiori informazioni sui viaggi che si possono effettuare sui canali v. p86.

METROPOLITANA

La metropolitana di Londra, chiamata dai londinesi *Tube* (cioè 'tubo'), è normalmente il mezzo più rapido e semplice per muoversi a Londra. Tuttavia, è spesso lenta e inaffidabile e i guasti sono all'ordine del giorno. A volte interi tratti sono chiusi ed esiste la minaccia costante di scioperi da parte dei manovratori e del personale addetto contro le proposte di privatizzazione del governo. Il difetto peggiore, però, è che è terribilmente cara: basta confrontare il prezzo del biglietto più economico di sola andata nel centro di Londra (£1,60) con quelli in vigore per la metropolitana di Parigi e New York per rendersi conto che i londinesi pagano uno sproposito.

Informazioni

I centri d'informazione della metropolitana vendono biglietti e distribuiscono cartine gratuite. Vi sono sportelli presso tutti i terminal di Heathrow, alle stazioni della metropolitana di Euston, King's Cross St Pancras, Liverpool Street, Oxford Circus, Piccadilly Circus, St James's Park e Victoria e a quelle delle principali linee ferroviarie. C'è un ufficio informazioni anche alla stazione degli autobus di Hammersmith. Per informazioni generali sulla metropolitana, sugli autobus, sulla DLR o sui treni nella zona di Londra telefonate al ☎ 7222 1234 o visitate il sito internet della metropolitana www.thetube.com o quello della Transport for London www.transportforlondon.gov .uk. Per avere notizie sul funzionamento del servizio, chiamate la Travelcheck al ☎ 7222 1200.

Rete metropolitana

La Greater London è servita da 12 linee della metropolitana, oltre che dall'indipendente e privata (ma collegata) DLR e da una rete ferroviaria interconnessa. Il primo treno parte all'incirca alle 5.30 dal lunedì al sabato e alle 7 circa la domenica; l'ultimo treno tra le 23.30 e mezzanotte e mezzo, a seconda del giorno, della stazione e della linea.

Occorre ricordare che qualsiasi treno che viaggia da sinistra a destra sulla cartina è indicato come *eastbound*, cioè diretto a est, mentre un treno che viaggia dall'alto al basso è *southbound*, cioè diretto a sud

– indipendenteme[...] compia. Se due [...] stessa linea, occo[...] vicina, dove le [...] dovrete cambia[...]

Le varie li[...] hanno tutte l[...] la Circle Lir[...] delle principa[...] questo è molto usata [...] tro la meno affidabile di tutte, [...] funziona è molto veloce. Altre [...] fondo alla classifica sono la Northern Line (sebbene in via di miglioramento) e l'Hammersmith & City (spesso detta la 'Hammersmith & Shitty'). La Piccadilly Line per/da Heathrow è di solito abbastanza efficiente e la Victoria Line, che collega la stazione ferroviaria con Oxford Circus e King's Cross, è particolarmente veloce.

Tariffe

La rete metropolitana di Londra è divisa in sei zone concentriche. La tariffa semplice (la più economica) per adulti/ragazzi fino a 15 anni per la Zone 1 è di £1,60/60p; per le Zone 1 e 2 £2/80p; per tre zone £2,30/1; per quattro zone £2,80/1,20; per cinque zone £3,40/1,40; e per tutte le sei zone £3,70/1,50. Ma se prevedete di attraversare più zone, magari più volte in un giorno, prendete in considerazione l'acquisto di una Travelcard o di qualche altra forma di tariffa ridotta.

Se verrete sorpresi sulla metropolitana senza un biglietto valido (o su un tratto non coperto dal vostro biglietto) sarete passibili di una multa di £10 da pagare sul posto.

TESSERE E TARIFFE RIDOTTE

La Travelcard giornaliera costituisce il modo più economico per spostarsi a Londra e può essere usata dopo le 9.30 dal lunedì al venerdì e tutto il giorno nei weekend e durante le festività nazionali su tutti i mezzi di trasporto della città: metropolitana, treni suburbani, DLR e autobus (compresi quelli notturni). Per la maggior parte dei visitatori sarà sufficiente una Travelcard per le Zone 1 e 2 (£4,10). La tessera per le Zone 1, 2, 3 e 4 costa £4,50 e quella per le Zone 2, 3, 4, 5 e 6 costa £3,60. Il costo di una tessera valida per tutte e sei le zone è di £5,10, solo £1,40 in più rispetto al costo di un biglietto valido per una sola corsa in tutte e sei le zone, e to il giorno. La Travelcard ... r ragazzi dai 5 ai 15 anni ...ipendentemente dal numero ...che copre, ma per i ragazzi di 14 ...è necessaria una Child Photocard ...ssera con fotografia) per viaggiare a ... tariffa. La Travelcard può essere ac...tata nelle stazioni anche diversi giorni ...ima dell'utilizzo.

Esistono anche tessere per gli orari di punta (non valide sui treni suburbani), per il weekend, familiari, settimanali, mensili e annuali. Visitate il sito web della metropolitana www.thetube.com per tariffe e condizioni di utilizzo.

Se pensate di viaggiare molto soltanto nella Zone 1, potete acquistare un **carnet** di 10 biglietti al prezzo di £11,50/5 (adulti/ragazzi fino 15 anni) – un buon risparmio – ma ricordate che se attraversate la Zone 2 (per esempio spostandovi da King's Cross St Pancras a Camden Town per il mercato del weekend), vi troverete a viaggiare con un biglietto non valido e sarete passibili di multa.

TARIFFE DELLA METROPOLITANA

Costo del biglietto valido a partire dal gennaio 2004, per adulti/ragazzi tra i 5 e i 15 anni, per una corsa all'interno delle zone indicate:

Zone 1 £2/£0,60
Zone 1 e 2 £2,20/£0,80
Zone 1, 2 e 3 £2,50/£1
Zone 1, 2, 3 e 4 £3,00/£1,20
Zone 1, 2, 3, 4 e 5 £3,50/£1,40
Zone 1, 2, 3, 4, 5 e 6 £3,80/£1,50

Visitate il sito web www.tfl.gov.uk per ulteriori informazioni.

TAXI
Taxi tradizionali neri

I caratteristici taxi neri londinesi (www.londonblackcabs.co.uk) fanno parte del paesaggio cittadino quanto gli autobus rossi a due piani, anche se ormai se ne vedono di svariati colori o coperti di annunci pubblicitari. Una nuova versione, sempre nera ma con una linea più aerodinamica, è da poco tempo in circolazione.

I taxi sono il mezzo ideale per spostarsi in città di notte, anche se i prezzi sono elevati. Un taxi è libero quando il segnale giallo sopra il parabrezza è acceso; basta agitare il braccio per fermarne uno. Le tariffe sono calcolate in base al tassametro con un fisso di £1,40 alla partenza e un aumento di 20p ogni 219 m (dopo i primi 438 m). Sono previsti sovrapprezzi per ogni passeggero in più, per ogni bagaglio posto sul sedile accanto al guidatore e per le corse notturne. Potete lasciare un 10% di mancia, ma la maggior parte delle persone arrotonda la cifra alla sterlina.

Non illudetevi di trovare facilmente un taxi nelle zone di Londra con la vita notturna più intensa, come Soho, la sera tardi (specialmente dopo le 23 quando i pub chiudono). Se proprio vi trovaste in una di quelle zone, fate segnali a tutti i taxi, anche a quelli con le luci spente. Molti autisti sono assai pignoli per quanto riguarda le tariffe a tarda ora. Per chiamare un taxi per telefono provate Radio Taxis al ☎ 7272 0272; oltre al prezzo della corsa vi chiederanno di pagare il tragitto compiuto per venirvi a prendere, fino a un massimo di £3,80.

Lo **Zingo Taxi** (☎ 08700 700 700) è un progetto innovativo di recente introduzione che utilizza il GPS (sistema di posizionamento mondiale che si avvale dell'uso di satelliti) per collegare il vostro telefono cellulare a quello dell'autista del più vicino taxi libero, dopo di che potete spiegare al tassista dove vi trovate esattamente. Questo servizio costa £1,40, da aggiungere al prezzo della corsa. È forse una buona idea di notte a tarda ora, quando è notoriamente difficile trovare un taxi libero.

Minicab

I minicab, molti dei quali sono oggi in possesso di una licenza regolare, sono più economici e fanno concorrenza ai taxi neri tradizionali, ma a volte sono guidati da autisti inesperti, che non conoscono la città e che spesso non sono assicurati. Per legge, i minicab non possono essere fermati per strada, ma devono essere noleggiati per telefono o direttamente presso una delle agenzie specifiche (ce ne sono in ogni grande strada, basta cercare una luce arancione lampeggiante). Potreste essere avvicinati da autisti di minicab in cerca di clienti, ma probabilmente è meglio evitare questo genere di contatti, perché ci sono state numerose denunce di violenza a carico di tassisti privi di licenza regolare.

I minicab non sono dotati di tassametro, perciò è indispensabile fissare il prezzo della corsa prima di salire (non è diffusa l'abitudine di lasciare una mancia agli autisti di minicab). Contrattate con decisione, in quanto la maggior parte degli autisti tenterà di proporvi una tariffa più alta del 25% rispetto alla norma.

Chiedete a qualche persona del luogo il nome di un'agenzia di noleggio di minicab affidabile, oppure telefonate a una delle grandi società che garantiscono il servizio 24 ore su 24 (☎ 7387 8888, 7272 2222, 7272 3322, 8888 4444). Le donne che viaggiano da sole di notte possono rivolgersi ai **Ladycabs** (☎ 7254 3501), che sono guidati da donne. La **Freedom Cars** (☎ 7734 1313) si rivolge a gay e lesbiche, anche se è estremamente raro che le coppie omosessuali siano vittime di un atteggiamento apertamente omofobo da parte degli autisti dei taxi neri tradizionali.

TRAM

Una piccola rete tranviaria, la Tramlink, è stata introdotta nel 2000 nella zona sud di Londra. I tram collegano Wimbledon a Beckenham attraverso Croyden e si sono rivelati un mezzo di trasporto molto usato in questa parte della città. Il sindaco ha in progetto di estendere la rete tranviaria in tutta la zona meridionale di Londra, mal servita dai mezzi di trasporto pubblici, fino a raggiungere il Crystal Palace. Inoltre, è stata avviata la costruzione del tratto tranviario che permetterà di attraversare il fiume, collegando la zona sud di Londra a Euston e Camden. Consultate il sito web della Transport for London per gli ultimi aggiornamenti: www.londontransport.co.uk/trams.

TRENO

Treni suburbani

I treni passeggeri di Londra sono gestiti da diverse compagnie ferroviarie, fra le quali la linea **Silverlink**, o North London (☎ 0845 601 4867; www.silverlink-trains.com) e l'affollata **Thameslink** (☎ 0845 748 4950; www.thameslink.co.uk), o 'linea sardina'. La Silverlink collega Richmond a sud-ovest con North Woolwich a sud-est attraverso le stazioni di Kew, West Hampstead, Camden Road, Highbury & Islington e Stratford. La Thameslink va da Elephant & Castle e London Bridge, nella zona meridionale della città, mentre a nord prosegue fino a Luton, passando per la City e King's Cross. La maggior parte delle linee è interconnessa con la rete metropolitana e accetta le Travelcard.

Se intendete fermarvi in città a lungo e abitate nel sud-est di Londra, dove i treni suburbani sono di solito più utili della metropolitana, potrebbe essere conveniente acquistare una Network Railcard con validità annuale. Questa tessera permette di risparmiare un terzo sulla maggior parte delle tariffe ferroviarie nell'Inghilterra sud-orientale e sull'acquisto delle Travelcard giornaliere per tutte e sei le zone. Si può viaggiare solo dopo le 10 dal lunedì al venerdì e senza limitazioni d'orario nei weekend. La tessera costa £20 ed è disponibile presso molte stazioni.

La maggior parte delle grandi stazioni londinesi in cui transitano linee importanti dispone di deposito bagagli, anche se, a causa della crescente minaccia di azioni terroristiche, gli armadietti metallici dotati di serratura in cui si potevano depositare valigie o borse sono stati definitivamente eliminati. L'**Excess Baggage** (☎ 0800 783 1085; www.excessbaggage.co.uk) offre un servizio di deposito bagagli al costo di £4 per collo fino a 24 ore, disponibile presso le stazioni di Paddington, Euston, Waterloo, King's Cross, Liverpool Street e Charing Cross.

Docklands Light Railway (DLR)

Il servizio ferroviario indipendente **Docklands Light Railway** (DLR; ☎ 7363 9700; www.tfl.gov.uk/dlr), che viaggia senza conducente, collega la City (a Bank), e Tower Gateway (a Tower Hill) con Beckton e Stratford, a est e nord-est, e con le Docklands (fino a Island Gardens all'estremità meridionale dell'Isle of Dogs), Greenwich e Lewisham, a sud.

La DLR effettua servizio tra le 5.30 e mezzanotte e mezzo dal lunedì al venerdì, dalle 6 a mezzanotte e mezzo il sabato e dalle 7.30 alle 23.30 la domenica. Le tariffe sono le stesse di quelle della metropolitana, ma c'è tutta una gamma di tessere giornaliere, settimanali, mensili e annuali valide solo sulla DLR.

Per informazioni generali sulla DLR e sul suo funzionamento, telefonate alla Travel-check al ☎ 7222 1200.

NOTIZIE UTILI

ACCESSI A INTERNET

Collegarsi a internet non dovrebbe essere un problema: se avete con voi il vostro portatile potete navigare con facilità dalla vostra camera d'albergo, in caso contrario potete far riferimento a uno dei numerosi internet café della capitale. La cosa più importante da ricordare se viaggiate con il vostro portatile è che è necessario acquistare un adattatore da inserire sul cavo standard per collegarsi alla linea telefonica del Regno Unito. Potete trovare questi dispositivi nei negozi che vendono hardware o materiale elettrico a circa £4. Di seguito trovate un elenco degli internet café più noti e in posizione centrale, ma sono solo una piccola parte di quelli disponibili.

BUZZ BAR Cartina pp442-43

☎ 7460 4906; www.portobellogold.com; 95 Portobello Rd W11; metro Notting Hill Gate; £1/30 minuti; ☽ 10-24

Situato al piano superiore del Portobello Gold Hotel, il Buzz Bar dispone di sei postazioni ed è stato definito dall'*Evening Standard* 'l'internet café più tranquillo di Londra'.

CYBERG@TE Cartina pp440-41

☎ 7387 3810; www.c-gate.com; 3 Leigh St WC1; metro Russell Square; adulti/studenti £1 per 20/30 minuti; ☽ 9-23 da lunedì a sabato, 12-20 domenica

Il Cyberg@te ha un'altra sede presso la STA Travel (☎ 7383 2282; 117 Euston Rd NW1; ☽ 10-17 da lunedì a venerdì, 11-17 sabato).

CYBERIA

☎ 7209 0984; www.cyberiacafe.net; 39 Whitfield St W1; metro Goodge Street; 50p per 15 minuti; ☽ 9-20 da lunedì a venerdì, 11-19 sabato

Il Cyberia, il primo internet café aperto a Londra, dispone di 14 postazioni.

EASYEVERYTHING Cartina pp460-61

☎ 7938 1841; www.easyeverything.com; 12-14 Wilton Rd SW1; metro Victoria; £1 per 20 minuti-1 ora a seconda dell'orario; ☽ 24 ore su 24

Questa catena di internet café appartiene alla compagnia aerea economica EasyJet. Tra le altre sedi: **Tottenham Court Road** (Cartina p448; 9-16 Tottenham Court Rd W1; metro Tottenham Court Rd); **Kensington** (Cartina pp442-43; 160-166 Kensington High St W8; metro Kensington High St); **Oxford Circus** (Cartina p448; 358 Oxford St W1; metro Oxford Circus); **Trafalgar Square** (Cartina p450; 7 Strand WC2; metro Charing Cross); **Baker Street** (Cartina pp442-43; 122 Baker St, all'interno del McDonald's; metro Baker Street); **Piccadilly Circus** (Cartina p448; 46 Regent St, all'interno del Burger King; metro Piccadilly Circus) e **King's Road** (Cartina pp456-57; Unit G1, King's Walk, 120 King's Rd; metro Sloane Square)

INTERNET EXCHANGE Cartina p448

☎ 7437 3704; www.internet-exchange.co.uk; London Trocadero, 1° piano, Piccadilly Circus W1; metro Piccadilly Circus; £3/4,20/ora 10-12/12-24 o £1,50/ora soci, £1,50/30 minuti non soci; ☽ 10-24

Questa catena ha numerose sedi in diverse parti della città come la easyEverything. Tra le sedi: **Covent Garden** (Cartina p450; ☎ 7836 8636; 37 The Market WC2; metro Covent Garden) e **Bayswater** (Cartina pp442-43; ☎ 7792 5790; 47-49 Queensway W2; metro Bayswater).

INTERNET LOUNGE Cartina pp456-57

☎ 7370 5742; 24a Earl's Court Gardens SW5; metro Earl's Court; £1 per 50 minuti; ☽ 9-24

USIT CAMPUS Cartina pp460-61

☎ 0870 240 1010; www.usitworld.com/services/uk.htm; 52 Grosvenor Gardens SW1; metro Victoria; £1/ora; ☽ 9-18 da lunedì a venerdì, 10-17 sabato, 11-15 domenica

VIBE BAR Cartina pp452-53

☎ 7247 3479, 7377 2899; www.vibebar.co.uk; The Brewery, 91-95 Brick Lane E1; metro Shoreditch/Aldgate East; utilizzo libero; ☽ 11-24 da lunedì a sabato, 12-24 domenica

I clienti possono accedere gratuitamente a sette postazioni internet.

VIRGIN MEGASTORE Cartina p448

☎ 7631 1234; 14-30 Oxford St W1; metro Tottenham Court Road; £1/50 minuti 9.30-12, £1/25 minuti 12-22; ☽ 9.30-22 da lunedì a sabato, 12-18 domenica

Questo enorme negozio di dischi dispone di 20 postazioni internet.

ALLOGGIO

Le sistemazioni proposte in questa guida sono elencate in ordine alfabetico a seconda della zona in cui si trovano; si comincia con gli alberghi di fascia media e superiore, seguiti da una sezione separata dedicata alle soluzioni a prezzi economici. Nel progettare il vostro viaggio, ricordate che spesso le tariffe alberghiere sono più elevate durante l'estate ed è senz'altro più facile fare qualche affare durante i mesi invernali.

Il costo della vostra sistemazione a Londra porterà via una grossa fetta del budget a vostra disposizione. La tariffa alberghiera media è compresa tra £70 e £100 circa a notte, mentre per gli ostelli vi chiederanno, in media, tra £30 e £40. La scelta è ampia, ma nella fascia economica del mercato la domanda supera notevolmente l'offerta, perciò se il vostro budget è limitato, è meglio prenotare con largo anticipo.

Per trovare e prenotare un albergo potete consultare i seguenti siti internet: www.hotelsoflondon.co.uk, www.londonlodging.co.uk e www.frontdesk.co.uk.

AMBASCIATE

È importante sapere che cosa l'ambasciata del vostro paese – ovvero l'ambasciata del paese di cui siete cittadini – potrà fare o non potrà fare per voi in caso abbiate dei problemi.

In genere, non potrà aiutarvi molto se voi stessi siete causa dei vostri guai. Ricordate che per tutta la durata del vostro soggiorno a Londra sarete soggetti alle leggi inglesi e l'ambasciata italiana non si dimostrerà molto disponibile nei vostri confronti se finirete in carcere per aver commesso un reato nel Regno Unito, anche nel caso in cui le azioni da voi commesse fossero legali nel vostro paese.

Nei veri casi di emergenza potrete ottenere qualche forma di assistenza soltanto se non sarete riusciti a cavarvela altrimenti. Se, per esempio, dovete urgentemente ritornare a casa, è molto improbabile che l'ambasciata possa procurarvi un biglietto gratuito – si dà per scontato che siate assicurati.

Se sarete derubati dei documenti e del denaro, l'ambasciata potrà tutt'al più aiutarvi ad avere un nuovo passaporto, ma un prestito per proseguire il viaggio è quasi sempre fuori discussione.

Fra le ambasciate e le rapp plomatiche estere presenti a Lo liamo di seguito quelle italiana ̀ Per un elenco più completo, consi *Yellow Pages* (www.yell.co.uk) della centrale di Londra alla voce 'Embassie. Consulates'.

Italia (Ambasciata ☎ 020-7312 2200; fax 020-7312 2230; itconlond@btconnect.com; www.embitaly.org.uk 14; Three Kings Yard, London W1Y 4EH; metro Bond Street; Consolato Generale: ☎ 020 72359371; fax 020 7823 1609 38; Eaton Place, London SW 1X 8AN; metro Victoria)

Svizzera (Ambasciata ☎ 020-7616 6000; fax 020-7724 7001; vertretung@lon.rep.admin.ch; 16-18 Montagu Place, London W1H 2BQ; metro Baker Street o Marble Arch)

Rappresentanze diplomatiche del Regno Unito all'estero

Riportiamo qui di seguito i riferimenti delle ambasciate e dei consolati inglesi presenti in Italia e Svizzera.

Italia (Ambasciata ☎ 06 4220 0001; fax 06 4220 2334; consularrome@fco.gov.uk; www.britain.it; Via XX Settembre 80/a, 00187 Roma; Consoli generali: ☎ 02 723 001; fax 02 8646 5081; management.milan@fco.gov.uk; Via San Paolo 7, 20121 Milano; ☎ 055 284 133; 055 289 556; fax 055 219 112; consular.florence@fco.gov.uk; Lungarno Corsini 2, 50123 Firenze; ☎ 081 423 8911; fax 081 422 434; infonaples@feo.gov.uk; Via dei Mille 40, 80121 Napoli)

Svizzera (Ambasciata ☎ 031-359 7700; fax 031-359 7701; info@britain-in-switzerland.ch; www.britain-in-switzerland.ch; Thunstrasse 50, 3000 Berna 15; Consolato generale: ☎ 022 918 2400; fax 022 918 2322; Rue de Vermont 37-39, 1211 Genève)

ASSISTENZA SANITARIA

Gli accordi sanitari con il Regno Unito consentono ai cittadini italiani e a quelli di numerosi altri paesi di ricevere un trattamento medico gratuito in caso di emergenza e cure dentali sovvenzionate dal **National Health Service** (NHS; ☎ 0845 4647; www.nhsdirect.nhs.uk). È possibile usufruire del servizio ospedaliero di pronto soccorso e consultare medici generici e dentisti (cercate gli elenchi sulle locali *Yellow Pages*). Chi soggiorna nel paese per 12 mesi o più e dispone dell'apposita documentazione, potrà usufruire dei servizi del National Health Service facendosi registrare presso uno studio medico del quartiere in cui vive.

esentanze di-
dra segna-
svizzera.
tate le
ona
&

391

munque di stipulare
...ggio che consenta di
i enti ospedalieri e
...lanza e l'eventuale
...e di cui non si fa
...e per conto vostro
...essi, rivolgendovi
...cializzata per il
...compagnie assicurative se-
...ilamo Ami Assistance (www.esperia.it/
assicurazione.htm), Mondial Assistance
(www.mondial-assistance-italia.it) e Europ
Assistance (www.europassistance.it).

OSPEDALI

I seguenti ospedali dispongono di servizio
di pronto soccorso 24 ore su 24:

Charing Cross Hospital (Cartina pp436-37; ☎ 8846
1234; Fulham Palace Rd W6; metro Hammersmith)

Chelsea & Westminster Hospital (Cartina p456-57;
☎ 8746 8000; 369 Fulham Rd SW10; metro South
Kensington, poi autobus n. 14 o 211)

Guy's Hospital (Cartina pp452-53; ☎ 7955 5000;
St Thomas St SE1; metro London Bridge)

Homerton Hospital (Cartina pp436-37; ☎ 8919 5555;
Homerton Row E9; treno Homerton)

Royal Free Hospital (Cartina p435; ☎ 7794 0500; Pond
St NW3; metro Belsize Park)

Royal London Hospital (Cartina pp452-53; ☎ 7377
7000; Whitechapel Rd E1; metro Whitechapel)

University College Hospital (Cartina pp438-39; ☎ 7387
9300; Grafton Way WC1; metro Euston Square)

SERVIZI ODONTOIATRICI

Nel caso in cui abbiate bisogno urgente di
un dentista, potete telefonare al **Dental Emer-
gency Care Service** (☎ 7955 2186) tra le 8.45
e le 15.30 dal lunedì al venerdì, o recarvi
all'**Eastman Dental Hospital** (☎ 7915 1000; 256
Gray's Inn Rd WC1; metro King's Cross).

BAMBINI

Londra offre una serie di musei e posti
divertenti adatti ai bambini. Il London
Dungeon, Madame Tussaud's, il Science
Museum, la Tower of London, il London
Aquarium e il London Eye sono solo alcuni esempi dell'ampia varietà di offerte.
Date un'occhiata a p175. Londra è una
città piena di spazi verdi, spesso corredati
da altalene, scivoli e aree in cui i bambini
possono giocare tranquilli, anche se tutto

questo dipende dalle condizioni del tempo,
che a Londra sono notoriamente impreve-
dibili.

Per i bambini sono quasi sempre previste
tariffe speciali, anche se i limiti d'età entro
i quali se ne ha diritto possono variare da
un posto all'altro. I bambini viaggiano a
prezzo scontato anche sui mezzi di trasporto pubblici.

Gli unici luoghi in cui tradizionalmente
i bambini non sono ammessi sono i pub,
anche se molti ormai dispongono di un'area
riservata alle famiglie, di un giardino o di
un ristorante dove i bambini sono i benvenuti.

I pannolini, e tutto il necessario per i bambini molto piccoli, possono essere acquistati
quasi ovunque, dal negozio all'angolo al supermercato, perciò non occorre portarsene
da casa una grande quantità.

Molte informazioni e suggerimenti utili a
chi viaggia con bambini si possono reperire
nel manuale di Cathy Lanigan *Viaggiare con
i bambini*, una pubblicazione Lonely Planet
tradotta in italiano da EDT (Torino 2002).

Fra i siti in lingua italiana segnaliamo
www.quantomanca.com, una guida completa per chi viaggia con i bambini, con
preziosi suggerimenti su destinazioni,
alberghi, giochi da fare in auto e altro
ancora; e www.babyinviaggio.it, dove
troverete alcuni racconti di viaggio, protagonisti i bambini, attraverso l'Europa e gli
altri continenti.

CARTINE

La serie *London A-Z* propone una gamma
di eccellenti cartine e di maneggevoli atlanti
stradali. Si può accedere a tutte le zone di
Londra mappate con questo sistema dal sito
internet www.streetmap.co.uk, uno dei più
preziosi siti di Londra.

La Lonely Planet pubblica la *London
City Map*.

La **Stanford's Bookshop** (Cartina p450; ☎
7836 1321; 12-14 Long Acre; metro Covent Garden) è senza dubbio la libreria dove
troverete la gamma più ampia di cartine di
Londra.

Tra le altre librerie che dispongono di
una vasta scelta di cartine ci sono **Foyles** (☎
7437 5660; 113-119 Charing Cross Road
WC2), **Waterstones** (☎ 7851 2400; 203-206
Piccadilly W1) e **Daunt's Bookshop** (☎ 7224
2295; 83 Marylebone High St W1).

Cartine disponibili in Italia

Chi desidera acquistare una carta in Italia prima di partire, ha a disposizione diverse proposte: l'atlantino *A-Z London* già citato (scala da 1:22.000 a 1:14.080); la *London* della Globetrotter (1:19.000); diverse cartine della Bartholomew (*London Central map*, 1:20.000; *London superscale*, 1:20.000; *London handy map*, 1:15.000; *London pocket map*, 1:12.500; *London streetfinder*, 1:12.500; *London Big Ben*, 1:11.905; *London illustrated map*, 1:8.250); le carte della Collins, alcune delle quali includono anche i dintorni della città (*London 100 miles around*, 1:300.000; *London 40 miles around*, 1:126.720; *London 30 miles around*, 1:95.000; *London 20 miles around*, 1:63.360; *London map*, 1:15.000); la carta *London* della Hallwag (1:17.500), quella della De Agostini (1:17.500), la cartina FMB e quella della Falk (entrambe queste carte sono in scala 1:15.000); l'atlantino *Londra* del Touring Club Italiano (1:13.000); infine, *London* della B&B (1:11.000).

Per ricevere informazioni su tutte le carte che sono state citate potete rivolgervi a **VEL** – La Libreria del Viaggiatore (☎ /fax 0342 21 89 52; vel@vel.it; www.vel.it; Via Angelo Custode 3, 23100 Sondrio) oppure, più in generale, alle librerie italiane specializzate in cartine, guide e narrativa di viaggio. Ne segnaliamo alcune tra quelle situate nelle principali città italiane: **Gulliver** (☎ 045 800 7234; info@gullivertravelbooks.it; www.gullivertravelbooks.it; Via Stella 16/b, 37100 Verona); **Il Giramondo** (☎ 011 473 2815; ilgiramondo@libero.it; Via G. Carena 3/b, 10100 Torino); **Il Mondo in Tasca** (☎ 011 88 81 40; info@ilmondointasca.com; www.ilmondointasca.com; Via Montebello 22/c, 10100 Torino); **Jamm** (☎ 081 552 6399; jammnapoli@usa.net; Via S. Giovanni Maggiore Pignatelli 1/a, 80100 Napoli); **Libreria del Viaggiatore** (☎ 06 6880 1048; libreriaviaggiatore@tiscalinet.it; Via Pellegrino 78, 00100 Roma); **Luoghi e Libri** (☎ 02 738 8370; info@luoghielibri.it; www.luoghielibri.it; Via M. Melloni 32, 20129 Milano); **Pangea** (☎ 049 876 4022; pangea@intercity.shiny.it; Via S. Martino e Solferino 106, 35100 Padova); **Libreria Transalpina** (☎ 040 662 297, fax 040 661 288; libreria@transalpina.it; Via di Torre Bianca 27/a, 34122 Trieste).

CLIMA

Il vecchio adagio secondo ⌐ non si può parlare di clima, be⌐ dizioni del tempo' si riferisce all ⌐ variabilità delle condizioni atmosferi⌐ della città. Progettate un picnic nel parco e vedrete che prima di mezzogiorno comincerà a piovere, ma se andate al cinema per sfuggire a un pomeriggio grigio e umido, all'uscita il sole splenderà in un cielo azzurro e senza nuvole. Nella capitale il tempo è assolutamente imprevedibile!

In realtà, anche Londra ha un proprio clima – di fatto tra i più miti d'Inghilterra – definito come 'marittimo temperato', con inverni miti e umidi ed estati tiepide, ma c'è da aspettarsi tempo nuvoloso e pioggia anche in piena estate.

In luglio e agosto le temperature medie si aggirano intorno ai 18°C, ma di tanto in tanto raggiungono anche i 30°C e più. Tuttavia, è meglio augurarsi che questo non succeda perché in quelle occasioni la metropolitana si trasforma nel leggendario 'Buco nero di Calcutta' (la cantina in cui, in una notte sgradevolmente umida del 1756, oltre 140 cittadini britannici furono rinchiusi a forza e molti vi morirono soffocati) e il calore concentra i fumi del traffico nelle vie. Inoltre, molti edifici pubblici e luoghi di ritrovo della capitale non sono dotati di impianto di condizionamento. Niente paura, comunque, perché in genere d'estate sarete fortunati se la colonnina di mercurio raggiungerà i 25°C gradi.

L'estate del 2003, però, è stata una delle più calde mai registrate in Gran Bretagna e in gran parte d'Europa. A Londra si è raggiunta la temperatura record di 37,9°C nel mese di agosto, smentendo una volta per tutte lo stereotipo della mite estate inglese, e molti londinesi si sono pentiti di essersi sempre lamentati della solita temperatura fresca di luglio e agosto.

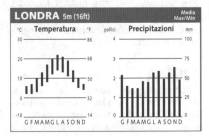

temperature
...iori compresi
...no si aggirano
...ertanto a Londra
...e e la neve si vede
...li temperature pos-
...a tenete presente che
...grado di umidità del-
...cepiscono come molto
più

Per le ...ioni del tempo della Greater London, ...tete chiamare Weathercall
allo ☎ 0906 654 3268, al costo di 60p al
minuto.

CORSI

Londra è un centro di cultura e vanta la presenza di innumerevoli college, università e
istituzioni educative. Il suo fiore all'occhiello è l'enorme University of London,
tra i cui college di fama mondiale ci sono
il King's College, lo University College,
l'Imperial College e la London School of
Economics.

Ogni anno migliaia di persone giungono
a Londra per studiare l'inglese e le proposte
per l'apprendimento della lingua sono così
numerose che molto probabilmente durante
ogni passeggiata lungo Oxford Street riceverete il volantino di uno di questi istituti. La
migliore fonte d'informazione è il British Council (☎ 7930 8466; www.britishcouncil.org;
10 Spring Gardens, SW1; metro Charing
Cross), che pubblica una lista gratuita
di college accreditati i cui strumenti e
metodi d'insegnamento raggiungono gli
standard richiesti. Il British Council fornisce anche informazioni sulle opportunità
formative a disposizione degli studenti
stranieri nel Regno Unito. Esiste anche la
versione italiana del sito all'indirizzo http:
//www2.britishcouncil.org/it/italy/.

Sulla pubblicazione semestrale Floodlight
(£3,75; www.floodlight.co.uk), disponibile
nella maggior parte delle librerie, troverete
un'ampia gamma di corsi che si svolgono a
Londra, dal cucito a Nietzche, dalla fotografia alla politica.

DOGANA

Come altri paesi dell'Unione Europea,
anche il Regno Unito ha un doppio sistema
doganale, rispettivamente per le merci acquistate nei negozi duty-free e per quelle

proveniti da un paese dell'UE dove sono
già stati pagati imposte e dazi.

Il Governo ha attuato una revisione
delle leggi sull'introduzione degli animali
domestici in Gran Bretagna, denominato
'Pet Travel Scheme' (PETS), secondo la
quale è ora possibile evitare la quarantena
agli animali domestici introdotti nel Paese,
seguendo certe particolari precauzioni e
procedure elencate nel dettaglio sul sito
web dell'Ambasciata britannica in Italia
www.britain.it. Richieste di ulteriori informazioni potranno essere inoltrate via
e-mail all'Ambasciata britannica di Roma
all'indirizzo PETS@rome.fco.mail.gov.uk.

Duty-free

La vendita di merci duty-free all'interno
dell'Unione Europea è stata abolita nel
luglio 1999. Per quanto riguarda le merci
acquistate negli aeroporti o sui traghetti
fuori dall'Unione Europea, le quantità
autorizzate per l'importazione sono le
seguenti: 200 sigarette, 50 sigari o 250g di
tabacco; 2l di vino 'fermo' e uno di liquore
con una gradazione alcolica superiore al
22% oppure altri 2l di vino (spumante o
altro); 50g di profumo, 250cc di *eau de toilette*; e altri prodotti per un totale di £145.

Imposte e dazi pagati

Anche se non si possono più portare nel
Regno Unito merci duty-free acquistate
in un altro paese dell'UE, è tuttora possibile importare alcuni prodotti, che a volte
costano meno nel continente, pagando le
imposte e i dazi relativi. Si presume che
le merci siano destinate al consumo personale, ma in effetti in questo settore si è
sviluppato un fiorente commercio: molti
londinesi si recano in Francia tutti i giorni
e caricano le loro automobili di alcolici e
sigarette a buon prezzo per rivenderli poi
al loro ritorno, ripagandosi ampiamente le
spese del viaggio.

Per le merci acquistate presso un
normale negozio al dettaglio, le autorità
doganali impongono le seguenti quantità
massime come criterio per distinguere le
importazioni personali da quelle su scala
commerciale: 800 sigarette, 200 sigari, 1kg
di tabacco, 10l di superalcolici, 20l di vino
ad alta gradazione, 90l di vino (di cui non
oltre 60l di vino spumante) e 110l di birra.

DONNE IN VIAGGIO

In generale, Londra è una città abbastanza tranquilla ed è improbabile che le donne in viaggio abbiamo problemi, a patto che adottino le precauzioni valide in tutte le metropoli. A parte i fischi d'ammirazione per la strada e qualche sgradevole contatto fisico sulla metropolitana, le viaggiatrici scopriranno che i londinesi sono di larghe vedute. Non c'è nulla che possa impedire alle donne di frequentare i pub da sole, anche se questa non sarà necessariamente un'esperienza piacevole, nemmeno nel centro di Londra. Per informazioni sul servizio taxi riservato alle donne v. p389.

Sul sito web www.donneinviaggio.com troverete itinerari, reportage di viaggio, curiosità e notizie dal mondo, e un elenco di strutture alberghiere che si rivolgono in prevalenza alle donne. Sul sito www.permesola.com, dedicato nello specifico alle donne che viaggiano verso destinazioni europee, troverete suggerimenti e notizie curiose.

Precauzioni

Le donne che viaggiano da sole dovrebbero incontrare pochi problemi a Londra, purché osservino le comuni norme di prudenza dettate dal buon senso, specialmente di notte. Non è consigliabile, per esempio, viaggiare in un vagone della metropolitana da sola o in compagnia di uno o due uomini sconosciuti, e in alcune stazioni, soprattutto verso le ultime della Northern Line, difficilmente vi sentirete a vostro agio a tarda notte. Lo stesso vale per alcune delle stazioni ferroviarie a sud (come Lambeth) e a sud-est (Bromley), che possono essere deserte e piuttosto sinistre. In questi casi sarebbe meglio prendere un taxi.

Informazioni e organizzazioni

The Well Women Centre

Cartina pp446-47; ☎ 0845 300 8090; Marie Stopes House, 108 Whitfield St W1; metro Warren Street; ☺ 9-17 da giovedì a lunedì, 9-20 martedì e mercoledì. Fornisce informazioni sulla contraccezione e la gravidanza.

The Rape & Sexual Abuse Helpline

☎ 8239 1122; ☺ 12-14.30, 19-21.30 da lunedì a venerdì e 14.30-17 sabato e domenica. Numero telefonico per le vittime di violenza e abusi sessuali.

ELETTRICITÀ

Nel Regno Unito la corrente elettrica è a 230/240V AC, 50Hz. Le spine hanno tre punte quadrate e possono sembrare piuttosto bizzarre. Gli appositi adattatori sono facilmente reperibili in qualsiasi negozio di materiale elettrico.

EMERGENZE

Per chiamare la polizia, i vigili del fuoco o l'ambulanza in situazioni d'emergenza telefonate al ☎ 999. Per gli ospedali che dispongono di un servizio di pronto soccorso in funzione 24 ore su 24 v. p392.

FARE AFFARI A LONDRA

Londra è uno dei principali mercati del mondo, e fare affari qui (fatta eccezione per il mondo dei media e le industrie che si occupano di nuove tecnologie) è una questione estremamente formale, proprio come ci si aspetterebbe dagli inglesi. Un aspetto sempre elegante e curato è ancora considerato un indicatore di professionalità, così come la puntualità e la cortesia. I biglietti da visita sono un *must*.

Orari di apertura

Sebbene nella City si continui a lavorare con l'orario tradizionale, dal lunedì al venerdì dalle 9 alle 17 (lo Square Mile, il 'miglio quadrato' dove i romani costruirono il primo insediamento fortificato e dove oggi sorge il cuore commerciale di Londra, è deserto nei weekend), nel resto della città l'orario di lavoro è estremamente flessibile. I negozi più grandi e quelli che fanno parte di catene importanti di solito rimangono aperti fino alle 19 dal lunedì al venerdì, e almeno fino alle 17 il sabato e la domenica. Nel West End il giovedì è il giorno dello shopping serale e i negozi rimangono aperti fino a tarda ora.

Le banche del centro di Londra rimangono aperte fino alle 17, ma le transazioni compiute allo sportello dopo le 15.30 di solito vengono registrate e inoltrate il giorno lavorativo successivo. Gli uffici postali hanno orari variabili, ma la maggior parte apre dal lunedì al venerdì dalle 9 alle 17.30.

I pub e i bar di solito sono aperti da mezzogiorno alle 23, a meno che il locale non sia in possesso di una licenza che gli consenta di tenere aperto fino a tardi.

In genere, i ristoranti sono aperti da mezzogiorno alle 14.30 per il pranzo e dalle 19 alle 22 per la cena e comunque questi sono gli orari in cui vengono serviti i pasti.

FARMACIE

In tutti i quartieri della città c'è sempre una farmacia aperta 24 ore su 24 e potete consultare le *Yellow Pages* per cercarne una vicina a voi. A Londra non avrete alcun problema a trovare ogni genere di medicinali, con o senza prescrizione medica, perciò non è necessario partire da casa con la scorta.

Molti saranno immediatamente colpiti dal fatto che la Boots the Chemist detenga quasi il monopolio delle farmacie londinesi. Infatti, la catena Superdrug è l'unico potenziale rivale, e sempre più spesso le piccole farmacie vecchio stampo sono costrette ad arrendersi di fronte a questi colossi della distribuzione farmaceutica che hanno conquistato il Regno Unito. Detto questo, le farmacie della Boots sono di gran lunga le più grandi e fornite di Londra e ci troverete di tutto, dagli asciugacapelli alle pellicole fotografiche.

FESTIVITÀ

Rispetto ad altri paesi industrializzati, gli abitanti del Regno Unito non hanno molti giorni di vacanza, anche se le cose vanno decisamente meglio di come andavano una volta: infatti, prima che il Bank Holidays Act fosse approvato nel 1871, ai lavoratori era concesso di rimanere a casa solo il giorno di Natale e il Venerdì Santo.

Festività pubbliche

La maggior parte delle attrazioni turistiche e delle attività commerciali chiudono per un paio di giorni nel periodo di Natale e quelle che chiudono di domenica normalmente sono chiuse anche durante le festività nazionali.

Capodanno 1° gennaio
Venerdì Santo/Lunedì dell'Angelo fine marzo/aprile
May Day Holiday primo lunedì di maggio
Spring Bank Holiday ultimo lunedì di maggio
Summer Bank Holiday ultimo lunedì di agosto
Natale/Santo Stefano 25 e 26 dicembre

Per informazioni relative ai numerosi festival che si svolgono a Londra v. p8.

Vacanze scolastiche

I periodi di vacanza scolastica cambiano da un anno all'altro e spesso anche da una scuola all'altra. Inoltre, i giorni di vacanza delle scuole private di solito si differenziano da quelli delle scuole pubbliche. Tuttavia, come norma generale si ha:

Vacanze estive fine luglio-inizio di settembre
Vacanze autunnali di metà trimestre ultima settimana di ottobre
Vacanze di Natale 20 dicembre-6 gennaio
Vacanze primaverili di metà trimestre una settimana a metà febbraio
Vacanze di Pasqua due settimane a cavallo della domenica di Pasqua
Vacanze estive di metà trimestre una settimana alla fine di maggio o ai primi di giugno

GIORNALI E RIVISTE
Giornali

Per un'ampia scelta di giornali stranieri, provate l'edicola del centro commerciale di Victoria Place presso la stazione ferroviaria Victoria, o quelle in Charing Cross Rd, Old Compton St e lungo Queensway. V. p407 per informazioni sulle pubblicazioni rivolte a gay e lesbiche.

Per avere una panoramica sui principali quotidiani britannici, collegatevi al sito www.theworldpress.com; questo indirizzo web vi potrà tornare utile anche durante il soggiorno a Londra perché vi consentirà di collegarvi alle maggiori testate giornalistiche italiane.

QUOTIDIANI

Daily Express Quotidiano di piccolo formato e di medio livello.

Daily Mail Quotidiano di piccolo formato e di medio livello.

Daily Record Quotidiano di piccolo formato.

Daily Star Quotidiano di piccolo formato.

Daily Telegraph Quotidiano di grande formato che sbaraglia di gran lunga la concorrenza. Scritto in modo straordinario, si occupa di notizie di attualità provenienti da tutto il mondo.

Evening Standard Si concentra principalmente sulle notizie che riguardano Londra, ma riporta anche importanti eventi nazionali e internazionali.

Financial Times Rivolto principalmente al mondo degli affari, nell'edizione del weekend ha un'ampia sezione dedicata ai viaggi.

Guardian Moderatamente di sinistra, è letto dal ceto medio liberale. Il suo supplemento *Editor*, sui mezzi di comunicazioni mondiali, in edicola ogni sabato, è una lettura indispensabile per chiunque voglia sapere che cosa succede fuori della vecchia Inghilterra. Anche il supplemento *The Guide*, dedicato ai divertimenti (anch'esso in edicola con il *Guardian* del sabato), è degno di attenzione.

The Independent *Politically correct* (alcuni dicono anche troppo) e con uno stile piuttosto conciso.

International Herald Tribune Con sede a Parigi, questo quotidiano è la migliore fonte di informazione sul panorama internazionale.

London Review of Books

Metro Risultato di un clamoroso successo di marketing, il *Metro* è un giornale gratuito pubblicato dagli stessi editori del *Daily Mail* e distribuito ogni mattina nelle stazioni di treni e metropolitana. Dato che la maggior parte delle copie scompare prima delle 10, avrete maggiori probabilità di trovarne una usata sul sedile di un treno della metropolitana nel corso della giornata. Sintesi delle principali notizie interne ed estere, ma niente di troppo pesante, molte storie di celebrità, programmi televisivi e servizi dedicati allo sport.

Mirror Accanito concorrente del *Sun*.

Sun Quotidiano di piccolo formato amante dei pettegolezzi e sostenitore del partito laburista.

The Times Conservatore e autorevole, con interessanti sezioni dedicate ai viaggi e allo sport.

GIORNALI DELLA DOMENICA

News of the World Simile al *Sun*, questa rivista scandalistica vanta un enorme pubblico. Odiata dalla maggior parte dei pensatori liberali colti, è celebre per le sue campagne contro la pedofilia e i suoi leggendari 'scoop', tra cui il 'tentativo di rapimento' di Victoria Beckham e la 'trappola' architettata ai danni della contessa del Wessex, indotta con l'inganno a rilasciare aspri commenti sul conto della famiglia reale.

Observer Giornale domenicale simile nel tono e nello stile al *Guardian*: appartiene infatti allo stesso editore.

Sunday Times Ricco di scandali e moda. Ha una tiratura alta e contenuti di discutibile qualità. Esce in edicola con ben 12 supplementi su argomenti diversi, non sempre interessanti.

Riviste

I posti migliori dove fare rifornimento di riviste sono sicuramente i chioschi delle stazioni principali, dove troverete anche *Time* e *Newsweek*.

Cosmopolitan

Dazed and Confused Sulle pagine di questa rivista, bibbia della moda e della musica fondata da Jefferson Hack, Rankin si è fatto conoscere come il più grande fotografo di celebrità degli anni '90. Ottima per tenersi al corrente sulla moda e sugli ultimi pettegolezzi di Londra.

Elle

FHM 'For Him Magazine' è la principale rivista per uomini. Bionde formose in copertina e alcuni articoli più o meno apprezzabili, oltre a gadget, automobili e umorismo di basso livello.

Glamour

Heat La rivista delle celebrità che ha sbaragliato i rivali ed è divenuta un *must* in tutte le sale d'attesa e gli studi dentistici del paese.

i-D In passato straordinario e aggiornatissimo 'vangelo' della musica e della moda londinese, *i-D* è gradualmente passato in secondo piano, ma combatte ancora un'aspra lotta con i suoi rivali.

I-Style

Loaded Il maggior rivale di *FHM*, osserva il mondo maschile con occhio ironico. Una piattaforma di lancio per modelle seminude le cui foto di copertina garantiscono loro un lavoro in TV o un singolo che magari entrerà nella classifica dei 40 dischi più venduti.

Loot Questa rivista esce cinque giorni la settimana e pubblica annunci gratuiti suddivisi per rubriche. Ci troverete di tutto: dai lavabo per la cucina alle automobili, e anche un'ampia sezione dedicata agli appartamenti in affitto e alle persone che cercano un coinquilino.

Marie Claire

Maxim

New Statesman Fondata da Fabians Sidney e Beatrice Webb, questa rivista di sinistra sembra acquistare sempre maggiore vigore nonostante sia spesso critica nei confronti dell'attuale governo laburista. È la preferita degli intellettuali di sinistra del ceto medio e offre spesso interessanti articoli sull'attualità e la politica in Gran Bretagna e all'estero.

Private Eye (v. p25) Bisettimanale satirico piuttosto snob che racconta le notizie da un punto di vista originale e piacevole. Molti dei soprannomi coniati dalla rivista sono entrati nell'uso quotidiano dei londinesi, da *Grauniad*, che si riferisce al *Guardian*, notoriamente pieno di errori di stampa, a Piers Moron, 'Piers l'idiota', il nome che l'*Eye* ha affibbiato al direttore del *Daily Mirror*, Piers Morgon. Per un lettore non britannico può essere di difficile comprensione, ma vale la pena acquistarla anche solo per la pagina di copertina.

Spectator Fondata nel 1828, questa rivista di destra tradizionalmente destinata alle classi alte alterna articoli ironici e servizi più seri. È diretta dall'elegante Boris Johnson sotto la supervisione del partito conservatore e attrae molti importanti scrittori di tendenze politiche controverse. Vale il prezzo di copertina esclusivamente per la divertente rubrica di buone maniere condotta da Mary Killen, che fornisce risposte a domande scottanti come: 'quali budini vanno di più in questo periodo?'.

Time Out Rivista settimanale delle manifestazioni e degli eventi londinesi in edicola ogni mercoledì: un elenco completo di tutto ciò che c'è da vedere e fare in città.

TNT Magazine; Southern Cross; SA Times Settimanali gratuiti che pubblicano le notizie e i risultati sportivi che giungono dall'Australasia e dal Sud Africa. Sono preziose per i viaggiatori che dispongono di un budget limitato, soprattutto per gli elenchi delle varie manifestazioni che si svolgono in città, per le pagine dedicate ai viaggi e gli annunci relativi a lavoro, biglietti a prezzi scontati, trasporti navali e alloggi. Si trovano all'uscita delle stazioni della metropolitana, specialmente a Earl's Court, Notting Hill e Bayswater. *TNT Magazine* (www.tnt-live.com) è il più patinato e ricco di informazioni; telefonate al ☎ 7373 3377 per sapere qual è il punto di distribuzione più vicino a voi.

Vogue

Wallpaper Fondata da Tyler Brûlé la rivista *Wallpaper*, dal nome tutt'altro che altisonante, è stata un enorme successo editoriale degli anni '90, creando una nicchia per un genere di rivista nuovo, che aspirava a proporre un diverso stile di vita. Si rivolge a un pubblico con buone disponibilità economiche.

INFORMAZIONI TURISTICHE

Londra è una meta importantissima, ma molti viaggiatori vi fanno sosta anche solo per dirigersi verso altre località; negli uffici turistici della città troverete, perciò, oltre a una miriade di notizie su Londra, anche informazioni sull'Inghilterra, la Scozia, il Galles, l'Irlanda e quasi tutti i paesi del mondo.

Uffici turistici locali
CENTRI DI INFORMAZIONI TURISTICHE

I centri di informazioni turistiche (Tourist Information Centre, TIC) gestiti dal London Tourist Board (LTB) forniscono informazioni soltanto a chi si presenta nei loro uffici di persona; non sono previsti servizi telefonici. Per ricevere informazioni di carattere generale, potete comunque telefonare alla LTB (☎ 7932 2000), oppure utilizzare la London Line (☎ 0906 866 3344; chiamate a tariffa speciale di 60p/minuto), gestita anch'essa dalla LTB, che vi può mettere al corrente su qualsiasi cosa: attrazioni turistiche, eventi in programma (come il cambio della guardia), gite sul fiume, visite guidate, alloggi, ristoranti, teatri, acquisti, attrazioni da visitare con i bambini, locali per gay e lesbiche ecc. Visitate anche l'esauriente sito internet della LTB: www.londontouristboard.com.

Oltre alle informazioni, il principale TIC di Londra, situato nell'atrio della stazione ferroviaria di Victoria (Cartina pp460-61; metro Victoria; ☉ 8-20 da lunedì a sabato e 8-18 domenica da aprile a ottobre, 8-18 da lunedì a sabato e 9-16 domenica da novembre a marzo), si occupa di prenotazioni di viaggi e alberghi e fornisce biglietti per gli autobus delle tratte nazionali e per gli spettacoli teatrali. Durante l'alta stagione può essere molto affollato e in passato è capitato che qualcuno degli addetti si sia comportato in modo tutt'altro che cordiale.

Ci sono TIC con personale molto disponibile nella hall d'arrivo del Waterloo International Terminal (Cartina pp446-47; metro Waterloo; ☉ 8.30-22.30) e all'interno della stazione di Liverpool Street (Cartina pp452-53; metro Liverpool Street; ☉ 8-18). C'è un altro TIC alla stazione della metropolitana dei Terminal 1, 2 e 3 di Heathrow (☉ 8-18). Inoltre troverete un banco di informazioni turistiche presso gli aeroporti di Gatwick, Stansted, Luton e London City e presso la stazione ferroviaria di Paddington e la Victoria Coach Station.

Anche la City di Londra ha un proprio **centro informazioni** (Cartina pp452-53; ☎ 7332 1456; www.cityoflondon.gov.uk; St Paul's Churchyard EC4, di fronte a St Paul's Cathedral; metro St Paul's; ☉ 9.30-17 da lunedì a sabato da aprile a settembre, 9.30-17 da lunedì a venerdì e 9.30-12.30 sabato da ottobre a marzo).

Tra gli altri uffici del TIC nei sobborghi o nei dintorni di Londra ricordiamo ancora:

Clerkenwell
☎ 7251 6311; fax 7689 3661; 53 Clerkenwell Close EC1R 0EA

Greenwich Cartina p455
☎ 0870 608200; fax 8853 4607; Pepys House, Old Royal Naval College, King William Walk SW10 9NN

Richmond
☎ 8940 9125; fax 8940 6899; Old Town Hall, Whittaker Ave, Richmond, Surrey TW9 1TP

Tower Hamlets Cartina p452-53
☎ 7364 4971; fax 7375 2539; 18 Lamb St E1 6EA

BRITAIN VISITOR CENTRE

In questo fornitissimo **centro di informazioni e prenotazioni** (Cartina p448; 1 Regent St SW1; metro Piccadilly Circus; ☽ 9.30-18.30 lunedì, 9-18.30 da martedì a venerdì e 10-16 sabato e domenica, 10-17 sabato da giugno a settembre) troverete uffici informazioni dedicati al Galles, alla Scozia, all'Irlanda del Nord, alla Repubblica d'Irlanda e al Jersey, e un negozio di cartine e guide turistiche della catena Stanford al piano terreno. Come i TIC, anche questo centro fornisce informazioni solo a chi si presenta personalmente negli uffici.

Al piano ammezzato troverete anche un ufficio della **First Option**, che offre sistemazioni alberghiere ed escursioni organizzate, biglietti per treni e aerei e servizio di noleggio automobili, un'agenzia **Globaltickets**, dove acquistare e prenotare biglietti teatrali, un *bureau de change*, telefoni per le chiamate internazionali e qualche computer per accedere alle informazioni turistiche di internet.

Se non siete in zona e avete bisogno di informazioni sulla Gran Bretagna o sull'Irlanda, potete telefonare alla British Tourist Authority (BTA) al ☎ 8846 9000 oppure consultare il sito della BTA www.visitbritain.com. Qui di seguito riportiamo i riferimenti degli uffici del BTA in Italia e Svizzera:

Italia (☎ 02 880 8151; fax 02 7201 0086; informazioni@ visitbritain.org; www.visitbritain.com/ciao; Corso Magenta 32, 20123 Milano). Informazioni telefoniche: ☽ 9-16,55. Orario di apertura al pubblico: lunedì-venerdì ☽ 12-14.

Svizzera (☎ 043-322 2000; fax 043-322 2001; chinfo@visitbritain.org; www.visitbritain.com/chde; Badenerstrasse 21, 8004 Zurigo). Orario di apertura al pubblico: lunedì-venerdì ☽ 9-16.

LAVORO

Anche se non siete qualificati, quasi certamente a Londra riuscirete a trovare un lavoro, ma dovrete essere disposti ad accettare lunghi turni e mansioni umili per un salario misero. Senza qualifiche, però, difficilmente otterrete un impiego

che vi consenta di mettere da parte un po' di denaro. Solo con fatica si riescono a pareggiare le entrate con le uscite, quindi vi consigliamo di non partire a mani vuote dal vostro paese d'origine. Ricordate inoltre che dovrete competere con i recenti arrivi dall'Europa dell'Est, in particolare polacchi e cittadini delle ex repubbliche iugoslave.

In genere gli stranieri non qualificati lavorano nei pub e nei ristoranti o come baby-sitter: queste occupazioni offrono spesso anche l'alloggio, ma l'orario è lungo, il lavoro impegnativo e la paga non molto interessante. Nell'aprile del 1999, è stato introdotto un salario minimo pari a £4,10 all'ora (£3,20 per i giovani di età compresa tra i 18 e i 21 anni), ma se lavorate in nero nessuno controllerà che vi siano corrisposte tali cifre. Prima di accettare qualunque tipo di lavoro chiarite i termini e le condizioni dell'impiego, e soprattutto gli orari (quante e quali ore).

Ragionieri, personale sanitario, giornalisti, programmatori, avvocati, insegnanti e impiegati con esperienza informatiche hanno migliori probabilità di trovare un impiego ben retribuito, ma anche in questo caso dovreste essere in grado di mantenervi per qualche tempo in attesa di trovare un posto. Non dimenticate di portare con voi le copie dei vostri titoli di studio, le referenze (che saranno probabilmente controllate) e un curriculum vitae.

Gli insegnanti dovrebbero mettersi in contatto con i singoli consigli di circoscrizione londinesi, ognuno dei quali gestisce un proprio dipartimento dell'istruzione, anche se qualche scuola recluta direttamente il personale docente.

Per lavorare come infermiere professionale o come ostetrica occorre iscriversi allo United Kingdom Nursing & Midwifery Council versando una quota di £56, ma questa procedura può richiedere anche tre mesi. Scrivete all'Overseas Registration Department, UKNMC, 23 Portland Place, London W1N 4JT, oppure telefonate al ☎ 7333 9333. Se non siete iscritti all'ente, potete comunque esercitare la professione come infermieri ausiliari.

La rivista gratuita *TNT Magazine* è un ottimo punto di partenza per cercare un'occupazione o entrare in contatto con una delle agenzie che si occupano di trovare un lavoro agli stranieri. Per quanto riguarda il servizio alla pari o l'attività di baby-sitter acquistate la rivista *The Lady*, leggete l'*Evening Standard* e i quotidiani a diffusione nazionale oppure consultate i Jobcentres (le agenzie di collocamento statali), sparse in tutta Londra ed elencate alla voce 'Employment Services' dell'elenco telefonico. Qualunque sia la vostra qualifica, vi conviene iscrivervi presso qualche agenzia di lavoro temporaneo.

Se sapete suonare uno strumento o possedete qualche altro talento artistico potete provare a esibirvi in strada: questa attività è molto diffusa a Londra. Suonare sui treni e in alcune stazioni della metropolitana è legale, basta essere in possesso della licenza di suonatore ambulante rilasciata dalla Transport for London (£20 all'anno) previa audizione. Ai musicisti di strada sarà concesso un posto numerato, dove potranno esibirsi a ore definite. Anche i consigli di circoscrizione si stanno attivando per autorizzare gli artisti girovaghi a esibirsi presso le principali attrazioni turistiche della città e in luoghi popolari come Covent Garden e Leicester Square: tenete presente, però, che senza l'apposito permesso non vi sarà possibile esibirvi nei luoghi citati e dovrete scegliere altre zone della città.

Permessi di lavoro

I cittadini dell'UE, tra cui i cittadini italiani, non necessitano di alcun permesso e possono lavorare liberamente a Londra. Per i cittadini non-UE, ci dovrà essere un'azienda britannica disposta a fare da garante per loro.

Tuttavia, per i cittadini dei paesi aderenti al Commonwealth di età compresa tra i 17 e i 27 anni, è possibile ottenere un Working Holiday Entry Certificate, che consente di trascorrere fino a due anni nel Regno Unito e di accettare impieghi 'occasionali' durante la vacanza, ma vieta di intraprendere qualsiasi attività commerciale, di perseguire una carriera o di fornire servizi come sportivo professionista o operatore dell'industria del divertimento.

Per ricevere un Working Holiday Entry Certificate è necessario fare domanda all'ambasciata o al consolato britannico del paese d'origine prima della partenza; questi certificati non sono concessi all'arrivo nel Regno Unito. Non è possibile trasformare il visto turistico in Working Holiday Entry Certificate, né è possibile recuperare il

tempo trascorso fuori del Regno Unito durante i due anni previsti. Nell'effettuare la richiesta, è necessario dimostrare che si è in possesso dei mezzi necessari per pagare il viaggio di ritorno e per mantenersi senza fare ricorso ai fondi di assistenza pubblici.

I cittadini del Commonwealth che hanno un genitore nato nel Regno Unito hanno diritto a un Certificate of Entitlement to the Right of Abode, che consente di soggiornare e lavorare liberamente in Gran Bretagna senza il controllo dell'ufficio immigrazione.

I cittadini del Commonwealth con un nonno o una nonna nato/a nel Regno Unito o nei territori dell'attuale Repubblica d'Irlanda prima del 31 marzo 1922 possono fare richiesta dell'Ancestry Employment Certificate, che consente di lavorare nel Regno Unito a tempo pieno per un massimo di quattro anni.

Gli studenti provenienti dagli Stati Uniti che hanno compiuto il diciottesimo anno d'età e risultano iscritti come studenti a tempo pieno presso un college o un istituto universitario possono ottenere una Blue Card, che consente loro di lavorare nel Regno Unito per sei mesi. Costa US$250 ed è disponibile presso il **British Universities North America Club** (BUNAC; ☎ 203 264 0901; wib@bunacusa.com; PO Box 430; Southbury CT 06488). Una volta giunti nel Regno Unito, il BUNAC potrà aiutare i detentori della Blue Card a trovare lavoro, una sistemazione ecc. Per maggiori informazioni consultate il sito www.bunac.org.

Per qualsiasi informazione, arrivati nel Regno Unito potete contattare la Home Office's Immigration & Nationality Directorate (p408).

Tasse

Se siete regolarmente assunti, l'imposta sul reddito e il contributo per il servizio sanitario nazionale vi saranno automaticamente detratti dalla paga settimanale. Le deduzioni sono però calcolate sull'intero anno finanziario (che va dal 6 aprile al 5 aprile dell'anno successivo) e se lavorate per un periodo più breve avrete diritto al rimborso. Rivolgetevi al **Board of Inland Revenue** (☎ 667 4001; Bush House, SW Wing, Strand WC2) oppure a una delle agenzie che fanno pubblicità sul *TNT Magazine* (verificando prima quale tariffa o percentuale applicano su questo servizio).

MANCE

Molti ristoranti aggiungono al conto un supplemento 'a discrezione' per il servizio, ma dove non è previsto si usa lasciare una mancia dal 10% al 15% (a meno che il servizio sia stato insufficiente): i camerieri in genere sono pagati in maniera irrisoria, partendo dal presupposto che arrotondino lo stipendio con le mance.

I ristoranti sono autorizzati legalmente ad aggiungere al conto una percentuale per il servizio, che dovrebbe però essere chiaramente indicata; in questo caso non dovrete più integrare con la mancia (per ulteriori informazioni sulle mance ai ristoranti v. p208). Non è necessario lasciare la mancia per una birra al pub, ma nei bar, ultimamente, gli addetti al banco usano spesso un piattino di metallo per dare il resto, nella speranza che qualche moneta rimanga sul fondo.

Se fate un giro in barca sul Tamigi, i barcaioli o/e le guide vi importuneranno per ricevere qualcosa in cambio di un commento da ciceroni: spetta soltanto a voi decidere se pagare. V. p388 per informazioni sulle mance ai tassisti.

MONETA

Nonostante sia un paese membro dell'Unione Europea, il Regno Unito ha deciso di non aderire all'euro e la sterlina continua a essere l'unità monetaria del paese. La sterlina inglese si suddivide in 100 pence (p, pronunciato correntemente 'pii'). Le banconote attualmente in corso sono suddivise in tagli da £5, £10, £20 e £50, mentre le monete sono da 1p, 2p, 5p, 10p, 20p, 50p, £1 e £2. Se non altrimenti indicato, i prezzi contenuti in questa guida sono sempre espressi in sterline. V. p28 per avere un'idea del costo della vita a Londra.

La sterlina è una moneta stabile e generalmente forte. Al momento della stesura della guida £1 equivaleva a €1,45 e a US$1,55. Potete controllare gli ultimi tassi di cambio su siti internet come www.xe.com e www.oanda.com.

I bancomat a Londra sono un vero e proprio stile di vita, come dimostrano le lunghe code che si formano davanti agli sportelli il sabato sera nel West End. Gli sportelli di prelievo automatico si trovano in tutte le zone di Londra e generalmente accettano carte emesse da qualsiasi banca purché collegate a un circuito bancario internazionale come Visa, MasterCard, Cirrus o Maestro, ma anche altri meno noti. A seguito di una campagna promossa dai consumatori, oggi la maggior parte delle banche consente ai propri clienti di ritirare denaro contante presso gli sportelli automatici di altre banche senza spese aggiuntive, e viceversa. Tuttavia, se non siete in possesso di una carta emessa da una banca britannica, dovrete quasi sicuramente pagare una commissione per il ritiro di contanti; informatevi presso la vostra banca per conoscere le tariffe prima di cominciare a usare il vostro bancomat in modo troppo disinvolto.

Potete cambiare valuta nella maggior parte delle banche e in alcune catene di agenzie di viaggi, oltre che nei numerosi *bureaux de change* distribuiti in tutta la città. Confrontate i tassi di cambio e fate attenzione alle commissioni che non sempre sono menzionate. Chiedete quante sterline riceverete esattamente prima di effettuare l'operazione: chiedere informazioni non costa nulla.

Le carte di credito e di debito sono accettate quasi ovunque a Londra, dai ristoranti ai bar, fino ai negozi e ai taxi, anche se l'American Express e la Diner's Club sono meno diffuse della Visa e della MasterCard. Per lo più, i londinesi vivono con le carte di debito, con le quali possono ottenere anticipi in contante dai supermercati, evitando così di andare al bancomat ogni volta che rimangono senza soldi.

ORA

In qualunque punto del mondo vi troviate, l'ora indicata dal vostro orologio si calcola in relazione a quella di Greenwich a London – Greenwich Mean Time (GMT). Il Regno Unito è un'ora indietro rispetto all'Italia. Perciò, quando a Londra è mezzogiorno, a Roma sono le 13. La differenza vale anche quando c'è l'ora legale, detta anche British Summer Time, dalla fine di marzo alla fine di ottobre.

Potete chiamare l'operatore internazionale al ☎ 155 per verificare la differenza esatta.

POSTA

In passato orgoglio del Regno Unito, la privatizzazione delle poste ha causato il declino del servizio di recapito, un tempo impeccabile. In generale, le poste inglesi sono ancora oggi molto affidabili, ma non è più possibile dare per scontate la velocità e l'accuratezza che una volta le caratterizzavano.

Per informazioni generali sui servizi postali rivolgetevi al ☎ 0845 722 3344 o visitate il sito internet www.royalmail.co.uk.

TARIFFE POSTALI

Il servizio di posta prioritaria nazionale è più celere ma anche più caro (28/42p per una lettera fino 60/100g di peso) del servizio ordinario (20/34p).

Le cartoline e le lettere fino a 20g costano 36p per tutte le località europee; per tutte le altre destinazioni, America e Australasia comprese, la tariffa è di 47/68p fino a 10/20g. I colli fino a 100/200g costano 89p/£1,34 in Europa e £1,17/2-2,13 per tutte le altre destinazioni. Devono essere pesati in un ufficio postale.

Le lettere inviate con la posta aerea negli Stati Uniti o in Canada impiegano generalmente da tre a cinque giorni ad arrivare a destinazione; per l'Australia o la Nuova Zelanda calcolate invece da cinque giorni a una settimana.

Spedire dall'Italia a Londra una lettera o una cartolina di peso non superiore ai 20g costa €0,62, ossia il costo della tariffa di posta prioritaria (con la nuova tariffazione

CODICI DI AVVIAMENTO POSTALE DI LONDRA

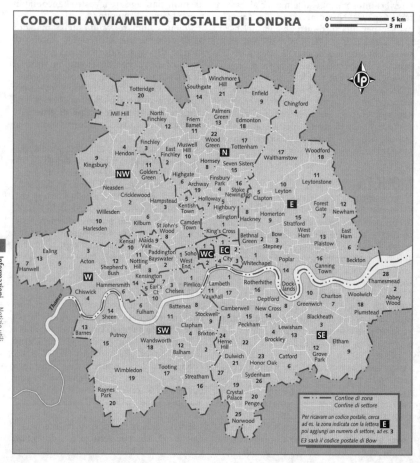

non è più possibile inviare posta ordinaria nei paesi europei).

CODICI DI AVVIAMENTO POSTALE

Il sistema di codici d'avviamento postale di Londra è un residuo della prima guerra mondiale ed è fonte di confusione per gli stessi londinesi. La città è suddivisa in sei distretti contrassegnati da una o più lettere e un numero. Per esempio, W1, il codice postale di Mayfair e Soho, significa 'West London, distretto 1' (Londra occidentale), mentre EC1 significa 'East Central London, distretto 1' (a est del centro). I numeri dei diversi quartieri sono assegnati in ordine alfabetico e non hanno molto senso dal punto di vista logico. Tuttavia, i codici d'avviamento postale sono un ottimo modo di distinguere le strade di Londra che hanno lo stesso nome. Per esempio, Harrow Road si trova in E6, E11, NW10, W2, W10 e W9!

FERMOPOSTA

Salvo indicazioni diverse da parte vostra o della persona che vi scrive, la corrispondenza fermoposta inviata a Londra arriva all'ufficio postale di Trafalgar Square (metro Charing Cross), 24-28 William IV St, WC2, aperto dalle 8 alle 20 dal lunedì al venerdì e dalle 9 alle 20 il sabato. La posta viene trattenuta per quattro settimane e consegnata su presentazione della carta d'identità. Gli uffici dell'American Express offrono ai loro clienti un servizio gratuito di fermoposta.

QUESTIONI LEGALI

Se durante la vostra permanenza a Londra vi trovaste a dover affrontare problemi legali, consultate il **Citizens Advice Bureaux** (www.nacab.org.uk) – trovate l'indirizzo dei diversi uffici sulle *Yellow Pages* alla voce 'Counselling & Advice' – o contattate la **Community Legal Services Directory** (☎ 0845 608 1122; www.justask.org.uk).

Droga

A Londra circolano illegalmente droghe di ogni tipo, in particolare nei club. I pericoli connessi al consumo di stupefacenti sono gli stessi che altrove, inoltre sono stati registrati numerosi decessi causati dall'uso di ecstasy, la cui purezza è spesso dubbia. Recentemente i derivati della canapa indiana (hashish e marijuana) sono stati

riclassificati come droga di classe C; ciò significa che il possesso di piccole quantità non comporta l'arresto del consumatore, ma le pene sono ancora molto severe per chi detiene o spaccia grosse quantità di queste droghe. Per le altre droghe non ci sono state modifiche alla legge vigente, per cui sappiate che la detenzione o lo spaccio sono puniti ancora più severamente.

Infrazioni al codice della strada

Le leggi contro la guida in stato di ebbrezza sono diventate più rigide e vengono applicate con maggiore severità di un tempo. Attualmente il codice della strada prevede che il tasso alcolico nel sangue non superi i 35mg/100ml, ma si parla di ridurre ulteriormente questo limite; meglio quindi non bere quando si ha intenzione di guidare.

Multe

In genere accade raramente che si debbano pagare le multe sul posto per le infrazioni commesse. Fanno eccezione i treni, la metropolitana e gli autobus: nel caso in cui non possiate presentare al controllore un documento di viaggio valido, sarete multati e vi verrà richiesto di pagare subito £5 sugli autobus e £10 su treni e metropolitana. I funzionari non accettano giustificazioni.

Al momento della stesura di questa guida, il governo britannico stava discutendo sulla possibilità di conferire alla polizia il potere di imporre il pagamento immediato di multe in caso di comportamenti antisociali. Si può essere multati da un minimo £40 per stato di ebbrezza e turbamento della quiete pubblica, acquisto di alcolici per conto di minorenni e utilizzo di materiale pirotecnico in strada, fino a £80 per chiamate false al 999 o richieste di inutili interventi alla polizia.

RADIO

Per darvi un'idea dell'etere di Londra, eccovi le principali stazioni radiofoniche:

BBC London Live (94.9kHz FM) 'Talk station' che si occupa soprattutto di Londra.

Capital FM (95.8kHz FM) È l'equivalente commerciale di Radio 1 della BBC, nonché la principale emittente pop della città.

Capital Gold (1548kHz AM) Trasmette brani celebri degli anni '60, '70 e '80.

Choice FM (96.9kHz FM) Stazione di musica soul.

Classic FM (100.9kHz FM) Tutta musica classica.

Jazz FM (102.2kHz FM) Per gli amanti del jazz e del blues.

Kiss 100 (100kHz FM) Stazione di musica dance.

LBC (1152kHz AM) È un canale di talk show.

Magic FM (105.4kHz FM) Trasmette brani tradizionali di grande successo.

News Direct (97.3kHz FM) Stazione interamente dedicata all'attualità e alla politica, trasmette notiziari ogni 20 minuti.

Talk Sport (1089kHz AM) Si presenta da sé!

Virgin (105.8kHz FM) Stazione di musica pop.

Xfm (104.9kHz FM) Una stazione radio alternativa, generalmente di ottimo livello, che trasmette musica di etichette discografiche indipendenti.

SERVIZI IGIENICI

Molti servizi igienici del centro di Londra sono tuttora parecchio squallidi; le toilette delle principali stazioni ferroviarie, delle autostazioni e dei vari monumenti della città sono generalmente di buon livello e spesso sono attrezzate per accogliere i disabili e i bambini.

L'utilizzo dei bagni presso le stazioni ferroviarie e quelle degli autobus costa di solito 20p, il che è piuttosto irritante se si considera che già i treni sono parecchio cari.

Si paga anche per l'utilizzo delle cabine autopulenti di cemento, sistemate in alcuni posti come Leicester Square (attenzione: si aprono automaticamente dopo un certo lasso di tempo, perciò non fatevi prendere dal panico e... cercate di fare in fretta).

In teoria urinare per strada è reato, ma gli arresti sono rari. Tuttavia, considerato lo sgradevole odore di urina che spesso infesta le strade di Soho, il consiglio di Westminster ha elaborato un piano eccezionale che prevede, durante i weekend, la disposizione per le strade del quartiere di numerosi orinatoi pubblici.

Altri orinatoi si possono trovare in Soho Square, lungo Wardour Street e sullo Strand.

Per informazioni sui servizi igienici per disabili, v. p407.

SERVIZIO DI BABY-SITTER

Gli alberghi della fascia superiore del mercato offrono un servizio interno di baby-sitter. I prezzi variano enormemente da un albergo all'altro, perciò informatevi presso la portineria. Potete anche provare con il sito www.babysitter.co.uk: l'iscrizione costa £49 + IVA e il servizio di baby-sitter solo £5,20 all'ora. Altri due siti utili sono www.topnotchnannies.com e www.nicks babysittingservice.co.uk (solo per la zona occidentale di Londra).

SISTEMA METRICO

I londinesi usano indifferentemente il sistema metrico decimale e il sistema britannico non decimale. Alcuni anziani non comprendono in maniera immediata le misure espresse nel sistema decimale (introdotto nel Regno Unito solo di recente) e, allo stesso modo, alcuni giovani fanno fatica a comprendere le misure espresse nell'antico sistema britannico. Per convertire i chilometri in miglia, moltiplicate per 0,062; per convertire i metri in piedi, moltiplicate per 3,28. Per convertire i chili in libbre (*pound*), moltiplicate per 2,2.

TASSE E RIMBORSI

L'aliquota IVA (imposta sul valore aggiunto, VAT nel Regno Unito) ammonta al 17,5% e viene applicata su quasi tutti i beni e i servizi, eccetto i prodotti alimentari, i libri e l'abbigliamento per bambini. I ristoranti hanno l'obbligo per legge di includere l'IVA nei prezzi contenuti nel menu.

Talvolta è possibile chiedere un rimborso dell'IVA pagata sull'acquisto di merci e ciò comporta un notevole risparmio: ne ha diritto chi ha trascorso nel Regno Unito meno di 365 giorni negli ultimi due anni precedenti l'acquisto, lascia l'Unione Europea entro tre mesi dallo stesso e soggiorna fuori dall'Unione per un periodo non inferiore a un anno.

Non tutti i negozi partecipano al piano di rimborso dell'IVA, chiamato Retail Export Scheme o Tax-Free Shopping, e anche gli esercenti che vi aderiscono hanno spesso condizioni diverse di acquisto minimo (in genere si tratta di circa £75 per ciascun negozio). Su richiesta, i negozi che aderiscono al piano di rimborso, vi forniranno uno speciale modulo (VAT 407), che va presentato alla dogana con le merci e le ricevute al momento della partenza (le merci esenti da IVA non possono essere spedite per posta o via mare); dopo il controllo doganale il documento deve essere rispedito via posta al negozio per l'effettivo rimborso, che sarà effettuato, detratte le spese amministrative, entro otto o dieci settimane.

TELEFONO

Le celeberrime cabine telefoniche rosse della British Telecom (BT) sono sopravvissute solo in poche zone storiche della città (soprattutto a Westminster), mentre alcune compagnie telefoniche private hanno scelto il nero per le loro cabine installate nei pressi di Piccadilly e Charing Cross. Oggi sono molto più comuni le cabine di vetro con i telefoni che accettano monete, tessere e/o carte di credito telefoniche.

La BT offre tessere a £3, £5, £10 e £20, che sono in vendita in ogni genere di negozi, comprese le edicole e la maggior parte degli uffici postali. Gli schermi digitali dei telefoni indicano la cifra residua sulla tessera.

Ecco alcuni prefissi e numeri di telefono importanti:

Prefisso teleselettivo internazionale	☎ 00
Informazioni sull'elenco telefonico locale e nazionale	☎ 118 500
Informazioni sull'elenco telefonico internazionale	☎ 153
Operatore locale e nazionale	☎ 100
Operatore internazionale	☎ 155
Telefonate a carico del ricevente	☎ 155
Ora esatta	☎ 123
Previsioni del tempo (Greater London)	☎ 0906 654 3268

Le chiamate verso alcuni dei numeri sopraelencati sono a pagamento, perciò informatevi sulle tariffe. Ecco alcuni prefissi che è importante conoscere:

Numeri verdi	☎ 0500/0800
Tariffa chiamate locali	☎ 0845
Tariffa chiamate interurbane	☎ 0870
Tariffa speciale (a partire da 60p al minuto)	☎ 09

Telefonate nella zona di Londra

Il prefisso telefonico di Londra è 020, seguito da un numero a otto cifre che inizia con 7 o 8. Quando si desidera chiamare un abbonato di Londra da un'altra località del Regno Unito è sufficiente digitare lo 020.

Per chiamare Londra dall'estero si deve comporre anzitutto il prefisso di accesso internazionale (00), seguito dal 44 (prefisso nazionale del Regno Unito), dal 20 (eliminando lo 0 iniziale del prefisso) e infine dal numero a otto cifre dell'abbonato.

Tariffe delle chiamate urbane e interurbane

La tariffa delle chiamate urbane dipende esclusivamente dalla loro durata, quella delle interurbane anche dalla distanza della località chiamata. Le tariffe diurne si applicano dal lunedì al venerdì dalle 8 alle 18, mentre la tariffa ridotta è in vigore dalle 18 alle 8 e quella economica del weekend inizia dalla mezzanotte del venerdì e termina a mezzanotte della domenica. Queste ultime due tariffe offrono un risparmio consistente.

Le chiamate per avere informazioni sull'elenco telefonico nazionale costano 11p al minuto dai telefoni pubblici (deposito minimo 20p) e 40p dai telefoni privati.

Chiamate e tariffe internazionali

Dai telefoni pubblici è possibile chiamare quasi tutte le località del mondo con il servizio di teleselezione internazionale International Direct Dialling (IDD). Per chiamare un abbonato fuori del Regno Unito digitate 00, quindi l'indicativo del paese, il prefisso distrettuale della località e infine il numero desiderato.

Per quanto riguarda le chiamate a carico del ricevente (*reverse charge call* o *collect call*), chiamate il numero ☎ 155 per mettervi in contatto con l'operatore internazionale; ricordate però che queste chiamate sono più costose di quelle dirette. Verso l'Italia questo servizio prende il nome di **ItalyDirect**: componendo il ☎ 0800890039 oppure il ☎ 0500890039 risponderà un operatore italiano, che vi metterà in contatto con l'utente desiderato. Per ogni conversazione effettuata viene applicato un costo al minuto di €0,18, più una quota fissa di €6. I prezzi s'intendono IVA esclusa e le chiamate non andate a buon fine non comportano alcun addebito. Il servizio è senz'altro costoso e va utilizzato quindi solo in caso di necessità. Il servizio informazioni sull'elenco internazionale degli abbonati (☎ 153) costa £1,50 al minuto dai telefoni privati.

Alcune compagnie telefoniche private come la Callshop offrono per le chiamate internazionali tariffe più economiche di quelle praticate dalla BT. Provate presso gli uffici **Callshop** di Earl's Court (Cartina pp456-57; ☎ 7390 4549; 181a Earl's Court Rd SW5; metro Earl's Court; ☺ 9-23), da dove potrete telefonare da un apparecchio a scatti, pagando al termine della chiamata. Anche alcuni internet café e negozi da cui è possibile collegarsi alla rete offrono tariffe economiche per le chiamate internazionali.

È inoltre possibile ridurre i costi delle chiamate internazionali effettuate con la BT acquistando una tessera speciale (di solito in formato da £5, £10 o £20) con un numero segreto (PIN), che potrete utilizzare da qualunque telefono anche privato digitando l'apposito codice d'accesso. Le tessere esistenti sono numerosissime e hanno nomi bizzarri come Alpha, Omega, Banana Call, First National e Swiftlink: sono in vendita presso le edicole e i negozi di generi alimentari. Per decidere quale acquistare dovrete confrontare le tariffe offerte da ciascuna per il paese a cui intendete telefonare; gli elenchi delle varie tariffe sono spesso esposti sulle vetrine o sulle porte dei negozi.

Telefonate per e dall'Italia

Per chiamare Londra in teleselezione dall'Italia dovete comporre ☎ 0044 seguito dal prefisso della città (senza lo zero) e dal numero telefonico desiderato. Viceversa, per chiamare l'Italia dalla capitale britannica digitate ☎ 0039, seguito dal prefisso della località italiana *con* lo zero iniziale e dal numero dell'abbonato.

Cellulari

Il Regno Unito utilizza il sistema GSM 900/1800, compatibile con l'Italia e il resto d'Europa. Quindi i viaggiatori italiani in possesso di un cellulare dual band possono utilizzarlo anche a Londra, in virtù di accordi di roaming esistenti fra i principali gestori di telefonia mobile britannici e italiani. Informatevi presso il vostro operatore circa i costi delle chiamate dall'estero, e ricordate che le telefonate nazionali fatte mentre siete all'estero con il vostro apparecchio sono dirottate sulla rete internazionale e possono quindi essere molto costose. Questa frequenza non è invece compatibile con quella GSM 1900 in uso in Nord America, né con il sistema completamente differente del Giappone (anche se molti nordamericani hanno telefoni cellulari GSM 1900/900 che funzionano anche qui).

Potete anche noleggiare un cellulare da una delle numerose compagnie che offrono questo servizio, tra cui **Mobell** (☎ 0800 243 524; www.mobell.com) e **Cellhire** (☎ 0870 561 0610; www.cellhire.com); la tariffa minima è di da £20 la settimana, e varia a seconda del periodo di noleggio. In questo caso, tuttavia, non potreste usare il vostro numero.

TELEVISIONE

BBC1 Fame Academy, Walking with Dinosaurs, Eastenders

BBC2 Weakest Link, University Challenge, Newsnight

ITV Pop Idol, Who Wants to be a Millionaire, Tonight with Trevor Mcdonald, Stars in Their Eyes, Blind Date, Coronation Street, The Bill

Channel 4 Countdown, Big Brother, Eurotrash, Hollyoaks, Channel 4 News, 15-to-1, Friends

Channel 5 Soprattutto repliche di film mediocri degli anni '80

TESSERE SCONTO

Gli studenti a tempo pieno a Londra hanno diritto a uno sconto su tutti i mezzi di trasporto pubblici della rete di Londra. Tuttavia, ci vuole un po' di tempo prima di ricevere la tessera sconto: bisogna inoltrare richiesta compilando il modulo disponibile in tutte le stazioni della metropolitana e attendere che ci venga spedita a mezzo posta. Per informazioni sulle tessere che offrono una tariffa ridotta sulla rete di trasporti v. p387.

Per coloro che intendono visitare molti musei e altre mete turistiche, è disponibile la London Pass (www.londonpass.com). Il costo di queste tessere è di £12 al giorno, ma esistono diverse offerte, alcune delle quali comprendono l'utilizzo di metropolitana e autobus. Il pass offre libero accesso alle principali attrazioni turistiche e permette anche di evitare le code. Visitate il sito internet per trovare la tessera adatta alle vostre esigenze e per conoscerne il costo.

VIAGGIATORI DISABILI

Per molti disabili Londra è uno strano miscuglio di facilitazioni e assoluto disinteresse. I nuovi alberghi e le moderne attrazioni turistiche sono in genere accessibili in sedia a rotelle, ma molte pensioni e B&B si trovano in vecchi edifici che difficilmente possono essere ristrutturati e adattati alle esigenze dei disabili. Ciò significa che chi ha problemi di deambulazione finirà per spendere di più per l'alloggio rispetto ai viaggiatori senza questo handicap.

Lo stesso discorso vale per i trasporti pubblici; alcuni treni e autobus nuovi sono dotati di gradini che si abbassano per facilitare l'accesso ai disabili (come per esempio gli autobus Stationlink che seguono un percorso simile a quello della Circle Line – p387), ma è sempre meglio informarsi prima. La Unit for Disabled Passengers (☎ 7918 3312; lt.udp@ltbuses.co.uk) della Transport for London può fornirvi informazioni dettagliate in proposito e cura, inoltre, la pubblicazione di *Access to the Underground*, un opuscolo in cui sono indicate le stazioni dotate di rampe e ascensori (come tutte quelle della DLR). Per ricevere a casa propria una copia di questa pubblicazione scrivete alla Transport for London Unit for Disabled Passengers, 172 Buckingham Palace Rd, London SW1 9TN.

La Royal Association for Disability and Rehabilitation (RADAR; ☎ 7250 3222; www.radar.org.uk; Unit 12, City Forum, 250 City Rd, London EC1V 8AF) è un'organizzazione che raccoglie diversi gruppi di volontariato che si occupano di disabili ed è un'utile fonte di informazione sulle strutture a disposizione. Molti servizi igienici riservati ai disabili possono essere aperti solo con una chiave speciale, che è possibile procurarsi presso gli uffici turistici oppure inviando un assegno bancario o un vaglia postale di £3 alla RADAR, insieme a una breve descrizione del proprio handicap.

Molte biglietterie, banche e altri uffici analoghi sono dotati di apparecchi acustici per le persone non udenti o audiolese: cercate il simbolo con l'orecchio.

Per contattare il Royal National Institute for the Blind (RNIB; 7388 1266; www.rnib.org.uk; 105 Judd Street, London WC1), il miglior punto di partenza per i viaggiatori ipovedenti che desiderano avere informazioni sul loro soggiorno a Londra, si può chiamare il ☎ 0845 766 9999 (◷ 9-17 da lunedì a venerdì). Il Royal National Institute for the Deaf (RNID; ☎ linea gratuita 0808 808 0123, linea gratuita/telefono per non udenti 0808 808 9000; www.rnid.org.uk; 19-23 Featherstone St, London EC1) è un istituto simile che si occupa di non udenti e audiolesi e pubblica molti opuscoli utili che spedisce gratuitamente a chi ne fa richiesta.

In Italia segnaliamo l'associazione Mondo possibile (☎ 011 309 6363; fax 011 309 1201; www.mondopossibile.com) che si occupa di turismo accessibile per i disabili. Potete inoltre contattare il Centro Documentazione Handicap (☎ 051 641 5005; fax 051 641 5055; cdh@accaparlante.it; www.accaparlante.it; Via Legnano 2, 40132 Bologna). Segnaliamo infine il sito web www.disabili.com: si tratta del primo progetto editoriale on line italiano interamente dedicato ai disabili e a tutti coloro che operano in questo settore; numerose le informazioni e i consigli utili per organizzare e intraprendere viaggi senza barriere.

VIAGGIATORI OMOSESSUALI

Londra è una delle mete favorite dai viaggiatori omosessuali, che vengono qui per godersi la vita notturna e l'atmosfera rilassata dei caffè e dei bar della città. È raro che ci siano problemi per le coppie omosessuali che condividono la stessa camera o si tengono per mano per strada, tuttavia, fuori dal centro di Londra, la discrezione è forse l'atteggiamento migliore. Nel caso in cui si verifichi qualche spiacevole incidente, la polizia metropolitana interviene con severità per punire le molestie di stampo omofobo, che sono classificate come *hate crimes*, 'reati d'odio', insieme ai crimini razziali.

I tabloid *Boyz* e *QX*, così come il più serio *Pink Paper*, sono disponibili gratuitamente nella maggior parte dei bar e dei caffè per omosessuali. Su queste pubblicazioni troverete un elenco settimanale degli spettacoli e degli eventi in programma nei club e nei bar della città e spesso anche sconti per l'entrata nei vari locali. Tra le riviste potete scegliere *Gay Times*, *Diva* e *Attitude*, tutte disponibili nelle edicole della città, anche se ancora oggi qualche edicolante dalle vedute limitate le ripone sullo scaffale più in alto, vicino ai giornali pornografici.

Inoltre, potete visitare i seguenti siti internet:

Informazioni – Notizie utili

www.gay.it
www.listalesbica.it/mondo/londra/daytime.html
www.amicigay.it/stampa/mondo.htm
www.whatsonwhen.com/pages/gay.jml
www.gaybritain.co.uk
www.rainbownetwork.com
www.gaypride.co.uk
www.londongay.co.uk

Per informazioni sul servizio taxi per gay e lesbiche v. p389.

VISTI E DOCUMENTI

Secondo le norme vigenti, i cittadini dei paesi della UE (italiani compresi, naturalmente) e della Confederazione Elvetica non hanno bisogno del passaporto per recarsi nel Regno Unito; è sufficiente la sola carta d'identità valida per l'espatrio. I minori di 15 anni devono essere muniti della 'carta bianca', oppure essere registrati sul passaporto di uno dei genitori. Per soggiorni a scopo turistico, di studio o di lavoro, i cittadini UE non hanno inoltre bisogno di alcun visto, e possono risiedere e lavorare liberamente nel paese.

I visitatori con cittadinanza australiana, canadese, neozelandese, sudafricana e statunitense riceveranno al loro arrivo nel Regno Unito un 'permesso d'entrata' valido fino a sei mesi, che però non consente loro di avere un impiego senza un regolare permesso di lavoro.

Le leggi sui visti sono soggette a continue modifiche, perciò è necessario che v'informiate presso l'ambasciata o il consolato britannico del vostro paese prima della partenza.

Le autorità addette al controllo dell'immigrazione nel Regno Unito sono inflessibili:

vestitevi in maniera elegante e preparatevi a dimostrare di avere denaro a sufficienza per mantenervi. Una carta di credito e/o un biglietto di ritorno per il vostro paese possono aiutare.

Prolungamento del visto

I visitatori che necessitano di visto sappiano che può essere esteso solo in situazioni di emergenza. Negli altri casi, sarete costretti a lasciare il Regno Unito (magari recandovi in Francia o in Irlanda) e chiederne uno nuovo, anche se questa tattica, dopo il secondo o terzo visto, solleverà qualche sospetto. Per prolungare (o tentare di prolungare) il vostro soggiorno nel Regno Unito, telefonate alla **Visa & Passport Information Line** (☎ 0870 606 7766 o 8649 7878; Home Office's Immigration & Nationality Directorate, Lunar House, 40 Wellesley Rd, Croydon CR9 2BY; stazione East Croydon; ☯ 10-12 e 14-16 da lunedì a venerdì) *prima della scadenza del vostro visto*. La procedura richiede pochi giorni in Francia/Irlanda. Per tentare di estendere il proprio visto dal Regno Unito occorre molto più tempo.

Visti per studenti

I cittadini dell'UE, tra cui gli italiani, possono recarsi a studiare nel Regno Unito senza formalità. Negli altri casi, per ottenere un permesso di studio è necessario essere iscritti a un corso diurno a tempo pieno di almeno 15 ore settimanali, da svolgersi nei giorni feriali presso un unico istituto educativo. Per maggiori informazioni consultate l'ambasciata o il consolato britannico del vostro paese.

Guida
linguistica

Guida linguistica

Si può senz'altro affermare che l'inglese è la vera 'lingua franca' dei nostri tempi. Infatti non solo è parlato da britannici, nordamericani, australiani e neozelandesi, ma è anche la lingua ufficiale di alcuni paesi in Africa e in Asia. Il mondo della finanza, del commercio, dell'informatica e del turismo, per fare alcuni esempi, ha adottato da tempo l'inglese, che sarà almeno per tutto il XXI secolo la moneta di scambio verbale più usata. Avendo esso uno 'status' di lingua veicolare mondiale, è comprensibile che il viaggiatore volenteroso, convinto che conoscere questo idioma gli permetta di comunicare in ogni parte (o quasi) del mondo, sia invogliato ad avvicinarsi a una lingua che, per gli italiani, resta comunque di matrice germanica e quindi un po' lontana dalle nostre radici latine. Ed è pur vero che le varianti locali, regionali e nazionali sono molteplici per quanto riguarda la pronuncia, il lessico, la sintassi e l'ortografia.

PRONUNCIA

La pronuncia inglese è governata da alcune regole e da molte eccezioni. In questa sede non ci è parso opportuno fornire indicazioni che non potrebbero essere in alcun modo esaustive; vi suggeriamo invece di procurarvi dei testi che possano fornirvi informazioni più approfondite in proposito. Tra questi segnaliamo *Il manuale di pronuncia inglese* di Frances Hotimsky e Gianfranco Porcelli (SugarCo, Milano 2000) e il più complesso *Introduzione alla pronuncia inglese* di Virginia Pulcini (Edizioni Dell'Orso, Alessandria 1990). Naturalmente in commercio esistono numerose pubblicazioni che forniscono strumenti per la comprensione della lingua inglese e che includono anche utili indicazioni fonetiche: citiamo qui *L'inglese per chi viaggia* (DeAgostini, Milano 2002).

Nella fraseologia che segue, non esistendo in inglese alcuna differenza fra il 'tu' e il 'lei' di cortesia, indichiamo per comodità la forma colloquiale.

VITA SOCIALE

Buongiorno.
Hello.
Arrivederci.
Goodbye.
Sì./No.
Yes./No.
Per favore.
Please.
Grazie.
Thank you.
Mi scusi.
Excuse me.

Come stai?
How are you?
Bene, grazie.
I'm fine, thanks.
Come ti chiami?
What's your name?
Mi chiamo…
My name is…
Da quale paese vieni?
Where are you from?
Vengo da…
I am from…
Non capisco.
I don't understand.
Parli italiano/inglese?
Do you speak Italian/English?
Puoi scriverlo, per favore?
Please write it down.
Parla lentamente, per favore.
Speak slowly, please.
Puoi ripetere, per favore?
Say it again, please.

NEL QUOTIDIANO
Domande

Chi?	*Who?*
Che?	*What?*
Quando?	*When?*
Dove?	*Where?*
Come?	*How?*

Numeri

0	*zero/nought*
1	*one*
2	*two*
3	*three*
4	*four*

5	five
6	six
7	seven
8	eight
9	nine
10	ten
100	a hundred
1000	a thousand
10000	ten thousand
un milione	a million

Ora e data

Che ore sono?	What time is it?
Quando?	When?
ieri	yesterday
oggi	today
domani	tomorrow
stasera	tonight
lunedì	Monday
martedì	Tuesday
mercoledì	Wednesday
giovedì	Thursday
venerdì	Friday
sabato	Saturday
domenica	Sunday
gennaio	January
febbraio	February
marzo	March
aprile	April
maggio	May
giugno	June
luglio	July
agosto	August
settembre	September
ottobre	October
novembre	November
dicembre	December

Alloggio

Avete una camera?	Do you have a room?
Quanto costa per notte/per persona?	How much is it per night/per person?
La prima colazione è compresa?	Is breakfast included?
Posso vedere la camera?	Can I see the room?
appartamento	flat
camera ammobiliata	bedsit
campeggio	camping
ostello della gioventù	youth hostel
ostello universitario	students hall
pensione	guesthouse

Documenti

passaporto	passport
carta d'identità	identity card
carta d'imbarco	boarding pass
visto	visa

Trasporti

A che ora parte/ arriva il/la…?	What time does the … leave/arrive?
autobus	bus
treno	train
Dove si trova il/la…?	Where is the…?
deposito bagagli	left luggage (office)
fermata dell'autobus	bus stop
stazione della metropolitana	underground station
stazione ferroviaria	train station
coincidenza	connection
Vorrei un biglietto di sola andata/ andata e ritorno	I'd like a single/ return ticket
Vorrei noleggiare un'auto/ una bicicletta	I would like to hire a car/ a bicycle
autobus a due piani	double decker
autobus a lunga percorrenza	coach
autostop	hitchhiking
metropolitana	tube/underground

Orientamento

Come si chiama questa via/strada?	What street/ road is this?
Come faccio ad arrivare a…?	How do I get to…?
(Vai) sempre diritto.	(Go) straight ahead.

Segnali

Entrance/Exit	Entrata/Uscita
Information	Informazioni
For Sale	Vendesi
Open/Closed	Aperto/Chiuso
Police	Polizia
Prohibited	Vietato
Toilets	Servizi igienici

Guida linguistica

(Gira) a sinistra.	*(Turn) left.*
(Gira) a destra.	*(Turn) right.*
Al semaforo.	*At the traffic light.*
Al prossimo incrocio.	*At the next corner.*

In città

Dove si trova il/la…?	*Where is the…?*
ambasciata	*embassy*
banca	*bank*
gabinetto pubblico	*public toilet*
telefono pubblico	*telephone centre*
ufficio di cambio	*exchange office*
ufficio	*tourist*
informazioni	*information*
turistiche	*office*
ufficio postale	*post office*
A che ora apre/	*What time does it*
chiude?	*open/close?*

Shopping

Quanto costa?	*How much is it?*
Posso vederlo?	*Can I look at it?*
È troppo caro.	*It's too expensive.*
cartoleria	*stationery*
farmacia/farmacista	*pharmacy/chemist*
giornalaio	*newsagent*
grande magazzino	*department store*
lavanderia	*laundry*
libreria	*bookshop*
mercatino	
delle pulci	*flea market*
mercato	*market*
negozio	
di abbigliamento	*clothing store*
supermercato	*supermarket*

CUCINA

prima colazione	*breakfast*
pranzo	*lunch*
cena	*dinner*
pasto	*meal*
piatto da asporto	*takeaway (food)*
ristorante	*restaurant*

il conto	*the bill*
Sono vegetariano.	*I'm a vegetarian.*

EMERGENZE

Aiuto!	*Help!*
Chiamate	
la polizia!	*Call the police!*
Chiamate	
un'ambulanza!	*Call an ambulance!*
Ho bisogno	
di un medico.	*I need a doctor.*
Dove si trova	*Where is*
l'ospedale?	*the hospital?*
il medico	*doctor*
il dentista	*dentist*
la farmacia	
(di turno)	*chemist (night)*
Mi sono perso.	*I am lost.*
Fare una chiamata	*To give*
a carico del	*a reverse*
destinatario.	*charge call.*

SALUTE

Sono malato.	*I am ill.*
Soffro di	*I am*
diabete	*diabetic*
epilessia	*epileptic*
asma.	*asthmatic.*
Sono allergico a…	*I am allergic to…*
antibiotici	*antibiotics*
penicillina.	*penicillin.*
Ho bisogno di…	*I need…*
aspirina	*aspirine*
assorbente interno	*tampon*
profilattici	*condoms*

Sintomi

Ho mal di testa/	*I have a headache/*
di stomaco	*a stomachache*
febbre	*fever*
diarrea	*diarrhoea*
nausea	*nausea*
dolore	*pain*

Glossario delle cartine

airport – aeroporto
around – dintorni
avenue – viale
barrage – sbarramento, diga
bastion – bastione
baths – bagni, terme
beach – spiaggia
boat landing – approdo delle imbarcazioni
bookshop – libreria
branch – ramo, affluente
bridge – ponte
bus, buses – autobus
bus stand – fermata d'autobus
bus station – stazione degli autobus
camp – campeggio
canal – canale
car ferry – traghetto per le auto
cathedral – cattedrale
cemetery – cimitero
chapel – cappella
church – chiesa
convent – convento
court – cortile
dam – diga
district – quartiere
dock – bacino fluviale
eastern – orientale
embassy – ambasciata
entrance gate – cancello d'ingresso
ferry – traghetto
field – campo, prato
flotel dock – molo di attracco
footbridge – ponte, passaggio pedonale
fort – forte, fortificazione
garden, gardens – giardino, giardini
gate – porta, portone
hall – sala, vestibolo
harbour – porto fluviale
hill – collina
hospital – ospedale
hydroelectric station – centrale idroelettrica
isle – isola
kiosk – chiosco
lake – lago
lane – vicolo
laundrette – lavanderia
lookout – punto panoramico
main road – strada principale
market – mercato
meadow – prato, prateria

memorial – monumento, cippo
mine – miniera
monastery – monastero
museum – museo
northern – settentrionale
obelisk – obelisco
orphanage – orfanotrofio
overpass – cavalcavia
palace – palazzo
park – parco
parliament – Parlamento
path – sentiero pedonale
pedestrian promenade – passeggiata pedonale
pier – molo
pillar – colonna
police station – stazione di polizia
port – porto
post office – ufficio postale
public gardens – giardini pubblici
pylon – pilone
railway station – stazione ferroviaria
river – fiume
road – strada
ruins – rovine
sea – mare
site – sito
southern – meridionale
square – piazza a pianta quadrata
station – stazione
strait – stretto
swimming pool – piscina
temple – tempio
ticket booth – biglietteria
to... – per/verso
tomb – tomba
tourist ferry – traghetto per turisti
tower – torre
town – città
town hall – municipio
trail – sentiero, pista
train station – stazione ferroviaria
tube – metropolitana
underground – metropolitana
underpass – sottopassaggio
university – università
vale – valle
walls – mura
western – occidentale
winery – vineria
youth hostel – ostello della gioventù

Guida linguistica

Dietro le quinte

LE GUIDE LONELY PLANET

La nostra storia inizia con un classico viaggio avventuroso: quello compiuto nel 1972 da Tony e Maureen Wheeler attraverso l'Europa e l'Asia fino all'Australia. All'epoca non esistevano informazioni su questo itinerario via terra, perciò Tony e Maureen pubblicarono la loro prima guida Lonely Planet per soddisfare una crescente richiesta. Dal tavolo di cucina, e poi da un minuscolo ufficio di Melbourne (Australia), la Lonely Planet è diventata la più importante casa editrice di viaggi indipendente di tutto il mondo ed è oggi un'azienda internazionale con uffici a Melbourne, Oakland, Londra e Parigi.

Attualmente le guide della Lonely Planet coprono la quasi totalità del pianeta, ma l'elenco delle pubblicazioni continua a crescere e le informazioni sui viaggi vengono fornite anche in varie altre forme e tramite diversi mezzi di comunicazione.

Alcune caratteristiche delle guide, però, non sono cambiate nel tempo e lo scopo principale di questi testi è tuttora quello di aiutare il viaggiatore avventuroso a organizzare il proprio itinerario, esplorando il mondo per meglio comprenderlo. La Lonely Planet ritiene che i viaggiatori possano dare un effettivo contributo ai paesi che visitano, a patto che rispettino le comunità di cui sono ospiti e spendano accortamente il loro denaro. A partire dal 1986, inoltre, una parte dei profitti ricavati dalla vendita di ciascuna guida di viaggio viene devoluta alla realizzazione di progetti umanitari e di campagne per il rispetto dei diritti umani.

QUESTA GUIDA

Questa quarta edizione inglese, qui proposta in quarta edizione italiana, è stata scritta da Martin Hughes, Sarah Johnstone e Tom Masters. La precedente edizione inglese di London era stata scritta da Steve Fallon. La prima e la seconda edizione erano state scritte da Pat Yale.

NOTA ALL'EDIZIONE ITALIANA

L'edizione italiana delle guide è a cura di Cesare Dapino, Luisella Arzani è responsabile della Redazione.

Per adattare il testo alle esigenze del lettore-viaggiatore italiano, l'originale è stato rivisto e integrato in alcuni punti dedicati alle informazioni pratiche (notizie sui viaggi dall'Italia, vaccinazioni e medicine 'italiane', visti, ecc.). Sono stati lasciati tuttavia nel testo così riveduto alcuni riferimenti che possono a prima vista apparire di non immediato interesse per il viaggiatore italiano, e questo per almeno tre considerazioni. In primo luogo si è ritenuto in linea di principio più utile abbondare di informazioni che potrebbero in alcuni casi rivelarsi comunque preziose; in secondo luogo, tenuto conto della sempre più diffusa conoscenza dell'inglese in Italia, non ci è parso superfluo mantenere per esempio segnalazioni di pubblicazioni (libri, giornali) in inglese. Infine è possibile che chi viaggia solo incontri compagni di strada e di avventura di altre nazionalità, per i quali alcune delle informazioni qui contenute potrebbero essere d'aiuto a risolvere problemi d'ordine pratico.

Federica Benetti, Marisa Carena, Carla Malerba e Paola Martina sono le autrici della traduzione. Le integrazioni per il lettore italiano sono state realizzate da Elisa Bigotti e Cristina Boglione, con il coordinamento di Luciana Defedele; Luca Borghesio e Marco Zucchelli hanno curato il capitolo sull'Ambiente, il dottor Maurizio Dall'Acqua si è occupato del capitolo sulla Salute, mentre Alberto Fornelli ha fornito le integrazioni sul Viaggio da/per l'Italia. Ringraziamo Ennio Vanzo della Libreria VEL di Sondrio per la consulenza cartografica.

L'editing, la correzione delle bozze e l'impaginazione sono opera di Rossotto Editing. Guido Mittiga si è occupato della rielaborazione grafica delle cartine, disegnate per l'edizione inglese dai cartografi della Lonely Planet. Le fotografie sono state fornite da Lonely Planet Images e da Neil Setchfield tranne le seguenti: p270 Juliet Coombe; p282 Elliot Daniel; p361 Christina Dameyer; p92 Lee Foster; p375 Veronica Garbutt; p67 Manfred Gottschalk; p144, p174, p364 Charlotte Hindle; p280 Richard l'Anson; p166 Doug McKinlay; p99 Martin Moos; p188 Guy Moberly; p186, p370 David Tomlinson; p202 Lawrence Worcester.

La copertina e le pagine a colori sono state realizzate da Anna Dellacà, con la supervisione di Sara Fiorillo. Un ringraziamento ad Angelica Taglia per il prezioso lavoro di coordinamento.

RICONOSCIMENTI

Cartina della metropolitana di Londra: London Transport Museum © 2003.

Un ringraziamento particolare a Daniele Bergesio per la consulenza sul paragrafo Musica.

NOTA DEGLI AUTORI

MARTIN

Un grazie a Kirsti, Jeremy, Jane, Sean, Ardal, Melanie, Amanda, Emma, Marco, Gianfranco Zola e ai coautori Sarah e Tom. Un grosso ringraziamento anche ad Amanda, Fiona e Tom dell'ufficio di Londra, per il tempo e l'impegno dedicati al progetto e per la loro competenza.

TOM

Grazie a tutti quelli che conosco, che contribuiscono a fare di Londra il miglior posto al mondo, e in particolare a Gray Jordan, Ruby Baker, Stephen Billington, Zeeba Sadiq, Mike Christie e Gabriel Gatehouse per avermi aiutato, consigliato e accompagnato durante le ricerche per questo libro. Uno speciale ringraziamento a Max Schaefer per i suoi commenti e le sue correzioni.

SARAH

Ringrazio, tra gli altri, Max, Inkeri, Lou, Lisa, Peta, Martin e il cane Max per avermi portato a passeggiare vicino alla residenza di Alastair Campbell quando avevo bisogno di chiarirmi le idee. Parlando più seriamente, desidero esprimere la mia sincera gratitudine a George Ferguson, presidente del RIBA (Royal Institute of British Architects), per avermi dedicato un po' del suo tempo, sottraendolo ai suoi numerosi impegni.

RINGRAZIAMENTI

Ringraziamo i viaggiatori che hanno utilizzato la precedente edizione di questa guida e ci hanno scritto fornendo utili suggerimenti, consigli e aneddoti interessanti: Miho Aishima, Renata Alexander, Jane Allardice, Montse Basté-Kraan, Andre Berthy, Beatrice Bignami, Alison Blackbourne, Simone Bonechi, Sarah Bonuomo, Francesco Borrelli, Clint Botha, Priscilla Bratcher, Bruce Breaden, A Bregman, Marcel Brulisauer, Vincent Brunst, John Vincent Burling, Gordon Callahan, Michelle Cassumbhoy; Andrea Cawley, Mona Chan, Mette Christiansen, Laurie Clamens, Sergio Conforti, Valerio Corradini, Malcolm Craig, Donna Curry, Dave Dahms, Melissa Daniels, Laura De Bernardi, Pietro D'Orazi, Sandra Dowd, Sharron Drinnan, Marietjie du Preez, Dianne Edlington, S Edwards, Doug Eldred, Devin Farley, Maurizio Fenino, Kate Flood, Sandra Focken, Sandra Forde, Emma Foulger, Jimmy Franks, James Frey, Richard Game, D Gore-Harvey, Hugh Griffin, Michela Guardini, Karen Ha, Tricia Hammond, Paul Hanna, Stanley Hasegawa, Kerry Hawkins, Don Hershey, Keith Hughes, Andy Humphris, Jennifer Jameson, Nicklas Johansson, John Johnson, Robert Jones, Jason Kang, Warren Lear, Naryse Lechevalier, Norman Lee, Felicia Lim, Myra Loomer, Lawrence Manion, Jean Martino, Giorgio Merlon, Jon Milde, Linda Mills, John Moore, Frances Morrier, Giacomo Mosca, Giovanni Mosca, Suzie Muntz, Antonella Nigro, Johanna Nilsson, Christina O'Callaghan, Virag Parkanyi, Vince Paul Jamie Pearson, Mary and Robert Perkins, Thomas G Power, Elena Prati, Jerry Purcell, Kristin Redfern, Kathleen Reyes, Carlos Rivas, NW Rowan, Maeve Ryan, A Schneeberger, W Schuurman, Anna Shah, Jenny Sheffield, Duncan Shields, Pauline Simpson, Ben Smith, Christian Soelberg, Jamshid Soorghali, Tim Spanton, Cynthia Spencer, Anna-Maria Sviatko, Melissa Taylor, Patricia Teslak, Mohammad Tokhi, Wim Vandenbussche, Joan Vandewerdt, Niklas Varisto, Dag Eivind Vestbakkle, Neil Wallis, Ken Weingart, Andrew Wenrick, Mike Widener, Frank Weissbach, Ian Welbourn, Andrew Young, Ji Young.

SCRIVETECI!

Le notizie che riceviamo dai viaggiatori sono per noi molto importanti e ci aiutano a rendere migliori le nostre guide. Ogni suggerimento (positivo o negativo) viene letto e valutato dalla Redazione e comunicato agli autori Lonely Planet.

Chi ci scrive vedrà pubblicato il proprio nome tra i ringraziamenti della successiva edizione della guida, e gli autori dei contributi più utili e originali riceveranno un piccolo omaggio. Estratti delle lettere vengono pubblicati sul sito www.edt.it o sulla newsletter *Il Mappamondo*, che informa i nostri lettori grazie anche al passaparola.

Per essere aggiornati sulle novità Lonely Planet e sui suggerimenti della comunità dei viaggiatori italiani visitate periodicamente il nostro sito **www.edt.it**.

EDT, via Alfieri 19, 10121 Torino
fax 0112307034
email lettere@edt.it.

N.B.: Se desiderate che le vostre informazioni restino esclusivamente in Redazione e che il vostro nome non venga citato tra i ringraziamenti ricordate di comunicarcelo.

Indice

*V. anche gli indici dedicati a Divertimenti (p422), Locali (p423), Pasti (p424),
Pernottamento (p425) e Shopping (p426).*

Riferimenti cartine in **neretto**.

Riferimenti cartine in **neretto**.

422

Indice

PASTI

Riferimenti cartine in **neretto**.

Indice

SHOPPING

Riferimenti cartine in **neretto**.

Indice

Finito di stampare presso Milanostampa - A.G.G. Printing Stars s.r.l. – Farigliano (CN)
nel mese di aprile 2004

Ristampa

Anno

0 1 2 3 4 5 6

2004 05 06 07 08 09

Note <u>Bus 8</u> → victoria → liver

(✳) Bethnal Green → tube

→ Rowan Road

333 → mile End

1 Ford Street

E3 5NU → London

↓

8dns → East Side

Beatrice
wb 0796 889 1621
ph (house) 02 8825 2862

A to z → A-Z

Parcel Flight .co.uk

0161 975 7700

Adicco

£6 conflyer
↓
277 Bus Islington
aireriour
copoliner
(25 m)

[Garage] sabato

de Beden || Hoxton
Square
8→ shonedich

Mercatino Domenica
liberpool stroel st.
Petticoat Lane (square)
spittfield → stilish

[Spitalfields]

Note

3º dišng → idea

H&M oxford Street
Marble Anch
Bond Street | tube

Top Shop → Oxford
                        Street
Oxford
    Circus Station

Note

LEGENDA DELLE CARTINE

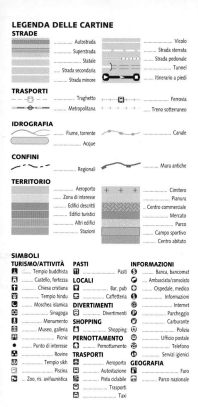

STRADE

.... Autostrada
.... Superstrada
.... Statale
..... Strada secondaria
.... Strada minore

.... Vicolo
.... Strada sterrata
.... Strada pedonale
.... Tunnel
...... Itinerario a piedi

TRASPORTI

.... Traghetto
.... Metropolitana

.... Ferrovia
..... Treno sotterraneo

IDROGRAFIA

...... Fiume, torrente
.... Acque

.... Canale

CONFINI

.... Regionali

.... Mura antiche

TERRITORIO

.... Aeroporto
...... Zona di interesse
.... Edifici descritti
.... Edifici turistici
.... Stazioni

.... Cimitero
.... Pianura
.. Centro commerciale
.... Mercato
.... Parco
.... Campo sportivo
.... Centro abitato

SIMBOLI

TURISMO/ATTIVITÀ
🔺 ...... Tempio buddhista
🏰 .... Castello, fortezza
✝ .... Chiesa cristiana
🛕 .... Tempio hindu
☪ ...... Moschea islamica
✡ .... Sinagoga
🗿 .... Monumento
🏛 .... Museo, galleria
🏕 .... Picnic
● ...... Punto di interesse
🎭 .... Rovine
🛐 .... Tempio sikh
🏊 .... Piscina
🦁 ... Zoo, ris. avifaunistica

PASTI
🍴 .... Pasti
LOCALI
🍺 .... Bar, pub
☕ .... Caffetteria
DIVERTIMENTI
🎭 .... Divertimenti
SHOPPING
🛍 .... Shopping
PERNOTTAMENTO
🏠 .... Pernottamento
TRASPORTI
✈ .... Aeroporto
🚌 .... Autostazione
🚲 .... Pista ciclabile
Ⓣ .... Trasporti
🚖 .... Taxi

INFORMAZIONI
🏦 .... Banca, bancomat
🏳 .... Ambasciata/consolato
✚ .... Ospedale, medico
ℹ .... Informazioni
@ .... Internet
🅿 .... Parcheggio
⛽ .... Carburante
👮 .... Polizia
✉ .... Ufficio postale
📞 .... Telefono
🚻 .... Servizi igienici

GEOGRAFIA
🗼 .... Faro
🌲 .... Parco nazionale

Cartine

0 — 10
0 — 6 mi

To Ipswich (57mi)

To Cambridge (47mi)

To Cambridge (42mi)

To Chingford Golf Course (1mi)

WOODFORD

WALTHAMSTOW
Walthamstow Stadium

Waltham Forest

ILFORD

EAST HAM

WEST HAM
West Ham United Football Club

Docklands Equestrian Centre

To Abbey Wood Caravan Park (1mi)

To Dover (57mi)

WOOLWICH

Mountaintop Beckton Alps Ski Centre

London City Airport

North

Woolwich Royal Arsenal: Firepower

Woolwich Ferry

Woolwich Old Station

Thames Flood Barrier

CHARLTON
Charlton Athletic Football Club & London Broncos Rugby Club

Charlton House

BLACKHEATH

ELTHAM
Eltham

To Southend-on-Sea (26mi)

LEYTON

WEST HAM

House Mill

WHITECHAPEL

GREENWICH
Royal Victoria Dock Watersports Centre, Peter Harrison Planetarium, Wind-surfing Centre

North Greenwich Tube Station

Greenwich Park

v. cartina Docklands e Greenwich p455

ISLE OF DOGS

DEPTFORD

NEW CROSS

LEWISHAM

Greenwich

LEE

Lee Valley Ice Centre

A102(M)

WANDFORD

FOREST HILL
Catford Stadium

v. cartina Hampstead e Highgate p435

WOOD GREEN

TOTTENHAM
Tottenham Hotspur Football Club

Lee Valley Leisure Centre

William Morris Gallery

STOKE NEWINGTON

Abney Park Cemetery

HACKNEY

Rasa & Bar Lorca

BETHNAL GREEN

WAPPING

ROTHERHITHE

BERMONDSEY

PECKHAM
Peckham Rye Park

DULWICH VILLAGE
Dulwich Picture Gallery

Horniman Museum

Castle Climbing Centre

Vortex

ARCH-WAY

FINSBURY PARK
Arsenal Football Club

La Porchetta

HIGHBURY

ISLINGTON

Liverpool Street

Fenchurch Street

CITY

London Bridge

LAMBETH

CAMBERWELL

BRIXTON
Brockwell Park

To Streatham Ice Rink (1mi), Gatwick Airport (25mi)

FRIERN BARNET

FINCHLEY
Jewish Museum (Finchley)

HIGHGATE
Highgate Cemetery

Queen's Wood

KENTISH TOWN

CAMDEN TOWN

St Pancras

King's Cross

Euston

BLOOMSBURY

MARYLEBONE

SOHO

Charing Cross

MAYFAIR

Waterloo

Victoria

PIMLICO

VAUXHALL

CLAPHAM
Clapham Common

Bombay Bicycle Club

Chez Bruce

To Leeds (176mi), Birmingham (92mi) & Luton (16mi)

GOLDERS GREEN

HENDON

NEASDEN

HAMPSTEAD
Hampstead Heath

Regent's Park

St Pancras

Paddington

Westway

Hyde Park

BAYSWATER

NOTTING HILL

KENSINGTON

EARL'S COURT

CHELSEA

Battersea Park

BATTERSEA

The Gourmet Burger Kitchen

Hive

Royal Air Force Museum

EDGWARE

To Oxford (43mi)

WEMBLEY
Wembley Arena

WILLESDEN

HARLESDEN

Shri Swaminarayan Mandir (Hindu Temple)

KILBURN

FULHAM

Young's Ram Brewery

Royal Victoria Patriotic Building, Le Gothique

WANDSWORTH
Wandsworth Common

v. cartina Londra centro pp436-37

To Bristol (106mi)

EALING

ACTON

SHEPHERD'S BUSH

Lyric Hammersmith

Hammersmith Health Centre

HAMMERSMITH
Hammersmith Riverside Pubs

Riverside Studios

Hogarth's House

Chiswick House

CHISWICK
Chiswick Riverside Pubs

BARNES

PUTNEY

Pitshanger Manor

Brent Valley Golf Course

Gunnersbury Park

Gunnersbury Park Museum

Musical Museum

Kew Bridge Steam Museum

BRENTFORD

Syon House

Osterley Park

ISLEWORTH

KEW
Kew Gardens

Old Deer Park

RICHMOND
Richmond Park

Ham

To Syon House

HOUNSLOW

To Heathrow Airport (2mi)

To M3 & Southampton (65mi)

Marble Hill House

Twickenham Rugby Stadium & Museum

Old Deer Park

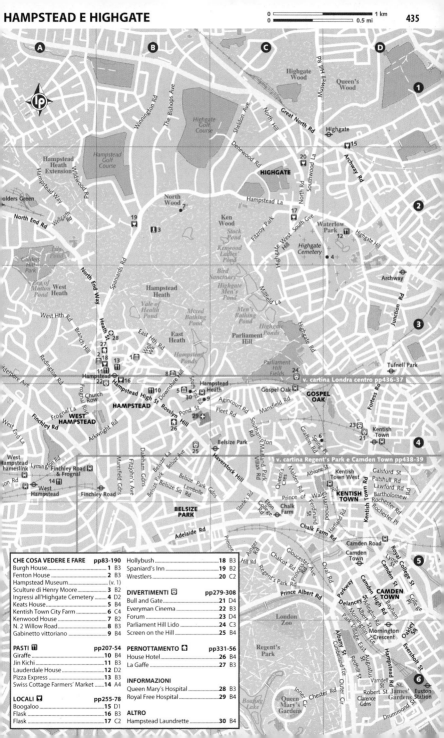

0 — 1 km
0 — 0.5 mi

A **B** **C** **D**

Highgate Wood
Queen's Wood
1

Highgate
Great North Rd
15

HIGHGATE
20

Highgate La
Hampstead La
17
Waterlow Park
12
Highgate Hill
2

North Wood
7
Ken Wood
Stock Pond
19
3
Fitzroy Park
Highgate West South Gve
Highgate Cemetery
4
Archway
Junction Rd

Hampstead Heath Extension

Hampstead Heath
Vale of Health Pond
Bird Sanctuary
Highgate Men's Pond
Men's Bathing Pond
Tufnell Park
3

West Heath
East Heath
Hampstead Ponds
Parliament Hill
Highgate Ponds
Parliament Hill Fields
24
v. cartina Londra centro pp436-37

27 28
2 18 13
11 1
22 16
8
HAMPSTEAD
10
5
30
9
29
26
Hampstead Heath
Gospel Oak
GOSPEL OAK
23
21
Kentish Town
4

WEST HAMPSTEAD
Rosslyn Hill
Fleet Rd
6

Belsize Park
25

v. cartina Regent's Park e Camden Town pp438-39

West Hampstead Thameslink
Finchley Road & Frognal
14
West Hampstead
Finchley Road
BELSIZE PARK
Adelaide Rd
KENTISH TOWN
Camden Road
Camden Town
5

London Zoo
CAMDEN TOWN
Prince Albert Rd
Regent's Park
6
Euston Station

Queen Mary's Gardens
Boating Lake

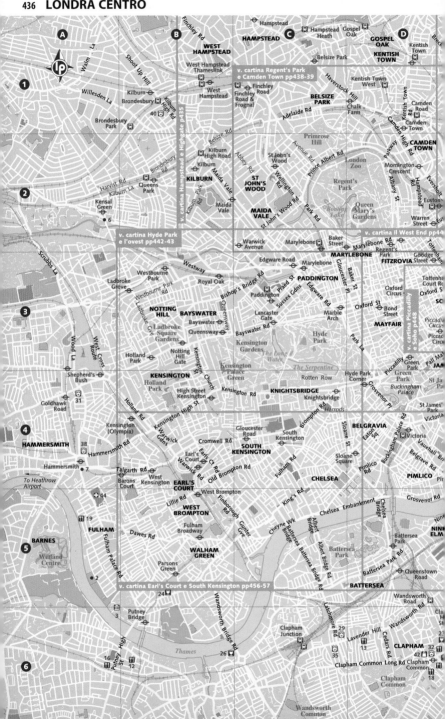

Ⓐ Ⓑ Ⓒ Ⓓ

1
2
3
4
5
6

Walm La
Shoot Up Hill
Willesden La
Kilburn
Brondesbury
Brondesbury Park
Harvist Rd
Kensal Green
Queens Park
Kilburn La
40

West Hampstead
WEST HAMPSTEAD
West Hampstead Thameslink
West Hampstead
Finchley Rd
HAMPSTEAD
Hampstead Heath
Belsize Park
Gospel Oak
GOSPEL OAK
KENTISH TOWN
Kentish Town
Breck

v. cartina Regent's Park e Camden Town pp438-39
Finchley Road
Finchley Road & Frognal
Adelaide Rd
Haverstock Hill
Kentish Town West
BELSIZE PARK
Chalk Farm
Camden Road
Camden Town

Kilburn High Road
Kilburn
Maida Vale
St John's Wood
Primrose Hill
Avenue Rd
London Zoo
Mornington Crescent
CAMDEN TOWN
Euston

KILBURN
Maida Vale
ST JOHN'S WOOD
MAIDA VALE
St John's Wood Rd
Prince Albert Rd
Park Rd
Albany St
Regent's Park
Shooting
Queen Mary's Gardens
Warren Street
Everesholt
Hampstead

v. cartina Hyde Park e l'ovest pp442-43
Warwick Avenue
Marylebone
Baker Street
Edgware Road
Marylebone
Gloucester Pl
Regent's
MARYLEBONE
v. cartina Il West End pp44
Marylebone Rd
Goodge Street
FITZROVIA
Tottenham Court Rd
Oxford S

Scrubs La
Westbourne Park
Westway
Royal Oak
Bishop's Bridge Rd
Paddington
PADDINGTON
Praed St
Edgware Rd
Baker St
Oxford Circus
Oxford St
Bond Street
Tottenham Court Rd
SC

Ladbroke Grove
Westbourne Park Rd
Ladbroke Grove
NOTTING HILL
BAYSWATER
Queensway
Lancaster Gate
Sussex Gdns
Marble Arch
MAYFAIR
Piccadilly Circus
Picca

West Cross Route
Wood La
Holland Park
Notting Hill Gate
Bayswater
Queensway
Bayswater Rd
Kensington Gardens
The Long Water
Hyde Park
Park La
The Serpentine
Green Park
Pall Ma
JAM

Shepherd's Bush
Goldhawk Road
31
Holland Park
KENSINGTON
Holland Park
High Street Kensington
Kensington Church St
Kensington Palace Green
Kensington Rd
Rotten Row
KNIGHTSBRIDGE
Knightsbridge
Hyde Park Corner
Piccadilly
Buckingham Palace
Grosvenor Pl
St Ja
St James' Park

HAMMERSMITH
38
Hammersmith Rd
Kensington (Olympia)
Holland Rd
Kensington High St
Warwick Gdns
Cromwell Rd
Gloucester Road
South Kensington
Sloane St
BELGRAVIA
Eaton Sq
Buckingham Palace Rd
Victoria
Vauxhall Br

4
Hammersmith
7
Talgarth Rd
Barons Court
West Kensington
Earl's Ct Rd
Earl's Ct Rd
Old Brompton Rd
SOUTH KENSINGTON
Fulham Rd
Sloane Square
Pimlico Rd
PIMLICO
Belgrave

To Heathrow Airport
44
West Brompton
Finborough Rd
King's Rd
CHELSEA
Grosvenor Rd

5
BARNES
Wetland Centre
19
FULHAM
Fulham Palace Rd
Dawes Rd
EARL'S COURT
WEST BROMPTON
Lillie Rd
Gunter Gve
Fulham Broadway
WALHAM GREEN
Cheyne Wk
Albert Bridge
Battersea Bridge
Battersea Bridge Rd
Battersea Park
Chelsea Bridge
Battersea Park
Queenstown Road
BATTERSEA
NINE ELM

Parsons Green
2
Putney Bridge
24
3
Putney High St
16
12
Wandsworth Bridge Rd
26
v. cartina Earl's Court e South Kensington pp456-57
Clapham Junction
29
Lavender Hill
13
35
Latchmere Rd
Cedars Rd
Clapham Common Long Rd
CLAPHAM
32
42
18
Clapham Common

6
Thames
Wandsworth Common
Wandsworth Road
Wandsworth Common
Clapham Common

0 ————— **2 km**
0 ————— **1 mi**

CHE COSA VEDERE E FARE	pp83-190
Bethnal Green Museum of Childhood	1 G2
Fulham Football Club	2 A5
Fulham Palace	3 A6
Hackney City Farm	4 G2
Hackney Museum	5 G1
Kensal Green Cemetery	6 A2
London Ark Building	7 A4
Ragged School Museum	8 H3
Sutton House	9 G1

PASTI	pp207-54
Armadillo	10 G2
Crown Organic Pub	11 H2
Del Buongustaio	12 B6
Drawing Room	13 D6
Eco	14 D6
Little Georgia	(v. 10)
LMNT	15 G1
Ma Goa	16 A6
Mangal	17 F1
Pepper Tree	18 D6
River Café	19 A5
Thyme	20 D6
Tsunami	21 D6

LOCALI	pp255-78
Arch 635	22 E6
Bread and Roses	23 D6
Dove Freehouse & Kitchen	(v. 10)
Eclipse	24 B5

Sand	25 E6
Ship	26 B6
So.uk	27 D6
White Swan	28 H3

DIVERTIMENTI	pp279-308
Battersea Arts Centre	29 C6
Brockwell Park Lido	30 E6
Bush Theatre	31 A4
Clapham Picture House	32 D6
Hackney Empire	33 G1
Hackney Ocean	34 G1
Jongleurs Battersea	35 C6
Jongleurs Bow Wharf	36 H2
Lee Hurst's Backyard Comedy Club	37 G2
Po Na Na	38 A4
Rio Cinema	39 F1
Shepherd's Bush Empire	(v. 31)
Tricyle Theatre	40 B1

SHOPPING	pp309-30
Burberry Factory Shop	41 G1
Oliver Bonas	42 D6
Ridley Rd Market	43 G1

INFORMAZIONI	
Charing Cross Hospital	44 A5
Homerton Hospital	45 G1

CHE COSA VEDERE E FARE	pp83-190
Strisce pedonali di Abbey Rd	**1** B4
British Library	**2** H5
Camden Market	**3** F3
Camley St Natural Park	**4** H4
Ingresso al London Zoo	**5** D4
Freud Museum	**6** B1
Isokon Apartments	**7** D1
Jewish Museum	**8** F3
London Central Islamic Centre & Mosque	**9** C5
Percival David Foundation of Chinese Art	**10** H6
Petrie Museum of Egyptian Archaeology	**11** G6
St Pancras New Church	**12** H5

PASTI	pp207-54
Ali Baba	**13** D6
Asakusa	**14** G4
Bar Gansa	**15** F3
Café Corfu	**16** F3
Café Delancey	**17** F3
Castle's	**18** G2
Cottons Rhum Shop, Bar & Restaurant	**19** E2
Diwana Bhel Poori House	**20** G5
El Parador	**21** G4
Engineer	**22** E3
Lemongrass	**23** G2
Mango Room	**24** F3
Ravi Shankar	**25** G5
Terra Brasil	**26** H5
Trojka	**27** D2
Wagamama	**28** F3

LOCALI	pp255-78
Bar Vinyl	**29** F3
Bartok	**30** E2
Belushi's Bar	**31** F3
Crown & Goose	**32** F3
Head of Steam	**33** H5
Pembroke Castle	**34** D2
Queen's	**35** D3
Warrington Hotel	**36** A5
World's End	**37** F3

DIVERTIMENTI	pp279-308
Barfly@the Monarch	**38** E2
Camden Palace	**39** G4
Cecil Sharp House	**40** E3
Dingwalls	(v. 45)
Dublin Castle	**41** F3
Enterprise	**42** E2
Hampstead Theatre	**43** B2
Jazz Café	**44** F3
Jongleurs	**45** F2
Lord's	**46** B5
Open Air Theatre	**47** E5
Place	**48** H5
Underworld	(v. 37)

SHOPPING	pp309-30
Sainsbury's Supermarket	**49** F3
Tower Records	**50** F3

PERNOTTAMENTO	pp331-56
66 Camden Square	**51** G1
Camden Lock Hotel	**52** E2
Crescent Hotel	**53** H5
Harlingford Hotel	**54** H5
Hotels	**55** G5
Jenkins Hotel	**56** H5
St Christopher's Inn Camden	(v. 31)
St Pancras International YHA	**57** H5

INFORMAZIONI	
University College Hospital	**58** G6

ALTRO	
Forco Laundrette	**59** F3
STA Travel	**60** H5

0 — 500 m
0 — 0.3 mi

KENTISH TOWN

E

F

G

H

1

2

3

4

5

6

Spring Pl

Grafton Rd

Holmes Rd

Gaisford St

Busby Pl

Torriano Ave

Camden Park Rd

York Way

Market Rd

Maiden Rd

Rhyl St

Athlone St

Wilkin St

Angler's La

Patshull Rd

Lawford Rd

North Villas

South Villas

Marquis Rd

arsden St

Prince Of Wales Rd

Ferdinand St

Hartland Rd

Kentish Town West

Bartholomew Rd

Camden Rd

Camden Mws

51

Camden St

St Augustine's Rd

Agar Gve

St Paul's Cres

52

Castlehaven Rd

Kentish Town Rd

Kelly St

Castle Rd

Hadley St

Hawley Rd

Rochester Rd

Rochester Pl

Wilmot

Murray St

Stratford Villas

v. cartina King's Cross e il nord-est pp440-41

lk n

42

30

19

38

Roundhouse

Chalk Farm Rd

Jeffrey's St

Rochester Sq

Prowse Pl

23

18

Camden Road

Baynes St

Barker Dr

Gloucester Ave

Camden Market

45

Lyme St

St Pancras Way

Camden Town

28 15

3

49

24

Jamestown Rd

Buck St

halcot Rd

Princess Rd

22

29

Inverness St

37

50

Greenland Rd

Georgiana St

Granary St

Camley Garden St Natural Park

40

59

Oval Rd

Gloucester Cres

44

Camden High St

16

Pratt St

Royal College St

4

Camley St

41

Parkway

8

32

CAMDEN TOWN

College Pl

St Pancras Gardens

St Pancras Way

17

31

Delancey St

Bayham St

Plender St

Camden St

Arlington Rd

Albert St

Mornington Tce

39

Mornington Crescent

Crowndale Rd

Oakley Sq

Charrington St

Pancras Rd

ndon

00

Outer Cir

14

21

Mornington Cres

Chalton St

Werington St

Aldenham St

Purchese St

St Pancras Station

Midland Rd

Albany St

Regent's Park Barracks

Park Village East

Granby Tce

Cranleigh St

Polygon Rd

Barnby St

Phoenix Rd

Ossulston St

British Library

2

er Circle

47

Chester Rd

Cumberland Tce

Redhill St

Augustus St

Hampstead Rd

Varndell St

Robert St

Drummond Cres

SOMERS TOWN

26

Doric Way

Churchway

57

60

Bidborough St

5

Queen Mary's Gardens

Chester Gate

Clarence Gdns

William Rd

REGENT'S PARK

Starcross St

North Gower St

St James Gardens

Euston Station

Euston

Eversholt St

Euston Sq

33

48

Dukes Rd

Elm Tce

Cartwright Gdns

Sandwich St

56

53

54

York Bridge

v. cartina II West End pp446-47

Munster Sq

Longford St

Drummond St

55

20

25

Stephenson Way

Gower St

Endsleigh Gdns

Upr Woburn

12

Euston Square

Tavistock Pl

Herbrand St

Woburn Pl

er Cir

York Tce

York Gate

Park Sq West

Park Square Gardens

Park Sq East

Euston Rd

Warren Street

Conway St

Warren St

Fitzroy Square

Grafton Way

Tottenham Ct Rd

University St

58

Gordon St

Tavistock Sq

10

Woburn Sq

6

ylebone Rd

Regent's Park

Portland Pl

Great Portland Street

Hallam St

Bolsover St

Carburton St

Cleveland St

Maple St

Whitfield St

Wland St

Fitzroy St

Huntley St

Gower St

11

Torrington Pl

Malet St

BLOOMSBURY

Russell Sq

Telecom

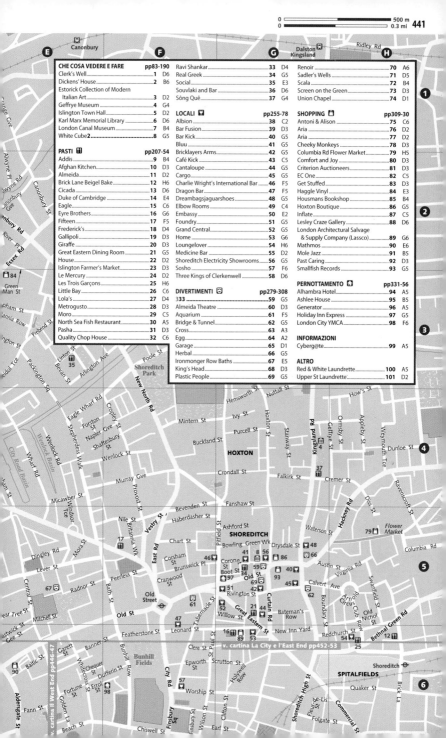

CHE COSA VEDERE E FARE   pp83–190

Clerk's Well	**1**	D6
Dickens' House	**2**	B6
Estorick Collection of Modern Italian Art	**3**	D2
Geffrye Museum	**4**	G4
Islington Town Hall	**5**	D2
Karl Marx Memorial Library	**6**	D6
London Canal Museum	**7**	B4
White Cube2	**8**	G5

PASTI   pp207–54

Addis	**9**	B4
Afghan Kitchen	**10**	D3
Almeida	**11**	D2
Brick Lane Beigel Bake	**12**	H6
Cicada	**13**	D6
Duke of Cambridge	**14**	E4
Eagle	**15**	C6
Eyre Brothers	**16**	G6
Fifteen	**17**	F5
Frederick's	**18**	D4
Gallipoli	**19**	D3
Giraffe	**20**	D3
Great Eastern Dining Room	**21**	G5
House	**22**	D2
Islington Farmer's Market	**23**	D3
Le Mercury	**24**	D2
Les Trois Garçons	**25**	H6
Little Bay	**26**	C6
Lola's	**27**	D4
Metrogusto	**28**	D3
Moro	**29**	C5
North Sea Fish Restaurant	**30**	A5
Pasha	**31**	D3
Quality Chop House	**32**	C6

Ravi Shankar	**33**	D4
Real Greek	**34**	G5
Social	**35**	E3
Souvlaki and Bar	**36**	D6
Sông Quê	**37**	G4

LOCALI   pp255–78

Albion	**38**	C2
Bar Fusion	**39**	D3
Bar Kick	**40**	G5
Bluu	**41**	G5
Bricklayers Arms	**42**	G5
Café Kick	**43**	C5
Cantaloupe	**44**	G5
Cargo	**45**	G5
Charlie Wright's International Bar	**46**	F5
Dragon Bar	**47**	F5
Dreambagsjaguarshoes	**48**	G5
Elbow Rooms	**49**	C4
Embassy	**50**	E2
Foundry	**51**	F5
Grand Central	**52**	G5
Home	**53**	G6
Loungelover	**54**	H6
Medicine Bar	**55**	D2
Shoreditch Electricity Showrooms	**56**	E5
Sosho	**57**	F6
Three Kings of Clerkenwell	**58**	D6

DIVERTIMENTI   pp279–308

333	**59**	G5
Almeida Theatre	**60**	D3
Aquarium	**61**	F5
Bridge & Tunnel	**62**	G5
Cross	**63**	A3
Egg	**64**	A2
Garage	**65**	D1
Herbal	**66**	G5
Ironmonger Row Baths	**67**	E5
King's Head	**68**	D3
Plastic People	**69**	G5

Renoir	**70**	A6
Sadler's Wells	**71**	D5
Scala	**72**	B4
Screen on the Green	**73**	D3
Union Chapel	**74**	D1

SHOPPING   pp309–30

Antoni & Alison	**75**	C6
Aria	**76**	D2
Aria	**77**	D2
Cheeky Monkeys	**78**	D3
Columbia Rd Flower Market	**79**	H5
Comfort and Joy	**80**	D3
Criterion Auctioneers	**81**	D3
EC One	**82**	C5
Get Stuffed	**83**	D3
Haggle Vinyl	**84**	E3
Housmans Bookshop	**85**	B4
Hoxton Boutique	**86**	G5
Inflate	**87**	C5
Lesley Craze Gallery	**88**	D6
London Architectural Salvage & Supply Company (Lassco)	**89**	G6
Mathmos	**90**	E6
Mole Jazz	**91**	B5
Past Caring	**92**	D3
Smallfish Records	**93**	G5

PERNOTTAMENTO   pp331–56

Alhambra Hotel	**94**	A5
Ashlee House	**95**	B5
Generator	**96**	G5
Holiday Inn Express	**97**	G5
London City YMCA	**98**	F6

INFORMAZIONI

Cyberg@te	**99**	A5

ALTRO

Red & White Laundrette	**100**	A5
Upper St Laundrette	**101**	D2

0 ——————————— 200 m
0 ——————————— 0.1 mi

A **B** **C** **D**

BLOOMSBURY

Hanson St — Foley St — House St — Tottenham St — Charlotte St — Store St

Langham St

Bay St — Bedford

Morwell St — Bedford St

1

Windmill St — Percy St

Tottenham Court Rd

Mortimer St — Rathbone St — 119 — 32 — 11

Newman St — Berners Mws — Goodge St

Little Portland St — Margaret St — Gresse St — Rathbone Pl

Great Portland St — Great Titchfield St — Eastcastle St — Riding Wells St — Perry's Pl

127 — 59 — Great Russell St
103 — 18 — Hanway Pl — 17
47 — Hanway St — 63 — New Oxfo Stre
113 — 64 — Tottenham Court Road 2

2

50 — 86 — Winsley St — 98 — 124 — 54 — Great Chapel St — Soho St — Oxford St — Falconberg — 56 — Gi
Market Pl — 91 — Sutton Row

Prince's St — Oxford Circus — Oxford St — 85 — 130 — 37 — 131 — 39 — 33 — 6 — Soho Sq — 58 — 1
111 — Oxford Circus — Wardour St — 28 — 16 — 102 — Manette St
Noel St — Carlisle — 120 — Frith St — Greek St

3

Princes St — 67 — Great Marlborough St — 96 — 122 — 105 — 80 — 31 — Bateman — 15
Hanover St — Poland St — 94 — D'arblay St — 84 — 106 — 90 — 45 — **SOHO** — 76 — 34 — 12 — 29
73 — 22
100 — 99 — 23 — Dean St — 27 — 19 — Romilly — 21
Maddox St — 121 — Berwick St — 38 — Meard St — 48 — Enth — 7
36 — Marshall St — Broadwick St — 82 — 49 — 81 — Old Compton St — Lisle
53 — Ganton St — 46 — 108 — Peter St — 93 — 9 — Leice Squa
Kingly St — Carnaby St — Beak St — Lexington St — 24 — 42 — 69 — Brewer St — 13

4

95 — Bridle La — Great Windmill St — 75 — Shaftesbury Ave — Rupert St — Gerrard St
51 — 52 — Golden Sq — 70 — 65 — 55 — 43 — Wardour St
101 — 87 — 107 — 41 — Warwick St — 57 — 9
35 — Savile Row — 25 — 117 — 20 — 79 — 71 — Landon Trocadero — 7 — Coventry St — 74
Boyle St — Heddon St — 10 — 123 — Sherwood St — 128 — 97 — 61 — Overdon St

5

Clifford St — Old Burlington St — Vigo St — Glasshouse St — Piccadilly Circus — 3 — 114 — 44 — 40 — 60
Grafton St — Cork St — 1 — 83 — Regent St — 112 — 62 — 14 — 5 — 125 — Panton St — Irving St — Whitcomb St
4 — Albemarle St — 88 — 110 — Royal Arc — 26 — Orange St
118 — Burlington Gdns — **Royal Academy of Arts** — 8 — 116 — Haymarket — 78
77 — 66 — Suffolk
Dover St — Old Bond St — Sackville St — Duke of York St — 126 — 129 — Cockspur

6

Berkeley St — Stafford St — 92 — Jermyn St — 104
109 — 30 — **ST JAMES'S**
The Ritz — St James's St — Bury St — Duke St — Pall Mall — Waterloo Pl — Carlton Ho

v. cartina Covent Garden e Holborn p450

0   200 m
0   0.1 mi

A   **B**   **C**   **D**

v. cartina Piccadilly e Soho pp448

HOLBORN

SOHO

British Museum

Bloomsbury St

Montague

Bloomsbury Sq

Vernon Pl

Southampton Row

Calton St

Red Lion Sq

Procter St

Eagle St

Red Lion St

Bedford Sq

Great Russell St

Museum St

Little Russell St

Bury Pl

Southampton Pl

Barter St

High Holborn

Whetstone Park

Lincoln's Inn Fields

Lincoln's Inn Fields

New Oxford St

Bloomsbury Way

Streatham St

Bucknall St

St Giles High St

Tottenham Court Road

St Giles

Charing Cross Rd

Denmark St

New Compton St

Shaftesbury Ave

Flower Market

Neal's Yd

Shorts Gdns

Earlham St

Endell St

Betterton St

Shelton St

Drury La

Stukely St

Macklin St

Parker St

Gt Queen St

Wild St

Wild St

Wild Ct

Kingsway

Sardinia St

Kemble St

Kean St

Portugal St

Aldwych

Strand

Crown Ct

Broad Ct

Bow St

Russell St

Catherine St

Wellington St

Tavistock St

Exeter St

Mercer St

Monmouth St

West St

Romilly St

Greek St

Litchfield St

Newport Ct

Newport St

Great Newport St

Cranbourn St

Garrick St

Rose St

King St

Floral St

Long Acre

Langley St

New Row

James St

Covent Garden

Covent Garden Market

Henrietta St

Southampton St

Maiden La

Bedford St

St Martin's La

Chandos Pl

Agar St

William IV St

Strand

Lisle St

Coventry St

Leicester Sq

Leicester Square

Bear St

Orange St

Irving St

St Martin's St

Whitcomb St

Suffolk St

National Gallery

Pall Mall

Canada House

Cockspur St

Trafalgar Square

Trafalgar Sq

Whitehall

Northumberland Ave

Craven Passage

Craven St

Villiers St

Northumberland St

Duncannon St

Charing Cross

Charing Cross Station

Embankment

Victoria Embankment Gardens

Victoria Embankment

Waterloo Bridge

Thames

Somerset House

Savoy St

Savoy Pl

John Adam St

Adam St

Curling La

Lancaster Pl

Strand

COVENT GARDEN

COVENT GARDEN

3   102   8   44   17   22   45   92   15   83   39   68   62   2   101   61   42   18   25   66   89   81   77   79   65   91   33   78   64   99   31   84   54   24   41   76   94   114   85   82   51   100   5   56   96   13   14   71   50   63   108   60   53   69   90   107   97   27   98   74   70   87   93   113   20   9   32   103   95   1   46   75   30   26   43   19   37   59   36   38   73   49   35   40   29   34   105   55   57   52   48   67   104   115   21   11   6   10   80   23   7   112   111   110   12   106   4   109   72   58

1 **2** **3** **4** **5** **6**

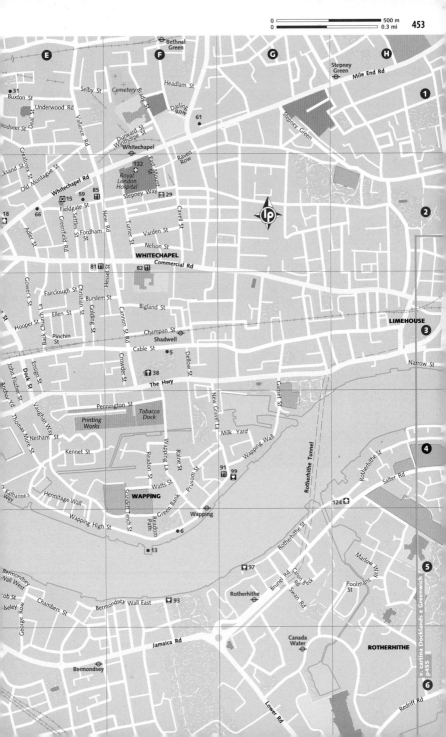

DOCKLANDS E GREENWICH

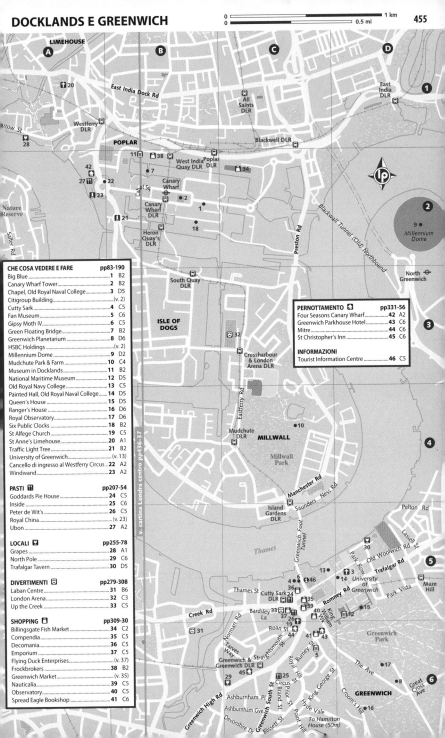

0 ——————— 1 km
0 ——————— 0.5 mi

455

LIMEHOUSE

East India Dock Rd

POPLAR

Westferry
DLR

All
Saints
DLR

Blackwell DLR

East
India
DLR

Nature
Reserve

Capt Sq

West India
Quay DLR

Poplar
DLR

Canary
Wharf

Canary
Wharf
DLR

Heron
Quay's
DLR

South Quay
DLR

ISLE OF
DOGS

Preston Rd

Blackwall Tunnel (Old Northbound)

Millennium
Dome

North
Greenwich

Crossharbour
& London
Arena DLR

Eastferry Rd

Mudchute
DLR

MILLWALL

Millwall
Park

Manchester Rd

Saunders Ness Rd

Pelton Rd

Island
Gardens
DLR

Thames

Greenwich Foot Tunnel

Park Row

Old Woolwich Rd

Trafalgar Rd

Lassell St

Maze
Hill

University
of
Greenwich

Park Vista

Thames St

Cutty Sark
DLR

Creek Rd

Bardsley
La

Romney Rd

King William Wk

Greenwich
Park

Norman Rd

Tarves Way

Creek Rd

Roan St

King George St

Greenwich &
Greenwich DLR

The Ave

GREENWICH

Greenwich High Rd

Ashburnham Pl

Greenwich South St

Circus St
Brand St

Prior St

Royal Hill

King George St

Hyde Vale

Croom's Hill

Great
Cross
Ave

Ashburnham Gve

Blissett St

Point Hill

To Hamilton
House (50m)

Devonshire Dr

CHE COSA VEDERE E FARE pp83-190

Big Blue	1 B2
Canary Wharf Tower	2 B2
Chapel, Old Royal Naval College	3 D5
Citigroup Building	(v. 2)
Cutty Sark	4 C5
Fan Museum	5 C6
Gipsy Moth IV	6 C5
Green Floating Bridge	7 B2
Greenwich Planetarium	8 D6
HSBC Holdings	(v. 2)
Millennium Dome	9 D2
Mudchute Park & Farm	10 C4
Museum in Docklands	11 B2
National Maritime Museum	12 D5
Old Royal Navy College	13 C5
Painted Hall, Old Royal Naval College	14 D5
Queen's House	15 D5
Ranger's House	16 D6
Royal Observatory	17 D6
Six Public Clocks	18 B2
St Alfege Church	19 C5
St Anne's Limehouse	20 A1
Traffic Light Tree	21 B2
University of Greenwich	(v. 13)
Cancello di ingresso al Westferry Circus	22 A2
Windwand	23 A2

PASTI pp207-54

Goddards Pie House	24 C5
Inside	25 C6
Peter de Wit's	26 C5
Royal China	(v. 23)
Ubon	27 A2

LOCALI pp255-78

Grapes	28 A1
North Pole	29 C6
Trafalgar Tavern	30 D5

DIVERTIMENTI pp279-308

Laban Centre	31 B6
London Arena	32 C3
Up the Creek	33 C5

SHOPPING pp309-30

Billingsgate Fish Market	34 C2
Compendia	35 C5
Decomania	36 C5
Emporium	37 C5
Flying Duck Enterprises	(v. 37)
Frockbrokers	38 B2
Greenwich Market	(v. 35)
Nauticalia	39 C5
Observatory	40 C5
Spread Eagle Bookshop	41 C6

PERNOTTAMENTO pp331-56

Four Seasons Canary Wharf	42 A2
Greenwich Parkhouse Hotel	43 C6
Mitre	44 C6
St Christopher's Inn	45 C6

INFORMAZIONI

Tourist Information Centre	46 C5

v. cartina Londra centro pp436-37

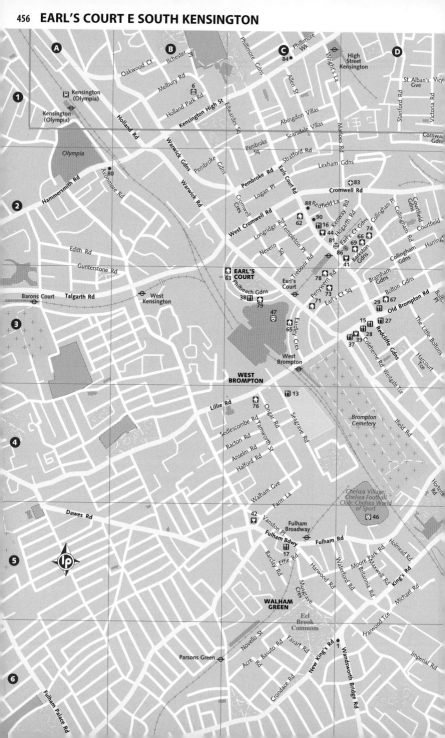

A **B** **C** **D**

1

Kensington (Olympia)

Kensington (Olympia)

Oakwood Ct

Ilchester

Phillimore Gdns

84

Phillimore Wk

Wright's La

High Street Kensington

St Alban's Gve

Stanford Rd

Victoria Rd

Melbury Rd

6

Holland Park Rd

Holland Park High St

Edwardes Sq

Allen St

Abingdon Villas

Scarsdale Villas

Cornwall Gdns

2

Olympia

Hammersmith Rd

Holland Rd

Warwick Gdns

Pembroke Rd

Warwick Rd

Avonmore Rd

80

Pembroke Cres

Cromwell Cres

Pembroke Sq

Pembroke Gdns

Logan Pl

Pembroke Rd

Earls Court Rd

Stratford Rd

Lexham Gdns

Marloes Rd

Cromwell Rd

83

West Cromwell Rd

Longridge Rd

Templeton Pl

Redfield La

88

62

90

16

Kenway Rd

Earl's Ct Gdns

Collingham Pl

Collingham Gdns

Courtfield Gdns

Courtfield

Hogarth Rd

44

81

69

66

74

65

Neven Sq

Trebovir Rd

86

41

Barkston Gdns

Collingham Gdns

Harring

Edith Rd

Gunterstone Rd

3

Barons Court

Talgarth Rd

West Kensington

EARL'S COURT

63

Philbeach Gdns

78

Penywern Rd

73

Earl's Court

79

38

47

Eardley Cres

65

71

Earl's Ct Sq

29

67

Old Brompton Rd

Bramham Gdns

Bolton Gdns

15

Redcliffe Gdns

27

The Little Boltons

28

37

39

Coleherne Rd

Wetgate Tce

WEST BROMPTON

West Brompton

Harcourt Tce

4

Lillie Rd

76

13

Sedlescombe Rd

Racton Rd

Tamworth St

Onslow Rd

Seagrave Rd

Anselm Rd

Halford Rd

Walham Gve

Farm La

Brompton Cemetery

Ifield Rd

5

Dawes Rd

42

Vanston Pl

Fulham Broadway

Fulham Bdwy

17

Barclay Rd

Effie Rd

Harwood Rd

Waterford Rd

Fulham Rd

Chelsea Village: Chelsea Football Club; Chelsea World of Sport

46

Moore Park Rd

Maxwell Rd

Britannia Rd

Holmead Rd

King's Rd

Michael Rd

Harwood Tce

WALHAM GREEN

Musgrave Cres

Eel Brook Common

Novello St

Basuto Rd

Favart Rd

1

New King's Rd

6

Parsons Green

Acre Rd

Criondace Rd

Wandsworth Bridge Rd

Imperial Rd

Fulham Palace Rd

0   500 m
0   0.3 mi

KNIGHTSBRIDGE

E

Hyde Park Gate

Prince Consort Rd

Royal College of Music

Queen's Gate Tce

Elvaston Pl

Imperial College Rd

cartina Hyde Park e l'ovest pp442-43

Queen's Gdns

Gloucester Road

SOUTH KENSINGTON

Gloucester Rd

Stanhope Gdns

Queen's Gate

Harrington Rd

85

92

91

Old Brompton Rd

75

68

Rosary Gdns

Wetherby Gdns

Roland Gdns

64

Drayton Gdns

Priory Wk

Evelyn Gdns

Elm Park Gdns

Cranley Gdns

Foulis Tce

Neville Tce

50

South Pde

Chelsea Sq

Dovehouse Rd

Old Church St

Manresa Rd

Fulham Rd

Fulham Rd

87

Cale St

St Luke's St

56

51

53

25

Chelsea Manor St

Flood St

Redburn St

82

Beaufort St

Park Wk

The Vale

Mallord St

Chelsea Park Gdns

Bramerton St

58

30

60

Upper Cheyne Row

Phene St

Oakley St

Glebe Pl

Paultons St

Cheyne Row

4   43

Cheyne Wk

89

45

Netherton Gve

Gertrude St

Langton St

Lamont Rd

Ann La

Edith Gve

Fernshaw Rd

Hunter Gve

Cremorne Rd

Ashburnham Rd

Tadema Rd

Uverdale Rd

Tetcott Rd

Harbour Ave

Chelsea Creek

Thames

Battersea Bridge

Battersea Church Rd

Westbridge Rd

19

Hester Rd

Echo Rd

Parkgate Rd

35

Anhalt Rd

Worfield St

Albert Bridge

Albert Bridge Rd

Petworth St

Parkham St

Surrey La

Orbel St

Octavia St

Ursula St

Edna St

Cambridge Rd

Cremorne Rd

F

Prince's Gdns

Ennismore Gdns Mws

Exhibition Rd

48

Natural History Museum

9

Victoria & Albert Museum

2

12

Cromwell Rd

Thurloe Pl

Thurloe Pl

South Kensington

Thurloe St

23

55   33

Pelham St

Cranley Pl

Summer Pl

Onslow Sq

Onslow Gdns

South Tce

21

22

52

Pelham Pl

7

Pond Pl

Ixworth Place

Lucan Pl

Sydney St

Britten St

Astell St

Markham Sq

Jubilee Pl

32

Shawfield St

Smith Tce

Smith St

Jubilee Pl

Radnor St

Alpha Pl

Flood St

Swan

Dilke St

24

Chelsea Embankment

Cheyne Wk

Battersea Bridge Rd

Battersea Bridge Rd

Kersley St

Battersea

G

Montpelier St

Basil St

Hans Cres

Harrods

59

72

Hans Rd

Brompton Rd

Beauchamp Pl

Ovington Sq

Yeoman's Row

31

Egerton Tce

34

Brompton Rd

Cheval Pl

Beaufort Gdns

Hans St

Walton St

Ovington St

First St

Hasker St

Milner St

Moore St

Hans Pl

Pont St

Lennox Gdns Mws

Cadogan Sq

Lennox Gdns

Clabon Mws

Rawlings St

Draycott Ave

Sloane Ave

Petyward

Elystan Pl

36

57

20

Markham St

King's Rd

CHELSEA

40

Redburn St

Royal Ave

Cheltenham Tce

Walpole St

Elystan Pl

Whitehead's Gve

Cadogan Gdns

Cadogan Pl

St Leonard's Tce

Frank Row

Turk's Row

Burton's Court

Royal Hospital Rd

West Rd

The St

11

Swan

Flood St

Cheyne Gdns

Chelsea Physic Garden

The Pde

10

5   *Children's Zoo*

Battersea Park

Carriage Dr West

Carriage Dr South

Prince of Wales Dr

Warriner Gdns

Brynmaer Rd

Battersea Park Rd

H

v. cartina il West End pp446-47

Motcomb St

W Halkin St

Chesham St

Cadogan La

Cadogan Pl

Lyall St

BELGRAVIA

Ellis St

Sloane Tce

Sloane St

Pavilion Rd

Sloane Sq

Sloane Square

54

49

Lower Sloane St

Holbein Pl

61

Cliveden Pl

Ranelagh Gardens

v. cartina Victoria e Battersea pp460-61

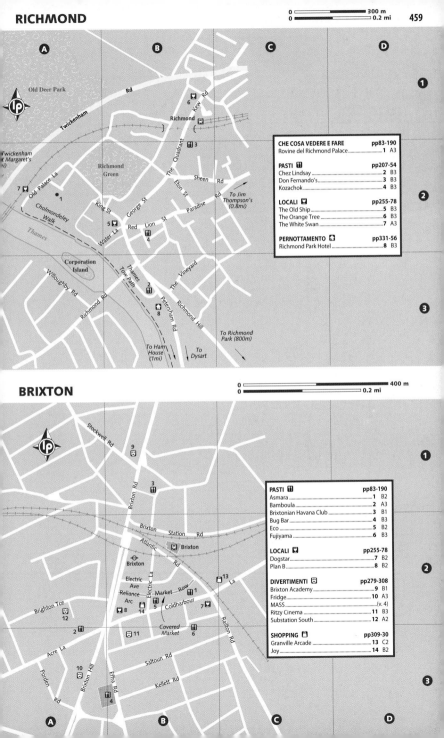

RICHMOND

0 — 300 m
0 — 0.2 mi

Old Deer Park

Twickenham Rd

Kew Rd

Richmond

Twickenham St Margaret's

Richmond Green

The Quadrant

Sheen Rd

Eton St

George St

Paradise Rd

To Jim Thompson's (0.8mi)

Old Palace La

King St

Red Lion St

Water La

Cholmondeley Walk

Thames

Corporation Island

Willoughby Rd

Richmond Rd

Thames Tow Path

Peterham Rd

The Vineyard

Richmond Hill

To Ham House (1mi)

To Dysart

To Richmond Park (800m)

CHE COSA VEDERE E FARE	pp83-190
Rovine del Richmond Palace	1 A3
PASTI	**pp207-54**
Chez Lindsay	2 B3
Don Fernando's	3 B3
Kozachok	4 B3
LOCALI	**pp255-78**
The Old Ship	5 B3
The Orange Tree	6 B3
The White Swan	7 A3
PERNOTTAMENTO	**pp331-56**
Richmond Park Hotel	8 B3

BRIXTON

0 — 400 m
0 — 0.2 mi

Stockwell Rd

Brixton Rd

Brixton Station Rd

Atlantic Rd

Brixton

Electric Ave

Electric La

Reliance Arc

Market Row

Coldharbour La

Coldharbour

Brighton Tce

Covered Market

Acre La

Porden Rd

Brixton Hill

Effra Rd

Saltoun Rd

Kellett Rd

Railton Rd

PASTI	**pp83-190**
Asmara	1 B2
Bamboula	2 A3
Brixtonian Havana Club	3 B1
Bug Bar	4 B3
Eco	5 B2
Fujiyama	6 B3
LOCALI	**pp255-78**
Dogstar	7 B2
Plan B	8 B2
DIVERTIMENTI	**pp279-308**
Brixton Academy	9 B1
Fridge	10 A3
MASS	(v. 4)
Ritzy Cinema	11 B3
Substation South	12 A2
SHOPPING	**pp309-30**
Granville Arcade	13 C2
Joy	14 B2

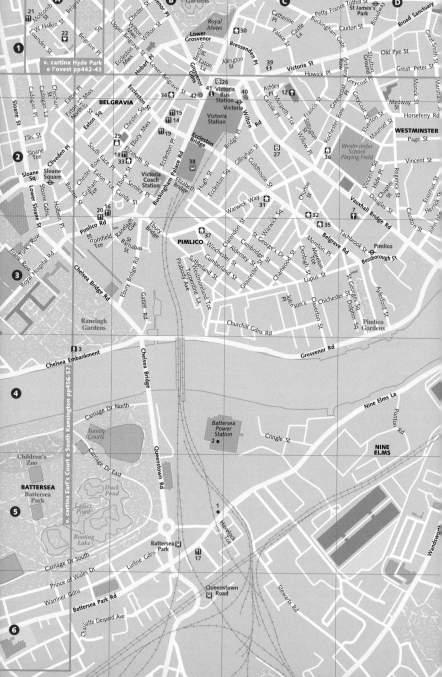

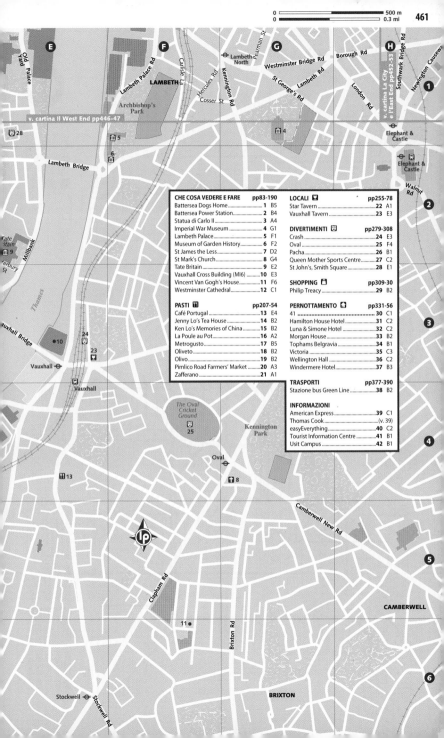

CHE COSA VEDERE E FARE	pp83-190
Battersea Dogs Home	1 B5
Battersea Power Station	2 B4
Statua di Carlo II	3 A4
Imperial War Museum	4 G1
Lambeth Palace	5 F1
Museum of Garden History	6 F2
St James the Less	7 D2
St Mark's Church	8 G4
Tate Britain	9 E2
Vauxhall Cross Building (MI6)	10 E3
Vincent Van Gogh's House	11 F6
Westminster Cathedral	12 C1

PASTI	pp207-54
Café Portugal	13 E4
Jenny Lo's Tea House	14 B2
Ken Lo's Memories of China	15 B2
La Poule au Pot	16 A2
Metrogusto	17 B5
Oliveto	18 B2
Olivo	19 B2
Pimlico Road Farmers' Market	20 A3
Zafferano	21 A1

LOCALI	pp255-78
Star Tavern	22 A1
Vauxhall Tavern	23 E3

DIVERTIMENTI	pp279-308
Crash	24 E3
Oval	25 F4
Pacha	26 B1
Queen Mother Sports Centre	27 C2
St John's, Smith Square	28 E1

SHOPPING	pp309-30
Philip Treacy	29 B2

PERNOTTAMENTO	pp331-56
41	30 C1
Hamilton House Hotel	31 C2
Luna & Simone Hotel	32 C2
Morgan House	33 B2
Tophams Belgravia	34 B1
Victoria	35 C3
Wellington Hall	36 C2
Windermere Hotel	37 B3

TRASPORTI	pp377-390
Stazione bus Green Line	38 B2

INFORMAZIONI	
American Express	39 C1
Thomas Cook	(v. 39)
easyEverything	40 C2
Tourist Information Centre	41 B1
Usit Campus	42 B1

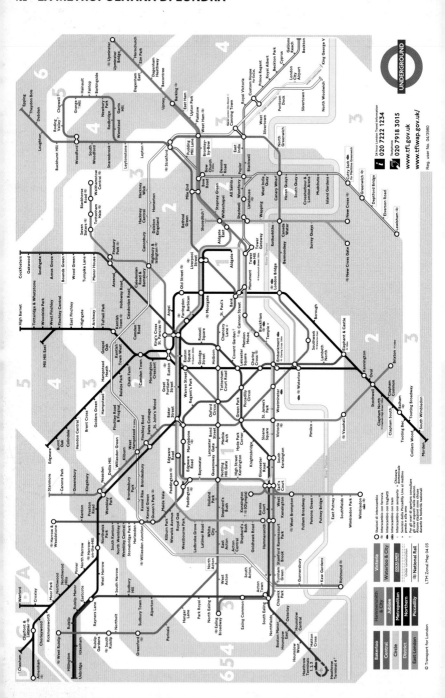

1 Queen Victoria Memorial,
Buckingham Palace (p119)
2 Tate Britain, Millbank (p127)
3 Natural History Museum,
South Kensington (p133)

1 *Magazzini Harrods, Knighsbridge (p00)*
2 *St Paul's Cathedral (p104)*
3 *Particolare del Natural History Museum (p133)*
4 *Hyde Park (p136)*